Coleção
Leis (CÓDIGOS) *para* **concursos**

Dicas para realização de provas com questões de concursos e jurisprudência do STF e STJ inseridas artigo por artigo

Coordenação: **LEONARDO GARCIA**

CONSTITUIÇÃO FEDERAL

Coleção

Leis (CÓDIGOS)

para **concursos**

Dicas para realização de provas com questões de concursos e jurisprudência do STF e STJ inseridas artigo por artigo

Coordenação: **LEONARDO GARCIA**

MARCÍLIO FERREIRA

LETÍCIA GOMES

EDMOM MORAES

VYCTOR AUGUSTO

CONSTITUIÇÃO FEDERAL

2019

EDITORA *Jus*PODIVM

www.editorajuspodivm.com.br

EDITORA
*Jus*PODIVM
www.editorajuspodivm.com.br

Rua Território Rio Branco, 87 – Pituba – CEP: 41830-530 – Salvador – Bahia
Tel: (71) 3045.9051
• Contato: https://www.editorajuspodivm.com.br/sac

Diagramação: Luiz Fernando Romeu *(lfnando_38@hotmail.com)*

Capa: Ana Caquetti

C597 Constituição Federal/ Marcílio Ferreira, Letícia Gomes, Edmom Moraes e Vyctor Augusto – São Paulo: Editora JusPodivm, 2019.
624 p. (Leis Especiais para Concursos: Códigos, coordenador Leonardo de Medeiros Garcia)

Bibliografia.
ISBN 978-85-442-2766-4.

1. Direito Constitucional. I. Garcia, Leonardo de Medeiros. II. Ferreira, Marcílio. III. Gomes Letícia. IV. Moraes, Edmom. V. Augusto, Vyctor. VI.Título.

CDD 341.2

Nota dos Autores

A matéria de Direito Constitucional está sempre presente nos concursos públicos e é caracterizada por exigências sobre a literalidade da Constituição e sobre os entendimentos do Supremo Tribunal Federal. Vez por outra, mas com menos incidência, exige-se também conhecimento do candidato sobre algum posicionamento doutrinário ou julgado do Superior Tribunal de Justiça. Por isso, este livro foi elaborado para auxiliar com excelência os alunos que buscam uma preparação qualificada para concursos públicos que possuam a disciplina de Direito Constitucional no conteúdo programático.

Na estrutura do livro, foram inseridos todos os artigos da Constituição, devidamente marcados nos trechos mais importantes, com adição de questões de concursos, notas sobre entendimentos jurisprudenciais e doutrinários, além de apontamentos sobre maior ou menor incidência dos dispositivos constitucionais em provas de concurso.

Pelo que se percebe, as questões de concurso exigem conhecimento sobre matérias relacionadas à função do cargo pretendido. Assim, por exemplo, concursos de Defensoria Pública costumam cobrar questões sobre direitos fundamentais, sobre a própria defensoria etc. Concursos de Procuradoria do Estado, por outro lado, costumam cobrar pontos da Constituição que se referem à própria estruturação e função do Estado. Em carreiras policiais, por sua vez, a maioria das questões trabalha conhecimentos sobre "Defesa do Estado e das Instituições Democráticas". Assim, há um vínculo comum entre a temática das questões e a função a ser desempenhada no cargo pretendido.

De forma generalizada, contudo, percebe-se que a maior incidência de questões diz respeito aos direitos e garantias fundamentais, especialmente o art. 5º da Constituição, embora, como saibamos, tais direitos não se limitem a este dispositivo. A literalidade dos dispositivos constitucionais é cobrada em concursos de nível médio até nível superior. Porém, as nuances sobre os entendimentos também se mostram cada vez mais relevantes.

Podemos observar uma forte tendência das bancas, nos últimos tempos, em cobrar questões um pouco mais elaboradas que englobam entendimentos do STF na interpretação dos artigos constitucionais. Por isso, é sempre importante ler o artigo conjugado com as anotações inseridas pelos autores neste livro.

Assim, esperamos que esta obra possa contribuir positivamente na sua preparação para os concursos públicos e que, ao final, você atinja o seu sonho de ser aprovado!

Bons estudos!

Marcílio Ferreira

Procurador do Estado,
Professor de Direito Constitucional,
Master Coach e Doutorando.
Instagram: @profmarcilioferreira
Contato: contato@marcilioferreira.com

Sumário

Constituição da República Federativa do Brasil de 1988

Constituição da República Federativa do Brasil de 1988

PREÂMBULO

Nós, representantes do povo brasileiro, reunidos em **Assembleia Nacional Constituinte** para instituir um **Estado Democrático**, destinado a assegurar o exercício dos direitos sociais e individuais, a liberdade, a segurança, o bem-estar, o desenvolvimento, a igualdade e a justiça como valores supremos de uma sociedade fraterna, pluralista e sem preconceitos, fundada na harmonia social e comprometida, na ordem interna e internacional, com a solução pacífica das controvérsias, **promulgamos, sob a proteção de Deus**, a seguinte CONSTITUIÇÃO DA REPÚBLICA FEDERATIVA DO BRASIL.

1. Existem três teses sobre a natureza jurídica do preâmbulo constitucional: **(i)** tese da irrelevância jurídica; **(ii)** tese da plena eficácia (mesma eficácia que as normas jurídicas); e **(iii)** tese da relevância jurídica indireta (influencia apenas indiretamente a interpretação das normas, mas não se confunde com estas). Embora o preâmbulo constitucional consista em uma declaração de vários direitos (ex: liberdade, segurança, bem-estar, desenvolvimento etc.), o entendimento atual do STF é de que **ele não é considerado como norma jurídica** e, portanto, **não pode ser objeto de parâmetro para fins de controle de constitucionalidade**. Foi adotada a tese da irrelevância jurídica (ADI 2.076, rel. min. Carlos Velloso, j. 15-8-2002, P, DJ de 8-8-2003). É importante destacar, no entanto, que a doutrina nacional majoritária defende a tese da relevância jurídica indireta.

Tese da irrelevância jurídica (ADOTADA PELO **STF**)	Tese da plena eficácia	Tese da relevância jurídica indireta (ADOTADA PELA **DOUTRINA**)
• Não é norma jurídica • Não serve como parâmetro de constitucionalidade • Não é norma de reprodução obrigatória	• É norma jurídica • Serve como parâmetro de constitucionalidade • Pode ser considerada como norma de reprodução obrigatória	• Serve como inspiração para interpretação e integração do Direito Constitucional; • Não serve como parâmetro de constitucionalidade

Aplicação em concurso público:

- ***CAIP-IMES – 2016 – Câmara Municipal de Atibaia – SP – Advogado***

  [...]

  I – Três teses são apresentadas pela doutrina e foram sistematizadas de Jorge Miranda sobre o tema relevância ou não do preâmbulo constitucional: a) a tese da irrelevância jurídica; b) a tese da eficácia plena e c) a tese da relevância indireta.

II – Prevalece a tese, entre os doutrinadores e juristas nacionais de que o preâmbulo constitucional não constitui norma central do texto maior, não sendo obrigatória a sua reprodução nas constituições estaduais.

III – Prevalece a tese entre os doutrinadores e juristas nacionais, de que o preâmbulo constitucional cria direitos e deveres para os cidadãos e para o Estado e sua violação gera grave inconstitucionalidade.

IV – Na estrutura nacional há decisão, em ADI, em que prevalece a tese de que o preâmbulo da constituição expressa a posição ideológica do poder constituinte e, portanto, insere-se na seara política não possuindo relevância jurídica.

Gabarito: Os itens I, II e IV estão corretos (O item III está incorreto, pois o preâmbulo não é norma jurídica).

2. **Por não ser norma jurídica, o preâmbulo constitucional não é norma de reprodução obrigatória pelos Estados.** Nesse sentido, os Estados, ao editarem suas Constituições no exercício do Poder Constituinte Decorrente, podem reproduzir o preâmbulo da Constituição Federal ou adaptar os seus termos no que for cabível.

Aplicação em concurso público:

- ***Técnico Legislativo – 2018 – FCC – Técnico-Administrativo.***

"o preâmbulo da Constituição Federal brasileira é norma de reprodução obrigatória nas Constituições Estaduais".

Gabarito: A afirmativa está errada. (O preâmbulo não é norma jurídica e os Estados não têm a obrigação de repeti-lo em suas Constituições).

- ***CESPE – 2016 – PGE-AM – Procurador do Estado***

"Embora o preâmbulo da CF não tenha força normativa, podem os estados, ao elaborar as suas próprias leis fundamentais, reproduzi-lo, adaptando os seus termos naquilo que for cabível."

Gabarito: A afirmativa está correta.

3. O Brasil é considerado um país laico e que assegura a liberdade de crença e de religião (CF/88, art. 5º, VI, VII, VIII, art. 19, I, 143, § 1º, e 210, § 1º). Atualmente, o entendimento do STF é de que expressão "**sob a proteção de Deus**" não necessita ser reproduzida pelos Estados em suas Constituições.

► **Entendimento jurisprudencial:**

"Preâmbulo da Constituição: não constitui norma central. Invocação da proteção de Deus: não se trata de norma de reprodução obrigatória na Constituição estadual, não tendo força normativa." [**ADI 2.076**, rel. min. Carlos Velloso, j. 15-8-2002, P, *DJ* de 8-8-2003.]

Aplicação em concurso público:

- ***Promotor de Justiça – MPE-MG – 2017 – (FUNDEP)***

"Analise as seguintes assertivas relativas ao preâmbulo da Constituição da República Federativa do Brasil de 1988 (CR/88):

I. O preâmbulo da CR/88 não pode, por si só, servir de parâmetro de controle da constitucionalidade de uma norma.

II. A invocação de Deus no preâmbulo da CR/88 torna o Brasil um Estado confessional.

III. O preâmbulo traz em seu bojo os valores, os fundamentos filosóficos, ideológicos, sociais e econômicos e, dessa forma, norteia a interpretação do texto constitucional.

IV. A invocação de Deus no preâmbulo da CR/88 é norma de reprodução obrigatória nas Constituições Estaduais."

*Gabarito: Está **CORRETO** somente o que se afirma em I e III.*

- ***Promotor de Justiça – 2011 – MPE-CE (FCC).***

  "A invocação à proteção de Deus, constante do Preâmbulo da Constituição da República vigente, não tem força normativa".

  Gabarito: A afirmativa está correta.

4. O preâmbulo constitucional indica que a Constituição foi aprovada por uma **Assembleia Nacional Constituinte** e, portanto, ela é considerada uma Constituição **promulgada**. A doutrina, em geral, classifica a CF como: **promulgada** (aprovada democraticamente), **rígida** (processo de alteração que exige quórum qualificado), **formal** (todo o seu texto possui *status* constitucional), **analítica** (texto detalhado), **escrita** (redigida textualmente), **dogmática** (estabelece dogmas novos), **reduzida ou codificada** (encontra-se em um texto central), **eclética ou compromissória** (garante múltiplas ideologias), **normativa** (o Texto Constitucional rege a vida social), **principiológica** (prevalecem princípios), **definitivas** (não possui prazo de vigência), **autônoma** (criada pelo próprio Estado), **garantia** (restringe o poder estatal com garantias constitucionais), **balanço** (degrau de evolução socialista) e **dirigente** (estabelece projetos e programas para as pessoas).

CRITÉRIO DE CLASSIFICAÇÃO	DEFINIÇÃO
Promulgada	Criada com participação popular. Resultado do esforço de uma Assembleia Nacional Constituinte, estimada diretamente pelo povo (legitimação popular – Ex: CF 1891, 1934, 1964 e 1988). É a Constituição atual.
Rígida	Quanto à alteração da Constituição, é indispensável um processo mais incisivo do que o processo requerido pelas normas infraconstitucionais para sua alteração. As regras a serem seguidas estão estabelecidas pela própria constituição. (*Constituição brasileira: Art. 60 § 2º)
Formal	É Constituição tudo que está nela inserido, independentemente do seu conteúdo, isto é, não é necessário que se tratem apenas de temas tidos como constitucionais, como é necessário na material. Nessa classificação, as normas possuem caráter constitucional porque foram criadas com o uso do processo legislativo específico das normas constitucionais.

CRITÉRIO DE CLASSIFICAÇÃO	DEFINIÇÃO
Analítica	Tem seu texto detalhado uma vez que tratam de todos os tópicos que os representantes do povo acreditam que sejam fundamentais, mesmo que não o sejam, ou seja, não se submetem a escrever apenas matérias constitucionais, consideradas essenciais à formação e organização do Estado.
Escrita	Conjunto de normas escritas, sistematizadas e sintetizadas em um único documento. Sua fonte normativa é única, ou seja, é criada em um momento único.
Dogmática	Elaboradas apenas uma vez, com princípios estruturais e fundamentais, são historicamente definidas e são sempre escritas;
Reduzidas ou codificadas	Um único texto básico e central;
Ecléticas ou compromissórias	Ideologias conciliatórias, apresenta várias ideologias que harmonizam entre si;
Normativas	As relações de poder se integram ao Texto Constitucional e respeitam seu teor, tendo dessa forma uma sintonia perfeita com o cenário político e social do Estado;
Principiológica	Prevalecem os princípios; por serem abstratos estes precisarão de mediação legislativa ou judicial;
Definitiva	Constituição definitivamente elaborada;
Autônoma	Elaboradas pelo próprio Estado;
Garantia	Restringe o poder do Estado, criando áreas de não inserção do poder público na vida dos indivíduos. Garante liberdade
Balanço	Para Manoel Gonçalves Ferreira Filho "é a constituição que descreve e registra a organização política estabelecida". Degrau de evolução socialista;
Dirigentes	Projeto de Estado, com programas e projetos com a finalidade de alcançar certos ideais políticos. Aqui estão elencadas muitas das normas de eficácia programática.

Aplicação em concurso público:

- ***FEPESE – 2017 – CIASC – Advogado***

"A Constituição da República Federativa do Brasil de 1988 é:

C) formal quanto ao conteúdo, dogmática em relação ao modo de elaboração e analítica quanto a sua extensão."

Gabarito: A alternativa "C" foi considerada como correta.

- ***CONSULPLAN – 2018 – TJ-MG – Titular de Serviços de Notas e de Registros – Provimento***

  "A atual Constituição da República Federativa do Brasil pode ser classificada como:

  A) A Escrita, eclética e analítica."

  Gabarito: A alternativa "A" foi considerada como correta.

- ***UEG – 2018 – PC-GO – Delegado de Polícia***

  "A Constituição Federal brasileira de 1988 classifica-se quanto à origem, ao modo de elaboração, à alterabilidade, à dogmática e ao critério ontológico de Karl Loewenstein, respectivamente, em

  C) promulgada, dogmática, rígida, eclética e normativa."

  Gabarito: A alternativa "C" foi considerada como correta.

TÍTULO I
DOS PRINCÍPIOS FUNDAMENTAIS

Art. 1º – **A República Federativa do Brasil**, formada pela **união indissolúvel dos Estados e Municípios e do Distrito Federal,** constitui-se em Estado Democrático de Direito e **tem como fundamentos:**

1. Sobre os princípios fundamentais de cada Estado, a doutrina menciona a existência de alguns modelos, quais sejam: **forma de Estado**, **forma de governo** e **sistema de governo**. No Brasil, adotamos a forma de Estado do *federalismo*, forma de governo da *República* e o sistema de governo *presidencialista*. Aqui, trataremos da forma de Estado e de Governo, voltando ao tema do sistema de Governo quando chegarmos aos dispositivos do "Poder Executivo".

FORMA DE ESTADO	FORMA DE GOVERNO	SISTEMA DE GOVERNO
• **Federação** • Confederação • Estado unitário	• **República** • Monarquia	• **Presidencialismo** • Parlamentarismo

► **Regra mnemônica para memorização**:

"São **Formas de Governo (FOGO): República e Monarquia (REMO) com isso formamos: FOGO no REMO**

São Sistemas de Governo (SIGO): Presidencialista ou Parlamentarista: SIGO o Presidente

São Formas de Estado (**FE**): FEderação e Unitário: **FE** = Federação (veja as inciais de Forma de Estado são iguais a sílaba inicial de FEderação)."

Aplicação em concurso público:

- ***FCC – 2018 – Prefeitura de Macapá – AP – Sociólogo***

  "Segundo o artigo 1° da Constituição Federal de 1988, o Brasil é uma "República Federativa". Esse termo exprime, respectivamente,

  A) a forma de governo e a forma de Estado."

  Gabarito: A alternativa "A" foi considerada correta.

- ***Câmara de Palmas – TO Prova: COPESE – UFT – 2018 – Câmara de Palmas – TO – Assistente Administrativo***

  "Assinale a alternativa CORRETA. Nos termos da Constituição vigente, o Brasil adota como forma de Estado e de Governo respectivamente:

  D) Federação e República."

  Gabarito: A alternativa "D" foi considerada correta.

- ***IBFC – 2014 – TRE-AM – Analista Judiciário – Área Administrativa***

  "Acerca da organização e estrutura do Estado, assinale a alternativa CORRETA:

  D) O Brasil adotou como forma de governo a República, o presidencialismo como sistema de governo e a Federação como forma de Estado."

  Gabarito: A alternativa "D" foi considerada correta.

2. O Brasil adota o modelo de **federação**, mediante *a descentralização do poder político* aos entes federativos: **União**, **Estado**, **Distrito Federal** e **Municípios,** promovendo a repartição de *competências administrativas* e *legislativas* entre eles. Os territórios não se incluem como entes da federação, sendo integrantes da União (CF, art. 33). Esse modelo de federação, inclusive, é considerado como cláusula pétrea (CF, art. 60, § 4º, I), não podendo ser suprimido por Emendas Constitucionais. O **Estado Federado** (entes federativos) se diferencia do **Estado unitário** (único órgão ou ente) e **confederado** (Estados autônomos reunidos por um tratado internacional).

Aplicação em concurso público:

- ***FCC – 2018 – TRT – 15ª Região (SP) – Técnico Judiciário – Área Administrativa***

  "À luz da organização político-administrativa do Estado brasileiro, na qual prevalece a autonomia das entidades federativas,

  B) a Constituição Federal prevê mecanismos de proteção do sistema federativo, tais como a repartição de competências administrativas e legislativas entre os entes federados."

  Gabarito: A alternativa "B" foi considerada correta.

- ***CS-UFG – 2018 – Câmara de Goiânia – GO – Assessor Técnico Legislativo – Administrador***

  "O Estado Unitário se diferencia do Estado Federalista em vários aspectos. O que é um Estado Unitário?

A) É um Estado governado por um governo central onde não há autonomia política das unidades subnacionais."

Gabarito: A alternativa "A" foi considerada correta.

- ***Técnico de apoio especializado – 2013 – (FCC)***

"O Brasil é um Estado Federal, do qual são membros os Estados, Municípios e o Distrito Federal."

Gabarito: A alternativa foi considerada correta.

3. No Brasil, **não se admite o direito de secessão** (saída de um dos entes federados da federação). Os entes federados (Estados, Distrito Federal e Municípios) **não** são considerados *soberanos* e **não** podem ser *destacados* do Estado brasileiro. A união entre os entes federativos é **"indissolúvel"**.

Aplicação em concurso público:

- ***FCC – 2014 – TCE-RS – Auditor Público Externo – Bacharel em Ciências Contábeis--Conhecimentos Básicos***

"Na hipótese de determinado Estado pretender desmembrar-se da Federação brasileira, o ato em questão

D) será incompatível com a Constituição da República, uma vez que a federação brasileira é formada pela união indissolúvel de Estados, Municípios e Distrito Federal."

Gabarito: A alternativa "D" foi considerada correta.

- ***FGV – 2018 – SEFIN-RO – Técnico Tributário***

"Pedro e Antônio travaram intenso debate a respeito dos princípios fundamentais encampados pela Constituição de 1988, dentre os quais, a forma de Estado adotada. Após intensas reflexões a esse respeito, chegaram à única conclusão constitucionalmente correta: a de que a forma de Estado prevista na Constituição é a

A) federativa, caracterizada pela união indissolúvel dos Estados, do Distrito Federal e dos Municípios."

Gabarito: A alternativa "A" foi considerada correta.

4. A **forma de governo** adotada na Constituição é a **República** (titularidade do poder pelo povo), que se *diferencia* da **Monarquia** (titularidade do poder por um monarca, ou seja, uma só pessoa). A forma **republicana**, apesar de protegida constitucionalmente (é hipótese de intervenção – CF, art. 34, VII, "a"), **não é considerada como cláusula pétrea** (CF, art. 60, § 4º), podendo ser alterado por emenda constitucional.

Aplicação em concurso público:

- ***FMP Concursos – 2014 – TJ-MT – Provimento***

São características do Estado Brasileiro:

C) forma de governo republicana e regime de governo democrático.

Gabarito: A alternativa "C" foi considerada correta.

5. A Constituição fixa cinco fundamentos da República: **soberania (inciso I), cidadania (inciso II), dignidade da pessoa humana (inciso III), valores sociais e do trabalho (inciso IV)** e **pluralismo político (inciso V).** A memorização desses fundamentos é muito cobrada em prova, principalmente de nível médio.

   ▶ **Regra mnemônica para memorização**: SO+CI+DI+VA+PLU

Aplicação em concurso público:

- ***IF-SP – 2018 – IF-SP – Matemática***

  "A República Federativa do Brasil tem como fundamentos:

  A) A soberania, a cidadania, a dignidade da pessoa humana, os valores sociais do trabalho e da livre iniciativa, o pluralismo político."

  Gabarito: A alternativa "A" foi considerada correta.

- ***IESES – 2018 – TJ-AM – Titular de Serviços de Notas e de Registros – Remoção***

  "A República Federativa do Brasil, formada pela união indissolúvel dos Estados e Municípios e do Distrito Federal, constitui-se em Estado Democrático de Direito e tem como fundamentos, EXCETO:

  A) A dignidade da pessoa humana.

  B) Os valores sociais do trabalho e da livre iniciativa.

  C) A soberania e a cidadania.

  D) O monismo político."

  Gabarito: A alternativa "D" foi considerada correta. (Monismo político não é fundamento da República)

I – a soberania;

1. A **soberania**, primeiro fundamento indicado no art. 1º, I, da CF/88, refere-se a uma **independência da República Federativa do Brasil** no âmbito do Direito Internacional, não se sujeitando a interferências de Estados estrangeiros. Tanto é assim que sentenças estrangeiras não serão homologadas no Brasil quando ofendam a ordem pública.

Aplicação em concurso público:

- ***CESPE – 2007 – DPU – Defensor Público Federal***

  "Acerca do procedimento de homologação de sentença estrangeira perante o STJ, julgue os itens subsequentes. Não será homologada sentença estrangeira que ofenda a soberania a ordem pública."

  Gabarito: A alternativa foi considerada correta.

Aplicação em concurso público:

- ***Auditor – 2018 – TCM-BA (CESPE).***

  "O princípio fundamental da Constituição que consiste em fundamento da República Federativa do Brasil, de eficácia plena, e que não alcança seus entes internos é:

B) a soberania"

Gabarito: A alternativa "B" foi considerada correta.

2. **A soberania (CF, art. 1º, I) se diferencia da autonomia (CF, art. 18, *caput*).** Enquanto a soberania se refere a uma independência da República Federativa do Brasil no âmbito do Direito Internacional, a autonomia se refere à organização interna, que garante a distribuição de competências entre os entes que compõem a República, sendo eles (União, Estados, Distrito Federal e Municípios) dotados de características como a *auto-organização* (Ex. Constituições Estaduais, Lei estaduais e municipais), o *autogoverno* (representantes do Estado e do Município escolhidos pelo povo) e a *autoadministração*. Os entes federativos (Estados, DF e Municípios) **não** possuem *soberania*, mas **apenas** *autonomia*.

SOBERANIA	AUTONOMIA
•Característica da República Federativa do Brasil em face de entes externos / estrangeiros. •Os entes federados (União, Estados, DF e Municípios) não possuem.	•Capacidade de auto-organização, autogoverno e auto administração. •Os entes federativos (União, Estados, DF e Municípios) possuem, dado o modelo federativo adotado no Brasil.

Aplicação em concurso público:

- ***CESPE – 2017 – TRT – 7ª Região (CE) – Técnico Judiciário – Área Administrativa***

  "Conforme a CF, os municípios são:

  A) dotados de soberania no âmbito nacional."

  Gabarito: A alternativa "A" foi considerada errada (Os entes federados não possuem soberania, mas apenas autonomia).

- ***Titular de Serviços de Notas e de Registros – 2016 – IESES – TJ-PA***

  "A Federação ou também chamada de Estado Federal é forma adotada pela República Federativa do Brasil desde a proclamação da República em 1889, e encontram-se fundamentado nas coletividades regionais e políticas autônomas, denominadas Estados, insere-se neste contexto o Distrito Federal e os municípios, esta é a base do Princípio Federalista. Assinale a alternativa que demonstra todas as características do princípio anteriormente citado:

  A) Descentralização política ou repartição constitucional de competências, repartição constitucional de rendas, participação da vontade das entidades locais; possibilidade de autoconstituição; autonomia administrativa; autonomia política."

  Gabarito: Alternativa "A" foi considerada como correta.

3. A **soberania popular** (soberania do povo) é assegurada também pelo Texto Constitucional em algumas passagens, por meio de vários instrumentos constitucionais (plebiscito, referendo etc.), o que decorre do fato de que **o poder constituinte ser de titularidade do povo (CF, art. 1º, parágrafo único)**, não podendo ser afetado por interferências externas.

Aplicação em concurso público:

- ***CESPE – 2013 – ANTT – Analista Administrativo – Direito***

  A soberania popular consiste essencialmente no poder constituinte do povo

  Gabarito: A alternativa foi considerada correta.

4. A soberania é considerada sob o prisma interno e externo. A soberania interna é representada pela vontade popular (CF, art. 14), através dos seus representantes e de maneira direta, enquanto que a soberania externa se relaciona com as relações internacionais firmadas pelo Presidente da República.

► **Jurisprudência:**

A soberania, dicotomizada em interna e externa, tem na primeira a exteriorização da vontade popular (art. 14 da CRFB) através dos representantes do povo no parlamento e no governo; na segunda, a sua expressão no plano internacional, por meio do presidente da República. [Rcl 11.243, rel. p/ o ac. min. Luiz Fux, j. 8-6-2011, P, DJE de 5-10-2011]

II – a cidadania;

1. A cidadania também é elencada como fundamento da república e possui diversos instrumentos de exercício previstos no Texto Constitucional (plebiscito, referendo, ação popular, iniciativa popular, entre outros). Ela é **conceituada** como um conjunto de direitos e deveres de quem possui a qualidade de **cidadão**, participando da vida *política* e *pública*.

Aplicação em concurso público:

- ***ADVISE – 2013 – Prefeitura de Brejo da Madre de Deus – PE – Técnico de Radiologia***

  "Em seu sentido tradicional a cidadania constitui-se:

  A) um conjunto de direitos e deveres que permite aos cidadãos o direito de participar da vida política e da vida pública, onde podem votar e serem votados, participando ativamente na elaboração das leis e do exercício das funções públicas;"

  Gabarito: Alternativa "A" foi considerada como correta.

- ***FCC – 2014 – TRT – 2ª REGIÃO (SP) – Técnico Judiciário – Tecnologia da Informação***

  "Na Constituição Federal, a cidadania constitui:

  C) fundamento da República Federativa do Brasil."

  Gabarito: A alternativa "C" foi considerada correta.

2. O exercício da cidadania permite que o cidadão se recuse a cumprir ordens ilegais emanadas do Estado.

► **Jurisprudência:**

Ninguém é obrigado a cumprir ordem ilegal, ou a ela se submeter, ainda que emanada de autoridade judicial. Mais: é dever de cidadania opor-se à ordem ilegal; caso contrário, nega-se o Estado de Direito. [**HC 73.454, rel. min. Maurício Corrêa, j. 22-4-1996, 2ª T, DJ de 7-6-1996**]

Aplicação em concurso público:

- ***CESPE – 2015 – STJ – Conhecimentos Básicos para o Cargos 3 e 14***

  "No que concerne aos princípios fundamentais da República Federativa do Brasil e aos direitos fundamentais, julgue o próximo item. Um cidadão detém, mais que o direito, o dever de opor-se à ordem que, emanada de autoridades públicas, se revele manifestamente ilegal."

  Gabarito: A alternativa foi considerada correta.

III – a dignidade da pessoa humana;

1. **A dignidade da pessoa humana, além de ser um dos fundamentos do art. 1º da CF, serve também como linha mestra de todos os direitos espalhados no Texto Constitucional e em vários entendimentos do STF,** com base em regras que buscam respeitar o princípio, como é o caso dos direitos e garantias fundamentais dispostos no art. 5º da CF. Observe que, em provas de concursos, esse direito estará relacionado com questões práticas.

Aplicação em concurso público:

- ***PC-SP – 2010 – PC-SP – Escrivão de Polícia Civil***

  "A dignidade da pessoa humana é:

  D) um dos fundamentos da República Federativa do Brasil."

  Gabarito: A alternativa "D" foi considerada como correta.

- ***Auxiliar Institucional – 2018 – IPHAN – CESPE***

  "No Brasil, as proibições constitucionais de tortura e tratamento desumano decorrem do fundamento da dignidade da pessoa humana."

  Gabarito: A afirmativa está correta.

- ***MPE-SP – 2011 – MPE-SP – Promotor de Justiça***

  "O princípio da dignidade da pessoa humana:

  A) está previsto constitucionalmente como um dos fundamentos da República e constitui um núcleo essencial de irradiação dos direitos humanos, devendo ser levado em conta em todas as áreas na atuação do Ministério Público."

  Gabarito: A alternativa "A" foi considerada como correta.

2. A **dignidade da pessoa humana** estabelece *requisitos* para que o Estado atue no âmbito da **liberdade individual** do ser humano. Isso, inclusive, gerou alguns entendimentos do STF na área do *direito penal* e/ou *processual penal*. Alguns exemplos cobrados em concursos:

   ► **Súmula Vinculante 11**: "Só é lícito o uso de algemas em casos de resistência e de fundado receio de fuga ou de perigo à integridade física própria ou alheia, por parte do preso ou de terceiros, justificada a excepcionalidade por escrito, sob pena de responsabilidade disciplinar, civil e penal do agente ou da autoridade e de nulidade da prisão ou do ato processual a que se refere, sem prejuízo da responsabilidade civil do Estado".

Aplicação em concurso

- ***IBADE – 2017 – SEJUDH – MT – Agente Penitenciário – Masculino/Feminino***

"Como ensina Jorge Miranda, a dignidade humana confere unidade de sentido, de valor e de concordância prática ao sistema de direitos fundamentais. Este princípio funciona como fonte ética, fazendo da pessoa fundamento e fim da sociedade e do Estado (MIRANDA, Jorge. Manual de Direito Constitucional. 3.ed. Coimbra: Coimbra, 2000. t. IV, p. 180-181.) Considerando a importância do princípio supra referido, assinale a alternativa correta.

A) Por força do princípio da dignidade humana o STF, por meio de súmula vinculante, restringiu o uso de algemas aos casos de resistência e de fundado receio de fuga ou de perigo à integridade física própria ou alheia, por parte do preso ou de terceiros, o que deverá ser feito excepcionalmente, com justificativa por escrito.

Gabarito: A alternativa "A" foi considerada como correta.

▶ **Súmula Vinculante 56**: "A falta de estabelecimento penal adequado não autoriza a manutenção do condenado em regime prisional mais gravoso, devendo-se observar, nessa hipótese, os parâmetros fixados no RE 641.320/RS".

▶ É inconstitucional a **condução coercitiva** do interrogado pela autoridade policial, sob pena de responsabilidade disciplinar, civil e penal do agente ou da autoridade e de ilicitude das provas obtidas, sem prejuízo da responsabilidade civil do Estado. [ADPF 395 e ADPF 444, rel. min. Gilmar Mendes, j. 14-6-2018, P, Informativo 906]

3. A **dignidade da pessoa humana** também tem sido utilizada como fundamento para garantia de **direitos cíveis**, como *vida, igualdade de gênero, integridade física*, etc, gerando entendimentos importantes do STF sobre a matéria. Alguns exemplos:

▶ A pesquisa científica com **células-tronco embrionárias**, autorizada pela Lei 11.105/2005, foi considerada como constitucional [ADI 3.510, rel. min. Ayres Britto, j. 29-5-2008, P, DJE de 28-5-2010]

▶ Reconheceu aos **transgêneros, independentemente** da cirurgia de *transgenitalização*, ou da realização de tratamentos hormonais ou patologizantes, **o direito à alteração de prenome e gênero** diretamente no registro civil. [ADI 4.275, rel. p/ o ac. min. Edson Fachin, j. 1-3-2018, P, Informativo 892]

▶ Reconheceu também o dever do Estado, imposto pelo sistema normativo, de manter em seus presídios os padrões mínimos de humanidade previstos no ordenamento jurídico, sob pena de sua responsabilidade, nos termos do art. 37, § 6º, da Constituição, com a obrigação de ressarcir os danos, inclusive morais, comprovadamente causados aos detentos em decorrência da falta ou insuficiência das condições legais de encarceramento. [RE 580.252, rel. p/ o ac. min. Gilmar Mendes, j. 16-2-2017, P, DJE de 11-9-2017, Tema 365]

IV – os valores sociais do trabalho e da livre iniciativa;

1. Os valores sociais do trabalho e da livre iniciativa, assegurados como fundamentos da República, permitem a liberdade de atuação dos indivíduos para sua manutenção e sustento. A importância dos valores sociais do trabalho e da livre iniciativa também é demonstrada em outros artigos da Constituição. **Temos os direitos dos trabalhadores urbanos e rurais dispostos no art. 7º, CF (aplicados também parcialmente aos servidores públicos, conforme o art. 39, § 3º, CF) e, ainda, a valorização do trabalho e a livre iniciativa como base da ordem econômica, conforme o art. 170, CF.**

Aplicação em concurso público:

- ***CESPE – 2007 – TRT – 9ª REGIÃO (PR) – Técnico Judiciário – Área Administrativa***

  "Os valores sociais do trabalho e da livre iniciativa são fundamentos da República Federativa do Brasil."

  Gabarito: A afirmativa foi considerada como correta.

2. Os valores sociais do trabalho e da livre iniciativa não impedem que o Estado venha a intervir na ordem econômica com o objetivo de garantir a proteção ao interesse público e os direitos fundamentais, seja de maneira direta (CF, art. 173), seja de maneira indireta como ente regulador (CF, art. 174).

Aplicação em concurso público:

- ***CESPE – 2015 – FUB – Conhecimentos Básicos Todos os cargos – Nível Intermediário***

  "Julgue o item seguinte, relativo aos princípios fundamentais da República Federativa do Brasil. Os valores sociais do trabalho e da livre iniciativa impedem a intervenção do Estado na ordem econômica."

  Gabarito: A afirmativa foi considerada como correta.

3. O princípio da livre iniciativa gerou decisões importantes do STF em ações impugnando leis municipais que estabelecem restrições à liberdade concorrência ou à atuação de empresas privadas. Alguns exemplos:

- **Súmula Vinculante 49**: Ofende o princípio da livre concorrência lei municipal que impede a instalação de estabelecimentos comerciais do mesmo ramo em determinada área. (Conversão da Súmula 649-STF).

Aplicação em concurso

- ***FCC – 2014 – TRT – 24ª REGIÃO (MS) – Juiz do Trabalho Substituto***

  "A proteção constitucional à livre iniciativa econômica e à liberdade de profissão:

A) não impede que lei municipal, ao dispor sobre critérios de ordenação territorial e ocupação do solo urbano, imponha vedação a que sejam instaladas novas farmácias a menos de 500 metros de outro estabelecimento de mesma natureza.

Gabarito: A alternativa "A" foi considerada como errada. (Viola a Súmula Vinculante 49)

- ***CESPE – 2015 – TCU – Procurador do Ministério Público***

"A CF consagra a livre iniciativa como princípio da ordem econômica, razão por que serão inconstitucionais as leis:

E) municipais que impeçam a instalação de estabelecimentos comerciais do mesmo ramo em determinada área."

Gabarito: A alternativa "E" foi considerada como correta.

► "O princípio da livre iniciativa não pode ser invocado para afastar regras de regulamentação do mercado e de defesa do consumidor". [RE 349.686, rel. min. Ellen Gracie, j. 14-6-2005, 2ª T, DJ de 5-8-2005]

► "A fixação de horário de funcionamento de estabelecimento comercial é matéria de competência municipal, considerando improcedentes as alegações de ofensa aos princípios constitucionais da isonomia, da livre iniciativa, da livre concorrência, da liberdade de trabalho, da busca do pleno emprego e da proteção ao consumidor". [AI 481.886 AgR, rel. min. Carlos Velloso, j. 15-2-2005, 2ª T, DJ de 1º-4-2005]

V – o pluralismo político.

1. O **pluralismo político** assegura a **liberdade** de convicção *filosófica* e *política*, inclusive mediante liberdade de escolha **partidária** ou mesmo o direito de manifestação **apartidária** (*sem partido*), com respeito às diferenças, à pessoa humana e à liberdade.

Aplicação em concurso público:

- ***CESPE – 2014 – TJ-SE – Analista Judiciário – Direito***

"O pluralismo político traduz a liberdade de convicção filosófica e política, assegurando aos indivíduos, além do engajamento pluripartidário, o direito de manifestação de forma apartidária."

Gabarito: A afirmativa foi considerada como correta.

- ***Técnico Judiciário – Administrativo – 2015 – TRE-MT – CESPE***

O princípio do pluralismo político expresso na CF refere-se não apenas a preferências de cunho partidário, mas também a uma sociedade plural com respeito às diferenças, à pessoa humana e à liberdade.

Gabarito: A afirmativa está correta.

2. O pluralismo político é considerado como **dimensão substancial da liberdade de expressão**, pois envolve o seu direito de convicção e de crença.

Aplicação em concurso público:

- ***CESPE – 2015 – STJ – Conhecimentos Básicos para o Cargo 15***

  "Julgue o item seguinte, acerca dos direitos e garantias fundamentais da República Federativa do Brasil. A dimensão substancial da liberdade de expressão guarda relação íntima com o pluralismo político na medida em que abarca, antes, a formação da própria opinião como pressuposto para sua posterior manifestação."

  Gabarito: A afirmativa foi considerada como correta.

3. O **pluralismo político** se refere a um conceito diferente de **pluripartidarismo**. Enquanto o **pluralismo político** envolve a *liberdade de convicção* (podendo ser, inclusive, apartidário), o **pluripartidarismo** diz respeito ao direito garantido constitucionalmente de haver *vários partidos políticos* no sistema eleitoral.

Aplicação em concurso público:

- ***CESPE – 2012 – TJ-RO – Analista Judiciário – Oficial de Justiça***

  "Os princípios fundamentais da República Federativa do Brasil incluem

  A) os valores sociais do trabalho e da livre iniciativa, o pluripartidarismo e a soberania."

  Gabarito: A alternativa "A" foi considerada incorreta. (Pluripartidarismo, embora seja assegurado constitucionalmente, não é fundamento da República).

Parágrafo único. **Todo o poder emana do povo**, que o exerce por meio de **representantes eleitos ou diretamente,** nos termos desta Constituição.

1. Ao citar a cidadania como um de seus fundamentos e dizer que todo poder emana do povo, **a Constituição Federal adota a Democracia Representativa como forma de exercício do poder político**, que será estudada no capítulo "Dos Direitos Políticos", composto pelos arts. 14 e 15.

Aplicação em concurso público:

- ***Técnico do Ministério Público – 2018 – MPE-AL – FGV***

  "Na República Federativa do Brasil, todo o poder emana do povo, que pode exercê-lo por meio de pessoas eleitas especialmente para esse fim. Esse processo de escolha caracteriza uma manifestação da:

  A) Democracia representativa."

  Gabarito: A alternativa "A" foi considerada correta.

2. A Democracia Representativa pode ser exercida de **maneira indireta** (por meio dos representantes eleitos) ou de **maneira direta** (como, por exemplo, por meio do voto, plebiscito, referendo, ação popular etc.).

Aplicação em concurso público:

- ***Auditor de Controle Interno – 2018 – CGM de João Pessoa – PB – CESPE***

  "Conforme a CF, o poder emana do povo e é exercido por meio de representantes eleitos, não havendo previsão do exercício do poder diretamente pelo povo."

  Gabarito: A afirmativa está errada. (a Constituição prevê possibilidades de exercício do poder diretamente pelo povo: plebiscito, referendo e iniciativa popular)

- ***CESPE – 2013 – FUB – Assistente em Administração***

  "Acerca da Constituição Federal de 1988 (CF), da sua classificação e dos princípios constitucionais fundamentais, julgue o item a seguir. A CF institui no Brasil um modelo de Estado democrático, em que o poder emana do povo e é exercido tanto por meio de uma democracia direta, quanto por intermédio de uma democracia representativa."

  Gabarito: A afirmativa foi considerada como correta.

- ***FGV – 2018 – MPE-AL – Técnico do Ministério Público – Geral***

  "Na República Federativa do Brasil, todo o poder emana do povo, que pode exercê-lo por meio de pessoas eleitas especialmente para esse fim. Esse processo de escolha caracteriza uma manifestação da

  A) democracia representativa."

  Gabarito: A afirmativa "A" foi considerada como correta.

3. Ao estabelecer que "**todo poder emana do povo**", o dispositivo constitucional assegura a **titularidade** do **Poder Constituinte *originário*** ao povo, que, possui, entre as suas características, o fato de ser permanente, podendo ser exercido a qualquer momento;

Aplicação em concurso público:

- ***FCC – 2010 – TCM-PA – Técnico de Controle Externo Considere:***

  "O poder constituinte originário é também um poder permanente, pois não se esgota no momento de seu exercício. Mesmo depois de elaborada a nova Constituição, esse poder permanece em estado de latência, na titularidade do povo."

  Gabarito: A afirmativa foi considerada como correta.

Art. 2º – São Poderes da União, **independentes** e **harmônicos entre si**, o **Legislativo, o Executivo e o Judiciário.**

1. Esse artigo revela a **tripartição dos poderes (ou princípio da separação de poderes),** teoria que se originou com "Montesquieu". Através dela, o **Legislativo**, **Executivo** e **Judiciário** devem ter atribuições que caracterizem a *independência* e *harmonia* de cada um, admitindo um **equilíbrio** entre esses três poderes.

- ***Agente de Fiscalização – 2017 – CRMV-DF – QUADRIX***

  "O Brasil adotou a teoria de tripartição de funções do Estado, organizada por Montesquieu, com três poderes independentes e harmônicos entre si, o Legislativo, o Executivo e o Judiciário."

  Gabarito: A afirmativa está correta.

2. A **independência** entre os poderes resulta *prerrogativas, imunidades* e *garantias* inerentes a cada um, visando evitar interferências mútuas. A **harmonia**, por outro lado, garante a intervenção **excepcional** de um poder em outro, quando devidamente *autorizado* pela Constituição, com o objetivo de garantir a atuação de acordo com suas atribuições. Esse equilíbrio é mencionado pela doutrina como **"Sistema de Freios e Contrapesos" (*check and balances*)**, decorrente das lições de **Robert Alexy** e de origem também na jurisprudência norte-americana.

Aplicação em concurso público:

- ***CESPE – 2012 – TJ-RR – Administrador***

"Acerca dos elementos do Estado e da abrangência de seus Poderes, julgue os itens a seguir. O sistema *checks and balances*, criado por ingleses e norte-americanos, consiste no método de freios e contrapesos adotado no Brasil. Nesse sistema, todos os poderes do Estado desempenham funções e praticam atos que, a rigor, seriam de outro poder, de modo que um poder limita o outro."

Gabarito: A afirmativa foi considerada correta.

3. Para atingir o equilíbrio, os três poderes são dotados de **funções típicas,** sendo que o **Poder Executivo** tem a função de **administrar, o Poder Legislativo de legislar e fiscalizar e o Poder Judiciário de julgar,** interpretando o direito nos casos concretos. Entretanto, a Constituição também prevê **funções atípicas para** cada um dos poderes. (Como exemplos de funções atípicas é possível citar a elaboração dos regimentos internos dos tribunais, a edição de medida provisória pelo Presidente da República e o julgamento do Presidente pelo Senado Federal nos crimes de Responsabilidade)

	Poder Executivo	**Poder Legislativo**	**Poder Judiciário**
Funções típicas	Administrar	Legislar e fiscalizar	Julgar
Funções atípicas	Editar Medidas Provisórias e Decretos Legislativos Julgar defesas e recursos administrativos	Administrar seus órgãos e servidores Julgar o Presidente nos crimes de Responsabilidade (art. 52, I, C)	Administrar seus órgãos e servidores Legislar acerca do Regimento Interno dos Tribunais (art. 96, I, a, CF)

Aplicação em concurso público:

- ***Analista Judiciário – 2015 – TJ-PI – FGV***

Não há exclusividade no exercício das funções pelos Poderes, podendo, por exemplo, o Judiciário, afora sua função típica (jurisdicional), praticar atos no exercício de função normativa, como a elaboração dos regimentos internos dos Tribunais;

Gabarito: Alternativa correta.

4. **O princípio da separação dos poderes é cláusula pétrea**, de forma que não admite modificação por meio de Emenda Constitucional (art. 60, § 4º, III, CF).

Aplicação em concurso público:

- ***CESPE – 2018 – TCM-BA – Auditor Estadual de Controle Externo***

  "A CF proíbe a deliberação de proposta de emenda constitucional que tenda a abolir C) a separação dos poderes, por se tratar de cláusula pétrea expressa."

  Gabarito: A alternativa "C" foi considerada como correta.

5. A **possibilidade** de **controle recíproco** prevista constitucionalmente resultou em enfrentamento pelo STF de *casos concretos*, resultando em entendimentos. **Alguns exemplos**:

▶ **Súmula Vinculante 37:** Não cabe ao Poder Judiciário, que não tem função legislativa, aumentar vencimentos de servidores públicos sob fundamento de isonomia

▶ **Súmula 649 – STF:** É inconstitucional a criação, por Constituição estadual, de órgão de controle administrativo do Poder Judiciário do qual participem representantes de outros Poderes ou entidades.

▶ **RE 592.581 – STF:** É lícito ao Judiciário impor à administração pública obrigação de fazer, consistente na promoção de medidas ou na execução de obras emergenciais em estabelecimentos prisionais. Supremacia da dignidade da pessoa humana que legitima a intervenção judicial.

Aplicação em concurso público:

- ***Defensor Público – 2017 – CESPE – DPE-AC***

  Assinale a opção que, segundo o entendimento do STF, representa respeito à independência dos Três Poderes.

  "Imposição pelo Poder Judiciário à administração pública de obrigação de fazer, visando à execução de obras emergenciais em estabelecimentos prisionais."

  Gabarito: A alternativa está correta.

▶ **Informativo 726 STF:** O Poder Judiciário, em situações excepcionais, pode determinar que a Administração Pública adote medidas assecuratórias de direitos constitucionalmente reconhecidos como essenciais, sem que isso configure violação do princípio da separação de poderes. [STF. 1ª Turma. RE 440028/SP, rel. Min. Marco Aurélio, julgado em 29/10/2013].

Art. 3º – Constituem **objetivos fundamentais** da República Federativa do Brasil:

1. Os objetivos fundamentais são constituídos por **verbos (construir, garantir, erradicar, promover)** que demonstram o que deve ser adotado pelo Poder Público

na administração dos entes federativos. As bancas de concurso cobram sempre a *literalidade* do dispositivo constitucional.

► **Regra mnemônica para memorização**: CON+GA+E+PRO

Aplicação em concurso público:

- ***FCC – 2018 – SEAD-AP – Analista Administrativo***

  "O título I da Constituição Federal de 1988 trata dos princípios e objetivos fundamentais, incluindo, dentre esses, a:

  B) garantia do desenvolvimento nacional como objetivo fundamental da República Federativa do Brasil."

  Gabarito: A alternativa "B" está correta.

- ***COPS-UEL – 2015 – UEL – Agente Universitário – Advogado***

  "Estando a República Federativa do Brasil constituída sob a forma de Estado Democrático de Direito e em relação aos seus objetivos constitucionais específicos, considere as afirmativas a seguir.

  I. Construir uma sociedade livre, justa e solidária.

  II. Erradicar a pobreza e a marginalização.

  III. Reduzir as desigualdades sociais e regionais.

  IV. Garantir o livre exercício da autonomia da vontade.

  Assinale a alternativa correta."

  Gabarito: As afirmativas I, II e III estão corretas.

- ***FUNDATEC – 2018 – PC-RS – Escrivão e de Inspetor de Polícia – Tarde***

  "NÃO se constitui um objetivo fundamental da República Federativa do Brasil:

  B) Prevalência dos direitos humanos."

  Gabarito: A alternativa "B" foi considerada como correta.

2. Os **objetivos fundamentais** são **normas constitucionais de eficácia limitada de princípio programático**, ou seja, instituem programas que depende de ações estatais.

I – construir uma sociedade livre, justa e solidária;

1. Este objetivo se fundamenta em três pilares: *liberdade, justiça* e *solidariedade*. A **liberdade** é direito fundamental assegurado em outros trechos da Constituição. A **justiça** também é objetivo, assegurado através de diversos do sistema jurisdicional e dos meios de impugnação dos atos ilegais. A **solidariedade** exige a participação geral (Estado e povo) na garantia de direitos constitucionais.

► **Jurisprudência:**

O sistema público de previdência social é fundamentado no **princípio da solidariedade (art. 3º, I, da Constituição do Brasil/1988),** contribuindo os ativos para financiar os benefícios pagos aos inativos. [RE 450.855 AgR, rel. min. Eros Grau, j. 23-8-2005, 1ª T, DJ de 9-12-2005]

Aplicação em concurso público:

- ***OBJETIVA – 2015 – CISVALE – Contador***

  "De acordo com a Constituição Federal, construir uma sociedade livre, justa e solidária constitui:

  A) Um dos objetivos fundamentais da República Federativa do Brasil."

  Gabarito: A alternativa "A" está correta.

- ***FCC – 2016 – TRT – 23ª REGIÃO (MT) – Analista Judiciário – Área Administrativa***

  "O princípio da solidariedade social:

  E) é um dos três componentes estruturais do princípio democrático quando a Constituição preconiza o modelo de construção de uma sociedade livre, justa e solidária."

  Gabarito: A alternativa "E" está correta.

II – garantir o desenvolvimento nacional;

1. O desenvolvimento nacional é objetivo da República, porém não deve deixar de lado a garantia também da proteção ao meio ambiente. A interpretação desse dispositivo deve ser sistemática com o art. 225 da CF. Portanto, atualmente, fala-se na necessidade de entender o desenvolvimento nacional como "sustentável".

► **Jurisprudência:**

"O princípio do desenvolvimento sustentável, além de impregnado de caráter eminentemente constitucional, encontra suporte legitimador em compromissos internacionais assumidos pelo Estado brasileiro e representa fator de obtenção do justo equilíbrio entre as exigências da economia e as da ecologia, subordinada, no entanto, a invocação desse postulado, quando ocorrente situação de conflito entre valores constitucionais relevantes, a uma condição inafastável, cuja observância não comprometa nem esvazie o conteúdo essencial de um dos mais significativos direitos fundamentais: o direito à preservação do meio ambiente, que traduz bem de uso comum da generalidade das pessoas, a ser resguardado em favor das presentes e futuras gerações". **[ADI 3.540 MC, rel. min. Celso de Mello, j. 1º-9-2005, P, DJ de 3-2-2006]**

Aplicação em concurso público:

- ***FAURGS – 2015 – TJ-RS – Titular de Serviços de Notas e de Registros – Provimento***

  "Tendo em vista as normas previstas sob o Título Dos Princípios Fundamentais, assinale a alternativa que contém assertiva correta.

  D) A garantia do desenvolvimento nacional constitui um dos objetivos fundamentais da República Federativa do Brasil, assim como a redução das desigualdades sociais e regionais.

  Gabarito: A alternativa "D" está correta.

III – erradicar a pobreza e a marginalização e reduzir as desigualdades sociais e regionais; **igualdade de condições para todos os cidadãos.**

1. Este é mais um objetivo, que tem por base a noção de **igualdade material (tratar os iguais igualmente e os desiguais desigualmente)**. Trata-se de mais um dispositivo muito cobrado em sua literalidade.

Aplicação em concurso público:

- ***CESPE – 2011 – FUB – Assistente de Administração – Específicos***

  "Os objetivos fundamentais da República brasileira incluem a garantia do desenvolvimento nacional, a erradicação da pobreza e da marginalização, a redução das desigualdades sociais e regionais e a promoção do bem de todos, sem quaisquer preconceitos ou outras formas de discriminação."

  Gabarito: A afirmativa está correta.

- ***CESPE – 2014 – TC-DF – Técnico de Administração Pública***

  "A respeito das classificações das constituições e dos princípios fundamentais previstos na CF, julgue os itens a seguir. Ao implementar ações que visem reduzir as desigualdades sociais e regionais e garantir o desenvolvimento nacional, os governos põem em prática objetivos fundamentais da República Federativa do Brasil"

  Gabarito: A afirmativa está correta.

2. Esse dispositivo legitima a atuação estatal, mediante **ações afirmativas**, com o objetivo de garantir a **igualdade *material***. Trata-se de um **elemento socioideológico** da Constituição, que demonstra o compromisso do Estado com a concretização dos objetivos fundamentais.

Aplicação em concurso público:

- ***CESPE – 2014 – Câmara dos Deputados – Analista Legislativo – Consultor Legislativo***

  "Área X No que se refere aos fundamentos de direito constitucional positivo brasileiro, julgue os itens subsequentes. Os princípios gerais da atividade econômica, a exemplo da livre concorrência e da redução das desigualdades regionais e sociais, são considerados elementos socioideológicos da Constituição e revelam o compromisso da norma fundamental entre o Estado individualista e o Estado social intervencionista."

  Gabarito: A afirmativa está correta.

- ***CESPE – 2009 – TCU – Analista de Controle Externo – Auditoria de Obras Públicas – Prova 1***

  "Para efeitos administrativos, a União poderá articular sua ação em um mesmo complexo geoeconômico e social, visando ao seu desenvolvimento e à redução das desigualdades regionais, cabendo à lei dispor acerca dos incentivos regionais que compreenderão, por exemplo, isenções, reduções ou diferimento temporário de tributos federais devidos por pessoas físicas ou jurídicas."

  Gabarito: A afirmativa está correta.

IV – promover o bem de todos, sem preconceitos de origem, raça, sexo, cor, idade e quaisquer outras formas de discriminação.

1. **O Direito à igualdade (ou isonomia) é também um objetivo e é assegurado em diversas passagens da Constituição.** Não podemos limitá-lo a esse artigo, pois a sua maior manifestação está descrita no art. 5º, *caput*, da Constituição Federal, na qual elenca o direito de igualdade em face da lei. Também se observa esse princípio no art. 7º, XXX e XXXI, art. 3 e dentre outros.

- ***COMPERVE – 2017 – MPE-RN – Técnico do Ministério Público Estadual – Área Administrativa***

  "Os objetivos fundamentais da república brasileira são metas que o Estado deve promover com força vinculante e imediata, servindo como norte a ser seguido em toda e qualquer atividade estatal. Nessa acepção, a Constituição Federal aponta, expressamente, como objetivo fundamental a promoção:

  A) do bem de todos, sem preconceitos de origem, raça, sexo e cor."

  Gabarito: A alternativa "A" foi considerada como correta.

- ***Quadrix – 2017 – COFECI – Auxiliar Administrativo***

  "De acordo com o disposto na Constituição Federal de 1988 (CF), julgue o item seguinte a respeito dos direitos e das garantias fundamentais. A CF consagra que todos são iguais perante a lei, sem distinção de qualquer natureza, contudo deve-se buscar não apenas a aparente igualdade formal, mas, principalmente, a igualdade material. Certo Errado".

  Gabarito: A afirmativa foi considerada como correta.

2. A doutrina divide a igualdade em **formal** (tratamento igualitário, sem considerar condições particulares) e **material** (tratamento dos desiguais de maneira desigual). O entendimento prevalecente é de que a Constituição protege a **igualdade material**, na medida em que aceita ações afirmativas pelo Estado, como programas sociais a grupos menos favorecidos.

Aplicação em concurso público:

- ***FUNCAB – 2014 – SEDS-TO – Assistente Socioeducativo – Técnico em Enfermagem***

  "É conforme a Constituição Federal oferecer tratamento diferenciado para mulheres, idosos e crianças sempre que houver finalidade razoável e proporcionalidade em relação ao objetivo visado. Em tais situações de diferenciação, é possível constatar a noção de:

  C) igualdade material"

  Gabarito: A alternativa "C" foi considerada correta.

- ***FCC – 2012 – INSS – Perito Médico Previdenciário***

  "A previsão constitucional que determina a reserva de percentual dos cargos e empregos para as pessoas portadoras de deficiência tem como objetivo, precipuamente, promover o direito à:

C) igualdade material"

Gabarito: A alternativa "C" foi considerada correta.

Art. 4º – A República Federativa do Brasil rege-se nas suas **relações internacionais** pelos seguintes princípios:

1. O art. 4º trata dos **princípios** aplicáveis às **relações internacionais** das quais a República Federativa do Brasil participe. Embora o Brasil possua soberania e independência nacional, a própria Constituição estabelece diretrizes que a República deverá seguir nas suas relações internacionais. Trata-se de dispositivo que é cobrado, essencialmente, em sua literalidade.

► **Regra mnemônica:**

PRINCÍPIOS QUE REGEM AS RELAÇÕES INTERNACIONAIS: ***DECORA PISCINÃO***	
DE	Defesa da paz
CO	Cooperação entre os povos para o progresso da humanidade
R	Repúdio ao terrorismo e ao racismo
A	Autodeterminação dos povos
P	Prevalência dos direitos humanos
I	Independência nacional
S	Solução pacífica dos conflitos
C	Concessão de asilo político
I	Igualdade entre os Estados
NÃO	Não intervenção

I – independência nacional;

1. A **independência nacional** relaciona-se com a **soberania nacional** no *plano transnacional*. Assim, as decisões no plano internacional, como – por exemplo – a extradição, não são ato de nenhum Poder do Estado, mas sim da República Federativa do Brasil, pessoa jurídica de direito público externo, representada pelo Presidente da República, na qualidade de Chefe de Estado;

Aplicação em concurso público:

- ***TRF – 4ª REGIÃO – 2016 – TRF – 4ª REGIÃO – Juiz Federal Substituto***

A soberania nacional, no plano transnacional, funda-se no princípio da independência nacional, efetivada pelo Presidente da República, consoante suas atribuições previstas na Carta de 1988. Nesse enfoque, a extradição não é ato de nenhum Poder do Estado, mas da República Federativa do Brasil, pessoa jurídica de direito público externo, representada na pessoa de seu Chefe de Estado, o Presidente da República.

Gabarito: A afirmativa foi considerada como correta.

2. Diante da garantia da **independência nacional**, a **extradição** é ato de competência *exclusiva* do **Presidente da República**, *não* cabendo intervenção do STF sobre a referida decisão do Chefe de Estado.

► **Jurisprudência:**

No campo da soberania, relativamente à extradição, é assente que **o ato de entrega do extraditando é exclusivo**, da competência *indeclinável* do **presidente da República**, conforme consagrado na Constituição, nas leis, nos tratados e na própria decisão do Egrégio STF na Ext 1.085. O descumprimento do tratado, em tese, gera uma lide entre Estados soberanos, **cuja resolução não compete ao STF**, que não exerce soberania internacional, máxime para impor a vontade da República Italiana ao chefe de Estado brasileiro, cogitando-se de mediação da Corte Internacional de Haia, nos termos do art. 92 da Carta das Nações Unidas de 1945. [Rcl 11.243, rel. p/ o ac. min. Luiz Fux, j. 8-6-2011, P, DJE de 5-10-2011.]

II – prevalência dos direitos humanos;

III – autodeterminação dos povos;

IV – não-intervenção;

V – igualdade entre os Estados;

VI – defesa da paz;

VII – solução pacífica dos conflitos;

VIII – repúdio ao terrorismo e ao racismo;

IX – cooperação entre os povos para o progresso da humanidade;

X – concessão de asilo político.

Parágrafo único. A República Federativa do Brasil buscará a integração econômica, política, social e cultural dos povos da América Latina, visando à formação de uma comunidade latino-americana de nações.

1. No histórico de questões analisadas, percebe-se que os incisos II a X, inclusive o seu parágrafo único, são cobrados, em praticamente todas as situações, com o texto em sua literalidade. Tenta-se, a todo momento, confundir o candidato com as hipóteses de fundamentos (art. 1º) ou objetivos (art. 2º). No entanto, os dispositivos mais a frente (ex: art. 5º) tratarão especificamente de alguns direitos que são exigidos em maior profundidade. Vejamos como esse artigo é cobrado:

Aplicação em concurso público:

- ***NUCEPE – 2018 – PC-PI – Delegado de Polícia Civil***

"A Constituição Federal de 1988 inovou, ao estabelecer princípios que governam as relações internacionais, marque a alternativa que NÃO contempla os princípios fixados pela CF.

E) Integração econômica entre os povos, prevalência de direitos humanos, erradicação das desigualdades."

Gabarito: A alternativa "E" foi considerada correta. (Integração econômica e erradicação das desigualdades não são princípios das relações internacionais)

Aplicação em concurso público:

- ***FCC – 2018 – TRT – 6ª Região (PE) – Analista Judiciário – Área Administrativa***

"A República Federativa do Brasil rege-se nas suas relações internacionais pelo princípio que

D) reconhece a autodeterminação dos povos."

Gabarito: A alternativa "D" foi considerada correta.

Aplicação em concurso público:

- ***CESPE – 2017 – TRE-TO – Técnico Judiciário – Área Administrativa***

"Em determinado seminário sobre os rumos jurídicos e políticos do Oriente Médio, dois professores debateram intensamente sobre a atual situação política da Síria. Hugo, professor de relações internacionais, defendeu que o Brasil deveria realizar uma intervenção militar com fins humanitários. José, professor de direito constitucional, argumentou que essa ação não seria possível conforme os princípios constitucionais que regem as relações internacionais da República Federativa do Brasil. Nessa situação hipotética, com base na Constituição Federal de 1988 (CF),

B) José está correto, pois a não intervenção e a solução pacífica dos conflitos são princípios constitucionais que orientam as relações internacionais do Brasil."

Gabarito: A alternativa "B" foi considerada correta.

- ***Titular de Serviços de Notas e de Registros – 2017 – TJ-MG (CONSULPLAN).***

Constituem objetivos fundamentais da República do Brasil, **EXCETO**:

A) A construção de uma sociedade livre, justa e solidária.

B) A garantia do desenvolvimento nacional, a erradicação da pobreza e da marginalização e a redução das desigualdades sociais e regionais.

C) a promoção do bem de todos, sem preconceito de origem, raça, sexo, cor idade e quaisquer outras formas de discriminação.

D) A defesa da paz, o repúdio ao terrorismo e a independência nacional.

Gabarito: Alternativa "D" foi considerada correta.

TÍTULO II
DOS DIREITOS E GARANTIAS FUNDAMENTAIS

1. **Rol exemplificativo**: O **Título II** inaugura o tópico referente aos direitos e garantias fundamentais (envolvendo "**Direitos e Deveres Individuais e Coletivos**", "**Direitos Sociais**", "**Da Nacionalidade**", "**Dos Direitos Políticos**" e "**Dos Partidos Políticos**"), embora a doutrina entenda que tais direitos também estão espalhados ao longo de toda a Constituição, não sendo, portanto, um título exaustivo de direitos.

Aplicação em concurso público:

- ***CESPE – 2012 – MCT – Todos os Cargos – Conhecimentos Básicos – Temas III, IV, V e VI***
  "Com relação aos direitos e garantias fundamentais previstos na Constituição Federal de 1988 (CF), julgue os itens seguintes. O rol dos direitos e garantias fundamentais previstos na CF não é integral, podendo haver outros direitos e garantias fundamentais não previstos expressamente no texto constitucional."
  Gabarito: A afirmativa foi considerada correta.

- ***FUNCAB – 2013 – ANS – Ativ. Téc. de Complexidade Intelectual – Administração***
  "O rol constitucional de direitos e garantias fundamentais é taxativo."
  Gabarito: A afirmativa foi considerada errada.

2. **O que é *neoconstitucionalismo***: O "**neoconstitucionalismo**" é um processo atual de releitura do "**constitucionalismo**" tradicional, que coloca a Constituição e os direitos fundamentais no *centro do ordenamento jurídico*, possuindo **força normativa** que impacta *diretamente* na forma de interpretação do Direito e na garantia de direitos. Assim, os direitos e garantias fundamentais devem ser assegurados concretamente. Esse processo possui marcos **histórico** (Estado de Direito), **filosófico** (Direito e Ética) e **teórico** (interpretação constitucional).

MARCOS DO NEOCONSTITUCIONALISMO	
Marco *histórico*	Desenvolvimento do Estado constitucional de Direito.
Marco *filosófico*	Pós-positivismo, centralidade dos direitos fundamentais e reaproximação de Direito e Ética
Marco *teórico*	Conjunto de mudanças que contribuíram para nova interpretação constitucional

Aplicação em concurso público:

- ***PGE-GO – 2010 – PGE-GO – Procurador do Estado***
  "Expressa uma das características do neoconstitucionalismo:
  E) o reconhecimento da força normativa dos princípios constitucionais."
  Gabarito: A alternativa "E" foi considerada correta.

- ***CESPE – 2016 – ANVISA – Técnico Administrativo – Conhecimentos Específicos***
  "O neoconstitucionalismo influenciou a atual CF e promoveu o fortalecimento dos direitos fundamentais, notadamente, dos direitos sociais."
  Gabarito: A afirmativa foi considerada correta.

3. **Cláusula pétrea**: Os direitos e garantias **INDIVIDUAIS** são protegidos na Constituição como cláusula pétrea (art. 60, § 4º, IV). Tais direitos **NÃO** podem ser **ABOLIDOS** do Texto Constitucional, mas Emendas Constitucionais podem alterar o seu texto para aumentar direitos e/ou garantias.

Aplicação em concurso público:

- ***CEC – 2012 – Prefeitura de Pinhais – PR – Guarda Municipal***

  "Os direitos e garantias individuais têm 'status' de cláusula pétrea expressa no texto constitucional vigente. Sendo assim, não se admite proposta de emenda constitucional tendente a aboli-los ou suprimi-los."

  Gabarito: A afirmativa foi considerada correta.

- ***IBGP – 2015 – Prefeitura de Belo Horizonte – MG – Auditor – Engenharia Civil***

  "A discussão acerca da redução da maioridade penal no país vem promovendo questionamentos acerca do alcance e interpretação das cláusulas pétreas na Constituição de 1988. Sobre essas cláusulas é CORRETO afirmar que:

  C) Os direitos e as garantias individuais, embora sejam cláusulas pétreas expressas na constituição, podem ser objeto de emenda constitucional, desde que a proposta não esteja extinguindo, mas ampliando tais direitos e garantias."

  Gabarito: A alternativa "c" foi considerada correta.

4. **Diferença entre *direitos* e *garantias***: Apesar da semelhança entre direitos e garantias, é necessário diferenciá-los. Enquanto as regras devem estar escritas na norma, os princípios se relacionam a instrumentos gerais que buscam assegurar os direitos.

5. **Características**: São características dos direitos e garantias fundamentais:

CARACTERÍSTICA	DESCRIÇÃO
UNIVERSALIDADE	Núcleo mínimo de direitos atribuídos a todas as pessoas e garantidos em todos os lugares. Aqui a condição de ser humano basta para que se caracterize a titularização do direito. Importante destacar que não são todas as pessoas que executam universalmente todos os direitos, a Constituição, ao exercer seu poder originário limita certas particularidades.
HISTORICIDADE	São eles contextualizados a um determinado período histórico (caráter histórico-evolutivo). É esta característica que permite a reinterpretação e releitura dos direitos fundamentais.
INDIVISIBILIDADE	São estabelecidos de maneira harmônica, coerente e indissociável, sem possibilidade de divisão, mesmo que interpretativa.
IMPRESCRITIBILIDADE	Por serem direitos personalíssimos, sem caráter patrimonial, não há prescrição pela falta do seu exercício.
INALIENABILIDADE	Não pode haver distribuição de direitos fundamentais. (Impossibilidade de atos de disposição material ou jurídica)

CARACTERÍSTICA	DESCRIÇÃO
RELATIVIDADE	Nenhum direito é absoluto, podendo ser restringido a depender do caso particular. Assim, os direitos fundamentais podem ser restringidos de acordo com o caso (ex: direito à publicidade x intimidade).
INVIOLABILIDADE	Não podem ser violados, mesmo por autorização infraconstitucional ou por atos de autoridade, caso ocorra, poderá ser atribuído pena de responsabilização civil, administrativa e criminal.
COMPLEMENTARIDADE	**É necessário que os direitos fundamentais sejam observados de maneira harmônica com todo o ordenamento jurídico brasileiro, de forma que se busque sua complementação em outros direitos, sempre em prol de assegurar a dignidade da pessoa humana.**
EFETIVIDADE	**É necessário também que o Poder Público atue de forma a garantir a efetividade dos direitos e garantias fundamentais (atuação positiva – ações afirmativas);**
INTERDEPENDÊNCIA	A Constituição determina uma dependência entre direitos fundamentais e mecanismos de proteção, que devem ser observados (liberdade de locomoção x *habeas corpus*).

Aplicação em concurso público;

- ***IADES – 2010 – CFA – Analista Jurídico***

  "Sobre o tema Direitos e Garantias fundamentais, assinale a alternativa correta.

  A) A inalienabilidade dos direitos fundamentais caracteriza-se pela impossibilidade de negociação dos mesmos, tendo em vista não possuírem conteúdo patrimonial."

  Gabarito: A alternativa "A" foi considerada errada.

- ***CESPE – 2009 – DPE – PI – Defensor público***

  "Os direitos fundamentais possuem determinadas características que foram objeto de detalhado estudo da doutrina nacional e internacional. A respeito dessas características, assinale a opção correta.

  D) A imprescritibilidade dos direitos fundamentais vincula-se à sua proteção contra o decurso do tempo."

  Gabarito: A alternativa "D" foi considerada errada.

- ***Banca: CESPE – TJ-SE – 2014 – Analista e Técnico***

  "A historicidade, como característica dos direitos fundamentais, proclama que seu conteúdo se modifica e se desenvolve de acordo com o lugar e o tempo. Por isso, os direitos fundamentais podem surgir e se transformar."

  Gabarito: A afirmativa foi considerada correta.

6. **Geração de direitos**: Justamente pela característica da "historicidade", a doutrina classifica os direitos de acordo com gerações de conquista. Fala-se em **primeira** (direitos individuais), **segunda** (direitos sociais) e **terceira** (direitos transindividuais) geração, existindo também parcela da doutrina que defende até mesmo uma **quarta** (direitos de participação política) e **quinta** (paz global) geração de direitos.

<table>
<tr><td rowspan="3">GERAÇÕES
(Dimensões)

Direitos fundamentais</td><td>PRIMEIRA GERAÇÃO (LIBERDADE): direitos civis e políticos clássicos referentes à liberdade (ex.: direito à vida, à liberdade, à crença, à locomoção, à reunião etc.
São decorrência dos movimentos históricos revolucionários (ex.: Revolução Americana e Francesa);</td></tr>
<tr><td>SEGUNDA GERAÇÃO (IGUALDADE): direitos econômicos, sociais e culturais relacionados à igualdade entre homens (igualdade material – ex.: saúde, educação, trabalho, previdência, habitação, assistência social, entre outros). Esta geração decorre do surgimento do Estado do Bem-Estar Social, surgido a partir das disparidades sociais e econômicas dos séculos XIX e XX (ex.: revolução industrial).</td></tr>
<tr><td>TERCEIRA GERAÇÃO (FRATERNIDADE): Surgimento dos direitos solidários, como direito ao desenvolvimento, ao meio ambiente ecologicamente equilibrado, ao progresso, à qualidade de vida, aos direitos do consumidor. São considerados como direitos difusos, conhecidos também como direitos transindividuais.</td></tr>
</table>

- **Dica de memorização**: Para memorização, utiliza-se o lema francês liberdade (primeira geração), igualdade (segunda geração) e fraternidade (terceira geração). Utiliza-se a regra mnemônica "L+I+F".

Aplicação em concurso público;

- ***FCC – 2016 – TRT – 23ª REGIÃO (MT) – Técnico Judiciário – Área Administrativa***

  "Os chamados direitos de primeira geração (ou dimensão) surgiram no século XVIII, como consequência do modelo de Estado Liberal. São exemplos de direitos de primeira geração ou dimensão:

  B) direito à liberdade e direito à propriedade."

  Gabarito: A alternativa "B" foi considerada errada.

- ***CESPE – 2017 – TRT – 7ª Região (CE) – Técnico Judiciário – Área Administrativa***

  "Quanto à geração ou à dimensão dos direitos fundamentais, os direitos sociais são considerados de

  C) segunda geração ou dimensão."

  Gabarito: A alternativa "C" foi considerada errada.

- ***FAFIPA – 2017 – Fundação Araucária – PR – Advogado***

  "Conforme a teoria dos direitos fundamentais, assinale a alternativa CORRETA.

  B) Os direitos de primeira geração são considerados direitos de defesa, direitos do indivíduo frente ao Estado, caracterizando-se pela abstenção do Estado e por direito de liberdade do indivíduo."

  Gabarito: A alternativa "B" foi considerada errada.

CAPÍTULO I
DOS DIREITOS E DEVERES INDIVIDUAIS E COLETIVOS

Art. 5º – Todos **são iguais perante a lei**, sem distinção de qualquer natureza, garantindo-se **aos brasileiros e aos estrangeiros** residentes no País a inviolabilidade do direito à **vida, à liberdade, à igualdade, à segurança e à propriedade**, nos termos seguintes:

1. **Abrangência**: Apesar da literalidade do artigo 5º, *caput*, se referir apenas aos brasileiros e estrangeiros residentes no país, o STF vem entendendo pela **ampliação da interpretação desse artigo, uma vez que os direitos fundamentais devem abranger também *pessoas jurídicas, estrangeiros não residentes* e os *apátridas***. Um exemplo foi a decisão que reconheceu o direito do estrangeiro não-residente impetrar *habeas corpus*:

   ► **Entendimento jurisprudencial:**

   "o fato de o paciente ostentar a condição jurídica de estrangeiro e de não possuir domicílio no Brasil não lhe inibe, só por si, o acesso aos instrumentos processuais de tutela da liberdade nem lhe subtrai, por tais razões, o direito de ver respeitadas, pelo Poder Público, as prerrogativas de ordem jurídica e as garantias de índole constitucional que o ordenamento positivo brasileiro confere e assegura a qualquer pessoa que sofra persecução penal instaurada pelo Estado" [STF, HC 94016 MC/SP, rel. Min. Celso de Mello, j. 7/4/2008].

   Tratamento igualitário de brasileiros e estrangeiros residentes no Brasil. O alcance do disposto na cabeça do art. 5º da CF há de ser estabelecido levando-se em conta a remessa aos diversos incisos. A cláusula de tratamento igualitário não obstaculiza o deferimento de extradição de estrangeiro. [Ext 1.028, rel. min. Marco Aurélio, j. 10-8-2006, P, DJ de 8-9-2006.]

Aplicação em concurso público:

- ***Técnico de Controle Interno – 2018 – CGM de João Pessoa – PB (CESPE).***

  "Acerca dos princípios fundamentos e objetivos da Constituição Federal de 1988 (CF), julgue o item a seguir.

  Os direitos e as garantias fundamentais constitucionais estendem-se aos estrangeiros em trânsito no território nacional, mas não às pessoas jurídicas, por falta de previsão constitucional expressa."

  Gabarito: A afirmativa está errada. (São titulares de direitos fundamentais pessoa física, jurídica e até mesmo o Estado)

2. **Princípio da igualdade**: O *caput* do art. 5º traz, na sua parte inicial ("iguais perante a lei") o **princípio da igualdade ou isonomia**, garantindo a igualdade de todos perante a lei.

2.1. **Igualdade material e formal**: Como já visto anteriormente, a igualdade ou isonomia pode ser classificada como de natureza *formal* (tratar todos da mesma forma, sem considerar particularidades) ou *material* (tratar todos igualmente, na medida de suas desigualdades), sendo que a CF protege ações afirmativas de igualdade *material*. Vejamos alguns julgados sobre o assunto:

► **Jurisprudência:**

Cotas em universidades são constitucionais: "Atos que instituíram sistema de reserva de vagas com base em critério étnico-racial (cotas) no processo de seleção para ingresso em instituição pública de ensino superior. (...) Não contraria – ao contrário, prestigia – o princípio da igualdade material, previsto no caput do art. 5º da Carta da República, a possibilidade de o Estado lançar mão seja de políticas de cunho universalista, que abrangem um número indeterminado de indivíduos, mediante ações de natureza estrutural, seja de ações afirmativas, que atingem grupos sociais determinados, de maneira pontual, atribuindo a estes certas vantagens, por um tempo limitado, de modo a permitir-lhes a superação de desigualdades decorrentes de situações históricas particulares. (...)" [ADPF 186, rel. min. Ricardo Lewandowski, j. 26-4-2012, P, DJE de 20-10-2014]

Cotas em concursos públicos são constitucionais: Vagas em É constitucional a Lei 12.990/2014, que reserva a pessoas negras 20% das vagas oferecidas nos concursos públicos para provimento de cargos efetivos e empregos públicos no âmbito da administração pública federal direta e indireta. [ADC 41, rel. min. Roberto Barroso, j. 8-6-2017, P, DJE de 17-8-2017]

Aplicação em concursos:

- ***FGV – 2014 – PGM – Niterói – Procurador do Município, 3ª Categoria (P3)***

  A respeito do direito fundamental à igualdade, assinale a afirmativa correta.

  C) É incompatível com a política de cotas, baseada em critérios raciais, para ingresso no ensino superior.

  Gabarito: A alternativa "C" foi considerada incorreta (O Supremo declarou, de forma unânime, a constitucionalidade das cotas para facilitar o ingresso de negros à universidade no ano de 2012)

Ações afirmativas atendem à igualdade material, mas não podem discriminar sem critérios justificáveis: O princípio da igualdade material é prestigiados por ações afirmativas. No entanto, utilizar, para qualquer outro fim, a diferença estabelecida com o objetivo de superar a discriminação ofende o mesmo princípio da igualdade, que veda tratamento discriminatório fundado em circunstâncias que estão fora do controle das pessoas, como a raça, o sexo, a cor da pele ou qualquer outra diferenciação arbitrariamente considerada. Precedente do CEDAW. [ADI 5.617, rel. min. Edson Fachin, j. 15-3-2018, P, DJE de 3-10-2018]

Ampliação de prazo para embargos da Fazenda Pública é constitucional pelas suas peculiaridades: A ampliação de prazo para a oposição de embargos do devedor pela Fazenda Pública, inserida no art. 1º-B da Lei 9.494/1997, não viola os princípios da isonomia e do devido processo legal. [ADI 2.418, voto do rel. min. Teori Zavascki, j. 4-5-2016, P, DJE de 17-11-2016]

Concurso composto apenas por provas de títulos é inconstitucional: Concurso público. (...) Prova de títulos: exercício de funções públicas. Viola o princípio constitucional da isonomia norma que estabelece como título o mero exercício de função pública. [ADI 3.443, rel. min. Carlos Velloso, j. 8-9-2005, P, DJ de 23-9-2005]

2.2. **Relatividade do princípio da igualdade**: O princípio da igualdade não é absoluto, pois existem regras na própria CF que estabelecem condições de desigualdade em virtude de situações excepcionais (ver art. 12, CF; tópico 7).

3. **Direito à vida**: No julgamento da **ADI 3510/DF**, acerca da constitucionalidade do art. 5º da Lei 11.105 (Lei da Biossegurança), o STF definiu o **conceito de vida**, sendo a vida considerada a partir da **fecundação.**

3.1. **Início da vida:** Conceito de vida humana, conforme julgamento da ADI: "a) "a vida humana acontece na, e a partir da, **fecundação**", desenvolvendo-se continuamente; b) o zigoto, constituído por uma única célula, é um "ser humano embrionário"; c) é no momento da fecundação que a mulher engravida, acolhendo o zigoto e lhe propiciando um ambiente próprio para o seu desenvolvimento; d) a pesquisa com células-tronco adultas é, objetiva e certamente, mais promissora do que a pesquisa com células-tronco embrionárias." (STF – ADI 3510/DF).

► A ADI tinha como discussão o artigo 5º da respectiva lei, que dispõe: "É permitida, para fins de pesquisa e terapia, a utilização de células-tronco embrionárias obtidas de embriões humanos[...]", norma considerada constitucional por entender que as pesquisas com células-tronco embrionárias **não** violam o direito à vida ou o princípio da dignidade da pessoa humana.

Aplicação em concurso público:

- ***Enfermeiro – 2017 – IBADE – SEJUDH – MT***

  "Sobre o direito à vida, assinale a alternativa correta.

  C) A proteção do direito à vida inicia-se com o nascimento da pessoa."

  Gabarito: A alternativa "C" foi considerada como incorreta. (o conceito de vida, segundo o STF, é considerado a partir da fecundação)

3.2. Por ser considerado o início da vida a partir da fecundação do embrião, o Código Penal cuidou de tipificar o aborto, **punindo,** com isso, **a interrupção da gravidez** (arts. 124 a 129, do Código Penal); há, entretanto, exceções a essa punição, considerando novamente a relativização de toda norma constitucional:

- **Quando não há outro meio para salvar a vida da gestante** (art. 128, I, CP)
- **Se a gravidez resulta de estupro** e o aborto é precedido de consentimento da gestante ou, quando incapaz, de seu representante legal (art. 128, II, CP)

- **Nos casos de feto anencéfalo**, conforme a decisão do STF em sede da ADPF 54/DF.

► **Jurisprudência**: A 1ª Turma do STF, em julgado paradigma, entendeu que o aborto nos três primeiros meses de gravidez não é crime. [HC 124.306, rel. min. Roberto Barroso, j. 9-8-2016, 1ª T, DJE de 17-3-2017.]

Aplicação nos concursos públicos (caso de *feto anencefálico*):

- ***Advogado – 2017 – BANPARÁ***

  Sobre os Direitos Humanos e acerca dos Direitos Fundamentais é CORRETO afirmar que:

  C) Acerca do aborto, o Supremo Tribunal Federal, em recente julgado de sua 1ª Turma, afirmou ser necessário conferir interpretação conforme a Constituição aos arts. 124 a 126 do Código Penal (que tipificam o crime de aborto) para excluir do seu âmbito de incidência a interrupção voluntária da gestação efetivada no primeiro trimestre do período gestacional.

  Gabarito: A alternativa "c" foi considerada como correta.

3.3. **Fim da vida**: Por outro lado, **o fim da vida se dá com a *morte encefálica***, conforme o art. 3º, da Lei 9.434/97:

> Art. 3º, Lei 9.434: "A retirada post mortem de tecidos, órgãos ou partes do corpo humano destinados a transplante ou tratamento deverá ser precedida de **diagnóstico de morte encefálica,** constatada e registrada por dois médicos não participantes das equipes de remoção e transplante, mediante a utilização de critérios clínicos e tecnológicos definidos por resolução do Conselho Federal de Medicina".

► **Jurisprudência**: O STF já chegou a admitir a interrupção de gravidez de **feto** anencéfalo e que, portanto, não é crime o aborto nessa hipótese. [ADPF 54, voto do rel. min. Marco Aurélio, j. 12-4-2012, P, DJE de 30-4-2013]

Aplicação nos concursos públicos (caso de *feto anencefálico*):

- ***Enfermeiro – 2017 – IBADE – SEJUDH – MT***

  "Sobre o direito à vida, assinale a alternativa correta.

  D) A permissão do aborto de feto anencéfalo foi incluída no ordenamento jurídico por meio de emenda constitucional."

  Gabarito: a alternativa está incorreta (tal permissão ocorreu apenas em sede de entendimento jurisprudencial)

3.3. Devido à importância do **direito à vida,** a Constituição busca protegê-lo de todas as formas possíveis, seja por meio de medidas judiciais para garantir o direito à saúde (que acaba refletindo na vida dos indivíduos), seja por meio de regras previstas na CF (como a excepcionalidade da pena de morte) ou, ainda, por legislações infraconstitucionais, veja:

► **Há ainda outros conceitos sobre o direito de dispor sobre a vida, os quais ainda *não* foram enfrentados, de forma pacífica, pelo STF:**

PRÁTICA	CONCEITO
Eutanásia	Ato de proporcionar *intencionalmente* a morte da pessoa portadora de doença *incurável* ou *dolorosa*
Ortotanásia	É a mera interrupção do tratamento médico, permitindo como consequência a morte natural.
Distanásia	É o prolongamento da vida por meios artificiais, estendendo a vida de um paciente em fase terminal.
Suicídio assistido	É a ajuda de terceiros para que um doente em fase terminal acabe com a sua vida.

3.4 Como relativização do direito à vida, também deve-se considerar a **possibilidade de pena de morte em caso de guerra declarada,** conforme o art. 5º, XLVII, CF.

Aplicação em concurso público:

- ***UEG – 2018 – PC-GO – Delegado de Polícia***

  "A Constituição (CRFB) admite como possível a pena de:

  B) prestação social alternativa, na modalidade de trabalho forçado. C morte em caso de guerra declarada."

  Gabarito: A alternativa "B" foi considerada correta.

3.6. Entende-se que o direito à vida não se consubstancia apenas no direito de ficar vivo, mas também no direito de ter uma **vida digna**, considerando a interpretação sistemática junto com o art. 1º, III, da CF.

Aplicação em concurso público:

- ***Técnico do Seguro Social – 2016 – INSS (CESPE).***

  "A respeito dos direitos fundamentais, julgue o item a seguir. O direito à vida desdobra-se na obrigação do Estado de garantir à pessoa o direito de continuar viva e de proporcionar-lhe condições de vida digna."

  Gabarito: A afirmativa está certa.

I – homens e mulheres são iguais em direitos e obrigações, nos termos desta Constituição;

1. **O princípio da isonomia vinculado a esse inciso se remete à regra de que não pode haver** discriminação entre os indivíduos, principalmente, entre homens e mulheres **(igualdade de gênero).** A igualdade entre homens e mulheres deve ser material/substancial.

► **Jurisprudência:**

O inciso I do art. 100 do CPC, com redação dada pela Lei 6.515/1977, foi recepcionado pela CF de 1988. **O foro especial para a mulher nas ações de separação judicial e de conversão da separação judicial em divórcio não ofende o princípio da isonomia entre homens e mulheres ou da igualdade entre os cônjuges.** [RE 227.114, rel. min. Joaquim Barbosa, j. 22-11-2011, 2ª T, DJE de 16-2-2012]

Aplicação em concurso público:

- ***Analista Judiciário – Área Judiciária – 2012 – TRT – 6ª Região (PE) – FCC***

  "O Congresso Nacional promulgou, em agosto de 2006, a Lei n° 11.340, conhecida por "Lei Maria da Penha", a qual criou mecanismos para proteger a mulher que é vítima de violência doméstica e familiar. Em fevereiro de 2012, o Supremo Tribunal Federal (STF) julgou procedente a Ação Declaratória de Constitucionalidade n°19 (ADC-19) para declarar a constitucionalidade de dispositivos da referida lei, o que trouxe ainda mais força para sua aplicação.

  O princípio constitucional, relacionado aos direitos fundamentais, que embasa a "Lei Maria da Penha", permitindo que a mulher receba um tratamento jurídico preferencial em relação ao homem nas situações de violência doméstica e familiar, é o da

  C) *igualdade material.*

  Gabarito: A alternativa "C" foi considerada correta.

- ***Papiloscopista – 2016 – PC-PA (FUNCAB).***

  "prerrogativa do foro em favor da mulher e sua aplicação tanto para a ação de separação judicial quanto para a de divórcio direto fere o princípio constitucional da isonomia de tratamento entre homens e mulheres".

  Gabarito: A afirmativa foi considerada correta.

2. **A própria Constituição, no entanto, poderá estabelecer situações de desigualdade**, estipulando benefícios em favor de um dos gêneros. Exemplo disso é o art. 5º, L, que busca assegurar às presidiárias condições para que possam permanecer com seus filhos durante o período de amamentação.

► **Entendimentos jurisprudenciais:**

Violência doméstica. (...) O art. 1º da Lei 11.340/2006 surge, sob o ângulo do tratamento diferenciado entre os gêneros – mulher e homem –, harmônica com a CF, no que necessária **a proteção ante as peculiaridades física e moral da mulher e a cultura brasileira**. [**ADC 19, rel. min. Marco Aurélio, j. 9-2-2012, P, DJE de 29-4-2014**]

Concurso público. Critério de admissão. Sexo. A regra direciona no sentido da inconstitucionalidade da diferença de critério de admissão considerado o sexo – art. 5º, I, e § 2º do art. 39 da Carta Federal. A exceção corre à conta das hipóteses aceitáveis, tendo em vista a ordem socioconstitucional. [**RE 120.305, rel. min. Marco Aurélio, j. 8-9-1994, 2ª T, DJ de 9-6-1995**]

II – ninguém será obrigado a fazer ou deixar de fazer alguma coisa senão em virtude de lei;

1. O princípio vinculado a este artigo é o **princípio da legalidade,** assim, **somente a lei poderá criar direitos, deveres e vedações**. A expressão lei, para fins do dispositivo, não se restringe a lei ordinária, podendo se enquadrar qualquer hipótese de ato normativo primário (CF, art. 59).

Aplicação em concurso público;

- ***Assistente Técnico – 2017 – UE-PB (CPCON)***

"O princípio da legalidade, em síntese, afirma que só é permitido ao Estado fazer determinações aos indivíduos se houver alguma norma jurídica anterior ao fato que possa espelhar essa ordem estatal. Assim, caso um agente do Estado queira impor mandamentos ao indivíduo sem esse amparo normativo, o ato será considerado ilegal, já que a regra é a plena liberdade individual (livre iniciativa), só limitada ou retirada se houver norma prescrevendo um fazer ou deixar de fazer algo pelo Estado."

Gabarito: Alternativa considerada verdadeira.

► **Súmula Vinculante 44**: Só por lei se pode sujeitar a exame psicotécnico a habilitação de candidato a cargo público. (Conversão da Súmula 686-STF)

→ A exigência do exame psicotécnico em concurso depende de previsão em **lei** e no **edital**, e deve seguir critérios objetivos. [Tese definida no AI 758.533 QO-RG, rel. min. Gilmar Mendes, P, j. 23-6-2010, DJE 149 de 13-8-2010, Tema 338]

2. O **princípio da legalidade** tem perspectivas **diferentes** em relação ao *particular* e à *Administração Pública*. Enquanto o *particular* pode fazer tudo o que a lei não proíbe (vinculação negativa), a *Administração Pública* só pode fazer o que a lei determina (vinculação positiva).

Aplicação em concurso público:

- ***CEPUERJ – 2010 – DPE-RJ – Técnico Médio de Defensoria Pública***

"Em relação ao princípio da legalidade administrativa, a opção correta é:

C) enquanto, na administração particular, é lícito fazer tudo o que a lei não proíbe, na administração pública, só é permitido ao agente fazer o que a lei autoriza."

Gabarito: A alternativa "C" foi considerada como correta.

3. O **princípio da legalidade** possui abrangência e conteúdo mais amplo do que o **princípio da reserva legal**, pois este atinge certas matérias *especificadas* no próprio texto constitucional, como ocorre no direito **penal** (CF, art. 5º, XXXIX) ou **tributário** (CF, art. 150, I).

- ***CESPE – 2004 – STJ – Analista Judiciário – Área Administrativa***

  "A reserva de lei é mais restrita que a legalidade no que concerne a densidade e conteúdo; entretanto, a legalidade é mais abrangente que a reserva de lei pelo fato de atingir certas matérias especificadas no próprio texto constitucional."

  Gabarito: A afirmativa foi considerada como correta.

- ***TRT 15R – 2010 – TRT – 15ª Região – Juiz do Trabalho – Prova 1***

  "Em relação ao princípio da legalidade e da reserva legal, é correto afirmar que:

  C) possuem finalidades diversas, sendo que o primeiro tem abrangência mais ampla;"

  Gabarito: A alternativa "C" foi considerada como correta.

III – ninguém será submetido a tortura nem a **tratamento desumano ou degradante;**

1. **Não há exceção que permita a tortura.** Tal proibição visa resguardar o direito à vida e à dignidade da pessoa humana.

Aplicação em concurso público:

- ***Juiz Leigo – 2018 – TJ-MT***

  "Ninguém será submetido a tortura nem a tratamento desumano ou degradante, exceto quando violar direito da pessoa idosa ou criança em situação de risco."

  Gabarito: Alternativa FALSA. (Violar direito da pessoa idosa ou criança em situação de risco não enseja a tortura ou a tratamento desumano ou degradante)

2. **Súmula Vinculante 11**: "Só é lícito o uso de algemas em casos de resistência e de fundado receio de fuga ou de perigo à integridade física própria ou alheia, por parte do preso ou de terceiros, justificada a excepcionalidade por escrito, sob pena de responsabilidade disciplinar, civil e penal do agente ou da autoridade e de nulidade da prisão ou do ato processual a que se refere, sem prejuízo da responsabilidade civil do Estado".

   ▶ **Jurisprudência**: "O uso de algemas durante audiência de instrução e julgamento pode ser determinado pelo magistrado quando presentes, de maneira concreta, riscos à segurança do acusado ou das pessoas ao ato presentes". [Rcl 9.468 AgR, rel. min. Ricardo Lewandowski, j. 24-3-2011, P, DJE de 11-4-2011]

IV – é livre a manifestação do pensamento, **sendo vedado o anonimato;**

1. A **manifestação do pensamento** é assegurada constitucionalmente, contudo possui uma restrição. Deve haver identificação de quem se pronuncia, **sendo vedado o anonimato.** Esse dispositivo é muito cobrado em sua literalidade.

Aplicação em concurso público;

- ***Titular de Serviços de Notas e de Registros – 2018 – TJ-CE (IESES).***

  "Todos são iguais perante a lei, sem distinção de qualquer natureza, garantindo-se aos brasileiros e aos estrangeiros residentes no País a inviolabilidade do direito à vida, à liberdade, à igualdade, à segurança e à propriedade. Neste sentido, de acordo com a Constituição da República Federativa do Brasil de 1988 é INCORRETO afirmar que:

  D) É livre a manifestação do pensamento, sendo resguardado o anonimato."

  Gabarito: Alternativa D foi considerada correta.

► **Entendimentos jurisprudenciais:**

- A liberdade de expressão constitui-se em direito fundamental do cidadão, envolvendo o **pensamento**, a exposição de **fatos atuais** ou **históricos** e a **crítica**. [HC 83.125, rel. min. Marco Aurélio, j. 16-9-2003, 1ª T, DJ de 7-11-2003]

- **A manifestação do pensamento é livre e, portanto, não pode haver proibição da prática do proselitismo**: "O STF julgou inconstitucional o dispositivo que proíbe, no âmbito da programação das emissoras de radiodifusão comunitária, a prática de proselitismo, ou seja, a transmissão de conteúdo tendente a converter pessoas a uma doutrina, sistema, religião, seita ou ideologia". [ADI 2.566, rel. p/ o ac. min. Edson Fachin, j. 16-5-2018, P, Informativo 902]

1. **A "marcha da maconha" foi considerada constitucional pelo STF** (ADPF 187), em respeito ao direito de manifestação do pensamento, garantido pela Constituição.

V – é assegurado o direito de resposta, **proporcional ao agravo**, além da indenização por **dano material, moral ou à imagem;**

1. O **direito de resposta** foi assegurado *constitucionalmente* e *regulamentado* pela **Lei 13.188/2015**. Ele será exercido *proporcionalmente* ao agravo, sem prejuízo do direito à indenização por dano **material**, **moral** ou à **imagem**. Esse dispositivo é muito cobrado em sua literalidade.

Aplicação em concurso público:

- ***CESPE – 2018 – IPHAN – Auxiliar Institucional – Área 1***

  "A respeito dos direitos e das garantias fundamentais, julgue o item seguinte. O direito de resposta proporcional a um cidadão que tenha sido ofendido não impede o direito à indenização por dano material, moral ou à imagem."

  Gabarito: A afirmativa foi considerada correta.

- ***CESPE – 2014 – Câmara dos Deputados – Analista Legislativo – Consultor Legislativo Área I***

  "Julgue os próximos itens, relativos à aplicabilidade das normas constitucionais. Conforme entendimento do STF, não é possível o exercício do direito de resposta com o intuito de retificar matéria publicada em jornal impresso, por ser tal direito destituído de eficácia plena, dada a não recepção da Lei de Imprensa pela CF."

Gabarito: A afirmativa foi considerada errada. (O direito de resposta possui fundamento diretamente na CF)

2. Entende-se que o **direito de resposta** abrange **todo tipo de ofensa**, *ainda que* **não** seja de natureza penal.

Aplicação em concurso público:

- ***CESPE – 2013 – TCE-RO – Analista de Informática***

"No que se refere aos direitos e garantias fundamentais previstos na Constituição Federal de 1988 (CF), julgue o próximo item. O direito de resposta proporcional ao agravo tem abrangência ampla e aplica-se a todas as ofensas, ainda que elas não sejam de natureza penal."

Gabarito: A afirmativa foi considerada correta.

3. A **Lei de Imprensa** (Lei 5.250/67) foi declarada pelo STF como **não recepcionada** pelo ordenamento jurídico (ADPF 130), em virtude de violar diversos dispositivos relativos à liberdade de manifestação do pensamento. No entanto, **isso não afetou o direito de resposta**, pois se trata de *norma constitucional*, regulamentada já por uma nova lei inclusive (Lei 13.188/2015).

Aplicação em concurso público:

- ***FCC – 2010 – TCE-AP – Procurador***

"Ao julgar a Arguição de Descumprimento do Preceito Fundamental no 130, concluiu o Supremo Tribunal Federal pela total procedência da ação, "para o efeito de declarar como não recepcionado pela Constituição de 1988 todo o conjunto de dispositivos da Lei Federal no 5.250, de 9 de fevereiro de 1967" (Rel. Min. Ayres Britto, publ. DJE 6/11/2009). Dentre seus dispositivos, a lei em questão regulamentava o exercício de direito que atualmente é consagrado pelo artigo 5o, V, da Constituição da República, segundo o qual "é assegurado o direito de resposta, proporcional ao agravo, além da indenização por dano material, moral ou à imagem". Nesse contexto, tem-se que:

A) a decisão do Supremo Tribunal Federal não impede o exercício do direito de resposta, que é consagrado em norma constitucional de aplicabilidade imediata".

Gabarito: A alternativa "A" foi considerada correta.

VI – é inviolável **a liberdade de consciência e de crença,** sendo assegurado o livre exercício dos cultos religiosos e garantida, **na forma da lei, a proteção aos locais de culto e a suas liturgias;**

1. A norma deste inciso se divide em **três partes**: **a)** *liberdade* de consciência e de crença; **b)** *liberdade* do exercício dos cultos religiosos; e **c)** *proteção* aos locais de culto e as suas liturgias. **As duas primeiras** hipóteses ("a" e "b") são **normas de eficácia plena**, pois independem de lei para ser aplicada. Por outro lado, a última hipótese ("c") é **norma de eficácia limitada**, pois *depende* de lei que disponha sobre a proteção referida.

Aplicação em concurso público:

- ***CESPE – 2015 – DEPEN – Especialista – Todas as áreas – Conhecimentos Básicos***

  "Por suas características mais definidoras, a Constituição Federal de 1988 (CF) foi chamada de Constituição Cidadã. Com relação aos direitos humanos e aos direitos fundamentais consagrados na Carta Magna brasileira, julgue o item a seguir. No Brasil, está garantida a liberdade do exercício de culto religioso, uma vez que é inviolável a liberdade de consciência e de crença."

  Gabarito: A afirmativa foi considerada correta.

- ***Analista – Análise de Sistemas – 2018 – DPE-AM (FCC)***

  A Constituição Federal, quanto aos direitos e deveres individuais e coletivos, estabelece que

  B) é inviolável a liberdade de crença, sendo vedado o anonimato.

  Gabarito: Alternativa falsa. (o anonimato é vedado à manifestação de pensamento, na liberdade de crença, a norma tem eficácia plena)

2. Com base no referido dispositivo (e outros da CF), **o STF entendeu pela inconstitucionalidade do § 1º do art. 4º da Lei 9.612/1998**, que proibia, no âmbito da programação das emissoras de radiodifusão comunitária, a prática de **proselitismo**, ou seja, a transmissão de conteúdo *tendente a converter* pessoas a uma doutrina, sistema, religião, seita ou ideologia.

   ► **Jurisprudência**:

   "O Plenário (...) julgou procedente pedido formulado em ação direta para declarar a inconstitucionalidade do § 1º do art. 4º da Lei 9.612/1998. O dispositivo proíbe, no âmbito da programação das emissoras de radiodifusão comunitária, a prática de proselitismo, ou seja, a transmissão de conteúdo tendente a converter pessoas a uma doutrina, sistema, religião, seita ou ideologia". [ADI 2.566, rel. p/ o ac. min. Edson Fachin, j. 16-5-2018, P, Informativo 902]

VII – é assegurada, **nos termos da lei**, a prestação de *assistência religiosa* nas entidades **civis** e **militares** de internação *coletiva*;

1. As bancas de concurso cobram o conhecimento acerca desse dispositivo na sua literalidade e também que ele se trata de uma norma de **aplicabilidade imediata**, mas de **eficácia limitada**, pois depende dos termos da lei para ganhar eficácia total.

Aplicação em concurso público:

- ***CESPE – 2014 – Polícia Federal – Conhecimentos Básicos – Nível Superior***

  Acerca dos direitos e garantias fundamentais, da aplicabilidade das normas constitucionais e da organização do poder judiciário, julgue o item seguinte. A prestação de assistência religiosa nas entidades civis e militares de internação coletiva pode ser considerada exemplo de norma constitucional de eficácia limitada.

  Gabarito: A afirmativa foi considerada correta.

- ***CESPE – 2016 – TRT – 8ª Região (PA e AP) – Analista Judiciário – Tecnologia da Informação***

  "Conforme o inciso VII do artigo 5.º da CF, "é assegurada, nos termos da lei, a prestação de assistência religiosa nas entidades civis e militares de internação coletiva". Considerando-se a aplicabilidade das normas constitucionais e os critérios doutrinários de classificação, é correto afirmar que o referido dispositivo constitui norma

  A) de aplicabilidade imediata."

  Gabarito: A alternativa "A" foi considerada correta.

VIII – ninguém será privado de direitos por motivo de **crença religiosa ou de convicção filosófica ou política,** *salvo* se as invocar para eximir-se de obrigação legal a todos imposta e *recusar-se* a cumprir prestação alternativa, **fixada em lei**;

1. Seguindo a linha dos dispositivos anterior, essa norma assegura a **liberdade de crença religiosa ou convicção *filosófica* ou *política***. No entanto, esse direito é restringido em uma **exceção**: quando a pessoa invocar tal liberdade para se eximir de obrigação legal a todos imposta e recusar-se a cumprir prestação alternativa, fixada em lei. Essa conduta de se recusar a fazer algo por *crença* ou *convicção* é denominada pela doutrina e jurisprudência de "**escusa de consciência**" e é uma norma de **eficácia contida**. Caso o indivíduo recuse a cumprir a prestação alternativa, a consequência será a perda dos **direitos políticos** (CF, art. 15, IV);

Aplicação em concurso público:

- ***FCC – 2015 – MPE-PB – Técnico Ministerial – Diligências e Apoio Administrativo***

  "De acordo com o inciso VIII do artigo 5 da Constituição Federal, ninguém será privado de direitos por motivo de crença religiosa ou de convicção filosófica ou política, salvo se as invocar para eximir-se de obrigação legal a todos imposta e recusar-se a cumprir prestação alternativa, fixada em lei.

  B) acarreta a perda dos direitos políticos."

  Gabarito: A alternativa "B" foi considerada correta.

- ***ESAF – 2008 – MPOG – Especialista em Políticas Públicas e Gestão Governamental – Provas 1 e 2***

  "Ninguém será privado de direitos por motivo de crença religiosa ou de convicção filosófica ou política, salvo se as invocar para eximir-se de obrigação legal a todos imposta e recusar-se a cumprir prestação alternativa, fixada em lei. Assinale a opção que indica com exatidão a objeção que legitimamente pode ser oposta ao Estado para eximir-se de obrigação legal a todos imposta.

  C) Escusa de consciência."

  Gabarito: A alternativa "C" foi considerada correta.

- ***CESPE – 2015 – TRE-GO – Analista Judiciário – Área Administrativa – Conhecimentos Específicos***

  "Julgue o item que se segue, no que concerne aos direitos e garantias fundamentais e à aplicabilidade das normas constitucionais. Ninguém será privado de direitos por motivo de convicção política, salvo se as invocar para eximir-se de obrigação legal a todos imposta e recusar-se a cumprir prestação alternativa, fixada em lei. Essa norma constitucional, que trata da escusa de consciência, tem eficácia contida, podendo o legislador ordinário restringir tal garantia".

Gabarito: A assertiva foi considerada correta.

2. **Diferença entre *país laico* e *país cético***: A **laicidade** é totalmente diferente de **ceticismo**. Um *país laico* **não** interfere na liberdade religiosa, enquanto que um *país cético* **não acredita** em divindades. A Constituição brasileira estabelece a *laicidade*, **não o ceticismo.**

Aplicação em concurso público:

- ***Assistente Técnico – 2017 – UEPB (CPCON).***

  II – O Brasil é um Estado laico, quer dizer, é cético e não acredita em nenhuma divindade religiosa. Porém, todos os indivíduos podem professar a fé em qualquer religião, pois será além de permitida pelo Estado, protegida por este em seus templos, doutrinas e manifestações. Inclusive, a Constituição garante que nos estabelecimentos prisionais haja a possibilidade de haver manifestações religiosas, o que, de certa forma, é um ferimento tolerável à laicidade do Estado brasileiro.

  Gabarito: Alternativa falsa (O Estado laico define a neutralidade da República Federativa com relação a questões religiosas, o que é diferente de dizer que o Brasil é um Estado cético. O ceticismo é um estado de dúvida e descrença, um pensamento crítico dos métodos religiosos, e isso não acontece)

IX – é livre a expressão da atividade intelectual, artística, científica e de comunicação, **independentemente de censura ou licença;**

1. A norma assegura **liberdade de expressão**, que abrange o aspecto *intelectual*, *artístico*, *cientifico* e de *comunicação*, **vedando** a *censura* ou a *licença* para o seu exercício. Entende-se que a norma assegura a liberdade de expressão em sentido amplo, abrangendo a disseminação de informações, opiniões, críticas **e mesmo expressões não verbais** (escrita, pintura e música, por exemplo).

Aplicação em concurso público:

- ***Quadrix – 2018 – CRM-DF – Serviço Administrativo***

  "Acerca da liberdade de expressão na CF, julgue o item a seguir. A liberdade de expressão deve ser compreendida de forma ampla, contemplando a disseminação de informações, de opiniões e de críticas, ainda que por via não verbal ou escrita, como pintura, mímica e música."

  Gabarito: A assertiva foi considerada correta.

- ***CESPE – 2015 – DPU – Defensor Público Federal***

  "No tocante aos direitos e garantias fundamentais, julgue o próximo item. O direito à liberdade de expressão representa um dos fundamentos do Estado democrático de direito e não pode ser restringido por meio de censura estatal, salvo a praticada em sede jurisdicional".

Gabarito: A assertiva foi considerada errada. (não há exceção mesmo em âmbito jurisdicional)

► **Jurisprudência**:

Atividade de músico independe de inscrição na OMB: O Plenário do STF, no julgamento do RE 414.426, rel. min. Ellen Gracie, DJE de 10-10-2011, firmou o entendimento de que a atividade de músico é manifestação artística protegida pela garantia da liberdade de expressão, sendo, por isso, incompatível com a CF de 1988 a exigência de inscrição na Ordem dos Músicos do Brasil, bem como de pagamento de anuidade, para o exercício de tal profissão. Recurso extraordinário provido, com o reconhecimento da repercussão geral do tema e a reafirmação da jurisprudência sobre a matéria. [RE 795.467 RG, rel. min. Teori Zavascki, j. 5-6-2014, P, DJE de 24-6-2014, Tema 738]

Jornalismo independe de formação profissional: O jornalismo é a própria manifestação e difusão do pensamento e da informação de forma contínua, profissional e remunerada. Os jornalistas são aquelas pessoas que se dedicam profissionalmente ao exercício pleno da liberdade de expressão. [...] A impossibilidade do estabelecimento de controles estatais sobre a profissão jornalística leva à conclusão de que não pode o Estado criar uma ordem ou um conselho profissional (autarquia) para a fiscalização desse tipo de profissão. O exercício do poder de polícia do Estado é vedado nesse campo em que imperam as liberdades de expressão e de informação. Jurisprudência do STF: Rp 930, rel. p/ o ac. min. Rodrigues Alckmin, DJ de 2-9-1977. [RE 511.961, rel. min. Gilmar Mendes, j. 17-6-2009, P, DJE de 13-11-2009]

X – são invioláveis a **intimidade, a vida privada, a honra e a imagem das pessoas**, assegurado o direito a **indenização pelo dano material ou moral** decorrente de sua violação;

1. O dispositivo garante o direito à indenização por dano material ou moral no caso de violação à intimidade, vida privada, honra e imagem das pessoas, sendo titular desse direito tanto pessoas físicas, como jurídicas, inclusive de direito público (o Estado pode ser titular de direito à indenização por dano material/moral, bem como poderá ser obrigado a indenizar se causar dano).

Aplicação em concurso público:

- ***FCC – 2010 – SEFAZ-SP – Analista em Planejamento, Orçamento e Finanças Públicas – Prova 1***

  "No que se refere à inviolabilidade da intimidade, da vida privada, da honra e da imagem das pessoas é certo que

D) o Estado também responde por atos ofensivos (morais) praticados pelos agentes públicos no exercício de suas funções."

Gabarito: A alternativa "D" foi considerada como correta.

- ***Procurador – 2018 – AL-RS (FUNDATEC).***

I. É livre a expressão da atividade intelectual, artística, científica e de comunicação, independentemente de censura ou licença.

II. São invioláveis a intimidade, a vida privada, a honra e a imagem das pessoas, assegurado o direito à indenização pelo dano material ou moral decorrente de sua violação.

Gabarito: Estão corretas apenas as afirmativas I e II.

2. O **STF** entendeu que **não é necessária autorização prévia** da pessoa **biografada** para a publicação de obra sobre sua vida e que isso não ofende o referido dispositivo constitucional. (ADI 4815)

- ***CESPE – 2015 – FUB – Auditor***

"No que concerne aos direitos e às garantias fundamentais, julgue o item que se segue. Com base nos direitos fundamentais à inviolabilidade da intimidade, da vida privada, da honra e da imagem das pessoas, o STF recentemente adotou posicionamento, em que entende ser necessária a autorização prévia da pessoa biografada para a publicação de obra sobre sua vida."

Gabarito: A afirmativa foi considerada incorreta. (o STF entende como desnecessária autorização prévia).

XI – **a casa é asilo inviolável do indivíduo,** ninguém nela podendo penetrar sem consentimento do morador, salvo em caso de flagrante delito ou desastre, ou para prestar socorro, ou, durante o dia, por determinação judicial;

1. O dispositivo trata do direito à inviolabilidade de domicílio e estabelece as hipóteses excepcionais de quando poderá haver o ingresso na casa do morador. Sistematicamente, podemos identificar:

Com consentimento do morador	*Sem* consentimento do morador
• A qualquer hora: Sempre é possível ingressar na casa do morador se este consentir de maneira livre	• **A qualquer hora**: Em caso de flagrante delito; • **A qualquer hora**: Em caso de desastre, para prestar socorro; • **Apenas durante o dia**: com determinação judicial;

Aplicação em concurso público;

- ***Analista – Análise de Sistemas – 2018 – DPE-AM (FCC).***

A casa é asilo inviolável do indivíduo, sendo permitido nela penetrar sem o consenso do morador por determinação judicial durante o dia nos casos de flagrante delito ou a qualquer hora para prestar socorro e no caso de desastre.

Gabarito: Alternativa falsa. (No caso de flagrante delito também pode ser a qualquer hora)

- ***Analista Judiciário – Oficial de Justiça Avaliador – 2017 – TRF – 5ª REGIÃO (FCC)***

  Fernando passou mal de manhã em sua residência e, como estava sozinho, tentou sair para buscar ajuda, mas não conseguiu nem abrir o portão de casa. Fernando teve tempo apenas de pedir auxílio ao seu vizinho, Paulo, desmaiando logo em seguida, ali mesmo no jardim. Paulo, desesperado, rapidamente telefonou ao Corpo de Bombeiros. Nessa situação, à luz da Constituição Federal, os bombeiros [...]

  E) estarão autorizados a adentrar no imóvel de Fernando, assim que chegarem, já que para a prestação de socorro pode-se penetrar na casa do morador, sem o seu consentimento, a qualquer hora.

  Gabarito: Alternativa correta letra E.

2. Utilizando-se da **mutação constitucional (mudança de interpretação sem alteração de texto),** o STF reinterpretou a palavra **"casa"** do dispositivo constitucional, que antes era limitada a *residência* ou *domicílio*, e **passou a ter uma abrangência maior, considerando também local de trabalho, quarto de hotel, quarto de motel, carro, trailer, entre outros,** junto ao seu conceito para aplicação da inviolabilidade. Assim, o conceito constitucional da palavra "casa" é mais amplo do que o direito civil.

► **RHC 90.376-STF:** A interpretação é ampla e abrangente, alcançando, além da residência (apartamento, casa), aposentos de habitação coletiva, desde que ocupados (hotel, motel, pensão, pousadas e hospedaria), escritórios profissionais, oficinas e garagens.

Aplicação em concursos:

- ***CESPE – 2015 – STJ – Analista Judiciário – Administrativa (Segurança)***

  "Acerca dos direitos humanos, à luz da Constituição Federal de 1988 (CF), julgue o item subsequente. Para fins do direito à inviolabilidade do domicílio, o conceito de casa não abrange locais nos quais são exercidas atividades de índole profissional, como consultórios e escritórios."

  Gabarito: A afirmativa foi considerada como errada.

► O entendimento do STF sobre a inviolabilidade de domicílio **não** abrange locais de *acesso público*, como bares, restaurantes, ônibus etc.

Aplicação em concursos:

- ***FUNCAB – 2016 – ANS – Técnico em Regulação de Saúde Suplementar***

  "O conceito de 'casa', na seara constitucional, tem que ser interpretado em caráter abrangente. Ou seja, para fins do inciso XI do art. 5 da CRBB/1988, um bar, um restaurante, um ônibus utilizado como transporte, por exemplo, participam do conceito constitucional de 'casa'."

  Gabarito: A afirmativa foi considerada como incorreta. (a inviolabilidade de domicílio não abrange locais de acesso público)

XII – é inviolável o **sigilo da correspondência** e das **comunicações telegráficas, de dados e das comunicações telefônicas, salvo, no último caso, por ordem judicial,** nas hipóteses e na forma que a lei estabelecer para fins de investigação criminal ou instrução processual penal;

1. O sigilo previsto neste artigo é uma forma de proteger o **direito à intimidade dos indivíduos** e é, como a maioria dos incisos do art. 5º, cobrada em sua *literalidade* pelos concursos, embora haja mais entendimentos sobre esse assunto nos dispositivos a frente (ex: CPI). Essa garantia tem **uma exceção** que permite a violação das comunicações telefônicas, quando essas fazem parte de investigações *criminais* ou *instrução penal* (não abrange processos cíveis).

Aplicação em concurso público;

- ***Analista – Análise de Sistemas – 2018 – DPE-AM (FCC)***

  "A Constituição Federal, quanto aos direitos e deveres individuais e coletivos, estabelece que 'é inviolável o sigilo das comunicações telefônicas, sendo exceção legal se por ordem judicial para fins de investigação civil ou criminal'."

  Gabarito: Alternativa falsa. (não pode haver violação de comunicação telefônica para fins de investigações cíveis)

- ***FGV – 2008 – TCM-RJ – Procurador***

  "O direito ao sigilo de comunicação é:

  B) fundamental, podendo, entretanto, ser quebrado no caso das comunicações telefônicas, quando houver ordem judicial."

  Gabarito: A alternativa "B" foi considerada correta.

XIII – **é livre o exercício de qualquer trabalho,** ofício ou profissão, atendidas as qualificações profissionais que a lei estabelecer;

1. **Esse inciso é considerado uma norma de eficácia contida, tendo eficácia imediata até ulterior regulamentação restringi-la.** Assim, é possível que qualquer pessoa exerça qualquer trabalho, ofício ou profissão livremente. Porém, quando for editada uma lei regulamentadora da atividade, deverão ser observadas as qualificações estabelecidas na lei.

Aplicação em concurso público:

- ***Assistente Técnico – 2017 – UEPB (CPCON)***

  III – Ainda sobre as liberdades individuais, a livre iniciativa também é enfocada em relação ao trabalho ou ofício que uma pessoa deseja exercer. Segundo consta na Constituição, todos poderão desempenhar ou desenvolver qualquer tipo de profissão, desde que esse trabalho seja lícito e o sujeito atenda às qualificações estabelecidas em lei. Assim, em tese, uma pessoa poderia desempenhar qualquer tipo de trabalho, só não podendo exercer em sua plenitude se houver uma norma legal impondo regras e exigências para aquele mister.

Gabarito: Alternativa verdadeira.

- ***CESPE – 2013 – ANP – Especialista em Regulação – Área I Texto associado***

  "A liberdade de exercício profissional é norma constitucional de eficácia contida."

  Gabarito: A alternativa "B" foi considerada correta.

► **Jurisprudência:**

Eficácia contida da liberdade profissional: O art. 5º, XIII, da Constituição da República é norma de aplicação imediata e **eficácia contida** que pode ser restringida pela legislação infraconstitucional. Inexistindo lei regulamentando o exercício da atividade profissional dos substituídos, é livre o seu exercício. [MI 6.113 AgR, rel. min. Cármen Lúcia, j. 22-5-2014, P, DJE de 13-6-2014]

O **Exame de Ordem** é considerado como **constitucional** pelo STF. [MI 2.227 AgR, rel. min. Ricardo Lewandowski, j. 24-10-2013, P, DJE de 14-11-2013]

Não se exige *curso de formação* para **jornalismo**, pois ele se enquadra como liberdade de expressão do inciso IX. [RE 511.961, rel. min. Gilmar Mendes, j. 17-6-2009, P, DJE de 13-11-2009]

XIV – é assegurado a todos o **acesso à informação e resguardado o sigilo da fonte,** quando necessário ao exercício profissional;

1. O dispositivo consagra o **direito fundamental de acesso à informação**, resguardando o *sigilo da fonte* quando necessário ao **exercício profissional**. Esse dispositivo se relaciona com o inciso XXX do mesmo art. 5.

Aplicação em concurso público:

- ***Assistente em Administração – 2016 – FURG (Coperve)***

  Considerando que, conforme a Constituição Federal, todos são iguais perante a lei sem distinção de qualquer natureza, garantindo-se aos brasileiros e aos estrangeiros residentes no País a inviolabilidade do direito à vida, à liberdade, à igualdade, à segurança e à propriedade, marque a opção correta.

  É assegurado a todos o acesso à informação, resguardado *sempre* o sigilo da fonte.

  Gabarito: Alternativa falsa. (apenas quando necessário ao exercício profissional)

► **Jurisprudência:**

O STF entendeu que é inconstitucional a "proibição de divulgação de pesquisas eleitorais quinze dias antes do pleito" por violar a "garantia da liberdade de expressão e do direito à informação livre e plural no Estado Democrático de Direito". [ADI 3.741, rel. min. Ricardo Lewandowski, j. 6-9-2006, P, DJ de 23-2-2007]

2. O acesso à informação é resguardado através do remédio constitucional do *habeas data* previsto no inciso LXXII da CF, que será visto a frente. Ele também é regulamentado pela Lei 12.527/11.

Aplicação em concurso público:

- ***FCC – 2017 – TST – Técnico Judiciário – Área Administrativa***

"Determinado indivíduo requer, perante Secretaria Municipal de Educação, que lhe seja informado o número de faltas ao trabalho, nos últimos 12 meses, dos servidores públicos ocupantes de cargos efetivos lotados na escola junto à qual funciona Associação de Pais e Mestres de que faz parte. Nessa situação, à luz da Constituição Federal, cabe ao órgão da Administração

D) atender ao pedido, que pode ser formulado independentemente de justificativa, por se tratar de informação de interesse geral, a que todos têm acesso assegurado."

Gabarito: A alternativa "D" foi considerada correta.

XV – é livre a **locomoção** no território nacional **em tempo de paz**, podendo qualquer pessoa, *nos termos da lei*, nele entrar, permanecer ou dele sair **com seus bens**;

1. Dispositivo muito cobrado em sua literalidade e que se aplica apenas em "tempos de paz". A norma poderá ser excepcionada em tempos de exceção (ex: estado de sítio). Trata-se de uma norma de eficácia contida, na medida em que pode ser aplicada de imediata, sendo restringida apenas no caso de edição de lei ulterior.

Aplicação em concurso público:

- ***FCC – 2006 – TRT – 24ª REGIÃO (MS) – Analista Judiciário – Área Administrativa***

"Prescreve o artigo 5, XV, da Constituição da República: "é livre a locomoção no território nacional em tempo de paz, podendo qualquer pessoa, nos termos da lei, nele entrar, permanecer ou dele sair com seus bens". Estamos diante de uma norma constitucional de eficácia:

D) contida, com aplicação imediata, mas com possibilidade de restrição."

Gabarito: A alternativa "D" foi considerada correta.

- ***CETRO – 2014 – FUNDAÇÃO CASA – Agente de Apoio Socioeducativo***

"É livre a locomoção no território nacional em tempo de paz ou guerra".

Gabarito: A assertiva foi considerada errada. (em tempos de guerra, poderá ser excepcionado o dispositivo).

XVI – todos podem reunir-se pacificamente, sem armas, em locais abertos ao público, **independentemente de autorização,** desde que não frustrem outra reunião anteriormente convocada para o mesmo local, sendo apenas exigido prévio aviso à autoridade competente;

1. O **direito de reunião** é assegurado constitucionalmente desde que exercido de maneira **pacífica, sem armas** e em **locais abertos ao público. Não** se exige "autorização prévia", mas a reunião **não** poderá frustrar outra reunião convocada para o mesmo local. **Exige-se sim**, por outro lado, um "**prévio aviso**" à autoridade competente, o que **não** se confunde com prévia autorização. Neste direito, há o elemento teológico de se realizar a reunião com uma finalidade prévia.

Aplicação em concurso público:

- ***VUNESP – 2016 – TJ-SP – Titular de Serviços de Notas e de Registros – Remoção***

  "Sobre o direito de reunião previsto no art. 5, XVI, da Constituição Federal, é correto afirmar que todos podem reunir-se pacificamente,

  B) sem armas, em locais abertos ao público, independentemente de autorização, desde que não frustrem outra reunião anteriormente convocada para o mesmo local, sendo apenas exigido prévio aviso à autoridade competente"

  Gabarito: A alternativa "B" foi considerada correta.

► **ADPF 187 – STF:** O STF entendeu ser **constitucional a realização de manifestações que tem por base a descriminalização das drogas,** entendendo que os direitos constitucionais de reunião e de livre expressão do pensamento garantem a realização das chamadas "Marcha da Maconha".

Aplicação em concurso público:

- ***CESPE – 2013 – MC – Todos os Cargos – Especialidades 2 – 6, 9 – 12, 14 – 16, 18, 21 – 25***

  "Durante a realização da Copa das Confederações, o Brasil conviveu com ondas de manifestações ligadas aos reajustes no transporte público, e que, aos poucos, canalizou insatisfações das mais diversas, da qualidade do ensino à corrupção. Tendo o fragmento de texto acima como referência inicial, julgue o item que se segue, relativo ao direito à liberdade de expressão e de reunião e à proteção constitucional a esse direito. O STF considera que a defesa, em espaços públicos, da legalização das drogas ou da abolição de qualquer outro tipo penal é amparada pelo exercício legítimo do direito à livre manifestação do pensamento, propiciada pelo exercício do direito de reunião".

  Gabarito: A assertiva foi considerada correta.

2. Para exercício correto do direito, a doutrina menciona a existência de um **elemento teleológico/finalístico**, que é a *intenção* de pessoas em se reunir de maneira **pacífica** com um objetivo comum.

Aplicação em concurso público:

- ***Analista Judiciário – Área Judiciária – 2016 – TRT 20ª REGIÃO (SE) (FCC).***

  Uma fila de pessoas esperando às 10 horas da manhã a chegada de um ônibus em uma rodoviária para embarcar para a cidade de São Paulo não constitui uma reunião, para os fins previstos no artigo 5º, inciso XVI, da Constituição Federal (Direito de Reunião). No exemplo, em específico, o direito de reunião NÃO está configurado porque falta especificamente o elemento

A) teleológico.

Gabarito: Alternativa Correta (Falta o elemento teleológico na reunião de pessoas que aguardam um ônibus, pois elas não estão no intuito comum)

XVII – é plena a liberdade de associação para fins lícitos, **vedada a de caráter paramilitar;**

XVIII – **a criação de associações** e, na forma da lei, a de cooperativas **independem** de autorização, sendo **vedada a interferência estatal em seu funcionamento;**

XIX – as associações só poderão ser compulsoriamente dissolvidas ou ter suas atividades **suspensas por decisão judicial,** exigindo-se, no primeiro caso, o **trânsito em julgado;**

XX – **ninguém** poderá ser compelido a associar-se *ou a permanecer* associado;

XXI – as entidades associativas, *quando expressamente autorizadas*, têm **legitimidade** para representar seus filiados **judicial** ou **extrajudicialmente;**

1. O **Inciso XVII** prevê o direito à liberdade de associação, desde que para fins lícitos. O caráter paramilitar das associações é **PROIBIDO** constitucionalmente e acontece quando grupos civis se utilizam de armas e estrutura militar, como fim de ações político-partidária, religiosas ou ideológicas. A parte final do dispositivo é muito cobrada em provas.

Aplicação em concurso público:

- ***IF Sertão – PE – 2016 – IF Sertão – PE – Técnico em Laboratório de Informática***

  "Acerca dos direitos e deveres individuais e coletivos, previstos na Constituição Federal de 1988, assinale a alternativa incorreta:

  A) É vedada a criação de associação de caráter paramilitar em território nacional."

  Gabarito: A alternativa "A" foi considerada correta.

- ***ESAF – 2014 – MTur – Todos os Cargos – Conhecimentos Básicos***

  "Nos termos da Constituição Federal, sobre os direitos e garantias fundamentais, é correto afirmar que:

  A) é plena a liberdade de associação para fins lícitos, mesmo a de caráter paramilitar se realmente for para fins lícitos"

  Gabarito: A alternativa "A" foi considerada errada. (associação paramilitar é vedada, mesmo para fins lícitos)

► **Jurisprudência:**

A obrigatoriedade do visto de advogado para o registro de atos e contratos constitutivos de pessoas jurídicas (art. 1º, § 2º, da Lei 8.906/1994) **não** ofende os princípios constitucionais da isonomia **e da liberdade associativa**. [ADI 1.194, rel. p/ o ac. min. Cármen Lúcia, j. 20-5-2009, P, DJE de 11-9-2009]

2. O **inciso XVIII** estabelece como direito fundamental a **não intervenção** do Estado no funcionamento das associações e cooperativas. A criação de associações **independe de lei**, assim como a de cooperativas, *na forma da lei*, mas – em ambos os casos – **a interferência estatal é vedada em seu funcionamento**.

Aplicação em concurso público:

- ***FCC – 2016 – TRT – 14ª Região (RO e AC) – Analista Judiciário – Oficial de Justiça Avaliador Federal***

  "Um grupo de advogados que trabalham exclusivamente perante a Justiça do Trabalho, deseja criar uma Associação visando ajudar trabalhadores exclusivos de empresas de telecomunicações. De acordo com a Constituição Federal, a criação de associações:

  D) independe de autorização, sendo vedada a interferência estatal em seu funcionamento"

  Gabarito: A alternativa "D" foi considerada correta.

- ***Médico legista – 2018 – PC-MA (CESP).***

  De acordo com o rol de direitos e deveres individuais e coletivos elencados no art. 5.° da Constituição Federal de 1988 (CF),

  D) será ampla a liberdade de associação, independentemente de autorização dos poderes públicos.

  Gabarito: A alternativa "D" foi considerada correta.

3. O **inciso XIX** diferencia a **suspensão** e a **extinção/dissolução** das associações, exigindo – para ambas – a obtenção de **decisão judicial**. No caso de **suspensão**, exige-se apenas a decisão judicial, independente do momento processual em que for proferida. Por outro lado, no caso de **dissolução**, exige-se **decisão judicial transitada em julgado** (não cabe mais recurso)..

Aplicação em concurso público:

- ***Advogado – 2017 – CRMV – SC (IESES).***

  Denominada também como "Constituição cidadã", a Carta Magna de 1988 em seu artigo 5º elenca os direitos fundamentais do cidadão, dentre os quais podemos citar:

  III. As associações só poderão ser compulsoriamente dissolvidas ou ter suas atividades suspensas por decisão judicial. Em qualquer momento do processo o juiz despachará interlocutoriamente e autorizará a sua dissolução.

  Gabarito: A assertiva foi considerada errada (a dissolução exige o trânsito em julgado)

- ***Assistente Técnico – 2017 – UEPB (CPCON)***

  IV – A criação de uma associação por um grupo de pessoas será tão somente permitida no Brasil, desde que seu objeto não seja paramilitar. Neste caso específico, o Estado não pode interferir no seu funcionamento. Porém, esse afastamento da

Administração Pública da gerência daquelas entidades não impede que possam ser concedidas decisões judiciais em sede de eleições dessas associações quando houver desobediência ao estatuto da associação. Também as atividades da associação só poderão ser dissolvidas por ordem judicial transitada em julgada. Ou seja, não podem ser suspensas sem que haja pronunciamento definitivo do Judiciário.

Gabarito: A assertiva foi considerada errada. (para suspender só precisa de decisão judicial, não precisando obter o trânsito em julgado, pois esta é exigida apenas para extinção da associação)

► **Jurisprudência:**

Apenas o Poder Judiciário pode suspender ou dissolver, atendidos os requisitos constitucionais: "Mesmo a atuação judicial encontra uma limitação constitucional: apenas as associações que persigam fins ilícitos poderão ser compulsoriamente dissolvidas ou suspensas. **Atos emanados do Executivo ou do Legislativo, que provoquem a compulsória suspensão ou dissolução de associações, mesmo as que possuam fins ilícitos, serão *inconstitucionais*.**" [ADI 3.045, voto do rel. min. Celso de Mello, j. 10-8-2005, P, DJ de 1º-6-2007]

4. O **inciso XX** estabelece um **viés negativo** do direito de associação. Esse direito, segundo a doutrina, possui um **viés positivo** (direito de se associar) e um **viés negativa** (direito de se desassociar a qualquer momento, independente de justificativa formal do interessado).

Aplicação em concurso público:

- ***FCC – 2015 – TRT – 4ª REGIÃO (RS) – Analista Judiciário – Administrativa***

"O direito de associação assegurado constitucionalmente:

C) possui um viés positivo, consistente no livre arbítrio de o indivíduo juntar-se a uma associação, assim como um negativo, consubstanciado na liberdade de retirar-se da associação a seu talante, independentemente de qualquer justificativa formal."

Gabarito: A alternativa "C" foi considerada correta.

- ***CESPE – 2013 – MS – Analista Administrativo***

Ninguém poderá ser obrigado a associar-se ou a permanecer associado, salvo nos casos previstos em lei.

Gabarito: A assertiva foi considerada errada. (não há exceção constitucional a esse dispositivo)

5. As associações possuem poder de representação de seus associados, podendo representar seus filiados **judicial** ou **extrajudicialmente**.

Aplicação em concurso público:

- ***FCC – 2003 – TRE-AM – Técnico Judiciário – Área Administrativa***

"A liberdade de criar uma associação é plena, independe de autorização e é vedada a interferência estatal em seu funcionamento. Essas entidades associativas:

A) têm legitimidade para representar seus filiados, judicial e extrajudicialmente, quando expressamente autorizadas."

Gabarito: A alternativa "A" foi considerada correta.

6. No caso de **Mandado de Segurança Coletivo**, o **STF** entende como *desnecessária* a autorização dos associados para a sua impetração. Também possibilita o seu ajuizamento, mesmo que o interesse defendido seja de apenas uma *parcela* da categoria.

► **Súmulas do STF**:

Súmula 629-STF: "A impetração de mandado de segurança coletivo por entidade de classe em favor dos associados **independe da autorização destes**".

Súmula 630-STF: "A entidade de classe tem legitimação para o mandado de segurança ainda quando a pretensão veiculada interesse apenas a uma parte da respectiva categoria.

XXII – é garantido o direito de propriedade;

XXIII – a propriedade atenderá a sua função social;

XXIV – **a lei** estabelecerá o procedimento para **desapropriação** por necessidade ou utilidade pública, ou por interesse social, mediante **justa e prévia indenização em dinheiro**, ressalvados os casos previstos nesta Constituição;

XXV – no caso de iminente perigo público, a autoridade competente **poderá usar de propriedade particular,** assegurada ao proprietário indenização ulterior, se houver dano;

XXVI – **a pequena propriedade rural**, assim definida em lei, **desde que trabalhada pela família, não será objeto de penhora** para pagamento de débitos decorrentes de sua atividade produtiva, dispondo a lei sobre os meios de financiar o seu desenvolvimento;

1. Propriedade como direito de primeira geração: O direito de propriedade é um direito de primeira geração (direito individual), mas não é considerado como absoluto. Os dispositivos sobre a propriedade não são muito cobrados em prova além de sua literalidade, pois acabam tratando de direitos relacionados mais ao direito civil ou administrativo. Porém, a literalidade encontra-se presente em alguns casos.

► **Jurisprudência**:

O direito de propriedade não se revela absoluto. Está relativizado pela Carta da República – arts. 5º, XXII, XXIII e XXIV, e 184. [MS 25.284, rel. min. Marco Aurélio, j. 17-6-2010, P, DJE de 13-8-2010]

Aplicação em concurso público:

- ***FCC – 2016 – TRT – 23ª REGIÃO (MT) – Técnico Judiciário – Área Administrativa***

"Os chamados direitos de primeira geração (ou dimensão) surgiram no século XVIII, como consequência do modelo de Estado Liberal. São exemplos de direitos de primeira geração ou dimensão:

B) direito à liberdade e direito à propriedade."

Gabarito: A alternativa "B" foi considerada correta.

2. **Função social da propriedade**: A **função social** da propriedade é um *condicionamento* ao exercício desse direito fundamental. A propriedade **urbana** observa sua função social quando atende ao *plano diretor* (CF, art. 182, § 2º), enquanto que a propriedade **rural** deve atender os requisitos do **art. 186 da CF**.

► **Jurisprudência**:

O direito de propriedade não se reveste de caráter absoluto, eis que, sobre ele, pesa grave hipoteca social, a significar que, descumprida a função social que lhe é inerente (CF, art. 5º, XXIII), legitimar-se-á a intervenção estatal na esfera dominial privada, observados, contudo, para esse efeito, os limites, as formas e os procedimentos fixados na própria Constituição da República. O acesso à terra, a solução dos conflitos sociais, o aproveitamento racional e adequado do imóvel rural, a utilização apropriada dos recursos naturais disponíveis e a preservação do meio ambiente constituem elementos de realização da função social da propriedade. [ADI 2.213 MC, rel. min. Celso de Mello, j. 4-4-2002, P, DJ de 23-4-2004.]

Aplicação em concurso público:

- ***FCC – 2015 – TRT – 3ª Região (MG) – Analista Judiciário – Área Administrativa***

"Em relação ao direito de propriedade, a Constituição Federal em seu art. 5°,

E) assegura simultaneamente o direito à propriedade e que esta cumprirá sua função social".

Gabarito: A alternativa "E" foi considerada correta.

- ***CESPE – 2011 – TRF – 1ª REGIÃO – Juiz Federal***

"Acerca da desapropriação por necessidade ou utilidade pública, da função social da propriedade e do regime das jazidas, assinale a opção correta.

C) A propriedade urbana cumpre sua função social quando atende às exigências fundamentais de ordenação da cidade expressas no plano diretor."

Gabarito: A alternativa "C" foi considerada correta.

3. **Desapropriação**: A desapropriação é um procedimento pelo qual o Poder Público retira do particular a propriedade de um bem móvel ou imóvel, material ou imaterial, com fundamento na necessidade ou utilidade pública e também pelo interesse social (intervenção do Estado na propriedade privada). É um instituto típico de direito administrativo, que excepciona o direito à propriedade em prol da sua função social. **A desapropriação** deve ocorrer mediante **indenização prévia, justa e em dinheiro**, a não ser nas hipóteses em que a própria Constituição determina o pagamento mediante títulos.

Aplicação em concurso público:

- ***Advogado – 2017 – CRMV-SC (IESES).***

Denominada também como "Constituição cidadã", a Carta Magna de 1988 em seu artigo 5º elenca os direitos fundamentais do cidadão, dentre os quais podemos citar:

IV. A lei estabelecerá o procedimento para desapropriação por necessidade, utilidade pública ou interesse privado que traga geração de empregos, ou por interesse econômico que se justifique a referida desapropriação, mediante permuta por imóvel avaliado no mercado imobiliário com valor semelhante ou próximo do imóvel desapropriado.

Gabarito: Alternativa considerada como errada. (a desapropriação será por necessidade ou utilidade pública, ou por interesse social, mediante justa e prévia indenização em dinheiro)

► **Outras hipóteses de desapropriação ao longo da CF**: A Constituição possui outras hipóteses de desapropriação em face de situações em que haja descumprimento da função social da propriedade, hipóteses nas quais o pagamento se dá por meio de *títulos* (CF, art. 182, § 4º e 184) ou *nem* pagamento há (CF, art. 243).

4. **Requisição administrativa**: É a intervenção do Estado mediante situações de perigo público iminente em face da propriedade do particular e será realizada mediante o pagamento de **indenização ulterior,** porém **somente em casos nos quais houver dano.** Trata-se de um instituto jurídico do Direito Administrativo e, portanto, é menos cobrado nas questões de concursos públicos.

Aplicação em concurso público:

- ***MPE-MS – 2018 – MPE-MS – Promotor de Justiça Substituto***

"Assinale a alternativa correta, considerando-se o texto constitucional.

E) No caso de iminente perigo, não se assegurando indenização ulterior em caso de dano de pequena monta, a autoridade competente poderá usar de propriedade particular."

Gabarito: Alternativa considerada como errada. (A indenização ulterior é garantia independente do tipo de dano)

5. **Proteção à pequena propriedade rural**: O inciso XXVI estabelece a impenhorabilidade da pequena propriedade rural, desde que trabalhada pela família. O STF já decidiu que a penhora feita na pequena propriedade rural de exploração familiar anteriormente efetivada **pode ser desconstituída sem ofensa de ato jurídico perfeito ou de direito adquirido do credor** (RE 136.753, Rel. Min. Sepúlveda Pertence, julgamento em 13-2-1997, Plenário, DJ de 25-4-1997)

Aplicação em concurso público:

- ***Técnico Judiciário – Área Administrativa – 2017 – TRE-TO (CESPE).***

"III A pequena propriedade rural, desde que trabalhada pela família, usufrui de impenhorabilidade no que se refere ao pagamento dos débitos decorrentes de sua atividade produtiva.

Gabarito: O item está correto.

- ***Juiz de Direito – 2015 – TJ-PE (FCC)***

III. Não ofende a proteção constitucional ao direito adquirido e ao ato jurídico perfeito a desconstituição de penhora regularmente efetivada em razão da superveniência do preceito constitucional que garante a impenhorabilidade da pequena propriedade rural, assim definida em lei, desde que trabalhada pela família.

Gabarito: A afirmativa está correta

XXVII – aos autores pertence o direito exclusivo de utilização, publicação ou reprodução de suas obras, **transmissível** aos herdeiros pelo tempo que a lei fixar;

XXVIII – são assegurados, nos termos da lei:

a) a proteção às participações individuais em obras coletivas e à reprodução da imagem e voz humanas, **inclusive nas atividades desportivas;**

b) o direito de fiscalização do aproveitamento econômico das obras que criarem ou de que participarem aos criadores, aos intérpretes e às respectivas representações sindicais e associativas;

XXIX – a lei assegurará aos autores de inventos industriais privilégio temporário para sua utilização, bem como proteção às criações industriais, à propriedade das marcas, aos nomes de empresas e a outros signos distintivos, tendo em vista o interesse social e o desenvolvimento tecnológico e econômico do País;

1. Os três incisos tratam dos direitos autorais, sob seus principais aspectos. Esses dispositivos são cobrados em sua **literalidade** pelas bancas de concursos públicos, tentando confundir o candidato.
2. O **inciso XXVII** é muito cobrado principalmente na sua *parte final*, em que **há possibilidade de transmissão do direito aos herdeiros** pelo tempo que a lei fixar.

Aplicação em concurso público:

- ***Assistente – 2015 – UNESP (VUNESP).***

Aos autores pertence o direito exclusivo de utilização, publicação ou reprodução de suas obras, intransmissível aos herdeiros

Gabarito: A assertiva foi considerada incorreta. (é transmissível)

3. O **inciso XXVII** é **raro** em concursos públicos. Quando é cobrado, cai em sua literalidade também.

Aplicação em concurso público:

- ***Técnico Administrativo – 2014 – Prefeitura de Piraquara – PR (BEC).***

I. São assegurados, nos termos da lei, a proteção às participações individuais em obras coletivas e à reprodução da imagem e voz humanas, exceto nas atividades desportivas.

Gabarito: Alternativa falsa. (não é exceto, é ***inclusive****)*

4. Por fim, o **inciso XXVIII** estabelece o privilégio temporário para utilização de inventos industriais e outros aspectos de mesma natureza, tendo em vista o interesse social e o desenvolvimento tecnológico e econômico do país.

Aplicação em concurso público:

- ***Advogado – 2018 – INAZ do Pará – CRF-PE***

  "Os direitos fundamentais não são absolutos. Portanto, apesar da CRFB/88 estabelecer que a lei assegurará aos autores de inventos industriais privilégio temporário para sua utilização, este deve se dar tendo em vista o interesse social e o desenvolvimento tecnológico e econômico do País."

  Gabarito: A assertiva foi considerada correta.

- ***FCC – 2008 – MPE-PE – Promotor de Justiça***

  Sobre os direitos individuais e coletivos é correto afirmar:

  B) Aos autores de inventos industriais a lei assegurará privilégio, porém apenas temporário para sua utilização, assim como proteção aos nomes de empresas e a outros signos distintivos, tendo em vista o interesse social.

  Gabarito: A alternativa "B" foi considerada incorreta.

XXX – é garantido o **direito de herança;**

XXXI – a sucessão de bens de estrangeiros situados no País **será regulada pela lei brasileira em benefício do cônjuge ou dos filhos brasileiros, sempre que não lhes seja mais favorável a lei pessoal do "de cujus"**;

1. A herança é o **conjunto de bens, direitos e obrigações** deixado por uma pessoa falecida àqueles que o sucedem, compondo um dos direitos de primeira geração. A Constituição assegura o **direito de herança** no inciso XXX, mas é o *direito privado* que faz a sua regulação.

► **Jurisprudência**: A Constituição garante o direito de herança, mas a forma como esse direito se exerce é matéria regulada por normas de **direito privado**. [ADI 1.715 MC, rel. min. Maurício Corrêa, j. 21-5-1998, P, DJ de 30-4-2004]

Aplicação em concurso público:

- ***Titular de Serviços de Notas e de Registros – 2015 – TJ-MG (CONSULPLAN).***

  A) A sucessão de bens de estrangeiros situados no País será sempre regulada pela lei brasileira em benefício do cônjuge ou dos filhos brasileiros.

  Gabarito: Alternativa incorreta. (apenas não lhes seja mais favorável a lei pessoal do «de cujus»; literalidade do inciso XXXI)

- ***FCC – 2018 – TRT – 15ª Região (SP) – Técnico Judiciário – Área Administrativa***

  "A Constituição Federal, ao disciplinar o direito fundamental à propriedade, ao mesmo tempo estabelece mecanismos de proteção, e enumera algumas situações de intervenção do Estado na propriedade privada, regime esse que compreende a regra segundo a qual

D) o direito de herança é garantido, sendo que a sucessão de estrangeiros situados no país será regulada pela lei brasileira em benefício do cônjuge ou dos filhos brasileiros, sempre que não lhes seja mais favorável a lei pessoal do de cujus".

Gabarito: A alternativa "D" foi considerada incorreta.

XXXII – o Estado promoverá, na forma da lei, **a defesa do consumidor;**

1. A defesa do consumidor, por ser norma de **eficácia limitada**, é regulamentada por meio do **Código de Defesa do Consumidor** (Lei nº 8.078/1990), editada no exercício da competência da União.

Aplicação em concurso público:

- ***CESPE – 2016 – TRT – 8ª Região (PA e AP) – Técnico Judiciário – Área Administrativa***

"Assinale a opção correta com relação aos direitos e deveres individuais e coletivos assegurados e garantidos pela CF.

C) É dever do Estado promover a defesa dos direitos do consumidor na forma da lei."

Gabarito: A alternativa "C" foi considerada correta.

XXXIII – todos têm direito a **receber dos órgãos públicos informações de seu interesse particular, ou de interesse coletivo ou geral,** que serão prestadas no prazo da lei, **sob pena de responsabilidade, ressalvadas aquelas cujo sigilo seja imprescindível à segurança da sociedade e do Estado;**

1. O dispositivo prevê o direito fundamental de acesso à informação, sendo regulamentado pela Lei 12.527/2011, a qual institui a "**Lei de Acesso à Informação**". O direito de acesso à informação em face dos órgãos públicos pode ser relativa ao seu interesse particular ou de interesse coletivo ou geral.

Aplicação em concurso público:

- ***FCC – 2015 – TRT – 3ª Região (MG) – Técnico Judiciário – Área Administrativa***

"Um cidadão solicitou ao Poder Executivo federal que lhe informasse o valor da remuneração pelo exercício de cargo público de Advogado da União. De acordo com a Constituição Federal, trata-se de informação que

C) deve ser prestada ao cidadão, independentemente da comprovação de seu interesse particular em obtê-la, uma vez que se trata de informação de interesse coletivo."

Gabarito: A alternativa "C" foi considerada correta.

2. **Hipóteses de sigilo**: Apesar de haver o direito de acesso à informação, a própria Constituição estabelece a possibilidade de sigilo quando **imprescindível à segurança da sociedade e do Estado.**

Aplicação em concurso público:

- ***CESPE – 2009 – MDS – Agente Administrativo***

  "Todos têm direito a receber dos órgãos públicos informações de seu interesse particular, ou de interesse coletivo ou geral, que serão prestadas no prazo da lei, sob pena de responsabilidade, ressalvadas aquelas cujo sigilo seja imprescindível à segurança da sociedade ou do Estado."

  Gabarito: A afirmativa foi considerada correta.

► **Classificação da Lei 12.527/11**: Em seu art. 24, a referida lei classifica as hipóteses de sigilo, especificando o tempo limite em que a informação ficará indisponível.

CLASSIFICAÇÃO	TEMPO DO SIGILO
Ultrassecreta*	25 anos
Secreta	15 anos
Reservada	5 anos

* No caso de informação ultrassecreta, o art. 35, § 1º, III, da Lei 12.527/11 permite a prorrogação do prazo por mais um período enquanto o seu acesso ou divulgação puder ocasionar ameaça externa à soberania nacional ou à integridade do território nacional ou grave risco às relações internacionais do País.

3. Com base nesse dispositivo, o STF já chegou a decidir algumas hipóteses específicas para garantia do direito de acesso à informação. Esses entendimentos podem ser cobrados em prova:

► **Súmula Vinculante 14**: "É direito do defensor, *no interesse do representado*, ter **acesso amplo aos elementos de prova** que, *já documentados em procedimento investigatório realizado por órgão com competência de polícia judiciária*, digam respeito ao exercício do direito de defesa."

► "**O parlamentar**, na condição de *cidadão*, pode exercer plenamente seu **direito fundamental de acesso a informações** de interesse pessoal ou coletivo, nos termos do art. 5º, inciso XXXIII, da Constituição Federal e das normas de regência desse direito". [RE 865.401, rel. min. Dias Toffoli, j. 25-4-2018, P, Informativo 899, Tema 832]

► É legítima a publicação, inclusive em sítio eletrônico mantido pela administração pública, dos **nomes dos seus servidores e do valor** dos correspondentes vencimentos e vantagens pecuniárias. [ARE 652.777, rel. min. Teori Zavascki, j. 23-4-2015, P, DJE de 1º-7-2015, Tema 483]

XXXIV – são a todos assegurados, **independentemente do pagamento de taxas:**

a) **o direito de petição** aos Poderes Públicos em defesa de direitos ou contra ilegalidade ou abuso de poder;

b) a obtenção de certidões em repartições públicas, para defesa de direitos e esclarecimento de situações de interesse pessoal;

1. Este inciso assegura dois direitos e garantias individuais necessários à **tutela de direitos constitucionais, considerados como norma de eficácia plena e cláusula pétrea**; **a)** direito de petição; e **b)** direito à obtenção de certidões. Em ambos os casos, teremos situação de **imunidade tributária**, pois não poderão ser cobradas taxas.

Aplicação em concurso público:

- ***Assessor Técnico Legislativo – 2018 – AL-RR (FUNRIO).***

  II. É assegurado o direito de petição aos Poderes Públicos em defesa de direitos ou contra ilegalidade ou abuso de poder.

  Gabarito: A afirmativa foi considerada correta.

- ***FEPESE – 2016 – Prefeitura de Lages – SC – Procurador***

  "Assinale a alternativa correta sobre o direito de petição.

  E) O direito de petição é considerado um direito e uma garantia individual, não podendo ser suprimido por meio de emenda constitucional."

  Gabarito: A alternativa "E" foi considerada correta.

- ***FUMARC – 2018 – CEMIG – MG – Advogado JR***

  "Sobre o direito de petição previsto no Art. 5º, XXXIV, a, da Constituição da República Federativa do Brasil de 1988, é INCORRETO afirmar que:

  C) seu exercício exige previsão legal de procedimento administrativo específico para peticionamento à pessoa, ao órgão ou à autoridade em questão, o que se conclui por ser a norma constitucional que o prevê de eficácia limitada."

  Gabarito: A alternativa "C" foi considerada como resposta correta. (A afirmação é errada, pois não é norma de eficácia limitada, mas sim eficácia plena).

2. Em virtude da *imunidade tributária* estabelecida constitucionalmente (**"independente do pagamento de taxas"**), o STF entende que "é **inconstitucional a exigência de depósito ou arrolamento prévios de dinheiro ou bens para admissibilidade de recurso administrativo**" (**Súmula Vinculante 21**).

Aplicação em concurso público:

- ***CC – 2015 – TJ-SC – Juiz Substituto***

  "A Súmula Vinculante no 21 dispõe, em seu verbete, sobre a exigência de depósito ou arrolamento prévios de dinheiro ou bens como requisito de admissibilidade de recurso administrativo. Sua edição, em razão do efeito vinculante que emana do respectivo enunciado

C) impõe que os órgãos do Poder Judiciário do Estado de Santa Catarina reconheçam, incidenter tantum, nos casos que lhe forem devidamente submetidos, a inconstitucionalidade de lei estadual que exija arrolamento prévio de bens como requisito de admissibilidade de recurso administrativo, ainda que o Supremo Tribunal Federal não tenha decidido sobre a constitucionalidade do referido diploma estadual."

Gabarito: A alternativa "C" foi considerada como resposta correta.

- ***FAUEL – 2017 – Câmara de Maria Helena – PR – Advogado***

"Acerca dos direitos e garantias fundamentais, assinale a alternativa correta:

B) É inconstitucional a exigência de depósito ou arrolamento prévios de dinheiro ou bens para admissibilidade de recurso administrativo."

Gabarito: A alternativa "B" foi considerada como resposta correta.

▶ **Outros entendimentos importantes do STF:**

Reclamação constitucional tem natureza de direito de petição: "A natureza jurídica da reclamação não é a de um recurso, de uma ação e nem de um incidente processual. Situa-se ela no âmbito do direito constitucional de petição previsto no art. 5º, XXXIV, da CF". [ADI 2.212, rel. min. Ellen Gracie, j. 2-10-2003, P, DJ de 14-11-2003]

É inconstitucional taxa de segurança pública para emissão de certidões: "Extração de certidões, em repartições públicas, condicionada ao recolhimento da 'taxa de segurança pública'. Violação à alínea b do inciso XXXIV do art. 5º da CF". [ADI 2.969, rel. min. Ayres Britto, j. 29-3-2007, P, DJ de 22-6-2007]

XXXV – **a lei não excluirá da apreciação do Poder Judiciário lesão ou ameaça a direito;**

1. **Princípio constitucional**: Esse inciso consagra o **princípio da inafastabilidade da jurisdição** ou **da tutela jurisdicional,** o qual permite o acesso direto ao Poder Judiciário quando houver lesão ou ameaça de lesão a direito (sistema de *jurisdição una*). O modelo brasileiro atribui jurisdição apenas ao Poder Judiciário, por isso qualquer lesão ou ameaça de lesão pode ser levado até ele.

Aplicação em concurso público:

- ***VUNESP – 2018 – Câmara de Nova Odessa – SP – Assistente Legislativo***

"Dentre os direitos e garantias fundamentais, a Constituição Federal de 1988 prevê que a lei

B) não excluirá da apreciação do Poder Judiciário lesão ou ameaça a direito."

Gabarito: A alternativa "B" foi considerada como resposta correta.

- ***UFCG – 2016 – UFCG – Administrador***

"A Constituição Federal em seu art. 5º, XXXV diz que "a lei não excluirá da apreciação do Poder Judiciário lesão ou ameaça a direito". Tal dispositivo consagra o Princípio do(a)

C) tutela jurisdicional;"

Gabarito: A alternativa "C" foi considerada como resposta correta.

- ***MPE-SP – 2005 – MPE-SP – Promotor de Justiça***

"O princípio constitucional da inafastabilidade da jurisdição implica

C) a consagração do direito de acesso ao Poder Judiciário."

Gabarito: A alternativa "C" foi considerada como resposta correta.

► **Entendimentos jurisprudenciais relevantes**:

Súmula Vinculante 28: "É inconstitucional a exigência de depósito prévio como requisito de admissibilidade de ação judicial na qual se pretenda discutir a exigibilidade de crédito tributário".

Súmula 667-STF: "Viola a garantia constitucional de acesso à jurisdição a taxa judiciária calculada sem limite sobre o valor da causa".

2. **Exceções ao princípio**: Este princípio, contudo, não é absoluto. A própria Constituição estabelece uma exceção no campo da Justiça Desportiva (CF, art. 217, § 1º), no qual se exige o esgotamento da instância administrativa e uma atenuação no caso do *Habeas Data* (Sum. 2, STJ), que deve ser instruído com uma negativa ou omissão da autoridade coatora. Acrescenta-se também o caso previsto em lei infraconstitucional, que é a reclamação contra ato administrativo (Lei 11.417, art. 7º, § 1º).

Aplicação em concurso público:

- ***Técnico Judiciário – Área Administrativa – 2017 – CESPE – TRF – 1ª REGIÃO***

"Com relação ao controle e à responsabilização da administração, julgue o item seguinte.

Não existe na Constituição Federal hipótese expressa que determine o necessário esgotamento da via administrativa para se recorrer ao Poder Judiciário, devido ao princípio da inafastabilidade da jurisdição e à determinação de que a lei não excluirá a apreciação pelo Poder Judiciário de lesão ou ameaça de direito."

Gabarito: A alternativa está errada. (existem 3 exceções: justiça desportiva, habeas data e reclamação constitucional)

- ***FGV – 2014 – DPE-RJ – Técnico Médio de Defensoria Pública***

"A Constituição da República, em seu Art. 5º, XXXV prevê que "a lei não excluirá da apreciação do Poder Judiciário lesão ou ameaça a direito", consagrando o princípio da inafastabilidade do controle jurisdicional. Nesse contexto, é correto afirmar que o Poder Judiciário

A) só admite ações relativas à disciplina e às competições desportivas após se esgotarem as instâncias da justiça desportiva, regulada em lei."

Gabarito: A alternativa "A" foi considerada como resposta correta.

► **Entendimento jurisprudencial relevante**: Em matéria de revisão de benefício previdenciário, o STF chegou a um entendimento excepcional, chegando à conclusão de requisitos para o ajuizamento da ação:

Quanto às ações ajuizadas até a conclusão do presente julgamento (3-9-2014), sem que tenha havido prévio requerimento administrativo nas hipóteses em que exigível, será observado o seguinte: (i) caso a ação tenha sido ajuizada no âmbito de juizado itinerante, a ausência de anterior pedido administrativo não deverá implicar a extinção do feito; (ii) caso o INSS já tenha apresentado contestação de mérito, está caracterizado o interesse em agir pela resistência à pretensão; (iii) as demais ações que não se enquadrem nos itens (i) e (ii) ficarão sobrestadas, observando-se a sistemática a seguir. Nas ações sobrestadas, o autor será intimado a dar entrada no pedido administrativo em trinta dias, sob pena de extinção do processo. Comprovada a postulação administrativa, o INSS será intimado a se manifestar acerca do pedido em até noventa dias, prazo dentro do qual a Autarquia deverá colher todas as provas eventualmente necessárias e proferir decisão. Se o pedido for acolhido administrativamente ou não puder ter o seu mérito analisado devido a razões imputáveis ao próprio requerente, extingue-se a ação. Do contrário, estará caracterizado o interesse em agir e o feito deverá prosseguir. Em todos os casos acima – itens (i), (ii) e (iii) –, tanto a análise administrativa quanto a judicial deverão levar em conta a data do início da ação como data de entrada do requerimento, para todos os efeitos legais. [RE 631.240, rel. min. Roberto Barroso, j. 3-9-2014, P, DJE de 10-11-2014, Tema 350]

XXXVI – a lei não prejudicará o **direito adquirido**, o **ato jurídico perfeito** e a **coisa julgada**;

1. **Conceito de direito *adquirido***: "Consideram-se adquiridos assim os direitos que o seu titular, ou alguém por ele, possa exercer, como aqueles cujo começo do exercício tenha termo pré-fixo, ou condição pré-estabelecida inalterável, a arbítrio de outrem" (LINDB, art. 6º, § 2º). A doutrina entende que **não é possível alegar direito adquirido em face de uma nova Constituição**, já que ela é ilimitada.

Aplicação em concurso público:

- ***FCC – 2011 – TRT – 20ª REGIÃO (SE) – Analista Judiciário – Execução de Mandados***

  "No tocante aos Direitos e Deveres Individuais e Coletivos, o direito adquirido

  C) emana diretamente da lei em favor de um titular."

  Gabarito: A alternativa "C" foi considerada como resposta correta.

- ***CESPE – 2008 – HEMOBRÁS – Analista de Gestão Corporativa – Advogado***

  "É possível reconhecer a existência de direito adquirido contra norma originária da Constituição federal de 1988 (CF)."

  Gabarito: A afirmativa foi considerada como resposta errada. (Não é possível alegar direito adquirido diante do Poder Constituinte Originário)

- ***FCC – 2017 – ARTESP – Especialista em Regulação de Transporte III – Direito***

  "O artigo 5º , inciso XXXVI, garante aos cidadãos que a lei não prejudicará o direito adquirido, o ato jurídico perfeito e a coisa julgada. A exegese dada à garantia do direito adquirido

D) é concorde sobre o reconhecimento do direito adquirido dar-se no momento do preenchimento de todos os requisitos para exercício do direito tutelado, ou seja, a partir de quando seja autorizado ao interessado o recebimento ou gozo do direito tutelado."

Gabarito: A alternativa "D" foi considerada como resposta correta.

2. **Conceito de ato jurídico perfeito:** "Reputa-se ato jurídico perfeito o já consumado segundo a lei vigente ao tempo em que se efetuou" (LINDB, art. 6º, § 1º)

Aplicação em concurso público:

- ***CESPE – 2008 – INSS – Analista do Seguro Social – Direito***

"O princípio constitucional segundo o qual a lei nova não prejudicará o ato jurídico perfeito não se aplica às normas infraconstitucionais de ordem pública."

Gabarito: A assertiva foi considerada errada. (A lei não pode prejudicar o ato jurídico perfeito, nem por normas infraconstitucionais de ordem pública).

3. **Conceito de coisa julgada**: "Chama-se coisa julgada ou caso julgado a decisão judicial de que já não caiba recurso". (LINDB, art. 6º, § 2º)

Aplicação em concurso público:

- ***FUNRIO – 2016 – IF-PA – Assistente em Administração***

"A Constituição Federal de 1988 diz que todos são iguais perante a lei, sem distinção de qualquer natureza, garantindo-se aos brasileiros e aos estrangeiros residentes no País a inviolabilidade do direito à vida, à liberdade, à igualdade, à segurança e à propriedade, dispondo também que:

D) a lei não prejudicará o direito adquirido e o ato jurídico perfeito, mas a coisa julgada sim."

Gabarito: A alternativa "D" foi considerada como resposta errada. (a coisa julgada também é garantida constitucionalmente).

XXXVII – **não haverá juízo ou tribunal de exceção;**

1. **Tribunal de exceção:** tribunais excepcionais são aqueles criados de forma temporária para **julgar casos específicos,** como foi o Tribunal de Nuremberg, responsável por julgar os nazistas pelos crimes de guerra. Esses tribunais estão em desacordo com o Estado Democrático de Direito e os princípios do Direito Penal, pois viola princípios como o da legalidade (art. 5º, XXXIX, CF) e do juiz natural (art. 5º, LIII, CF).

Aplicação em concurso público:

- ***Técnico Administrativo – 2014 – Prefeitura de Piraquara – PR (CEC).***

V. Não haverá juízo ou tribunal de justiça.

Gabarito: Alternativa foi considerada como errada. (não é "de justiça", é "de exceção")

- ***CESPE – 2017 – TRE-TO – Técnico Judiciário – Área Administrativa***

  "O art. 5.º da CF estabelece que "não haverá juízo ou tribunal de exceção" (inciso XXXVII) e "ninguém será sentenciado senão pela autoridade competente" (inciso LIII). Essas disposições constitucionais expressam o princípio

  C) do juiz natural."

  Gabarito: A alternativa "C" foi considerada como resposta correta.

XXXVIII - é reconhecida a instituição do **júri,** com a organização que lhe der a lei, assegurados:

a) a plenitude de defesa;

b) o sigilo das votações;

c) **a soberania dos veredictos;**

d) a competência para o julgamento dos **crimes dolosos contra a vida**;

1. O **Tribunal do Júri** tem a competência para julgar os **crimes dolosos contra a vida.** É composto de um juiz, que preside a sessão, e de **25 jurados** (cidadãos idôneos com mais de 18 anos). O juiz aplica a lei de acordo com o veredito dos jurados. É regulado nos artigos 406 a 497 do Código de Processo Penal.

Aplicação em concurso público:

- ***Analista – Análise de Sistemas – 2018 – DPE-AM (FCC).***

  "A Constituição Federal, quanto aos direitos e deveres individuais e coletivos, estabelece que 'é garantida a soberania dos veredictos do júri'."

  Gabarito: A afirmativa foi considerada correta.

- ***FEPESE – 2016 – SJC-SC – Agente de Segurança Socioeducativo***

  "De acordo com a Constituição Federal, o tribunal do júri é competente para julgar os crimes:

  D) dolosos contra a vida."

  Gabarito: A alternativa "D" foi considerada como resposta correta.

► **Súmulas do STF:**

Súmula 721-STF: "A competência constitucional do tribunal do júri prevalece sobre o foro por prerrogativa de função estabelecido exclusivamente pela Constituição estadual".

Aplicação em concurso:

- ***FGV – 2015 – Prefeitura de Cuiabá – MT – Técnico de Nível Superior – Bacharel em Direito***

  "Determinado agente público, que possui a garantia constitucional do foro por prerrogativa de função, é suspeito da prática de um crime doloso contra a vida. Em razão do avanço das investigações, decidiu procurar um advogado para saber perante que órgão jurisdicional deve ser julgado. À luz das informações fornecidas e do teor da sistemática constitucional, é correto afirmar que:

C) esse agente deve ser julgado pelo Tribunal do Júri caso a garantia do foro por prerrogativa de função esteja prevista exclusivamente na Constituição Estadual".

Gabarito: A alternativa "C" foi considerada como resposta correta.

Súmula 603-STF: "A competência para o processo e julgamento de latrocínio é do juiz singular e não do tribunal do júri".

XXXIX – **não há crime sem lei anterior que o defina,** nem pena sem prévia cominação legal;

XL – a lei penal **não** retroagirá, *salvo* para **beneficiar** o réu;

1. O inciso XXXIX traz o **princípio da reserva legal** no Direito Penal para estabelecimento de crimes. É normalmente cobrado **em sua literalidade nas provas de Direito Constitucional.**

Aplicação em concurso público:

- ***CIEE – 2014 – AGU – Direito***

"Acerca dos direitos e garantias fundamentais expressos na Constituição Federal, assinale a alternativa correta.

B) Não há crime sem lei anterior que o defina, nem pena sem prévia cominação legal."

Gabarito: A alternativa "B" foi considerada como resposta correta.

2. O inciso XL aborda o **princípio da irretroatividade da lei penal,** que é uma garantia de que o indivíduo **não** será punido por algo que, no momento da ação, não era considerado crime. Entretanto, **essa regra não é absoluta,** podendo a lei retroagir para beneficiar o réu, veja:

Aplicação em concurso público:

- ***FUMARC – 2013 – PC-MG – Técnico Assistente da Polícia Civil – Administrativa***

"São princípios processuais constitucionais consignados no art. 5º da Constituição Federal de 1988, EXCETO:

D) A lei penal não retroagirá, mesmo que para beneficiar o réu."

Gabarito: A alternativa "D" foi considerada como resposta correta. (A afirmativa está errada, pois a lei penal poderá retroagir para beneficiar o réu).

XLII – a prática do racismo constitui crime **inafiançável e imprescritível,** sujeito à pena de reclusão, nos termos da lei;

XLIII - a lei considerará crimes inafiançáveis e insuscetíveis de graça ou anistia a prática da **tortura , o tráfico ilícito de entorpecentes e drogas afins, o terrorismo** e os definidos como crimes hediondos, por eles respondendo os mandantes, os executores e os que, podendo evitá-los, se omitirem;

LIV - constitui crime **inafiançável e imprescritível** a ação de grupos armados, civis ou militares, contra a ordem constitucional e o Estado Democrático;

1. Esses **três** incisos (XLII, XLIII e LIV) tratam de alguns crimes considerados mais graves pela Constituição. As bancas de concursos públicos cobram bastante **memorização** da sua *literalidade*, tentando confundir o candidato. Os crimes enumerados são todos inafiançáveis, **mas variam na segunda consequência**. Veja de forma sistematizada:

Inafiancável e **imprescritível**	Inafiançável e **insuscetível de graça ou de anistia**	Inafiancável e **imprescrintível**
• Prática do *raciscmo*	• Tortura • Tráfico ilícito de *entorpecentes* e *drogas afins* • Terrorismo • Crimes hediondos *definidos* em lei	• Ação de grupos armados, *cívis* ou *militares*, contra a ordem constitucional e o Estado Democrático

Aplicação em concurso público:

- ***Assessor – Direito – 2014 – MPE-RS.***

  Segundo a Constituição Federal, art. 5º, XLII, a prática do racismo e da homofobia constituem crimes inafiançáveis e imprescritíveis, sujeitos à pena de reclusão, nos termos da lei.

  Gabarito: A afirmativa foi considerada errada. (apenas racismo)

- ***Administrador – 2018 – SETRABES (UERR).***

  "Constitui crime inafiançável, imprescritível, insuscetível de graça, anistia, perdão ou indulto, a ação de grupos armados, civis ou paramilitares, contra a ordem infraconstitucional e forma Republicana de Governo."

  Gabarito: A afirmativa foi considerada errada. (a lei não fala que também será insuscetível de graça, anistia, perdão ou indulto)

- ***Procurador – 2015 – CESPE – TCU***

  "A ação de grupos armados, inclusive militares, contra a ordem constitucional e o Estado democrático de direito constitui crime inafiançável e imprescritível."

  Gabarito: A afirmativa foi considerada correta.

► **Súmula Vinculante 26**: "Para efeito de progressão de regime no cumprimento de pena por crime hediondo, ou equiparado, o juízo da execução observará a inconstitucionalidade do art. 2º da Lei 8.072, de 25-7-1990, sem prejuízo de avaliar se o condenado preenche, ou não, os requisitos objetivos e subjetivos do benefício, podendo determinar, para tal fim, de modo fundamentado, a realização de exame criminológico".

→ **Jurisprudência:** *"É inconstitucional a fixação ex lege, com base no art. 2º, § 1º, da Lei 8.072/1990, do regime inicial fechado, devendo o julgador, quando da condenação, ater-se aos parâmetros previstos no art. 33 do CP". [ARE 1.052.700 RG, rel. min. Edson Fachin, j. 3-11-2017, P, pendente de publicação, Tema 972]*

XLV – **nenhuma pena passará da pessoa do condenado**, podendo a obrigação de reparar o dano e a decretação do perdimento de bens ser, nos termos da lei, estendidas aos sucessores e contra eles executadas, até o limite do valor do patrimônio transferido;

XLVI – a lei regulará a **individualização da pena** e adotará, entre outras, as seguintes:

a) privação ou restrição da liberdade;

b) **perda de bens**;

c) multa;

d) **prestação social alternativa**;

e) suspensão ou interdição de direitos;

1. Os dois incisos (XLV e XLVI) estabelecem o **o princípio da individualização (ou da incontagiabilidade ou da intranscendência) da pena** no Direito Penal. Eles buscam garantir a dignidade da pessoa humana e evitar um tratamento cruel com os indivíduos.

Aplicação em concurso público:

- ***Agente de Segurança Prisional – 2015 – SAPeJUS – GO – FUNIVERSA***

  "a lei regulará a individualização da pena e adotará, entre outras, a prestação social alternativa e a suspensão ou interdição de direitos."

  Gabarito: A afirmativa foi considerada correta.

- ***VUNESP – 2018 – TJ-SP – Escrevente Técnico Judiciário (Interior)***

  "De acordo com texto expresso na Constituição da República Federativa do Brasil (CRFB/88), é correto afirmar que a lei

  C) regulará a individualização da pena e adotará, entre outras, a perda de bens."

  Gabarito: A alternativa "C" foi considerada correta.

► **Jurisprudência**:

Vulnera o princípio da incontagiabilidade da pena a decisão judicial que permite ao condenado fazer-se substituir, por terceiro absolutamente estranho ao ilícito penal, na prestação de serviços à comunidade. [HC 68.309, rel. min. Celso de Mello, j. 27-11-1990, 1ª T, DJ de 8-3-1991]

▶ **Súmula Vinculante 56**: "A falta de estabelecimento penal adequado não autoriza a manutenção do condenado em regime prisional mais gravoso, devendo-se observar, nessa hipótese, os parâmetros fixados no RE 641.320/RS".

Aplicação em concurso público:

- ***FCC – 2018 – DPE-AM – Defensor Público***

  "Considerando inexistir vaga em estabelecimento prisional adequado ao cumprimento de pena em regime semiaberto, o juiz de execução penal determina que certo condenado, embora tendo direito à progressão de regime, seja mantido em regime fechado. O Defensor Público competente para atuar no caso pretende adotar medida diretamente perante o Supremo Tribunal Federal – STF, com vistas à cassação da referida decisão e determinação para que outra seja proferida em seu lugar, estabelecendo o cumprimento de medidas alternativas. Nessa hipótese, à luz da Constituição Federal e da jurisprudência do STF, a pretensão do Defensor Público é

  E) viável, sendo cabível ajuizar reclamação, por ofensa a súmula vinculante do STF segundo a qual a falta de estabelecimento penal adequado não autoriza a manutenção do condenado em regime prisional mais gravoso, devendo-se observar, no estabelecimento de medidas alternativas, os parâmetros fixados em sede de repercussão geral por aquela Corte."

  Gabarito: A alternativa "E" foi considerada correta.

XLVII – não haverá penas:

a) **de morte, salvo em caso de guerra declarada,** nos termos do art. 84, XIX;

b) **de caráter perpétuo;**

c) de trabalhos forçados;

d) de banimento;

e) cruéis.

1. O inciso XLVII estabelece a vedação a certos tipos de penas, com o objetivo de garantir a proteção à dignidade da pessoa humana. Perceba, no entanto, que o Texto Constitucional admite a pena de mora – de maneira excepcional – no caso de guerra declarada, conforme art. 84, XIX.

Aplicação em concurso público:

- ***Delegado de Polícia – 2018 – PC-GO (UEG).***

  A Constituição (CRFB) admite como possível a pena de

  C) morte em caso de guerra declarada.

  Gabarito: A alternativa "C" foi considerada correta.

- ***Engenheiro de segurança do trabalho – 2018 – SUSIPE-PA (AOCP).***

  Muitos direitos individuais estão previstos na Constituição Federal de 1988, dentre eles o direito à vida, à liberdade, à igualdade, à segurança e à propriedade. Acerca das disposições constitucionais desses direitos, assinale a alternativa correta.

  "Uma das implicações da proteção ao direito à vida dos cidadãos é a previsão expressa de proibição de pena de morte no Brasil, exceto em caso de guerra declarada."

  Gabarito: A assertiva foi considerada correta.

2. *Apesar* de admitir excepcionalmente a pena de morte em seu Texto Constitucional para hipóteses de guerra declarada, o Brasil **não promove a extradição para cumprimento de pena de morte** por Estados estrangeiros, devendo haver previamente a *comutação* da pena.

► **Jurisprudência**:

O ordenamento positivo brasileiro, nas hipóteses em que se delineia a possibilidade de imposição do *supplicium extremum*, impede a entrega do extraditando ao Estado requerente, a menos que este, previamente, assuma o compromisso formal de comutar, em pena privativa de liberdade, a pena de morte, ressalvadas, quanto a esta, as situações em que a lei brasileira – fundada na CF (art. 5º, XLVII, a) – permitir a sua aplicação, caso em que se tornará dispensável a exigência de comutação. [Ext 633, rel. min. Celso de Mello, j. 28-8-1996, P, DJ de 6-4-2001]

XLVIII – a pena será cumprida em estabelecimentos distintos, de acordo com **a natureza do delito, a idade e o sexo** do apenado;

XLIX – é assegurado aos presos o respeito à integridade física e moral;

L – às presidiárias serão asseguradas condições para que possam permanecer com seus filhos durante o período de amamentação;

1. Os incisos XLVIII, XLIX e L estabelecem garantias no âmbito do Direito Penitenciário. Garante-se o tratamento de acordo com as peculiaridades do delito e do apenado, bem como a integridade física e moral do preso, além da proteção diferenciada às presidiárias no período de amamentação. Os dispositivos são cobrados, como regra, em sua literalidade.

Aplicação em concurso público:

- ***Administrador – 2018 – SETRABES (UERR).***

  "a pena será cumprida em estabelecimentos distintos, de acordo com capacidade intelectual do condenado."

  Gabarito: Alternativa incorreta. (de acordo com a natureza do delito)

2. A violação reiterada de direitos constitucionais referentes à integridade física e moral do preso, com condições carcerárias adequadas à dignidade da pessoa humana, é considerada como um "**Estado de Coisas Inconstitucionais**" e permite a intervenção do Poder Judiciário para garantia de tais direitos, com medidas como liberação do Fundo Penitenciário Nacional, fixação de audiência de custódia dentro de prazo de 90 dias, entre outras coisas.

Aplicação em concurso público:

- ***FUNCAB – 2015 – ANS – Ativ. Tec. de Complexidade – Direito***

"A Constituição da República Federativa do Brasil de 1988 garante em seu artigo 5°, inciso III que ninguém será submetido à tortura nem a tratamento desumano ou degradante. No entanto, o sistema carcerário brasileiro é degradante, com celas superlotadas e insalubres. Sobre essa reflexão, assinale a opção correta.

C) O Supremo Tribunal Federal, em 09 de setembro de 2015, na Arguição de Descumprimento de Preceito Fundamental (ADPF) número 347 reconheceu o "estado de coisas inconstitucional" do Sistema Carcerário Brasileiro e determinou a realização de audiências de custódia, no prazo máximo de 90 (noventa) dias, e o descontingenciamento do Fundo Penitenciário Nacional."

Gabarito: A alternativa "C" foi considerada correta.

3. A violação da integridade *física* ou *moral* do preso, quando o Estado poderia evitar, gera o **direito à indenização** (responsabilidade civil do Estado):

► **Jurisprudência**: "Considerando que é dever do Estado, imposto pelo sistema normativo, manter em seus presídios os padrões mínimos de humanidade previstos no ordenamento jurídico, é de sua responsabilidade, nos termos do art. 37, § 6º, da Constituição, a obrigação de ressarcir os danos, inclusive morais, comprovadamente causados aos detentos em decorrência da falta ou insuficiência das condições legais de encarceramento. [RE 580.252, rel. p/ o ac. min. Gilmar Mendes, j. 16-2-2017, P, DJE de 11-9-2017, Tema 365]

→ O dever de indenizar existe mesmo no caso de suicídio de preso?

- Se o detento que praticou o suicídio já vinha apresentando indícios de que poderia agir assim, então, neste caso, o Estado deverá ser condenado a indenizar seus familiares. Isso porque o evento era previsível e o Poder Público deveria ter adotado medidas para evitar que acontecesse.
- Por outro lado, se o preso nunca havia demonstrado anteriormente que poderia praticar esta conduta, de forma que o suicídio foi um ato completamente repentino e imprevisível, neste caso o Estado não será responsabilizado porque não houve qualquer omissão atribuível ao Poder Público.

Aplicação em concurso público:

- ***TRF – 3ª REGIÃO – 2016 – TRF – 3ª REGIÃO – Juiz Federal Substituto***

"Dadas as assertivas abaixo, assinale a alternativa incorreta. A Em regra, em casos de suicídio de preso dentro do estabelecimento prisional, embora configurada responsabilidade objetiva do Estado, não há dever de indenizar já que o dano decorre de culpa exclusiva da vítima"

Gabarito: A assertiva foi considerada errada. (existe o dever de indenizar se não houver comprovação de excludente específica pelo Estado)

4. O Poder Judiciário **pode impor** à Administração Pública **obrigações de fazer** para garantir *obras emergenciais* em estabelecimentos **prisionais.**

   ▶ **Jurisprudência**: "É lícito ao Judiciário impor à administração pública obrigação de fazer, consistente na promoção de medidas ou na execução de obras emergenciais em estabelecimentos prisionais. Supremacia da dignidade da pessoa humana que legitima a intervenção judicial". [RE 592.581, rel. min. Ricardo Lewandowski, j. 13-8-2015, P, DJE de 1º-2-2016, Tema 220]

LI – nenhum brasileiro será **extraditado, salvo o naturalizado,** em caso de **crime comum,** praticado **antes da naturalização,** ou de comprovado envolvimento em tráfico ilícito de entorpecentes e drogas afins, na forma da lei;

LII – não será concedida extradição de estrangeiro por crime político ou de opinião;

1. As questões referentes a esses incisos costumam cobrar que o candidato saiba em quais **hipóteses o brasileiro poderá ser extraditado e,** para isso, é necessário conhecer os conceitos de brasileiro nato e naturalizado (ver art. 12, CF).
2. O brasileiro nato **NUNCA** poderá ser extraditado. O **NATURALIZADO** poderá ser extraditado em duas hipóteses: **(1)** se tiver cometido algum crime comum em momento anterior ao ato da naturalização; **(2)** depois de naturalizado, apenas se for comprovado seu envolvimento com tráfico ilícito de entorpecentes. Já o **ESTRANGEIRO** não é protegido constitucionalmente contra extradição.

   ▶ **Súmula 421-STF:** "Não impede a extradição a circunstância de ser o extraditando casado com brasileira ou ter filho brasileiro".

Aplicação em concurso público:

- ***Delegado de Polícia – 2018 – UEG.***

  É possível, segundo a Constituição (CRFB) e o Supremo Tribunal Federal (STF),

  B) a extradição de brasileiro naturalizado em caso de crime comum, praticado antes da naturalização, mas o brasileiro nato nunca poderá ser entregue pelo Brasil a outro país.

  Gabarito: A alternativa "B" foi considerada correta.

- ***Procurador – 2016 – IPSMI (VUNESP).***

  "é possível a extradição de qualquer brasileiro naturalizado em caso de crime comum, praticado antes da naturalização, ou de comprovado envolvimento em tráfico ilícito de entorpecentes e drogas afins, praticados antes ou depois da naturalização."

  Gabarito: A assertiva foi considerada correta.

- ***Promotor de Justiça – 2015 – MPDFT.***

  "A Constituição Federal admite a extradição de brasileiro naturalizado, por crime comum ou por comprovado envolvimento em tráfico ilícito de entorpecentes e drogas afins, desde que praticados antes da naturalização."

Gabarito: A assertiva foi considerada incorreta (a extradição do brasileiro naturalizado ocorrerá quando comprovado envolvimento em tráfico ilícito de entorpecentes e drogas afins mesmo depois da naturalização)

LIII – ninguém será processado nem sentenciado senão pela autoridade competente;

1. Este inciso garante a aplicação de dois princípios: **princípio do juiz natural (sentenciado) e do promotor natural (processado)**. É também uma das justificativas para a proibição dos Tribunais de Exceção pela CF (art. 5º, XXXVII, CF).

Aplicação em concurso público:

- ***FCC – 2016 – TRF – 3ª REGIÃO – Analista Judiciário – Área Administrativa***

  "Nos termos do art. 5° , LIII, da Constituição Federal, 'ninguém será processado nem sentenciado senão pela autoridade competente'. O dispositivo constitucional citado consagra o princípio do juiz natural."

  Gabarito: A assertiva foi considerada correta.

- ***IBADE – 2017 – PC-AC – Agente de Polícia Civil***

  "Leia a seguir os seguintes artigos enunciados pela CRFB/88 e, a partir dos respectivos conteúdos, responda. 1, Artigo 5, XXXVII: "Inexiste juízo ou tribunal de exceção". 2. Artigo 5, LIII: "Ninguém será processado nem sentenciado senão pela autoridade competente". Qual princípio a seguir melhor sintetiza o conteúdo?

  B) Do juiz e do promotor natural."

  Gabarito: A alternativa "B" foi considerada correta.

► **Súmula 704-STF**: "Não viola as garantias do juiz natural, da ampla defesa e do devido processo legal a atração por continência ou conexão do processo do corréu ao foro por prerrogativa de função de um dos denunciados".

LIV – ninguém será privado da liberdade ou de seus bens sem o **devido processo legal**;

1. O **devido processo legal** é dividido em sentido **formal** e **material/substancial**. O sentido **formal** exige a observância das *regras processuais* previstas em normas produzidas regularmente (ex: contraditório). Por outro lado, o sentido **material/substancial** diz respeito à exigência de *justiça*, abarcando, inclusive, o **dever de proporcionalidade e razoabilidade**. Tal princípio se aplica ao processo judicial e/ou administrativo.

Aplicação em concurso público;

- ***FCC – 2010 – AL-SP – Procurador***

  "Ao se afirmar que o devido processo legal configura dupla proteção ao indivíduo, sendo que protege o direito de liberdade e assegura a paridade total de condições com o Estado-persecutor e plenitude de defesa, conclui-se que atua, respectivamente, nos âmbitos:

A) material e formal."

Gabarito: A alternativa "A" foi considerada como correta.

- ***Defensor Público – 2017 – DPU – CESPE***

  "A respeito da teoria e do regime jurídico dos direitos fundamentais, julgue o item que se segue à luz das disposições da CF.

  Os direitos fundamentais individuais incluem o direito à intimidade, o direito ao devido processo legal e o direito de greve. "

  Gabarito: A alternativa foi considerada errada. (greve é um direito fundamental coletivo constante no art. 9º, CF)

2. O princípio do devido processo legal gerou alguns enfrentamentos pelo STF sobre atuações do Poder Público, valendo a pena conferir os **entendimentos sumulares** que, vez por outra, são cobrados em concursos públicos:

► **Súmulas do STF**:

Súmula Vinculante 28: "É inconstitucional a exigência de depósito prévio como requisito de admissibilidade de ação judicial na qual se pretenda discutir a exigibilidade de crédito tributário".

Súmula Vinculante 24: "Não se tipifica crime material contra a ordem tributária, previsto no art. 1º, I a IV, da Lei 8.137/1990, antes do lançamento definitivo do tributo."

Súmula Vinculante 21: "é inconstitucional a exigência de depósito ou arrolamento prévios de dinheiro ou bens para admissibilidade de recurso administrativo"

Aplicação em concurso público:

- ***CESPE – 2015 – DPU – Defensor Público Federal***

  "No tocante aos direitos e garantias fundamentais, julgue o próximo item. Não viola a cláusula do devido processo legal a exigência de arrolamento prévio de bens para fins de admissibilidade de recurso administrativo".

  Gabarito: A afirmativa foi considerada errada. (Além de violar a Súmula Vinculante 21, viola também o princípio do devido processo legal)

Súmula Vinculante 14: "É direito do defensor, no interesse do representado, ter acesso amplo aos elementos de prova que, já documentados em procedimento investigatório realizado por órgão com competência de polícia judiciária, digam respeito ao exercício do direito de defesa".

Súmula 704-STF: "Não viola as garantias do juiz natural, da ampla defesa e do devido processo legal a atração por continência ou conexão do processo do corréu ao foro por prerrogativa de função de um dos denunciados".

Súmula 547-STF: "Ao contribuinte em débito, não é lícito à autoridade proibir que adquira estampilhas, despache mercadorias nas alfândegas e exerça suas atividades profissionais".

Súmula 323-STF: "É inadmissível a apreensão de mercadorias como meio coercitivo para pagamento de tributos.

Súmula 70-STF: "É inadmissível a interdição de estabelecimento como meio coercitivo para cobrança de tributo".

LV – aos litigantes, em processo judicial ou administrativo, e aos acusados em geral são assegurados **o contraditório e ampla defesa, com os meios e recursos a ela inerentes;**

1. Este inciso estabelece o **princípio do contraditório e da ampla defesa**, os quais são relacionados diretamente com o princípio do devido processo legal. Eles se aplicam ao processo **judicial** e/ou **administrativo**.

Aplicação em concurso público;

- ***Titular de Serviços de Notas e de Registros – 2018 – TJ-AM (IESES).***

  "Aos litigantes e aos acusados em geral, exceto no âmbito administrativo, são assegurados o contraditório e ampla defesa, com os meios e recursos a ela inerentes."

  Gabarito: A afirmativa foi considerada falsa. (no âmbito administrativo também)

► **Súmula Vinculante 5: "**A falta de defesa técnica por advogado no processo administrativo disciplinar não ofende a Constituição:

- ***CESPE – 2014 – TC-DF – Auditor de Controle Externo***

  "No que se refere a direitos e garantias fundamentais, julgue os itens subsecutivos. No entendimento do STF, a garantia do devido processo legal não torna obrigatória a defesa técnica por advogado no âmbito dos processos administrativos disciplinares que envolvam servidores públicos."

  Gabarito: A afirmativa foi considerada correta.

► **Súmula Vinculante 3: "**Nos processos perante o Tribunal de Contas da União asseguram-se o contraditório e a ampla defesa quando da decisão puder resultar anulação ou revogação de ato administrativo que beneficie o interessado, excetuada a apreciação da legalidade do ato de concessão inicial de aposentadoria, reforma e pensão".

Aplicação em concurso público:

- ***CESPE – 2015 – TCE-RN – Auditor***

  "No que se refere à organização dos poderes, ao controle de constitucionalidade e às funções essenciais à justiça, julgue o item a seguir, considerando entendimentos dos tribunais superiores. Nos processos de concessão inicial de aposentadoria, reforma e pensão, em trâmite no Tribunal de Contas da União, são assegurados o contraditório e a ampla defesa na apreciação da legalidade do ato, quando da decisão puder resultar situação jurídica desvantajosa ao interessado".

  Gabarito: A afirmativa foi considerada errada. (A concessão inicial de aposentadoria, reforma e pensão no TCU é hipótese de exceção).

2. O contraditório e ampla defesa são garantidos **também no processo administrativo** de maneira ampla, seja com base no dispositivo constitucional, seja mediante aplicação da Lei 9.784/99.

Aplicação em concurso público;

- ***Quadrix – 2017 – CRMV-DF – Agente Administrativo***

  "Acerca dos direitos e das garantias fundamentais previstos na Constituição Federal de 1988 (CF) e nas demais normas do Conselho Federal de Medicina Veterinária (CFMV) aplicáveis, julgue o item que se segue. Os direitos constitucionais de contraditório e ampla defesa não são assegurados durante o processo administrativo, sendo de observância obrigatória nos processos judiciais."

  Gabarito: A afirmativa foi considerada correta.

LVI – são inadmissíveis, no processo, as provas obtidas por **meios ilícitos;**

1. **Meios ilícitos** são todos aqueles **meios que violam a lei ou qualquer dispositivo da Constituição.** Também não serão obtidas as provas ilegítimas, ou seja, que violem as normas processuais (ver art. 157 do Código de Processo Penal).

Aplicação em concurso público;

- ***Promotor de Justiça – 2017 – MPE-RO (FMP Concursos).***

  Quando a CRFB/88, em seu art. 5°, LVI, traz a proibição de provas obtidas por meios ilícitos, podemos afirmar que "o que pretende é evitar que se utilizem provas obtidas por meios ilícitos, contrariando os direitos fundamentais."

  Gabarito: Alternativa correta.

▶ **A doutrina dos frutos da árvore envenenada (em inglês, "fruits of the poisonous tree")**: É importante destacar que as provas obtidas por meios ilícitos contaminam outras provas que decorram dela. [HC 72.588, rel. min. Maurício Corrêa, j. 12-6-1996, P, DJ de 4-8-2000 e HC 74.586, rel. min. Marco Aurélio, j. 5-8-1997, 2ª T, DJ de 27-4-2001]

▶ **Jurisprudência**:

É lícita gravação ambiental sem conhecimento da outra parte: "É **lícita** a prova consistente em gravação ambiental realizada por um dos interlocutores *sem* o conhecimento do outro". [RE 583.937 QO-RG, rel. min. Cezar Peluso, j. 19-11-2009, P, DJE de 18-12-2009, tema 237]

- ***CESPE – 2012 – PC-AL – Delegado de Polícia***

  "Consoante o entendimento atual do STF, a prova consistente em gravação ambiental realizada por um dos interlocutores sem o conhecimento do outro é ilícita, mesmo quando destinada a fazer prova em favor de quem efetuou a gravação, pois viola o direito constitucional à intimidade".

  Gabarito: A afirmativa foi considerada incorreta. (O STF considera como lícita a gravação ambiental).

Interceptação telefônica pode ser usada como prova emprestada em processo disciplinar mediante autorização judicial: "Dados obtidos em interceptação de comunicações telefônicas e em escutas ambientais, judicialmente autorizadas para produção de prova em investigação criminal ou em instrução processual penal, **podem ser usados em procedimento administrativo disciplinar**, contra a mesma ou as mesmas pessoas em relação às quais foram colhidos, ou contra outros servidores cujos supostos ilícitos teriam despontado à colheita dessa prova". [Inq 2.424 QO-QO, rel. min. Cezar Peluso, j. 20-6-2007, P, DJ de 24-8-2007] = RMS 28.774, rel. p/ o ac. min. Roberto Barroso, j. 9-8-2016, 1ª T, DJE de 25-8-2016.

Aplicação em concurso público:

- ***FUNCAB – 2012 – PC-RJ – Delegado de Polícia***

  "C) É incabível a utilização de prova emprestada obtida mediante interceptação telefônica, judicialmente autorizada, para fins de subsidiar apurações de cunho disciplinar"

  Gabarito: A afirmativa foi considerada incorreta. (A prova emprestada é cabível, nos termos da decisão do STF).

Filmagem realizada pela vítima, em sua própria vaga de garagem, situada no edifício em que reside. Gravação de imagens feita com o objetivo de identificar o autor de danos praticados contra o patrimônio da vítima. **Legitimidade jurídica desse comportamento do ofendido.** *Desnecessidade*, em tal hipótese, de prévia autorização judicial. Alegada ilicitude da prova penal. Inocorrência. Validade dos elementos de informação produzidos, em seu próprio espaço privado, pela vítima de atos delituosos. [HC 84.203, rel. min. Celso de Mello, j. 19-10-2004, 2ª T, DJE de 25-9-2009]

A prova ilícita (...), *não* sendo a única mencionada na denúncia, **não** compromete a validade das demais provas que, por ela não contaminadas e dela não decorrentes, integram o conjunto probatório. [RHC 74.807, rel. min. Maurício Corrêa, j. 22-4-1997, 2ª T, DJ de 20-6-1997]

LVII – **ninguém** será considerado *culpado* **até o trânsito em julgado** de sentença penal condenatória;

1. A exigência de trânsito em julgado da sentença (impossibilidade de interposição de recurso) é uma consequência do **princípio da presunção de inocência**, sendo o réu considerado culpado apenas após o fim do trâmite processual.

► **Jurisprudência**:

Candidato que responda à inquérito policial ou ação penal sem trânsito em julgado não pode ser excluído: A jurisprudência da Corte firmou o entendimento de que viola o princípio da presunção de inocência a exclusão de certame público de candidato que responda a inquérito policial ou ação penal sem trânsito em julgado da sentença condenatória". [AI 829.186 AgR, rel. min. Dias Toffoli, j. 23-4-2013, 1ª T, DJE de 27-6-2013]

Aplicação em concurso público:

- ***ESAF – 2015 – ESAF – Analista de Planejamento e Orçamento – Conhecimentos Gerais***

  "A eliminação do candidato de concurso público que esteja respondendo a inquérito ou ação penal não fere o princípio da presunção de inocência, nos casos em que a lei de regência da respectiva carreira preveja a figura dos 'bons antecedentes'."

  Gabarito: A afirmativa foi considerada incorreta. (Há ferimento ao princípio da presunção de inocência, segundo entendimento do STF),

2. O inciso LVII e o princípio da presunção de inocência vem sendo alvo de discussões jurídicas e de mutação constitucional, por ter o STF decidido que **o condenado poderia dar início ao cumprimento da pena após a discussão do processo em segunda instância**. Tal decisão se baseou nos argumentos de que o STF e o STJ não analisam matéria de fato, mas apenas de direito, tendo o fato já ficado comprovado em sede de segunda instância.

► **Entendimento jurisprudencial:**

A execução provisória de acórdão penal condenatório proferido em grau de apelação, ainda que sujeito a recurso especial ou extraordinário, não compromete o princípio constitucional da presunção de inocência afirmado pelo artigo 5º, inciso LVII da Constituição Federal. 2. Habeas corpus denegado. (STF – Habeas Corpus 126.292 São Paulo, Relator Min. Teori Zavascki).

► **Observação: É importante, no entanto, acompanhar a discussão sobre prisão em segunda instância no âmbito do STF, pois existem movimentações políticas e jurídicas que apontam para uma possibilidade de que o assunto seja enfrentado novamente na Suprema Corte.**

Aplicação em concurso público:

- ***CESPE – 2016 – PC-PE – Escrivão de Polícia Civil***

  "O início de execução da pena criminal condenatória após a confirmação da sentença em segundo grau ofende o princípio constitucional de presunção da inocência".

  Gabarito: A afirmativa foi considerada incorreta. (Segundo entendimento atual do STF, não ofende)

3. O **princípio da presunção de inocência** *não* impede a decretação de **prisões cautelares**, desde que observados os requisitos legalmente fixados para tanto. **Erro! A referência de hiperlink não é válida.**

► **Jurisprudência**: "Em face do princípio constitucional da não culpabilidade, a custódia acauteladora há de ser tomada como exceção, cumprindo interpretar os preceitos que a regem de forma estrita, reservando-a a situações em que a liberdade do acusado coloque em risco os cidadãos, especialmente aqueles prontos a colaborarem com o Estado na elucidação de crime". [HC 85.455, rel. min. Marco Aurélio, j. 8-3-2005, 1ª T, DJ de 17-6-2005]

Aplicação em concurso público:

- ***INSTITUTO CIDADES – 2011 – DPE-AM – Defensor Público***

  "O princípio constitucional da presunção de inocência não retirou do ordenamento jurídico a validade das prisões cautelares, portanto, é possível que alguém permaneça preso sem que haja decisão condenatória transitada em julgado".

  Gabarito: A afirmativa foi considerada correta.

LVIII – o civilmente identificado **não será submetido a identificação criminal, salvo nas hipóteses previstas em lei;**

LIX – será admitida ação privada nos crimes de ação pública, se esta não for intentada no prazo legal;

1. A norma do inciso LVIII representa uma garantia do Estado Democrático de Direito e possui **aplicação *imediata*** e **eficácia *contida***, na medida em que poderá vir a ser restringida nas hipóteses definidas em lei. Assim, exceto quando a lei dispuser de maneira diferente, o civilmente identificado não deverá ser submetido à identificação criminal;

Aplicação em concurso público:

- ***Administrador – 2016 – Prefeitura de Rio Branco – AC (IBADE).***

  Acerca dos direitos e deveres individuais e coletivos, de acordo com a Constituição Federal de 1988, assinale a assertiva correta.

  "O civilmente identificado não será submetido à identificação criminal em nenhuma hipótese."

  Gabarito: Alternativa falsa. (A identificação criminal será necessária nas hipóteses previstas em lei)

- ***VUNESP – 2015 – PC-CE – Inspetor de Polícia Civil de 1a Classe***

  "A Constituição Federal estabelece, em seu artigo 5º, inc. LVIII, que "o civilmente identificado não será submetido a identificação criminal, salvo nas hipóteses previstas em lei". Acerca dessa norma, é correto afirmar que

  D) tem aplicação imediata e eficácia contida."

  Gabarito: A alternativa "D" foi considerada correta.

► **Jurisprudência:**

Identificação criminal que não se justifica, no caso, após o advento da Constituição de 1988. [RHC 66.471, rel. min. Célio Borja, j. 28-2-1989, 2ª T, DJ de 31-3-1989]

2. O **inciso LIX** protege o direito da vítima de ilícitos penais de ver processado o seu agressor. A **ação penal pública** é de titularidade do **Ministério Público**, mas poderá ser substituída pela ação privada nos casos em que este órgão não ajuizar a ação pública no prazo legal (CPP, art. 46). No Direito Constitucional, esse dispositivo é cobrado apenas em sua **literalidade**.

Aplicação em concurso público:

- ***FUNCERN – 2015 – FUNDAC – RN – Agente Educacional***

  "Considerando os direitos fundamentais encartados na Constituição da República Federativa do Brasil em vigência, é correto afirmar que:

  A) será admitida ação privada nos crimes de ação pública, desde que a vítima assim queira a qualquer tempo."

  Gabarito: A alternativa "A" foi considerada incorreta. (Não é a qualquer tempo, mas apenas quando a ação pública não for intentada no prazo legal)

LX – **a lei só poderá restringir a publicidade dos atos processuais quando a defesa da intimidade ou o interesse social o exigirem;**

1. Este dispositivo estabelece o **princípio da publicidade** aplicável aos *atos processuais*, **só** podendo ser restringido no caso em que seja necessária a defesa da intimidade ou o interesse social exigir. A **exceção** (sigilo) deve ser sempre *excepcional* e devidamente justificada.

Aplicação em concurso público:

- ***Estágio – Direito – 2015 – DPE-PE.***

  "Segundo a Constituição Federal, a lei só poderá restringir a publicidade dos atos processuais quando: 'a defesa da intimidade não prejudicar o interesse público à informação'."

  Gabarito: Alternativa correta.

- ***PR-4 UFRJ – 2018 – UFRJ – Analista de Tecnologia da Informação***

  "Acerca do princípio da publicidade, é correto afirmar que a lei só poderá restringir a publicidade dos atos processuais quando a defesa da intimidade ou o interesse social o exigirem".

  Gabarito: A afirmativa foi considerada correta.

► **Jurisprudência**:

A publicidade alcança os autos do processo: "A publicidade assegurada constitucionalmente (art. 5º, LX, e 93, IX, da CRFB) alcança os autos do processo, e não somente as sessões e audiências, razão pela qual padece de inconstitucionalidade disposição normativa que determine abstratamente segredo de justiça em todos os processos em curso perante vara criminal". [ADI 4.414, rel. min. Luiz Fux, j. 31-5-2012, P, DJE de 17-6-2013]

LXI – **ninguém será preso senão em flagrante delito ou por ordem escrita e fundamentada de autoridade judiciária competente,** *salvo* nos casos de transgressão militar ou crime propriamente militar, definidos em lei;

LXII – a prisão de qualquer pessoa **e o local** onde se encontre serão *comunicados* imediatamente ao **juiz competente** e à família do preso ou à pessoa por ele indicada;

LXIII – o preso será **informado** de seus direitos, entre os quais o de *permanecer calado*, sendo-lhe assegurada a **assistência da família** e **de advogado**;

LXIV – o preso tem **direito à identificação** dos responsáveis por sua prisão *ou* por seu interrogatório policial;

LXV – a prisão ilegal será imediatamente relaxada pela **autoridade judiciária;**

LXVI – **ninguém** será levado à prisão ou nela mantido, *quando* a lei admitir a **liberdade provisória**, com *ou sem* fiança;

1. Esta sequência de incisos (LXI, LXII, LXIII, LXIV e LXV) estabelece direitos relacionados à *dignidade da pessoa humana* na hipótese de **prisão**. Por se tratar de assunto mais relacionado ao Direito Penal, os dispositivos são cobrados nas provas de Direito Constitucional apenas em sua **literalidade**;

2. O **inciso LXI** garante que a prisão de qualquer pessoa só pode ocorrer em **duas hipóteses**: **a)** em flagrante delito; ou **b)** mediante ordem *escrita* e *fundamentada* da autoridade judiciária competente. No caso de *transgressão militar* ou *crime propriamente militar*, a regulamentação poderá ser definida em lei (esta parte do dispositivo é enquadrada como norma de eficácia contida e aplicabilidade CESPE – 2008 – ME – Agente Administrativo Texto associado O direito do preso de permanecer calado é norma fundamental de eficácia contida. imediata).

Aplicação em concurso público:

- ***Investigador de Polícia Civil – 2016 – PC-PA (FUNCAB).***

  Nos termos dos direitos e deveres individuais e coletivos, previstos na Constituição "Federal, é correto afirmar:

  'Ninguém será preso senão em flagrante delito ou por ordem escrita e fundamentada de autoridade judiciária competente, salvo apenas nos casos de crime propriamente militar, definidos em lei'."

  Gabarito: A assertiva foi considerada errada. (Também nos casos de transgressão militar).

- ***FGV – 2015 – TJ-PI – Analista Judiciário – Escrivão Judicial***

  "O art. 5º, LXI, da Constituição da República Federativa do Brasil, dispõe que "ninguém será preso senão em flagrante delito ou por ordem escrita e fundamentada de autoridade judiciária competente, salvo nos casos de transgressão militar ou crime propriamente militar, definidos em lei". À luz dos referenciais de aplicabilidade e eficácia, é correto afirmar que, a partir desse enunciado linguístico, se obtém uma norma constitucional:

  B) de eficácia plena e aplicabilidade imediata;

  Gabarito: A alternativa "B" foi considerada correta.

► **Jurisprudência**:

Esta Suprema Corte possui jurisprudência no sentido de **permitir a decretação de nova prisão preventiva** contra o réu que **deixa** de cumprir os compromissos firmados perante o juízo. [HC 100.372, rel. min. Ellen Gracie, j. 14-9-2010, 2ª T, DJE de 1º-10-2010.]

3. O **inciso LXII** tem por fundamento o *Estado Democrático de Direito* e o exercício do *contraditório e ampla defesa*, pois a comunicação ao juízo competente e à família ou pessoa indicada por ele permite que sejam adotados os meios cabíveis de impugnação em caso de prisão ilegal (ex: impetração de habeas corpus). Trata-se de **norma de eficácia plena.**

Aplicação em concurso público:

- ***FCC – 2002 – TRE-PI – Técnico Judiciário – Área Administrativa***

"João, zelador de um condomínio residencial, foi preso em flagrante delito. Essa prisão e o local onde ele se encontra devem ser comunicados imediatamente ao juiz competente e:

A) à família do preso ou à pessoa por ele indicada."

Gabarito: A alternativa "A" foi considerada correta.

► **Jurisprudência**:

Não ocorre descumprimento do inciso LXII do art. 5º da CF, quando o preso, *voluntariamente*, não indica pessoa a ser comunicada da sua prisão. Encontrando-se o paciente cumprindo pena por condenação definitiva, é irrelevante eventual nulidade formal que tenha ocorrido no auto de prisão em flagrante, eis que se encontra preso por outro título. [HC 69.630, rel. min. Paulo Brossard, j. 20-10-1992, 2ª T, DJ de 4-12-1992]

4. O **inciso LXIII** se relaciona com o direito de defesa, assegurando ao preso o direito de ser informado sobre os seus direitos, **inclusive o de ficar calado** (garante-se o **princípio da "não autoincriminação"**). Estabelece ainda uma obrigação ao Estado de garantir a assistência da família e de advogado. Trata-se de **norma de eficácia plena.**

Aplicação em concurso público:

- ***CESPE – 2008 – ME – Agente Administrativo***

"O direito do preso de permanecer calado é norma fundamental de eficácia contida".
Gabarito: A afirmativa foi considerada correta.

► **Jurisprudência**:

A CF assegura aos presos o direito ao silêncio (inciso LXIII do art. 5º). Nessa mesma linha de orientação, o Pacto Internacional sobre Direitos Civis e Políticos (Pacto de São José da Costa Rica) institucionaliza o **princípio da "não autoincriminação"** (nemo tenetur se detegere). Esse direito subjetivo de não se autoincriminar constitui uma das mais eminentes formas de densificação da garantia do devido processo penal e do direito à presunção de não culpabilidade (inciso LVII do art. 5º da CF). A revelar, primeiro, que o processo penal é o espaço de atuação apropriada para o órgão de acusação demonstrar por modo robusto a autoria e a materialidade do delito. Órgão que não pode se esquivar da incumbência de fazer da instrução criminal a sua estratégia oportunidade de produzir material probatório substancialmente sólido em termos de comprovação da existência de fato típico e ilícito, além da culpabilidade do acusado. [HC 101.909, rel. min. Ayres Britto, j. 28-2-2012, 2ª T, DJE de 19-6-2012.]

5. O **inciso LXIV** garante que o preso possui direito à identificação dos responsáveis pela sua *prisão* ou por seu *interrogatório policial*, com o objetivo de lhe permitir exercer o **contraditório e ampla defesa**, inclusive mediante a busca de responsabilização por eventual prisão **ilegal**. Trata-se de **norma de eficácia plena**.

Aplicação em concurso público:

- ***VUNESP – 2013 – PC-SP – Investigador de Polícia***

  "Sansão Herculano, brasileiro, médico veterinário, maior de idade, foi preso em flagrante delito e levado à Delegacia de Polícia. Segundo o que estabelece a Constituição Federal, Sansão tem os seguintes direitos:

  D) relaxamento imediato de sua prisão se ela foi ilegal, permanecer calado e cela especial privativa. E permanecer calado, identificação dos responsáveis por sua prisão e que o juiz e sua família sejam imediatamente comunicados sobre sua prisão."

  Gabarito: A alternativa "D" foi considerada correta.

6. O inciso LXV garante, por fim, o **relaxamento da prisão** pela autoridade **judiciária** em caso de **ilegalidade**. Tal autoridade, ao tomar conhecimento da prisão, tem o dever de proceder ao relaxamento de imediato e até mesmo de ofício.

Aplicação em concurso público:

- ***Programador de computador – 2014 – TJ-RS (FAURGS).***

  "A prisão ilegal será imediatamente relaxada pela autoridade policial"

  Gabarito: A afirmativa foi considerada incorreta. (O correto é a autoridade será a judiciária, não a policial)

► **Jurisprudência**:

O juízo incompetente pode, salvante os casos de erro grosseiro e manifesta má-fé, em hipóteses de urgência e desde que haja dúvida razoável a respeito do órgão que deve processar a causa, determinar o relaxamento de prisão ilegal, remetendo o caso, em seguida, ao juiz natural, configurando hipótese de translatio iudicii inferida do art. 5º, LXV, da Carta Magna, o qual não exige a competência da autoridade judiciária responsável pelo relaxamento, sendo certo que a complexidade dos critérios de divisão da competência jurisdicional não podem obstaculizar o acesso à justiça (art. 5º, XXXV, da CRFB). [ADI 4.414, rel. min. Luiz Fux, j. 31-5-2012, P, DJE de 17-6-2013]

7. O **inciso LXVI**, por fim, assegura a liberdade provisória, com ou sem fiança, quando a lei admitir.

Aplicação em concurso público:

- ***FCC – 2018 – ALESE – Técnico Legislativo – Técnico-Administrativo***

  "À luz da disciplina constitucional dos direitos e garantias fundamentais,

  A) ninguém será levado à prisão ou nela mantido, quando a lei admitir a liberdade provisória, com ou sem fiança."

  Gabarito: A alternativa "A" foi considerada correta.

LXVII – não haverá **prisão** *civil* **por dívida**, salvo a do responsável pelo inadimplemento voluntário e inescusável de **obrigação alimentícia** e a do **depositário infiel**;

1. Este dispositivo proíbe a prisão civil por dívida, autorizando a sua previsão apenas em duas hipóteses: a) inadimplemento voluntário e inescusável de obrigação alimentícia; e b) depositário infiel.

2. A **prisão civil** do depositário *infiel* é considerado atualmente como **inadmissível** pelo STF, qualquer que seja a modalidade de depósito, conforme **Súmula Vinculante 25**. O entendimento do STF é que o **art. 7º** da Convenção Americana de Direitos Humanos (Pacto de São José da Costa Rica) possui *status* supralegal, sendo que ele permite **apenas** a prisão no caso de obrigação alimentícia. Assim, *atualmente*, a única hipótese que possibilita a prisão civil por dívida é a falta de pagamento de *obrigação alimentícia*.

   ▶ **Súmula Vinculante 25**: "É ilícita a prisão civil de depositário infiel, qualquer que seja a modalidade do depósito."

Aplicação em concurso público:

- ***Analista Judiciário – Oficial de Justiça Avaliador – 2018 – TRT – 15ª REGIÃO-SP (FCC).***

  A Constituição Federal VEDA, como regra geral, a prisão civil por dívida "ressalvando, expressamente, a prisão do responsável pelo inadimplemento voluntário e inescusável de obrigação alimentícia e a do depositário infiel, mas, de outro lado, o Supremo Tribunal Federal editou súmula vinculante segundo a qual é ilícita a prisão civil do depositário infiel, qualquer que seja a modalidade do depósito."

  Gabarito: A afirmativa foi considerada correta.

▶ **Observação**: Importante perceber que o Pacto de São José da Costa Rica não está acima da Constituição, mas acima de lei. Sendo assim, a Constituição apenas autoriza que a lei preveja a prisão, porém o Pacto proíbe, com *status* supralegal. Assim, atualmente não se admite esse tipo de prisão no caso de depositário infiel por opção legislativa.

▶ **Jurisprudência**: "A prisão por dívida de natureza alimentícia está ligada ao inadimplemento inescusável de prestação, **não alcançando situação jurídica a revelar cobrança de saldo devedor**". [HC 121.426, rel. min. Marco Aurélio, j. 14-3-2017, 1ª T, DJE de 29-3-2017]

LXVIII – conceder-se-á ***habeas corpus*** sempre que alguém sofrer ou se achar ameaçado de sofrer violência ou coação em sua **liberdade de locomoção**, por ilegalidade ou abuso de poder;

1. O *habeas corpus* é um remédio constitucional concedido sempre que alguém estiver **sofrendo (repressivo) ou ameaçado (preventivo) de sofrer violência ou coação em seu direito de locomoção.**

Aplicação em concurso público:

- ***Psicólogo – 2018 – CRP – 2º Região – PE (Quadrix)***

  "É possível impetrar *habeas corpus* quando alguém se achar ameaçado de sofrer violência em sua liberdade de locomoção, por ilegalidade ou abuso de poder".

  Gabarito: A afirmativa foi considerada correta.

▶ **Observação:** Art. 142, § 2º, CF: Não caberá *habeas corpus* em relação a punições disciplinares militares.

▶ **Súmulas do STF sobre *habeas corpus*:**

Súmula 695-STF: "Não cabe habeas corpus quando já extinta a pena privativa de liberdade".

Súmula 694-STF: "Não cabe habeas corpus contra a imposição da pena de exclusão de militar ou de perda de patente ou de função pública".

Súmula 693-STF: "Não cabe habeas corpus contra decisão condenatória a pena de multa, ou relativo a processo em curso por infração penal a que a pena pecuniária seja a única cominada".

Súmula 692-STF: "Não se conhece de habeas corpus contra omissão de relator de extradição, se fundado em fato ou direito estrangeiro cuja prova não constava dos autos, nem foi ele provocado a respeito".

Súmula 395-STF: "Não se conhece de recurso de habeas corpus cujo objeto seja resolver sobre o ônus das custas, por não estar mais em causa a liberdade de locomoção".

2. Devido à importância do direito resguardado, **o *habeas corpus* pode ser impetrado por qualquer do povo (em seu favor ou de outrem) e não necessita de advogado ou forma especial.**

- ***UERR – 2011 – SEJUC – RR – Agente Penitenciário***

  "Em relação ao habeas corpus assinale a alternativa correta:

C) Poderá ser impetrado por qualquer pessoa, em seu favor ou de outrem;"

Gabarito: A alternativa "C" foi considerada correta.

3. A parte final do dispositivo exige que haja ilegalidade ou abuso de poder, **mas não condiciona que o ato coator seja praticado por uma autoridade pública**. Assim, a restrição à liberdade de locomoção tutelada pelo *habeas corpus é de qualquer natureza, inclusive* contra atos de pessoas físicas ou jurídicas de direito **privado**.

- ***CESPE – 2008 – STF – Analista Judiciário – Área Judiciária***

  "A CF exige que o habeas corpus seja cabível apenas contra ato de autoridade pública".

  Gabarito: A afirmativa foi considerada errada. (Não há tal exigência)

LXIX – conceder-se-á **mandado de segurança** para proteger **direito líquido e certo**, não amparado por *habeas corpus* ou *habeas data*, quando o responsável pela **ilegalidade** ou **abuso de poder** for autoridade pública *ou* agente de pessoa jurídica no exercício de atribuições do Poder Público;

LXX – o mandado de segurança **coletivo** pode ser impetrado por:

a) partido político **com representação no Congresso Nacional**;

b) organização sindical, entidade de classe *ou* associação legalmente **constituída e em funcionamento há pelo menos um ano**, em defesa dos interesses de seus membros ou associados;

1. Regulamentado pela Lei 12.016/09, o **mandado de segurança** é mais um remédio constitucional, agora com o objetivo de proteger direito líquido e certo, que é aquele que possui **prova pré-constituída**. Direito líquido e certo não significa direito evidente, mas sim aquele provado por prova pré-constituída (documental acostada à inicial), **não** cabendo *dilação probatória* (ex: prova testemunhal ou pericial). Ele pode ser **preventivo** (antes da ilegalidade) ou **repressivo**, **individual** ou **coletivo**, devendo ser ajuizado no prazo *decadencial* de **120 (cento e vinte) dias**.

Aplicação em concurso público:

- ***IGMA ASSESSORIA – 2012 – Câmara de Jahu – SP – Advogado***

  "O mandado de segurança poderá ser repressivo quando se tratar de uma ilegalidade já cometida; ou denominado preventivo, quando o impetrante demonstrar justo receio de sofrer uma violação de direito líquido e certo por parte da autoridade impetrada"

  Gabarito: A assertiva foi considerada correta.

- ***"INSTITUTO PRÓ-MUNICÍPIO – 2014 – Prefeitura de Patos – PB – Advogado***

  Acerca do Mandado de Segurança marque a alternativa correta:

  B) No processo de mandado de segurança o que é vedado é a coleta de outras provas, que não aquelas oferecidas com a inicial. Todavia, por mais volumosa que seja, a prova deve ser examinada;"

  Gabarito: A alternativa "B" foi considerada correta.

► **Súmula 625-STF**: "Controvérsia sobre matéria de direito não impede concessão de mandado de segurança".

Aplicação em concurso público:

- ***NC-UFPR – 2015 – ITAIPU BINACIONAL – Direito***

  "Sobre o mandado de segurança, é correto afirmar:

  D) A controvérsia sobre matéria de direito não impede a concessão do mandado de segurança;"

  Gabarito: A alternativa "D" foi considerada correta.

2. O **mandado de segurança** deve atacar um ato praticado por uma autoridade pública **ou** *por agente de pessoa jurídica no exercício de atribuições do Poder Público*. Exige-se, portanto, um caráter público do ato impugnado, podendo ser um ato de pessoa jurídica de **direito privado**, *desde que* no exercício de uma função pública (ex: ato de concessionária de serviço público mediante delegação do Poder Público). Não cabe, contudo, a impetração de MS contra **ato de gestão comercial** de uma empresa pública, sociedade de economia mista ou concessionária de serviço público (Lei 12.016/09, art. 1º, § 2º).

Aplicação em concurso público:

- ***CESPE – 2015 – TJ-DFT – Juiz de Direito Substituto***

  "É cabível mandado de segurança contra ato de gestão comercial praticado por administrador de empresa pública, de sociedade de economia mista e de concessionária de serviço público."

  Gabarito: A afirmativa foi considerada incorreta. (só caberia no exercício de funções do poder público, não em ato de gestão comercial, que tem natureza exclusivamente privada).

3. O **mandado de segurança** serve para defender um **direito subjetivo**, tutelado por uma pessoa *física* ou *jurídica* específica. Significa dizer, portanto, que **não** cabe o seu ajuizamento para discussão de **lei "em tese"**, *sem* um problema concreto, pois ele *não* se confunde com os instrumentos de controle abstrato (ADI, ADC, ADO ou ADPF). **O controle de constitucionalidade no MS, assim, só pode ser efetuado de maneira *incidental* e *concreto*.**

► **Súmula 266:** "Não cabe Mandado de Segurança contra lei em tese".

Aplicação em concurso público:

- ***FUMARC – 2018 – COPASA – Analista de Saneamento – Advogado***

  "O procedimento da ação constitucional de mandado de segurança ADMITE que, em seu âmbito, seja realizado controle de constitucionalidade?

  A) Sim, desde que o controle seja incidental e em concreto."

  Gabarito: A alternativa "A" foi considerada correta.

4. Admite-se, excepcionalmente, que o **mandado de segurança** seja impetrado como forma de **controle preventivo de constitucionalidade**, desde que ajuizado por **parlamentar** em *duas* hipóteses: **a)** quando o projeto de lei violar *cláusula pétrea*; ou **b)** quando houver violação das regras do *processo legislativo.*

Aplicação em concurso público:

- ***PGE-MS – 2014 – PGE-MS – Procurador do Estado***

  "Sobre a tramitação de projetos de lei no Legislativo indique a alternativa condizente com a jurisprudência majoritária do STF:

  D) É cabível o manejo de mandado de segurança por parlamentar para suspender projeto de lei alegadamente violador de cláusula constitucional que discipline o correspondente processo legislativo"

  Gabarito: A alternativa "D" foi considerada correta.

- ***CESPE – 2016 – FUNPRESP-JUD – Analista – Direito***

  "Acerca do controle de constitucionalidade e da ordem social conforme prevê a CF, julgue o próximo item. Constitui modalidade de controle preventivo e abstrato a admissão de mandado de segurança impetrado por parlamentar contra as Mesas do Congresso Nacional com a finalidade de impedir a prática de atos incompatíveis com o devido processo legislativo."

  Gabarito: A assertiva foi considerada correta.

5. O mandado de segurança pode ser de natureza individual (defesa do interesse de uma pessoa física ou jurídica específica) ou coletiva (defesa do interesse de uma coletividade por uma entidade legitimada). O MS coletivo encontra fundamento no inciso LXX e pelo art. 21 da Lei 12.016/09, com a mesma hipótese de cabimento, podendo ser ajuizado por quatro legitimados: a) partido político **com representação no Congresso Nacional**; b) organização sindical; c) entidade de classe; *ou* d) associação legalmente **constituída e em funcionamento há pelo menos um ano**, em defesa dos interesses de seus membros ou associados;

Aplicação em concurso público:

- ***Investigador de Polícia Civil – 2016 – PC-PA (FUNCAB).***

  "O mandado de segurança coletivo pode ser impetrado por organização sindical, entidade de classe ou associação legalmente constituída e em funcionamento há menos de um ano, em defesa dos interesses de seus membros ou associados".

  Gabarito: A afirmativa foi considerada errada. (não é há menos de um ano, é há pelo menos um ano)

3.1. **Não** há necessidade de colher *autorização* de cada associado para a associação ingressar com **MS-coletivo**.

► Súmula 630-STF: "A impetração de Mandado de Segurança coletivo por entidade de classe em favor dos associados independe da autorização destes"

Aplicação em concurso público:

- ***CESPE – 2014 – Câmara dos Deputados – Analista Legislativo – Consultor Legislativo Área IX***

"Para que uma entidade de classe ajuíze mandado de segurança coletivo em favor de seus associados, além do prazo mínimo de um ano de regular existência dessa entidade, é necessário que ela conte com autorização da respectiva assembleia".

Gabarito: A assertiva foi considerada errada. (A Súmula 630-STF estabelece a desnecessidade de autorização para ajuizamento de MS-coletivo).

3.2. O MS-coletivo **pode ser impetrado** por associação, *mesmo que* o seu objeto seja a defesa de interesses de apenas uma **parcela** da categoria associada.

▶ **Súmula 630**: "A entidade de classe tem legitimação para o Mandado de Segurança ainda quando a pretensão veiculada interesse apenas a uma parte da respectiva categoria".

Aplicação em concurso público:

- ***CONSULPLAN – 2018 – TJ-MG – Juiz de Direito Substituto***

"Em se tratando de mandado de segurança coletivo, é correto afirmar que

C) a entidade de classe não tem legitimação para o mandado de segurança coletivo quando a pretensão veiculada interesse apenas a uma parte da respectiva categoria.

Gabarito: A alternativa "C" foi considerada errada. (Conforme Súmula 629, há legitimidade mesmo quando o interesse for de uma parcela da categoria)

6. É importante destacar que o **STF**, durante um período anterior à CF/88, quando ainda analisava matéria infraconstitucional, **editou uma sequência de súmulas sobre esse remédio constitucional** que muitas vezes são cobradas em prova.

▶ **Súmulas importantes do STF:**

Súmula 101: O Mandado de Segurança não substitui a ação popular.

Súmula 632: É constitucional lei que fixa o prazo de decadência para a impetração de Mandado de Segurança.

Súmula 266: Não cabe Mandado de Segurança contra lei em tese.

Súmula 267: Não cabe Mandado de Segurança contra ato judicial passível de recurso ou correição.

Súmula 268: Não cabe Mandado de Segurança contra decisão judicial com trânsito em julgado.

Súmula 269: O Mandado de Segurança não é substitutivo de ação de cobrança

Súmula 271: Concessão de Mandado de Segurança não produz efeitos patrimoniais em relação a período pretérito, os quais devem ser reclamados administrativamente ou pela via própria.

Súmula 304: Decisão denegatória de Mandado de Segurança, não fazendo coisa julgada contra o impetrante, não impede o uso da ação própria.

Súmula 330: O Supremo Tribunal Federal não é competente para conhecer de Mandado de Segurança contra atos dos Tribunais de Justiça dos Estados.

Súmula 429: A existência de recurso administrativo com efeito suspensivo não impede o uso do Mandado de Segurança contra omissão da autoridade.

Súmula 625: Controvérsia sobre matéria de direito não impede concessão de Mandado de Segurança.

LXXI – conceder-se-á **mandado de injunção** sempre que a **falta de norma regulamentadora** torne inviável o exercício dos direitos e liberdades constitucionais e das prerrogativas inerentes à **nacionalidade, à soberania e à cidadania;**

1. O **mandado de injunção** (regulamentado pela Lei 13.300/2016) **é cabível em face da existência de uma norma de eficácia limitada** que, *por ausência de regulamentação*, está impedindo o exercício de um direito constitucional. Em regra, a decisão do MI possui efeito *entre as partes*, podendo, excepcionalmente, ter efeito *erga omnes*, quando a decisão for indispensável ao exercício do direito, da liberdade ou da prerrogativa objeto da impetração (Art. 9º, § 1º, Lei 13.300/2016).

Aplicação em concurso público:

- ***Delegado de Polícia – 2016 (CESPE).***

  "A sentença em mandado de injunção gera efeitos *erga omnes*, alcançando, de maneira indistinta, todos aqueles privados de exercer quaisquer direitos e liberdades constitucionais por falta de norma regulamentadora."

  A afirmativa está errada (Gera efeito inter partes como regra, podendo haver atribuição de efeitos erga omnes apenas de maneira excepcional)

2. **Fases do entendimento sobre a decisão em mandado de injunção:** Tendo em vista o **princípio da separação de poderes** (CF, art. 2), iniciou-se uma discussão sobre as possibilidades do *conteúdo* da decisão em sede de mandado de injunção. Inicialmente, o **STF** apenas *notifica* o órgão ou autoridade omissa sobre a sua mora, *sem* fixação de consequências (teoria não concretista ou declaratória). Após algum tempo, houve uma *mutação constitucional* e o STF passou a adotar o entendimento de que a decisão em mandado de injunção deve resolver o problema em concreto (**teoria concretista**), seja apenas para o autor (**teoria concretista** *individual*), seja com efeitos para todos (**teoria concretista** *geral*). Fala-se também em uma **teoria concretista** *intermediária*, por meio do qual o Poder Judiciário notifica primeiro o órgão ou autoridade omissa, fixando-lhe prazo para, em seguida, resolver o problema em concreto.

Teoria **não** concretista	Teoria concretista **individual**	Teoria concretista **geral**	Teoria concretista **intermediária**
• O Poder Judiciário **apenas comunica** o órgão ou autoridade competente sobre a sua omissão, *sem consequências*	• O Poder Judiciário diz como o direito será exercido *em concreto* • A decisão tem efeito apenas **para as partes** (efeitos *inter partes*) • Adotada *como regra*	• O Poder Judiciário diz como o direito será exercido *em concreto* • A decisão tem efeito **para todos** (efeitos *erga omnes*) • Adotada *excepcionalmente*	• O Poder Judiciário **notifica** o órgão ou autoridade competente sobre sua omissão, *fixando prazo razoável para resolver o problema* • **Se não for adotada nenhuma providência,** o Judiciário *dirá* como o direito será exercido

Aplicação em concurso público:

- ***AGU – Advogado da União – 2015 – CESPE***

  "No que se refere a ações constitucionais, julgue o item subsequente:

  De acordo com o atual entendimento do STF, a decisão proferida em mandado de injunção pode levar à concretização da norma constitucional despida de plena eficácia, no tocante ao exercício dos direitos e das liberdades constitucionais e das prerrogativas relacionadas à nacionalidade, à soberania e à cidadania".

  Gabarito: A assertiva foi considerada correta.

- ***INAZ do Pará – 2017 – DPE-PR – Administrador***

  "A Constituição Federal de 1988 é um marco na história do Brasil, sendo seu texto produzido de acordo com os anseios da população brasileira. A Constituição Brasileira trouxe diversos avanços concernentes aos direitos e garantias fundamentais. Analisando este viés assinale a alternativa que corresponde às previsões da carta Cidadã no que concerne aos Remédios Constitucionais.

  C) O Mandado de Injunção se destina a provocar o Poder Judiciário e dele exigir a declaração da falta de norma regulamentadora, sendo certo que o Supremo Tribunal Federal atualmente se limita a utilização da teria não concretista o que apenas constata a mora do poder, órgão ou autoridade com atribuição para editar a norma regulamentadora, reconhecendo-se formalmente sua inércia".

  Gabarito: A alternativa "C" foi considerada errada. (atualmente, a teoria concretista é adotada no âmbito do STF)

3. O mandado de injunção também pode ser individual ou coletivo, conforme art. 12 da Lei 13.300/16, podendo ser ajuizado: **a)** pelo **Ministério Público**, quando a tutela requerida for especialmente relevante para a defesa da ordem jurídica, do regime democrático ou dos interesses sociais ou individuais indisponíveis; **b)** por **partido político com representação no Congresso Nacional**, para assegurar o exercício de direitos, liberdades e prerrogativas de seus integrantes ou relacionados com a finalidade partidária; **c)** por **organização sindical**, **entidade de classe** ou **associação legalmente constituída e em funcionamento há pelo menos 1 (um) ano**, para assegurar o exercício de direitos, liberdades e prerrogativas em favor da totalidade ou de parte de seus membros ou associados, na forma de seus estatutos e desde que pertinentes a suas finalidades, dispensada, para tanto, autorização especial; d) pela **Defensoria Pública**, quando a tutela requerida for especialmente relevante para a promoção dos direitos humanos e a defesa dos direitos individuais e coletivos dos necessitados, na forma do inciso LXXIV do art. 5. da Constituição Federal.

LXXII – conceder-se-á ***habeas data:***

a) para assegurar o **conhecimento de informações** relativas à pessoa do impetrante, constantes de registros ou bancos de dados de entidades governamentais ou de caráter público;

b) para a **retificação de dados**, quando não se prefira fazê-lo por processo sigiloso, judicial ou administrativo;

1. O *habeas data* (regulamentado pela Lei 9.507/1997) tem por objetivo proteger o direito relativo às **informações do impetrante/interessado.** Além das duas hipóteses constitucionais (acessar e retificar dados), a regulamentação da Lei 9.508/1997 trouxe mais uma hipótese de cabimento em seu art. 7º, III: para a **ANOTAÇÃO** nos assentamentos do interessado, de contestação ou explicação sobre dado verdadeiro mas justificável e que esteja sob pendência judicial ou amigável.

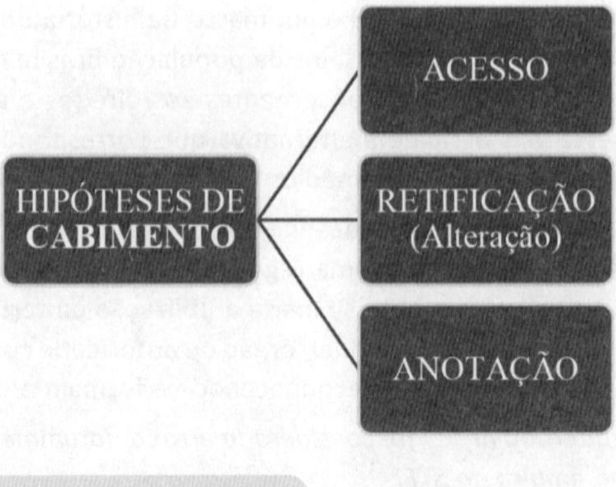

Aplicação em concurso público:

- ***FEPESE – 2017 – PC-SC – Escrivão de Polícia Civil***

  "De acordo com a Constituição Federal, conceder-se-á habeas data para:

  D) assegurar o conhecimento de informações constantes de registros ou bancos de dados públicos".

  Gabarito: A alternativa "D" foi considerada correta.

1.1. Exige-se que a informação seja relativa à **pessoa do impetrante (autor)**, *não* podendo ser utilizado o *habeas data* para informações relativas a terceiros.

▶ **Jurisprudência**:

O *habeas data* não se presta para solicitar informações relativas a terceiros, pois, nos termos do inciso LXXII do art. 5º da CF, sua impetração deve ter por objetivo "assegurar o conhecimento de informações relativas à pessoa do impetrante". [HD 87 AgR, rel. min. Cármen Lúcia, j. 25-11-2009, P, DJE de 5-2-2010.]

Aplicação em concurso público:

- ***CESPE – 2009 – Polícia Federal – Agente Federal da Polícia Federal***

  "Conceder-se-á habeas data para assegurar o conhecimento de informações relativas à pessoa do impetrante ou à de terceiros, constantes de registros ou bancos de dados de entidades governamentais ou de caráter público".

  Gabarito: A assertiva foi considerada errada. (O habeas data não cabe para informações de terceiros, mas apenas do próprio impetrante)

- ***DPU – Defensor Público Federal – 2017 – CESPE***

  "Sob o aspecto da legitimidade ativa, por meio de habeas data é possível obter informações relativas a qualquer pessoa, desde que as informações sejam classificadas como públicas".

  Gabarito: A assertiva foi considerada errada (O habeas data é o instrumento adequado para garantir informações própria do impetrante, não de terceiros)

▶ O STJ entende que os **sucessores** e o **cônjuge do falecido** podem ingressar com o *habeas data* para tutelar informações relativas à pessoa falecida (HD 147)

Aplicação em concurso público:

- ***VUNESP – 2015 – Câmara Municipal de Itatiba – SP – Advogado***

  "O habeas data é cabível para o cônjuge supérstite obter informações do falecido, para possível correção".

  Gabarito: A afirmativa foi considerada correta.

1.2. A **informação** deve constar de **registros ou bancos de dados** de *entidades governamentais* ou de *caráter* público, sendo considerado assim "todo registro ou banco de dados contendo informações que sejam ou que possam ser transmitidas a terceiros ou que não sejam de uso privativo do órgão ou entidade produtora ou depositária das informações" (Lei 9.507/97, art. 1º, parágrafo único)

▶ **Jurisprudência**:

O *habeas data* é via processual **inadequada** ao atendimento de pretensão do autor de *sustar* a publicação de matéria em **sítio eletrônico**. [HD 100 AgR, rel. min. Luiz Fux, j. 25-11-2014, 1ª T, DJE de 16-12-2014.]

A ação de *habeas data* visa à proteção da privacidade do indivíduo contra abuso no registro e/ou revelação de dados pessoais falsos ou equivocados. ***O habeas data*** não se revela meio idôneo para se obter vista de processo administrativo. [HD 90 AgR, rel. min. Ellen Gracie, j. 18-2-2010, P, DJE de 19-3-2010.]

Aplicação em concurso público:

- ***Delegado de Polícia – 2016 – PC-PE (CESPE).***

  "De acordo com o STF, o habeas data é ação que permite ao indivíduo o direito de obter informações relativas à sua pessoa, inseridas em repartições públicas ou privadas, podendo ser utilizado para a obtenção de acesso a autos de processos administrativos, como aqueles que tramitam no TCU."

  A afirmativa está Errada. (o Habeas Data não é o instrumento jurídico adequado para que se tenha acesso a autos de processos administrativos, mas a informações próprias do impetrante)

2. O *habeas data* representa uma garantia relacionada diretamente com o **princípio da publicidade**, haja vista que envolve o direito de acesso à informação.

Aplicação em concurso público:

- ***CESPE – 2013 – SEDUC-CE – Professor Pleno I – Conhecimentos Básicos***

  "O habeas data representa a garantia do princípio da publicidade".

  Gabarito: A afirmativa foi considerada correta.

3. A impetração do *habeas data* está **condicionada** à **recusa** por parte da autoridade administrativa ou, ao menos, a **omissão** na resposta pelo prazo do art. 8º, parágrafo único da Lei 9.507

→ **Súmula 2 STJ:** "Não cabe o *habeas data* (cf, art. 5., LXXII, letra "a") se não houve recusa de informações por parte da autoridade administrativa".

Aplicação em concurso público:

- ***TRT 15R – 2011 – TRT – 15ª Região – Juiz do Trabalho***

  "Conforme entendimento do STJ, trata-se de medida cabível ainda que não tenha havido recusa de prestação de informações por parte da autoridade administrativa;

  Gabarito: A afirmativa foi considerada errada. (exige-se a recusa ou omissão, conforme Súmula 02-STJ).

LXXIII – qualquer cidadão é parte legítima para propor **ação popular** que vise a **anular ato lesivo ao patrimônio público ou de entidade de que o Estado participe, à moralidade administrativa, ao meio ambiente e ao patrimônio histórico e cultural,** ficando o autor, salvo comprovada má-fé, isento de custas judiciais e do ônus da sucumbência;

1. A ação popular (regulamentada pela Lei 4.717/1965) é o **remédio constitucional** que possibilita a **proteção de interesses difusos, coletivos ou individuais**

homogêneos relativos ao **patrimônio público ou de entidade de que o Estado Participe,** à moralidade administrativa, ao meio ambiente e ao patrimônio histórico e cultural de todos os cidadãos. Para ajuizá-la é **necessária a comprovação da condição de cidadão,** por meio do título de eleitor. Ressalte-se que "pessoa jurídica não tem legitimidade para propor ação popular". (Súmula 365-STF)

Aplicação em concurso público:

- ***Auditor – 2018 – SEFAZ-RS (CESPE).***

  "A ação constitucional que tem o cidadão como legitimado ativo e que objetiva defender interesse difuso para anular ato lesivo ao patrimônio público, à moralidade administrativa, ao meio ambiente e ao patrimônio histórico e cultural denomina-se: ação popular"

  Gabarito: A assertiva foi considerada correta.

- ***Analista – 2014 – SEDS-TO (FUNCAB).***

  "O estrangeiro não pode ajuizar ação popular em defesa do patrimônio público nacional".

  Gabarito: A assertiva foi considerada correta.

2. A ação popular, ao lado de outros instrumentos, é um meio para exercício dos **direitos políticos** do cidadão, impugnando atos que violem valores constitucionais. Trata-se de um remédio constitucional que manifesta o exercício da **soberania popular e** da **democracia direta**.

Aplicação em concurso público:

- ***CESPE – 2015 – FUB – Auditor***

  "A ação popular — pertencente à categoria dos direitos políticos do cidadão — é um remédio constitucional que se manifesta como exercício da soberania popular e como instrumento da democracia direta".

  Gabarito: A assertiva foi considerada correta.

LXXIV – o Estado prestará **assistência jurídica integral e gratuita** aos que comprovarem insuficiência de recursos;

1. Tal inciso garante o **acesso de todos ao Poder Judiciário, buscando respeitar o inciso XXXV deste artigo**. Almejando dar viabilidade a essa norma, é que fora instituída a **Defensoria Pública**, tornada autônoma pela EC 80/2014 (art. 134, CF**).** Regulamentando o dispositivo constitucional, o art. 98 do CPC traz também regras sobre o direito à **justiça gratuita.**

Aplicação em concurso público:

- ***Escrivão de Polícia Civil – 2014 – PC-RO (FUNCAB).***

  A) O Estado prestará assistência jurídica integral e gratuita a todos.

  Gabarito: A alternativa está incorreta. (não será a todos, e sim aos que comprovarem insuficiência de recursos)

LXXV – o Estado indenizará o condenado por **erro judiciário**, assim como o que ficar **preso além do tempo** fixado na sentença;

1. Este inciso trata da **responsabilidade civil do Estado** no caso de **erro judiciário**. Trata-se de hipótese de aplicação da **teoria do risco administrativo** (responsabilidade *objetiva*), tratando de duas hipóteses: **a)** erro judiciário; e **b)** preso além do tempo fixado na sentença.

Aplicação em concurso público:

- ***Administrador – 2018 – SETRABES (UERR).***

  "o Estado indenizará o condenado por erro administrativo ou judicial, assim como o que ficar preso além do tempo fixado na sentença".

  Gabarito: Alternativa considerada falsa. (a Constituição não prevê a indenização do Estado no caso de erro administrativo)

- ***FCC – 2018 – Câmara Legislativa do Distrito Federal – Técnico Legislativo – Agente de Polícia Legislativa***

  "Felipe foi processado e condenado por prática de crime, por decisão judicial transitada em julgado, tendo cumprido a respectiva pena de privação de liberdade. Contudo, a condenação de Felipe se deu por erro judiciário. Diante dessa situação, considerando apenas os dados ora fornecidos, Felipe

  C) poderá pleitear indenização do Estado pois, de acordo com a Constituição Federal, este indenizará o condenado por erro judiciário."

  Gabarito: A alternativa "C" foi considerada correta.

LXXVI – **são gratuitos para os reconhecidamente pobres,** na forma da lei:

a) o registro civil de nascimento;

b) a certidão de óbito;

LXXVII – **são gratuitas as ações de *habeas corpus* e *habeas data*,** e, na forma da lei, os atos necessários ao exercício da cidadania.

1. Os dois incisos (LXXVI e LXXVII) trabalham hipóteses de **imunidade tributária**. Na *primeira hipótese*, trata-se de norma **direcionada apenas aos reconhecidamente pobres**, na forma da lei. Na *segunda hipótese*, tem-se a gratuidade geral do *habeas corpus* e *habeas data* para todas as pessoas, independente da situação financeira;
2. A **gratuidade dos HABEAS** se dá devido à **importância dos direitos fundamentais** a que resguardam (*habeas corpus* = liberdade do indivíduo; *habeas data* = informações do indivíduo)

Aplicação em concurso público:

- ***Analista Judiciário – Tecnologia da Informação – 2014 – TRT – 2 ª REGIÃO-SP (FCC).***

  "É assegurada pela Constituição Federal a gratuidade das ações de *habeas corpus* e *habeas data* e, na forma da lei, dos atos necessários ao exercício da cidadania, bem assim, aos reconhecidamente pobres, do registro civil de nascimento e da certidão de óbito".

Gabarito: A alternativa foi considerada correta.

LXXVIII - a todos, no âmbito judicial e administrativo, são assegurados a **razoável duração do processo** e os meios que garantam a celeridade de sua tramitação.

1. Esse dispositivo foi inserido pela Emenda Constitucional 45 (Reforma do Judiciário) e trata do **princípio da razoável duração processual**, aplicável aos processos **administrativo** e **judicial**.

Aplicação em concurso público:

- ***Administrador – 2018 – SETRABES (UERR).***

  "no âmbito judicial e administrativo, desde que reconhecidamente pobres, são assegurados a razoável duração do processo e os meios que garantam a celeridade de sua tramitação.

  Gabarito: A assertiva foi considerada falsa. (Não apenas aos reconhecidamente pobres, todos têm direito à razoável duração do processo)

- ***VUNESP – 2016 – TJ-SP – Titular de Serviços de Notas e de Registros – Provimento***

  "A duração razoável do processo A é garantia fundamental prevista na Constituição Federal, aplica-se no âmbito judicial e administrativo, e tem aplicação imediata".

  Gabarito: A assertiva foi considerada correta.

§ 1º As normas definidoras dos direitos e garantias fundamentais têm aplicação imediata.

1. Todos os direitos fundamentais possuem **aplicação imediata**.
2. A doutrina classifica a eficácia das normas sobre direitos e garantias fundamentais de acordo com a teoria da *eficácia* **vertical**, **horizontal** e **diagonal**.

TEORIA	CONCEITO	EXEMPLO
Teoria da **eficácia vertical**	Os direitos fundamentais possuem eficácia nas relações jurídicas entre **Estado e particular** (*vertical*)	Indenização em desapropriação (proprietário e Estado)
Teoria da **eficácia horizontal**	Os direitos fundamentais possuem eficácia nas relações jurídicas entre particulares **iguais** (*horizontal*)	Contraditório e ampla defesa antes da exclusão de um condômino (morador e condomínio)

TEORIA	CONCEITO	EXEMPLO
Teoria da **eficácia diagonal**	Os direitos fundamentais possuem eficácia nas relações jurídicas entre particulares **desiguais** (*diagonal*)	Proibição de revista íntima em empregadas em uma indústria (empregado e empregador)

Aplicação em concurso público:

- ***CESPE – 2018 – PGE-PE – Procurador do Estado***

“Considere as duas afirmações a seguir. I Em um processo judicial, o Estado deve assegurar a observância do contraditório e da ampla defesa. II Nas relações entre a imprensa e os particulares, a imprensa deve observar o direito à honra, sob pena de consequências como direito de resposta e indenização por dano material ou moral. As afirmações I e II contemplam situações que exemplificam a

D) eficácia vertical e a eficácia horizontal dos direitos individuais, respectivamente.”

Gabarito: A alternativa “D” foi considerada correta.

§ 2º Os direitos e garantias expressos nesta Constituição não excluem outros decorrentes do regime e dos princípios por ela adotados, ou dos tratados internacionais em que a República Federativa do Brasil seja parte.

§ 3º **Os tratados e convenções internacionais sobre direitos humanos** que forem aprovados, em cada Casa do Congresso Nacional, em dois turnos, por três quintos dos votos dos respectivos membros, **serão equivalentes às emendas constitucionais.**

1. Os dois parágrafos preveem a possibilidade de **direitos e garantias**, a serem estabelecidos em **tratados internacionais** do qual a República Federativa do Brasil seja parte. Significa dizer que o rol de direitos e garantias fundamentais não é exaustivo, podendo haver previsão em **outras** *fontes normativas*.

2. **Bloco de constitucionalidade**: O **bloco de constitucionalidade,** no Brasil, corresponde às normas constitucionais constantes da Constituição Federal, somadas às normas de *status* constitucional que não consta da CF/88 (tratados e convenções internacionais sobre direitos humanos incorporados na forma do art. 5º, § 3º da CF/88, além de artigos espalhados das Emendas).

Aplicação em concurso público:

- ***FCC – 2016 – PGE-MT – Procurador do Estado***

“No que concerne aos Tratados Internacionais de proteção dos direitos humanos e sua evolução constitucional no direito brasileiro à luz da Constituição Federal, eles são caracterizados como sendo de hierarquia

B) constitucional, dependendo de aprovação pelas duas casas do Congresso Nacional, pelo *quorum* mínimo de 3/5, em dois turnos, em cada casa”.

Gabarito: A alternativa “B” foi considerada correta.

► **Observação**: Com esse dispositivo, as normas constitucionais **NÃO SÃO APENAS** aquelas constantes da Constituição propriamente dita (documento **único**), **mas também** se compõe de tratados *internacionais* recepcionados com o **mesmo** processo legislativo das Emendas Constitucionais. Esses dispositivos incorporados como Emendas Constitucionais podem servir como **parâmetro de constitucionalidade** se uma lei os violar.

Aplicação em concurso público:

- ***TJ-PR – 2013 – TJ-PR – Assessor Jurídico***

  "Bloco de constitucionalidade é o parâmetro de constitucionalidade fundado numa concepção ampliada de elemento conceitual de constitucionalidade, numa ideia de ordem constitucional global".

  Gabarito: A assertiva foi considerada correta.

3. Segundo entendimento do STF, os *tratados* e *convenções* **internacionais** podem adquirir **três** *status* diferentes, de acordo com o seu conteúdo, forma e época de aprovação. Sistematicamente:

Status de **Emenda Constiutcional**	Status **Supralegal**	Status de **Lei Ordinária**
• **Conteúdo**: Direitos Humanos • **Forma**: Aprovação por 3/5 dos membros, nas duas casas em dois turnos. • **Tempo**: Após EC 45.	• **Conteúdo**: Direitos Humanos • **Forma**: Qualquer forma • **Tempo**: Anterior à EC 45 ou posterior, neste último caso sem observância do art. 5º, §3º da CF/88	• **Conteúdo**: Matérias outras que *não* sejam direitos humanos • **Aprovação**: Qualquer forma • **Tempo**: Qualquer tempo

Aplicação em concurso público:

- ***Juiz de Direito – 2016 – TJ-AM (CESPE).***

  "Em decorrência de norma constitucional acrescentada pela EC n.º 45/2004, os tratados e convenções internacionais sobre direitos humanos subscritos pelo Brasil antes da promulgação dessa emenda têm *status* normativo de emenda constitucional".

  Gabarito: A afirmativa foi considerada incorreta. (Possuem status hierárquico supralegal. As normas internacionais que possuem status de emenda constitucionais são apenas aquelas promulgadas após a EC 45/2004 e, ainda, que seguiu os trâmites formais do art. 60, § 2º CF)

- ***Procurador do Estado – 2015 – PGE-PR (PUC-PR)***

  "As normas de direitos humanos constantes nos tratados internacionais em que a República Federativa do Brasil seja parte, aprovados antes da entrada em vigor do

§ 3º, submetem-se apenas ao previsto no § 2º, gozando de hierarquia supralegal, mas infraconstitucional".

Gabarito: A assertiva foi considerada correta.

4. Atualmente, existe apenas o **Estatuto da Pessoa com Deficiência** incorporado com status de **Emenda Constitucional** na forma do § 3º, art. 5º da CF (Lei 13.146/2015). Esse Estatuto garante aos portadores de Deficiência direitos que os permitem viver na sociedade em condições de igualdade aos demais.

Aplicação em concurso público:

- ***VUNESP – 2012 – DPE-MS – Defensor Público***

"Considerando a doutrina pátria do direito constitucional, pode-se afirmar sobre o denominado bloco de constitucionalidade brasileiro que

D) a Convenção sobre os direitos das pessoas com deficiência, aprovada pelo Decreto Legislativo n.º 186/08, passou a integrar o nosso bloco de constitucionalidade".

Gabarito: A alternativa "D" foi considerada correta.

§ 4º O Brasil se submete à jurisdição de **Tribunal Penal Internacional** a cuja criação tenha manifestado **adesão.**

1. O Brasil formalizou sua *adesão* ao **Tribunal Penal Internacional** através do **Decreto 4.388/2002**, que promulgou o Estatuto de Roma do Tribunal Penal Internacional, passando a se submeter à sua jurisdição. Nas provas de concurso, esse dispositivo é cobrado em sua literalidade.

Aplicação em concurso público:

- ***CESPE – 2009 – TRT – 17ª Região (ES) – Técnico Judiciário – Área Administrativa***

"O Brasil se submeterá à jurisdição de Tribunal Penal Internacional a cuja criação manifestar adesão".

Gabarito: A assertiva foi considerada correta.

CAPÍTULO II
DOS DIREITOS SOCIAIS

Art. 6º – São direitos sociais a **educação, a saúde, a alimentação, o trabalho, a moradia, o transporte, o lazer, a segurança, a previdência social, a proteção à maternidade e à infância, a assistência aos desamparados,** na forma desta Constituição.

1. **Os direitos sociais** são considerados direitos de **segunda geração**. São direitos voltados para dar ênfase ao **princípio da igualdade *material*** (a real igualdade, em que cada indivíduo é tratado na medida de suas desigualdades). Nessa geração, é necessário que haja uma **atuação positiva do Estado (direitos prestacionais) para garantir os direitos necessários a uma existência digna ("direito ao mínimo**

existencial"). A necessidade de amparo aos direitos sociais é decorrência do crescimento demográfico e das disparidades sociais e econômicas. São direitos sociais, pois buscam a **justiça social.**

Aplicação em concurso público:

- ***Juiz Leigo – 2017 – CS-UFG – TJ-GO***

  "Nos termos do artigo 6º da Constituição da República Federativa do Brasil de 1988, são direitos sociais: a educação, a saúde, a alimentação, o trabalho, a moradia, o transporte, o lazer, a segurança, a previdência social, a proteção à maternidade e à infância e a assistência aos desamparados".

  Gabarito: A assertiva está correta.

- ***Nível Superior – 2015 – CESPE – FUB***

  "As ações afirmativas do Estado na área da educação visam garantir o direito social do cidadão, direito fundamental de segunda geração, e assegurar a isonomia material."

  Gabarito: A assertiva foi considerada correta.

- ***Analista Judiciário – Área Administrativa – 2018 – FCC – TRT – 15ª Região (SP)***

  "Os Direitos Sociais, tais como tratados na Constituição Federal e na doutrina constitucional, caracterizam-se como liberdades positivas e têm como finalidade a melhoria das condições de vida dos hipossuficientes, visando à concretização da igualdade social".

  Gabarito: A assertiva foi considerada correta.

2. A Constituição prevê **ONZE** direitos sociais, sendo eles: (1) educação; (2) saúde; (3) alimentação; (4) trabalho; (5) moradia; (6) transporte; (7) lazer; (8) segurança (9) previdência social; (10) proteção à maternidade e à infância; (11) assistência aos desamparados.

► Importante pontuar que alguns concursos cobram o conhecimento deles em sua *literalidade*, trazendo questões que acrescentam outros direitos à lista para confundir os candidatos. Além disso, *inicialmente* havia apenas **8 desses** direitos listados, tendo **três** sido **incluídos** por meio de **Emendas Constitucionais**, são eles:

Direito à moradia: EC 26/2000

Direito à alimentação: EC 64/2010

Direito ao tr**ansporte**: EC 90/2015

Aplicação em concurso público:

- ***Assistente em Administração – FUNCAB – 2014 – IF-AM***

  "Conhecida como a Constituição Cidadã, a nossa Carta Magna de 1988 prevê, em seu artigo 6º, os direitos sociais. Assinale a alternativa que contém os dois direitos introduzidos nesse artigo por meio das Emendas Constitucionais n° 26/2000 e n° 64/2010: *Moradia e alimentação*".

  Gabarito: A assertiva foi considerada correta

3. Os direitos sociais servem para garantir uma vida digna e, segundo doutrina de jurisprudência, compõem o chamado "direito ao mínimo existencial", sendo eles os **direitos mínimos necessários para que o indivíduo viva com dignidade.** Esse conceito se opõe à teoria da **"reserva do possível", usado pelo Poder Público para justificar os limites da atuação estatal de acordo com os recursos públicos disponíveis e suas possibilidades.** ***O STF não admite a escusa no cumprimento dos direitos sociais com base na alegação genérica da reserva do possível, devendo demonstrar concretamente qualquer impedimento.***

Aplicação nos concursos públicos:

- ***2016 – MPE-GO – Promotor de Justiça***

"Nas decisões dos Tribunais Superiores acerca das ações judiciais em que se postulam o direito à saúde e a educação, tem prevalecido o princípio do mínimo existencial"

Gabarito: A assertiva foi considerada correta.

- ***2015 – CESPE – DPE-RN – Defensor Público***

"No que diz respeito aos direitos sociais, à intervenção judicial na implementação de políticas públicas e ao mínimo existencial, assinale a opção correta.

C) Para o STF, a tese da reserva do mínimo possível é aplicável apenas se restar comprovada a real falta de recursos orçamentários pelo poder público, pois não é admissível como justificativa genérica para eventual omissão estatal na efetivação dos direitos fundamentais.

Gabarito: A alternativa "C" foi considerada correta

► **Entendimento jurisprudencial:**

A cláusula da reserva do possível – que não pode ser invocada, pelo poder público, com o propósito de fraudar, de frustrar e de inviabilizar a implementação de políticas públicas definidas na própria Constituição – encontra insuperável limitação na garantia constitucional do mínimo existencial, que representa, no contexto de nosso ordenamento positivo, emanação direta do postulado da essencial dignidade da pessoa humana. [ARE 639.337 AgR, rel. min. Celso de Mello, j. 23-8-2011, 2ª T, DJE de 15-9-2011.]

Aplicação em concurso público:

- ***CESPE – 2015 – DPE-RN – Defensor Público Substituto***

"Acerca da distinção entre princípios e regras, do princípio da proibição do retrocesso social, da reserva do possível e da eficácia dos direitos fundamentais, assinale a opção correta.

A) De acordo com entendimento do STF, não é cabível à administração pública invocar o argumento da reserva do possível frente à imposição de obrigação de fazer consistente na promoção de medidas em estabelecimentos prisionais para assegurar aos detentos o respeito à sua integridade física e moral."

Gabarito: A alternativa "A" foi considerada correta.

5. A doutrina também menciona a existência do **princípio da vedação ao retrocesso social**, que se relaciona com o princípio da confiança e da segurança jurídica, visando impedir que os direitos sociais sejam, de alguma forma, retirados do ordenamento jurídico, buscando proporcionar segurança jurídica a esses direitos e impedindo formas de redução ou supressão. O princípio, embora não possua previsão expressa na CF, é mencionado como parte do sistema constitucional.

- ***PGR – 2012 – PGR – Procurador da República***

  "A proibição de retrocesso resulta, ao menos implicitamente, do sistema internacional de direitos humanos, que impõe a progressiva implementação efetiva da proteção social por parte dos Estados".

  Gabarito: A assertiva foi considerada correta.

- ***Procurador do trabalho – 2017 – MPT***

  I – O conceito de mínimo existencial pode ser equiparado, no campo constitucional trabalhista, ao de patamar civilizatório mínimo que a ordem jurídica constitucional, internacional ratificada e infraconstitucional heterônoma estatal assegura à pessoa humana que vive de seu trabalho empregatício ou equiparado.

  II – O princípio da proibição do retrocesso ostenta suporte constitucional, por exemplo, no dispositivo da Constituição da República que estabelece que os direitos e garantias expressos na Constituição não excluem outros decorrentes do regime e dos princípios por ela adotados, ou dos tratados internacionais em que a República Federativa do Brasil seja parte."

  Gabarito: Estão corretas as afirmativas I e II

6. **A *judicialização das políticas públicas* é tema atual, entendida como a intervenção do Poder Judiciário para concretização de direitos sociais que deveriam ser exercidos pelos agentes estatais administrativamente.** A intervenção do Poder Judiciário, nesses casos, é necessária para garantir o **mínimo existencial** e a **dignidade da pessoa humana** (muito comum na área da saúde, como por exemplo, para garantir o acesso à medicamentos). Um exemplo é a determinação pelo poder judiciário de políticas públicas sobre a segurança pública.

► Entendimento jurisprudencial

O direito a **segurança** é prerrogativa constitucional indisponível, garantido mediante a implementação de políticas públicas, impondo ao Estado a obrigação de criar condições objetivas que possibilitem o efetivo acesso a tal serviço. **É possível ao Poder Judiciário determinar a implementação pelo Estado**, quando inadimplente, de políticas públicas constitucionalmente previstas, sem que haja ingerência em questão que envolve o poder discricionário do Poder Executivo. [RE 559.646 AgR, rel. min. Ellen Gracie, j. 7-6-2011, 2ª T, DJE de 24-6-2011.]

Aplicação nos concursos públicos:

- ***2015 – CEFET-BA – MPE-BA – Promotor de Justiça***

  "O clássico Princípio da Separação dos Poderes e a carência de legitimidade democrática dos juízes faz com que o Supremo Tribunal Federal – STF não admita a judicialização de políticas públicas."

Gabarito: A assertiva foi considerada errada. (conforme entendimento majoritário, o judiciário pode sim judicializar políticas públicas)

- ***2015 – CESPE – DPE-PE – Defensor Público***

  "Em relação à efetivação dos direitos sociais, julgue o item a seguir.

  De acordo com o entendimento do STF, é inadmissível que o Poder Judiciário disponha sobre políticas públicas de segurança, mesmo em caso de persistente omissão do Estado, haja vista a indevida ingerência em questão, que envolve a discricionariedade do Poder Executivo".

  Gabarito: A assertiva foi considerada errada (É possível ao Poder Judiciário determinar a implementação pelo Estado, quando inadimplente, de políticas públicas constitucionalmente previstas – Check and balances);

7. Para garantir esses direitos, o restante deste capítulo e o título VIII da Constituição (Ordem Social) buscam regras para possibilitar a atuação positiva do Estado, permitindo que os **programas sociais sejam implantados por meio de políticas públicas,** são as chamadas **normas constitucionais de princípios programáticos.** Exemplo: a educação (art. 205, CF), a saúde (art. 196, CF), a alimentação, o trabalho (art. 7, CF), a moradia, o transporte, o lazer, a segurança, a previdência social (art. 201, CF), a proteção à maternidade e à infância, a assistência aos desamparados (art. 203, CF). Essas ações de garantia de direitos são denominadas de "**ações afirmativas**".

   7.1. Como exemplo de Política Pública é possível citar o **PROUNI** (Programa Universidade para Todos), que busca uma maior inclusão educacional.

   ▶ **Entendimentos jurisprudenciais:**

   Programa Universidade para Todos (PROUNI). Ações afirmativas do Estado. Cumprimento do **princípio constitucional da isonomia.** (...) **A educação**, notadamente a escolar ou formal, é **direito social** que a todos deve alcançar. Por isso mesmo, dever do Estado e uma de suas políticas públicas de primeiríssima prioridade... [ADI 3.330, rel. min. Ayres Britto, j. 3-5-2012, P, DJE de 22-3-2013]

   7.2. Um direito social muito discutido é o **direito à moradia**. Para garantir a dignidade da família e o respeito à moradia**, o imóvel residencial foi considerado impenhorável** por lei infraconstitucional (art. 1º, Lei 8.009/90), o que gerou diversos entendimentos pela Suprema Corte:

   ▶ **Entendimentos jurisprudenciais:**

   Direito fundamental à moradia. Imóvel público. Loteamento irregular... é razoável exigir do poder público **medidas para mitigar as consequências causadas pela demolição de construções familiares erigidas em terrenos irregulares.** Diante da previsão constitucional expressa do direito à moradia (art. 6º, CF) e do princípio da dignidade humana (art. 1º, III, CF), é consentâneo com a ordem normativa concluir não ser discricionário ao poder público a implementação de direitos fundamentais, mas apenas a forma de realizá-la. [ARE 908.144-AgR, rel. min. Edson Fachin, j. 17-8-2018, 2ª T, DJE de 27-8-2018]

   Não é penhorável o bem de família do fiador, no caso de contratos de locação comercial. Com base neste entendimento, a Primeira Turma, por maioria e em conclusão de julgamento, deu provimento a recurso extraordinário em que se discutia a possibilidade de penhora de bem de família do fiador em contexto de locação comercial. [RE 605.709, rel. p/ ac. min. Rosa Weber, j. 12-6-2018, 1ª T, Informativo 906]

Art. 7º – São direitos dos trabalhadores **urbanos** e **rurais**, *além de outros* que visem à melhoria de sua condição social:

1. Este artigo inicia um rol **não exaustivo** de direitos dos trabalhadores *urbanos* e *rurais*, enquadrados como direitos sociais. O *caput* inicia garantindo a **igualdade** entre trabalhadores *urbanos* e *rurais*, **garantindo princípios constitucionais a serem aplicados nas relações jurídicas trabalhistas**. É importante perceber que estes direitos **não dizem respeito à relação jurídica estatutária do servidor público em face do Estado**, embora a Constituição e a legislação infraconstitucional possam estender alguns dos direitos.

Aplicação em concurso público:

- ***Ano: 2017 – MPT – Procurador do trabalho***

  "Os princípios constitucionais do trabalho são aqueles que, oriundos do Direito do Trabalho, foram incorporados pela Constituição da República. Os princípios constitucionais que colocam a pessoa humana no vértice e no centro da ordem jurídica não podem, tecnicamente, ser englobados no rol dos princípios constitucionais do trabalho, pois não há essa referência explícita, nem lógica ou teleológica, na Constituição Federal."

  Gabarito: A afirmativa foi considerada errada (Os princípios são oriundos do Direito Constitucional, que também são usados no Direito do Trabalho)

► **Entendimento jurisprudencial:**

O entendimento do Supremo Tribunal Federal orienta-se no sentido de que **cabe à legislação infraconstitucional,** com observância das regras de competência de cada ente federado, a disciplina da **extensão aos servidores públicos** civis dos direitos sociais estabelecidos no art. 7º do Texto Constitucional. [RE 630.918-AgR-segundo, rel. min. Roberto Barroso, j. 23-3-2018, 1ª T, DJE de 12-4-2018.]

2. O tópico de direitos dos trabalhadores **não** é muito tão explorado em provas de concursos públicos na matéria de **Direito Constitucional**, por ser assunto também abrangido na área específica do **Direito do Trabalho**. Quando exigido, a cobrança diz respeito à *literalidade* dos dispositivos ou aos entendimentos acima já mencionados. Por isso, mencionaremos abaixo os dispositivos, com respectivas marcações e inserção de questões para mostrar a forma de cobrança.

I – relação de emprego protegida contra **despedida arbitrária ou sem justa causa,** nos termos de **lei complementar,** que preverá indenização compensatória, dentre outros direitos;

1. O inciso I prevê a proteção do trabalhador *contra* a **despedida arbitrária** ou **sem justa causa**, exigindo edição de lei complementar com previsão de indenização compensatória e outros direitos. **A proteção à dispensa arbitrária não se traduz em uma estabilidade permanente**, mas em uma indenização compensatória para quem sofrê-la:

► **Entendimentos jurisprudenciais:**

Não estabeleceu a Constituição de 1988 qualquer exceção expressa que conduzisse à estabilidade permanente, nem é possível admiti-la por interpretação extensiva ou por analogia, porquanto, como decorre, inequivocamente, do inciso I do art. 7º da Constituição, a proteção que ele dá à relação de emprego contra despedida arbitrária ou sem justa causa é a **indenização compensatória** que a lei complementar terá necessariamente que prever... [RE 179.193, rel. p/ o ac. min. Moreira Alves, j. 18-12-1996, P, DJ de 19-10-2001.]

Com efeito, nos termos do art. 22, I, da CF, compete privativamente à União legislar sobre direito do trabalho, não estando ela obrigada a utilizar-se de **lei complementar** para disciplinar a matéria, que **somente é exigida, nos termos do art. 7º, I**, da mesma Carta, para regrar a dispensa imotivada. [ADI 3.934, voto do rel. min. Ricardo Lewandowski, j. 27-5-2009, P, DJE de 6-11-2009.]

Aplicação em concurso público:

- ***Advogado – Aprender – SC – 2016 – SIMAE – SC***

  "São direitos dos trabalhadores urbanos e rurais, além de outros que visem à melhoria de sua condição social, a relação de emprego protegida contra despedida arbitrária ou sem justa causa, nos termos de lei ordinária, que preverá indenização compensatória, dentre outros direitos"

  Gabarito: *A assertiva foi considerada errada. (a lei que regulamenta a proteção da relação de emprego contra despedida arbitrária deve ser lei complementar).*

2. **A dispensa durante a gravidez é considerada arbitrária e deve ser indenizada**:

► **Entendimento jurisprudencial:**

Estabilidade provisória decorrente da gravidez (CF, art. 7º, I; ADCT, art. 10, II, b). Extinção do cargo, assegurando-se à ocupante, que detinha estabilidade provisória decorrente da gravidez, as vantagens financeiras pelo período constitucional da estabilidade. [RMS 21.328, rel. min. Carlos Velloso, j. 11-12-2001, 2ª T, DJ de 3-5-2002]

II – seguro-desemprego, em caso de **desemprego involuntário**;

1. Importante ter em mente o requisito necessário para o direito ao seguro desemprego: a **involuntariedade.**

Aplicação em concurso público:

- ***2018 – INSTITUTO AOCP – TRT – 1ª REGIÃO (RJ) – Técnico Judiciário – Área Administrativa***

  "É direito dos trabalhadores urbanos e rurais, além de outros que visem à melhoria de sua condição social, seguro-desemprego, em caso de desemprego, ainda que voluntário"

  Gabarito: A alternativa foi considerada errada (O trabalhador só tem direito ao seguro-desemprego no caso de desemprego involuntário)

- ***Técnico Judiciário – Área Administrativa – FCC – 2017 – TST***

  "Lei ordinária federal que disponha sobre as condições para concessão de seguro-desemprego aos empregados domésticos, em caso de desemprego involuntário, será compatível com a Constituição Federal".

  Gabarito: A assertiva foi considerada correta.

III – fundo de garantia do tempo de serviço;

Aplicação em concurso público:

- ***FUNRIO – 2018 – CGE-RO – Assistente de Controle Interno***

  São inúmeros os projetos pertinentes à mudança dos direitos sociais, quer utilizando a lei ordinária ou valendo-se da emenda constitucional. Dentre os direitos sociais previstos na Constituição encontra-se o fundo de garantia do tempo de serviço".

  Gabarito: A assertiva foi considerada correta.

IV – **salário mínimo, fixado em lei,** nacionalmente unificado, capaz de atender a suas necessidades vitais básicas e às de sua família com **moradia, alimentação, educação, saúde, lazer, vestuário, higiene, transporte e previdência social,** com reajustes periódicos que lhe preservem o poder aquisitivo, **sendo vedada sua vinculação para qualquer fim;**

Aplicação em concurso público:

- ***Direito – FUNCAB – 2014 – SEDS-TO – Analista Socioeducador***

  Entre os direitos dos trabalhadores urbanos e rurais garantidos expressamente no artigo 7° da Constituição Federal de 1988 estão:

  D) a garantia do salário mínimo, exceto para os que recebem remuneração variável, e a aposentadoria.

  Gabarito: alternativa incorreta (a garantia do salário mínimo é para todos, sem exceção)

► **Súmula Vinculante 4:** "*Salvo* nos casos previstos na **Constituição**, o **salário mínimo *não*** pode ser usado como indexador de base de cálculo de vantagem de servidor público ou de empregado, **nem ser substituído** por decisão judicial".

→ **Entendimento jurisprudencial:**

a vedação da vinculação ao salário mínimo insculpida no art. 7º, IV, da Constituição visa impossibilitar a utilização do mencionado parâmetro como fator de indexação para as obrigações não dotadas de caráter alimentar... **a utilização do salário mínimo como base de cálculo do valor da pensão alimentícia não ofende o dispositivo constitucional invocado,** dada a premissa de que a prestação tem por objetivo a preservação da subsistência humana... [ARE 842.157 RG, voto do rel. min. Dias Toffoli, j. 4-6-2015, P, DJE de 20-8-2015, Tema 821]

Aplicação em concurso público:

- ***VUNESP – 2017 – Câmara de Valinhos – SP – Analista Técnico Legislativo***

  "Assinale a alternativa que corretamente discorre sobre previsão de Súmula Vinculante emitida pelo Supremo Tribunal Federal.

  A) Salvo nos casos previstos na Constituição, o salário mínimo não pode ser usado como indexador de base de cálculo de vantagem de servidor público ou de empregado, nem ser substituído por decisão judicial."

  Gabarito: A alternativa "A" foi considerada correta.

► **Súmula Vinculante 6:** Não viola a Constituição o estabelecimento de remuneração inferior ao salário mínimo para as praças prestadoras de serviço militar inicial.

Aplicação em concurso público:

- ***IADES – 2018 – IGEPREV-PA – Técnico Previdenciário***

  "O estabelecimento de remuneração inferior ao salário mínimo para as praças prestadoras de serviço militar inicial é inconstitucional".

  Gabarito: A assertiva foi considerada errada. (Segundo a Súmula Vinculante 6, é constitucional)

► **Súmula Vinculante 16:** Os arts. 7º, IV, e 39, § 3º (redação da EC 19/1998), da Constituição referem-se ao total da remuneração percebida pelo servidor público.

Aplicação em concurso público:

- ***Serctam – 2016 – Prefeitura de Quixadá – CE – Assistente Jurídico***

  "Segundo o entendimento sumulado do Supremo Tribunal Federal:

  B) O salário mínimo, fixado em lei, refere-se ao total da remuneração percebida pelo servidor público".

  Gabarito: A alternativa "B" foi considerada correta.

V – piso salarial *proporcional* à **extensão** e à **complexidade** do trabalho;

- ***FCC – 2015 – TRT – 4ª REGIÃO (RS) – Analista Judiciário – Área Judiciária***

  "A Constituição Federal do Brasil de 1988 inovou ao apresentar um rol de direitos constitucionais dos trabalhadores, inserindo no seu artigo 7°, dentre outros:

  B) o piso salarial proporcional à extensão e complexidade do trabalho.

  Gabarito: A alternativa "B" foi considerada correta.

VI – **irredutibilidade** do salário, *salvo* o disposto em **convenção** ou **acordo** coletivo;

Aplicação em concurso público:

- ***IADES – 2017 – Correios – Engenheiro de Segurança do Trabalho Júnior***

  "O artigo 7° da Constituição da República Federativa do Brasil prevê que são direitos dos trabalhadores urbanos e rurais a (o)

  B) irredutibilidade do salário, salvo o disposto em convenção ou acordo coletivo.

  Gabarito: A alternativa "B" foi considerada correta.

► **Observação:** Aqui, também se faz menção à Súmula Vinculante nº 6, que dispõe acerca da **constitucionalidade de remuneração inferior ao salário mínimo para as praças prestadoras de serviço militar inicial,** uma vez que os militares não se submetem ao regime aplicado aos servidores civis, conforme RE 570.177, rel. min. Ricardo Lewandowski, j. 30-4-2008, P, DJE de 27-6-2008.

VII – garantia de salário, *nunca inferior ao mínimo*, para os que percebem **remuneração variável**;

Aplicação em concurso público:

- ***CEPERJ – 2014 – SEAP-RJ – Técnico de Nível Superior – Administração***

  "São direitos dos trabalhadores urbanos e rurais, entre outros, que visem à melhoria de sua condição social:

  C) garantia de salário, nunca superior ao mínimo, para os que percebem remuneração variável"

  Gabarito: A alternativa "C" foi considerada errada. (O correto é "nunca inferior")

VIII – décimo terceiro salário com base na remuneração integral ou no valor da aposentadoria;

Aplicação em concurso público:

- ***CEPERJ – 2014 – SEAP-RJ – Técnico de Nível Superior – Administração***

  "São direitos dos trabalhadores urbanos e rurais, entre outros, que visem à melhoria de sua condição social:

E) décimo terceiro salário com base na remuneração integral ou no valor da aposentadoria"

Gabarito: A alternativa "E" foi considerada correta.

► **Súmula e entendimento jurisprudencial:**

Súmula 207-STF: "As gratificações habituais, inclusive a de Natal, consideram-se tacitamente convencionadas, integrando o salário".

Súmula 688-STF: "É legítima a incidência da contribuição previdenciária sobre o 13º salário".

IX – remuneração do trabalho **noturno** *superior* à do **diurno**;

Aplicação em concurso público:

- ***CESPE – 2008 – TRT – 5ª Região (BA) – Analista Judiciário – Área Administrativa***

  "A garantia da remuneração do trabalho noturno superior à do diurno é constitucional".

  Gabarito: A assertiva foi considerada correta.

X – proteção do **salário** na *forma da lei*, constituindo **crime** sua retenção **dolosa**;

Aplicação em concurso público:

- ***FCC – 2006 – TRT – 20ª REGIÃO (SE) – Analista Judiciário – Área Judiciária – Execução de Mandados***

  "Nos termos da Constituição Federal, são direitos dos trabalhadores urbanos e rurais, dentre outros, a

  A) proteção do salário na forma da lei, constituindo crime sua retenção dolosa ou culposa."

  Gabarito: A alternativa "A" foi considerada errada. (A Constituição prevê apenas como crime a retenção dolosa, não a culposa)

XI – participação nos **lucros**, ou **resultados**, *desvinculada* da remuneração, e, *excepcionalmente*, participação na **gestão** da empresa, **conforme definido em lei**;

1. Neste inciso, tem-se uma **norma de eficácia limitada**, na medida em que é necessária a definição em lei da forma de participação.

   - ***FCC – 2013 – TRT – 9ª REGIÃO (PR) – Analista Judiciário – Tecnologia da Informação***

     "O artigo 7º, inciso XI da Constituição Federal brasileira estabelece que "são direitos dos trabalhadores urbanos e rurais, além de outros que visem à melhoria de sua condição social: participação nos lucros, ou resultados, desvinculada da remuneração, e, excepcionalmente, participação na gestão da empresa, conforme definido em lei". Esta norma constitucional é de eficácia

A) limitada".

Gabarito: A alternativa "A" foi considerada correta.

- ***CAIP-IMES – 2015 – Prefeitura de Rio Grande da Serra – SP – Procurador***

"Constituem direitos sociais expressamente previstos na Constituição Federal:

B) participação nos lucros, ou resultados, desvinculada da remuneração, e, excepcionalmente, participação na gestão da empresa, conforme definido em lei".

Gabarito: A alternativa "B" foi considerada correta.

XII – **salário-família** pago em razão do *dependente* do trabalhador de **baixa renda** nos *termos da lei*;

Aplicação em concurso público:

- ***UPENET/IAUPE – 2013 – FUNAPE – Analista Previdenciário***

"O salário-família é um benefício previdenciário garantido a qualquer trabalhador em razão da existência de dependentes."

Gabarito: A assertiva foi considerada errada. (Não é qualquer trabalhador, mas apenas aqueles de baixa renda)

XIII – duração do trabalho normal **não superior** a **oito horas** *diárias* e **quarenta e quatro** *semanais*, **facultada** a compensação de horários e a redução da jornada, *mediante* acordo ou convenção coletiva de trabalho;

► **Entendimento jurisprudencial:**

A jornada de **12 horas de trabalho por 36 horas de descanso não afronta o art. 7º, XIII, da Constituição** da República, pois encontra-se respaldada na faculdade, conferida pela norma constitucional, de compensação de horários. [ADI 4.842, rel. min. Edson Fachin, j. 14-9-2016, P, DJE de 8-8-2017.]

Aplicação em concurso público:

- ***CS-UFG – 2017 – TJ-GO – Juiz Leigo***

"O artigo 7º da Constituição da República Federativa do Brasil de 1988 prescreve a melhoria dos direitos sociais dos trabalhadores. Dessa forma, de acordo com o mencionado artigo, são direitos dos trabalhadores urbanos e rurais:

C) duração do trabalho normal não superior a oito horas diárias e quarenta e quatro semanais, proibida a compensação de horários e a redução da jornada, mediante acordo ou convenção coletiva de trabalho".

Gabarito: A assertiva foi considerada errada. (Não é proibida a compensação)

XIV – jornada de **seis horas** para o trabalho realizado em turnos *ininterruptos* de *revezamento*, **salvo** negociação *coletiva*;

1. No caso de turnos ininterruptos de revezamento, a Constituição diminui o limite para seis horas, estabelecendo – no entanto – a possibilidade de negociação coletiva para adequação desse regime.

► **Súmula 675-STF:** Os intervalos fixados para descanso e alimentação durante a jornada de seis horas **não descaracterizam o sistema de turnos ininterruptos de revezamento** para o efeito do art. 7º, XIV, da Constituição.

Aplicação em concurso público:

- ***IBADE – 2017 – Prefeitura de Rio Branco – AC – Nutricionista***

  "Nos termos da Constituição Federal de 1988, são direitos dos trabalhadores urbanos e rurais, além de outros que visem à melhoria de sua condição social:

  D) jornada de seis horas para o trabalho realizado em turnos ininterruptos de revezamento, salvo negociação coletiva".

  Gabarito: A alternativa "D" foi considerada correta.

XV – repouso semanal remunerado, *preferencialmente* aos **domingos**;

Aplicação em concurso público:

- ***FCC – 2003 – TRE-AC – Técnico Judiciário – Área Administrativa***

  "Em matéria de direitos sociais, é assegurado aos trabalhadores o repouso semanal remunerado, que deverá ser dado obrigatoriamente aos domingos e feriados"

  Gabarito: A assertiva foi considerada errada. (O correto é preferencialmente e apenas aos domingos)

XVI – **remuneração do serviço extraordinário** superior, no mínimo, em cinqüenta por cento à do normal;

1. A remuneração sobre as horas extras é **norma de eficácia plena,** e, portanto, se aplica imediatamente aos servidores públicos também. Perceba que o percentual de 50% é o mínimo, **podendo ser estabelecido um percentual maior por lei.**

► **Entendimento jurisprudencial:**

O art. 7º, XVI, da CF, que cuida do direito dos trabalhadores urbanos e rurais à remuneração pelo serviço extraordinário com acréscimo de, no mínimo, **50%, aplica-se imediatamente aos servidores públicos, por consistir em norma autoaplicável.** [AI 642.528 AgR, rel. min. Dias Toffoli, j. 25-9-2012, 1ª T, DJE de 15-10-2012.]

Aplicação em concurso público:

- ***IESES – 2016 – TJ-PA – Titular de Serviços de Notas e de Registros – Provimento***

  "Quanto aos direitos dos trabalhadores urbanos e rurais é correto afirmar que a

  B) Remuneração do serviço extraordinário superior, no mínimo, em cinquenta por cento à do normal".

  Gabarito: A alternativa "B" foi considerada correta.

XVII - gozo de **férias anuais remuneradas** com, *pelo menos*, **um terço** a mais do que o salário normal;

Aplicação em concurso público:

- ***CESPE – 2008 – TRT – 5ª Região (BA) – Analista Judiciário – Área Judiciária – Execução de Mandados***

  "Segundo a CF, o trabalhador tem direito ao gozo de férias anuais remuneradas com um adicional de, pelo menos, um sexto do salário normal".

  Gabarito: A assertiva foi considerada errada. (não é um sexto, mas sim um terço)

XVIII - **licença à gestante,** *sem* prejuízo do emprego e do salário, com a duração de **cento e vinte dias**;

Aplicação em concurso público:

- ***FCC – 2007 – TRE-SE – Técnico Judiciário – Área Administrativa***

  "É direito da trabalhadora urbana ou rural a licença à gestante, sem prejuízo do emprego e do salário, com duração de:

  D) 120 dias"

  Gabarito: A alternativa "D" foi considerada correta.

► **Jurisprudência:** O STF já entendeu que **a licença maternidade também abrange as mães adotantes (RE 778889),** justificando o entendimento na dignidade da pessoa humana, na igualdade entre filhos biológicos e adotados, na doutrina da proteção integral, no princípio da prioridade e no interesse superior do menor. [RE 778.889, rel. min. Roberto Barroso, j. 10-3-2016, P, DJE de 1º-8-2016, Tema 782]

XIX - **licença-paternidade**, nos termos fixados em lei;

1. Inicialmente, o prazo da licença paternidade, seguindo o **art. 10, § 1º da ADCT**, *era* de **5 (cinco) dias**. Atualmente, no entanto, esse prazo foi estendido para **20 (vinte) dias**, com base na **Lei 13.257/2016**.

- ***FCC – 2014 – TRT – 2ª REGIÃO (SP) – Analista Judiciário – Área Administrativa***

  "É direito constitucional assegurado aos trabalhadores a licença paternidade de quinze dias".

  Gabarito: A assertiva foi considerada errada. (o prazo é de 20 dias).

XX – **proteção** do mercado de trabalho da *mulher*, mediante incentivos específicos, **nos termos da lei**;

1. Trata-se de **norma de aplicabilidade imediata e eficácia limitada**, pois depende da previsão legal sobre os incentivos específicos para proteção do mercado de trabalho da mulher.

Aplicação em concurso público:

- ***"CESPE – 2016 – PC-PE – Agente de Polícia Considerando as disposições da CF, é correto afirmar que a norma constitucional segundo a qual***

  D) é direito dos trabalhadores urbanos e rurais a proteção do mercado de trabalho da mulher, mediante incentivos específicos, nos termos da lei, é de eficácia plena e aplicabilidade imediata".

  Gabarito: A alternativa "D" foi considerada errada. (apesar de ter aplicabilidade imediata, a eficácia é limitada, pois depende de regulamentação legal).

XXI – **aviso prévio** *proporcional* ao tempo de serviço, sendo no *mínimo* de trinta dias, **nos termos da lei**;

1. Trata-se de **norma de aplicabilidade imediata e eficácia contida**, na medida em que garante o direito já de início (mínimo de 30 dias), podendo, no entanto, ser regulamentado por lei específica. Atualmente, o aviso prévio foi regulamentado pelo art.487 da CLT c/c Lei 12.506/2011.

Aplicação em concurso público:

- ***CETRO – 2012 – Prefeitura de Manaus – AM – Advogado***

  "Assinale a alternativa que apresenta um direito constitucionalmente assegurado aos trabalhadores.

  E) Aviso prévio proporcional ao tempo de serviço, sendo, no mínimo, de 10 (dez) dias, nos termos da lei".

  Gabarito: A alternativa "D" foi considerada errada. (O mínimo previsto constitucionalmente é de 30 dias, nos termos da lei).

XXII – *redução* dos riscos inerentes ao trabalho, **por meio de normas** de saúde, higiene e segurança;

Aplicação em concurso público:

- ***FCC – 2014 – TRT – 2ª REGIÃO (SP) – Técnico Judiciário – Tecnologia da Informação***

  "Entre os direitos dos trabalhadores urbanos e rurais assegurados pela Constituição Federal, encontra-se:

  D) a eliminação dos riscos inerentes ao trabalho por meio de normas de saúde, higiene e segurança".

  Gabarito: A alternativa "D" foi considerada errada. (O Texto Constitucional fala em "redução", ao invés de "eliminação").

▶ **Súmula 736-STF:** Compete à Justiça do Trabalho julgar as ações que tenham como causa de pedir o descumprimento de normas trabalhistas relativas à segurança, higiene e saúde dos trabalhadores.

XXIII – **adicional de remuneração para as atividades penosas, insalubres ou perigosas,** na **forma da lei;**

1. Este adicional é uma norma de **eficácia limitada**, pois depende da edição de lei para definir como será especificado esse direito.

▶ **Jurisprudência:**

Mesmo em se tratando de adicional de insalubridade, descabe considerar o salário mínimo como base de cálculo. Verbete Vinculante 4 da Súmula do Supremo. Agravo. Reforma. Alcance. Afasta-se a observância do verbete vinculante quando conclusão diversa acarreta o prejuízo do recorrente. [RE 388.658 AgR, rel. min. Marco Aurélio, j. 12-8-2008, 1ª T, DJE de 26-9-2008]

XXIV – **aposentadoria;**

XXV – assistência **gratuita** aos filhos e dependentes desde o nascimento **até 5 (cinco) anos de idade** em *creches* e *pré-escolas;*

XXVI – reconhecimento das **convenções** e **acordos** coletivos de trabalho;

XXVII – proteção em face da *automação,* **na forma da lei;**

XXVIII – **seguro** contra acidentes de trabalho, a cargo do empregador, *sem* excluir a indenização a que este está obrigado, quando incorrer em **dolo** ou **culpa;**

XXIX – **ação,** quanto aos créditos resultantes das relações de trabalho, com **prazo prescricional** de **cinco anos** para os trabalhadores urbanos e rurais, *até o limite de dois anos* **após** a extinção do contrato de trabalho;

1. Estes dispositivos asseguram direitos trabalhistas específicos e são poucos cobrados em provas de concursos públicos. Quando cobrados, tem-se a tentativa de confundir os candidatos com modificação de trechos.

Aplicação em concurso público:

- ***CESPE – 2012 – Câmara dos Deputados – Todos os Cargos – Conhecimentos Básicos – exceto para Técnico em Material e Patrimônio***

  "Julgue o item seguinte, a respeito dos direitos sociais e dos direitos de nacionalidade. O direito de ação, quanto a créditos resultantes das relações de trabalho, prescreve em cinco anos após a extinção do contrato de trabalho, para os trabalhadores urbanos, e em dois anos, para os trabalhadores rurais".

  Gabarito: A assertiva foi considerada errada. (o direito é igual para trabalhadores urbanos e rurais).

- ***FCC – 2009 – TRT – 16ª REGIÃO (MA) – Técnico Judiciário –* Área Administrativa**

  "São direitos dos trabalhadores urbanos e rurais, além de outros que visem à melhoria de sua condição social, o seguro contra acidentes de trabalho, a cargo do empregado".

  Gabarito: A assertiva foi considerada errada. (O seguro é fixado a cargo do empregador, não do empregado).

2. O **inciso XXV**, tratando do direito de assistência gratuita com **creches** e **pré-escolas** teve a idade limite dos filhos e dependentes alterada (EC 53/2006). Diminuiu-se de seis para **cinco anos.**

Aplicação em concurso público:

- ***CESPE – 2008 – PGE-PI – Procurador do Estado***

  "Segundo a CF, o dever do Estado com a educação será efetivado mediante a garantia de educação infantil, em creche e pré-escola, às crianças de até cinco anos de idade".

  Gabarito: A assertiva foi considerada correta.

XXX – **proibição** de diferença de salários, de exercício de funções e de critério de admissão por motivo de **sexo, idade, cor** ou **estado civil**;

XXXI – **proibição** de qualquer **discriminação** no tocante a *salário* e *critérios de admissão* do trabalhador **portador de deficiência**;

XXXII – **proibição** de **distinção** entre trabalho *manual, técnico* e *intelectual* ou entre os profissionais respectivos;

1. Estes dispositivos asseguram a **igualdade** entre pessoas no ambiente de trabalho. Trata-se de garantia que tem por finalidade evitar a discriminação por motivos não relacionados ao trabalho propriamente dito.

Aplicação em concurso público:

- ***OBJETIVA – 2012 – EPTC – Técnico de Informática com Ênfase em Suporte***

  Analisar os itens abaixo:

  I – É proibida a diferença de salários por motivo de sexo, idade, cor ou estado civil.

II – É permitida a distinção entre trabalho manual, técnico e intelectual e entre os profissionais respectivos.

Gabarito: Apenas o item I está correto. (o item II está errado, pois não é permitir a referida distinção)

- ***CESPE – 2016 – FUB – Conhecimentos Básicos – Cargo 20***

"Com referência à Constituição Federal de 1988 e às disposições nela inscritas relativamente a direitos sociais e políticos, administração pública e servidores públicos, julgue o item subsequente. A Constituição Federal de 1988 proíbe expressamente a diferença de salários, de exercício de funções e de critério de admissão por motivo de sexo, idade, cor ou estado civil".

Gabarito: A assertiva foi considerada correta.

▶ **Súmula 683-STF:** O limite de idade para a inscrição em concurso público só se legitima em face do art. 7º, XXX, da Constituição, quando possa ser justificado pela natureza das atribuições do cargo a ser preenchido.

Aplicação em concurso público:

- ***FCC – 2015 – TRT – 4ª REGIÃO (RS) – Técnico Judiciário – Administrativa***

"Acerca da imposição de limite de idade para a inscrição de candidatos em determinado concurso público, é:

B) permitida, desde que prevista em lei, considerada a natureza das atribuições do cargo.

Gabarito: A alternativa "B" foi considerada correta.

XXXIII – **proibição** de trabalho **noturno**, **perigoso** ou **insalubre** a menores de *dezoito* e de **qualquer** trabalho a menores de *dezesseis* anos, **salvo** na condição de *aprendiz*, a partir de *quatorze* anos;

1. Este inciso é muito cobrado nos concursos e por ele conclui-se sistematicamente:

Acima de 18 anos	É permitido qualquer tipo de trabalho, até mesmo o trabalho noturno e aqueles considerados perigosos ou insalubres (lembrando sempre de respeitar as legislações acerca das condições de trabalho e a dignidade da pessoa humana).
Entre 16 e 18 anos	O trabalho é, em regra, **permitido,** mas tem ressalvas, uma vez que não pode ter um trabalho noturno, perigoso ou insalubre
Entre 14 e 16 anos	O trabalho só é permitido na condição de aprendiz

Aplicação em concurso público:

- ***2018 – FCC – TRT – 2ª REGIÃO (SP) – Analista Judiciário – Contabilidade***

"De acordo com a Constituição Federal de 1988, são direitos dos trabalhadores urbanos e rurais, além de outros que visem à melhoria de sua condição social:

E) proibição de trabalho noturno, perigoso ou insalubre a menores de dezoito e de qualquer trabalho a menores de dezesseis anos, salvo na condição de aprendiz, a partir de quatorze anos".

Gabarito: Alternativa E (a alternativa correta demonstra a literalidade do art. 7º, XXXIII, CF)

- ***018 – INSTITUTO AOCP – TRT – 1ª REGIÃO (RJ) – Analista Judiciário – Área Administrativa***

"Tício, Analista Judiciário – Área Administrativa no TRT, trabalha no setor de recursos humanos do tribunal e conhece as previsões constitucionais acerca dos direitos sociais. Sobre esse assunto, assinale a alternativa correta.

A) É permitido no texto constitucional, ainda que excepcionalmente, o trabalho para menores de dezesseis anos".

Gabarito: Alternativa "A" foi considerada errada. (o trabalho para menores de dezesseis anos é permitido na condição de menor aprendiz)

XXXIV – **igualdade de direitos** entre o trabalhador com vínculo empregatício permanente e o trabalhador avulso;

1. A Constituição garante a **igualdade** de direitos também entre o trabalhador com *vínculo empregatício permanente* e o *trabalhador avulso*. Assim, o trabalhador avulso possui **todos** os direitos trabalhistas normais previstos nas CF e nas leis trabalhistas.

Aplicação em concurso público:

- ***CESPE – 2012 – Câmara dos Deputados – Todos os Cargos – Conhecimentos Básicos – exceto para Técnico em Material e Patrimônio***

"Julgue o item seguinte, a respeito dos direitos sociais e dos direitos de nacionalidade. A CF assegura expressamente a igualdade de direitos entre o trabalhador com vínculo empregatício permanente e o trabalhador avulso".

Gabarito: Alternativa assertiva foi considerada correta.

Parágrafo único. São **assegurados à categoria dos trabalhadores domésticos** os direitos previstos nos incisos IV, VI, VII, VIII, X, XIII, XV, XVI, XVII, XVIII, XIX, XXI, XXII, XXIV, XXVI, XXX, XXXI e XXXIII e, atendidas as condições estabelecidas em lei e observada a simplificação do cumprimento das obrigações tributárias, principais e acessórias, decorrentes da relação de trabalho e suas peculiaridades, os previstos nos incisos I, II, III, IX, XII, XXV e XXVIII, bem como a sua **integração à previdência social.**

1. O parágrafo único foi adicionado à CF com a Emenda Constitucional nº 72/2013, buscando garantir boa parte dos direitos trabalhistas aos **trabalhadores domésticos, embora ainda não tenha assegurado igualdade absoluta**. Esse parágrafo demonstra uma diferença de tratamento dos trabalhadores domésticos com os demais, uma vez que não inclui todos os direitos do artigo 7º. Esse dispositivo é muito cobrado em concursos.

Alguns direitos não extensíveis aos domésticos: – horas extras; – adicional noturno; – intervalos; – adicional de insalubridade / periculosidade; – salário família;

Aplicação em concurso público:

- ***Agente de Proteção – CESPE – 2012 – TJ-RR***

  "A constituição protege igualmente os trabalhadores da indústria e os trabalhadores domésticos".

  Gabarito: A assertiva foi considerada errada. (Há desigualdade de direitos na CF)

- ***Analista – VUNESP – 2014 – DESENVOLVESP***

  "Em razão de recente alteração constitucional, vários direitos já reconhecidos a trabalhadores urbanos e rurais foram estendidos aos trabalhadores domésticos. Assim, assinale a alternativa que corretamente identifica direitos assegurados aos trabalhadores domésticos na Constituição Federal.

  A) Fundo de garantia por tempo de serviço e décimo terceiro salário com base na remuneração integral".

  Gabarito: A alternativa "A" foi considerada correta.

- ***Procurador – FCC – 2014 – Prefeitura de Recife – PE***

  A Emenda Constitucional no 72, promulgada em 2 de abril de 2013, tem por finalidade estabelecer a igualdade de direitos entre os trabalhadores domésticos e os demais trabalhadores urbanos e rurais. Nos termos de suas disposições, a Emenda

  C) não determinou a extensão ao trabalhador doméstico, dentre outros, dos direitos à proteção em face da automação e à proteção do mercado de trabalho da mulher, mediante incentivos específicos.

  Gabarito: A alternativa "C" foi considerada correta.

2. O dispositivo também assegura, na sua parte final, a **integração** do empregado doméstico à **previdência social** (RGPS).

Art. 8º – **É livre a associação profissional ou sindical**, observado o seguinte:

1. Este artigo trata de direitos trabalhistas de natureza coletiva. Assegura-se o direito à *liberdade* de associação **profissional** ou **sindical**, sendo a filiação e a contribuição ao sindicato **facultativa.**

Aplicação em concurso público:

- ***Procurador do Município – CESPE – 2018 – PGM – João Pessoa – PB***

  "A reforma trabalhista aprovada em 2017 extinguiu a obrigatoriedade de contribuição sindical e condicionou seu pagamento à prévia e expressa autorização dos filiados ao sindicato. De acordo com o entendimento do STF, a referida reforma é

  D) compatível com a CF, porque assegura a livre associação profissional ou sindical."

  Gabarito: A alternativa "D" foi considerada correta

I – **a lei não poderá exigir autorização do Estado para a fundação de sindicato,** *ressalvado o registro no órgão competente*, vedadas ao Poder Público a interferência e a intervenção na organização sindical;

II – **é vedada a criação de mais de uma organização sindical,** em qualquer grau, representativa de categoria profissional ou econômica, na mesma base territorial, que será definida pelos trabalhadores ou empregadores interessados, **não podendo ser inferior à área de um Município;**

1. O inciso I veda a intervenção do Estado na criação e organização de sindicatos, porém pode ser exigido o registro no órgão competente, até para que se possa observar o cumprimento dos requisitos constitucionais (como o princípio da unicidade).

Aplicação em concurso público:

- ***VUNESP – 2015 – HCFMUSP – Direito na Área da Saúde Pública***

  "A Constituição Federal assegura a livre associação profissional ou sindical, observado que

  D) a lei não poderá exigir autorização do Estado para a fundação de sindicato, ressalvado o registro no órgão competente, vedadas ao Poder Público a interferência e a intervenção na organização sindical".

  Gabarito: A alternativa "D" foi considerada correta

- ***2014 – CESPE – Polícia Federal – Agente de Polícia Federal***

  A respeito dos direitos sociais e das instituições democráticas, julgue o item abaixo. É livre a associação sindical das categoriais profissionais, sendo vedado ao poder público exigir, para a fundação de um sindicato, que haja seu registro prévio em órgão competente.

  Gabarito: A assertiva foi considerada errada (art. 8º, I, CF: o registro em órgão competente é a única exceção exigida)

2. O inciso II prevê o **princípio da unicidade**, estabelecendo a exigência de que apenas um sindicato se estabeleça em uma base territorial específica, não podendo ser inferior à área de um município.

Aplicação em concurso público:

- ***CESPE – 2011 – IFB – Assistente de Administração***

  "A unicidade sindical é uma restrição à liberdade de constituição sindical adotada na Constituição de 1988".

  Gabarito: A assertiva foi considerada correta.

► **Jurisprudência:**

"É pacífica a jurisprudência deste nosso Tribunal no sentido de que **não** implica ofensa ao **princípio da unidade sindical** a criação de novo sindicato, **por desdobramento de sindicato preexistente**, para representação de categoria profissional *específica*, desde que respeitados os requisitos impostos pela legislação trabalhista e atendida a abrangência territorial mínima estabelecida pela CF". [AI 609.989 AgR, rel. min. Ayres Britto, j. 30-8-2011, 2ª T, DJE de 17-10-2011]

III – **ao sindicato cabe a defesa dos direitos e interesses coletivos ou individuais da categoria, inclusive em questões judiciais ou administrativas;**

IV – a assembléia geral fixará a contribuição que, em se tratando de categoria profissional, será descontada em folha, para custeio do sistema confederativo da representação sindical respectiva, independentemente da contribuição prevista em lei;

V – ninguém será obrigado a filiar-se ou a manter-se filiado a sindicato;

VI – é obrigatória a participação dos sindicatos nas negociações coletivas de trabalho;

VII – o **aposentado filiado tem direito a votar e ser votado** nas organizações sindicais;

VIII – **é vedada a dispensa do empregado sindicalizado a partir do registro da candidatura a cargo de direção ou representação sindical** e, se eleito, ainda que suplente, até um ano após o final do mandato, salvo se cometer falta grave nos termos da lei.

Parágrafo único. As disposições deste artigo aplicam-se à organização de sindicatos rurais e de colônias de pescadores, atendidas as condições que a lei estabelecer.

1. Estes incisos dizem respeito à relação entre as organizações sindicais e as pessoas a ele vinculadas: direito de representação, contribuição facultativa, direito de filiação e desfiliação, obrigatoriedade de presença em negociações coletivas, direito do sindicalizado aposentado e estabilidade do candidato à direção ou representação sindical. Tais dispositivos são cobrados em sua literalidade.

Aplicação em concurso público:

- ***2018 – INSTITUTO AOCP – Técnico de Necrópsia***

  "O artigo 8° da Constituição Federal determina que é livre a associação profissional ou sindical, observado o seguinte:

A) ao sindicato cabe a defesa dos direitos e interesses coletivos ou individuais da categoria, inclusive em questões judiciais ou administrativas.

B) a lei poderá exigir autorização do Estado para a fundação de sindicato.

C) é vedada a criação de mais de uma organização sindical, em qualquer grau, representativa de categoria profissional ou econômica, na mesma base territorial, que será definida pelos trabalhadores ou empregadores interessados, não podendo ser inferior à área de um estado.

D) o trabalhador será obrigado a filiar-se e a manter-se filiado a sindicato.

E) o aposentado filiado não pode votar e ser votado nas organizações sindicais.

Gabarito: A alternativa "A"foi considerada correta. (art. 8º, III, CF)

- ***2017 – FCC – TRE-SP – Técnico Judiciário – Área Administrativa***

"Seria incompatível com a Constituição Federal a constituição de associação sindical

E) que estabelecesse a filiação automática de trabalhadores da categoria que representa, quando de sua contratação por empresa sediada em sua base territorial."

Gabarito: A alternativa "E" foi considerada correta.

► **Entendimento jurisprudencial:**

De acordo com o STF, são **compatíveis** com a Constituição Federal os dispositivos da Lei 13.467/2017 (Reforma Trabalhista) que **extinguiram a obrigatoriedade da contribuição sindical e condicionaram o seu pagamento à prévia e expressa autorização dos filiados** [ADI 5.794, rel. p/ o ac. min. Luiz Fux, j. em 29-6-2018, P, Informativo 908]

► **Súmula Vinculante 40**: "A contribuição confederativa de que trata o art. 8º, IV, da CF só é exigível dos filiados ao sindicato respectivo".

Art. 9º – É assegurado o direito de greve, competindo aos trabalhadores decidir sobre a oportunidade de exercê-lo e sobre os interesses que devam por meio dele defender.

§ 1º **A lei definirá os serviços ou atividades essenciais e** disporá sobre o atendimento das necessidades inadiáveis da comunidade.

§ 2º Os abusos cometidos sujeitam os responsáveis às penas da lei.

1. Tal artigo garante o "direito de greve" e apresenta uma **norma de eficácia limitada,** que necessita de lei para possibilitar a integralidade de seus efeitos. Atualmente, a Lei 7.783/89 regulamenta a greve dos empregados privados, não havendo lei disciplinando o direito de greve dos servidores públicos.

► **Entendimento jurisprudencial:** No julgamento do Mandado de Injunção 712, buscando sanar a omissão legislativa acerca da regulamentação da greve dos servidores públicos, **o Supremo Tribunal Federal determinou a aplicação da lei da greve dos trabalhadores privados aos servidores públicos,** buscando dar uma real destinação constitucional ao Mandado de Injunção e, consequentemente, uma eficácia concretizadora ao direito de greve. A busca pela real concretização dos direitos pelo Poder Judiciário, determinando o modo com que o direito será exercido, fez nascer a **teoria concretista do Mandado de Injunção,** já explicada no art. 5º, LXXI da Constituição.

2. **A norma que assegura o direito de greve não é absoluta**, devido à ponderação de regras que é necessário na Constituição, apresentando **a exceção para os serviços públicos essenciais, que não admitem greve, como é o caso dos serviços de segurança pública.**

► **Entendimentos jurisprudenciais:**

O direito à greve não é absoluto, devendo a categoria observar os parâmetros legais de regência. (...) Descabe falar em transgressão à Carta da República quando o indeferimento da garantia de emprego decorre do fato de se haver enquadrado a greve como ilegal. [RE 184.083, rel. min. Marco Aurélio, j. 7-11-2000, 2ª T, DJ de 18-5-2001.]

A atividade policial é carreira de Estado imprescindível a manutenção da normalidade democrática, sendo impossível sua complementação ou substituição pela atividade privada. A carreira policial é o braço armado do Estado, responsável pela garantia da segurança interna, ordem pública e paz social. E o Estado não faz greve...1 – **O exercício do direito de greve, sob qualquer forma ou modalidade, é vedado aos policiais civis e a todos os servidores públicos que atuem diretamente na área de segurança pública.**[ARE 654.432, rel. p/ o ac. min. Alexandre de Moraes, j. 5-4-2017, P, DJE de 11-6-2018, Tema 541.]

Aplicação em concurso público:

- ***Juiz do trabalho – 2015 – FCC – TRT – 1ª REGIÃO (RJ)***

  "O direito de greve é um direito fundamental social positivado no art. 9º da Constituição Federal de 1988, cujo exercício não pode ser restringido judicialmente, em nenhuma hipótese".

  Gabarito: A assertiva foi considerada errada. (existe exceção para os serviços públicos essenciais)

- ***2017 – FAPEMS – PC-MS – Delegado de Polícia***

  "O exercício do direito de greve, sob qualquer forma ou modalidade, é vedado aos policiais civis, embora possa ser permitido de forma lícita em situações excepcionais a outros servidores públicos que atuem diretamente na área de segurança pública".

  Gabarito: A assertiva foi considerada errada. (é vedado aos policiais civis e a todos os servidores públicos que atuem diretamente na área de segurança pública)

Art. 10 – **É assegurada a participação dos trabalhadores e empregadores nos colegiados dos órgãos públicos** em que seus interesses profissionais ou previdenciários sejam objeto de discussão e deliberação.

Art. 11 – Nas empresas de **mais de duzentos empregados**, é assegurada a eleição de um **representante** destes com a finalidade exclusiva de promover-lhes o entendimento direto com os empregadores.

1. Os arts. 10 e 11 asseguram também direitos trabalhistas coletivos. O primeiro (art. 10) garante a participação de trabalhadores e empregadores em órgãos públicos para defesa dos seus interesses. O objetivo é que possa participar da formulação de políticas públicas trabalhistas.

Aplicação em concurso público:

- ***CESPE – 2016 – FUB – Conhecimentos Básicos – Somente para os cargos 10 e 13***

  "À luz das disposições constitucionais relativas aos direitos sociais, julgue o item a seguir. É assegurada a participação dos trabalhadores e empregadores nos colegiados dos órgãos públicos em que seus interesses profissionais ou previdenciários sejam objeto de discussão e deliberação".

  Gabarito: A assertiva foi considerada correta.

2. O art. 11, por sua vez, garante a representação dos empregados em empresas com mais de **duzentos** empregados. O objetivo é garantir o diálogo direto com os empregadores.

- ***FCC – 2017 – TRT – 24ª REGIÃO (MS) – Analista Judiciário – Área Judiciária***

  "Felício é proprietário da empresa "ABC" Ltda. que possui, atualmente, 233 empregados em razão da fusão com a empresa "DEF" Ltda. Preocupado com o aumento de empregados, uma vez que antes da fusão a empresa "ABC" Ltda. possuía 102 empregados, Felício consultou sua advogada, Carolina, a respeito. Com relação à Constituição Federal, Carolina informou que no tocante aos direitos sociais,

  B) nas empresas com mais de duzentos empregados, é assegurada a eleição de um representante destes com a finalidade exclusiva de promover-lhes o entendimento direto com os empregadores".

  Gabarito: A alternativa "B" foi considerada correta.

CAPÍTULO III
DA NACIONALIDADE

Art. 12 – São **brasileiros:**

1. Para entender sobre "nacionalidade", é necessário enfrentar alguns conceitos trazidos pela doutrina:

POVO	Refere-se ao pertencimento (vínculo ou relação jurídica) do indivíduo a um determinado Estado. A pessoa passa a se incluir no conceito de povo, gozando de direitos e deveres inerentes àquele Estado.

CIDADANIA	A cidadania é exercida por todo cidadão no gozo de direitos políticos.
NACIONALIDADE	É um conceito jurídico e se refere ao brasileiro nato ou naturalizado. Vínculo jurídico-político que liga as pessoas de determinado Estado, vejamos suas classificações:
NAÇÃO	É um conceito sociológico e é considerada como um conjunto, um grupo de pessoas que apresentam vínculos afetivos, emotivos, de coletividade: aspectos históricos, culturais, econômicos, linguísticos etc
APÁTRIDA	É o indivíduo que **não possui nacionalidade,** em virtude de algum conflito entre critérios de dois Estados;
POLIPÁTRIDA	É aquele indivíduo que **possui mais de uma nacionalidade.**
ESTRANGEIRO	É o indivíduo que possui nacionalidade em outro Estado, diferente do Brasil

2. A nacionalidade, portanto, é uma relação jurídico-político entre uma pessoa e um determinado Estado, podendo ser fixada de maneira **primária/originária** (normalmente através de ato involuntário, como o nascimento) ou de **maneira secundária/derivada** (normalmente com um ato voluntário de opção).

PRIMÁRIA/ORIGINÁRIA	SECUNDÁRIA/DERIVADA
É aquela em que se dá, como regra, de maneira involuntária, ou seja, não depende da vontade do indivíduo (Art. 12, I). Trata-se da hipótese de brasileiro nato.	É adquirida por vontade própria da pessoa, através de uma opção autorizada constitucionalmente. (art. 12 II).

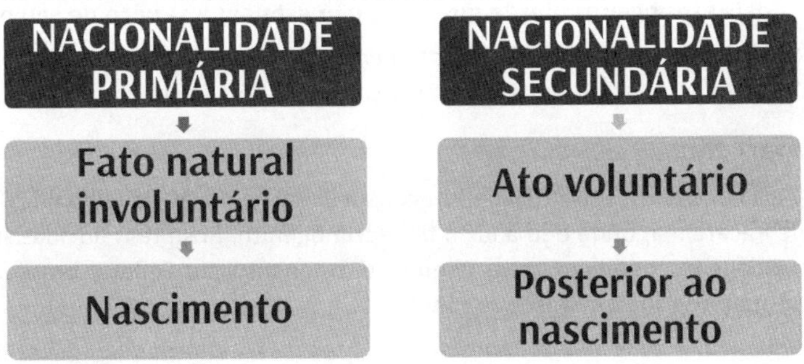

Aplicação em concurso público:

- ***Técnico Administrativo – ANATEL (CESPE) 2012***

  É admitida, no direito brasileiro, a figura do polipátrida, isto é, do indivíduo que tem mais de uma nacionalidade.

  Gabarito: Alternativa correta.

3. As hipóteses de nacionalidade *primária* (inciso I) e *secundária* (inciso II) são bastante cobradas em prova. É importante destacar que a **definição** da **nacionalidade** depende de critérios adotados pelo constituinte (critério territorial, critério sanguíneo, critério funcional, critério misto etc.). Falaremos de cada um conforme a hipótese do inciso.

I – natos:

a) os nascidos na **República Federativa do Brasil,** ainda que de pais estrangeiros, desde que estes **não estejam a serviço de seu país;**

1. Este inciso se refere originária brasileira, na qual a condição de brasileiro nato é definida a partir do nascimento da pessoa no território nacional (critério territorial – *jus solis*).

▶ **Importante**: Mesmo se a pessoa for filho(a) de pais estrangeiros ela será considerada brasileiro(a) nato. Porém, se os pais estiverem a serviço de seu país, o filho nascido no Brasil não será considerado brasileiro nato.

Aplicação em concurso:

- ***Procurador Jurídico – 2016 – Câmara de Cambará – PR***

  "Pode-se conceituar a nacionalidade como um vínculo jurídico-político que liga a pessoa a um determinado Estado. Sendo assim, assinale a alternativa CORRETA, que atende o disposto no art. 12 da Constituição Federal sobre nacionalidade:

  A) São brasileiros natos os nascidos na República Federativa do Brasil, ainda que de pais estrangeiros, **desde que estes não estejam a serviço de seu país.**"

  Gabarito: A alternativa "A" foi considerada correta.. (A frase descrita na alternativa: "desde que estes não estejam a serviço de seu país," está correta)

- ***IF-MT 2018***

  "Rosa Gonzales, venezuelana, chegou ao Brasil no dia 20 de julho de 2018, na cidade de Pacaraima, onde deu à luz o filho primogênito. Rosa tem dúvidas sobre a nacionalidade do pequeno Juan. Conforme a Constituição Federal brasileira, podemos afirmar que Juan é brasileiro nato"

  Gabarito: A assertiva foi considerada correta. (A alternativa não trouxe nem uma informações sobre o que Rosa Gonzales faz no Brasil. Presume-se que ela não está a serviço de seu país)

- ***2018 – FGV – TJ-SC – Analista Administrativo***

  "François nasceu no território brasileiro durante o período em que seus pais, nacionais franceses, aqui estavam por se encontrarem em **gozo de licença na fábrica de bijuterias** em que trabalhavam na França.

  À luz da sistemática constitucional, François:

C) é brasileiro nato, independente de requerimento;"

Gabarito: A alternativa "C" foi considerado correto. (Os pais não estavam a serviço do país)

b) os nascidos **no estrangeiro**, de pai brasileiro ou mãe brasileira, *desde que* qualquer deles esteja a serviço da República Federativa do Brasil;

c) os nascidos no estrangeiro de pai brasileiro ou de mãe brasileira, **desde que sejam registrados em repartição brasileira competente ou** venham a residir na República Federativa do Brasil e optem, em **qualquer tempo**, depois de atingida a maioridade, pela nacionalidade brasileira;

1. As alíneas se referem ao critério do *jus sanguinis*, ou seja, leva em consideração o vínculo sanguíneo entre o indivíduo e os outros nacionais.
2. A alínea "b" se refere ao vínculo sanguíneo e a prestação de serviço do Brasil.

▶ Atenção para este dispositivo. Ele afirma que: "os nascidos no estrangeiro, de pai brasileiro ou mãe brasileira". Logo, não menciona se o filho é de brasileiro nato ou naturalizado, e como não há distinção entre ambos, o filho será considerado brasileiro nato.

A alínea "c" se refere ao vínculo sanguíneo e o registro na primeira parte, e na segunda parte se refere a nacionalidade potestativa, isto é, depende da vontade da pessoa.

Aplicação em concurso:

- ***Agente Penitenciário – SEJUS-CE – 2017***

  De acordo com as disposições acerca da nacionalidade, constantes na Constituição Federal, assinale a alternativa correta.

  D) São brasileiros natos os nascidos no estrangeiro de pai brasileiro ou de mãe brasileira, desde que sejam registrados em repartição brasileira competente ou venham a residir na República Federativa do Brasil e optem, em qualquer tempo, depois de atingida a maioridade, pela nacionalidade brasileira.

  Gabarito: Alternativa correta. (Atenção, a alternativa cobrou a literalidade da alínea "c")

3. **Aplicação em concurso:**

- ***Procurador – PUC-PR – Prefeitura de Maringá – PR – 2015***

  Os textos constitucionais historicamente estabelecem as regras para estabelecer quem será considerado nacional do país. A Constituição Federal de 1988 não foge à regra. Sobre as disposições acerca de nacionalidade e do tratamento dispensado aos nacionais, assinale a alternativa **CORRETA**.

  C) Para estabelecer quem são nacionais, o Brasil adota os critérios do ***jus soli* e do *jus sanguinis*.** O primeiro é utilizado quando considera brasileiro o indivíduo nascido em **território brasileiro**, mesmo que de pais estrangeiros, desde que não esteja qualquer um deles a serviço de seu país. O segundo critério é adotado quando considera brasileiros **os filhos de brasileiros nascidos no exterior.**

Gabarito: Alternativa C.

- ***Auxiliar Institucional – CESPE – IPHAN – – 2018***

A respeito dos direitos e das garantias fundamentais, julgue o item seguinte.

Situação hipotética: João, cuja mãe é brasileira e cujo pai é espanhol e mora em Londres, nasceu em país estrangeiro e não foi registrado em repartição brasileira competente. Hoje, aos 21 anos de idade, ele reside no Brasil e pretende requerer a nacionalidade brasileira. **Assertiva**: Nesse caso, poderá ser conferida a João a condição de brasileiro nato.

A afirmativa está certa, pois condiz com o descrito na alínea "c" retro mencionada.

- ***Analista Judiciário – Área Administrativa – 2015 – FCC – TRE-AP***

Um casal de italianos, Pietro e Antonella, veio ao Brasil **à serviço de seu país** e, após dois anos em território brasileiro, Antonella deu à luz a Filomena. Um casal de brasileiros, Joaquim e Carolina, foi a Alemanha **à serviço do Brasil** e, após três anos em território alemão, Carolina deu à luz a Clara. Um casal de espanhóis, Juan e Maria, veio ao Brasil **a turismo** e, após um mês em território brasileiro, prematuramente Maria deu à luz a Luiz. Considerando essas três situações, são brasileiros natos:

Obs.: ***Clara e Luiz devem ser considerados brasileiros natos****, não há impedimento para ambos.. Filomena não pode ser considerada brasileira, pois seus pais estavam a serviço da Itália, isto é, seus pais estavam a serviço de seu país.*

> § 1º Aos **portugueses** com **residência** *permanente* no País, se houver *reciprocidade* em favor de brasileiros, serão atribuídos os direitos inerentes ao brasileiro, **salvo os casos previstos nesta Constituição**.

1. **O § 1º não trata de naturalização, pois o português continua sendo estrangeiro.** Apenas garante a este igualdade de tratamento em comparação aos brasileiros. É o que a doutrina denominada de "quase nacionalidade". Além disto, não depende de lapso temporal, bastando apenas o cumprimento dos requisitos objetivos exigidos pela lei. A referida reciprocidade é garantida pelo Tratado de Amizade firmado entre o Brasil e Portugal (Decreto 3.927/2001).

Aplicação em concurso:

- ***Defensor Público – 2017 – FCC – DPE-SC***

Sobre o tema da nacionalidade na Constituição Federal de 1988, é correto afirmar:

A) Aos portugueses com residência permanente no País, ainda que não houver reciprocidade em favor de brasileiros, serão atribuídos os direitos inerentes ao brasileiro, salvo os casos previstos na Constituição

A alternativa está errada (apenas se houver reciprocidade)

▶ **Jurisprudência:**

A norma inscrita no art. 12, § 1º, da Constituição da República – que contempla, em seu texto, hipótese excepcional de quase-nacionalidade – não opera de modo imediato, seja quanto ao seu conteúdo eficacial, seja no que se refere a todas as consequências jurídicas que dela derivam, pois, para incidir, além de supor o pronunciamento aquiescente do Estado brasileiro, fundado em sua própria soberania, **depende, ainda, de requerimento do súdito português interessado, a quem se impõe, para tal efeito, a obrigação de preencher os requisitos estipulados pela Convenção sobre Igualdade de Direitos e Deveres entre brasileiros e portugueses**. [Ext 890, rel. min. Celso de Mello, j. 5-8-2004,1ª T, DJ de 28-10-2004.]

2. **O português, brasileiro por equiparação, pode ser elegível,** conforme a Constituição. Apenas não pode ocupar cargos privativos de brasileiros natos.

§ 2º **A lei** *não* poderá estabelecer **distinção** entre brasileiros *natos* e *naturalizados*, **salvo** nos casos previstos nesta Constituição.

§ 3º São **privativos** de brasileiro nato **os cargos**:

I - de Presidente e Vice-Presidente da República;

II - de Presidente da Câmara dos Deputados;

III - de Presidente do Senado Federal;

IV - de Ministro do Supremo Tribunal Federal;

V - da carreira diplomática;

VI - de oficial das Forças Armadas.

VII - de Ministro de Estado da Defesa.

1. **Em regra, os brasileiros natos e naturalizados possuem os mesmos direitos constitucionais**, de forma que as diferenciações possíveis devem estar previstas na CF.

As diferenças são taxativas na própria CF:

TIPO DE EXCEÇÃO	ARTIGO DA CF
Cargos privativos de brasileiros natos	Art. 12, § 3º, CF):
Composição do Conselho da República	Art. 89, VII, CF
Propriedade de empresa jornalística e de radiodifusão sonora e de sons e imagens	Art. 222, CF
Possibilidade de extradição do brasileiro naturalizado	Art. 5º, LI, CF

Aplicação em concurso público:

- ***Técnico Judiciário – Área Administrativa – 2017 – FCC TRF – 5ª REGIÃO***

  "Fiona e Gael são irmãos, filhos de pai e mãe estrangeiros que há muitos anos fixaram residência no Brasil. Fiona é a primogênita, sete anos mais velha que o irmão, nasceu em Portugal, mas se naturalizou brasileira; Gael, o caçula, nasceu em terras brasileiras. No dia de seu aniversário de 30 anos, Gael anunciou seu desejo de candidatar-se ao cargo de Presidente da República, nas eleições de 2018, e de ter sua irmã como Vice. Fiona, entretanto, disse que pretende candidatar-se a Governadora do Estado em que residem. Considerando apenas as informações fornecidas, presentes os demais requisitos, à luz da Constituição Federal, Gael

D) não poderá candidatar-se ao cargo de Presidente da República; Fiona não poderá candidatar-se ao cargo de Vice-Presidente da República, mas poderá candidatar-se ao de Governadora do Estado. "

Gabarito: A alternativa "D" foi considerada correta.

- ***Analista Administrativo – SEAD-AP – (FCC) 2018***

Em uma situação hipotética, Carlos Lúcio, professor titular de Direito Penal de Universidade do Rio de Janeiro, nascido em Madri, Espanha, de tradicional família de juristas lusitanos, com apenas 37 anos de vida já tem 12 livros publicados, além de ter também larga experiência como pregador evangélico em sua terra natal, de onde saiu aos 25 anos de idade. Todavia, ele teve sua indicação ao cargo de Ministro do Supremo Tribunal Federal rejeitada. Isso ocorreu porque Carlos Lúcio, pelas regras da Constituição Federal de 1988, NÃO

C) é brasileiro nato.

Gabarito: A alternativa "C" foi considerada correta.

2. Os cargos elencados no § 3º como privativos de brasileiro nato foram escolhidos de acordo com a necessidade de **proteção da segurança nacional**. Trata-se de cargos estratégicos da República Federativa do Brasil.

§ 4º – Será declarada a perda da nacionalidade do brasileiro que:

I – tiver cancelada sua naturalização, por sentença judicial, em virtude de atividade nociva ao interesse nacional;

II – adquirir outra nacionalidade, salvo nos casos:

a) de reconhecimento de nacionalidade originária pela lei estrangeira;

b) de imposição de naturalização, pela norma estrangeira, ao brasileiro residente em estado estrangeiro, como condição para permanência em seu território ou para o exercício de direitos civis;

1. Esse parágrafo traz as hipóteses de **perda de nacionalidade**. A **primeira** incide **apenas aos naturalizados** e ocorre nos casos em que este pratique atos que atentem a ordem pública/ordem nacional. A **segunda** hipótese é aplicada tanto para brasileiros **natos** quanto aos **naturalizados**, quando eles adquirem voluntariamente outra nacionalidade.

Aplicação em concurso:

- ***IBFC – 2013 – MPE-SP – Analista de Promotoria I***

"Considerando o texto constitucional, indique a opção CORRETA a respeito dos direitos de nacionalidade e cidadania:

A) O brasileiro nato nunca perde a nacionalidade brasileira;"

Gabarito: A alternativa "A" foi considerada incorreta, pois, conforme o art. 12, § 4, da CF, o brasileiro nato poderá sim perder sua nacionalidade.

- ***Analista judiciário TRT 8ª Região (CESPE) 2016.***

  "Com base nas normas constitucionais que versam sobre direitos e garantias fundamentais, assinale a opção correta acerca do direito de nacionalidade.

  C) A perda da nacionalidade brasileira em razão do reconhecimento de outra nacionalidade originária não se dá automaticamente".

  Gabarito: A alternativa "C" foi considerada correta.

2. A **primeira** exceção à perda de nacionalidade por naturalização voluntária ocorre quando **a lei estrangeira reconhece que o indivíduo será nacional** por ter nascido em seu território ou por ser descendente de algum de seus nacionais. Já a segunda hipótese ocorre **quando o estado estrangeiro impõe ao indivíduo que, para sua permanência em território nacional** ou para o exercício de direitos civis, **ele deverá se naturalizar.**

- ***Defensor Público – 2017 – CESPE – DPU***

  "Brasileiro nato que, tendo perdido a nacionalidade brasileira em razão da aquisição de outra nacionalidade, readquiri-la mediante o atendimento dos requisitos necessários terá o *status* de brasileiro naturalizado."

  Gabarito: A afirmativa foi considerada errada. (voltará a ser brasileiro nato)

→ **Observação:** A nova Lei de Migrações previu, em seu art. 76, que uma vez cessada a causa que motivou a perda da nacionalidade, o brasileiro pode readquiri-la ou ter o ato que declarou a perda revogado;

O Decreto n. 9.199/17 que regulamenta a lei de Migrações prevê, em seu art. 254, § 7º, que "o deferimento do requerimento de reaquisição ou a revogação da perda importará no restabelecimento da nacionalidade originária brasileira" – ou seja, se era nato, volta a ser nato.

Aplicação em concurso público:

- ***Defensor Público – 2015 – CESPE – DPE-RN***

  "Acerca dos tratados internacionais de direitos humanos, do ADCT e dos direitos de nacionalidade e de cidadania, assinale a opção correta.

  A) A nacionalidade de brasileiros naturalizados perdida por sentença judicial devido ao exercício de atividade nociva ao interesse nacional pode ser readquirida mediante novo procedimento de naturalização."

  Gabarito: A alternativa foi considerada errada. (o cancelamento da naturalização não poderá ser readquirido, a não ser mediante ação rescisória, nunca por meio de um novo processo de naturalização, sob pena de contrariedade ao texto constitucional)

- ***Procurador – 2015 – CESPE – TCU***

  "De acordo com a CF, prescinde de prévia decisão judicial

D) a perda da nacionalidade pelo brasileiro naturalizado que adquirir outra nacionalidade".

Gabarito: A afirmativa está correta

► *(Atenção ao vocabulário da questão, ele pode causar confusão. Prescindir é dispensar, significa dizer que a perda da nacionalidade, nesse caso, não necessita de autorização judicial)*

Art. 13 – A **língua portuguesa** é o **idioma oficial** da República Federativa do Brasil.

§ 1º São símbolos da República Federativa do Brasil a **bandeira,** o **hino**, as **armas** e o **selo nacionais.**

§ 2º Os Estados, o Distrito Federal e os Municípios poderão ter símbolos próprios.

1. Apesar de a Constituição fazer diversas remissões durante seu texto de que a língua portuguesa é a oficial no Brasil, ela garante também que **outros povos tenham assegurados sua língua oficial.** Um desses exemplos se encontra no art. 210, § 2, no qual se garante aos indígenas o aprendizado de suas línguas maternas;

Aplicação em concurso:

- ***2018 – FCC – DPE-AM – Analista – Administrador***

"Considere os símbolos nacionais:

I. língua portuguesa. II. bandeira nacional. III. hino nacional. IV. armas nacionais. V. selo nacional.

A Constituição Federal de 1988 estabelece que são símbolos da República Federativa do Brasil APENAS o contido em

B) II, III, IV e V."

Gabarito: A alternativa "B" foi considerada correta.

2. A importância do reconhecimento de uma língua oficial em um país é que, apesar de serem praticadas muitas línguas por povos diferentes, as comunicações do Estado com os cidadãos e dos cidadãos com o Estado deverão ser sempre através da língua oficial.

CAPÍTULO IV
DOS DIREITOS POLÍTICOS

Art. 14 – A **soberania popular** será exercida pelo **sufrágio universal e pelo voto direto e secreto,** com valor *igual* para todos, e, nos termos da lei, mediante:

1. **Sufrágio** é o direito que um cidadão tem de participar ativamente da organização política, sendo esse englobado pelo **direito de votar** (alistabilidade: Art. 14, § 1º,

CF) e o direito **de ser votado** (elegibilidade: Art. 14, § 2º, CF). **Sufrágio universal** quer dizer que todos os cidadãos podem participar ativamente da política, sendo essa participação por meio do voto para escolha de seus representantes, do plebiscito, do referendo e da iniciativa popular. **Para ser considerado cidadão, o indivíduo deve ser brasileiro nato ou naturalizado e fazer o alistamento eleitoral.**

Aplicação em concurso:

- ***2018 – FGV – Câmara de Salvador – BA – Analista Legislativo***

  "Eraldo, adolescente de quinze anos, nascido em território brasileiro, tinha o sonho de seguir carreira política. Para planejar o seu futuro, procurou um amigo advogado e pediu algumas orientações iniciais. Foi-lhe informado que, para se candidatar a um cargo eletivo no Poder Legislativo, era preciso preencher uma série de requisitos, dentre os quais o de ser cidadão e não ser alcançado por uma causa de inelegibilidade.

  À luz da sistemática constitucional e da narrativa acima, Eraldo:

  C) somente se tornará cidadão com o alistamento eleitoral";

  Gabarito: A alternativa "C" foi considerada correta.

- ***Analista Judiciário – Área Administrativa – 2017 – FGV – TRT – 12ª Região (SC)***

  "Beto e Pedro travaram intenso debate a respeito dos conceitos de nacionalidade e cidadania. De acordo com Beto, todo nacional, que é necessariamente cidadão, possui direitos políticos. Para Pedro, por sua vez, só o cidadão, não qualquer nacional, possui direitos políticos.

  À luz da sistemática constitucional, é correto afirmar que:

  D) Pedro está totalmente correto e Beto incorreto, pois nacionalidade e cidadania são institutos distintos;"

  Gabarito: A alternativa "D" foi considerada correta.

2. O **voto direto** é aquele em que os cidadãos elegem seus representantes diretamente, sem a intermediação de qualquer outro indivíduo, o que é regra no Brasil. **O Texto Constitucional prevê, no entanto, uma hipótese de eleição indireta, no caso do art. 81, § 1º, CF** (vacância dos cargos presidenciais na segunda metade do mandato).

Aplicação em concurso

- **FGV – 2015 – OAB – Exame de Ordem Unificado – XVIII – Primeira Fase**

  "Ao proferir um discurso em sua cidade natal, José, deputado federal pelo Estado E, afirma, de forma contundente, que um país democrático tem por regra inviolável escolher o chefe do Poder Executivo por meio de eleições diretas. Complementa sua fala afirmando que o Brasil poderia ser considerado um país democrático, já que a Constituição Cidadã de 1988 não prevê eleição de Presidente pela via indireta.

  Segundo a Constituição da República, o deputado está:

  A) equivocado, pois há previsão de eleição indireta somente na eventualidade de vacância do cargo de Presidente da República nos últimos seis meses do seu mandato".

Gabarito: A alternativa "A" foi considerada errada. (Conforme art. 81, § 1, da CF, ocorrerá a eleição indireta caso haja vacância nos dois últimos anos do mandato presidencial).

3. O voto **direto, secreto, universal e periódico é cláusula pétrea,** contida no Art. 61, § 4º, II, CF. Porém, a **obrigatoriedade do voto não é considerada cláusula pétrea.**

Aplicação em concurso

- **CESGRANRIO – 2010**

  O voto, direito constitucionalmente assegurado:

  E) Constitui cláusula pétrea expressamente prevista na Constituição.

  Gabarito: A alternativa "E" foi considerada correta.

- **AOCP – 2015 – TRE-AC – Técnico Judiciário – Área Administrativa**

  "De acordo com a Constituição Federal, no que tange às cláusulas pétreas, NÃO será objeto de deliberação a proposta de emenda tendente a

  B) abolir o voto obrigatório".

  Gabarito: A alternativa "B" foi considerada errada. (O voto obrigatório poderá ser objeto de uma possível Emenda Constitucional)

► **Entendimento jurisprudencial:**

O princípio do **sufrágio universal** vem conjugado, no art. 14 da Constituição, à exigência do **sigilo do voto:** não o ofende, portanto, a decisão que entende nula a cédula assinalada de modo a poder identificar o eleitor. [AI 133.468 AgR, rel. min. Sepúlveda Pertence, j. 15-2-1990, P, DJ de 9-3-1990]

I – plebiscito;

II – referendo;

III – iniciativa popular.

1. **Plebiscito** é uma forma de consulta popular que ocorre *antes* da decisão política. O legislativo consulta a população a respeito da elaboração de uma lei e, em seguida, tomando como base a opinião vencedora, elabora ou não. Em 1993, o Brasil realizou um plebiscito para escolher a forma e o sistema de governo. Já o **Referendo** também é uma forma de consulta popular, mas que ocorre *após* a elaboração e aprovação da lei pelo Congresso Nacional. Um exemplo deste fenômeno aconteceu em 2005, onde colocou-se para aprovação da população o estatuto do desarmamento, lei esta que já havia sido aprovada pelo Congresso Nacional. A competência para autorizar referendo e convocar plebiscito é do Congresso Nacional (CF, art. 49, XV). Na **Iniciativa popular,** os eleitores têm o direito de apresentar projetos de lei ao Congresso Nacional. Seus requisitos estão no art. 61, § 1 da Constituição Federal.

INSTRUMENTO	CONCEITO	EXEMPLO
Plebiscito	Forma de consulta popular que ocorre *antes* da decisão política	Em 1993, o Brasil realizou um plebiscito para escolher a forma e o sistema de governo.
Referendo	Forma de consulta popular, mas que ocorre *após* a elaboração e aprovação da lei pelo Congresso Nacional	Em 2005, colocou-se para aprovação da população o estatuto do desarmamento, lei esta que já havia sido aprovada pelo Congresso Nacional
Iniciativa popular	Direito de apresentar projetos de lei ao Congresso Nacional	Seus requisitos estão no art. 61, § 1 da Constituição Federal. O exemplo é a Lei de Ficha Limpa.

Aplicação em concurso público:

- ***Procurador Jurídico – 2018 – VUNESP – Câmara de Campo Limpo Paulista – SP***

  "A democracia representativa brasileira é suavizada com a presença, no nosso ordenamento jurídico, de mecanismos que são próprios das democracias diretas: plebiscito e referendo. A respeito desses dois mecanismos de participação popular, assinale a alternativa correta.

  D) É da competência exclusiva do Congresso Nacional convocar plebiscito".

  Gabarito: A alternativa "D" foi considerada correta.

- ***Auxiliar administrativo – 2018 – Quadrix – CRM-DF***

  "Quanto aos direitos políticos na CF, julgue o item a seguir.

  No ordenamento jurídico brasileiro, o sufrágio se encerra com o direito, de todos os cidadãos, de votar em seus candidatos nas eleições gerais e regionais."

  Gabarito: A assertiva foi considerada errada. (O direito ao sufrágio é materializado pela capacidade de votar e de ser votado)

2. A iniciativa popular será tratada mais a frente, pois regra específica no art. 61, § 2º, da CF.

§ 1º O **alistamento eleitoral** e o voto são:

I – obrigatórios para os maiores de **dezoito anos;**

II – **facultativos para:**

a) os analfabetos;

b) os maiores de setenta anos;

c) os maiores de dezesseis e menores de dezoito anos.

§ 2º **Não** podem alistar-se como eleitores os **estrangeiros** e, *durante o período do serviço militar obrigatório*, os **conscritos**.

1. O parágrafo primeiro e segundo dispõe sobre as **regras de alistabilidade (capacidade eleitoral ativa)**. Faz-se uma divisão entre hipóteses de voto obrigatório, facultativo e proibido.

VOTO **OBRIGATÓRIO**	VOTO **FACULTATIVO**	VOTO **PROIBIDO**
• Maiores de **18** anos e menores de **70** anos	• Maiores de **16** e menores de **18** anos • Analfabetos • Maiores de **70** anos	• **Estrangeiros** • Durante o serviço militar obrigatório, os **conscritos**

Aplicação em concurso público:

- ***Agente Penitenciário – Masculino/Feminino – IBADE – 2017 – SEJUDH – MT***

  "Sobre os direitos políticos, assinale a alternativa correta:

  A) Como o direito de sufrágio é universal, os analfabetos têm a obrigação de votar.

  D) O direito de votar é facultativo para os brasileiros naturalizados."

  Gabarito: As alternativas estão incorretas, uma vez que o voto para os analfabetos é facultativo e o voto para os brasileiros, ainda que naturalizados, é obrigatório.

- ***PGR – 2013 – PGR – Procurador da República***

  "Sobre o alistamento eleitoral e o voto, com base na Constituição Federal de 1988, é correto afirmar:

  A) O alistamento eleitoral é obrigatório para os maiores de dezoito anos; é facultativo para os conscritos por estarem prestando o serviço militar."

  Gabarito: A alternativa foi considerada errada. (O voto para os conscritos o voto é vedado, conforme § 2, do art. 14 da CF)

§ 3º São **condições de elegibilidade**, na forma da lei:

I – a nacionalidade brasileira;

II – o pleno exercício dos direitos políticos;

III – o alistamento eleitoral;

IV – o domicílio eleitoral na circunscrição;

V – **a filiação partidária**;

VI – a idade mínima de:

a) trinta e cinco anos para Presidente e Vice-Presidente da República e Senador;

b) trinta anos para Governador e Vice-Governador de Estado e do Distrito Federal;

c) vinte e um anos para Deputado Federal, Deputado Estadual ou Distrital, Prefeito, Vice-Prefeito e juiz de paz;

d) dezoito anos para Vereador.

1. **Capacidade eleitoral passiva**: Este parágrafo dispõe sobre condições de elegibilidade, ou seja, sobre a **capacidade eleitoral passiva** (capacidade de ser eleito). São os **requisitos necessários para que o indivíduo possa concorrer a mandato eletivo**:

- ser **brasileiro** (podendo ser *nato* ou *naturalizado*, entretanto, alguns cargos são privativos de brasileiros natos, como é o caso do Presidente da República, conforme art. 12, § 3º, CF)
- estar em **pleno exercício dos direitos políticos** (os direitos políticos não podem ter sido perdidos ou estarem suspensos, conforme hipóteses do art.15, CF)
- ter feito o **alistamento eleitoral** (inscrição perante a Justiça Eleitoral, em que o cidadão obtém um título de eleitor, para poder votar)
- ter domicílio eleitoral **na circunscrição** (um cidadão só pode concorrer a cargos na circunscrição de seu domicílio)
- ter **filiação partidária** (integrar algum partido político)
- ter a **idade mínima** estabelecida no inciso VI para cada cargo:

CARGOS	IDADE MÍNIMA
Presidente, Vice-Presidente, Senador	35 anos
Governador e Vice-Governador	30 anos
Deputado Federal, Deputado Estadual, Prefeito, Vice-Prefeito, Juiz de paz	21 anos
Vereador	18 anos

Aplicação em concurso público:

- ***MPE-RS – 2015 – MPE-RS – Assessor Bacharel em História***

  "No capítulo referente aos Direitos Políticos, a Constituição Federal dispõe que são condições de elegibilidade as seguintes: idade mínima de trinta e cinco anos para Governador de Estado."

  Gabarito: A assertiva foi considerada errada. (A idade mínima para governador é de 30 anos)

- ***FCC – 2015 – TRE-SE – Técnico Judiciário – Área Administrativa***

  "Consideradas apenas as condições de elegibilidade relativas a nacionalidade e idade estabelecidas na Constituição da República, um brasileiro naturalizado, com 30 anos completos no ano das eleições,

  A) estará habilitado a candidatar-se a Deputado Federal, mas não poderá vir a ocupar a Presidência da Câmara dos Deputados".

  Gabarito: A alternativa "A" foi considerada correta.

2. **Fidelidade partidária**: Nos mandatos eletivos, cuja eleição se dá pelo **sistema proporcional** (ex: deputado federal, deputado estadual e vereador), exige-se a regra de **fidelidade partidária,** *não* podendo o candidato mudar de partido político, sob pena de perder o mandato. Apesar disso, o STF entende que, nos cargos do **sistema majoritário** (Presidente, Governador, Prefeito, Senador) o candidato pode trocar de partido depois de eleito, ou seja, **a fidelidade partidária não é obrigatória, já que o voto foi conferido ao candidato propriamente dito.**

SISTEMA DE ELEIÇÃO	CONSQUÊNCIA	EXEMPLO DE CARGOS
Sistema proporcional	Deve observar a fidelidade partidária, sob pena de perder o mandato	Deputado Federal, Estadual e Vereador
Sistema majoritário	Não necessita observar a fidelidade partidária, podendo mudar de partido sem consequência	Presidente, Governador, Prefeito, Senador

▶ **Entendimento jurisprudencial:**

A mudança de partido político pode ocorrer quando reconhecida a justa causa: O reconhecimento da **justa causa** para transferência de partido político **afasta a perda do mandato eletivo por infidelidade partidária.** Contudo, ela não transfere ao novo partido o direito de sucessão à vaga. [MS 27.938, rel. min. Joaquim Barbosa, j. 11-3-2010, P, DJE de 30-4-2010]

As condições de elegibilidade (CF, art. 14, § 3º) e as hipóteses de inelegibilidade (CF, art. 14, § 4º a § 8º), inclusive aquelas decorrentes de legislação complementar (CF, art. 14, § 9º), **aplicam-se de pleno direito,** independentemente de sua expressa previsão na lei local, **à eleição indireta para governador e vice-governador do Estado, realizada pela assembleia legislativa em caso de dupla vacância desses cargos executivos no último biênio do período de governo** [ADI 1.057 MC, rel. min. Celso de Mello, j. 20-4-1994, P, DJ de 6-4-2001]

Aplicação em concurso público:

- ***VUNESP – 2018 – PGE-SP – Procurador do Estado***

  "O sistema proporcional adotado para a eleição dos senadores caracteriza-se pela ênfase nos votos obtidos pelos partidos, motivo pelo qual a Corte fixou entendimento de que a fidelidade partidária é essencial nesse caso."

  Gabarito: A assertiva foi considerada errada. (As eleições para Senador são pelo sistema majoritário e não se aplica a regra de fidelidade partidária).

§ 4º São **inelegíveis** os **inalistáveis** e os **analfabetos.**

1. O § 4º traz em si hipótese de **inelegibilidade absoluta**, ou seja, pessoas que não podem, de forma alguma, concorrer a algum mandato eletivo. São eles os **analfabetos** e os **inalistáveis.**

1.1. **Inalistável é aquele que não pode votar.** As condições para o alistamento estão descritas nos parágrafos 1º e 2º deste artigo, não podendo se alistar os estrangeiros e, durante o serviço militar obrigatório, os conscritos.

1.2. **Analfabeto é aquele que não saber ler e escrever.** O órgão que define se o candidato é ou não analfabeto é o **Tribunal Superior Eleitoral.** Em decisão ao RO 0602475-18, o TSE entendeu que a comprovação da alfabetização de candidatos a cargos eletivos deve ser feita com o menor rigor possível, por qualquer meio hábil, sem constrangimento e de forma a beneficiar o candidato, não podendo fazer parte da regra de inelegibilidade o candidato que possuir capacidade mínima de leitura, mesmo que de forma rudimentar.

► **Súmula nº15-TSE:** O exercício de mandato eletivo não é circunstância capaz, por si só, de comprovar a condição de alfabetizado do candidato.

Aplicação em concurso público:

- ***FUNCAB – 2016 – PC-PA – Delegado de Polícia Civil***

  "Acerca dos direitos políticos previstos na Constituição Federal de 1988, assinale a alternativa correta.

  E) Todo inalistável é inelegível, mas nem todo inelegível é inalistável".

  Gabarito: A alternativa "E" foi considerada correta.

- ***FUNCAB – 2016 – SEGEP-MA – Agente Penitenciário***

  "A doutrina majoritária classifica as hipóteses de inelegibilidade em absolutas e relativas. No que tange às inelegibilidades absolutas, são absolutamente inelegíveis os:

  D) inalistáveis e analfabetos".

  Gabarito: A alternativa "D" foi considerada correta.

§ 5º O Presidente da República, os Governadores de Estado e do Distrito Federal, os Prefeitos e quem os houver sucedido, ou substituído no curso dos mandatos **poderão ser reeleitos para um único período subseqüente.**

§ 6º Para concorrerem a outros cargos, o Presidente da República, os Governadores de Estado e do Distrito Federal e os Prefeitos devem renunciar aos respectivos mandatos **até seis meses antes do pleito.**

1. Os parágrafos **5º e 6º** trazem causas de **inelegibilidade relativa por motivos funcionais que se relacionam apenas com os cargos do Poder Executivo.**

2. A primeira inelegibilidade diz respeito à **sucessão de mandatos**. Estabelece-se que os cargos para Chefe do Poder Executivo só podem ser reeleitos **para um único** período subsequente.

Aplicação em concurso público:

- ***FCC – 2006 – TRF – 1ª REGIÃO – Analista Judiciário – Área Judiciária – Execução de Mandados***

  "Quanto aos Direitos Políticos previstos na Constituição Federal, é correto afirmar que

E) o Governador do Distrito Federal, os Prefeitos e quem os houver sucedido ou substituído no curso dos mandatos, poderão ser reeleitos para um único período subsequente".

Gabarito: A alternativa "E" foi considerada correta.

▶ **Jurisprudência:** O STF, analisando decisão do TSE, entende que não pode haver sucessão – para um terceiro mandato – de um mesmo membro da unidade familiar. A ideia é evitar formações oligárquicas. (RE 1128439)

3. No caso de concorrerem a **outros** cargos, os ocupantes do cargo de **Chefe do Poder Executivo** devem **renunciar** aos respectivos mandatos **até seis meses antes** do pleito. Denomina-se esse procedimento de **desincompatibilização.**

Aplicação em concurso público:

- ***FCC – 2013 – AL-PB – Analista Legislativo***

"Considere a seguinte situação hipotética: Márcia é Governadora do Estado da Paraíba e Diana é Prefeita da cidade de Teixeira. Ambas pretendem concorrer ao cargo de Presidente da República. Neste caso,

B) ambas devem renunciar aos respectivos mandatos até seis meses antes do pleito".

Gabarito: A alternativa "B" foi considerada correta.

▶ **Jurisprudência:**

Não é necessário se afastar quando a candidatura é para reeleição: Não se tratando, no § 5º do art. 14 da Constituição, na redação dada pela EC 16/1997, de caso de inelegibilidade, mas, sim, de hipótese em que se estipula ser possível a elegibilidade dos chefes dos Poderes Executivos, federal, estadual, distrital, municipal e dos que os hajam sucedido ou substituído no curso dos mandatos, para o mesmo cargo, para um período subsequente, **não cabe exigir-lhes desincompatibilização para concorrer ao segundo mandato, assim constitucionalmente autorizado**. [ADI 1.805 MC, rel. min. Néri da Silveira, j. 26-3-1998, P, DJ de 14-11-2003]

É vedada a figura do "Prefeito Itinerante": O instituto da reeleição tem fundamento não somente no postulado da continuidade administrativa, mas também no princípio republicano, que impede a perpetuação de uma mesma pessoa ou grupo no poder. O princípio republicano condiciona a interpretação e a aplicação do próprio comando da norma constitucional, de modo que a reeleição é permitida por apenas uma única vez. Esse princípio impede a terceira eleição não apenas no mesmo Município, mas em relação a qualquer outro Município da Federação. Entendimento contrário tornaria possível a figura do denominado "**prefeito itinerante**" ou do "**prefeito profissional**", o que claramente é incompatível com esse princípio, que também traduz um postulado de temporariedade/alternância do exercício do poder. Portanto, ambos os princípios – continuidade administrativa e republicanismo – condicionam a interpretação e a aplicação teleológicas do art. 14, § 5º, da Constituição. **O cidadão que exerce dois mandatos consecutivos como prefeito de determinado Município fica inelegível para o cargo da mesma natureza em qualquer outro Município da Federação**. [RE 637.485, rel. min. Gilmar Mendes, j. 1º-8-2012, P, DJE de 21-5-2013, Tema 564.]

4. A regra do § 5º foi incluída pela Emenda Constitucional nº 16/1997.

§ 7º São inelegíveis, no território de jurisdição do titular, o cônjuge e os parentes consangüíneos ou afins, até o **segundo grau ou por adoção**, do Presidente da República, de Governador de Estado ou Território, do Distrito Federal, de Prefeito ou de quem os haja substituído dentro dos seis meses anteriores ao pleito, salvo se já titular de mandato eletivo e candidato à reeleição.

1. Inelegibilidade relativa em razão do parentesco: Esse artigo busca impedir que um familiar se favoreça do cargo político para beneficiar um parente na sua circunscrição e deve ser interpretado de maneira a dar eficácia e efetividade aos postulados republicanos e democráticos da Constituição, evitando-se a perpetuidade ou alongada presença de familiares no poder. **A inelegibilidade se relaciona apenas aos detentores de mandatos dos cargos de Chefe do Poder Executivo.**

Aplicação em concurso público:

- ***Administrador – 2015 – FUNIVERSA – Secretaria da Criança – DF***

  "Suponha-se que Maria seja senadora pelo estado X e que seu marido, Antônio, seja candidato a governador do mesmo estado. Nesse caso, não haverá inelegibilidade de Antônio".

  Gabarito: A assertiva está correta (a inelegibilidade só acontece com relação a um cargo do Poder Executivo já ocupado)

1.1. **Súmula Vinculante 18:** A dissolução da sociedade ou do vínculo conjugal, no curso do mandato, não afasta a inelegibilidade prevista no § 7º do art. 14 da CF.

Aplicação em concurso público:

- ***Analista Judiciário – Área Judiciária – 2017 – CESPE – TRE-BA***

  "Acerca das normas constitucionais que regem os direitos políticos e os partidos políticos, assinale a opção correta, conforme a Constituição Federal de 1988 e o entendimento do Supremo Tribunal Federal.

  A) É inelegível para o cargo de vereador ex-cônjuge de governador do estado, ainda que se trate de reeleição e a dissolução do vínculo conjugal tenha ocorrido antes do início do mandato de governador",

  Gabarito: A afirmativa está errada. (A inelegibilidade reflexa não se aplica caso o indivíduo já seja titular de mandato eletivo e candidato à reeleição)

1.2. **A cláusula de inelegibilidade alcança** tanto os parentes diretos do detentor do cargo, **como os parentes por afinidade** (parentes do marido ou da esposa):

► **Jurisprudência:**

A causa de inelegibilidade prevista no art. 14, § 7º, da Constituição **alcança a cunhada de governador** quando concorre a cargo eletivo de Município situado no mesmo Estado. [RE 171.061, rel. min. Francisco Rezek, j. 2-3-1994, P, DJ de 25-8-1995]

1.3. O STF entende que, no caso de **morte** do político no curso do mandato, seus cônjuges não ficam inelegíveis, não sendo essa uma hipótese abrangida pela súmula:

▶ **Jurisprudência:**

O que orientou a edição da Súmula Vinculante 18 e os recentes precedentes do STF foi a preocupação de inibir que a dissolução fraudulenta ou simulada de sociedade conjugal seja utilizada como mecanismo de burla à norma da inelegibilidade reflexa prevista no § 7º do art. 14 da Constituição. Portanto, **não atrai a aplicação do entendimento constante da referida súmula a extinção do vínculo conjugal pela morte de um dos cônjuges.** [RE 758.461, rel. min. Teori Zavascki, j. 22-5-2014, P, DJE de 30-10-2014, Tema 678.]

Aplicação em concurso público:

- ***IBADE – 2017 – PC-AC – Delegado de Polícia Civil***

  "Maristela era casada com o prefeito Alcides Ferreira do município X, falecido em um acidente de avião em setembro de 2015, no curso de seu segundo mandato. O vice-prefeito de Alcides Ferreira assumiu o cargo. Nas eleições de 2016, Maristela concorreu à prefeitura do Município X e ganhou a eleição. Considerando o entendimento jurisprudencial do STF, Maristela:

  C) poderia ser elegível, vez que a inelegibilidade prevista no § 7° do artigo 14 da CRFB/88 não se aplica aos casos de extinção do vínculo conjugal pela morte de um dos cônjuges".

  Gabarito: A alternativa "C" está correta.

1.4. A inelegibilidade **alcança apenas o titular do mandato**, não abrangendo eventual suplente:

▶ **Jurisprudência:**

Art. 14, § 7º, parte final, da CF. Cláusula de inelegibilidade. Exceção. Interpretação restritiva que alcança, tão somente, os titulares de mandato eletivo e não beneficia os suplentes. [RE 409.459, rel. min. Gilmar Mendes, j. 20-4-2004, 2ª T, DJ de 4-6-2004.]

§ 8º O **militar alistável é elegível,** atendidas as seguintes condições:

I – se contar **menos de dez anos** de serviço, **deverá afastar-se da atividade;**

II – se contar **mais de dez anos** de serviço, será agregado pela autoridade superior e, se eleito, passará automaticamente, no ato da diplomação, para a **inatividade.**

1. **O exercício ativo da atividade militar se demonstra incompatível com os cargos elegíveis.** Em concursos públicos, tal parágrafo é cobrado em sua literalidade.

Aplicação em concurso público:

- ***COMPERVE – 2018 – TJ-RN – Juiz Leigo***

  "Priscila, jovem estudante do ensino médio, tem realizado pesquisa a respeito dos direitos políticos e da democracia no Brasil. O seu professor de história recomendou que e la não apenas fizesse a leitura de livros didáticos mas também buscasse ler a Constituição Federal de 1988 para compreender melhor esse assunto. Sobre o tema, Priscila pode aprender com a Constituição que

D) o militar alistável é elegível, desde que conte mais de dez anos de serviço e que se afaste da atividade".

Gabarito: A alternativa "D" foi considerada errada (a questão tenta confundir o candidato, uma vez que o militar com mais de dez anos não se afasta do serviço militar, mas passa automaticamente para a inatividade)

- ***Procurador – VUNESP – 2018 – FAPESP***

"Segundo a Carta Magna brasileira, com relação aos direitos políticos, é correto afirmar que o militar alistável é elegível, e se contar com menos de dez anos de serviço, se eleito, passará automaticamente, no ato da diplomação, para a inatividade".

Gabarito: A assertiva foi considerada errada. (o militar com menos de dez anos é afastado da atividade)

§ 9º Lei complementar estabelecerá outros casos de inelegibilidade e os prazos de sua cessação, a fim de proteger a probidade administrativa, a moralidade para exercício de mandato considerada vida pregressa do candidato, e a normalidade e legitimidade das eleições contra a influência do poder econômico ou o abuso do exercício de função, cargo ou emprego na administração direta ou indireta.

§ 10 – O **mandato eletivo poderá ser impugnado ante a Justiça Eleitoral** no prazo de quinze dias contados da diplomação, instruída a ação com provas de abuso do poder econômico, corrupção ou fraude.

§ 11 – A ação de impugnação de mandato tramitará em **segredo de justiça,** respondendo o autor, na forma da lei, se temerária ou de manifesta má-fé.

1. Estes últimos parágrafos do art. 14 são *menos* cobrados em provas de concursos públicos, mas é importante conhecer o seu teor, pois – vez por outra – encontramos questões cobrando noções básicas;
2. O § 9º permite à **Lei Complementar** estabelecer *outros* casos de **inelegibilidade** e suas peculiaridades, como foi o que ocorreu com a **Lei Complementar 135, de 4 de junho de 2010**, conhecida como **Lei de Ficha Limpa**.

► **Jurisprudência:** "A perda da elegibilidade constitui situação impregnada de caráter excepcional, pois inibe o exercício da cidadania passiva, comprometendo a prática da liberdade em sua dimensão política, eis que impede o cidadão de ter efetiva participação na regência e na condução do aparelho governamental". [AC 2.763 MC, rel. min. Celso de Mello, j. 16-12-2010, dec. monocrática, DJE de 1º-2-2011]

3. Os §§ 10 e 11 tratam da **ação de impugnação de mandato eletivo**, que deve ser proposta no prazo de 15 dias contados da diplomação, correndo em **segredo de justiça**.

Aplicação nos concursos públicos:

- ***Procurador – VUNESP – 2018 – FAPESP***

  "Segundo a Carta Magna brasileira, com relação aos direitos políticos, é correto afirmar que o mandato eletivo poderá ser impugnado ante a Justiça Eleitoral no prazo de quinze dias contados da diplomação, instruída a ação com provas de abuso do poder econômico, corrupção ou fraude."

  Gabarito: A assertiva foi considerada correta.

Art. 15 – É **vedada a cassação** de direitos políticos, cuja **perda ou suspensão** só se dará nos casos de:

I – cancelamento da naturalização por sentença transitada em julgado;

II – incapacidade civil absoluta;

III – condenação criminal transitada em julgado, enquanto durarem seus efeitos;

IV – recusa de cumprir obrigação a todos imposta ou prestação alternativa, nos termos do art. 5º, VIII;

V – improbidade administrativa, nos termos do art. 37, § 4º.

1. A **perda** dos direitos políticos tem caráter *definitivo* e tem *prazo indeterminado*. Acontecerá no caso do inciso I do artigo 15, em que o estrangeiro perderá sua naturalização e voltará a se portar como estrangeiro. A perda também se aplica no caso do inciso IV, no qual os direitos políticos apenas serão readquiridos quando as imposições forem cumpridas. Já na **suspensão**, tem-se a aplicação de uma penalidade *temporária* e de caráter *não definitivo*. Esta, por ter caráter temporário, figurará somente durante um lapso temporal e, quando findado, serão novamente readquiridos os direitos por quem os teve suspenso.

   - ***Analista Judiciário – Oficial de Justiça Avaliador – 2017 – FGV – TRT – 12ª Região (SC)***

     "Joaquim, servidor público estadual, praticou um ato que foi considerado, por muitos, como contrário aos princípios da legalidade e da moralidade. Daí resultou o ajuizamento, em face de Joaquim, (1) de uma ação popular, com o objetivo de anular o ato praticado e impor a obrigação de ressarcimento dos danos causados; (2) uma ação penal; (3) uma ação civil por ato de improbidade; bem como (4) a instauração de um processo administrativo disciplinar.

     Joaquim, que tinha pretensões políticas, procurou um advogado para saber se os processos a que respondia, nos planos judicial e administrativo, poderiam acarretar a suspensão dos seus direitos políticos.

     À luz da sistemática constitucional, a(s) instância(s) de responsabilização que pode(m) acarretar, como sanção ou consequência da condenação, uma vez ocorrendo o exaurimento dos recursos cabíveis, a suspensão dos direitos políticos de Joaquim é/são aquela(s) referida(s) em:"

     Gabarito: Foram consideradas corretas as afirmações 2 e 3.

1.1. Na perda e na suspensão dos direitos políticos, o indivíduo perde tanto a sua alistabilidade (capacidade eleitoral ativa), como seu direito de concorrer a qualquer mandato eletivo (capacidade eleitoral passiva):

▶ **Jurisprudência:**

A inelegibilidade tem as suas causas previstas nos §§ 4º a 9º do art. 14 da Carta Magna de 1988, que se traduzem em condições objetivas cuja verificação impede o indivíduo de concorrer a cargos eletivos ou, acaso eleito, de os exercer, e não se confunde com a suspensão ou perda dos direitos políticos, cujas hipóteses são previstas no art. 15 da Constituição da República, **e que importa restrição não apenas ao direito de concorrer a cargos eletivos (ius honorum), mas também ao direito de voto (ius sufragii).** Por essa razão, não há inconstitucionalidade na cumulação entre a inelegibilidade e a suspensão de direitos políticos. [ADC 29, ADC 30 e ADI 4.578, rel. min. Luiz Fux, j. 16-2-2012, P, DJE de 29-6-2012.]

1.2. Os casos de incapacidade civil (art. 15, II, CF) são regulados pelo código civil, no art. 4. São eles: os **maiores de dezesseis e menores de dezoito anos, os ébrios habituais e os viciados em tóxico,** aqueles que, por causa transitória ou permanente, não puderem exprimir sua vontade, **e os pródigos.**

Aplicação nos concursos públicos:

- ***Auxiliar administrativo – 2018 – Quadrix – CRM-DF***

  "A incapacidade civil absoluta acarreta a perda dos direitos políticos do interditado".

  Gabarito: A assertiva foi considerada errada. (a incapacidade gera a suspensão, pois a incapacidade é transitória)

1.3. A inelegibilidade decorrente da suspensão de direitos políticos do art. 15, III, CF ("**condenação criminal transitada em julgado,** enquanto durarem seus efeitos") é chamada de "**inelegibilidade cominada**".

Aplicação nos concursos públicos:

- ***Procurador Municipal – 2017 – CESPE – Prefeitura de Belo Horizonte – MG***

  "Após a condenação criminal transitada em julgado, os direitos políticos do infrator ficarão suspensos enquanto durarem os efeitos da referida condenação."

  Gabarito: A assertiva foi considerada correta.

1.4. As hipóteses de suspensão por improbidade administrativa do art. 15, V, CF (conforme art. 37, § 4º, CF) são regulamentadas pela **Lei nº 8429/1992 (Lei de Improbidade Administrativa),** sendo a suspensão dos direitos políticos **pena para atos de improbidade** que: importem enriquecimento ilícito (art. 9º, lei), causem prejuízo ao erário (art. 10, lei), atos decorrentes de concessão ou aplicação indevida de benefício financeiro ou tributário (art. 10-A, lei) ou atos que atentem contra os princípios da administração pública (art. 11, lei)

Art. 16 – A lei que alterar o processo eleitoral entrará em vigor na data de sua publicação, **não se aplicando à eleição que ocorra até um ano da data de sua vigência.**

1. Este artigo dispõe sobre o denominado **princípio da anterioridade eleitoral**, estabelecendo que as leis que alterarem o processo eleitoral, *embora entrem em vigor imediatamente*, só poderão ser **aplicadas** às eleições que ocorrerem **1 ano** após a publicação desta. **O Supremo Tribunal Federal decidiu que este princípio faz parte dos direitos e garantias fundamentais e, portanto, é cláusula pétrea**, não podendo ser suprimido:

▶ **Entendimento jurisprudencial:**

"Além de o referido princípio conter, em si mesmo, elementos que o caracterizam como uma garantia fundamental oponível até mesmo à atividade do legislador constituinte derivado, nos termos dos arts. 5º, § 2º, e 60, § 4º, IV, **a burla ao que contido no art. 16 ainda afronta os direitos individuais da segurança jurídica (CF, art. 5º, caput) e do devido processo legal (CF, art. 5º, LIV).**" [ADI 3685/DF]

Aplicação nos concursos públicos:

- ***MPE-GO – 2013 – MPE-GO – Promotor de Justiça***

"Sobre o alcance do princípio constitucional da anterioridade eleitoral, julgue, com base na jurisprudência dominante do Supremo Tribunal Federal, as assertivas seguintes:

I. O princípio da anterioridade eleitoral, previsto no art. 16 da Constituição da República, é direito fundamental e cláusula pétrea, que também abrange, na sua extensão, as emendas constitucionais.

III. Na interpretação do texto do art. 16 da Constituição da República, a locução "processo eleitoral" aponta para a realidade que se pretende proteger, pelo princípio da anterioridade eleitoral, de deformações oriundas de modificações que, casuisticamente introduzidas pelo Parlamento, culminem por romper a necessária igualdade de chances dos protagonistas – partidos políticos e candidatos – no pleito iminente."

Gabarito: As afirmativas I e III foram consideradas corretas.

2. A lei que **regulamenta o processo eleitoral** é a Lei nº 9.504/97.

CAPÍTULO V
DOS PARTIDOS POLÍTICOS

Art. 17 – **É livre a criação, fusão, incorporação e extinção de partidos políticos,** resguardados a soberania nacional, o regime democrático, o pluripartidarismo, os direitos fundamentais da pessoa humana e observados os seguintes preceitos:

I – **caráter** nacional;

II – proibição de recebimento de recursos financeiros de entidade ou governo estrangeiros ou de subordinação a estes;

III – prestação de contas à Justiça Eleitoral;

IV – funcionamento parlamentar de acordo com a lei.

1. **Os partidos políticos são pessoas jurídicas de direito *privado*, com criação livre, podendo ocorrer sua fusão com outros partidos políticos, sua incorporação a**

outros partidos ou até mesmo sua extinção. Todas essas diferentes formas de se originar um partido devem obedecer a alguns princípios: *soberania nacional, regime democrático, pluripartidarismo, direitos fundamentais da pessoa humana*, além de ter *caráter nacional* e da *proibição de recebimento de recursos financeiros de entidade ou governo estrangeiros ou de subordinação a estes, prestação de contas à Justiça Eleitoral* e *funcionamento parlamentar de acordo com a lei*.

Aplicação nos concursos públicos:

- ***Ano: Juiz de Direito – 2015 – FCC – TJ-GO***

  "Um grupo de brasileiros pretende fundar uma associação que, como um de seus objetivos institucionais, promova o estudo comparativo das formas e sistemas de governo existentes na atualidade, de maneira a subsidiar a criação de futuro partido político que venha a defender a implementação de uma monarquia parlamentarista no país. Pretende-se, ainda, que as atividades da associação e do eventual partido contem com o aporte de recursos financeiros de entidades nacionais e estrangeiras dedicadas ao estudo e implementação de reformas políticas. À luz da Constituição da República,

  A) são lícitas a criação da associação e a do partido político, no que se refere a seus objetivos institucionais, embora apenas a associação possa contar com o aporte de recursos financeiros de entidades estrangeiras para o exercício de suas atividades."

  *Gabarito: A alternativa "A" foi considerada correta. (**Obs**: essa questão mistura a criação de partido político com a criação de associações do Art. 5º, XVIII, CF, sendo que não há proibição constitucional ao recebimento de recursos pelas associações)*

- ***Técnico Legislativo – Taquigrafia – 2018 – FCC – ALESE***

  "Consoante às disposições relativas aos partidos políticos, a Constituição Federal estabelece:

  A) Os partidos políticos, após adquirirem personalidade jurídica, na forma da lei civil, registrarão seus estatutos no Supremo Tribunal Federal.

  B) É assegurada aos partidos políticos autonomia para definir sua estrutura interna e estabelecer regras sobre escolha, formação e duração de seus órgãos permanentes e provisórios e sobre sua organização e funcionamento, devendo, no entanto, seus estatutos estabelecer normas de disciplina partidária."

  Gabarito: A alternativa "B" foi considerada correta.

2. A Lei nº 9.096/95 dispõe sobre os partidos políticos, a criação, registro, organização e funcionamento desses.

→ Entendimento jurisprudencial:

A Constituição da República assegura a livre criação, fusão e incorporação de partidos políticos. **Liberdade não é absoluta, condicionando-se aos princípios do sistema democrático-representativo e do pluripartidarismo.** São constitucionais as normas que fortalecem o controle quantitativo e qualitativo dos partidos, sem afronta ao princípio da igualdade ou qualquer ingerência em seu funcionamento interno. **O requisito constitucional do caráter nacional dos partidos políticos**

objetiva impedir a proliferação de agremiações sem expressão política, que podem atuar como "legendas de aluguel", fraudando a representação, base do regime democrático. [ADI 5.311 MC, rel. min. Cármen Lúcia, j. 30-9-2015, P, DJE de 4-2-2016]

§ 1º É assegurada aos partidos políticos **autonomia para definir sua estrutura interna e estabelecer regras** sobre escolha, formação e duração de seus órgãos permanentes e provisórios e sobre sua organização e funcionamento **e para adotar os critérios de escolha e o regime de suas coligações nas eleições majoritárias, vedada a sua celebração nas eleições proporcionais, sem obrigatoriedade de vinculação entre as candidaturas em âmbito nacional, estadual, distrital ou municipal,** devendo seus estatutos estabelecer **normas de disciplina e fidelidade partidária.**

1. Importante ressaltar que o § 1 foi recentemente alterado. **Antes, a sua redação e o entendimento majoritário do Tribunal Superior Eleitoral obrigavam os partidos políticos a vincular suas coligações em âmbito federal, estadual e municipal, sem que tivessem liberdade de escolha.** Este instituto ficou conhecido como **"verticalização das coligações partidárias"**. Posteriormente, foi editada Emenda à Constituição que alterou o texto normativo, no sentido de atribuir aos partidos políticos maior liberdade na escolha de suas coligações, **não mais estando obrigados à se vincularem a uma coligação feita em outro âmbito.**

Aplicação em concurso:

- ***Procurador Jurídico – 2018 – VUNESP – Câmara de Campo Limpo Paulista – SP***

  "Sobre a disciplina constitucional dos Partidos Políticos, e considerando as alterações empreendidas pela Emenda Constitucional nº 97/2017, assinale a alternativa correta.

  A) A partir das eleições de 2020 será vedada a celebração de coligações nas eleições proporcionais, permanecendo, apenas, a possibilidade de coligação partidária para eleições majoritárias.

  B) Há obrigatoriedade de verticalização nas coligações, de modo que se uma coligação for formada em âmbito nacional, vinculará as eleições estaduais e municipais."

  Gabarito: A alternativa "A" foi considerada correta.

- **Juiz de Direito – 2014 – FMP Concursos – TJ-MT**

  "Assinale a alternativa correta a respeito dos partidos políticos.

  C) Os partidos devem, obrigatoriamente, ter caráter nacional".

  Gabarito: A alternativa "C" foi considerada correta..

2. Atualmente no Brasil, há eleições para o cargo de Chefe do Poder Executivo (Presidente, Governador e Prefeito) e para os representantes do Poder Legislativo. A eleição para escolher o **Chefe do Poder Executivo** adota o **sistema majoritário** de contagem de votos, ou seja, o mais votado será o eleito. Nas eleições para escolha dos **representantes do Poder Legislativo,** teremos o uso dos dois sistemas: **majoritário e proporcional**. Para a eleição dos integrantes da **Câmara dos**

Deputados, da **Assembleia Legislativa dos Estados** e da **Câmara dos Vereadores**, teremos a adoção do **sistema proporcional** de contagem de votos, ou seja, ao votar, o voto do eleitor será atribuído à legenda ao qual o candidato é vinculado. De outro lado, para eleição dos representantes do Senado Federal obedecerão o **sistema majoritário** de votos.

2.1. Importante ressaltar que, conforme entendimento do STF, **no caso de eleições majoritárias o candidato não precisa obedecer a regra de fidelidade partidária:**

► **Entendimento jurisprudencial:**

Inaplicabilidade da regra de perda do mandato por infidelidade partidária ao sistema eleitoral majoritário. (...) As decisões no MS 26.602, no MS 26.603 e no MS 26.604 tiveram como pano de fundo o sistema proporcional, que é adotado para a eleição de deputados federais, estaduais e vereadores. As características do sistema proporcional, com sua ênfase nos votos obtidos pelos partidos, tornam a fidelidade partidária importante para garantir que as opções políticas feitas pelo eleitor no momento da eleição sejam minimamente preservadas. Daí a legitimidade de se decretar a perda do mandato do candidato que abandona a legenda pela qual se elegeu. O sistema majoritário, adotado para a eleição de presidente, governador, prefeito e senador, tem lógica e dinâmica diversas da do sistema proporcional. As características do sistema majoritário, com sua ênfase na figura do candidato, fazem com que a perda do mandato, no caso de mudança de partido, frustre a vontade do eleitor e vulnere a soberania popular (CF, art. 1º, parágrafo único; e art. 14, caput). [ADI 5.081, rel. min. Roberto Barroso, j. 27-5-2015, P, DJE de 19-8-2015.]

Aplicação em concurso:

- ***Auxiliar administrativo – 2018 – Quadrix – CRM-DF***

  "A adoção do modelo proporcional para a eleição dos deputados integrantes da Câmara dos Deputados atentaria contra a previsão constitucional que impõe o voto direto, motivo por que se optou pelo modelo majoritário".

  Gabarito: A assertiva foi considerada errada. (o modelo adotado para a eleição dos deputados é o proporcional)

- ***Analista Judiciário – Área Judiciária – 2017 – CESPE – TRE-BA***

  "Não se aplica a regra da perda de mandato por infidelidade partidária a governador que, depois de eleito pelo sistema majoritário, resolva mudar de partido político."

  Gabarito: A assertiva foi considerada correta.

§ 2º Os partidos políticos, após adquirirem personalidade jurídica, na forma da lei civil, **registrarão seus estatutos no Tribunal Superior Eleitoral.**

1. Para criação de um partido, conforme a Lei de Partidos Políticos (Lei 9.096/95) em conjunto com a Resolução 23.465/15 do TSE, primeiramente deve-se dirigir o requerimento ao cartório competente do Registro Civil das Pessoas Jurídicas

da Capital Federal. Este pedido deverá ser subscrito por seus fundadores, com número maior que 101 e com domicílio eleitoral em, no mínimo, 1/3 dos Estados. Depois disto, além dos requisitos estabelecidos na Lei de Registros Públicos, o oficial do Registro Civil efetuará o registro no livro correspondente, expedindo certidão. A partir daí, conforme o § 3º do artigo 10 da Resolução 23.465, a legenda em formação terá 100 dias para informar o TSE sobre a sua criação;

Aplicação em concurso público:

- ***Procurador do Estado – 2018 – VUNESP – PGE-SP***

"Acerca dos partidos políticos, assinale a alternativa correta.

A) A filiação partidária é condição de elegibilidade, cabendo aos partidos políticos, após adquirirem personalidade jurídica de direito público interno no cartório de registro civil do respectivo ente federativo ao qual é vinculado, promover o registro de seus estatutos no Tribunal Regional Eleitoral, ato conhecido como "notícia de criação de partido político".

Gabarito: A alternativa "A" foi considerada errada. (Os partidos políticos possuem personalidade jurídica de direito privado, conforme o Código Civil)

§ 3º Somente terão **direito a recursos do fundo partidário e acesso gratuito ao rádio e à televisão,** na forma da lei, os partidos políticos que alternativamente:

I – obtiverem, nas eleições para a **Câmara dos Deputados,** no mínimo, **3% (três por cento) dos votos válidos,** distribuídos em pelo menos um terço das unidades da Federação, com um mínimo de 2% (dois por cento) dos votos válidos em cada uma delas; ou

II – tiverem elegido pelo menos **quinze Deputados Federais** distribuídos em **pelo menos um terço das unidades da Federação.**

1. Os requisitos dos incisos I e II são geralmente cobrados nos concursos de forma **literal.**

2. O Fundo Partidário é constituído por dotações orçamentárias da União, multas, penalidades, doações e outros recursos financeiros que lhes forem atribuídos por lei;

3. A EC nº 97/2017 instituiu a chamada **cláusula de desempenho.** Conforme esta cláusula, se o partido não obtiver os requisitos dos incisos I e II, não terão estes o acesso aos recursos do fundo partidário e acesso gratuito ao rádio e à televisão.

Aplicação em concurso público:

- ***Investigador de Polícia Civil – 2018 – VUNESP – PC-BA***

"O acesso aos recursos do fundo partidário e ao rádio e à televisão será destinado a todos os partidos políticos, indiscriminadamente, para garantia da isonomia na representação política."

Gabarito: A assertiva foi considerada errada. (com a cláusula de desempenho, somente os partidos políticos que cumprirem certos requisitos de desempenho terão acesso os recursos do fundo partidário e ao rádio e à televisão)

§ 4º É **vedada** a utilização pelos partidos políticos de **organização paramilitar.**

§ 5º Ao eleito por partido que não preencher os requisitos previstos no § 3º deste artigo é assegurado o mandato e **facultada a filiação, sem perda do mandato, a outro partido que os tenha atingido,** não sendo essa filiação considerada para fins de distribuição dos recursos do fundo partidário e de acesso gratuito ao tempo de rádio e de televisão.

1. Assim como as associações, os partidos políticos não podem ser formados com a finalidade paramilitar. Isso, contudo, não impede o partido político de utilizar uniformes, camisetas e organizar-se, com regras de comando e obediência hierárquica;

2. O § 5º prevê uma exceção à regra de fidelidade partidária, podendo haver filiação a outro partido sem perda do mandato.

Aplicação em concurso público:

- **CESPE – 2016 – TRT – 8ª Região (PA e AP) – Analista Judiciário**

"Assinale a opção correta acerca do que dispõe a CF sobre partidos políticos.

A) A vedação à utilização de organização paramilitar não obsta que os partidos, em razão da autonomia que lhe é constitucionalmente assegurada, convencionem indumentária uniformizada ou que estabeleçam, em seu âmbito interno, relação de comando e obediência baseada em hierarquia rígida e fidelidade partidária".

Gabarito: A alternativa "A" foi considerada incorreta, pois esta é justamente a vedação do § 4.

TÍTULO III
DA ORGANIZAÇÃO DO ESTADO
CAPÍTULO I
DA ORGANIZAÇÃO POLÍTICO-ADMINISTRATIVA

Art. 18 – A organização político-administrativa da **República Federativa do Brasil compreende a União, os Estados, o Distrito Federal e os Municípios, todos autônomos,** nos termos desta Constituição.

§ 1º Brasília é a Capital Federal.

§ 2º Os **Territórios Federais integram a União**, e sua criação, transformação em Estado ou reintegração ao Estado de origem serão reguladas em **lei complementar.**

§ 3º Os Estados podem incorporar-se entre si, subdividir-se ou desmembrar-se para se anexarem a outros, ou formarem novos Estados ou Territórios Federais, mediante **aprovação da população diretamente interessada, através de plebiscito, e do Congresso Nacional, por lei complementar.**

§ 4º A criação, a incorporação, a fusão e o desmembramento de Municípios, far-se-ão por **lei estadual, dentro do período determinado por Lei Complementar Federal, e dependerão de consulta prévia, mediante plebiscito, às populações dos Municípios envolvidos, após divulgação dos Estudos de Viabilidade Municipal,** apresentados e publicados na forma da lei.

1. O título III da Constituição trata da Organização do Estado, trazendo regras sobre o sistema federativo (União, Estados, DF e Municípios), tais como propriedade de bens, distribuição de competências etc. Trata-se do **princípio federativo,** conceituado no artigo 1º desta Constituição, deixando claro a **descentralização do poder político** entre União, Estados, Distrito Federal e Município (todos entes autônomos que fazem parte da República Federativa do Brasil e devem obediência à Constituição Federal), além de estabelecer os requisitos para ocorrer a incorporação/subdivisão/desmembramento de Estados e criação/ incorporação/ fusão e desmembramento de Municípios. As regras e princípios do sistema federativo estão previstos expressa e implicitamente neste título.

Aplicação em concurso público:

- ***Procurador do Estado – 2016 – CESPE – PGE-AM***

"Em razão do princípio da autonomia política dos entes federativos, estados e municípios não podem ser submetidos a disposições implícitas da CF, devendo obediência, tão somente, às suas disposições expressas".

Gabarito: A afirmativa está errada. (Devem obediência também às regras implícitas)

2. Conforme se observa do **art. 18, § 3º, da CF**, percebe-se a *incorporação* dos Estados-membros entre si, a *fusão*, a *subdivisão, desmembramento* ou *formação* de novos Estados ou Territórios Federais.

Fusão:	União de Estados para formar um só, assim, os Estados originários serão excluídos.
Incorporação:	Quando um Estado-membro se agrega ao outro, aqui o Estado agregado é extinto.
Subdivisão:	Um Estado se fraciona em mais Estados, logo o Estado fracionado será extinto.
Desmembramento:	Leva-se em consideração o exemplo do Estado do Tocantins (ADCT art. 13). Quando um Estado-membro (Goiás) se transforma em dois Estados (Goiás e Tocantins), mantendo o Estado originário (Goiás).

2.1. Requisitos para os **Estados**:

(a) Aprovação da população por plebiscito e

(b) Lei Complementar pelo Congresso Nacional.

2.2. Requisitos para os **Municípios**: (a) Lei complementar definindo o período; (b) Aprovação da população por plebiscito; (c) Estudos de Viabilidade Municipal e (d) Lei Estadual.

Aplicação em concurso público:

- ***Analista Judiciário – 2017 – FCC – TRE-SP***

"À luz da Constituição Federal e da jurisprudência do Supremo Tribunal Federal, considere:

II. A criação, a incorporação, a fusão e o desmembramento de Municípios far-se-ão por lei estadual, dentro do período determinado por Lei Complementar Federal, e dependerão de consulta prévia, mediante plebiscito, às populações dos Municípios envolvidos, após divulgação dos Estudos de Viabilidade Municipal, apresentados e publicados na forma da lei.

III. No caso de desmembramento de Município, é necessária tanto a consulta à população do território a ser desmembrado, quanto a do território remanescente.

Gabarito: As afirmativas estão corretas. (Seguem os termos do art. 18, § 4º, da Constituição Federal)

3. **É necessária Lei Complementar federal dispondo sobre o período em que poderá haver incorporação, fusão ou desmembramento de Municípios,** entretanto tal lei nunca foi elaborada. Apesar da inexistência da lei, vários municípios eram criados, o que fez o STF chagar a reconhecer a mora legislativa do Congresso Nacional e, para evitar transtornos com os municípios já criados, foi promulgada a Emenda Constitucional nº 57/2008, modificando o Art. 1º da ADCT e convalidando a existência daqueles criados **até 31 de dezembro de 2006**:

Art. 19 – **É vedado** à União, aos Estados, ao Distrito Federal e aos Municípios:

I – **estabelecer cultos religiosos ou igrejas, subvencioná-los, embaraçar-lhes o funcionamento** ou manter com eles ou seus representantes relações de dependência ou aliança, ressalvada, na forma da lei, a colaboração de interesse público;

1. **O Brasil é uma República e é considerado um Estado Laico, ou seja, deve ser absolutamente neutro quanto às religiões.** Outra demonstração da proteção às manifestações religiosas é percebida no art. 5, VI da Constituição Federal, o qual instituiu a inviolabilidade da liberdade e da consciência de crença, além de proteger os locais de cultos religiosos. **Importante ressaltar que a o Estado Laico (não adota uma religião oficial) não se confunde com um Estado ateu (que não apoia as crenças em Deus).**

► **Entendimento jurisprudencial:**

O Brasil é uma **república laica,** surgindo absolutamente **neutro** quanto às religiões. [ADPF 54, rel. min. Marco Aurélio, j. 12-4-2012, P, DJE de 30-4-2013.]

Aplicação em concurso:

- ***Técnico Superior Jurídico – 2014 – FGV – DPE-RJ***

  "A República Federativa do Brasil é laica, já que há separação total entre Igreja e Estado e não há religião oficial. No entanto, constou expressamente no preâmbulo da Constituição da República, quando de sua promulgação, que estava sendo feita *"sob a proteção de Deus"*. Sobre o tratamento constitucional conferido aos cultos religiosos, é correto afirmar que

  E) é vedado aos entes federativos estabelecer cultos religiosos ou igrejas, subvencioná-los, embaraçar-lhes o funcionamento ou manter com eles ou seus representantes relações de dependência ou aliança, ressalvada, na forma da lei, a colaboração de interesse público"

Gabarito: A alternativa "e" foi considerada correta.

- ***Procurador do Estado – 2015 – FUNDATEC – PGE-RS***

"O princípio da laicidade estatal:

A) Veda ao Estado que estabeleça cultos religiosos ou igrejas, de forma a subvencioná-los, embaraçar-lhes o funcionamento ou manter com eles relações de dependência ou aliança, ressalvada a colaboração de interesse público".

Gabarito: A alternativa "e" foi considerada correta.

2. Ao estudar esse dispositivo é importante conferir conjuntamente os **incisos VI, VII e VIII**, ambos do **art. 5, VI da CF**;

II – recusar fé aos documentos públicos;

III – **criar distinções entre brasileiros ou preferências entre si.**

1. Os **incisos I, II e III** demonstram **vedações** impostas aos entes federativos, visando garantir a *segurança jurídica* e a *igualdade.*

Aplicação em concurso público:

- **Advogado – VUNESP – 2013 – COREN-SP**

"A organização político-administrativa da República Federativa do Brasil compreende a União, os Estados, o Distrito Federal e os Municípios, todos autônomos, nos termos da Constituição Federal de 1988, sendo-lhes vedado recusar fé aos documentos públicos."

Gabarito: A assertiva foi considerada correta.

CAPÍTULO II
DA UNIÃO

1. A **União** é uma entidade federativa autônoma, que atua ao lado dos Estados, do DF e dos Municípios, defendendo **o interesse nacional.**

Art. 20 – São **bens** da União:

1. **Os bens públicos são classificados em bens de uso comum, bens especiais e bens dominicais (vide art. 99 do Código Civil).** Os **bens de uso comum** são aqueles usados por toda a coletividade, tal como uma praça ou estrada; **bens de uso especial** são aqueles destinados a serviço ou estabelecimento da administração federal, estadual, territorial ou municipal ou suas autarquias, como o prédio onde

fica o Ministério Público do Estado de Goiás, por exemplo; já os **bens dominicais** são aqueles que pertencem a um ente público, mas a ele não foi dado destinação específica, como é o caso das terras devolutas. **Os bens públicos não podem ser objeto de usucapião** (CF, art. 183, § 3º c/c art. 191, parágrafo único).

Aplicação em concurso:

- **TJ/RR 2012 – CESPE – AGENTE DE PROTEÇÃO**

  "Considerando o interesse econômico ou jurídico dos bens, julgue o item abaixo. Por constituir bem de uso comum do povo, o jardim de uma praça pública pode servir ao lazer da população em geral, sem necessidade de permissão especial de uso".

  Gabarito: A assertiva foi considerada correta.

► **Súmula 340-STF:** "Desde a vigência do Código Civil, os bens dominicais, como os demais bens públicos, não podem ser adquiridos por usucapião"

Aplicação em concurso:

- **TJ-RS – 2013 – TJ-RS – Titular de Serviços de Notas e de Registros – Provimento**

  "Os bens públicos de uso comum podem ser objeto de usucapião."

  Gabarito: A assertiva foi considerada errada. (Conforme art. 183, § 3, C/c art. 191, ambos da CF e também da súmula 340, do STF, os bens públicos não podem ser adquiridos por usucapião)

2. As questões que cobram os incisos deste artigo buscam que o candidato esteja familiarizado com os incisos, sabendo o que é e o que não é bem da União. **É cobrada mera literalidade de lei.**

I – os que atualmente **lhe pertencem** e os que lhe vierem a ser atribuídos;

3. **Súmula 650-STF**: Os incisos I e XI do art. 20 da CF **não alcançam terras de aldeamentos extintos**, ainda que ocupadas por indígenas em passado remoto.

Aplicação em concurso público:

- ***Promotor de Justiça – FCC – 2011 – MPE-CE***

  "Sobre os bens públicos, é INCORRETO afirmar que sejam bens de titularidade da União por força de mandamento constitucional"

  Gabarito: as terras indígenas de aldeamentos extintos, ocupadas em passado remoto.

II – as **terras devolutas indispensáveis à defesa das fronteiras, das fortificações e construções militares, das vias federais de comunicação e à preservação ambiental,** definidas em lei;

4. As terras devolutas são terras públicas, mas que não tem qualquer destinação para fins específicos; As terras devolutas de titularidade da União são apenas aquelas que se encontram em áreas de fronteira, fortificações, construções militares, vias federais de comunicação e preservação ambiental. As demais terras devolutas pertencerão aos Estados.

III – os lagos, rios e quaisquer correntes de água em terrenos de seu domínio, ou que **banhem mais de um Estado**, sirvam de limites com outros países, ou se estendam a território estrangeiro ou dele provenham, bem como os terrenos marginais e as praias fluviais;

5. Súmula 479-STF: "As margens dos rios navegáveis são de domínio público, insuscetíveis de expropriação e, por isso mesmo, excluídas de indenização."

IV – as ilhas fluviais e lacustres nas **zonas limítrofes com outros países**; as **praias marítimas;** as **ilhas oceânicas e as costeiras, excluídas,** destas, as que contenham a sede de **Municípios, exceto** aquelas áreas afetadas ao **serviço público e a unidade ambiental federal,** e as referidas no art. **26, II;**

6. Nesse inciso temos que são bens da União:

- as ilhas fluviais e lacustres nas zonas limítrofes com outros países;
- as praias marítimas;
- as ilhas oceânicas e as costeiras

Há exceções:

será bem do Município:	aquelas que tiverem sede de município e não estiverem afetadas ao serviço público e a unidade ambiental federal.
será bem do Estado:	aquelas que tiverem no domínio do Estado (bens remanescentes: aquelas que não forem da União nem do Município) – Art. 26, II, CF.

Aplicação em concurso público:

- ***Procurador do Ministério Público – CESPE – 2015 – TCU***

"De acordo com a CF, são bens indisponíveis ao domínio patrimonial da União

A) as ilhas costeiras que contenham sede de municípios.

B) os potenciais de energia hidráulica localizados integralmente no território de um único estado.

C) as cavidades naturais subterrâneas localizadas em sede de municípios.

D) as terras devolutas indispensáveis à defesa das fronteiras, quando não alcançarem mais de um estado.

E) as praias marítimas localizadas nas capitais de estados."

Gabarito: Alternativa A

Obs. Cuidado com a pegadinha! A questão busca os bens INDISPONÍVEIS ao domínio da União, ou seja, bens que não podem ser da União. Nesse caso, as ilhas com sede em Município, pertencem ao município, conforme o art. 20, IV, CF.

- ***Juiz – CESPE – 2012 – TJ-PI***

"Assinale a opção correta acerca da União, dos estados federados, dos municípios e dos territórios na organização político-administrativa brasileira.

B) O patrimônio da União é formado por bens indicados exemplificativamente na CF, incluídas todas as ilhas fluviais e lacustres em zonas limítrofes com outros países, praias marítimas e ilhas oceânicas e costeiras."

Gabarito: Alternativa errada (há exceções, exclui os bens dos Estados e Municípios)

V – os recursos naturais da **plataforma continental e da zona econômica exclusiva;**

7. **São recursos naturais, por exemplo, o petróleo e o gás natural.**
8. **A zona econômica exclusiva é aquela área além da zona costeira sob a qual cada país costeiro tem prioridade.** Segundo o art. 6º da Lei 8.617/1993: "A zona econômica exclusiva brasileira compreende uma faixa que se estende das doze às duzentas milhas marítimas, contadas a partir das linhas de base que servem para medir a largura do mar territorial."
9. **Conforme o art. 20, § 1º é assegurado aos Estados, Municípios e outras entidades** participação no resultado da exploração de petróleo ou gás natural, de recursos hídricos para fins de geração de energia elétrica e de outros recursos minerais no respectivo território, plataforma continental, mar territorial ou zona econômica exclusiva, ou compensação financeira por essa exploração:

VI – o mar territorial;

10. Segundo o art. 1º da Lei 8.617/1993: "O mar territorial brasileiro compreende uma faixa de **doze milhas** marítima de largura, medidas a partir da linha de baixa-mar do litoral continental e insular, tal como indicada nas cartas náuticas de grande escala, reconhecidas oficialmente no Brasil".

VII – os terrenos de marinha e seus acrescidos;

VIII – os potenciais de energia hidráulica;

IX – os recursos minerais, inclusive os do subsolo;

X – as cavidades naturais subterrâneas e os sítios arqueológicos e pré-históricos;

XI – as terras tradicionalmente ocupadas pelos índios.

11. Segundo o art. 2º do Decreto 9.760/46: "São terrenos de marinha, em uma profundidade de 33 (trinta e três) metros, medidos horizontalmente, para a parte da terra, da posição da linha do preamar-médio de 1831: a) os situados no continente, na costa marítima e nas margens dos rios e lagoas, até onde se faça sentir a influência das marés; b) os que contornam as ilhas situadas em zona onde se faça sentir a influência das marés";

12) Aplicação em concurso público:

- ***Auditor de Controle Interno – 2018 – CESPE – CGM de João Pessoa – PB***

  "Os rios que banhem mais de um estado e que sejam provenientes de outros países são considerados bens da União."

  Gabarito: Alternativa correta.

- ***Atividade Técnica – Direito, Administração, Ciências Contábeis e Economia – FUNCAB – 2015 – MPOG***

  "São bens da União:

  A) os recursos naturais da zona econômica exclusiva, excluída a plataforma continental.

  B) as terras tradicionalmente ocupadas pelos índios, as comunidades quilombolas e as terras ocupadas por qualquer outra com unidade tradicional.

  C) as terras devolutas em geral.

  D) os recursos minerais, inclusive os do subsolo.

  E) os terrenos de marinha, salvo aqueles já acrescidos ao patrimônio dos municípios".

  Gabarito: Alternativa D (Art. 20, IX, CF)

- ***Advogado – FUNIVERSA – 2009 – ADASA***

  "Os potenciais de energia hidráulica são bens

  A) da União, apenas.

  B) dos estados e do Distrito Federal, apenas.

  C) da União, dos estados e do Distrito Federal.

  D) dos municípios, apenas.

  E) de todos os entes da Federação."

  Gabarito: Alternativa A (art. 20, VIII, CF)

- ***Procurador Jurídico – CAIP-IMES – 2015 – IPREM***

  São bens da União:

  A) as cavidades naturais subterrâneas e os sítios arqueológicos e pré-históricos.

  B) os bens imóveis tombados pelo Instituto do Patrimônio Histórico e Artístico Nacional "– IPHAN.

  C) os bens de uso comum e os de uso especial.

D) os bens imóveis requisitados pelo Ministério da Defesa, em tempo de guerra."

Gabarito: Alternativa A (art. 20, X, CF)

§ 1º **É assegurada, nos termos da lei, aos Estados, ao Distrito Federal e aos Municípios, bem como a órgãos da administração direta da União, participação no resultado da exploração de petróleo ou gás natural,** de recursos hídricos para fins de geração de energia elétrica e de outros recursos minerais no respectivo território, plataforma continental, mar territorial ou zona econômica exclusiva, ou compensação financeira por essa exploração.

13. Entendimento jurisprudencial:

Embora os recursos naturais da plataforma continental e os recursos minerais sejam bens da União (CF, art. 20, V e IX), **a participação ou compensação aos Estados, Distrito Federal e Municípios no resultado da exploração de petróleo, xisto betuminoso e gás natural são receitas originárias destes últimos entes federativos** (CF, art. 20, § 1º). É inaplicável, ao caso, o disposto no art. 71, VI, da Carta Magna, que se refere, especificamente, ao repasse efetuado pela União – mediante convênio, acordo ou ajuste – de recursos originariamente federais. [MS 24.312, rel. min. Ellen Gracie, j. 19-2-2003, P, DJ de 19-12-2003.]

Aplicação nos concursos públicos:

- ***Titular de Serviços de Notas e de Registros – 2018 – TJ-CE (IESES).***

  "É assegurada, nos termos da lei, exclusivamente aos órgãos da administração direta da União, participação no resultado da exploração de petróleo ou gás natural, de recursos hídricos para fins de geração de energia elétrica e de outros recursos minerais no respectivo território, plataforma continental, mar territorial ou zona econômica exclusiva, ou compensação financeira por essa exploração."

  Gabarito: Alternativa falsa (há participação dos Estados e Municípios na exploração)

§ 2º A faixa de **até cento e cinqüenta quilômetros de largura**, ao longo das fronteiras terrestres, **designada como faixa de fronteira**, é considerada fundamental para defesa do território nacional, e sua ocupação e utilização serão reguladas em lei.

14. A largura mencionada no § 2º já foi objeto de concurso público em sua literalidade: **150km de largura.**

Aplicação nos concursos públicos:

- ***Juiz do Trabalho – 2011 – TRT – 15ª Região***

  "d) a faixa de até cento e cinquenta quilômetros de largura, ao longo das fronteiras terrestres, designada como faixa de fronteira, é considerada fundamental para defesa do território nacional, e sua ocupação e utilização serão reguladas em lei;"

  Gabarito: A alternativa D está correta!

- **FCC – 2011 – TJ-AP – Titular de Serviços de Notas e de Registros**

  "Com base no ordenamento jurídico pátrio, são bens da União

  B) as terras que estiverem situadas na faixa de fronteira, eis que necessárias à segurança nacional."

  Alternativa errada (Art. 20, II e § 2º, CF)

Art. 21 - Compete à União:

1. As competências do artigo 21 são competências **administrativas** e devem ser prestadas necessariamente pela União, pois são **exclusivas, isto é, os outros entes não podem exercê-la e também são indelegáveis.**
2. Quando se tratar de competência administrativa, os incisos começam com **verbos no Infinitivo.**
3. **As bancas de concurso costumam cobrar os artigos relacionado à competência em sua forma literal** buscando confundir o candidato, seja colocando alternativas com competências que não são do ente federativo, seja trocando as competências administrativas com as competências legislativas. **Por isso, é recomendável a leitura bastante atenta de todos os incisos dos artigos 21, 22, 23 e 24.**

   3.1 Em um breve resumo, temos o seguinte quadro e competências:

Artigo 21	**Artigo 22**	Artigo 23	**Artigo 24**
Competências Administrativas	**Competências Legislativas**	Competências Administrativas	**Competências Legislativas**
Competência **Exclusiva** da União	Competência **Privativa** da União	Competência **Comum** da União, Estados, DF e Municípios	Competência **Concorrente** da União com os Estados e o DF
INDELEGÁVEL	**DELEGÁVEL**	-----	-----

   3.2 Dentro desses quatro artigos, os mais cobrados nas provas de concursos são aqueles que tratam das competências legislativas (arts. 22 e 24).

4. Esses são os principais artigos para fixar competências, porém não se limitam a eles. Existem outros, como – por exemplo – as competências federais expostas nos artigos 48, 49 e 149.

I - **manter** relações com Estados estrangeiros e participar de organizações internacionais;

II - **declarar** a guerra e celebrar a paz;

III - **assegurar** a defesa nacional;

IV – **permitir,** nos casos previstos em lei complementar, que forças estrangeiras transitem pelo território nacional ou nele permaneçam temporariamente;

V – **decretar** o estado de sítio, o estado de defesa e a intervenção federal;

VI – **autorizar** e fiscalizar a produção e o comércio de material bélico;

5. Entendimento jurisprudencial:

A competência exclusiva da União para legislar sobre **material bélico,** complementada pela competência para autorizar e fiscalizar a produção de material bélico, **abrange a disciplina sobre a destinação de armas apreendidas e em situação irregular.** (ADI 3.193, rel. min. Marco Aurélio, j. 9-5-2013, P, *DJE* de 6-8-2013)

VII – **emitir** moeda;

6. A Casa da Moeda do Brasil é um monopólio estatal:

► **Entendimento jurisprudencial:**

Casa da Moeda do Brasil (CMB). Empresa governamental delegatária de serviços públicos. Emissão de papel moeda, cunhagem de moeda metálica, fabricação de fichas telefônicas e impressão de selos postais. Regime constitucional de monopólio (CF, art. 21, VII). Outorga de delegação à CMB, mediante lei, que não descaracteriza a estatalidade do serviço público, notadamente quando **constitucionalmente monopolizado** pela pessoa política (a União Federal, no caso) que é dele titular. A delegação da execução de serviço público, mediante outorga legal, não implica alteração do regime jurídico de direito público, inclusive o de direito tributário, que incide sobre referida atividade. Consequente extensão, a essa empresa pública, em matéria de impostos, da proteção constitucional fundada na garantia da imunidade tributária recíproca (CF, art. 150, VI, a). [RE 610.517 AgR, rel. min. Celso de Mello, j. 3-6-2014, 2ª T, DJE de 23-6-2014.]

VIII – **administrar** as reservas cambiais do País e fiscalizar as operações de natureza financeira, especialmente as de crédito, câmbio e capitalização, bem como as de seguros e de previdência privada;

IX – **elaborar** e executar planos nacionais e regionais de ordenação do território e de desenvolvimento econômico e social;

X – **manter** o serviço postal e o correio aéreo nacional;

7. A empresa Brasileira de Correios e Telégrafos (ECT) **é uma empresa pública e detém o monopólio estatal sobre o serviço postal.**

► **Entendimento jurisprudencial:**

A Constituição do Brasil confere à União, em caráter exclusivo, a exploração do serviço postal e o correio aéreo nacional (art. 21, X). **O serviço postal é prestado**

pela Empresa Brasileira de Correios e Telégrafos (ECT), empresa pública, entidade da administração indireta da União, criada pelo DL 509, de 10-3-1969. [ADPF 46, rel. p/ o ac. min. Eros Grau, j. 5-8-2009, P, DJE de 26-2-2010.]

XI – **explorar**, diretamente ou mediante autorização, concessão ou permissão, os serviços de telecomunicações, nos termos da lei, que disporá sobre a organização dos serviços, a criação de um órgão regulador e outros aspectos institucionais;

XII – **explorar**, diretamente ou mediante autorização, concessão ou permissão:

a) os serviços de radiodifusão sonora, e de sons e imagens;

b) **os serviços e instalações de energia elétrica** e o aproveitamento energético dos cursos de água, em articulação com os Estados onde se situam os potenciais hidroenergéticos;

c) a **navegação aérea, aeroespacial e a infra-estrutura aeroportuária;**

d) os serviços de transporte ferroviário e aquaviário entre portos brasileiros e fronteiras nacionais, ou que transponham os limites de Estado ou Território;

e) os serviços de **transporte rodoviário interestadual e internacional de passageiros;**

f) os portos marítimos, fluviais e lacustres;

8. Quanto aos serviços de energia elétrica (Art. 22, XII, b, CF):

   As Leis fluminenses 3.915/2002 e 4.561/2005, ao **obrigarem as concessionárias dos serviços de telefonia fixa, energia elétrica, água e gás a instalar medidores de consumo**, intervêm na relação firmada entre a União e suas concessionárias, pelo que **contrariam os arts. 21, XI e XII,** b; e 22, IV, da Constituição da República. [ADI 3.558, voto da rel. min. Cármen Lúcia, j. 17-3-2011, P, DJE de 6-5-2011.]

9. Quanto à infraestrutura aeroportuária (Art. 22, XII, c, CF)**, a Infraero é uma empresa pública e detém o monopólio estatal sobre ela.** [RE 363.412 AgR, rel. min. Celso de Mello, j. 7-8-2007, 2ª T, DJE de 19-9-2008.]

10. Quanto ao transporte interestadual de passageiros (Art. 22, XII, e, CF), apesar de ser competência da União, não é monopólio, pois o serviço pode ser explorado por empresas particulares as quais a União autorizar. [RE 214.382, rel. min. Octavio Gallotti, j. 21-9-1999, 1ª T, DJ de 19-11-1999.]

XIII – **organizar** e manter o Poder Judiciário, o Ministério Público do Distrito Federal e dos Territórios e a Defensoria Pública dos Territórios;

XIV – **organizar e manter a polícia civil, a polícia militar e o corpo de bombeiros militar do Distrito Federal, bem como prestar assistência financeira ao Distrito Federal para a execução de serviços públicos, por meio de fundo próprio;**

11. As polícias e bombeiros do Distrito Federal são **organizados e mantidos pela União Federal, mas são subordinados ao Governador do Distrito Federal.**

► **Súmula Vinculante 39:** Compete privativamente à União legislar sobre vencimentos dos membros das Polícias Civil e Militar e do Corpo de Bombeiros Militar do Distrito Federal.

XV - **organizar** e manter os serviços oficiais de estatística, geografia, geologia e cartografia de âmbito nacional;

XVI - **exercer** a classificação, para efeito indicativo, de diversões públicas e de programas de rádio e televisão;

XVII - **conceder** anistia;

12. A anistia, causa de extinção da punibilidade, é concedida pelo Congresso Nacional, conforme art. 48, VIII, CF.

XVIII - **planejar** e promover a defesa permanente contra as calamidades públicas, especialmente as secas e as inundações;

XIX - **instituir** sistema nacional de gerenciamento de recursos hídricos e definir critérios de outorga de direitos de seu uso;

XX - instituir diretrizes para o desenvolvimento urbano, inclusive habitação, saneamento básico e transportes urbanos;

XXI - estabelecer princípios e diretrizes para o sistema nacional de viação;

XXII - executar os serviços de polícia marítima, aeroportuária e de fronteiras;

XXIII - explorar os serviços e instalações nucleares de qualquer natureza e exercer monopólio estatal sobre a pesquisa, a lavra, o enriquecimento e reprocessamento, a industrialização e o comércio de minérios nucleares e seus derivados, atendidos os seguintes princípios e condições:

a) toda atividade nuclear em território nacional somente será admitida para fins pacíficos e mediante aprovação do Congresso Nacional;

b) sob regime de permissão, são autorizadas a comercialização e a utilização de radioisótopos para a pesquisa e usos médicos, agrícolas e industriais;

c) sob regime de permissão, são autorizadas a produção, comercialização e utilização de radioisótopos de meia-vida igual ou inferior a duas horas;

d) a responsabilidade civil por danos nucleares independe da existência de culpa;

XXIV - **organizar**, manter e executar a inspeção do trabalho;

13. Entendimento jurisprudencial:

Matéria concernente a relações de trabalho. Usurpação de competência privativa da União. Ofensa aos arts. 21, XXIV, e 22, I, da CF. Vício formal caracterizado. (...) **É inconstitucional norma do Estado ou do Distrito Federal que disponha sobre proibição de revista íntima em empregados de estabelecimentos situados no**

respectivo território. [ADI 2.947, rel. min. Cezar Peluso, j. 5-5-2010, P, DJE de 10-9-2010]

XXV – **estabelecer** as áreas e as condições para o exercício da atividade de garimpagem, em forma associativa.

14) **Aplicação nos concursos públicos:**

- ***Advogado Júnior – FUMARC – 2010 – CEMIG-TELECOM***

  "As matérias abaixo estão inseridas na competência executiva da União, EXCETO:

  A) Fiscalizar as operações de natureza financeira, especialmente as de crédito, câmbio e capitalização, bem como as de seguros e de previdência privada.

  B) Explorar, diretamente ou mediante concessão a empresas sob controle acionário estatal, os serviços telefônicos, telegráficos, de transmissão de dados e demais serviços públicos de telecomunicações, assegurada a prestação de serviços de informações por entidades de direito privado através da rede pública de telecomunicações explorada pela União.

  C) Proteger os documentos, as obras e outros bens de valor histórico, artístico e cultural, os monumentos, as paisagens naturais notáveis e os sítios arqueológicos.

  D) Explorar, diretamente ou mediante autorização, concessão ou permissão, os serviços e instalações de energia elétrica e o aproveitamento energético dos cursos de água, em articulação com os Estados onde se situam os potenciais hidroenergéticos."

  Gabarito: Alternativa D (art. 21, XII, b, CF)

- ***Defensor Público – CESPE – 2009 – DPE-ES***

  "Conforme prevê a CF, é de competência material comum entre União, estados, municípios e DF planejar e promover a defesa permanente contra as calamidades públicas, especialmente em caso de secas e inundações".

  Gabarito: Alternativa errada (Competência exclusiva: art. 21, XVIII, CF)

Art. 22 – Compete privativamente à União legislar sobre:

1. As competências aqui inseridas se referem à **competência de criar leis e podem ser delegadas aos outros entes (a doutrina denomina de competência legislativa privativa da União),** mas somente quando houver autorização expressa em Lei Complementar, conforme parágrafo único deste artigo.

I – direito civil, comercial, penal, processual, eleitoral, agrário, marítimo, aeronáutico, espacial e do trabalho;

2. O inciso I é muito importante e deve ser lido com bastante atenção. **O aluno deve diferenciar as matérias de direito em que a União tem competência legislativa**

privativa (art. 22, I, CF) e aquelas em que a **União, Estados e o Distrito Federal legislam concorrentemente** (art. 24, I, CF).

▶ Competências para legislar sobre as matérias de Direito:

Privativas da União	Concorrentes entre a União, Estados e Distrito Federal
civil comercial penal processual eleitoral agrário marítimo aeronáutico espacial trabalho	tributário financeiro penitenciário econômico urbanístico

3. As jurisprudências e questões trazem matérias para que o candidato saiba a qual direito pertence.

Assunto	Matéria	Entendimento
Crime de responsabilidade	**Direito Penal**	**Súmula Vinculante 46:** A definição dos **crimes de responsabilidade** e o estabelecimento das respectivas normas de processo e julgamento são da competência legislativa privativa da União.
Condições de elegibilidade	**Direito Eleitoral**	A fixação por **lei estadual de condições de elegibilidade** em relação aos candidatos a juiz de paz, além das constitucionalmente previstas no art. 14, § 3º, **invade a competência da União para legislar sobre direito eleitoral,** definida no art. 22, I, da Constituição do Brasil [ADI 2.938, rel. min. Eros Grau, j. 9-6-2005, P, DJ de 9-12-2005.]
Elegibilidade do policial militar	**Direito eleitoral**	**Elegibilidade do policial militar.** Matéria de direito eleitoral. Competência legislativa da União (CF, art. 22, I, e art. 14, § 8º). [ADI 1.381, rel. min. Dias Toffoli, j. 21-8-2014, P, DJE de 9-10-2014.]
Responsabilidade civil	**Direito Civil**	**Dispositivo da lei distrital que imputa responsabilidade civil ao médico por falta de notificação caracteriza ofensa ao art. 22, I, da CF,** que consigna ser competência exclusiva da União legislar acerca dessa matéria. [ADI 2.875, rel. min. Ricardo Lewandowski, j. 4-6-2008, P, DJE de 20-6-2008.]

Assunto	Matéria	Entendimento
Prestação de serviço de segurança em estacionamento	**Direito Civil**	Lei estadual que impõe a prestação de serviço de segurança em estacionamento a toda pessoa física ou jurídica **que disponibilize local para estacionamento é inconstitucional, quer por violação à competência privativa da União para legislar sobre direito civil, quer por violar a livre iniciativa.** [ADI 451, rel. min. Roberto Barroso, j. 1º-8-2017, P, DJE de 9-3-2018.].
Contratos	**Direito Civil**	A Lei 12.562/2004 do Estado de Pernambuco trata da **operacionalização dos contratos de seguros atinentes à área da saúde,** interferindo nas relações contratuais estabelecidas entre médicos e empresas. Consequentemente, tem por objeto normas de direito civil e de seguros, temas inseridos no rol de competências legislativas privativas da União (artigo 22, incisos I e VII, da CF). [ADI 3.207, rel. min. Alexandre de Moraes, j. 12-4-2018, P, DJE de 25-4-2018.]
Equipar ônibus do serviço público com redutores de estresse	**Direito Civil**	Competências legislativas exclusivas da União. Ofensa aparente ao art. 22, I e XI, da CF. (...) Aparenta inconstitucionalidade, para efeito de liminar, a lei distrital ou estadual que dispõe sobre obrigatoriedade de equipar ônibus usados no serviço público de transporte coletivo com dispositivos redutores de estresse a motoristas e cobradores e de garantir-lhes descanso e exercícios físicos. [ADI 3.671 MC, rel. min. Cezar Peluso, j. 28-8-2008, P, DJE de 28-11-2008.]
Autorização de exames pelas operadoras de plano de saúde	**Direito Civil**	Lei estadual que fixa **prazos máximos**, segundo a faixa etária dos usuários, **para a autorização de exames pelas operadoras de plano de saúde.** (...) uma vez que essa atribuição está inserida na competência da União Federal para legislar sobre direito civil (CF/1988, art. 22, I). [ADI 4.701, rel. min. Roberto Barroso, j. 13-8-2014, P, DJE de 25-8-2014.]
Dispensa do pagamento de juros de multas de tributos	**Direito Civil**	**Dispensa do pagamento de juros e multas de tributos** e títulos obrigacionais vencidos no período de paralisação por greve. Inconstitucionalidade formal, por usurpação da competência da união em matéria de direito civil. [ADI 3.605, rel. min. Alexandre de Moraes, j. 30-6-2017, P, DJE 13-9-2017.]

Assunto	Matéria	Entendimento
Direito Possessório	**Direito Civil**	Normas que cuidam dos **institutos da posse, da aquisição de propriedade por decurso do tempo (prescrição aquisitiva) e de títulos legitimadores de propriedade são de direito civil, da competência legislativa da União.** CF, art. 22, I. [ADI 3.438, rel. min. Carlos Velloso, j. 19-12-2005, P, DJ de 17-2-2006.]
Contrato de prestação de serviços escolares	**Direito Civil**	Natureza das normas que versam sobre **contraprestação de serviços educacionais. Tema próprio de contratos. Direito Civil.** Usurpação de competência privativa da União. Ofensa ao art. 22, I, da CF. Vício formal caracterizado. Ação julgada procedente. Precedente. É inconstitucional norma do Estado ou do Distrito Federal sobre obrigações ou outros aspectos típicos de contratos de prestação de serviços escolares ou educacionais.[ADI 1042 / DF. Ministro Cezar Peluso]
Fixação de data de vencimento de mensalidade escolar	**Direito Civil**	MENSALIDADES ESCOLARES. **FIXAÇÃO DA DATA DE VENCIMENTO. MATÉRIA DE DIREITO CONTRATUAL.** VÍCIO DE INICIATIVA. (...) 2. Nos termos do artigo 22, inciso I, da Constituição do Brasil, compete à União legislar sobre direito civil. 3. Pedido de declaração de inconstitucionalidade julgado procedente. (STF – ADI: 1007 PE , Relator: EROS GRAU, Data de Julgamento: 31/08/2005, Tribunal Pleno)
Relações contratuais consumeristas (Obs: Ver art. 24,V, CF)	**Direito Civil**	Por mais ampla que seja, a competência legislativa concorrente em matéria de defesa do consumidor (CF/1988, art. 24, V e VIII) **não autoriza os Estados-membros a editarem normas acerca de relações contratuais, uma vez que essa atribuição está inserida na competência da União Federal para legislar sobre direito civil** (CF/1988, art. 22, I)." (ADI 4.701, rel. min. Roberto Barroso, julgamento em 13-8-2014, Plenário, DJE de 25-8-2014.)
Depósito prévio para interposição de recurso nos juizados	**Direito Processual**	Lei 6.816/2007 de Alagoas, **instituindo depósito prévio** de 100% do valor da condenação para a interposição de recurso nos juizados especiais cíveis do Estado. Inconstitucionalidade formal: competência privativa da União para legislar sobre matéria processual. Art. 22, I, da Constituição da República. [ADI 4.161, rel. min. Cármen Lúcia, j. 30-10-2014, P, DJE de 10-2-2015.]

Assunto	Matéria	Entendimento
Competência dos juizados especiais	**Direito Processual**	A fixação da **competência dos juizados especiais cíveis e criminais é matéria eminentemente processual, de competência privativa da União,** não se confundindo com matéria procedimental em matéria processual, essa, sim, de competência concorrente dos Estados-membros. [ADI 1.807, rel. min. Dias Toffoli, j. 30-10-2014, P, DJE de 9-2-2015.]
Prioridade na tramitação processual	**Direito Processual**	Fixação de nova **hipótese de prioridade,** em qualquer instância, de **tramitação processual** para as causas em que for parte mulher vítima de violência doméstica. Vício formal. (...) A definição de regras sobre a tramitação das demandas judiciais e sua priorização, na medida em que reflete parte importante da prestação da atividade jurisdicional pelo Estado, é aspecto abrangido pelo ramo processual do direito, cuja positivação foi atribuída pela CF privativamente à União (art. 22, I, da CF/1988).[ADI 3.483, rel. min. Dias Toffoli, j. 3-4-2014, P, DJE de 14-5-2014.]
Prerrogativas do delegado de polícia no inquérito	**Direito Processual**	Art. 32, IV, da Lei sergipana 4.122/1999, que confere a delegado de polícia a prerrogativa de ajustar com o juiz ou a autoridade competente a data, a hora e o local em que será ouvido como testemunha ou ofendido em processos e inquéritos. (...) É competência privativa da União legislar sobre direito processual (...). A persecução criminal, da qual fazem parte o inquérito policial e a ação penal, rege-se pelo direito processual penal. [ADI 3.896, rel. min. Cármen Lúcia, j. 4-6-2008, P, DJE de 8-8-2008.]
Atividade de transporte de bagagens	**Direito do Trabalho**	Lei distrital 3.136/2003, que "**disciplina a atividade de transporte de bagagens** nos terminais rodoviários do Distrito Federal". (...) Com relação à alegação de violação ao art. 22, I, da CF, na linha da jurisprudência do STF, é o caso de declarar a inconstitucionalidade formal da Lei distrital 3.136/2003, em razão da incompetência legislativa das unidades da Federação para legislar sobre direito do trabalho. [ADI 3.587, rel. min. Gilmar Mendes, j. 12-12-2007, P, DJE de 22-2-2008]

Aplicação em concurso público:

- ***Titular de Serviços de Notas e de Registros – 2014 – CESPE – TJ-SE***

  "Lei estadual que estipule penalidade a quem seja flagrado em estado de embriaguez na condução de veículo automotor será considerada constitucional caso a sanção prevista na lei atenda ao princípio da proporcionalidade."

  Gabarito: A alternativa está errada. (legislar sobre Direito Penal é competência da União)

- ***Procurador Federal – CESPE – 2010 – AGU***

  "De acordo com entendimento do STF, é inconstitucional lei estadual que disponha sobre aspectos relativos ao contrato de prestação de serviços escolares ou educacionais, por se tratar de matéria inserida na esfera de competência privativa da União".

  Gabarito: A alternativa está correta. (legislar sobre Direito Civil é competência da União)

  Obs. A prestação de serviços escolares é assunto do Direito Civil (art. 22, I, CF) e não de educação (art. 24, IX, CF) propriamente.

- ***Analista Judiciário – Especialidade Execução de Mandados – FGV – 2014 – TJ-RJ***

  "Determinado Estado, com o objetivo de zelar pela infância e pela juventude, bem como por inexistir lei federal que trate da matéria, decide editar lei disciplinando a data de vencimento das mensalidades escolares, dispondo que estas deveriam ser estabelecidas entre o dia 5 e o dia 10 de cada mês. Com isso, haveria tempo hábil para que os responsáveis recebessem seus salários, o que costuma ocorrer na referida época do mês, e efetuassem o respectivo pagamento. É correto afirmar que essa lei estadual é:

  A) inconstitucional, pois a data de vencimento das mensalidades escolares é matéria afeta ao direito civil, de competência privativa da União;

  B) constitucional, pois os Estados têm competência concorrente com a União para legislar sobre proteção à infância e à juventude;

  C) inconstitucional, pois a data de vencimento das mensalidades escolares deve observar as peculiaridades locais, indicativo de que a competência legislativa é dos Municípios;

  D) constitucional, pois é competência comum de todos os entes da Federação proporcionar os meios de acesso à educação e à cultura;

  E) inconstitucional, pois a data de vencimento das mensalidades escolares não é matéria afeta à lei, submetendo-se, portanto, à livre vontade dos contratantes".

  Gabarito: Alternativa A

II - desapropriação;

4. Entendimento jurisprudencial:

É inconstitucional, por invadir a competência legislativa da União e violar o princípio da separação dos poderes, **norma distrital que submeta as desapropriações, no**

âmbito do Distrito Federal, à aprovação prévia da Câmara Legislativa do Distrito Federal. [ADI 969, rel. min. Joaquim Barbosa, j. 27-9-2006, P, DJ de 20-10-2006.]

III – requisições civis e militares, em caso de iminente perigo e em tempo de guerra;

IV – águas, energia, informática, **telecomunicações e radiodifusão;**

5. **Alguns entendimentos sobre a inconstitucionalidade de leis estaduais que versaram sobre serviços de telecomunicações:**

A Lei 13.189, de 4 de julho de 2014, do Estado da Bahia, ao criar **obrigação para as operadoras do serviço móvel pessoal, consistente na instalação e na manutenção de bloqueadores de sinais de radiocomunicações (BSR) nos estabelecimentos penais** de todo o Estado, (...) dispôs a respeito de serviços de telecomunicações, matéria da competência legislativa privativa da União, na forma do art. 22, IV, da CF. [ADI 5.253, rel. min. Dias Toffoli, j. 3-8-2016, P, DJE de 1º-8-2017.]

A Lei 5.934/2011 do Estado do Rio de Janeiro, ao dispor acerca da **possibilidade de acúmulo das franquias de minutos mensais ofertados pelas operadoras de telefonia,** violou o art. 22, IV, da Lei Maior, que confere à União a competência privativa para dispor sobre telecomunicações. [ADI 4.649, rel. min. Dias Toffoli, j. 1º-7-2016, P, DJE de 12-8-2016.]

Ao obrigar as empresas prestadoras de serviço de internet móvel e de banda larga, na modalidade pós-paga, a **apresentar ao consumidor, na fatura mensal, gráficos informando a velocidade diária média de envio e de recebimento de dados entregues no mês,** a Lei 4.824/2016 do Estado do Mato Grosso do Sul (...) revela-se inconstitucional, por invadir a competência privativa da União para regular a exploração do serviço público de telefonia (...) [ADI 5.569, rel. min. Rosa Weber, j. 18-5-2016, P, DJE de 1º-6-2017.]

Competência normativa. Telefonia. Assinatura básica mensal. Surge conflitante com a Carta da República lei local a dispor sobre a **impossibilidade de cobrança de assinatura básica mensal** pelas concessionárias de serviços de telecomunicações [ADI 4.369, rel. min. Marco Aurélio, j. 15-10-2014, P, DJE de 3-11-2014.]

as Leis fluminenses 3.915/2002 e 4.561/2005, ao **obrigarem as concessionárias dos serviços de telefonia fixa,** energia elétrica, água e gás a **instalar medidores de consumo,** intervêm na relação firmada entre a União e suas concessionárias, pelo que contrariam os arts. 21, XI e XII, b; e 22, IV, da Constituição da República. [ADI 3.558, voto da rel. min. Cármen Lúcia, j. 17-3-2011, P, DJE de 6-5-2011.]

Lei estadual 12.983/2005 de Pernambuco versus CF, [arts.] 5º, X; 21, XI; e, 22, I e IV. Afronta por instituir **controle de comercialização e de habilitação de aparelhos usados de telefonia móvel** [ADI 3.846, rel. min. Gilmar Mendes, j. 25-11-2010, P, DJE de 15-3-2011.]

V – serviço postal;

VI – sistema monetário e de medidas, títulos e garantias dos metais;

6. **Entendimento jurisprudencial:**

Entendimento assentado pelo STF no sentido da incompetência das unidades federadas para a fixação de índices de correção monetária de créditos fiscais em percentuais superiores aos fixados pela União para o mesmo fim. [RE 183.907, rel. min. Ilmar Galvão, j. 29-3-2000, P, DJ de 16-4-2004.]

VII – política de crédito, câmbio, **seguros** e transferência de valores;

VIII – **comércio exterior e interestadual;**

7. **Entendimento jurisprudencial:**

É formalmente inconstitucional a lei estadual que cria restrições à comercialização, à estocagem e ao trânsito de produtos agrícolas importados no Estado, ainda que tenha por objetivo a proteção da saúde dos consumidores diante do possível uso indevido de agrotóxicos por outros países. A matéria é predominantemente de comércio exterior e interestadual, sendo, portanto, de competência privativa da União (CF, art. 22, VIII). [ADI 3.813, rel. min. Dias Toffoli, j. 12-2-2015, P, DJE de 20-4-2015.]

IX – diretrizes da **política nacional de transportes;**

X – regime dos portos, navegação lacustre, fluvial, marítima, aérea e aeroespacial;

XI – trânsito e transporte;

8. **Entendimentos jurisprudenciais** acerca da inconstitucionalidade de leis estaduais que versam sobre o trânsito:

Apenas a União tem competência para estabelecer multas de trânsito. A fixação de um teto para o respectivo valor não está previsto no Código de Trânsito Brasileiro, sendo descabido que os Estados venham a estabelecê-lo. Ausência de lei complementar federal que autorize os Estados a legislar, em pontos específicos, sobre trânsito e transporte, conforme prevê o art. 22, parágrafo único, da CF [ADI 2.644, rel. min. Ellen Gracie, j. 7-8-2003, P, DJ de 29-8-2003.]

Lei 11.766, de 1997, do Estado do Paraná, que torna **obrigatório a qualquer veículo automotor transitar permanentemente com os faróis acesos** nas rodovias do Estado do Paraná, impondo a pena de multa aos que descumprirem o preceito legal: **inconstitucionalidade,** porque a questão diz respeito ao trânsito [ADI 3.055, rel. min. Carlos Velloso, j. 24-11-2005, P, DJ de 3-2-2006.]

Lei 6.908, de 1997, do Estado de Mato Grosso, que autoriza o **uso de película de filme solar nos vidros dos veículos: sua inconstitucionalidade,** porque a questão diz respeito ao trânsito [ADI 1.704, rel. min. Carlos Velloso, j. 1º-8-2002, P, DJ de 20-9-2002.]

Trânsito: **idade mínima para habilitação a conduzir veículo automotor: matéria de competência privativa da União** (...): inconstitucionalidade de legislação estadual a respeito [ADI 476, rel. min. Sepúlveda Pertence, j. 18-2-1999, P, DJ de 9-4-1999.]

Aplicação em concurso público:

- ***Analista Judiciário – Oficial de Justiça Avaliador – FCC – 2014 – TRT – 2ª REGIÃO (SP)***

"I. É inconstitucional lei estadual que estabelece regime especial de pagamento parcelado de multas de trânsito aplicadas em rodovias estaduais, pois dispõe sobre matéria de competência legislativa privativa da União.

II. A autonomia política assegurada aos Estados-membros alcança a competência legislativa para tornar obrigatório o uso permanente de faróis baixos, inclusive durante o período diurno, aos veículos automotores que trafeguem nas rodovias estaduais, de modo a elevar os níveis de proteção e segurança nas estradas."

Gabarito: Apenas a alternativa I está correta. (ambas as matérias são de competência privativa da União, por se relacionarem a assuntos de "trânsito e transporte")

9. Importante destacar que as questões relacionadas a transporte são de interesse da União, entretanto, os Municípios têm competência para legislar sobre assuntos de interesse local, podendo, nesse caso, **legislar sobre o serviço público de transporte coletivo intermunicipal** (ver art. 30, I, CF):

► **Entendimento jurisprudencial:**

A competência para organizar serviços públicos de interesse local **é municipal,** entre os quais o de **transporte coletivo** (...). O preceito da Constituição amapaense que garante o direito a "meia passagem" aos estudantes, nos transportes coletivos municipais, avança sobre a competência legislativa local. A competência para legislar a propósito da prestação de serviços públicos de **transporte intermunicipal** é dos **Estados-membros.** Não há inconstitucionalidade no que toca ao benefício, concedido pela Constituição estadual, de «meia passagem» aos estudantes nos transportes coletivos intermunicipais. [ADI 845, rel. min. Eros Grau, j. 22-11-2007, P, *DJE* de 7-3-2008]

XII – jazidas, minas, outros recursos minerais e metalurgia;

XIII – nacionalidade, cidadania e naturalização;

XIV – populações indígenas;

XV – emigração e imigração, entrada, extradição e expulsão de estrangeiros;

XVI – organização do sistema nacional de emprego e condições para o exercício de profissões;

10. Entendimento jurisprudencial:

Profissão de motoboy. Regulamentação. Inadmissibilidade. (...) Competências exclusivas da União. (...) É inconstitucional a lei distrital ou estadual que disponha sobre condições do exercício ou criação de profissão, sobretudo quando esta diga à segurança de trânsito. [ADI 3.610, rel. min. Cezar Peluso, j. 1º-8-2011, P, DJE de 22-9-2011.]

XVII - organização judiciária, do Ministério Público do Distrito Federal e dos Territórios e da Defensoria Pública dos Territórios, bem como organização administrativa destes;

XVIII - sistema estatístico, sistema cartográfico e de geologia nacionais;

XIX - sistemas de poupança, captação e garantia da poupança popular;

XX - sistemas de consórcios e sorteios

11. Súmula Vinculante nº 2: É inconstitucional a lei ou ato normativo estadual ou distrital que disponha sobre sistemas de consórcios e sorteios, inclusive bingos e loterias.

XXI - normas gerais de organização, efetivos, material bélico, garantias, convocação e mobilização das polícias militares e corpos de bombeiros militares;

XXII - **com**petência da polícia federal e das polícias rodoviária e ferroviária federais;

XXIII - segu**ridade social;**

XXIV - **diretrizes** e bases da educação nacional;

12. Importante não confundir o que são assuntos relacionados à **diretrizes e bases da educação nacional (art. 22, XXIV, CF),** do que são assuntos sobre a **educação em si (art. 24, IX, CF). As diretrizes e bases são assuntos mais genéricos, coordenados pelo MEC (Ministério da Educação) e regulados pela lei nº 9.394/1996.**

► **Entendimento jurisprudencial:**

Lei distrital que dispõe sobre a emissão de certificado de conclusão de curso e que autoriza o fornecimento de histórico escolar para alunos da terceira série do ensino médio que comprovarem aprovação em vestibular para ingresso em curso de nível superior – **Lei distrital que usurpa competência legislativa outorgada à União Federal pela Constituição da República** [ADI (2667 DF , Relator: CELSO DE MELLO, Data de Julgamento: 18/06/2002]

Aplicação em concurso público:

- ***Defensor Público – INSTITUTO CIDADES – 2010 – DPE-GO***

  "Se um estado-membro edita lei que autoriza o fornecimento de histórico escolar a alunos da terceira série do ensino médio que comprovarem aprovação em vestibular para ingresso em curso de nível superior, configura-se uma situação que envolve competência legislativa

D) concorrente entre a União, os Estados e o Distrito Federal. Portanto, a norma é inconstitucional, pois a teoria do desvio de poder, quando aplicada ao plano das atividades legislativas, permite que se contenham eventuais excessos, como na hipótese, decorrentes do exercício imoderado e arbitrário da competência institucional outorgada ao Poder Público e que afetem padrões mínimos de razoabilidade."

Gabarito: Alternativa D

XXV – registros públicos;

XXVI – atividades nucleares de qualquer natureza;

XXVII – normas gerais de licitação e contratação, em todas as modalidades, para as administrações públicas diretas, autárquicas e fundacionais da União, Estados, Distrito Federal e Municípios, obedecido o disposto no art. 37, XXI, e para as empresas públicas e sociedades de economia mista, nos termos do art. 173, § 1º, III;

13. Questão específica de licitação:

Aplicação em concurso público:

- ***Juiz federal – 2017 – TRF 5ª REGIÃO (CESPE)***

"Estado-membro editou lei instituindo requisito novo de habilitação, não previsto na lei federal de licitações e contratos administrativos, o qual passou a ser exigido aos interessados em participar nas licitações estaduais. Nessa situação hipotética, de acordo com o entendimento do STF acerca do tema, a referida lei deverá ser julgada"

Gabarito: Inconstitucional, pois é privativa da União a competência para legislar sobre normas gerais de licitação.

XXVIII – defesa territorial, defesa aeroespacial, defesa marítima, defesa civil e mobilização nacional;

XXIX – propaganda comercial.

14) **Aplicação em concurso público:**

- ***Técnico em Informática – 2017 – IPERON – RO (IBADE).***

"Compete privativamente à União legislar sobre:

A) os serviços de transporte rodoviário interestadual e internacional de passageiros.

B) emissão da moeda.

C) exploração de serviços e instalações de energia elétrica e o aproveitamento energético dos cursos de água.

D) desapropriação.

E) a navegação aérea, aeroespacial e a infraestrutura aeroportuária."

Gabarito: Alternativa D.

- ***Ativ. Téc. de Complexidade Intelectual – Administração – FUNCAB – 2013 – ANS***

  "Assinale a alternativa que corresponde a matérias de competência legislativa privativa da União.

  A) Direito tributário, financeiro, penitenciário, econômico e urbanístico.

  B) Proteção ao patrimônio histórico, cultural, artístico, turístico e paisagístico.

  C) Previdência social, proteção e defesa da saúde.

  D) Proteção e integração social das pessoas portadoras de deficiência.

  E) Seguridade social e propaganda comercial."

  Gabarito: Alternativa E (Art. 22, XXIII e XIX, CF)

- ***Auditor Fiscal da Receita Estadual – prova 1 – FGV – 2011 – SEFAZ-RJ***

  "II. Lei estadual sobre política de crédito é inconstitucional, porque se trata de matéria de competência da União."

  Gabarito: correto o item II (política de crédito é matéria privativa da União, conforme art. 22, VII, CF)

Parágrafo único. **Lei complementar poderá autorizar os Estados a legislar sobre questões específicas das matérias relacionadas neste artigo.**

15. **A competência privativa é delegável.** Dessa forma, a União poderá delegar para os Estados matérias de sua competência previstas neste artigo, através da edição de Lei Complementar. **A delegação não pode ser genérica,** deve ser acerca de **matérias específicas.**

14.1 Por força do princípio da isonomia, **a delegação deve beneficiar todos os Estados.**

Aplicação em concurso público:

- ***Juiz de Direito – 2016 – TJ-RS (FAURGS).***

  "A União é competente para legislar privativamente sobre populações indígenas, porém os Estados podem legislar sobre questões específicas dessa matéria quando autorizados por Lei complementar".

  Gabarito: Afirmativa correta.

- ***Técnico de Administração – 2015 – Secretaria da Criança – DF (FUNIVERSA).***

  "Não viola a CF a previsão, contida em lei complementar da União, de que os estados e o DF possam legislar a respeito de questões específicas de direito penal".

  Gabarito: Afirmativa correta.

- ***Auditor Fiscal da Receita Estadual – prova 1 – FGV – 2011 – SEFAZ-RJ***

  III. A competência para editar normas gerais de licitação é da União, mas, na ausência de lei federal, os Estados poderão legislar sobre a matéria.

  Gabarito: o item III está incorreto (não se trata de competência concorrente, mas sim de competência privativa – art. 22, XXVII, CF – nesse caso, os Estados só poderiam legislar sobre a matéria caso a União delegasse um assunto específico a eles)

- ***Promotor de Justiça – FCC – 2012 – MPE-AP***

Lei estadual que disponha sobre propaganda comercial será

A) compatível com a Constituição da República, desde que trate de exercício de competência legislativa suplementar e inexista lei federal de normas gerais sobre a matéria.

B) incompatível com a Constituição da República, por se tratar de matéria de competência legislativa privativa da União, o que exclui a possibilidade de Estados legislarem a esse respeito.

C) compatível com a Constituição da República, por se tratar de exercício de competência legislativa comum a União, Estados, Distrito Federal e Municípios.

D) compatível com a Constituição da República, desde que inexista lei federal sobre a matéria e a lei estadual vise a atender às peculiaridades do Estado.

E) compatível com a Constituição da República, desde que exista lei federal que autorize os Estados a legislarem sobre questões específicas da matéria e que a estas se restrinja a lei estadual.

Gabarito: Alternativa E (art. 22, XXIX e parágrafo único, CF)

Art. 23 – É competência comum da União, dos Estados, do Distrito Federal e dos Municípios:

1. **Essa competência é denominada de competência administrativa comum de todos os entes federados.** Como se trata de competência administrativa, os incisos começam com verbos no infinitivo.

I – **zelar** pela guarda da Constituição, das leis e das instituições democráticas e conservar o patrimônio público;

II – **cuidar** da saúde e assistência pública, da proteção e garantia das pessoas portadoras de deficiência;

2. **Entendimento jurisprudencial:**

Direito à saúde. Tratamento médico. Responsabilidade solidária dos entes federados. Repercussão geral reconhecida. Reafirmação de jurisprudência. O tratamento médico adequado aos necessitados se insere no rol dos deveres do Estado, porquanto responsabilidade solidária dos entes federados. O polo passivo pode ser composto por qualquer um deles, isoladamente, ou conjuntamente. [RE 855.178-RG, rel. min. Luiz Fux, j. 5-3-2015, P, DJE de 16-3-2015, Tema 793.]

III – **proteger** os documentos, as obras e outros bens de valor histórico, artístico e cultural, os monumentos, as paisagens naturais notáveis e os sítios arqueológicos;

IV - **impedir** a evasão, a destruição e a descaracterização de obras de arte e de outros bens de valor histórico, artístico ou cultural;

V - **proporcionar** os meios de acesso à cultura, à educação, à ciência, **à tecnologia, à pesquisa e à inovação**

3. O inciso V foi modificado com a Emenda Constitucional nº 85/2015 para **incluir nele** os interesses dos entes públicos para proporcionar **a tecnologia, pesquisa e a inovação.**

VI - **proteger** o **meio ambiente** e combater a **poluição** em qualquer de suas formas;

VII - preservar as florestas, a fauna e a flora;

VIII - fomentar a produção agropecuária e organizar o abastecimento alimentar;

IX - promover programas de construção de moradias e a melhoria das condições habitacionais e de saneamento básico;

X - combater as causas da pobreza e os fatores de marginalização, promovendo a integração social dos setores desfavorecidos;

XI - registrar, acompanhar e fiscalizar as concessões de direitos de pesquisa e exploração de recursos hídricos e minerais em seus territórios;

XII - **estabelecer** e implantar política de educação para a **segurança do trânsito.**

4. Aqui é importante pontuar que o inciso XII também se refere a trânsito, devendo o candidato prestar atenção para não confundir a competência de **legislar** com a competência de **administrar:** a competência para legislar acerca das diretrizes da política nacional de transportes e acerca de trânsito e transporte é da União (arts. 22, IX e XI, CF), agora, qualquer dos entes podem implantar políticas de educação para segurança do trânsito (art. 23, XII, CF).

Aplicação em concurso público:

- ***Técnico em Informática – 2017 – IPERON – RO (IBADE).***

  "A União detém competência comum para:

  A) preservar as florestas, a fauna e a flora.

  B) decretar estado de defesa.

  C) estabelecer o ordenamento da Polícia Civil do Distrito Federal.

  D) legislar sobre direito penal.

  E) emitir moeda."

  Gabarito: Alternativa A (art. 23, VII, CF)

Parágrafo único. Leis complementares fixarão normas para a cooperação entre a União e os Estados, o Distrito Federal e os Municípios, tendo em vista o **equilíbrio do desenvolvimento e do bem-estar em âmbito nacional.**

5. Exemplo de aplicação deste parágrafo é a Lei Complementar nº 140/2011, estabelecendo cooperação entre a União, os Estados, o Distrito Federal e os Municípios nas ações administrativas decorrentes do exercício da competência comum relativas à proteção das paisagens naturais notáveis, à proteção do meio ambiente, ao combate à poluição em qualquer de suas formas e à preservação das florestas, da fauna e da flora.

Art. 24 – Compete à União, aos Estados e ao Distrito Federal **legislar concorrentemente** sobre:

1. As competências aqui inseridas são denominadas de competências legislativas concorrentes e estão atribuídas à União, aos Estados e ao Distrito Federal. Porém, por força do artigo 30, I e II, da Constituição Federal, os Municípios podem legislar sobre matérias aqui veiculadas, de forma suplementar, ou ainda quando se trata de matéria de interesse local.

I – direito tributário, financeiro, penitenciário, econômico e urbanístico;

2. O candidato deve tomar cuidado para não confundir os assuntos deste inciso com os do art. 22, I, CF, que tratam de competências privativas da União.

3. O poder executivo pode alterar as alíquotas de alguns impostos por meio de Decreto Presidencial (art. 153, § 1º, CF), o que não interfere na competência dos membros do poder Legislativo.

► **Entendimento jurisprudencial:**

A iniciativa de leis que versem sobre **matéria tributária é concorrente entre o chefe do Poder Executivo e os membros do Legislativo.** A circunstância de as leis que versem sobre matéria tributária poderem repercutir no orçamento do ente federado não conduz à conclusão de que sua iniciativa é privativa do chefe do Executivo. [RE 590.697 ED, rel. min. Ricardo Lewandowski, j. 23-8-2011, 2ª T, DJE de 6-9-2011.]

II – orçamento;

4) **Aplicação em concurso público:**

- ***Auditor Municipal de Controle Interno – Correição, Geral e Infraestrutura – VUNESP – 2015 – Prefeitura de São Paulo – SP***

"A competência constitucional para legislar sobre orçamento é

A) concorrente entre a União, Estados e Distrito Federal.

B) privativa dos Estados, podendo ser suplementada pelos Municípios.

C) concorrente entre União, Estados, Distrito Federal e Municípios.

D) privativa da União.

E) comum entre União, Estados, Distrito Federal e Municípios."

Gabarito: Alternativa A

III - juntas comerciais;

IV - custas dos serviços forenses;

5. As custas dos serviços forenses são realizadas por meio de **taxas,** uma espécie de tributo relacionado à utilização de um serviço público específico e divisível (art. 145, II, CF).

V - produção e consumo;

6. Entendimentos jurisprudenciais:

[...] é constitucional a lei estadual que prevê a **instalação de dispositivos de segurança nas agências bancárias,** considerada a **competência concorrente** entre União e Estados federados para legislar em matéria de segurança nas relações de consumo (art. 24, V e VIII e § 2º, da Carta Magna) [ARE 1.013.975 AgR-Segundo, rel. min. Rosa Weber, j. 17-10-2017, 1ª T, DJE de 22-11-2017.]

Por mais ampla que seja, a competência legislativa concorrente em matéria de defesa do consumidor (CF/1988, art. 24, V e VIII) **não autoriza os Estados-membros a editarem normas acerca de relações contratuais, uma vez que essa atribuição está inserida na competência da União Federal para legislar sobre direito civil** (CF/1988, art. 22, I)." (ADI 4.701, rel. min. Roberto Barroso, julgamento em 13-8-2014, Plenário, DJE de 25-8-2014.)

Aplicação em concurso público:

- ***Procurador – 2015 – UEPA – PGE-PA***

"II. Mesmo em face da competência legislativa concorrente em matéria de defesa do consumidor (CF/1988, art. 24, V e VIII), os Estados-membros, consoante o STF, não estão autorizados a editarem normas acerca de relações contratuais, uma vez que essa atribuição está inserida na competência da União Federal para legislar sobre direito civil. (CF/1988, art. 22, I)."

Gabarito: A alternativa está correta.

VI - florestas, caça, pesca, fauna, conservação da natureza, defesa do solo e dos recursos naturais, proteção do meio ambiente e controle da poluição;

7. Essa competência concorrente não se confunde com a competência do **Município para legislar sobre assuntos de interesse legal (art. 30, I, CF),** nem com a competência **comum de todos os entes para proteger o meio ambiente (art. 23, VI, CF):**

► **Entendimento jurisprudencial:**

O **Município é competente para legislar sobre meio ambiente** com União e Estado, no **limite de seu interesse local** e desde que tal regramento seja harmônico com a disciplina estabelecida pelos demais entes federados (art. 24, VI, c/c 30, I e II, da CRFB)[RE 586224].

VII – proteção ao patrimônio histórico, cultural, artístico, turístico e paisagístico;

VIII – responsabilidade por dano ao meio ambiente, ao consumidor, a bens e direitos de valor artístico, estético, histórico, turístico e paisagístico;

IX – **educação, cultura, ensino, desporto, ciência, tecnologia, pesquisa, desenvolvimento e inovação;**

8. A Emenda Constitucional nº 85/2015 modificou o inciso IX, adicionando a ele as competências para legislar sobre **ciência, tecnologia, pesquisa, desenvolvimento e inovação.**

X – criação, funcionamento e processo do **juizado de pequenas causas;**

XI – procedimentos em matéria **processual;**

9. Atenção para não confundir! **Direito processual é competência privativa da União (art. 22, I, CF)**, já os procedimentos usados dentro do processo é competência concorrente entre os entes.

► **Entendimento jurisprudencial:**

Descabe confundir a competência concorrente da União, Estados e Distrito Federal para legislar sobre procedimentos em matéria processual; art. 24, XI, com a privativa para legislar sobre direito processual, prevista no art. 22, I, ambos da CF. Os Estados não têm competência para a criação de recurso, como é o de embargos de divergência contra decisão de turma recursal. [AI 253.518 AgR, rel. min. Marco Aurélio, j. 9-5-2000, 2ª T, DJ de 18-8-2000.]

► **Entendimento jurisprudencial:**

O inquérito civil é procedimento pré-processual que se insere na esfera do direito processual civil como procedimento, à semelhança do que sucede com relação ao inquérito policial em face do direito processual penal. Daí, a competência concorrente prevista no art. 24, XI, da CF [ADI 1.285 MC, rel. min. Moreira Alves, j. 25-10-1995, P, DJ de 23-3-2001.]

XII – **previdência social,** proteção e **defesa da saúde;**

XIII – assistência jurídica e Defensoria pública;

XIV – proteção e integração social das pessoas portadoras de deficiência;

XV – proteção à **infância e à juventude;**

XVI – organização, garantias, direitos e deveres das polícias civis.

10) Aplicação em concurso público

- ***Titular de Serviços de Notas e de Registro – Remoção – CONSULPLAN – 2015 – TJ-MG***

"Compete à União, aos Estados e ao Distrito Federal legislar concorrentemente sobre

A) previdência social, proteção e defesa da saúde, proteção à infância e à juventude, assistência jurídica e Defensoria Pública.

B) custas dos serviços forenses, registros públicos, orçamento, produção e consumo.

C) proteção e integração social das pessoas portadoras de deficiência, seguridade social, previdência social, juntas comerciais e orçamento.

D) propaganda comercial, responsabilidade por dano ao meio ambiente, ao consumidor, a bens e direitos de valor artístico, estético, histórico, turístico e paisagístico."

Gabarito: Alternativa A (art. 24, XII, CF: todas as outras alternativas se referem a competências privativas da União, dispostas no art. 22, CF)

- ***Médico – CETRO – 2014 – FUNDAÇÃO CASA***

"Compete à União, aos Estados e ao Distrito Federal legislar concorrentemente sobre

A) preservação das florestas, da fauna e da flora.

B) proteção ao meio ambiente e combate à poluição em qualquer de suas formas.

C) promoção de programas de construção de moradias e melhoria das condições habitacionais e de saneamento básico.

D) proteção ao patrimônio histórico, cultural, artístico, turístico e paisagístico.

E) registro, acompanhamento e fiscalização das concessões de direitos de pesquisa e exploração de recursos hídricos e minerais em seus territórios."

Gabarito: Alternativa D (art. 24, VII, CF: as outras alternativas se referem a competências administrativas comuns entre os entes)

- ***Analista Judiciário – UFCG – 2008 – TJ-PB***

"Assinale a alternativa correta na questão seguinte:

Compete concorrentemente à União, aos Estados e ao Distrito Federal legislar sobre

A) populações indígenas.

B) sistemas de consórcios e sorteios.

C) trânsito e transporte.

D) produção e consumo.

E) comércio interestadual."

Gabarito: Alternativa D (art. 24, V, CF)

§ 1º No âmbito da legislação concorrente, a competência da União limitar-se-á a estabelecer **normas gerais.**

§ 2º A competência da União para legislar sobre normas gerais **não exclui a competência suplementar d**os Estados.

§ 3º Inexistindo lei federal sobre normas gerais, os Estados exercerão a competência legislativa plena, para at**ender a suas peculiaridades.**

§ 4º A superveniência de lei federal sobre normas gerais **suspende** a eficácia da lei estadual, **no que lhe for contrário.**

11. **As regras da competência concorrente são muito importantes e muito cobradas.** Dessa forma: a União tem competência para legislar acerca das normas gerais de determinada matéria e os Estados legislam normas específicas (competência suplementar).

12. **Se não houver lei federal, os Estados podem fazer leis que disponham acerca das normas gerais** para regulamentar a matéria dentro de seu Estado, entretanto caso no futuro, a União faça uma lei, a Lei estadual ficará **suspensa** no que for contrário. **Atenção:** perceba que a Lei estadual, aqui, não é inconstitucional e **não viola regras constitucionais de competência**, pois a previsão de que o Estado legisle em caso de ausência de lei federal é constitucional.

Aplicação em concurso público:

- ***Analista Judiciário – Ciências Sociais – 2017 – TJ-RS (FAURGS).***

  "De acordo com as normas previstas no art. 24, sobre competência legislativa concorrente, considere as seguintes afirmações.

  I – A competência da União para legislar sobre normas gerais não exclui a competência suplementar dos Estados.

  II – Inexistindo lei federal sobre normas gerais, os Estados exercerão a competência legislativa plena, para atender a suas peculiaridades.

  III – No âmbito da legislação concorrente, a competência da União limitar-se-á a estabelecer normas gerais.

  IV – A superveniência de lei federal sobre normas gerais suspende a eficácia da lei estadual, no que lhe for contrário".

  Gabarito: Todos os itens estão corretos.

- ***Técnico Judiciário – 2018 – TJ-SC (FGV)***

  "Maria, Deputada Estadual, almejava apresentar um projeto de lei sobre direito financeiro, tendo constatado que competia à União, aos Estados e ao Distrito Federal legislar concorrentemente sobre a matéria.

  Com o objetivo de atuar de modo correto, solicitou que sua assessoria esclarecesse o alcance da competência estadual nesse caso.

  Com embasamento na sistemática constitucional, a assessoria informou, corretamente, que o Estado, nesse tipo de matéria:

A) pode legislar livremente sobre a matéria, já que as normas da União se destinam ao plano federal;

B) enquanto a União não editar normas gerais sobre a matéria, possui competência plena;

C) somente pode legislar nos limites em que seja autorizado pela União;

D) revogará as normas gerais da União ao editar normas específicas;

E) somente pode editar as normas de interesse local".

Gabarito: Alternativa B.

CAPÍTULO III
DOS ESTADOS FEDERADOS

1. Os Estados compõem a federação, por isso são chamados de Estados-membro.
2. Os Estados se auto organizam por meio do poder **constituinte derivado decorrente** (Constituições Estaduais) e, após, por meio de sua legislação. **Sua atuação se dá quando o interesse for regional.**

Aplicação em concurso público:

- ***Delegado de Polícia – 2018 – FUNDATEC – PC-RS***

"O poder constituinte pode ser conceituado como o poder de elaborar ou atualizar uma Constituição. A titularidade desse poder pertence ao povo, como aponta a doutrina moderna. Sobre as proposições em relação ao tema, assinale a alternativa INCORRETA.

D) O poder constituinte **derivado revisor** consiste na possibilidade que os Estados-membros têm, em virtude de sua autonomia político-administrativa, de se auto-organizarem através de suas respectivas constituições estaduais, sempre respeitando as limitações estabelecidas pela Constituição Federal".

Gabarito: A afirmativa está errada e deve ser assinalada. (O texto da alternativa trouxe a expressão "derivado revisor", o correto é ***derivado decorrente*****).**

Art. 25 – Os Estados organizam-se e regem-se pelas **Constituições e leis** que adotarem, observados os princípios desta Constituição.

1. Este artigo está em conformidade com o art. 11, *caput* do Ato das Disposições Constitucionais Transitórias (ADCT), o qual abre oportunidade para a auto-organização dos Estados-membros por meio de Constituições estaduais, porém **essa deve observar os princípios estabelecidos pela Constituição Federal.** Veja-se que o Poder Constituinte Decorrente é **limitado, condicionado** e de **2º grau**, devendo observar o Texto Federal, sob pena de ser declarado inconstitucional.

► Entendimentos Jurisprudenciais:

A Constituição do Brasil, ao conferir aos Estados-membros a capacidade de auto-organização e de autogoverno – art. 25, *caput* –, **impõe a obrigatória observância de vários princípios, entre os quais o pertinente ao processo legislativo.** O legislador estadual não pode **usurpar a iniciativa legislativa do chefe do Executivo,** dispondo sobre as matérias reservadas a essa iniciativa privativa. ADI 291, rel. min. Joaquim Barbosa, j. 7-4-2010, P, *DJE* de 10-9-2010.

O poder constituinte outorgado aos Estados-membros sofre as **limitações jurídicas impostas pela Constituição da República.** Os Estados-membros **organizam-se e regem-se pelas Constituições e leis que adotarem (CF, art. 25),** submetendo-se, no entanto, quanto ao exercício dessa prerrogativa institucional (essencialmente limitada em sua extensão), aos condicionamentos normativos impostos pela CF. (...). ADI 2.113, rel. min. Cármen Lúcia, j. 4-3-2009, P, *DJE* de 21-8-2009.

§ 1º São reservadas aos Estados as competências que não lhes sejam vedadas por esta Constituição.

2. A competência dos estados **é residual ou remanescente** (via de regra não está expressa na constituição, exceção: Art. 25 § 2º e § 3º). **A utilização da competência residual** é no sentido de dizer que são reservadas aos **Estados** as **competências** que não lhes sejam vedadas pela Constituição.

Aplicação em concurso público:

- ***Analista Judiciário – Área Administrativa – 2016 – TRT-8ª Região (CESPE).***

  "A competência da União e dos municípios é expressa, sendo a competência dos estados remanescente ou residual."

  Gabarito: A afirmativa está correta.

► Entendimentos Jurisprudenciais:

Os Estados-membros **são competentes para explorar e regulamentar a prestação de serviços de transporte intermunicipal.** (...) A prestação de transporte urbano, consubstanciando serviço público de **interesse local, é matéria albergada pela competência legislativa dos Municípios,** não cabendo aos Estados-membros dispor a seu respeito. RE 549.549 AgR, rel. min. Ellen Gracie, j. 25-11-2008, 2ª T, *DJE* de 19-12-2008.

A competência concorrente dos Estados em matéria previdenciária **não autoriza** se desatendam os fundamentos básicos do sistema previdenciário, de origem constitucional. ADI 2.311 MC, rel. min. Néri da Silveira, j. 7-3-2002, P, *DJ* de 7-6-2002.

§ 2º Cabe aos Estados explorar diretamente, ou mediante concessão, **os serviços locais de gás canalizado,** na forma da lei, vedada a edição de medida provisória para a sua regulamentação.

3. Após a edição da emenda constitucional 5/1995 esse artigo sofreu alteração. Com isso, passou a conter em seu texto **que é vedada a edição de medida provisória para a sua regulamentação.**

Aplicação em concurso público:

- ***Complexidade Intelectual – Direito – 2013 – ANS***

  "Sobre a organização do Estado brasileiro prevista na Constituição Federal, assinale:

  D) **Cabe ao Município** explorar diretamente, ou mediante concessão os serviços locais de gás canalizado, na forma da lei, vedada a edição de medida provisória para a sua regulamentação."

  Gabarito: A afirmativa está incorreta. (Conforme esse artigo, compete aos Estados Federados).

- ***Procurador do Estado de Terceira Classe – 2014 – PGE-RN***

  "De acordo com as normas de repartição de competências previstas na Constituição Federal, cabe aos Estados – membros

  I. explorar diretamente, ou mediante concessão, os serviços locais de gás canalizado, na forma da lei, vedada a edição de medida provisória para a sua regulamentação."

  Gabarito: A afirmativa está correta.

§ 3º Os Estados poderão, mediante lei complementar, **instituir regiões metropolitanas, aglomerações urbanas e microrregiões,** constituídas por agrupamentos **de municípios limítrofes,** para integrar a organização, o planejamento e a execução de funções públicas de interesse comum.

4. As regiões metropolitanas são constituídas pelos Estados, mas a Constituição exige a edição de **Lei Complementar**.

Aplicação em concurso público:

- ***Técnico Judiciário – Tecnologia da Informação – 2018 – TRT – 2ª REGIÃO (SP) (FCC)***

  "Cabe aos Estados o exercício das competências que não lhes sejam vedadas, além de outras enumeradas pela Constituição, como a exploração, direta ou mediante concessão, dos serviços locais de gás canalizado, na forma da lei."

  Gabarito: A afirmativa está correta.

- ***Auditor de Controle Externo – Direito – 2016 – TCE-PA (CESPE).***

  "Os estados-membros, mediante **lei ordinária específica**, podem instituir regiões metropolitanas, constituídas por agrupamentos de municípios, para integrar a organização, o planejamento e a execução de funções públicas de interesse comum."

  Gabarito: Afirmativa está errada. (Observe que a alternativa não condiz com o texto constitucional, o erro que pode ser identificado está em: "lei ordinária específica". A constituição prescreve que deve ser mediante lei "complementar").

Art. 26 – Incluem-se entre os bens dos Estados:

1. Este artigo é cobrado em sua literalidade, **tratando dos bens de titularidade dos Estado.**

I – as águas superficiais ou subterrâneas, fluentes, emergentes e em depósito, ressalvadas, neste caso, na forma da lei, as decorrentes de obras da União;

2) **Aplicação em concurso público**

- ***Técnico de Suporte em Infraestrutura de Transportes – Estradas – DNIT – ESAF***

"Em relação à União, aos Estados, aos Municípios e ao Distrito Federal, é correto afirmar que:

B) são bens dos Estados as águas superficiais ou subterrâneas, fluentes, emergentes e em depósito, ressalvadas, neste caso, na forma da lei, as decorrentes de obras da União".

Gabarito: Afirmativa está correta.

II – as áreas, nas ilhas oceânicas e costeiras, que estiverem no seu domínio, excluídas aquelas sob domínio da União, Municípios ou terceiros;

3. **Aplicação em concursos públicos:**

- ***Juiz Federal Substituto – 2016 – TRF – 3ª Região***

"Incluem-se entre os bens dos Estados:

D) as áreas nas ilhas oceânicas e costeiras que estiverem sob seu domínio, excluídas as que forem da União, dos Municípios ou que pertençam a particulares."

Gabarito: A afirmativa está correta.

III – as ilhas fluviais e lacustres não pertencentes à União;

IV – **as terras devolutas não compreendidas entre as da União.**

4. **Entendimento jurisprudencial:**

A jurisprudência do STF, por diversas vezes, reconheceu que as terras dos **aldeamentos indígenas que se extinguiram antes da Constituição de 1891,** por haverem perdido o caráter de bens destinados **a uso especial,** passaram à categoria de terras devolutas. Uma vez reconhecidos como terras devolutas, por força do art. 64 da Constituição de 1891, os aldeamentos extintos transferiram-se ao domínio dos Estados. Ação direta de inconstitucionalidade julgada procedente em parte, para conferir interpretação conforme à Constituição ao dispositivo impugnado, a fim de que a sua aplicação fique adstrita aos aldeamentos indígenas extintos antes da edição da primeira Constituição republicana. ADI 255, rel. p/ o ac. min. Ricardo Lewandowski, j. 16-3-2011, P, *DJE* de 24-5-2011.

Art. 27 - O número de Deputados à Assembleia Legislativa corresponderá ao triplo da representação do Estado na Câmara dos Deputados e, atingido o número de trinta e seis, será acrescido de tantos quantos forem os Deputados Federais acima de doze.

§ 1º Será de **quatro anos o mandato dos Deputados Estaduais,** aplicando-sê-lhes as regras desta Constituição sobre sistema eleitoral, inviolabilidade, imunidades, remuneração, perda de mandato, licença, impedimentos e incorporação às Forças Armadas.

§ 2º O subsídio dos Deputados Estaduais **será fixado por lei de iniciativa da Assembleia Legislativa,** na razão de, no máximo, **setenta e cinco por cento daquele estabelecido, em espécie, para os Deputados Federais,** observado o que dispõem os arts. 39, § 4º, 57, § 7º, 150, II, 153, III, e 153, § 2º, I.

§ 3º Compete às Assembleias Legislativas dispor sobre seu regimento interno, polícia e serviços administrativos de sua secretaria, e prover os respectivos cargos.

§ 4º A **lei disporá sobre a iniciativa popular** no processo legislativo estadual.

1. Nos Estados que possuem **até 12 deputados federais**: para encontrar o número de deputados estaduais totais que compõem a assembleia legislativa, basta multiplicar a quantidade de deputados federais por três;

2. Nos Estados com **mais de 12 deputados federais**: multiplica-se o número de deputados estaduais por três para encontrar o número total de deputados estaduais **até** atingir **trinta e seis** no total. A partir desse número, apenas soma-se apenas um o número de deputados (um por um) que ultrapassa os doze federais.

Aplicação em concurso público:

- ***Advogado - 2014 - UFS (INSTITUTO AOCP)***

  "O número de Deputados à Assembléia Legislativa corresponderá ao triplo da representação do Estado na Câmara dos Deputados e, atingido o número de trinta e sete, será acrescido de tantos quantos forem os Deputados Federais acima de doze.

  Será de oito anos o mandato dos Deputados Estaduais, aplicando-sê-lhes as regras desta Constituição sobre sistema eleitoral, inviolabilidade, imunidades, remuneração, perda de mandato, licença, impedimentos e incorporação às Forças Armadas".

  Gabarito: As afirmativas estão incorretas. (na primeira, o número que se deve atingir é 36; na segunda, o mandato dos Deputados será de 4 anos)

Art. 28 - A eleição do Governador e do Vice-Governador de Estado, para mandato de quatro anos, realizar-se-á no primeiro domingo de outubro, em primeiro turno,

e no último domingo de outubro, em segundo turno, se houver, do ano anterior ao do término do mandato de seus antecessores, e a posse ocorrerá em primeiro de janeiro do ano subsequente, observado, quanto ao mais, o disposto no art. 77.

§ 1º **Perderá o mandato** o Governador que assumir outro **cargo ou função na administração pública direta ou indireta**, ressalvada a posse em virtude de concurso público e observado o disposto no art. 38, I, IV e V.

§ 2º Os subsídios do Governador, do Vice-Governador e dos Secretários de Estado serão fixados por **lei de iniciativa da Assembleia Legislativa**, observado o que dispõem os arts. 37, XI, 39, § 4º, 150, II, 153, III, e 153, § 2º, I.

1. Este dispositivo trata da eleição do Governador e Vice-Governador, seguindo regra semelhante ao do Presidente da República. Os parágrafos, por outro lado, dispõem sobre a perda da função em caso de acumulação e a fixação dos subsídios, sendo cobrado nos concursos públicos em sua literalidade.

CAPÍTULO IV
Dos Municípios

1. **Os Municípios são entidades federativas indispensáveis ao sistema e atuam quando o interesse for local, possuindo plena autonomia.** Essa autonomia se resume em poderes políticos, administrativos e financeiros próprios, de maneira a serem capazes de se auto organizarem.

Aplicação em concurso público:

- ***TJ/AL 2012 – CESPE_ME – ANALISTA JUDICIÁRIO ESPECIALIZADO***

  "No que se refere ao direito constitucional, assinale a opção correta.

  E) A autonomia municipal funda-se na capacidade de auto-organização, autogoverno, autoadministração e capacidade normativa própria, de acordo com a Constituição Federal de 1988."

  Gabarito: Alternativa "E" foi considerada a correta.

- ***FUNDATEC – 2016 – Prefeitura de Porto Alegre – RS – Procurador Municipal***

  "Os Municípios, no Estado Federal Brasileiro, desfrutam de autonomia similar à dos Estados-membros, visto que não lhes faltam um campo de atuação delimitado, leis próprias e autoridades suas. Assim, é correto afirmar que:

  A) A autonomia municipal se expressa pela capacidade de arrecadar as próprias finanças, organizar os serviços e eleger Prefeitos e Vereadores."

  Gabarito: A alternativa "A" foi considerada a correta;

- ***FGV – 2008 – Senado Federal – Técnico Legislativo – Processo Legislativo***

  Sobre a organização político-administrativa da República Federativa do Brasil, assinale a afirmativa incorreta.

B) Os Estados e o Distrito Federal possuem autonomia política, e os municípios detêm apenas autonomia administrativa e financeira

Gabarito: A alternativa "B" foi considerada incorreta (os municípios detêm também autonomia política).

2. **A autonomia política** compreende de maneira ampla o poder de auto-organização inerente a todos os municípios. Isto é, os municípios podem elaborar suas leis, podem eleger seus próprios representantes (votados pela população local), dentre outras capacidades, essa autonomia política, como as demais, limita a autonomia estatal e federal, de forma a dar aos municípios sua real independência. A **autonomia administrativa** diz respeito a capacidade dos municípios de realização de obras públicas, de serviços públicos, do funcionamento de estabelecimentos municipais, dentre outros, dentro do território municipal; também pode ser exercida quando na proteção dos patrimônios históricos, ou na defesa de seus interesses particulares. Já a **autonomia financeira** pode ser exercida por exemplo quando os municípios criam tributos, ou ainda na regulação de suas rendas, visto que sem essa capacidade, os municípios não teriam outras autonomias.

Aplicação em concurso:

- ***Câmara Municipal de Israelândia – GO – PERFAS – 2016***

  "A Câmara Municipal possui quatro funções básicas, dentre as quais prepondera a legislativa, que consiste na elaboração de normas genéricas e abstratas – as leis. A esse respeito, a Constituição Federal assegura aos Municípios plena competência para:

  E) Promover a proteção do patrimônio histórico-cultural local, observada a legislação e a ação fiscalizadora federal e estadual.

  Gabarito: A alternativa "E" foi considerada a correta;

- ***Assessor Jurídico – FCC – 2014 – TCE-PI***

  "No âmbito da autonomia política constitucionalmente assegurada aos Municípios, inclui-se a competência para "criar, organizar e suprimir distritos". Tal competência

  D) impede que legislação estadual determine a equiparação a distritos das áreas territoriais designadas, no âmbito do ordenamento municipal, como subdistritos."

  Gabarito: A alternativa "D" foi considerada como correta (limitação à autonomia estatal)

3. A criação de municípios depende de lei estadual, dentro do período determinado por lei complementar federal, e de consulta prévia à população, mediante plebiscito. (ver art. 18, § 4º, CF)

Art. 29 – O Município reger-se-á por **lei orgânica,** votada em dois turnos, com o interstício mínimo de dez dias, e aprovada por dois terços dos membros da Câmara Municipal, que a promulgará, atendidos os princípios estabelecidos nesta Constituição, na Constituição do respectivo Estado e os seguintes preceitos:

1. Requisitos da lei orgânica são cobrados em sua literalidade: votada em dois turnos e aprovada por ⅔ dos membros da Câmara Municipal.

Aplicação em concurso:

- **Técnico Judiciário – Área Administrativa – FCC – 2010 – TRE-AL**

  Quanto aos Municípios, considere as seguintes assertivas:

  I. O Município reger-se-á por lei orgânica, votada em dois turnos, com o interstício mínimo de dez dias, e aprovada por dois terços dos membros da Câmara Municipal

  III. Nos Municípios de até dez mil habitantes, o subsídio máximo dos Vereadores corresponderá a vinte por cento do subsídio dos Deputados Estaduais.

  Gabarito: As alternativas "I" e "III" foram consideradas corretas;

- **DPE-TO – COPESE – UFT – 2012**

  "Assistente de Defensoria Pública Sobre a organização político-administrativa dos Municípios, marque a alternativa CORRETA:

  A) Nos termos da Constituição Federal de 1988, o Município reger-se-á por lei orgânica, votada em um turno, e aprovada por três quintos dos membros da Câmara Municipal, que a promulgará, atendidos os princípios estabelecidos nesta Constituição e na Constituição do respectivo Estado.

  Gabarito: A alternativa "A" foi considerada incorreta (a votação ocorre em 2 turnos e aprovada por dois terços, além do interstício mínimo de 10 dias)

2. A lei orgânica é uma forma do exercício da autonomia política inerente aos municípios. A lei orgânica funciona como uma "constituição" dos municípios, já que o poder constituinte derivado não atribui aos municípios a capacidade de criar uma constituição.

3. A lei orgânica não é absolutamente autônoma e **deve respeitar a Constituição Federal e a Constituição** do estado ao qual faz parte, como os outros dispositivos municipais.

I – eleição do Prefeito, do Vice-Prefeito e dos Vereadores, para mandato de quatro anos, mediante pleito direto e simultâneo realizado em todo o País;

II – eleição do Prefeito e do Vice-Prefeito realizada no primeiro domingo de outubro do ano anterior ao término do mandato dos que devam suceder, aplicadas as regras do art. 77, no caso de Municípios com mais de duzentos mil eleitores;

II – posse do Prefeito e do Vice-Prefeito no dia 1º de janeiro do ano subsequente ao da eleição;

IV – para a composição das Câmaras Municipais, será observado o limite máximo de:

a) 9 (nove) Vereadores, nos Municípios de até 15.000 (quinze mil) habitantes;

b) 11 (onze) Vereadores, nos Municípios de mais de 15.000 (quinze mil) habitantes e de até 30.000 (trinta mil) habitantes;

c) 13 (treze) Vereadores, nos Municípios com mais de 30.000 (trinta mil) habitantes e de até 50.000 (cinquenta mil) habitantes;

d) 15 (quinze) Vereadores, nos Municípios de mais de 50.000 (cinquenta mil) habitantes e de até 80.000 (oitenta mil) habitantes;

e) 17 (dezessete) Vereadores, nos Municípios de mais de 80.000 (oitenta mil) habitantes e de até 120.000 (cento e vinte mil) habitantes;

f) 19 (dezenove) Vereadores, nos Municípios de mais de 120.000 (cento e vinte mil) habitantes e de até 160.000 (cento sessenta mil) habitantes;

g) 21 (vinte e um) Vereadores, nos Municípios de mais de 160.000 (cento e sessenta mil) habitantes e de até 300.000 (trezentos mil) habitantes;

h) 23 (vinte e três) Vereadores, nos Municípios de mais de 300.000 (trezentos mil) habitantes e de até 450.000 (quatrocentos e cinquenta mil) habitantes;

i) 25 (vinte e cinco) Vereadores, nos Municípios de mais de 450.000 (quatrocentos e cinquenta mil) habitantes e de até 600.000 (seiscentos mil) habitantes;

j) 27 (vinte e sete) Vereadores, nos Municípios de mais de 600.000 (seiscentos mil) habitantes e de até 750.000 (setecentos cinquenta mil) habitantes;

k) 29 (vinte e nove) Vereadores, nos Municípios de mais de 750.000 (setecentos e cinquenta mil) habitantes e de até 900.000 (novecentos mil) habitantes;

l) 31 (trinta e um) Vereadores, nos Municípios de mais de 900.000 (novecentos mil) habitantes e de até 1.050.000 (um milhão e cinquenta mil) habitantes;

m) 33 (trinta e três) Vereadores, nos Municípios de mais de 1.050.000 (um milhão e cinquenta mil) habitantes e de até 1.200.000 (um milhão e duzentos mil) habitantes;

n) 35 (trinta e cinco) Vereadores, nos Municípios de mais de 1.200.000 (um milhão e duzentos mil) habitantes e de até 1.350.000 (um milhão e trezentos e cinquenta mil) habitantes;

o) 37 (trinta e sete) Vereadores, nos Municípios de 1.350.000 (um milhão e trezentos e cinquenta mil) habitantes e de até 1.500.000 (um milhão e quinhentos mil) habitantes;

p) 39 (trinta e nove) Vereadores, nos Municípios de mais de 1.500.000 (um milhão e quinhentos mil) habitantes e de até 1.800.000 (um milhão e oitocentos mil) habitantes;

q) 41 (quarenta e um) Vereadores, nos Municípios de mais de 1.800.000 (um milhão e oitocentos mil) habitantes e de até 2.400.000 (dois milhões e quatrocentos mil) habitantes;

r) 43 (quarenta e três) Vereadores, nos Municípios de mais de 2.400.000 (dois milhões e quatrocentos mil) habitantes e de até 3.000.000 (três milhões) de habitantes;

s) 45 (quarenta e cinco) Vereadores, nos Municípios de mais de 3.000.000 (três milhões) de habitantes e de até 4.000.000 (quatro milhões) de habitantes;

t) 47 (quarenta e sete) Vereadores, nos Municípios de mais de 4.000.000 (quatro milhões) de habitantes e de até 5.000.000 (cinco milhões) de habitantes;

u) 49 (quarenta e nove) Vereadores, nos Municípios de mais de 5.000.000 (cinco milhões) de habitantes e de até 6.000.000 (seis milhões) de habitantes;

v) 51 (cinquenta e um) Vereadores, nos Municípios de mais de 6.000.000 (seis milhões) de habitantes e de até 7.000.000 (sete milhões) de habitantes;

w) 53 (cinquenta e três) Vereadores, nos Municípios de mais de 7.000.000 (sete milhões) de habitantes e de até 8.000.000 (oito milhões) de habitantes; e

x) 55 (cinquenta e cinco) Vereadores, nos Municípios de mais de 8.000.000 (oito milhões) de habitantes;

4. A escolha do prefeito, do vice-prefeito e do vereador são formas de exercício da **autonomia política inerente aos municípios.** Neste quesito, a autonomia administrativa para organizar os cargos eletivos é limitada pela Constituição, quando prevê taxativamente quais cargos serão. Essa autonomia faz com que a Lei Orgânica tenha capacidade de prever as situações de vacância ou impedimento do Chefe do Executivo, fato que não deve estar previsto na Constituição Estadual (ver art. 77, CF)

► **Entendimento jurisprudencial:**

Asseverou-se que **a matéria pertinente à sucessão e à substituição do Prefeito e do Vice-Prefeito** inclui-se, por efeito de sua natureza mesma, no domínio normativo da **Lei Orgânica promulgada pelo próprio Município**. O Min. Carlos Britto fez ressalvas quanto aos fundamentos do voto da relatora. Precedentes citados: ADI 687/PA (DJU de 10.2.2006) e ADI 1057 MC/BA (DJU de 6.4.2001). ADI 3549/GO, rel. Min. Cármen Lúcia, 17.9.2007. (ADI-3549

Aplicação em concurso público:

- ***CESPE – 2009 – TCE-ES – Procurador Especial de Contas***

  "No que se refere à organização político-administrativa dos entes da Federação, assinale a opção correta.

  D) Não cabe ao estado-membro disciplinar, ainda que no âmbito da constituição estadual, a ordem de vocação das autoridades municipais, quando configuradas situações de vacância ou impedimento na chefia do Poder Executivo municipal."

  Gabarito: Alternativa correta.

5. Todas estas previsões são regras organizacionais que limitam a autonomia municipal. Todas estas são cobradas de forma literal nos concursos. O número de vereadores deve ser calculado conforme a Constituição e a autonomia municipal está disposta no art. 18 da Constituição Federal;

Aplicação em concurso:

- **FCC – TÉCNICO MINISTERIAL – ADMINISTRATIVO**

  "Para a composição das Câmaras Municipais, será observado o limite máximo de:

  B) treze Vereadores, nos Municípios com mais de trinta mil habitantes e de até cinquenta mil habitantes."

  Gabarito: A alternativa "B" foi considerada a correta.

► **Entendimento jurisprudencial:**

A aprovação de norma municipal que estabelece a composição da Câmara de Vereadores sem observância da relação cogente de proporção com a respectiva população configura excesso do poder de legislar, não encontrando eco no sistema constitucional vigente. Fronteiras da autonomia municipal impostas pela própria Carta da República, que admite a proporcionalidade da representação política em face do número de habitantes. [RE 197.917, rel. min. Maurício Corrêa, j. 6-6-2002, P, DJ de 7-5-2004]

Viola a autonomia dos Municípios (art. 29, IV, da CF/1988) lei estadual que fixa número de vereadores ou a forma como essa fixação deve ser feita. [ADI 692, rel. min. Joaquim Barbosa, j. 2-8-2004, P, DJ de 1º-10-2004.]

V – subsídios do Prefeito, do Vice-Prefeito e dos Secretários Municipais fixados por lei de iniciativa da Câmara Municipal, observado o que dispõem os arts. 37, XI, 39, § 4º, 150, II, 153, III, e 153, § 2º, I;

VI – o subsídio dos Vereadores será fixado pelas respectivas Câmaras Municipais em cada legislatura para a subsequente, observado o que dispõe esta Constituição, observados os critérios estabelecidos na respectiva Lei Orgânica e os seguintes limites máximos:

a) em Municípios de até dez mil habitantes, o subsídio máximo dos Vereadores corresponderá a vinte por cento do subsídio dos Deputados Estaduais;

b) em Municípios de dez mil e um a cinquenta mil habitantes, o subsídio máximo dos Vereadores corresponderá a trinta por cento do subsídio dos Deputados Estaduais;

c) em Municípios de cinquenta mil e um a cem mil habitantes, o subsídio máximo dos Vereadores corresponderá a quarenta por cento do subsídio dos Deputados Estaduais;

d) em Municípios de cem mil e um a trezentos mil habitantes, o subsídio máximo dos Vereadores corresponderá a cinquenta por cento do subsídio dos Deputados Estaduais;

e) em Municípios de trezentos mil e um a quinhentos mil habitantes, o subsídio máximo dos Vereadores corresponderá a sessenta por cento do subsídio dos Deputados Estaduais;

f) em Municípios de mais de quinhentos mil habitantes, o subsídio máximo dos Vereadores corresponderá a setenta e cinco por cento do subsídio dos Deputados Estaduais;

VII – o total da despesa com a remuneração dos Vereadores não poderá ultrapassar o montante de cinco por cento da receita do Município;

6. O subsidio dos prefeitos será fixado por lei municipal e seu teto deverá obedecer ao máximo permitido pela CF, que é o dos ministros do STF. Este é um dos exercícios da autonomia política-financeira inerentes aos municípios. Além disso, o art. 39, da CF, proíbe que os prefeitos e os vereadores recebam outras verbas além do subsidio previsto constitucionalmente, como gratificações, adicionais, entre outros.

7. A câmara municipal, conforme inciso VI, tem **autonomia** para fixar o subsidio dos vereadores, o que será feito por resolução, e não por lei. A fixação deverá obedecer aos critérios de quantidades de habitantes fixados pela CF. O princípio da anterioridade também deverá ser observado para fixação do subsídio dos vereadores, conforme inciso VI. Isso significa que os subsídios serão formulados sempre para a próxima legislatura, e nunca para a atual.

Aplicação em concurso:

- **FCC – 2015 – TCM-GO – Auditor de Controle Externo**

  "O subsídio dos Vereadores será fixado pelas respectivas Câmaras Municipais em cada legislatura para a subsequente, observado o que dispõe a Constituição Federal, observados os critérios estabelecidos na respectiva Lei Orgânica e, dentre outros, o limite máximo, em Municípios

  C) até 10.000 (dez mil) habitantes, o subsídio máximo dos Vereadores corresponderá a 20% (vinte por cento) do subsídio dos Deputados Estaduais."

VIII – inviolabilidade dos Vereadores por suas opiniões, palavras e votos no exercício do mandato e na circunscrição do Município;

8. Os vereadores possuem apenas **imunidade material** (são invioláveis por suas opiniões, palavras e votos), porém isso se limita aos pronunciamentos formulados **nos limites da circunscrição do Município**. Isso significa que os vereadores podem ser processados e até presos, dependendo da circunstância (não têm imunidade formal).

9. A imunidade dos vereadores apenas tem abrangência dentro do município ao qual ele atua. Isto ocorre pois a imunidade é em favor do cargo, e não da pessoa. Ou seja, o cargo de vereador é um cargo municipal e, portanto, terá abrangência apenas dentro do município em que foi eleito.

► **Entendimento jurisprudencial:**

Súmula 703-STF: "A extinção do mandato do prefeito não impede a instauração de **processo pela prática dos crimes previstos no art. 1º do DL 201/1967".**

Súmula 702-STF: "A competência do tribunal de justiça para julgar prefeitos restringe-se aos crimes de competência da Justiça comum estadual; nos demais casos, a competência originária caberá ao respectivo tribunal de segundo grau".

Aplicação em concurso:

- **Titular de Serviços de Notas e de Registros – 2014 – FMP Concursos – TJ-MT**

  A imunidade material

  A) é limitada, no caso dos vereadores.

  Gabarito: Alternativa correta. (ver art. Art. 53, CF, os deputados têm imunidade ampla)

- **Procurador – CETRO – 2013 – CREF – 4ª Região (SP)**

  Sobre a separação das funções do Estado no texto legal e o entendimento dos tribunais superiores, assinale a alternativa correta

  E) A Constituição não consagrou, expressamente, a inviolabilidade dos Vereadores por suas opiniões, palavras e votos no exercício do mandato.

  Gabarito: A alternativa "E" foi considerada incorreta (o inciso VIII do art. 29 consagra a inviolabilidade dos vereadores)

- **Defensor Público Substituto – CESPE – 2015 – DPE-RN**

  "Com relação ao regime constitucional das imunidades parlamentares, assinale a opção correta.

  A) Para que incida a inviolabilidade do vereador, é necessário que suas opiniões, palavras e votos sejam expressos na circunscrição do município em que ele exerça seu mandato, não se exigindo a demonstração de conexão com o efetivo exercício da vereança".

  Gabarito: A alternativa "A" foi considerada a correta;

- **FGV – 2015 – Prefeitura de Niterói – RJ**

  "A lei orgânica do Município XY, ao tratar das garantias dos vereadores, dispôs, em seu art. 20, que a Casa Legislativa poderia suspender o processo criminal a que estivessem respondendo. Ainda dispôs, em seu art. 21, sobre a imunidade material dos vereadores nos seguintes termos: "fica assegurada a inviolabilidade dos vereadores por suas opiniões, palavras e votos no exercício do mandato, independentemente do lugar em que se encontrem." À luz da Constituição da República Federativa do Brasil, é correto afirmar que:

  B) somente o art. 20 apresenta vício de inconstitucionalidade;"

  Gabarito: A alternativa "B" foi considerada a incorreta (a CF dispõe explicitamente que a inviolabilidade dos vereadores é apenas na circunscrição do município)

- **MPE-GO – 2013 – MPE-GO – Promotor de Justiça**

  "No que importa aos crimes praticados por prefeito, é correto afirmar que:
  A) o prefeito que se apropria de bens de que tem posse em razão do cargo não responde pelo crime de peculato, previsto no art. 312 do Código Penal."

  Gabarito: A alternativa "A" foi considerada correta (o prefeito possui apenas imunidade material)

IX – proibições e incompatibilidades, no exercício da vereança, similares, no que couber, ao disposto nesta Constituição para os membros do Congresso Nacional e na Constituição do respectivo Estado para os membros da Assembléia Legislativa;

X – julgamento do Prefeito perante o Tribunal de Justiça;

XI – organização das funções legislativas e fiscalizadoras da Câmara Municipal;

XII – cooperação das associações representativas no planejamento municipal;

XIII – iniciativa popular de projetos de lei de interesse específico do Município, da cidade ou de bairros, através de manifestação de, pelo menos, cinco por cento do eleitorado;

XIV – perda do mandato do Prefeito, nos termos do art. 28, parágrafo único.

10. Apesar de a CF prever expressamente que o prefeito será julgado perante o TJ do respectivo Estado, o Prefeito também poderá ser julgado pela Câmara de Vereadores (crime de responsabilidade), pelo TRF (crime federal) ou pelo TRE (no caso de crime eleitoral).

FORO POR PRERROGATIVA DE FUNÇÃO DO PREFEITO	
Crime Comum	TJ (CF: ART. 29, X)
Crime de responsabilidade	Câmara de vereadores
Crime federal	TRF
Crime eleitoral	TRE (Juiz TRF 5ª)

11. A previsão constitucional referente a perda de mandato de governador também é aplicada aos Prefeitos e é norma de reprodução obrigatória nas Leis orgânicas estaduais (inciso XIV);

► **Entendimento jurisprudencial:**

Súmula 702, STF: A competência do tribunal de justiça para julgar prefeitos restringe-se aos crimes de competência da justiça comum estadual; nos demais casos, a competência originária caberá ao respectivo tribunal de segundo grau.

Aplicação em concurso:

- **MPE-GO 2016 PROMOTOR DE JUSTIÇA**

  "Sobre a competência penal, marque a alternativa correta:

  A) A competência do Tribunal de Justiça para julgar prefeitos restringe-se aos crimes de competência da Justiça comum estadual; nos demais casos, a competência originária caberá ao respectivo tribunal de segundo grau."

  Gabarito: A alternativa "a" foi considerada a correta;

- **CESPE – 2011 – TRE-ES – Analista Judiciário – *Área Judiciária***

  No que concerne às regras de competência que regem o processo penal brasileiro, julgue os itens a seguir.

  "O tribunal de justiça não tem competência para julgar prefeito municipal pela prática de crime eleitoral."

  Gabarito: A dissertativa foi considerada como correta;

- **FUJB – 2012 – MPE-RJ – PROMOTOR DE JUSTIÇA**

  "José, prefeito na cidade de Campos, no Estado do Rio de Janeiro, cometeu um crime federal e deverá, portanto, ser julgado no:

  E) Tribunal Regional Federal da 2a Região, competente para RJ e ES."

  Gabarito: A alternativa "e" foi considerada a correta;

- **CESPE – 2014 – Câmara dos Deputados – Analista Legislativo**

  "Em relação à lei orgânica municipal e à autonomia municipal, julgue os itens subsequentes.

  'As prescrições na Constituição Federal referentes à perda do mandato de governador aplicam-se também ao prefeito, sendo, portanto, de reprodução obrigatória nas leis orgânicas municipais.'"

  Gabarito: A questão foi considerada como correta;

Art. 29-A – O total da despesa do Poder Legislativo Municipal, incluídos os subsídios dos Vereadores e excluídos os gastos com inativos, não poderá ultrapassar os seguintes percentuais, relativos ao somatório da receita tributária e das transferências previstas no § 5o do art. 153 e nos arts. 158 e 159, efetivamente realizado no exercício anterior:

I – 7% (sete por cento) para Municípios com população de até 100.000 (cem mil) habitantes;

II – 6% (seis por cento) para Municípios com população entre 100.000 (cem mil) e 300.000 (trezentos mil) habitantes;

III – 5% (cinco por cento) para Municípios com população entre 300.001 (trezentos mil e um) e 500.000 (quinhentos mil) habitantes;

IV – 4,5% (quatro inteiros e cinco décimos por cento) para Municípios com população entre 500.001 (quinhentos mil e um) e 3.000.000 (três milhões) de habitantes;

V – 4% (quatro por cento) para Municípios com população entre 3.000.001 (três milhões e um) e 8.000.000 (oito milhões) de habitantes;

VI – 3,5% (três inteiros e cinco décimos por cento) para Municípios com população acima de 8.000.001 (oito milhões e um) habitantes.

§ 1º A Câmara Municipal não gastará mais de setenta por cento de sua receita com folha de pagamento, incluído o gasto com o subsídio de seus Vereadores.

§ 2º Constitui crime de responsabilidade do Prefeito Municipal:

I – efetuar repasse que supere os limites definidos neste artigo;

II – não enviar o repasse até o dia vinte de cada mês; ou

III – enviá-lo a menor em relação à proporção fixada na Lei Orçamentária.

§ 3º Constitui crime de responsabilidade do Presidente da Câmara Municipal o desrespeito ao § 1º deste artigo.

1. A Constituição adota um critério quantitativo-populacional, ou seja, quanto maior a população, menor será o repasse ao legislativo municipal. Este artigo tem relaciona-se também com o art. 29, VII, também da CF, que dispõe um limite de 5% para a remuneração dos vereadores. Ou seja, por mais que o limite do inciso I seja de 7%, os gastos com os vereadores terão ainda o limite de 5%.

2. O § 2 traz o crime de responsabilidade para os prefeitos que repassem de forma errada ou não enviem até o dia 20 de cada mês. Além disto, no caso do descumprimento da regra disposta no § 1, o presidente da Câmara Municipal também incorrerá em crime de responsabilidade. O Código Penal também criminaliza a conduta, no art. 315. Além disto, o pouco lembrado DL 201/67 também traz outras possibilidades de crimes de responsabilidades cometidos pelos prefeitos e pelos vereadores.

Aplicação em concurso:

- **FCC – 2011 – TCM-BA – Procurador Especial de Contas**

  "Ao fixar limites máximos de despesa do Poder Legislativo municipal, a Constituição da República prevê que:

  A) A Câmara municipal não gastará mais de setenta por cento de sua receita com folha de pagamento, incluído o gasto com o subsídio de seus Vereadores, sob pena de crime de responsabilidade de seu Presidente."

  Gabarito: A alternativa "A" foi considerada como correta.

- **FUNDEP – 2016 – Prefeitura de Uberaba – MG – Procurador do Município**

  "De acordo com a Constituição da República, o total da despesa do Poder Legislativo Municipal, incluídos os subsídios dos vereadores e excluídos os gastos com inativos, não poderá ultrapassar:

  C) quatro por cento para municípios com população entre 3.000.001 (três milhões e um) e 8.000.000 (oito milhões) de habitantes."

  Gabarito: A alternativa "C" foi considerada como correta.

- **FCC – 2015 – TCM-RJ – Procurador da Procuradoria Especial**

  "Prefeito de Município com seis milhões de habitantes repassou à Câmara de Vereadores 4% do somatório efetivamente realizado no ano anterior da receita tributária e das transferências constitucionais consideradas para apurar-se o limite máximo de despesa do Poder Legislativo municipal. O repasse objetivou custear o total da despesa do Poder Legislativo Municipal, incluídos os subsídios dos Vereadores, mas não os gastos com inativos. No mesmo ano em que ocorreu esse repasse, o Presidente da Câmara Municipal gastou 75% da receita do Poder Legislativo com folha de pagamento, incluído o gasto com o subsídio de seus vereadores. Nessa situação:

  D) apenas o Presidente da Câmara praticou ato previsto como crime de responsabilidade pela Constituição Federal, sendo que o Prefeito agiu de acordo com a Constituição Federal."

  Gabarito: A alternativa "D" foi considerada a correta.

Art. 30 – Compete aos Municípios:

1. Neste artigo são encontradas as competências *administrativas* e *legislativas* dos Municípios.

I – legislar sobre assuntos de interesse local;

II – suplementar a legislação federal e a estadual no que couber;

2. O inciso I consagra o **princípio do interesse local.** Segundo ambos, o município poderá legislar sobre assuntos que sejam de seu interesse, e que não contrariem o interesse estadual e/ou o federal. É importante ter em mente o que são assuntos de interesse local, para saber quais são os limites da competência municipal. Veja alguns exemplos:

► **Entendimento jurisprudencial:**

Súmula Vinculante 38: É competente o município para fixar o horário de funcionamento de estabelecimento comercial.

Os Municípios podem **legislar sobre direito ambiental,** desde que o faça fundamentadamente. (ARE 748.206 AgR, rel. min. Celso de Mello, j. 14-3-2017, 2ª T, Informativo 857)

O STF decidiu que **é INCONSTITUCIONAL** a lei ESTADUAL que determina o **fornecimento gratuito de água potável à população,** por meio de caminhão-pipa, todas as vezes que haja a interrupção do fornecimento normal. Dois fundamentos principais foram apontados:1) O Estado-membro não pode interferir na relação jurídica e contratual estabelecida entre o poder concedente local (Município) e a empresa concessionária, nem alterar, por lei estadual, as condições do contrato.2) A competência para legislar sobre o serviço público de fornecimento de água é do MUNICÍPIO (interesse local)[STF. Plenário. ADI 2340/SC, Rel. Min. Ricardo Lewandowski, 6/3/2013]

Aplicação em concurso público:

- **Procurador Municipal – 2018 – *PGM* – Manaus – AM (CESPE)**

  "No âmbito de sua jurisdição, compete ao município a fixação do horário de funcionamento de estabelecimentos comerciais, uma vez que se trata de assunto de interesse local".

  Gabarito: A afirmativa está correta.

- ***Procurador Jurídico – 2017 – Câmara de Sumaré – SP (VUNESP)***

  "e) É competência material dos Municípios organizar e prestar, diretamente ou sob regime de concessão ou permissão, os serviços públicos de interesse local, excluindo-se o de transporte coletivo."

  Gabarito: Alternativa falsa. (inclui-se o transporte coletivo)

III – instituir e arrecadar os tributos de sua competência, bem como aplicar suas rendas, sem prejuízo da obrigatoriedade de prestar contas e publicar balancetes nos prazos fixados em lei;

IV – criar, organizar e suprimir distritos, observada a legislação estadual;

V – organizar e prestar, diretamente ou sob regime de concessão ou permissão, os serviços públicos de interesse local, incluído o de transporte coletivo, que tem caráter essencial;

VI – manter, com a cooperação técnica e financeira da União e do Estado, programas de educação infantil e de ensino fundamental;

VII – prestar, com a cooperação técnica e financeira da União e do Estado, serviços de atendimento à saúde da população;

VIII – promover, no que couber, adequado ordenamento territorial, mediante planejamento e controle do uso, do parcelamento e da ocupação do solo urbano;

IX – promover a proteção do patrimônio histórico-cultural local, observada a legislação e a ação fiscalizadora federal e estadual.

3. É importante ter em mente o que são assuntos de **interesse local**, para saber quais são os limites da competência municipal. Veja alguns exemplos:

▶ Horário de funcionamento dos estabelecimentos comerciais:

Súmula Vinculante 38: É competente o Município para fixar o horário de funcionamento de estabelecimento comercial.

▶ Serviço público de fornecimento de água:

Informativo 697 STF: O STF decidiu que é INCONSTITUCIONAL a lei ESTADUAL que determina o fornecimento gratuito de água potável à população, por meio de caminhão-pipa, todas as vezes que haja a interrupção do fornecimento normal. Dois fundamentos principais foram apontados:1) O Estado-membro não pode interferir na relação jurídica e contratual estabelecida entre o poder concedente local (Município) e a empresa concessionária, nem alterar, por lei estadual, as condições do contrato.2) A competência para legislar sobre o serviço público de fornecimento de água é do MUNICÍPIO (interesse local)[STF. Plenário. ADI 2340/SC, Rel. Min. Ricardo Lewandowski, 6/3/2013]

Aplicação em concurso público:

- ***Procurador Municipal – 2018 – PGM – Manaus – AM (CESPE)***

  "No âmbito de sua jurisdição, compete ao município a fixação do horário de funcionamento de estabelecimentos comerciais, uma vez que se trata de assunto de interesse local".

  Gabarito: A afirmativa está correta.

- ***Procurador Jurídico – 2017 – Câmara de Sumaré – SP (VUNESP)***

  "e) É competência material dos Municípios organizar e prestar, diretamente ou sob regime de concessão ou permissão, os serviços públicos de interesse local, excluindo-se o de transporte coletivo".

  Gabarito: Alternativa falsa. (inclui-se o transporte coletivo)

Art. 31 – A fiscalização do Município será exercida pelo Poder Legislativo Municipal, mediante controle externo, e pelos sistemas de controle interno do Poder Executivo Municipal, na forma da lei.

§ 1º O controle externo da Câmara Municipal será exercido com o auxílio dos Tribunais de Contas dos Estados ou do Município ou dos Conselhos ou Tribunais de Contas dos Municípios, onde houver.

§ 2º O parecer prévio, emitido pelo órgão competente sobre as contas que o Prefeito deve anualmente prestar, só deixará de prevalecer por decisão de dois terços dos membros da Câmara Municipal.

§ 3º As contas dos Municípios ficarão, durante sessenta dias, anualmente, à disposição de qualquer contribuinte, para exame e apreciação, o qual poderá questionar-lhes a legitimidade, nos termos da lei.

§ 4º É vedada a criação de Tribunais, Conselhos ou órgãos de Contas Municipais.

1. Por simetria ao art. 71, CF, cabe aos **Tribunais de Contas julgar as contas dos administradores públicos em geral, com exceção do Chefe do Executivo, em que o órgão apenas emite um parecer prévio para que a Câmara Municipal os julgue.**

► **Entendimento jurisprudencial:**

Art. 31 § 2º-Compete à câmara municipal o julgamento das contas do chefe do Poder Executivo municipal, com o auxílio dos tribunais de contas, que emitirão parecer prévio, cuja eficácia impositiva subsiste e somente deixará de prevalecer por decisão de 2/3 dos membros da casa legislativa. (**RE 848.826**, rel. p/ o ac. min. Ricardo Lewandowski, j. 10-8-2016, P, *DJE* de 24-8-2017, Tema 835)

O controle externo dos Municípios é auxiliado pelo Tribunal de Contas do Estado ou dos Municípios (ver art. 71, CF). Dessa forma, os Municípios podem ser fiscalizados pelo mesmo Tribunal que fiscaliza o Estado ou o Estado pode criar um Tribunal de Contas próprio para fiscalizar os municípios (é o que acontece em Goiás, que tem o Tribunal de Contas dos Municípios).

O § 4º veda a criação de Tribunais de Contas Municipais (ou seja, ligados diretamente a um Município). Quanto à essa vedação, na época da promulgação da Constituição, os municípios de São Paulo e Rio de Janeiro já possuíam seu próprios Tribunais de Contas, motivo pelo qual ficou decidido que eles continuariam a existir, impossibilitando apenas a criação de novos outros.

► **Entendimento Jurisprudencial:**

A CF não proíbe a extinção de tribunais de contas dos Municípios. Esse é o entendimento do Plenário. (**ADI 5.763**, rel. min. Marco Aurélio, j. 26-10-2017, P, *Informativo* 883)

Aplicação em concurso público:

- ***Agente Penitenciário – 2016 – SEJUS-PI (NUCEPE)***

  "A fiscalização dos Municípios será exercida pelos Tribunais de Contas Municipais, órgãos de existência obrigatória nos Municípios de população superior a quinhentos mil habitantes".

  Gabarito: Alternativa incorreta. (os Tribunais de Contas Municipais são, na verdade, órgãos estatais, de forma que não é de existência obrigatória nos Municípios; o Tribunal de Contas do Estado pode controlar os municípios)

- ***Titular de Serviços de Notas e de Registros – 2014 – IBFC – TJ-PR***

  "É autorizada a criação de Tribunais, Conselhos ou órgãos de Contas Municipais".

  Gabarito: A alternativa está incorreta. (§ 4º)

CAPÍTULO V
DO DISTRITO FEDERAL E DOS TERRITÓRIOS
Seção I
DO DISTRITO FEDERAL

1. A Constituição garante ao **Distrito Federal** a natureza de **ente federativo autônomo.** Dessa forma, o Distrito Federal possui autonomia **política, administrativa e financeira**, assim como os demais entes federativos (União, Estados e Municípios).

Aplicação em concurso público:

- ***CESPE – 2009 – TCE-ES – Procurador Especial de Contas***

  "No que se refere à organização político-administrativa dos entes da Federação, assinale a opção correta.

  E) O DF não dispõe da capacidade de auto-organização, já que não possui competência para legislar sobre organização judiciária, organização do MP e da Defensoria Pública do DF e dos Territórios."

  Gabarito: Alternativa incorreta.

2. **O DF não pode ser dividido em municípios.** Dessa forma, ele não é Estado membro nem tampouco Município, **tendo,** em regra, **todas as competências legislativas, tributárias e administrativas reservadas aos Estados e Municípios,** isto é **regional e local.**

Art. 32 – O Distrito Federal, vedada sua divisão em Municípios, reger-se-á por **lei orgânica**, votada em **dois turnos** com interstício mínimo de **dez dias**, e aprovada por **dois terços** da Câmara Legislativa, **que a promulgará**, atendidos os princípios estabelecidos nesta Constituição.

1. **Requisitos para aprovação da Lei Orgânica do Distrito Federal:** votada em dois turnos e aprovada por ⅔ da Câmara Legislativa.

2. A lei Orgânica tem **natureza constitucional,** equiparando-se às Constituições Estaduais.

   ► **Entendimento jurisprudencial:**

   Lei Orgânica do Distrito Federal. (...) A Lei Orgânica tem força e autoridade equivalentes a um verdadeiro **estatuto constitucional,** podendo ser equiparada às Constituições promulgadas pelos Estados-membros, como assentado no julgamento que deferiu a medida cautelar nesta ação direta. [ADI 980, rel. min. Menezes Direito, j. 6-3-2008, P, DJE de 1-8-2008.]

§ 1º Ao Distrito Federal são atribuídas as **competências legislativas reservadas aos Estados e Municípios.**

§ 2º A eleição do Governador e do Vice-Governador, observadas as regras do art. 77, e dos **Deputados Distritais coincidirá com a dos Governadores e Deputados Estaduais,** para mandato de igual duração.

§ 3º Aos Deputados Distritais e à Câmara Legislativa aplica-se o disposto no art. 27.

§ 4º Lei federal disporá sobre a utilização, pelo Governo do Distrito Federal, das polícias civil e militar e do corpo de bombeiros militar.

3. A composição do Distrito Federal é diferente dos demais entes, pois ele tem competências atribuídas tanto aos Estados quanto aos Municípios, se aproximando mais da estrutura dos Estados, uma vez que é administrado por um Governador e sua Lei Orgânica também tem força constitucional.

Entendimento jurisprudencial:

O Distrito Federal é uma unidade federativa de compostura singular, dado que: a) **desfruta de competências que são próprias dos Estados e dos Municípios,** cumulativamente (art. 32, § 1°, CF); b) algumas de suas instituições elementares são organizadas e mantidas pela União (art. 21, XIII e XIV, CF); c) os serviços públicos a cuja prestação está jungido são financiados, em parte, pela mesma pessoa federada central, que é a União (art. 21, XIV, parte final, CF). Conquanto submetido a regime constitucional diferenciado, o Distrito Federal **está bem mais próximo da estruturação dos Estados-membros** do que da arquitetura constitucional dos Municípios. Isso porque: a) ao tratar da competência concorrente, a Lei Maior colocou o Distrito Federal em pé de igualdade com os Estados e a União (art. 24); b) ao versar o tema da intervenção, a Constituição dispôs que a "União não intervirá nos Estados nem no Distrito Federal" (art. 34), reservando para os Municípios um artigo em apartado (art. 35); c) o Distrito Federal tem, em plenitude, os três orgânicos Poderes estatais, ao passo que os Municípios somente dois (inciso I do art. 29); d) a Constituição tratou de maneira uniforme os Estados-membros e o Distrito Federal quanto ao número de deputados distritais, à duração dos respectivos mandatos, aos subsídios dos parlamentares, etc. (§ 3º do art. 32); e) no tocante à legitimação para propositura de ação direta de inconstitucionalidade perante o STF, a Magna Carta dispensou à Mesa da Câmara Legislativa do Distrito Federal o mesmo tratamento dado às assembleias legislativas estaduais (inciso IV do art. 103); f) no modelo constitucional brasileiro, o Distrito Federal se coloca ao lado dos Estados-membros para compor a pessoa jurídica da União; g) tanto os Estados-membros como o Distrito Federal participam da formação da vontade legislativa da União (arts. 45 e 46). [ADI 3.756, rel. min. Ayres Britto, j. 21-6-2007, P, DJ de 19-10-2007.]

Aplicação em concurso público:

- ***Analista – 2015 – TRE-MT (CESPE)***

  O Distrito Federal concentra as competências legislativas dos estados e dos municípios, sendo administrado por um governador, eleito mediante eleições diretas.

  Gabarito: Afirmativa correta.

4. Conforme o parágrafo § 3º, aos deputados distritais e à Câmara Legislativa do Distrito Federal é aplicado o mesmo dispostos no art. 27 da Constituição, tais como as inviolabilidades, imunidades, forma de remuneração, impedimentos e quantidade de Deputados. **Atenção**: os Estados são divididos em municípios, no qual há o trabalho dos vereadores no âmbito da Câmara Municipal. Já no Distrito Federal não há essa divisão em municípios, **razão pela qual não há eleição para vereadores.**

► **Entendimento jurisprudencial:**

O Distrito Federal, ao qual se vedou dividir-se em Municípios (CF, art. 32), é entidade federativa **que acumula as competências** reservadas pela Constituição aos Estados e aos Municípios (...) [ADI 880 MC, rel. min. Sepúlveda Pertence, j. 6-10-1993, P, DJ de 4-2-1994.]

5. Tal como no âmbito dos Estados, o poder legislativo é **unicameral**, isto é, composto por uma única casa:

Âmbito Federal	Âmbito Estadual	Âmbito Distrital
Poder Legislativo Bicameral	Poder Legislativo Unicameral	Poder Legislativo Unicameral
Câmara dos Deputados e Senado Federal	Assembléia Legislativa	Câmara Distrital
Deputados Federais e Senadores	Deputados Estaduais	Deputados Distritais

Aplicação em concurso público:

- ***Agente Administrativo – 2014 – FUNCAB – PRF***

  "Analise as proposições que tratam do Poder Legislativo com base no texto da Constituição Brasileira e, após, assinale a alternativa correta.

  C) O Poder Legislativo Distrital é unicameral e exercido pela Câmara Legislativa".

  Gabarito: A alternativa está correta.

- ***Analista Judiciário – Taquigrafia – FCC – 2010 – TRF – 4ª REGIÃO***

  "I. A eleição do Governador e dos Vereadores do Distrito Federal coincidirá com a dos Governadores dos Estados e dos Vereadores dos Municípios, para mandato de igual duração.

  II. O Distrito Federal rege-se por lei orgânica aprovada e promulgada pela Câmara Legislativa.

  III. Ao Distrito Federal é atribuída, apenas, competência legislativa reservada ao Estado."

  Gabarito: Correta apenas alternativa II. (não há vereadores no DF e ao DF são atribuídas competências legislativas reservadas aos Estados e aos Municípios).

Seção II
DOS TERRITÓRIOS

1. **Território não é ente federativo, mas sim uma autarquia territorial da União.** Eles são criados por lei complementar e aprovados pelo Congresso Nacional (art. 18 § 2º da CF). **Hoje não há nenhum território no Brasil.**

Art. 33 - A lei disporá sobre a organização administrativa e judiciária dos Territórios.

§ 1º **Os Territórios poderão ser divididos em Municípios,** aos quais se aplicará, no que couber, o disposto no Capítulo IV deste Título.

§ 2º As contas do Governo do Território serão submetidas ao **Congresso Nacional,** com parecer prévio do **Tribunal de Contas da União.**

§ 3º Nos Territórios Federais com **mais de cem mil habitantes,** além do **Governador** nomeado na forma desta Constituição, haverá órgãos judiciários de primeira e segunda instância, membros do **Ministério Público e defensores públicos federais**; a lei disporá sobre as eleições para a Câmara Territorial e sua competência deliberativa.

2. Territórios com **mais de 100 mil habitantes** podem ter **poder judiciário, executivo e legislativo.**
3. Questões de concurso cobram a literalidade do artigo e seus parágrafos.

Aplicação em concurso público:

- ***Analista em C&T Pleno 1-I – 2014 – AEB (CETRO).***

  "Sobre os Territórios, nos moldes do estabelecido na Constituição Federal de 1988, analise as assertivas abaixo.

  I. A constituição e a organização administrativa e judiciária dos Territórios são estabelecidas por meio de Lei votada pela Câmara Territorial.

  II. Podem ser divididos em Municípios.

  III. As contas do Governo do Território são submetidas ao Congresso Nacional.

  IV. Apenas os Territórios com mais de 500 mil habitantes têm órgãos judiciários de primeira e segunda instância."

  Gabarito: É correto o que se afirma em II e III, apenas

- ***Defensor Público – FCC – 2015 – DPE-MA***

  "Nos termos da organização político-administrativa da federação brasileira, os Territórios

  A) não poderão ser desmembrados, embora possam ser divididos em Municípios, os quais somente sofrerão intervenção da União nas hipóteses estabelecidas pela Constituição da República para intervenção federal nos Estados.

  B) exercem as competências legislativas reservadas pela Constituição da República a Estados e Municípios, assim como o Distrito Federal.

C) elegerão Deputados Federais, pelo número mínimo de representantes previstos para os Estados e Distrito Federal na Constituição da República, mas, diferentemente desses, não elegerão Senadores.

D) possuirão órgãos judiciários de primeira e segunda instância, membros do Ministério Público e defensores públicos federais, caso tenham mais de cem mil habitantes.

E) possuirão Governador e Vice-Governador eleitos, submetendo-se as contas do Governo do Território à Câmara Territorial respectiva, com parecer prévio do Tribunal de Contas da União."

Gabarito: Alternativa D

CAPÍTULO VI
DA INTERVENÇÃO

1. A intervenção federal afasta a autonomia de um ente federativo para que prevaleça a vontade do ente interventor e, por isso mesmo, deve ser utilizada como instrumento excepcional. Trata-se de um dos elementos de estabilização constitucional previsto.

2. A Constituição busca proteger seus entes federativos, criando regras de intervenção entre eles nos casos excepcionais. A **regra constitucional é pela não intervenção,** uma vez que a **autonomia** dos entes deve ser respeitada. Entretanto, há hipóteses determinadas e taxativas de intervenção, de forma que um ente supre a autonomia do outro temporariamente, conforme os arts. 34 e 35, da CF.

   Observação: Características da intervenção: **excepcional, taxativa e temporária**

   Aplicação nos concursos públicos:

   • ***Analista Legislativo – 2018 – FCC – ALESE***

   "Caso pretenda decretar a intervenção federal em determinado Estado da Federação, o Presidente da República deverá levar em consideração que, segundo a Constituição Federal, essa medida

   Permite a suspensão excepcional da autonomia do ente federativo, podendo ser efetivada apenas nas situações expressamente indicadas na Constituição Federal. "

   Gabarito: Alternativa correta.

3. A intervenção de um ente em outro apesar de deter a autonomia de um ente por um período específico é **compatível com o federalismo**, visto que a intervenção só acontece para preservar a soberania do Estado Federal.

4. Durante intervenção federal não pode haver Emendas à Constituição Federal, uma vez que o Poder Constituinte Reformador fica suspenso. Trata-se de um **limite constitucional circunstancial,** disposta no art. 60, § 1º, CF (ver art. 60, CF)

Art. 34 – A União **não intervirá** nos Estados nem no Distrito Federal, **exceto para:**

1. Esse artigo prevê as hipóteses de intervenção da União, que pode ser **apenas nos Estados ou no Distrito Federal.** Um detalhe importante é que, em regra, a

União **não** intervém nos Municípios, sendo que a única exceção é quando esse município está localizado em um território federal, como dispõe o artigo 35 da Constituição.

2. A intervenção é feita por Decreto Presidencial, que é **ato privativo do Presidente da República**, conforme art. 84, X, CF.

3. Antes de decretar a intervenção federal, o Presidente da República deve ouvir os órgãos consultivos do governo: **o Conselho da República (art. 90, I, CF) e o Conselho de Defesa Nacional (art. 91, § 1º, II, CF).** Importante ressaltar que esses órgãos emitem pareceres apenas **opinativos**, *não* vinculando a decisão do Presidente a eles.

I - manter a integridade nacional;

II - repelir invasão estrangeira ou de uma unidade da Federação em outra;

III - pôr termo a grave comprometimento da ordem pública;

IV - garantir o livre exercício de qualquer dos Poderes nas unidades da Federação;

V - reorganizar as finanças da unidade da Federação que:

a) suspender o pagamento da **dívida fundada por mais de dois anos consecutivos**, salvo motivo de força maior;

b) **deixar de entregar aos Municípios receitas tributárias fixadas nesta Constituição**, dentro dos prazos estabelecidos em lei;

VI - prover a execução de lei federal, ordem ou decisão judicial;

VII - assegurar a observância dos seguintes princípios constitucionais:

a) forma republicana, sistema representativo e regime democrático;

b) direitos da pessoa humana;

c) autonomia municipal;

d) prestação de contas da administração pública, direta e indireta.

e) aplicação do mínimo exigido da receita resultante de impostos estaduais, compreendida a proveniente de transferências, na manutenção e desenvolvimento do **ensino** e nas ações e serviços públicos de **saúde.**

4. **Os incisos I, II, III e V tratam da intervenção espontânea,** em que o Presidente age de ofício para decretá-la. **Já os incisos IV, VI e VII, são intervenções provocadas,** em que o Presidente age de forma discricionária ou vinculada, conforme solicitação ou requisição de algum poder/autoridade (ver art. 36).

5. O art. 34, VII dispõe acerca dos **princípios constitucionais sensíveis,** que são aqueles princípios que **todos os entes da federação devem observar em suas Constituições Estaduais e Leis Orgânicas.**

Obs. Além dos princípios constitucionais sensíveis, vale lembrar dos **princípios constitucionais extensíveis,** que, por ser normas de organização da federação, devem ser aplicados também aos Estados, DF e Municípios; e dos **princípios constitucionais estabelecidos**, que são regras expressas na CF que incidem especificamente sobre a autonomia estadual (Ex. 75, CF).

Aplicação em concurso público:

- ***Juiz Substituto TJ-SP 187º Concurso – Prova Aplicada em 25/06/2017***

  "Nos termos do artigo 34 da Constituição Federal, a intervenção da União nos Estados e Distrito Federal tem caráter excepcional. Na hipótese de intervenção para garantir ordem ou decisão judicial, será ela

  C) provocada e vinculada e dependerá de requisição do Supremo Tribunal Federal, do Superior Tribunal de Justiça ou do Tribunal Superior Eleitoral."

  Gabarito: A alternativa está correta.

- ***Procurador – 2015 – CESPE – TCU***

  "Em caso de grave comprometimento da ordem pública, a União poderá intervir em estado da Federação, devendo o decreto de intervenção especificar eventuais restrições ao direito de reunião, ainda que exercida no seio de associações."

  Gabarito: A alternativa está errada. (restrição do direito de reunião é característica do Estado de Defesa, que restringe alguns direitos fundamentais previstos no art. 136, CF, mas não causa a intervenção da União no ente).

- ***Delegado de Polícia – 2018 – NUCEPE – PC-PI***

  "O Governo Federal decretou uma intervenção na área da segurança pública no Estado do Rio de Janeiro que deverá vigorar até 31 de dezembro deste ano. Sobre a Intervenção Federal, analise:

  A Intervenção Federal será espontânea, quando o presidente a decretar para manter a integridade nacional."

  Gabarito: Alternativa correta.

- ***Juiz – EJEF – 2005 – TJ-MG***

  "Constitui hipótese para a intervenção da União nos Estados:

  A) a prevenção de invasão estrangeira ou de uma unidade da Federação em outra.

  B) o não-pagamento injustificado, por dois anos, da dívida fundada.

  C) o provimento, pelo Tribunal de Justiça, de representação para assegurar a observância de princípios indicados na Constituição Federal.

  D) a retenção, além do prazo legal, de receitas tributárias constitucionalmente destinadas aos Municípios."

  Gabarito: Alternativa D

Art. 35 – O Estado **não intervirá** em seus Municípios, nem a **União nos Municípios localizados em Território** Federal, **exceto quando:**

▶ **1. Atenção!** Em regra, a União intervém nos Estados e os Estados no município. **A União apenas intervirá em municípios quando estes foram localizados nos territórios**

Aplicação nos concursos públicos:

- ***Juiz de Direito – 2015 – CESPE – TJ-DFT***

  "Caso um município não cumpra lei federal válida, será permitido à União decretar intervenção federal nesse município para garantir a execução da ordem legal."

  Gabarito: A alternativa está errada. (A União não intervém em município, apenas quando o município for localizado em um território federal)

- ***Titular de Serviços de Notas e de Registros – 2014 – CESPE – TJ-SE***

  "A função social da propriedade é exemplo de princípio constitucional sensível, visto que sua violação enseja a intervenção da União em qualquer município da Federação".

  Gabarito: A alternativa está errada. (A União não pode intervir em qualquer município da federação)

2. **Não é possível uma Intervenção Distrital, uma vez que o Distrito Federal não é dividido em Municípios.**

3. **Entendimento jurisprudencial:**

   As disposições do art. 35 da Constituição do Brasil/1988 também consubstanciam preceitos de observância compulsória por parte dos Estados-membros, **sendo inconstitucionais quaisquer ampliações ou restrições às hipóteses de intervenção.** [ADI 336, voto do rel. min. Eros Grau, j. 10-2-2010, P, DJE de 17-9-2010.]

Aplicação nos concursos públicos:

- ***Procurador – 2015 – CESPE – TCU***

  "A intervenção em município localizado em estado-membro ocorrerá, em cada caso, conforme as hipóteses estabelecidas livremente na respectiva Constituição estadual, que definirá, entre outras coisas, os seus próprios princípios constitucionais de intervenção".

  Gabarito: A alternativa está errada. (as hipóteses de intervenção serão apenas aquelas da CF)

4. **Súmula 637, STF:** Não cabe recurso extraordinário contra acórdão de tribunal de justiça que defere pedido de intervenção estadual em município.

Aplicação nos concursos públicos:

- ***Procurador – 2015 – UEPA – PGE-PA***

  "IV. De acordo com a jurisprudência do STF, a decisão de Tribunal de Justiça que determina a intervenção estadual em Município enseja o cabimento do recurso extraordinário".

  Gabarito: A alternativa está errada (A jurisprudência sedimentada do Supremo é pacífica em torno do não cabimento de recurso extraordinário contra acórdão que implica o deferimento de pedido de intervenção estadual em Município)

I – deixar de ser paga, sem motivo de força maior, por dois anos consecutivos, a dívida fundada;

II – não forem prestadas contas devidas, na forma da lei;

III – não tiver sido aplicado o mínimo exigido da receita municipal na manutenção e desenvolvimento do ensino e nas ações e serviços públicos de saúde;

IV – o Tribunal de Justiça der provimento **a representação** para assegurar **a observância de princípios indicados na Constituição Estadual, ou para prover a execução de lei, de ordem ou de decisão judicial.**

5. Os incisos do art. 35 da Constituição trazem as **hipóteses que possibilitam aos Estados intervirem** em seus Municípios, ou a União intervir em município localizado em território federal. Essas hipóteses também podem ser cobradas taxativamente nos concursos públicos:

Aplicação nos concursos públicos:

- ***Procurador do Município – 2018 – COSEAC – Prefeitura de Maricá-RJ***

"Incluem-se entre os motivos que permitem a intervenção dos Estados nos municípios os relacionados a seguir, EXCETO:

A) não pagamento da dívida fundada, por dois anos seguidos, sem motivo de força maior.

B) não prestação de contas devidas, na forma da lei.

C) violação aos limites definidos em lei complementar quanto aos gastos com pessoal.

D) não aplicação do mínimo exigido da receita municipal na manutenção e desenvolvimento do ensino e nas ações e serviços públicos de saúde.

E) provimento, pelo Tribunal de Justiça, à representação para assegurar a observância de princípios indicados na Constituição Estadual, ou para prover a execução de lei, ordem ou decisão judicial."

Gabarito: Alternativa C

- ***Técnico da Receita Estadual – Arrecadação e Fiscalização de Mercadorias em Trânsito – FCC – 2016 – SEGEP-MA***

"A intervenção da União nos Municípios localizados em territórios federais NÃO poderá ocorrer em caso de

A) não ser paga, sem motivo de força maior, por dois anos consecutivos, a dívida fundada.

B) não serem prestadas as contas devidas, na forma da lei.

C) não ter sido aplicado o mínimo exigido da receita municipal na manutenção e desenvolvimento do ensino e nas ações e serviços públicos de saúde.

D) o Tribunal de Justiça do Distrito Federal e Territórios dar provimento a representação para prover a execução de lei, de ordem ou de decisão judicial.

E) necessidade de pôr termo a grave comprometimento da ordem pública."

Gabarito: Alternativa E

Art. 36 – A decretação da intervenção dependerá:

I – no caso do art. 34, IV, de **solicitação do Poder Legislativo ou do Poder Executivo** coacto ou impedido, ou de **requisição do Supremo Tribunal Federal**, se a coação for exercida contra o Poder Judiciário;

II – no caso de **desobediência a ordem ou decisão judiciária, de requisição do Supremo Tribunal Federal**, do Superior Tribunal de Justiça ou do Tribunal Superior Eleitoral;

III – de **provimento, pelo Supremo Tribunal Federal, de representação do Procurador-Geral da República,** na hipótese do art. 34, VII, e no caso de recusa à execução de lei federal.

§ 1º O decreto de intervenção, que especificará a amplitude, o prazo e as condições de execução e que, se couber, nomeará o interventor, será submetido à **apreciação do Congresso Nacional ou da Assembleia Legislativa do Estado,** no prazo de vinte e quatro horas.

§ 2º Se não estiver funcionando o Congresso Nacional ou a Assembleia Legislativa, far-se-á convocação extraordinária, no mesmo prazo de vinte e quatro horas.

§ 3º Nos casos do art. 34, VI e VII, ou do art. 35, IV, dispensada a apreciação pelo Congresso Nacional ou pela Assembleia Legislativa, o decreto limitar-se-á a suspender a execução do ato impugnado, se essa medida bastar ao restabelecimento da normalidade.

§ 4º Cessados os motivos da intervenção, as autoridades afastadas de seus cargos a estes voltarão, salvo impedimento legal.

1. **A intervenção provocada pode ser por solicitação ou por requisição.** Na **solicitação,** o Presidente não é obrigado a aceitar o pedido, sendo seu **ato discricionário,** enquanto na **requisição** o **ato é vinculado,** devendo ser obrigatória a decretação quando cumprido seus requisitos.

2. **Entendimento jurisprudencial – Art. 36, II, CF:**

   Art. 36, II, da CF. Define-se a competência pela matéria, cumprindo ao STF o julgamento quando o ato inobservado lastreia-se na CF; ao STJ quando envolvida matéria legal e ao TSE em se tratando de matéria de índole eleitoral. [IF 2.792, rel. min. Marco Aurélio, j. 4-6-2003, P, DJ de 1º-8-2003.]

3. **Esquematizando:**

   INTERVENÇÃO FEDERAL:

   (a) Para garantir o livre exercício dos poderes da União, quando o **Poder Judiciário** estiver sendo ameaçado, a intervenção depende da solicitação ao STF que poderá **REQUISITAR** o Presidente; Quando os **poderes legislativos ou executivos** estiverem sendo ameaçados, a intervenção depende da **SOLICITAÇÃO** desses ao Presidente.

   (b) Para prover a execução de ordem ou decisão judicial, o STF/STJ/TSE **REQUISITA** ao Presidente;

(c) Para prover a execução de lei federal e para assegurar a observância dos princípios constitucionais (dispostos no art. 34, inciso VII, CF), a intervenção depende da procedência de uma ação, a ADI-Interventiva, que deve ser proposta pelo **Procurador Geral da República** (chefe do Ministério Público da União) e julgada pelo STF.

INTERVENÇÃO ESTADUAL:

(d) As hipóteses dos I, II e III do art. 35 são aquelas em que o Governador decreta a Intervenção **de ofício.**

(e) Para assegurar a observância dos princípios da Constituição Estadual, ou para prover execução de lei, ordem ou decisão judicial (art. 35, IV, CF) é necessária a **representação do Tribunal de Justiça local.**

e ainda...

Nos casos (b), (c) e (e), quando dispensada a apreciação do Congresso Nacional, **o decreto de intervenção vai se limitar a suspender o ato impugnado (conforme art. 36, § 3º, CF).**

Aplicação em concurso público:

- ***FGV – 2016 – MPE-RJ – Analista do Ministério Público – Processual***

  "Após o trânsito em julgado de decisão da Justiça Estadual que condenara certo Estado da Federação ao restabelecimento de vantagem pecuniária devida a um servidor público, foram adotadas todas as providências processuais visando à efetividade do julgado. Apesar disso, o Estado negava-se a cumpri-la sob o argumento de que era injusta. Considerando a sistemática constitucional afeta à decretação da intervenção da União nos Estados, a parte interessada em ver tal medida promovida poderia representar:

  B) ao Tribunal de Justiça local, órgão que, acolhendo a representação, solicitará a intervenção ao Supremo Tribunal Federal, a quem compete requisitá-la ao Presidente da República;"

  Gabarito: A alternativa B está correta.

- ***Procurador – FCC – 2016 – Prefeitura de Campinas – SP***

  "A Constituição da República dispensa a apreciação, respectivamente, pelo Congresso Nacional e pela Assembleia Legislativa da decretação de intervenção nas hipóteses de

  B) provimento, pelo Supremo Tribunal Federal, de representação do Procurador-Geral da República para assegurar a observância da autonomia municipal; e provimento, pelo Tribunal de Justiça, de representação para assegurar a observância de princípios indicados na Constituição estadual".

  Gabarito: A alternativa B está correta.

- ***Procurador do Estado – FCC – 2016 – SEGEP-MA***

  "Segundo a Constituição Federal, o Estado que não investir no mínimo 25% da receita resultante de impostos estaduais, compreendida a proveniente de transferências, na manutenção e desenvolvimento do ensino ficará sujeito à intervenção federal, decretada pelo Presidente da República,

B) após o julgamento, pelo STF, de representação interventiva proposta pelo Procurador-Geral da República, dispensada a submissão do decreto interventivo à apreciação do Congresso Nacional; retenção, pela União, de transferências de recursos previstas na Constituição Federal; vedação de aumento das despesas com pessoal.

C) após o julgamento, pelo STF, de representação interventiva proposta pelo Procurador-Geral da República, devendo o decreto limitar-se a suspender a execução do ato impugnado perante o STF, se essa medida bastar ao restabelecimento da normalidade, caso em que será dispensada sua submissão à apreciação do Congresso Nacional; retenção, pela União, de transferências de recursos previstas na Constituição Federal.

D) após o julgamento, pelo STF, de representação interventiva proposta pelo Procurador-Geral da República, devendo o decreto limitar-se a suspender a execução do ato impugnado perante o STF, se essa medida bastar ao restabelecimento da normalidade, caso em que será dispensada sua submissão à apreciação do Congresso Nacional."

Gabarito: Alternativa D

Obs. essa questão conjuga o art. ***37, VII, 'e',*** *CF (o Estado não observar o princípio constitucional de aplicação do mínimo exigido no ensino) com o art.* ***36, III,*** *CF (que dispõe acerca da representação do PGR e do provimento de requisição pelo STF) e ainda o art.* ***36, § 3º,*** *CF (que fala da dispensa à apreciação do CN quando o decreto se limita a suspender a execução do ato impugnado)*

CAPÍTULO VII
DA ADMINISTRAÇÃO PÚBLICA
SEÇÃO I
DISPOSIÇÕES GERAIS

Art. 37 - A administração pública direta e indireta de qualquer dos Poderes da União, dos Estados, do Distrito Federal e dos Municípios obedecerá aos princípios de **legalidade, impessoalidade, moralidade, publicidade e eficiência** e, também, ao seguinte:

1. O capítulo da Administração Pública não é cobrado com muita frequência na matéria de Direito Constitucional. No entanto, encontramos algumas questões, a maioria exigindo conhecimento sobre a literalidade dos incisos, embora, vez por outra, sejam cobrados entendimentos do STF sobre o assunto, principalmente em concursos de nível mais difícil.

Obs: Apesar de ser mais cobrado nas provas de direito administrativo, importante saber da diferença entre a Administração Pública Direta e Indireta:

1.1. Administração **Direta**: são os órgãos ligados diretamente a um ente público, seja a União, Estados, Distrito Federal ou Municípios. Não possuem personalidade jurídica, uma vez que seus atos são atribuídos ao ente ao qual pertence.

1.2. Administração **Indireta**: são entidades que possuem personalidade jurídica própria, desenvolvem atividades estatais e possuem verbas públicas, mas podem ter personalidade jurídica de direito público ou privado. São as autarquias, fundações, empresas públicas e sociedades de economia mista.

2. Esses princípios são aplicados em toda a Administração Pública (direta ou indireta), sendo ela federal, estadual ou municipal. Para memorização, utiliza-se a regra mnemônica **L+I+M+P+E**. É importante ressaltar também que, além dos princípios expressos no art. 37, *caput*, também existem princípios implícitos, alguns defendidos pela doutrina e outros constantes da Lei 9.784, art. 2.

L	Legalidade
I	Impessoalidade
M	Moralidade
P	Publicidade
E	Eficiência

Aplicação em concurso:

- ***IF-PB – 2013 – IF-PB – Assistente em Administração***

"A Constituição Federal do Brasil determina no seu art. 37 que a administração pública direta e indireta de qualquer dos Poderes da União, dos Estados, do Distrito Federal e dos Municípios obedecerá aos princípios da

E) legalidade, validade, publicidade, legitimidade e eficiência."

Gabarito: A alternativa "E" foi considerada como incorreta (validade não é um princípio do art. 37, caput da CF; o correto seria impessoalidade)

3. As bancas cobram conhecimento sobre os princípios explícitos do art. 37, *caput*, da CF.

3.1. Legalidade: Diferentemente do princípio no direito civil (art. 5º, II, CF), a legalidade impõe que a Administração Pública só pode fazer o que está previamente autorizado em lei, ou seja, não pode praticar atos "contra legem" (contrários à lei) ou "propter legem" (omissão da lei). O **princípio da segurança jurídica** é também muito importante para a Administração Pública e possui relação direta com o princípio da legalidade, pois impede que novas leis atinjam atos jurídicos já aperfeiçoados com base na legislação anterior, sem que isso viole o princípio da legalidade.

► **Entendimento jurisprudencial:**

Súmula 473, STF: A administração pode anular seus próprios atos, quando eivados de vícios que os tornam ilegais, porque deles não se originam direitos; ou revogá-los, por motivo de conveniência ou oportunidade, respeitados os direitos adquiridos, e ressalvada, em todos os casos, a apreciação judicial.

Súmula 346, STF: A Administração Pública pode declarar a nulidade dos seus próprios atos.

Aplicação em concurso:

- ***CESPE – 2016 – TRT***

  "Assinale a opção correta a respeito dos princípios da administração pública.

  B) Em decorrência do princípio da legalidade, é permitido ao agente público praticar atos administrativos que não sejam expressamente proibidos pela lei."

  A alternativa "B" foi considerada incorreta (o princípio da legalidade diz que somente é permitido ao agente público praticar atos que estejam expressamente previsto em lei)

- ***COMPERVE – 2017 – MPE***

  "A Administração Pública, nos termos do art. 37 da Constituição Federal (CF), deve obedecer a certos princípios. Tendo em vista os princípios constitucionais expressos no art. 37, da CF,

  C) o princípio da legalidade determina que a Administração Pública não pode ser obrigada a fazer ou a deixar de fazer alguma coisa senão em virtude da lei."

  A alternativa "C" foi considerada a incorreta (a administração pública obedecerá sempre o que está descrito em lei)

- ***Procurador Municipal – 2017 – CESPE – Prefeitura de Fortaleza – CE***

  A respeito das normas constitucionais, do mandado de injunção e dos municípios, julgue o item subsequente.

  O princípio da legalidade diferencia-se do da reserva legal: o primeiro pressupõe a submissão e o respeito à lei e aos atos normativos em geral; o segundo consiste na necessidade de a regulamentação de determinadas matérias ser feita necessariamente por lei formal.

3.2 Impessoalidade: O agente público não pode ser beneficiado nem prejudicado com os atos inerentes ao exercício de sua função, seus atos são atribuídos ao ente no qual atua. Ademais, as decisões do Estado necessitam ser impessoais, não podendo agir em benefício de pessoas físicas e/ou jurídicas específicas. Exemplos de aplicação desse princípio são o concurso público e a licitação.

A **impessoalidade** pode ser analisada sobre 3 aspectos: finalidade, isonomia e imparcialidade. A impessoalidade como finalidade significa que a administração deverá ter como objetivo um tratamento impessoal sem benefício pessoal de ninguém. Já sob o aspecto da isonomia significa dizer que o administrador deverá agir com os administrados de forma igual, a menos que haja um fator que justifique tal ação. Sob o aspecto da imparcialidade é a obrigação inerente a administração de agir com imparcialidade nos possíveis conflitos administrativos, sem adotar um lado.

Aplicação em concurso:

- ***IF-CE – 2014***

  "Segundo os princípios constitucionais aplicados à Administração Pública, analise as seguintes proposições:

  II. A realização de concurso público é exemplo de observância do princípio da impessoalidade".

  Gabarito: A proposição "II" foi considerada como correta;

- ***FCC – 2015 – TRE-AP***

"Considere a seguinte situação hipotética: Dimas, ex-prefeito de um Município do Amapá, foi condenado pelo Tribunal de Justiça do Estado, tendo em vista que adotou na comunicação institucional da Prefeitura logotipo idêntico ao de sua campanha eleitoral. O Tribunal considerou tal fato ofensivo a um dos princípios básicos que regem a atuação administrativa. Trata-se especificamente do princípio da

D) impessoalidade."

Gabarito: A alternativa "D" foi considerada como correta;

3.3 Moralidade: Busca que a atuação dos agentes públicos siga padrões éticos de probidade, decoro e boa-fé. Envolve conceitos filosóficos, como ética, bons costumes, dentre outros.

► **Entendimento jurisprudencial:**

Princípio da moralidade. Ética da legalidade e moralidade. Confinamento do princípio da moralidade ao âmbito da ética da legalidade, que não pode ser ultrapassada, sob pena de dissolução do próprio sistema. [ADI 3.026, rel. min. Eros Grau, j. 8-6-2006, P, DJ de 29-9-2006.]

Aplicação em concurso:

- ***VUNESP – 2017 – TJ-SP***

"O conteúdo jurídico do princípio da moralidade administrativa pode ser conceituado como:

A) aquele que vincula a administração pública a um comportamento ético, conforme discurso da modernidade, com dimensão autônoma em relação ao princípio da legalidade".

Gabarito: A alternativa "A" foi considerada como a correta.

- ***NUCEPE – 2012 – PC-PI – Agente de Polícia***

"Acerca dos princípios regentes da Administração Pública, assinale a afirmativa correta.

E) O princípio da moralidade impõe que o ato administrativo atenda, efetivamente, ao motivo legalmente previsto à sua prática e cumpra a finalidade à qual se destina, daí por que atos administrativos que atendam à forma legal podem violar a moralidade administrativa, estando, por tal vício, suscetíveis de anulação".

Gabarito: A alternativa "E" foi considerada como correta

3.4 Publicidade: Deve ser dada a devida publicidade aos atos praticados pelo Estado, permitindo, com isso, o conhecimento e o controle da população. A publicidade gera o dever de publicação dos atos oficiais do governo e de transparência. Importante estudar conjuntamente com o art. 5, XIV e XXXIII, da CF, bem como considerando a Lei 12.527 (Lei de Acesso à Informação). Isto pois também regulam o princípio da publicidade, podendo trazer inclusive uma exceção, como é o caso do inciso XXXIII, do art. 5.

Aplicação em concurso:

- ***UFCG – 2016 – UFCG***

  "O Princípio da Publicidade exige uma atividade administrativa transparente ou visível para garantir que o administrado tome conhecimento dos comportamentos administrativos do Estado. Sobre esse princípio é correto afirmar:

  C) Pode o administrador público, em situações específicas, excetuar a aplicação do princípio da publicidade".

  Gabarito: A alternativa "C" foi considerada a correta (ver o art. 5, XXXIII, da CF)

- ***CESPE – 2012 – DPE/ES***

  "De acordo com o princípio da publicidade, a administração deve divulgar informações de interesse público, sendo o sigilo dos atos administrativos admitido apenas excepcionalmente e se imprescindível à segurança da sociedade e do Estado"

  Gabarito: A assertiva foi considerada como correta;

- ***IESES – 2015 – TRE-MA***

  "Sobre os princípios constitucionais administrativos, é correto afirmar:

  A) O princípio da publicidade, expressamente previsto na Constituição, impõe que os atos e realizações em geral do poder público sejam divulgados pelos meios legalmente previstos, o que justifica os gastos públicos com a divulgação dos respectivos atos, programas, obras, serviços e campanhas, ainda que tenham caráter de promoção pessoal."

  Gabarito: A alternativa "A" foi considerada como incorreta (o art. 37, § 1, da CF regula que os atos administrativos devem ter caráter educativo

3.5 Eficiência: É o dever de escolha pelas formas mais simples e eficientes dentro da Administração Pública, buscando atingir o interesse público de maneira mais adequada e menos burocrática. Foi o último princípio da Administração a ser colocado no art. 37, *caput*, da CF, trazido pela reforma administrativa promovida pela EC 19/98.

Aplicação em concurso:

- ***CESPE – 2011 – PC***

  "A respeito dos princípios que regem o direito administrativo, julgue os itens seguintes: 'O princípio da eficiência não está expresso no texto constitucional, mas é aplicável a toda atividade da administração pública'."

  Gabarito: A afirmativa foi considerada como incorreta (o princípio da eficiência é um princípio explícito trazido pela EC19/98)

- ***INSTITUTO CIDADES – 2011 – DPE-AM***

  "Afirma-se, a respeito do princípio da eficiência da Administração Pública, que ele foi inserido na atual Constituição Federal com o intuito de:

  A) estabelecer um modelo gerencial de Administração"

  Gabarito: A alternativa "A" foi considerada a correta

- ***Superior Tribunal Militar STM – Analista Judiciário***

  "Julgue os itens que se seguem, relativos às práticas de gestão pública adotadas no Brasil.

  A obrigação do agente público de fazer somente o que a lei permite corresponde ao princípio da eficiência, que é associado à administração pública."

  Gabarito: A alternativa foi considerada como incorreta (o princípio da eficiência estabelece que a administração deverá prestar serviço com qualidade e eficiência. O princípio correto seria o da legalidade)

  Observação: *A constituição prevê os 5 princípios explícitos da administração, mas não exaure apenas nestes 5, prevendo também alguns princípios implícitos. Alguns destes princípios foram previstos pelo art. 2, da lei dos processos administrativos (Lei 9874/99). São eles: legalidade, finalidade, motivação, razoabilidade, proporcionalidade, moralidade, ampla defesa, contraditório, segurança jurídica, interesse público e eficiência.*

É importante lembrar que nenhum princípio é absoluto!

4. **Nepotismo:** É o favorecimento de familiares dentro da Administração Pública, sendo uma prática proibida em virtude do princípio da impessoalidade. O STF divide o **nepotismo em comum** (nomeação direta) e **nepotismo cruzado** (nomeação mediante designações recíprocas = combinado). **A vedação ao nepotismo independe de lei,** uma vez que a sua prática viola princípios constitucionais (art. 37 caput, CF). **Os princípios constitucionais têm força normativa e devem ser respeitados.**

   ▶ **Súmula Vinculante 13:** "A nomeação de cônjuge, companheiro ou parente em linha reta, colateral ou por afinidade, **até o terceiro grau**, inclusive, da autoridade nomeante ou de servidor da mesma pessoa jurídica investido em cargo de direção, chefia ou assessoramento, para o exercício de cargo em comissão ou de confiança ou, ainda, de função gratificada na administração pública direta e indireta em qualquer dos Poderes da União, dos Estados, do Distrito Federal e dos Municípios, **compreendido o ajuste mediante designações recíprocas**, viola a Constituição Federal".

Aplicação em concurso:

- ***FUNRIO – 2016 – Prefeitura de Trindade – GO – Procurador Municipal***

  "Considerando a competência para legislar sobre a vedação à prática do nepotismo, a alternativa correta é:

  A) É de iniciativa privativa do Prefeito.

  B) Não tem iniciativa exclusiva do Executivo.

  C) Na administração pública, é competente a União Federal, na forma do art. 22 da Constituição da República, não podendo os municípios legislar a respeito.

  D) Na administração pública, a competência é concorrente entre a União Federal e os Estados, na forma do art. 24 da Constituição da República, não podendo os municípios legislar a respeito.

E) A proibição ao nepotismo decorre diretamente da Constituição da República, na forma da jurisprudência do STF, tendo sido disciplinada, nacionalmente, em resolução do CNJ, não podendo os municípios legislar a respeito".

Gabarito: Alternativa B (vedação com base em princípios: não depende de lei)

- ***FCC – 2010 – PGE-AM***

"NÃO é situação que configura nepotismo, a sofrer a incidência da Súmula Vinculante no 13, editada pelo Supremo Tribunal Federal, a nomeação

D) cônjuge de Governador para cargo de Secretário de Estado."

Gabarito: A alternativa "D" foi considerada como correta (o disposto não contraria a SV 13, ou seja, não envolve cargos de direção, chefia e assessoramento propriamente ditos.)

5. Quando não obedecem aos princípios da Administração Pública, os atos são considerados ilegais e, devido ao **princípio da autotutela**, a própria Administração Pública pode anulá-los.

► **Entendimento jurisprudencial:**

Súmula 473 STF: A administração pode anular seus próprios atos, quando eivados de vícios que os tornem ilegais, porque deles não se originam direitos, ou revogá-los, por motivo de conveniência ou oportunidade, respeitados os direitos adquiridos e ressalvada, em todos os casos, a apreciação judicial.

Súmula 346-STF: A Administração Pública pode declarar a nulidade dos seus próprios atos.

I – os cargos, empregos e funções públicas são acessíveis aos brasileiros que preencham os requisitos estabelecidos em lei, **assim como aos estrangeiros, na forma da lei;**

6. É importante diferenciar cargo, emprego e função pública:

Cargos Públicos	Aqueles que possuem vínculo estatutário com o Estado.
Empregos Públicos	Aqueles que, mesmo necessitando de concurso público, são regidos pela CLT (vínculo contratual). São os empregos das Empresas públicas e Sociedade de Economia Mista (personalidades de direito privado que utiliza capital público).
Funções Públicas	É qualquer atribuição pública decorrente de um vínculo com o Estado. Pode ser uma função de um cargo público, de um emprego público, uma função comissionada ou até funções dos particulares em colaboração (ver art. 39, CF).

7. Apesar do inciso I ter sido alterado com a Emenda Constitucional de 1998, o art. 207, §º1º, CF, incluído pela EC 11/1996, já previa a possibilidade de contratação de professores, técnicos e cientistas **estrangeiros.**

II – a **investidura em cargo ou emprego público** depende de aprovação prévia em **concurso público** de provas ou de provas e títulos, de acordo com a natureza e a complexidade do cargo ou emprego, na forma prevista em lei, **ressalvadas as nomeações para cargo em comissão declarado em lei de livre nomeação e exoneração;**

8. **É nula a contratação de servidor público sem concurso, conforme Súm**ula Vinculante 43, do STF: "É inconstitucional toda modalidade de provimento que propicie ao servidor investir-se, sem prévia aprovação em concurso público destinado ao seu provimento, em cargo que não integra a carreira na qual anteriormente investido."

▶ **Entendimento jurisprudencial:**

Contratação sem concurso é nula e só gera direito a **salários** e **FGTS** (RE 705140).

9. Alguns entendimentos demonstram garantias do candidato ao concurso público:

Súmula 684-STF: É inconstitucional o veto não motivado à participação de candidato a concurso público.

Súmula 17-STF: A nomeação de funcionário sem concurso pode ser desfeita antes da posse.

Súmula 16-STF: Funcionário nomeado por concurso tem direito à posse.

Súmula 15-STF: Dentro do prazo de validade do concurso, o candidato aprovado tem direito à nomeação, quando o cargo for preenchido sem observância da classificação.

O concurso público pressupõe o **tratamento igualitário** dos candidatos, discrepando da ordem jurídico-constitucional a previsão de vantagens quanto a certos cidadãos que venham prestando serviços à administração pública. [ADI 2.949, rel. p/ o ac. min. Marco Aurélio, j. 26-9-2007, P, DJE de 28-5-2015.]

Viola o princípio constitucional da isonomia norma que estabelece como título o mero exercício de função pública. [ADI 3.443, rel. min. Carlos Velloso, j. 8-9-2005, P, DJ de 23-9-2005.]

10. **Além das garantias demonstradas, os concursos não podem ter requisitos que não são exigidos em lei,** uma vez que devem obedecer aos princípios da legalidade e da isonomia, só podendo trazer exigências que influenciam nas atribuições do cargo

▶ **Entendimentos jurisprudenciais:**

Súmula Vinculante 44: Só por lei se pode sujeitar a **exame psicotécnico** a habilitação de candidato a cargo público.

Súmula Vinculante 14: Não é admissível, por ato administrativo, restringir, em razão da idade, inscrição em concurso para cargo público.

Os requisitos do edital para o ingresso em cargo, emprego ou função pública devem ter por **fundamento lei em sentido formal e material**. Editais de concurso público não podem estabelecer restrição a pessoas com *tatuagem*, salvo situações excepcionais em razão de conteúdo que viole valores constitucionais. [RE 898.450, rel. min. Luiz Fux, j. 17-8-2016, P, DJE de 31-5-2017, Tema 838.]

A exigência de **experiência profissional** prevista apenas em edital importa em **ofensa constitucional**. [RE 558.833 AgR, rel. min. Ellen Gracie, j. 8-9-2009, 2ª T, DJE de 25-9-2009.]

O limite de idade, quando regularmente fixado em **lei e no edital** de determinado concurso público, há de ser comprovado no *momento da inscrição no certame.* (...) ARE 840592/CE, Min. Roberto Barroso, 23.6.2015. (ARE-840592) (Informativo 791 STF)

Aplicação nos concursos públicos:

- ***Analista Legislativo – Processo Legislativo – 2018 – FCC – ALESE***

  "Com objetivo de recompor os quadros da Polícia Militar do Estado, o Governador autorizou a abertura de concurso público para o preenchimento de 200 cargos que se encontravam vagos. Ao elaborar o edital do referido concurso, a Polícia Militar do Estado, a despeito da inexistência de disposição nesse sentido em lei, incluiu entre os requisitos para a ocupação do cargo as alturas mínimas de 1,75 m para homens e 1,65 m para mulheres. Considerando o quanto disposto na Constituição da República, bem como a jurisprudência do Supremo Tribunal Federal, a exigência feita se mostra

  C) ilegítima, uma vez que, embora prevista no edital do concurso, não havia lei em sentido formal e material amparando tal exigência".

  Gabarito: Alternativa C

III – o prazo de validade do concurso público será de **até dois anos, prorrogável uma vez, por igual período;**

IV – durante o prazo improrrogável previsto no edital de convocação, aquele aprovado em concurso público de provas ou de provas e títulos será convocado com prioridade sobre novos concursados para assumir cargo ou emprego, na carreira;

11. Nesse sentido, durante o prazo, o candidato tem **direito subjetivo** à nomeação, ou seja, caso haja necessidade de contratação por parte da administração pública, deve-se chamar preferencialmente os candidatos já aprovados:

→ **Súmula 15 STF: Dentro do prazo de validade do concurso**, o candidato aprovado tem o **direito à nomeação**, quando o cargo for preenchido sem observância da classificação.

→ **Entendimentos jurisprudenciais:**

Cadastro de reserva e mera expectativa de direito: "Este Supremo Tribunal Federal já assentou que candidato aprovado em concurso público para formação de cadastro reserva é mero detentor de expectativa de direito à nomeação." (MS 31732 ED, Relator Ministro Dias Toffoli, Primeira Turma, julgamento em 3.12.2013, DJe de 18.12.2013).

A **contratação precária** para o exercício de atribuições de cargo efetivo durante o prazo de validade do concurso público respectivo traduz preterição dos candidatos aprovados e confere a esses últimos **direito subjetivo à nomeação.** [RE 733.596 AgR, rel. min. Luiz Fux, j. 11-2-2014, 1ª T, DJE de 26-2-2014.]

12. Após o prazo de validade, entretanto, **não pode haver a nomeação de candidatos daquele concurso** [ARE 899.816 AgR, rel. min. Dias Toffoli, j. 7-3-2017, 2ª T, DJE de 24-3-2017]

V – as **funções de confiança**, exercidas exclusivamente por servidores ocupantes de cargo efetivo, e os **cargos em comissão**, a serem preenchidos por servidores de carreira nos casos, condições e percentuais mínimos previstos em lei, destinam-se apenas às atribuições de **direção, chefia e assessoramento;**

13. Importante diferenciar os ***cargos* em comissão** da ***função* de confiança (comissionada)**: O **cargo em comissão** pode ter como nomeado qualquer pessoa da confiança (nomeação *ad nutum*), desde que observados percentuais mínimos para servidores públicos. Já a **função de confiança** é atribuída a um servidor público que possui um cargo efetivo de origem.

Aplicação nos concursos públicos:

- ***Procurador do Estado – 2014 – FCC – PGE-RN***

  "Lei estadual criou vários cargos em comissão de médico, de livre provimento pelo Secretário de Saúde, para atender a necessidade imediata da população. Segundo a lei, os titulares dos cargos devem exercer suas atividades no âmbito do Sistema Único de Saúde – SUS, prestando seus serviços diretamente aos pacientes necessitados, por prazo indeterminado. A referida lei estadual é

  A) incompatível com a Constituição Federal, uma vez que os cargos em comissão somente podem ser criados para as atribuições de direção, chefia e assessoramento, a serem preenchidos por servidores de carreira nos casos, condições e percentuais mínimos previstos em lei".

  Gabarito: Alternativa A

VI – **é garantido ao servidor público civil o direito à livre associação sindical;**

14. Apesar de ser garantido ao servidor público civil o direito à livre associação sindical, **não é permitida a realização de negociação coletiva quanto à remuneração** do servidor público, pois só pode ser fixada mediante lei.

VII – **o direito de greve** será exercido nos termos e nos limites definidos em lei específica;

15. **O exercício do direito de greve é norma de eficácia limitada e necessita de lei regulamentando-a para sua total eficácia.** No âmbito da administração pública, essa lei ainda não existe, fato que levou a impetração de vários mandados de injunção pelos funcionários públicos, tendo o entendimento sido consolidado no STF de que, enquanto lei específica não for regulamentada, é aplicável a lei de greve dos trabalhadores (Lei 7.783/89). Esse entendimento é válido para todos os servidores, uma vez que foi aplicada a teoria concretista geral no seu julgamento.

15.1. A greve é um direito, entretanto **a Administração Pública pode descontar os dias não trabalhados.** Se a **greve aconteceu por conduta ilícita do Poder Público, não poderá haver desconto:**

"A administração pública deve proceder ao desconto dos dias de paralisação decorrentes do exercício do direito de greve pelos servidores públicos, em virtude da suspensão do vínculo funcional que dela decorre, permitida a compensação em caso de acordo. **O desconto será, contudo, incabível se ficar demonstrado que a greve foi provocada por conduta ilícita do Poder Público**". (RE 693456, Relator(a): Min. DIAS TOFFOLI, Tribunal Pleno, julgado em 27/10/2016, PROCESSO ELETRÔNICO DJe-238 DIVULG 18-10-2017 PUBLIC 19-10-2017).

15.2. Aos **militares** é **proibido** o **direito de greve** (art. 142, IV, CF), assim como para todos aqueles que trabalham na segurança pública:

"O **exercício do direito de greve**, sob qualquer forma ou modalidade, **é vedado aos policiais civis e a todos os servidores públicos que atuem diretamente na área de segurança pública»**. ARE 654432/GO, rel. orig. Min. Edson Fachin, red. p/ o ac. Min. Alexandre de Moraes, julgamento em 5.4.2017. (ARE-654432)

Aplicação nos concursos públicos:

- ***Auditor Fiscal – 2014 – FGV – SEFAZ – MT***

  "O direito de greve do servidor público não pode ser exercido enquanto não for regulamentado".

  Gabarito: A alternativa está errada.

- ***Juiz federal – 2018 – TRF – 3ª REGIÃO***

  "A jurisprudência do Supremo Tribunal Federal é firme no sentido de que o direito de greve do servidor público é assegurado, ainda que não tenha sido publicada a lei complementar de que trata o inciso VII do art. 37 da Constituição Federal. Além disso, também de acordo com o STF:

  C) O servidor público tem direito à remuneração pelos dias parados, somente se o movimento grevista foi motivado por conduta ilícita do Poder Público".

  Gabarito: A alternativa está correta.

VIII – a lei reservará percentual dos **cargos e empregos públicos para as pessoas portadoras de deficiência** e definirá os critérios de sua admissão;

16. Os concursos públicos devem reservar até 20% de suas vagas. Trata-se de uma forma para garantir o respeito ao **princípio da isonomia** para os portadores de deficiência.

IX – a lei estabelecerá os casos de **contratação por tempo determinado** para atender a **necessidade temporária de excepcional interesse público;**

17. Repare que, para **a contratação por tempo determinado, não é necessário concurso público.** Essa é uma exceção que busca atender necessidade temporária de interesse público.

Aplicação nos concursos públicos:

- ***Titular de Serviços de Notas e de Registros – 2018 – IESES – TJ-AM***

  "A lei estabelecerá os casos de contratação por tempo determinado para atender à necessidade temporária de excepcional interesse público."

  Gabarito: A alternativa está correta.

18. O STF, por meio da ADI 3662/MT, entendeu que a lei não pode prever hipóteses **genéricas para contratação temporária,** nem permitir **prorrogação indefinida do prazo** dessas contratações.

X – a remuneração dos servidores públicos e o subsídio de que trata o § 4º do art. 39 somente poderão ser fixados ou alterados por lei específica, observada a iniciativa privativa em cada caso, assegurada revisão geral anual, sempre na mesma data e sem distinção de índices;

19. **Entendimentos jurisprudenciais:**

Súmula Vinculante 37: Não cabe ao poder Judiciário, que não tem função legislativa, aumentar vencimentos de servidores públicos sob o fundamento de isonomia.

Súmula 679-STF: A fixação de vencimentos dos servidores públicos não pode ser objeto de convenção coletiva.

XI – **a remuneração e o subsídio** dos ocupantes de cargos, funções e empregos públicos da administração direta, autárquica e fundacional, dos membros de qualquer dos Poderes da União, dos Estados, do Distrito Federal e dos Municípios, dos detentores de mandato eletivo e dos demais agentes políticos e os proventos, pensões ou outra espécie remuneratória, percebidos cumulativamente ou não, incluídas as vantagens pessoais ou de qualquer outra natureza, **não poderão exceder o subsídio mensal, em espécie, dos Ministros do Supremo Tribunal Federal, aplicando-se como limite, nos Municípios,**

o subsídio do Prefeito, e nos Estados e no Distrito Federal, o subsídio mensal do Governador no âmbito do Poder Executivo, o subsídio dos Deputados Estaduais e Distritais no âmbito do Poder Legislativo e o subsídio dos Desembargadores do Tribunal de Justiça, limitado a noventa inteiros e vinte e cinco centésimos por cento do subsídio mensal, em espécie, dos Ministros do Supremo Tribunal Federal, no âmbito do Poder Judiciário, aplicável este limite aos membros do Ministério Público, aos Procuradores e aos Defensores Públicos;

20. O inciso XI estabelece o teto de remuneração e subsídio no âmbito da Administração Pública. O teto geral é o subsídio dos Ministros do STF, mas existem subtetos estadual (varia de acordo com o poder) e municipal. Veja abaixo:

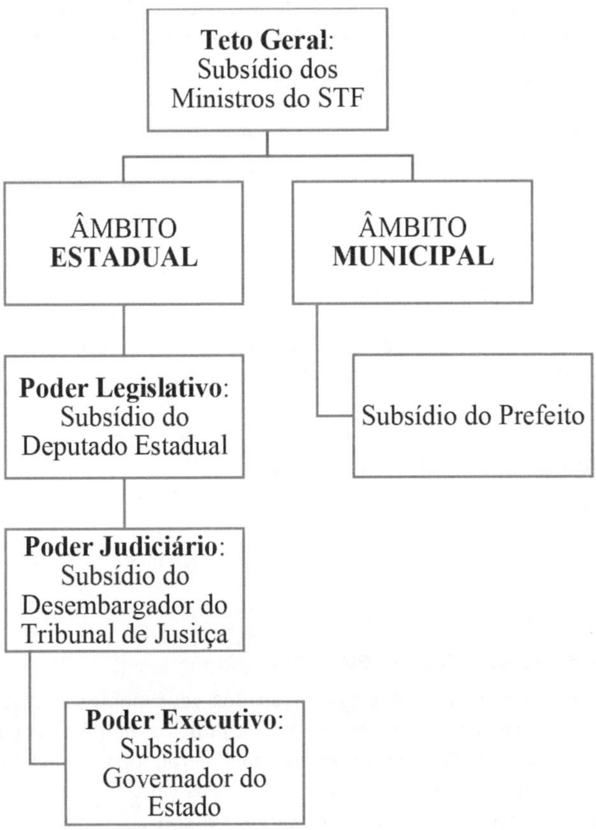

Observação: O inciso XI estabelece que o subsídio dos Desembargadores do TJ deve ser limitado a 90,25% do subsídio dos Ministros do STF, entretanto essa parte foi considerada inconstitucional pela ADI 3854. Dessa forma, o entendimento atual é o de que o subsídio dos Desembargadores do TJ pode chegar até o valor do subsídio dos ministros do STF, já a remuneração dos demais servidores estaduais do poder judiciário, pode chegar até os 90,25%. Os membros do Ministério Público, aos Procuradores e aos Defensores Públicos também se submetem apenas ao teto do STF.

Aplicação em concursos públicos:

- ***Juiz de Direito – 2017 – FCC – TJ-SC***

"Lei estadual, de iniciativa parlamentar, determinou que o limite máximo de remuneração dos ocupantes de cargos, funções e empregos públicos da administração direta, autárquica e fundacional dos membros dos poderes estaduais passará a ser o valor correspondente a noventa inteiros e vinte e cinco centésimos por cento do subsídio mensal dos Ministros do Supremo Tribunal Federal, não se aplicando o referido limite remuneratório, todavia, aos magistrados e deputados estaduais, para os quais se previu como teto, respectivamente, o subsídio mensal dos Ministros do Supremo Tribunal Federal e o valor equivalente a setenta e cinco por cento daquele estabelecido para os Deputados Federais. À luz da Constituição Federal e da jurisprudência do Supremo Tribunal Federal a referida lei estadual é

D) formalmente inconstitucional, uma vez que apenas emenda à Constituição do Estado poderia estabelecer o limite máximo remuneratório, mas materialmente compatível com a Constituição Federal, na medida em que os limites se adequam às normas constitucionais."

Gabarito: alternativa D

XII – os vencimentos dos cargos do Poder Legislativo e do Poder Judiciário não poderão ser superiores aos pagos pelo Poder Executivo;

XIII – é vedada a vinculação ou equiparação de quaisquer espécies remuneratórias para o efeito de remuneração de pessoal do serviço público;

Aplicação nos concursos públicos:

- ***Auditor Fiscal – 2014 – FGV – SEFAZ-MT***

É vedada a vinculação de remunerações entre cargos diversos da Administração Pública.

Gabarito: A alternativa está correta.

- ***Oficial de Justiça – 2018 – FGV – TJ-SC***

Em razão da constante desatualização dos vencimentos dos servidores públicos estaduais vinculados ao Poder Executivo, principalmente quando comparado com cargos similares da Administração Pública Federal, foi promulgada a Lei Estadual YY, que determinou o reajuste anual dos referidos vencimentos, de modo automático, no mesmo percentual aplicado aos cargos federais.

À luz da sistemática constitucional, a Lei Estadual YY é:

A) inconstitucional, pois não é possível vincular o reajuste dos servidores estaduais aos reajustes conferidos a cargos similares da Administração Pública Federal;

Gabarito: A alternativa está correta.

XIV – os acréscimos pecuniários percebidos por servidor público não serão computados nem acumulados para fins de concessão de acréscimos ulteriores

21. Esse inciso dispõe que os acréscimos pecuniários (gratificações ou adicionais) serão computados sempre com base no vencimento-base do servidor, visando evitar que um acréscimo pecuniário incida sobre outro acréscimo já existente.

XV – **o subsídio e os vencimentos dos ocupantes de cargos e empregos públicos são irredutíveis,** ressalvado o disposto nos incisos XI e XIV deste artigo e nos arts. 39, § 4º, 150, II, 153, III, e 153, § 2º, I;

22. Os vencimentos e subsídios dos servidores públicos gozam da garantia da irredutibilidade. No entanto, há exceções em que pode haver redução:

- para obedecer os tetos remuneratórios do art. 37, XI, CF
- para não considerar acréscimos pecuniários recebidos, conforme art. 37, XIV, CF
- para que a remuneração do membro de Poder, do detentor de mandato eletivo, dos Ministros de Estado e dos Secretários Estaduais e Municipais obedeçam às regras dispostas (art. 39, § 4º,CF)
- para que a remuneração não possibilite tratamento desigual entre os servidores (art. 150, II, CF)
- para possibilitar a incidência do Imposto de Renda sobre a remuneração (art. 153, § 2º, I, CF)

Aplicação em concurso público:

- ***Técnico Administrativo – CESPE – 2012 – ANAC***

  Uma das garantias constitucionais do servidor público é a irredutibilidade dos subsídios e vencimentos, salvo os casos previstos na própria constituição.

  Gabarito: Alternativa correta.

- ***Investigador de Polícia – MS CONCURSOS – 2012 – PC-PA***

  Em se tratando dos agentes públicos e, em especial, dos direitos, deveres e responsabilidades dos servidores públicos civis, espécie do gênero agentes públicos, assinale a alternativa correta.

  D) Todos os agentes públicos detêm a garantia da irredutibilidade de vencimentos, além do direito à sindicalização e à greve, assegurados pela norma constitucional.

  Gabarito: Alternativa incorreta (a garantia de irredutibilidade de remuneração não é absoluta, uma vez que o art. 37, XV,CF prevê certas exceções

23) **Entendimento jurisprudencial:**

1. O teto de retribuição estabelecido pela EC 41/2003 é de **eficácia imediata**, e submete às referências de valor máximo nele discriminadas todas as verbas de natureza remuneratória percebidas pelos servidores públicos da União, dos Estados, do Distrito Federal e dos Municípios, ainda que adquiridas de acordo

com regime legal anterior.... 3. A incidência da regra constitucional da irredutibilidade exige a presença cumulativa de pelo menos dois requisitos: **(a) que o padrão remuneratório nominal tenha sido obtido conforme o direito, e não de maneira ilícita, ainda que por equívoco da Administração Pública; e (b) que o padrão remuneratório nominal esteja compreendido dentro do limite máximo pré-definido pela Constituição Federal.** O pagamento de remunerações superiores aos tetos de retribuição de cada um dos níveis federativos traduz exemplo de violação qualificada no texto constitucional. [RE 609.381/GO, STF]

Aplicação em concurso público:

- ***Procurador – FGV – 2017 – ALERJ***

A autoridade administrativa competente do Poder Legislativo estadual pede à Procuradoria da Assembleia Legislativa que emita parecer identificador dos requisitos que autorizam a incidência da garantia constitucional da irredutibilidade de vencimentos dos servidores públicos estaduais.

O parecer aponta que há dois requisitos:

D) cumulativos, a saber: (i) o padrão remuneratório nominal tenha sido obtido conforme o direito, e não de maneira ilícita, ainda que por equívoco da Administração Pública; e (ii) o padrão remuneratório nominal esteja compreendido dentro do limite constitucional máximo predefinido;

Gabarito: Alternativa D

24. O STF entendeu que, quando há aumento do número de horas em que o servidor público é submetido, deve haver também o aumento da remuneração, em respeito ao princípio da irredutibilidade de salário. [STF RE 234004 / GO – GOIÁS. RECURSO EXTRAORDINÁRIO, Relator (a): Min. RICARDO LEWANDOWSKI]

Aplicação em concurso público:

- ***Defensor Público Federal – CESPE – 2010 – DPU***

Considere que a Lei X, segundo a qual os servidores públicos deveriam estar submetidos à carga horária de 30 horas semanais, tenha sido alterada pela Lei Y, que passou a exigir cumprimento de carga horária de 40 horas semanais. Nesse caso, se a Lei Y não tiver previsto aumento na remuneração desses servidores, está caracterizada a violação ao princípio da irredutibilidade de vencimentos.

Gabarito: A alternativa está correta

25. Entendimentos jurisprudenciais:

A irredutibilidade de vencimentos dos servidores, prevista no art. 37, XV, da Constituição do Brasil, **aplica-se** também **àqueles que não possuem vínculo com a administração pública.** [MS 24.580, rel. min. Eros Grau, j. 30-8-2007, P, DJ de 23-11-2007.]

A absorção de vantagem pecuniária por reajustes sucessivos **não viola o princípio da irredutibilidade** de vencimentos. [AI 318.209 AgR-ED-ED, rel. min. Cezar Peluso, j. 7-8-2007, 1ª T, DJ de 24-8-2007.]

Não há ilegalidade na extinção de uma vantagem ou na sua absorção por outra, desde que preservada a irredutibilidade da remuneração. [MS 25.072, rel. p/ o ac. min. Eros Grau, j. 7-2-2007, P, DJ de 27-4-2007.]

É da jurisprudência do Supremo Tribunal que **não pode o agente público opor, à guisa de direito adquirido, a pretensão de manter determinada fórmula de composição de sua remuneração total**, se, da alteração, não decorre a redução dela. [MS 24.875, rel. min. Sepúlveda Pertence, j. 11-5-2006, P, DJ de 6-10-2006.]

XVI – **é vedada a acumulação remunerada de cargos públicos, exceto**, quando houver compatibilidade de horários, observado em qualquer caso o disposto no inciso XI:

a) a de dois cargos de professor;

b) a de um cargo de professor com outro técnico ou científico;

c) a de dois cargos ou empregos privativos de profissionais de saúde, com profissões regulamentadas;

XVII – a proibição de **acumular estende-se a empregos e funções e abrange autarquias, fundações, empresas públicas, sociedades de economia mista, suas subsidiárias, e sociedades controladas, direta ou indiretamente,** pelo poder público;

26. O inciso XVI prevê a regra da impossibilidade de acumulação de cargos públicos, admitindo-a apenas em três hipóteses específicas. Vale lembrar, contudo, que há possibilidade de acumulação também prevista no caso do art. 38, III, da CF, para o caso de mandato eletivo de vereador com o cargo de origem, quando houver compatibilidade de horário. Dessa forma, as possibilidades são:

25.1 Dois cargos de professor

25.2 Um cargo de professor e um cargo técnico ou científico

25.3 Dois cargos ou empregos privativos de profissionais da saúde

25.4 O mandato de vereador e seu cargo de origem

Aplicação em concurso público:

- ***Analista de Tecnologia e Informática – IBADE – 2018 – Câmara de Porto Velho – RO***

  "Como forma de moralizar o serviço público, a Constituição Federal proibiu a cumulação remunerada de cargos públicos. Entretanto, admitiu algumas exceções, desde que haja compatibilidade de horários e respeito ao teto remuneratório constitucional. Considerando essas exceções, é possível a cumulação de:

  A) três cargos de professor.

  B) um cargo de professor com outro técnico ou científico.

  C) um cargo técnico com outro científico

  D) um cargo de governador de estado com outro de prefeito municipal.

  E) um cargo de médico, com outro de enfermeiro e com um terceiro cargo de fisioterapeuta."

  Gabarito: Alternativa B

- O STF já admitiu em julgados (RE 737865, RE 679416) a **possibilidade da acumulação remunerada de cargos de professor e de agente da polícia civil,** entendendo que esse último se enquadra no conceito de cargo técnico.

Aplicação em concurso público:

- ***Delegado de Polícia – 2018 – FUMARC – PC-MG***

  "Não é possível a acumulação remunerada do cargo de policial civil com o cargo de professor, ainda que haja compatibilidade de horários".

  Gabarito: A alternativa está errada.

- O STF (RE 1.094.802 AgR) entendeu ser **inconstitucional lei que estipula número máximo de horas para cumulação de cargos,** uma vez que esse requisito não está previsto na CF. Conforme descrito neste artigo constitucional, o único requisito que deve ser obedecido é a compatibilidade de horários, cujo cumprimento deve ser aferido pela administração pública.

XVIII – a administração fazendária e seus servidores fiscais terão, dentro de suas áreas de competência e jurisdição, precedência sobre os demais setores administrativos, na forma da lei;

XIX – **somente por lei específica poderá ser criada autarquia e autorizada a instituição de empresa pública, de sociedade de economia mista e de fundação,** cabendo à lei complementar, neste último caso, definir as áreas de sua atuação;

XX – depende de autorização legislativa, em cada caso, a criação de subsidiárias das entidades mencionadas no inciso anterior, assim como a participação de qualquer delas em empresa privada;

27. A diferença na criação das entidades públicas está no fato de que as autarquias são **criadas** por meio de **lei**, enquanto que para as demais entidades, a lei apenas **autoriza sua criação.**

Aplicação em concurso público:

- ***Assistente em Administração – 2014 – FUNCAB – IF-AM***

  Assinale a alternativa correta a respeito da Administração Pública no Brasil, segundo as disposições constitucionais.

  A) Somente por lei específica poderá ser instituída sociedade de economia mista ou empresa pública.

  Gabarito: Alternativa correta.

XXI – ressalvados os casos especificados na legislação, as obras, serviços, compras e alienações **serão contratados mediante processo de licitação pública que assegure igualdade de condições a todos os concorrentes,** com cláusulas que estabeleçam obrigações de pagamento, mantidas as condições efetivas da proposta, nos termos da lei, **o qual somente permitirá as exigências de qualificação técnica e econômica indispensáveis à garantia do cumprimento das obrigações.**

XXII – as administrações tributárias da União, dos Estados, do Distrito Federal e dos Municípios, atividades essenciais ao funcionamento do Estado, exercidas por servidores de carreiras específicas, terão recursos prioritários para a realização de suas atividades e atuarão de forma integrada, inclusive com o compartilhamento de cadastros e de informações fiscais, na forma da lei ou convênio.

28. **A igualdade de condições na licitação** garante a **impessoalidade** dos agentes públicos na escolha da melhor opção para a sociedade, a **isonomia** das empresas que concorrerão e a **moralidade** dos agentes públicos e dos licitantes. Apesar disso, é preciso destacar que a própria CF autoriza situações de contratação direta sem licitação no início do inciso XXI. A licitação é regulamentada pela Lei 8.666/93 e por outras leis esparsas, sendo matéria mais típica do Direito Administrativo.

§ 1º A publicidade dos atos, programas, obras, serviços e campanhas dos órgãos públicos deverá ter caráter educativo, informativo ou de orientação social, dela não podendo constar nomes, símbolos ou imagens que caracterizem promoção pessoal de autoridades ou servidores públicos.

30. Tal dispositivo, normalmente cobrado em sua literalidade, dispõe acerca da **impessoalidade** na **publicidade nos órgãos públicos,** buscando **evitar favorecimento de agentes com dinheiro público,** uma vez que é **vedada a publicidade para a promoção pessoal.**

Aplicação nos concursos públicos:

- ***Titular de Serviços de Notas e de Registros – 2018 – IESES – TJ-AM***

  "A publicidade dos atos, programas, obras, serviços e campanhas dos órgãos públicos deverá ter caráter educativo, informativo ou de orientação social, dela não podendo constar nomes, símbolos ou imagens que caracterizem promoção pessoal de autoridades ou servidores públicos".

  Gabarito: A alternativa está correta.

§ 2º A não observância do disposto nos incisos II e III implicará a **nulidade do ato e a punição da autoridade responsável,** nos termos da lei.

§ 3º A lei disciplinará as formas de participação do usuário na administração pública direta e indireta, regulando especialmente:

I – as reclamações relativas à prestação dos serviços públicos em geral, asseguradas a manutenção de serviços de atendimento ao usuário e a avaliação periódica, externa e interna, da qualidade dos serviços;

II – o acesso dos usuários a registros administrativos e a informações sobre atos de governo, observado o disposto no art. 5º, X e XXXIII;

III – a disciplina da representação contra o exercício negligente ou abusivo de cargo, emprego ou função na administração pública.

§ 4º Os atos de improbidade administrativa importarão **a suspensão dos direitos políticos, a perda da função pública, a indisponibilidade dos bens e o ressarcimento ao erário,** na forma e gradação previstas em lei, sem prejuízo da ação penal cabível.

31. As punições dos atos de **improbidade administrativa** são cobradas em sua literalidade no Direito Constitucional, devendo haver maior aprofundamento se você estiver estudando para concursos que cobrem a matéria de Direito Administrativo.

32. A Lei de Improbidade Administrativa (Lei nº 8.429/1992) dispõe sobre as sanções aplicáveis aos agentes públicos nos casos de enriquecimento ilícito no exercício de mandato, cargo, emprego ou função na administração pública direta, indireta ou fundacional e dá outras providências.

§ 5º A lei estabelecerá os prazos de prescrição para ilícitos praticados por qualquer agente, servidor ou não, que causem prejuízos ao erário, ressalvadas as respectivas ações de ressarcimento.

33. Sobre a imprescritibilidade das ações de ressarcimento ao erário, o STF entende que deve haver uma distinção entre **ilícito civil** e **ilícito de natureza decorrente de regime especial**. Nas ações de ressarcimento decorrentes de **ilícito civil** (ex: mera indenização), deverá ser observado **prazo prescricional** normal do Código Civil. Nos casos de ilícito de **natureza especial** (ex: Ações de Improbidade Administrativa), o ajuizamento será **imprescritível**, seguindo a norma constitucional, **desde que o ato infracional tenha sido praticado em caráter doloso**. (STF. Plenário. RE 852475/SP, Rel. orig. Min. Alexandre de Moraes, Rel. para acórdão Min. Edson Fachin, julgado em 08/08/2018)

§ 6º **As pessoas jurídicas de direito público e as de direito privado prestadoras de serviços públicos responderão pelos danos que seus agentes,** nessa qualidade, causarem a terceiros, assegurado o direito de regresso contra o responsável nos casos de dolo ou culpa.

34. O dispositivo se refere ao regime de **responsabilidade objetiva do Estado,** de forma que, quando a conduta de algum agente público causar dano a um indivíduo, o Estado será responsabilizado, independente de dolo ou culpa, podendo a Administração Pública se valer de ação de regresso contra o agente causador do dano. Entretanto, **a responsabilização do agente perante o Estado é subjetiva,** devendo o Estado comprovar dolo ou culpa do agente na ação regressiva, conforme a parte final do dispositivo.

▶ **Entendimento jurisprudencial:**

Considerando que é dever do Estado, imposto pelo sistema normativo, manter em seus presídios os padrões mínimos de humanidade previstos no ordenamento jurídico, é de sua responsabilidade, nos termos do art. 37, § 6º, da Constituição, **a obrigação de ressarcir os danos, inclusive morais, comprovadamente causados aos detentos em decorrência da falta ou insuficiência das condições legais de encarceramento.** (RE 580.252, rel. p/ o ac. min. Gilmar Mendes, j. 16-2-2017, P, DJE de 11-9-2017, Tema 365)

Aplicação nos concursos públicos:

- ***2017 – FAPEMS – PC-MS – Delegado de Polícia***

  "Conforme já pronunciou o STF, é dever do Estado manter em seus presídios os padrões mínimos de humanidade previstos no ordenamento jurídico, sendo de sua responsabilidade, nos termos do artigo 37, § 6°, da Constituição da República, a obrigação de ressarcir os danos, inclusive morais, comprovadamente causados aos detentos em decorrência da falta ou insuficiência das condições legais de encarceramento."

  Gabarito: A afirmativa está correta

35. A responsabilidade objetiva do Estado abrange tanto os entes públicos (União, Estados, DF e Municípios) e seus órgãos, como as entidades da Administração Indireta, assim como aquelas pessoas jurídicas que prestem qualquer serviço público (concessionários/permissionárias).

▶ **Entendimento jurisprudencial:**

A responsabilidade civil das **pessoas jurídicas de direito privado prestadoras de serviço público é objetiva relativamente a terceiros usuários, e não usuários do serviço,** segundo decorre do art. 37, § 6º, da CF. A inequívoca presença do nexo de causalidade entre o ato administrativo e o dano causado ao terceiro não usuário do serviço público é condição suficiente para estabelecer a responsabilidade objetiva da pessoa jurídica de direito privado. [RE 591.874, rel. min. Ricardo Lewandowski, j. 26-8-2009, P, DJE de 18-12-2009, Tema 130]

Aplicação em concurso público:

- ***Juiz – FAE – 2008 – TJ-PR***

  "Assinale a alternativa correta:

  A) as pessoas jurídicas de direito público e as de direito privado que exercem atividade econômica responderão pelos danos que seus agentes, nessa qualidade, causarem a terceiros, assegurado o direito de regresso contra o responsável nos casos de dolo ou culpa.

  B) as empresas privadas concessionárias de serviço público jamais responderão pelos danos que seus agentes, nessa qualidade, causarem a terceiros.

  C) as pessoas jurídicas de direito público e as de direito privado prestadoras de serviços públicos responderão pelos danos que seus agentes, nessa qualidade, causarem a terceiros, afastado o direito de regresso contra o responsável se não for caso de dolo ou culpa.

D) as pessoas jurídicas de direito público responderão pelos danos que seus agentes, nessa qualidade, causarem a terceiros, afastado o direito de regresso contra o responsável, nos casos de dolo ou culpa."

Gabarito: Alternativa C (essa questão traduz a literalidade do art. 37, § 6º, CF)

§ 7º A lei disporá sobre os requisitos e as restrições ao ocupante de cargo ou emprego da administração direta e indireta que possibilite o acesso a informações privilegiadas.

§ 8º A autonomia gerencial, orçamentária e financeira dos órgãos e entidades da administração direta e indireta poderá ser ampliada mediante contrato, a ser firmado entre seus administradores e o poder público, que tenha por objeto a fixação de metas de desempenho para o órgão ou entidade, cabendo à lei dispor sobre:

I – o prazo de duração do contrato;

II – os controles e critérios de avaliação de desempenho, direitos, obrigações e responsabilidade dos dirigentes;

III – a remuneração do pessoal.

§ 9º O disposto no inciso XI aplica-se às empresas públicas e às sociedades de economia mista, e suas subsidiárias, que receberem recursos da União, dos Estados, do Distrito Federal ou dos Municípios para pagamento de despesas de pessoal ou de custeio em geral.

§ 10. É vedada a percepção simultânea de proventos de aposentadoria decorrentes do art. 40 ou dos arts. 42 e 142 com a remuneração de cargo, emprego ou função pública, **ressalvados os cargos acumuláveis na forma desta Constituição, os cargos eletivos e os cargos em comissão declarados em lei de livre nomeação e exoneração.**

§ 11. Não serão computadas, para efeito dos limites remuneratórios de que trata o inciso XI do caput deste artigo, as parcelas de caráter indenizatório previstas em lei.

§ 12. Para os fins do disposto no inciso XI do caput deste artigo, **fica facultado aos Estados e ao Distrito Federal fixar, em seu âmbito, mediante emenda às respectivas Constituições e Lei Orgânica, como limite único, o subsídio mensal dos Desembargadores do respectivo Tribunal de Justiça, limitado a noventa inteiros e vinte e cinco centésimos por cento do subsídio mensal dos Ministros do Supremo Tribunal Federal**, não se aplicando o disposto neste parágrafo aos subsídios dos Deputados Estaduais e Distritais e dos Vereadores.

36. Estes dispositivos dificilmente são cobrados em prova de Direito Constitucional, bastando conhecer a literalidade do seu teor.

Art. 38 – Ao servidor público da administração direta, autárquica e fundacional, no exercício de mandato eletivo, aplicam-se as seguintes disposições:

I – tratando-se de **mandato eletivo federal, estadual ou distrital, ficará afastado de seu cargo,** emprego ou função;

II – investido no mandato de **Prefeito, será afastado do cargo, emprego ou função, sendo-lhe facultado optar pela sua remuneração;**

III – investido no mandato de **Vereador, havendo compatibilidade de horários, perceberá as vantagens de seu cargo, emprego ou função, sem prejuízo da remuneração do cargo eletivo,** e, não havendo compatibilidade, será aplicada a norma do inciso anterior;

IV – em qualquer caso que exija o **afastamento** para o exercício de mandato eletivo, **seu tempo de serviço será contado para todos os efeitos legais, exceto para promoção por merecimento;**

V – **para efeito de benefício previdenciário,** no caso de afastamento, **os valores serão determinados como se no exercício estivesse.**

1. Essas são as **regras quanto à possibilidade de cumulação de mandato eletivo com cargo/emprego/função públicos**:

Mandato eletivo federal, estadual ou distrital (**Presidente, Deputado, Senador, Governador**)	o detentor do mandato deve se afastar de sua função pública, sem receber remuneração.
Prefeito:	ficará afastado de sua função pública, mas pode optar por receber a remuneração.
Vereador:	se houver compatibilidade de horários, poderá continuar em sua função pública e receber remuneração. Porém, caso não haja compatibilidade de horários, ficará afastado da função, mas poderá optar por receber ou não a remuneração.

Aplicação nos concursos públicos:

- ***Analista Judiciário – Área Administrativa – 2015 – FGV – TJ-BA***

  "Pedro, servidor público estadual, após disputada eleição, foi o candidato mais votado para o cargo de vereador do Município em que tem domicílio eleitoral. No entanto, tem dúvidas se pode acumular os cargos públicos. É correto afirmar que Pedro:

  A) pode acumular os cargos públicos e, não havendo compatibilidade de horários, afastar-se do serviço público estadual e optar pela remuneração mais elevada";

  Gabarito: Alternativa A

- ***Titular de Serviços de Notas e de Registros – 2014 – CESPE – TJ-SE***

  É facultado ao vice-prefeito empregado em empresa pública o recebimento das vantagens de seu cargo, emprego ou função, sem prejuízo da remuneração pelo exercício do cargo eletivo, desde que haja compatibilidade de horários.

  A alternativa está errada. (o Prefeito e o Vice devem, obrigatoriamente, afastar de seu cargo/emprego/função, lhe sendo facultado optar pela remuneração, independente da compatibilidade de horários)

- ***Procurador Jurídico – VUNESP – 2017 – Câmara de Mogi das Cruzes – SP***

  Roberto é servidor público de determinada autarquia e foi eleito para o mandato de Prefeito. Segundo a Constituição Federal, Roberto, ao ser investido no mandato de Prefeito,

  A) perceberá as vantagens de seu cargo sem prejuízo da remuneração do cargo eletivo.

  B) será afastado do cargo que ocupa na autarquia, devendo receber a remuneração do cargo eletivo.

  C) será afastado do cargo que ocupa na autarquia, sendo que, para efeito de benefício previdenciário, os valores serão determinados como se no exercício estivesse.

  D) será afastado do cargo que ocupa na autarquia, e seu tempo de serviço será contado apenas para fins de aposentadoria.

  E) deverá ser exonerado do cargo que ocupa na autarquia.

  Gabarito: Alternativa C (Art. 38, V, CF)

SEÇÃO II
DOS SERVIDORES PÚBLICOS CIVIS
DOS SERVIDORES PÚBLICOS

Art. 39 – A União, os Estados, o Distrito Federal e os Municípios instituirão, no âmbito de sua competência, **regime jurídico único** e planos de carreira para os servidores da administração pública direta, das autarquias e das fundações públicas.

1. A EC nº 19, de 1998, com a seguinte redação: "Art. 39. A União, os Estados, o Distrito Federal e os Municípios instituirão conselho de política de administração e remuneração de pessoal, integrado por servidores designados pelos respectivos Poderes." **foi suspensa por medida cautelar deferida na ADIN nº 2.135-4,** razão pela qual passou a vigorar a redação original do artigo, **mantendo o regime jurídico único** aos servidores públicos.

2. Agente público é todo aquele que presta algum serviço para o Estado. É necessário saber diferenciar os agentes públicos:

Agentes políticos	São os que ocupam cargos estruturais do Governo. São os parlamentares, os magistrados e membros do Ministério Público. Possuem maior liberdade funcional e prerrogativas.
Servidores públicos	**Servidores Estatutários:** aqueles que ocupam CARGOS PÚBLICOS, são aprovados por meio de concurso público e se submetem a um Estatuto ou lei específica. Possuem estabilidade após 3 anos de serviço público. (são esses os servidores abrangidos por todas as regras dos arts. 39 ao 41, CF)

<table>
<tr><td rowspan="2">Servidores públicos</td><td>Empregados Públicos: aqueles que se submetem à legislação trabalhista (CLT); não possuem estabilidade. Um exemplo são os cargos em comissão e os empregos em Empresas públicas.</td></tr>
<tr><td>Servidores Temporários (art. 37, IX, CF): são aqueles requisitados por tempo determinado para atender uma situação excepcional e urgente.</td></tr>
<tr><td rowspan="2">Particulares em colaboração</td><td>Particulares requisitados: pessoas chamadas para prestar atividades específicas para o Estado ex. mesários, jurados.</td></tr>
<tr><td>Delegatários: pessoas detentoras de funções delegadas ex. titular de serviço de cartório.</td></tr>
</table>

Aplicação em concurso público:

- ***Técnico Judiciário – Área Administrativa – FCC – 2009 – TJ-SE***

  "De acordo com a Constituição da República Federativa do Brasil, NÃO se enquadram como servidores públicos os:

  A) empregados das fundações públicas.

  B) ocupantes de cargos efetivos dos Ministérios.

  C) empregados das sociedades de economia mista.

  D) ocupantes de cargos em comissão da União.

  E) empregados das autarquias."

  Gabarito: Alternativa C

3. Entendimentos jurisprudenciais:

Compete à **Justiça comum** processar e julgar causas instauradas entre o poder público e seus servidores submetidos a regime especial disciplinado por lei local editada antes da Constituição Republicana de 1988, com fundamento no art. 106 da Constituição de 1967, na redação que lhe deu a EC 1/1969, ou no art. 37, IX, da Constituição de 1988. [RE 573.202, rel. min. Ricardo Lewandowski, j. 21-8-2008, P, DJE de 5-12-2008, Tema 43.]

O **retorno do servidor** à administração pública, à prestação de serviços, faz-se observada a **situação jurídica originária**, descabendo transmudar o regime da CLT em especial – inteligência das Leis 8.878/1994 e 8.212/1990. [RMS 30.548, rel. min. Marco Aurélio, j. 15-9-2015, 1ª T, DJE de 28-10-2015.]

§ 1º **A fixação dos padrões de vencimento** e dos demais componentes do sistema remuneratório observará:

I – a natureza, o grau de responsabilidade e a complexidade dos cargos componentes de cada carreira;

II – os requisitos para a investidura;

III – as peculiaridades dos cargos.

§ 2º A União, os Estados e o Distrito Federal manterão escolas de governo para a formação e o aperfeiçoamento dos servidores públicos, constituindo-se a participação nos cursos um dos requisitos para a promoção na carreira, **facultada,** para isso, **a celebração de convênios ou contratos entre os entes federados.**

§ 3º Aplica-se aos servidores ocupantes de cargo público o disposto no art. 7º, IV, VII, VIII, IX, XII, XIII, XV, XVI, XVII, XVIII, XIX, XX, XXII e XXX, podendo a lei estabelecer requisitos diferenciados de admissão quando a natureza do cargo o exigir.

4. Entre esses dispositivos, o § 3º é mais cobrado, exigindo conhecimento sobre os direitos sociais do art. 7º que são assegurados aos servidores públicos.

(a) salário mínimo, fixado em lei, nacionalmente unificado, capaz de atender a suas necessidades vitais básicas e às de sua família com moradia, alimentação, educação, saúde, lazer, vestuário, higiene, transporte e previdência social, com reajustes periódicos que lhe preservem o poder aquisitivo, sendo vedada sua vinculação para qualquer fim;

(b) garantia de salário, nunca inferior ao mínimo, para os que percebem remuneração variável;

(c) décimo terceiro salário com base na remuneração integral ou no valor da aposentadoria;

(d) remuneração do trabalho noturno superior à do diurno;

(e) salário-família pago em razão do dependente do trabalhador de baixa renda nos termos da lei;

(f) duração do trabalho normal não superior a oito horas diárias e quarenta e quatro semanais, facultada a compensação de horários e a redução da jornada, mediante acordo ou convenção coletiva de trabalho;

(g) repouso semanal remunerado, preferencialmente aos domingos;

(h) remuneração do serviço extraordinário superior, no mínimo, em cinqüenta por cento à do normal;

(i) gozo de férias anuais remuneradas com, pelo menos, um terço a mais do que o salário normal;

(j) licença à gestante, sem prejuízo do emprego e do salário, com a duração de cento e vinte dias;

(k) licença-paternidade, nos termos fixados em lei;

(l) proteção do mercado de trabalho da mulher, mediante incentivos específicos, nos termos da lei;

(m) redução dos riscos inerentes ao trabalho, por meio de normas de saúde, higiene e segurança;

(n) proibição de diferença de salários, de exercício de funções e de critério de admissão por motivo de sexo, idade, cor ou estado civil;

§ 4º **O membro de Poder, o detentor de mandato eletivo, os Ministros de Estado e os Secretários Estaduais e Municipais serão remunerados exclusivamente por subsídio fixado em parcela única,** vedado o acréscimo de qualquer gratificação, adicional, abono, prêmio, verba de representação ou outra espécie remuneratória, obedecido, em qualquer caso, o disposto no art. 37, X e XI.

§ 5º Lei da União, dos Estados, do Distrito Federal e dos Municípios poderá estabelecer a relação entre a maior e a menor remuneração dos servidores públicos, obedecido, em qualquer caso, o disposto no art. 37, XI.

§ 6º Os Poderes Executivo, Legislativo e Judiciário publicarão anualmente os valores do subsídio e da remuneração dos cargos e empregos públicos.

§ 7º Lei da União, dos Estados, do Distrito Federal e dos Municípios disciplinará a aplicação de recursos orçamentários provenientes da economia com despesas correntes em cada órgão, autarquia e fundação, para aplicação no desenvolvimento de programas de qualidade e produtividade, treinamento e desenvolvimento, modernização, reaparelhamento e racionalização do serviço público, inclusive sob a forma de adicional ou prêmio de produtividade.

§ 8º A remuneração dos servidores públicos organizados em carreira poderá ser fixada nos termos do § 4º.

Art. 40 – Aos servidores titulares de cargos efetivos da União, dos Estados, do Distrito Federal e dos Municípios, incluídas suas autarquias e fundações, é assegurado **regime de previdência de caráter contributivo e solidário,** mediante contribuição do respectivo ente público, dos servidores ativos e inativos e dos pensionistas, observados critérios que preservem o equilíbrio financeiro e atuarial e o disposto neste artigo.

1. O artigo 40 dispõe acerca do **Regime Próprio de Previdência Social** (regime previdenciário para o servidor público). Além dele, a Constituição prevê o **Regime Geral de Previdência Social** (art. 201, CF) e o **regime privado complementar** (art. 202, CF).

Aplicação em concurso público:

- ***Advogado – 2017 – CPCON – UEPB***

  "Ticiano Merivaldo é servidor público estadual exercendo o cargo de professor efetivo do curso de direito da Universidade Estadual da Paraíba – UEPB. Além disso, é Procurador da Fazenda Nacional, mister esse que desempenha em acumulação lícita com o seu outro cargo na UEPB. Para complementar sua renda, também trabalha como professor de uma faculdade privada. Sabendo que Ticiano Merivaldo ingressou no serviço público anteriormente à promulgação da Emenda Constitucional n. 41/03, assinale a alternativa CORRETA acerca dos regimes previdenciários nos quais ele se enquadra:

  C) Ticiano Merivaldo contribui para três regimes previdenciários diferentes em função dos seus cargos: para o Regime Próprio dos Servidores Estaduais, em relação ao cargo de professor da UEPB; para o Regime Próprio dos Servidores Federais, em razão do cargo de procurador; e, para o Regime Geral da Previdência Social, em função do emprego exercido na rede privada. Dessa forma, em tese, pela legislação atual, será possível que no futuro, o agente venha a ter três aposentadorias, um em cada regime".

Gabarito: Alternativa correta.

2. O STF reconheceu que o terço constitucional de férias não poderia ser tributado pelas contribuições previdenciárias, pois segundo o entendimento dos ministros, **essa parcela teria natureza compensatória/indenizatória e não poderia ser incorporada aos vencimentos do servidor público,** razão pela qual não representaria remuneração.

Aplicação em concurso público:

- ***Titular de Serviços de Notas e de Registros – 2014 – CESPE – TJ-SE***

  "a) Incide contribuição previdenciária sobre a parcela remuneratória referente ao terço constitucional pago ao servidor público em razão de suas férias."

  Gabarito: A alternativa está errada.

3. Ao preencher os requisitos para aposentadoria, o Servidor Público possui direito adquirido sobre o regime vigente à época na qual cumpriu os requisitos, **entretanto isso não impede a incidência de novas cargas tributárias sobre sua previdência.**

► **Súmula 359-STF:** Ressalvada a revisão prevista em lei, **os proventos da inatividade regulam-se pela lei vigente ao tempo** em que o militar, ou o servidor civil reuniu os requisitos necessários.

► **Entendimento jurisprudencial:**

"não há, em nosso ordenamento, nenhuma norma jurídica válida que, como feito específico do fato jurídico da aposentadoria, lhe imunize os proventos e as pensões, de modo absoluto, à tributação de ordem constitucional, qualquer que seja a modalidade do tributo eleito, donde não haver, a respeito, direito adquirido com o aposentamento. (STF, ADI 3.105-DF, Relato para o acórdão: Min. Cesár Peluso, Informativo nº 376)

Aplicação em concurso público:

- ***Analista do Seguro Social – Direito – CESPE – 2008 – INSS***

  "O direito à aposentadoria é regido pela lei vigente ao tempo da reunião dos requisitos da inatividade, inclusive quanto à carga tributária incidente sobre os proventos."

  Gabarito: A alternativa está errada (não há direito adquirido quanto à tributação incidente na aposentadoria)

4. O STF já pacificou o entendimento de que o **servidor público não tem direito adquirido à regime jurídico**, dessa forma, o direito adquirido nasce apenas após o preenchimento de todos os requisitos vigentes à época da lei, uma vez que, antes disso, trata-se de mera expectativa de direito.

"É pacífica a jurisprudência desta Corte de que **não há direito adquirido a regime jurídico**, inclusive o previdenciário, aplicando-se à aposentadoria a norma vigente à época do preenchimento dos requisitos para a sua concessão". (STF: RE 413405 AgR / RS – RIO GRANDE DO SUL, julgado em 24.02.2015)

Aplicação nos concursos públicos:

- ***Procurador – 2015 – UEPA – PGE-PA***

  "II. O direito à previdência social, conforme o STF, constitui direito fundamental e, uma vez implementados os pressupostos de sua aquisição, não deve ser afetado pelo decurso do tempo. Como consequência, inexiste prazo decadencial para a concessão inicial do benefício previdenciário. É legítima, todavia, a instituição de prazo decadencial para a revisão de benefício já concedido, com fundamento no princípio da segurança jurídica.

  III. É firme a jurisprudência do STF, no sentido de que o aposentado tem direito adquirido ao quantum de seus proventos calculado com base na legislação vigente ao tempo da aposentadoria, mas não aos critérios legais com base em que esse quantum foi estabelecido, pois não há direito adquirido a regime jurídico."

  Gabarito: Alternativas corretas.

- ***Analista Judiciário – Área Judiciária – 2018 – CESPE – STJ***

  "Tendo como referência a doutrina e a jurisprudência a respeito da organização e dos princípios do sistema de seguridade social brasileiro, julgue o item a seguir.

  O princípio do direito adquirido não se aplica à seara previdenciária, pois, conforme o entendimento do Supremo Tribunal Federal, inexiste direito adquirido a regime jurídico."

  Gabarito: A afirmativa está errada (o princípio é aplicado a todas as áreas do Direito, o que acontece no previdenciário, é que o servidor não tem direito adquirido a um regime jurídico específico de previdência)

- ***Juiz de Direito – 2015 – FCC – TJ-PE***

  "II. Ainda que preceito normativo introduzido por Emenda Constitucional determine, a propósito, a aplicação do regime geral da previdência social, os servidores públicos que, após a sua promulgação, continuem a exercer exclusivamente cargo comissionado seguem submetidos ao regime de previdência dos servidores públicos titulares de cargo efetivo, em face da proteção constitucional ao direito adquirido."

  Gabarito: Afirmativa errada. (não há direito adquirido de regime jurídico)

5. Entendimento jurisprudencial:

"A jurisprudência da Corte é no sentido de que **é inviável estender a servidores inativos as vantagens pecuniárias decorrentes de reposicionamento, na carreira, de servidores ativos,** com fundamento no art. 40, § 8º, da Constituição". (RE 522.570 AgR, rel. min. Ricardo Lewandowski, 1ª T, j. 5-5-2009, DJE 104 de 5-6-2009)

§ 1º Os servidores abrangidos pelo regime de previdência de que trata este artigo serão aposentados, calculados os seus proventos a partir dos valores fixados na forma dos §§ 3º e 17:

I – **por invalidez permanente**, sendo os proventos proporcionais ao tempo de contribuição, **exceto se decorrente de acidente em serviço,** moléstia profissional ou doença grave, contagiosa ou incurável, na forma da lei;

II – **compulsoriamente,** com proventos **proporcionais** ao tempo de contribuição, aos **70 (setenta) anos** de idade, ou aos **75 (setenta e cinco) anos de idade,** na forma de lei complementar;

III – **voluntariamente,** desde que cumprido tempo mínimo de dez anos de efetivo exercício no serviço público e cinco anos no cargo efetivo em que se dará a aposentadoria, observadas as seguintes condições:

a) sessenta anos de idade e trinta e cinco de contribuição, se homem, e cinqüenta e cinco anos de idade e trinta de contribuição, se mulher;

b) sessenta e cinco anos de idade, se homem, e sessenta anos de idade, se mulher, com proventos proporcionais ao tempo de contribuição.

6. Quando o servidor tem doença que o **impossibilita de exercer o seu trabalho** e, ainda, de ser readaptado para outra função, o servidor poderá ser aposentado por invalidez. Importante lembrar que, nesse caso, a Administração Pública poderá reverter o servidor para suas atividades caso os motivos da inatividade desapareçam. (É a chamada "**reversão**" e a cessação deve ser comprovada por junta médica).

7. Regulada pela **Lei Complementar nº 152/2015,** a aposentadoria compulsória (inciso II) é concedida aos agentes públicos no âmbito da União, Estados, DF e Municípios aos **75 anos de idade,** com **proventos proporcionais** ao tempo de contribuição.

Aplicação em concurso público:

- ***Técnico em Assuntos Educacionais – 2016 – IF Sul – MG***

  "O regime previdenciário do servidor público, regido pelo regime retributivo, prevê a aposentadoria do servidor que observar os critérios previstos no artigo 40 da Constituição Federal e atualizações.

  Assim sendo, tendo em vista o preceituado para a aposentadoria do servidor, em qual situação se encaixam as regras atuais?

  A) Compulsoriamente, com proventos proporcionais, aos 75 anos de idade, para os Ministros do Supremo Tribunal Federal, dos Tribunais Superiores e do Tribunal de Contas da União."

  Gabarito: Alternativa correta

8. É importante saber os **requisitos** para a concessão da **aposentadoria voluntária (inciso III):**

- **Para todos:** 10 anos no serviço público e 5 anos no cargo efetivo (o resto do tempo para atingir os requisitos pode ter sido por contribuição no Regime Geral de Previdência)
- **Para os homens:** ter completado 60 anos de idade e 35 anos de contribuição para receber a aposentadoria integral OU ter completado 65 anos de idade, para receber a aposentadoria proporcional ao tempo da contribuição.
- **Para as mulheres:** ter completado 55 anos de idade e 25 anos de contribuição para receber a aposentadoria integral OU ter completado 60 anos de idade, para receber a aposentadoria proporcional ao tempo da contribuição.

Aplicação nos concursos públicos:

- ***Analista Legislativo – 2018 – FGV – Câmara de Salvador – BA***

"A Constituição da República de 1988 em sua atual redação estabelece que uma servidora pública municipal estatutária ocupante de cargo efetivo de Analista Legislativo pode aposentar-se voluntariamente com proventos proporcionais ao tempo de contribuição, caso preencha, cumulativamente, os requisitos de tempo mínimo de:

D) 10 (dez anos) de efetivo exercício no serviço público e 5 (cinco) anos no cargo efetivo em que se dará a aposentadoria, e idade mínima de 60 (sessenta) anos;"

Gabarito: Alternativa correta.

9) **Aplicação em concurso público:**

- ***Técnico Médio de Defensoria Pública – FGV – 2014 – DPE-RJ***

"Joana, servidora titular de cargo efetivo da administração direta do Estado do Rio de Janeiro, deseja se aposentar com proventos integrais. Seu intento poderá ocorrer, de acordo com a Constituição Federal, no caso de

A) aposentadoria *compulsória,* aos setenta anos de idade.

B) aposentadoria por invalidez permanente, *em qualquer caso.*

C) aposentadoria por invalidez permanente, se decorrente de acidente em serviço, moléstia profissional ou doença grave, contagiosa ou incurável.

d) aposentadoria voluntária, desde que cumprido tempo mínimo de dez anos de efetivo exercício no serviço público e cinco anos no cargo efetivo em que se dará a aposentadoria, com idade mínima de sessenta anos.

e) aposentadoria voluntária, desde que cumprido tempo mínimo de dez anos de efetivo exercício no serviço público e cinco anos no cargo efetivo em que se dará a aposentadoria, com idade mínima de *sessenta anos* de idade e trinta de contribuição."

Gabarito: Alternativa C (a alternativa C está de acordo com o art. 40, § 1º, CF)

§ 2º **Os proventos de aposentadoria e as pensões,** por ocasião de sua concessão, **não poderão exceder a remuneração do respectivo servidor,** no cargo efetivo em que se deu a aposentadoria ou que serviu de referência para a concessão da pensão.

§ 3º Para o cálculo dos proventos de aposentadoria, por ocasião da sua concessão, **serão consideradas as remunerações utilizadas como base para as contribuições do servidor** aos regimes de previdência de que tratam este artigo e o art. 201, na forma da lei.

10. **Súmula Vinculante 55:** O direito ao auxílio-alimentação não se estende aos servidores inativos.

▶ **Entendimento jurisprudencial:**

"O direito ao vale-refeição e ao auxílio-alimentação não se estende aos inativos e pensionistas, vez que se trata de verba indenizatória destinada a cobrir os custos de refeição devida exclusivamente ao servidor que se encontrar no exercício de suas funções, não se incorporando à remuneração nem aos proventos de aposentadoria. Precedentes. Agravo regimental a que se nega provimento. (AI 586.615-AgR/PR, Rel. Min. Eros Grau)"

Aplicação em concurso público:

- ***Assessor Técnico Legislativo – 2018 – FUNRIO – AL-RR***

  "Para cálculo dos proventos do servidor inativo será tomada como base a remuneração dos servidores ativos. Sendo assim, e segundo o entendimento sumulado pelo STF, somente serão EXCLUÍDAS, necessariamente, as:"

  Gabarito: verbas de caráter indenizatório.

§ 4º **É vedada a adoção de requisitos e critérios diferenciados para a concessão de aposentadoria** aos abrangidos pelo regime de que trata este artigo, **ressalvados,** nos termos definidos em leis complementares, os casos de servidores:

I – portadores de deficiência;

II – que exerçam atividades de risco;

III – cujas atividades sejam exercidas sob condições especiais que prejudiquem a saúde ou a integridade física.

11. A Lei Complementar prevista no § 4º **não foi editada até agora,** por isso **o STF determina a aplicação das regras do regime geral de previdência social** até a regulamentação do dispositivo constitucional.

▶ **Súmula Vinculante 33:** Aplicam-se ao servidor público, no que couber, as regras do regime geral da previdência social sobre aposentadoria especial de que trata o artigo 40, § 4º, inciso III da Constituição Federal, até a edição de lei complementar específica.

Aplicação em concurso público:

- ***FCC – 2017 – TRE-SP – Analista Judiciário – Área Administrativa***

  "Ao disciplinar o regime de previdência dos servidores públicos titulares de cargos efetivos, a Constituição da República

B) admite a adoção de requisitos e critérios diferenciados para os casos de servidores cujas atividades sejam exercidas sob condições especiais que prejudiquem a saúde ou a integridade física, devendo ser aplicadas, no que couber, as regras do regime geral sobre aposentadoria especial, até a edição de lei complementar específica."

Gabarito: Alternativa correta.

§ 5º Os requisitos de idade e de tempo de contribuição serão **reduzidos em cinco anos,** em relação ao disposto no § 1º, III, «a», para o **professor** que comprove exclusivamente tempo de efetivo exercício das funções de magistério na educação infantil e no ensino fundamental e médio.

§ 6º **Ressalvadas as aposentadorias decorrentes dos cargos acumuláveis** na forma desta Constituição, **é vedada a percepção de mais de uma aposentadoria à conta do regime de previdência previsto neste artigo.**

§ 7º Lei disporá sobre a concessão do benefício de **pensão por morte**, que será igual:

I - ao valor da totalidade dos proventos do servidor falecido, até o limite máximo estabelecido para os benefícios do regime geral de previdência social de que trata o art. 201, acrescido de setenta por cento da parcela excedente a este limite, caso aposentado à data do óbito; ou

II - ao valor da totalidade da remuneração do servidor no cargo efetivo em que se deu o falecimento, até o limite máximo estabelecido para os benefícios do regime geral de previdência social de que trata o art. 201, acrescido de setenta por cento da parcela excedente a este limite, caso em atividade na data do óbito.

§ 8º **É assegurado o reajustamento dos benefícios para preservar-lhes, em caráter permanente, o valor real,** conforme critérios estabelecidos em lei.

§ 9º **O tempo de contribuição** federal, estadual ou municipal será contado **para efeito de aposentadoria e o tempo de serviço** correspondente **para efeito de disponibilidade.**

12. Importante não confundir as informações do § 9º:

Tempo de contribuição → contado para *Efeito de aposentadoria*

Tempo de serviço → contado para *Efeito de disponibilidade*

Aplicação nos concursos públicos:

- ***Procurador de Universidade Assistente – 2018 – VUNESP – UNICAMP***

"Maria é titular de um cargo efetivo no Estado de São Paulo, tem doze anos de efetivo exercício no serviço público e deseja se aposentar voluntariamente. Considerando a situação hipotética apresentada e o disposto na Constituição Federal sobre tal tema, assinale a alternativa correta.

C) Caso Maria tenha sido também servidora pública da União e do Município onde mora, o tempo de contribuição federal e municipal será contado para efeito de aposentadoria e o tempo de serviço correspondente para efeito de disponibilidade."

Gabarito: A alternativa está correta.

§ 10 – A lei não poderá estabelecer qualquer forma de contagem de tempo de contribuição fictício.

§ 11 – Aplica-se o limite fixado no art. 37, XI, à soma total dos proventos de inatividade, inclusive quando decorrentes da acumulação de cargos ou empregos públicos, bem como de outras atividades sujeitas a contribuição para o regime geral de previdência social, e ao montante resultante da adição de proventos de inatividade com remuneração de cargo acumulável na forma desta Constituição, cargo em comissão declarado em lei de livre nomeação e exoneração, e de cargo eletivo.

§ 12 – **Além do disposto neste artigo, o regime de previdência dos servidores públicos titulares de cargo efetivo observará, no que couber, os requisitos e critérios fixados para o regime geral de previdência social.**

§ 13 – **Ao servidor ocupante, exclusivamente, de cargo em comissão declarado em lei de livre nomeação e exoneração bem como de outro cargo temporário ou de emprego público, aplica-se o regime geral de previdência social.**

§ 14 – A União, os Estados, o Distrito Federal e os Municípios, **desde que instituam regime de previdência complementar** para os seus respectivos servidores titulares de cargo efetivo, **poderão fixar, para o valor das aposentadorias e pensões a serem concedidas pelo regime de que trata este artigo, o limite máximo estabelecido para os benefícios do regime geral de previdência social de que trata o art. 201.**

§ 15. O regime de previdência complementar de que trata o § 14 será instituído por lei de iniciativa do respectivo Poder Executivo, observado o disposto no art. 202 e seus parágrafos, no que couber, por intermédio de entidades fechadas de previdência complementar, de natureza pública, que oferecerão aos respectivos participantes planos de benefícios somente na modalidade de contribuição definida.

13. Aplicação nos concursos públicos:

- ***Analista Judiciário – Área Judiciária – FCC – 2015 – TRE-SE***

  "Os titulares de cargos públicos

  D) submetem-se necessariamente a regime de previdência de caráter contributivo e solidário, mediante contribuição do respectivo ente público, dos servidores ativos e inativos e dos pensionistas, observados critérios que preservem o equilíbrio financeiro e atuarial."

  Gabarito: A alternativa está errada (A alternativa é incorreta devido a palavra NECESSARIAMENTE, uma vez que a previdência complementar não possui caráter contributivo e solidário, mas sim critérios estipulados pelo Chefe do Executivo)

§ 16 – Somente mediante sua prévia e expressa opção, o disposto nos §§ 14 e 15 poderá ser aplicado ao servidor que tiver ingressado no serviço público até a data da publicação do ato de instituição do correspondente regime de previdência complementar.

§ 17. Todos os valores de remuneração considerados para o cálculo do benefício previsto no § 3° serão devidamente atualizados, na forma da lei.

§ 18. **Incidirá contribuição sobre os proventos de aposentadorias e pensões concedidas pelo regime** de que trata este artigo que superem o limite máximo estabelecido para os benefícios do regime geral de previdência social de que trata o art. 201, com percentual igual ao estabelecido para os servidores titulares de cargos efetivos.

14. O parágrafo 18 dispõe acerca da contribuição dos servidores inativos para o Regime Próprio de Previdência Social.

► Traduzindo-o:

O servidor público inativo poderá receber aposentadoria que ultrapassa o teto do RGPS, nesse caso, **ele continuará contribuindo para o RPPS** com relação à diferença entre o valor de sua aposentadoria e o valor do teto do Regime Geral.

§ 19. O servidor de que trata este artigo que tenha completado as exigências para aposentadoria voluntária estabelecidas no § 1º, III, a, e que opte por permanecer em atividade fará jus a um **abono de permanência equivalente ao valor da sua contribuição previdenciária até completar as exigências para aposentadoria compulsória contidas no § 1º, II.**

15. O parágrafo 19 trata do **abono permanência,** uma espécie de compensação dada àqueles servidores públicos que, mesmo completando os requisitos para a aposentadoria voluntária (art. 40, § 1º, III, CF), optam por continuar no serviço público. Esses servidores receberão um valor equivalente ao da sua contribuição previdenciária até completarem as exigências para a aposentadoria compulsória.

16. O STJ já decidiu que **o abono permanência tem natureza remuneratória:**

► **Entendimento jurisprudencial:**

ABONO DE PERMANÊNCIA. INCIDÊNCIA DE IMPOSTO DE RENDA. **NATUREZA REMUNERATÓRIA.** RECURSO REPETITIVO. ... A Primeira Seção, no julgamento do REsp 1.192.556/PE, submetido ao rito dos repetitivos do art. 543-C do CPC, **pacificou o entendimento de que incide Imposto de Renda sobre o Abono de Permanência previsto no art. 40, § 19,** da Constituição Federal; nos arts. 2º, § 5º, e 3º, § 1º, da Emenda Constitucional 41/2003; e no art. 7º da Lei 10.887/2004. 3. Recurso Especial parcialmente provido' (STJ, REsp 1.583.122/PI, Rel. Ministro HERMAN BENJAMIN, SEGUNDA TURMA, DJe de 25/05/2016).

§ 20. Fica vedada a existência de mais de um regime próprio de previdência social para os servidores titulares de cargos efetivos, e de mais de uma unidade gestora do respectivo regime em cada ente estatal, ressalvado o disposto no art. 142, § 3º, X.

§ 21. A contribuição prevista no § 18 deste artigo **incidirá apenas sobre as parcelas de proventos de aposentadoria e de pensão que superem o dobro do limite máximo**

estabelecido para os benefícios do regime geral de previdência social de que trata o art. 201 desta Constituição, quando o beneficiário, na forma da lei, for **portador de doença incapacitante.**

17. O parágrafo 21 prevê uma exceção à regra do § 18, referente à contribuição para o Regime Próprio de Previdência Social dos servidores inativos. A regra é que esses continuem contribuindo com base no valor do benefício que excede o teto de benefício no RGPS, entretanto **ao se tratar de beneficiário portador de doença incapacitante, a contribuição só incidirá quando o valor do seu benefício ultrapassar o dobro do limite do RGPS.**

18) Aplicação nos concursos públicos:

- ***PGR – 2005 – PGR – Procurador da República***

"SOBRE O REGIME DE APOSENTADORIA DOS SERVIDORES PÚBLICOS, É INCORRETO AFIRMAR QUE:

B) os proventos de aposentadoria e as pensões dos Procuradores da República, por ocasião de sua concessão, **poderão** exceder a remuneração do cargo efetivo em que se deu a aposentadoria ou que serviu de referência para a concessão da pensão;

C) a lei não poderá estabelecer qualquer forma de contagem de tempo de contribuição fictício, sendo certo que o tempo de contribuição federal, estadual ou municipal será contado para efeito de aposentadoria e o tempo de serviço correspondente para efeito de disponibilidade; (Art. 40, § 10º, CF)

d) ao servidor ocupante, exclusivamente, de cargo em comissão declarado em lei de livre nomeação e exoneração bem como de outro cargo temporário ou de emprego público, aplica-se o regime de previdência social dos empregados em geral. *(Art. 40, § 13º, CF)"*

Gabarito: Alternativa B (a alternativa B está incorreta, de acordo com o art. 40, § 2º, CF, **uma vez que os proventos da aposentadoria NÃO poderão exceder a remuneração do cargo efetivo)**

- ***Promotor de Justiça – MPE-MG – 20107***

"Com relação ao regime de aposentadoria de servidores públicos:

D) Incidirá contribuição previdenciária sobre proventos dos inativos, salvo, quando o beneficiário for portador de doença incapacitante."

Gabarito: Alternativa incorreta (art. 40, § 21, CF)

Art. 41 – São **estáveis após três anos de efetivo exercício** os servidores nomeados para cargo de provimento efetivo em virtude de concurso público.

§ 1º O servidor público estável só **perderá o cargo:**

I – em virtude de sentença judicial transitada em julgado;

II – mediante processo administrativo em que lhe seja assegurada ampla defesa;

III - **mediante procedimento de avaliação periódica de desempenho,** na forma de lei complementar, **assegurada ampla defesa.**

1. Importante ressaltar que os servidores públicos de um modo geral adquirem a **estabilidade** após **3 anos** de efetivo serviço, diferentemente dos cargos em que se adquire a **vitaliciedade** (membros do Poder Judiciário e do Ministério Público), que se submetem ao prazo de **2 anos** de exercício no primeiro grau e é adquirida imediatamente nos tribunais pelas regras do quinto constitucional (ver arts. 94 e 95, CF).

► *Atenção:* Diferentemente dos juízes e membros do Ministério Público, em que a vitaliciedade está prevista na Constituição, os membros da Defensoria Pública não detém tal previsão e, portanto, possuem apenas a estabilidade, como qualquer servidor público.

Aplicação nos concursos públicos:

- ***FCC – 2004 – TRE-PE – Técnico Judiciário – Área Administrativa***

  "Em se tratando de servidores públicos, é correto que

  D) a estabilidade é obtida após dois anos de efetivo exercício pelos servidores nomeados para cargo de provimento efetivo em virtude de concurso público."

  Gabarito: Alternativa incorreta (3 anos)

2. O servidor estável só perderá o cargo nas hipóteses descritas no § 1º, quais sejam: sentença judicial transitada em julgado, processo administrativo e/ou avaliação periódica de desempenho; **já os cargos vitalícios só podem ser perdidos com sentença judicial transitada em julgado.**

Aplicação nos concursos públicos:

- ***Assistente em Administração – 2014 – FUNCAB – IF-AM***

  "Considerando que "o princípio da eficiência administrativa consiste na organização racional dos meios e recursos humanos, materiais e institucionais para a prestação de serviços públicos de qualidade em condições econômicas e de igualdade dos consumidores", de acordo com José Afonso da Silva (2007), e o previsto na Constituição Federal de 1988, o procedimento nela expresso para garantir eficiência, que pode levar o servidor público à perda do seu cargo é a avaliação:

  E) periódica de desempenho."

  Gabarito: Alternativa E

3. Mesmo antes de se tornar estável, **a exoneração do servidor público necessita de motivação.** A ausência do contraditória e da ampla defesa torna a demissão nula:

► **Entendimentos jurisprudenciais:**

Súmula 20, STF: É necessário processo administrativo com ampla defesa, para a demissão de funcionário admitido por concurso.

Súmula 21, STF: "funcionário em estágio probatório não pode ser exonerado nem demitido sem inquérito ou sem as formalidades legais de apuração de sua capacidade".

"A jurisprudência desta Corte tem se fixado no sentido de que a ausência de processo administrativo ou a inobservância aos princípios do **contraditório e da ampla defesa tornam nulo o ato de demissão de servidor** público, **seja ele civil ou militar, estável ou não".** [RE 594.040 AgR, rel. min. Ricardo Lewandowski, j. 6-4-2010, 1ª T, DJE de 23-4-2010]

Aplicação em concurso público:

- ***Juiz do Trabalho – Prova 1 – 2007 – TRT – 15ª Região***

  "Em relação ao servidor público, considerando as normas constitucionais, o entendimento dominante nos tribunais e as assertivas abaixo, assinale a alternativa correta:

  II – Já é pacifico no STF que a exoneração de servidor, durante o estágio probatório, pode ser imotivada, pois a perda do cargo em virtude de sentença judicial transitada em julgado, o processo administrativo com ampla defesa e o procedimento de avaliação periódica de desempenho só se aplicam aos servidores estáveis;"

  Gabarito: A afirmativa está incorreta

4. **Os empregados públicos não possuem estabilidade, nem vitaliciedade,** uma vez que trabalham para entidades que possuem personalidade jurídica de direito privado (Empresas Públicas e Sociedades de Economia Mista)

Aplicação em concurso público:

- ***Juiz do Trabalho – Prova 1 – 2007 – TRT – 15ª Região***

  "Em relação ao servidor público, considerando as normas constitucionais, o entendimento dominante nos tribunais e as assertivas abaixo, assinale a alternativa correta:

  IV – Para o TST, ao empregado de empresa pública, conquanto admitido após aprovação em concurso público, não é garantida a estabilidade prevista no art. 41 da CF."

  Gabarito: Alternativa correta

4.1. Os empregados públicos admitidos em período anterior o da EC nº19/1998 fazem jus à estabilidade, conforme jurisprudência mostrada no tópico 3.2.

4.2. Quanto aos empregos públicos, aqui entra uma exceção dada em entendimento proferido pelo STF quanto aos empregados públicos da Empresa de Correios (ECT), que prestam serviços públicos sob regime de monopólio (nesse caso, apesar de não possuírem estabilidade, os empregados só poderão ser demitidos mediante a devida motivação)

► **Entendimento jurisprudencial:**

A Empresa Brasileira de Correios e Telégrafos (ECT) tem o dever jurídico de motivar, em ato formal, a demissão de seus empregados. STF. Plenário. RE 589998 ED/PI, Rel. Min. Roberto Barroso, julgado em 10/10/2018

4.2.1 Acerca desse entendimento, é necessário frisar que ele só se aplica a Empresa de Correios, devendo os demais casos serem analisados em seus casos concretos. Isso foi decisão do STF nos Embargos de Declaração de decisão em RE 589998/PI.

§ 2º Invalidada por sentença judicial a demissão do servidor estável, será ele **reintegrado,** e o eventual ocupante da vaga, se estável, **reconduzido** ao cargo de origem, sem direito a indenização, **aproveitado em outro cargo ou posto em disponibilidade com remuneração proporcional ao tempo de serviço.**

5. **Esse parágrafo traz algumas das formas de provimento de cargo na Administração Pública. São direitos do servidor público depois que obtém sua estabilidade:**

Reintegração é o retorno do servidor demitido ao cargo que ocupava, quando o ato da demissão for anulado.

Recondução é o retorno do servidor ao cargo que ocupava anteriormente, acontece, por exemplo, quando o servidor passa em outro concurso e não é aprovado no estágio probatório.

Disponibilidade é quando um servidor público retorna ao serviço público, o novo servidor que havia ocupado seu cargo vai ser reconduzido ao cargo de origem, ou, se não tiver como, colocado a disposição da administração pública, com remuneração proporcional a seu tempo de serviço.

Observação: o retorno do aposentado por invalidez é conhecido como **REVERSÃO.**

Aplicação em concurso público:

- ***Analista Judiciário – Estatística – 2018 – FCC – TRT – 14ª Região (RO e AC)***

  "Jaime, servidor público estável, nomeado para cargo de provimento efetivo em virtude de aprovação em concurso público, foi demitido mediante processo administrativo, tendo ocupado sua vaga, Florindo, também servidor público concursado estável. Porém, Jaime conseguiu invalidar sua demissão por sentença judicial. Nesse caso, de acordo com a Constituição Federal, Jaime "será reintegrado e Florindo reconduzido ao cargo de origem, sem direito à indenização, aproveitado em outro cargo ou posto em disponibilidade com remuneração proporcional ao tempo de serviço."

  Gabarito: A alternativa está correta.

§ 3º Extinto o cargo ou declarada a sua desnecessidade, **o servidor estável ficará em disponibilidade,** com **remuneração proporcional ao tempo de serviço,** até seu adequado aproveitamento em outro cargo.

§ 4º Como condição para a aquisição da estabilidade, **é obrigatória a avaliação especial de desempenho** por comissão instituída para essa finalidade.

6. **A estabilidade do servidor público não impede que seu cargo seja extinto ou declarado desnecessário** pela administração pública. Caso isso aconteça, o servidor público é colocado em disponibilidade, com remuneração proporcional ao tempo de serviço, até que seja aproveitado em outro cargo.

Aplicação em concurso público:

- ***Juiz do Trabalho – Prova 1 – 2007 – TRT – 15ª Região***

  "Em relação ao servidor público, considerando as normas constitucionais, o entendimento dominante nos tribunais e as assertivas abaixo, assinale a alternativa correta:

  I – É estável, após 3 (três) anos de efetivo exercício, o servidor nomeado para cargo de provimento efetivo em virtude de concurso público, sendo vedada a extinção do seu cargo;"

  Gabarito: A afirmativa está incorreta.

SEÇÃO III
DOS MILITARES DOS ESTADOS, DO DISTRITO FEDERAL E DOS TERRITÓRIOS

Art. 42 – Os membros das **Polícias Militares e Corpos de Bombeiros Militares**, instituições organizadas com base na hierarquia e disciplina, **são militares** dos Estados, do Distrito Federal e dos Territórios.

§ 1º Aplicam-se aos militares dos Estados, do Distrito Federal e dos Territórios, além do que vier a ser fixado em lei, as disposições do art. 14, § 8º; do art. 40, § 9º; e do art. 142, §§ 2º e 3º, cabendo a lei estadual específica dispor sobre as matérias do art. 142, § 3º, inciso X, sendo as patentes dos oficiais conferidas pelos respectivos governadores.

§ 2º Aos pensionistas dos militares dos Estados, do Distrito Federal e dos Territórios aplica-se o que for fixado em lei específica do respectivo ente estatal.

1. Quanto aos Policiais Militares e Corpo de Bombeiros, a Constituição fixa que órgãos são **subordinados aos Governadores dos Estados, DF e territórios** (art. 144, § 6º, CF), entretanto, **compete à União legislar sobre suas normas gerais de organização,** efetivos, material bélico, garantias, convocação e mobilização.

SEÇÃO IV
DAS REGIÕES

Art. 43 – Para efeitos administrativos, a União poderá articular sua ação em um **mesmo complexo geoeconômico e social,** visando a seu **desenvolvimento e à redução das desigualdades regionais.**

§ 1º Lei complementar disporá sobre:

I – as condições para integração de regiões em desenvolvimento;

II - a composição dos organismos regionais que executarão, na forma da lei, os planos regionais, integrantes dos planos nacionais de desenvolvimento econômico e social, aprovados juntamente com estes.

§ 2º **Os incentivos regionais compreenderão,** além de outros, na forma da lei:

I - igualdade de tarifas, fretes, seguros e outros itens de custos e preços de responsabilidade do Poder Público;

II - juros favorecidos para financiamento de atividades prioritárias;

III - **isenções, reduções ou diferimento temporário de tributos federais devidos por pessoas físicas ou jurídicas;**

IV - prioridade para o aproveitamento econômico e social dos rios e das massas de água represadas ou represáveis nas regiões de baixa renda, sujeitas a secas periódicas.

§ 3º Nas áreas a que se refere o § 2º, IV, a União incentivará a recuperação de terras áridas e cooperará com os pequenos e médios proprietários rurais para o estabelecimento, em suas glebas, de fontes de água e de pequena irrigação.

1. Aplicação em concurso público:

- ***Analista de Controle Externo – Auditoria de Obras Públicas – Prova 1 – CESPE – 2009 – TCU***

  "Para efeitos administrativos, a União poderá articular sua ação em um mesmo complexo geoeconômico e social, visando ao seu desenvolvimento e à redução das desigualdades regionais, cabendo à lei dispor acerca dos incentivos regionais que compreenderão, por exemplo, isenções, reduções ou diferimento temporário de tributos federais devidos por pessoas físicas ou jurídicas."

  Gabarito: A alternativa está correta

- ***Especialista em Regulação – Vigilância Sanitária – Conhecimentos Gerais – Todas as Áreas – RO – 2013 – ANVISA***

  "A Constituição Federal de 1988 prevê diretrizes sobre políticas públicas. A respeito dessas diretrizes, analise as assertivas abaixo.

  II. A União, exclusivamente, por meio de decreto presidencial, pode articular ação em um mesmo complexo geoeconômico e social, tendo, por objetivo, o seu desenvolvimento e redução das desigualdades sociais, apenas e tão somente, por meio de incentivos reproduzidos por meio de isenções, reduções ou diferimento temporário de tributos federais devidos por pessoas físicas e jurídicas."

  Gabarito: A afirmativa está errada (o erro está nas palavras "apenas e tão somente", uma vez que a Constituição prevê também outros tipos de incentivos regionais no art. 43, § 2º, CF)

- ***FUNIVERSA – 2015 – Secretaria da Criança – DF – Especialista Socioeducativo – Administração***

  "Com relação à segurança pública e à organização do Estado, assinale a alternativa correta.

E) Para efeitos administrativos, a União poderá articular sua ação em um mesmo complexo geoeconômico e social, visando a seu desenvolvimento e à redução das desigualdades regionais. No entanto, nesses incentivos regionais, não podem ser concedidos isenções, reduções ou diferimentos temporários de tributos federais, sob pena de gerar a chamada "guerra fiscal"."

Gabarito: Alternativa errada (Art. 43, § 2º, III – isenções, reduções ou diferimento temporário de tributos federais devidos por pessoas físicas ou jurídicas)

TÍTULO IV
DA ORGANIZAÇÃO DOS PODERES
CAPÍTULO I
DO PODER LEGISLATIVO
SEÇÃO I
DO CONGRESSO NACIONAL

Art. 44 – O Poder Legislativo é exercido pelo **Congresso Nacional**, que se compõe da **Câmara dos Deputados e do Senado Federal.**

Parágrafo único. **Cada legislatura terá a duração de quatro anos.**

1. No âmbito Federal, o Poder Legislativo é exercido pelos **Deputados Federais, que representam o povo,** e pelos **Senadores**, que representam os interesses dos **Estados e do Distrito Federal.**

1.1. No âmbito federal, o Poder Legislativo adota o chamado **"bicameralismo assimétrico"**: bicameralismo por ser constituído por duas casas (Senado e Câmara dos Deputados) e assimétrico porque essas casas possuem diferentes funções e poderes (artigos 51 e 52, CF).

Aplicação em concurso público:

- ***Procurador Jurídico – CONPASS – 2013 – Prefeitura de Serra Negra do Norte – RN***

"A respeito do Poder Executivo, do Poder Legislativo, do processo legislativo e do Poder Judiciário marque o item errado.

A) O Poder Legislativo Federal é bicameral e exercido pelo Congresso Nacional, que é composto pela Câmara dos Deputados e pelo Senado Federal. A inauguração da sessão legislativa é feita em sessão conjunta da Câmara dos Deputados e do Senado Federal."

Gabarito: Alternativa correta

1.2. As duas Casas elaboram seus próprios **Regimentos Internos, por meio de Resolução,** conforme artigos 51, III e 52, XII, CF. **Essas resoluções são atos normativos** (art. 59, VII, CF) e, portanto, se submetem ao Controle de Constitucionalidade.

2. O Poder Legislativo no âmbito dos **Estados** é composto pela **Assembleia Legislativa,** onde se encontram os **Deputados Estaduais,** conforme art. 27 da Constituição Federal. Já no âmbito dos **Municípios,** ele é composto pela **Câmara Municipal** e é representado pelos **vereadores.** Aqui é adotado o **unicameralismo.**

Art. 45 - A **Câmara dos Deputados** compõe-se de **representantes do povo**, eleitos, pelo **sistema proporcional,** em cada Estado, em cada Território e no Distrito Federal.

§ 1º O número total de Deputados, bem como a representação por Estado e pelo Distrito Federal, será estabelecido por lei complementar, proporcionalmente à população, procedendo-se aos ajustes necessários, no ano anterior às eleições, para que nenhuma daquelas unidades da Federação tenha menos de oito ou mais de setenta Deputados.

§ 2º Cada Território elegerá **quatro** Deputados.

1. A **Câmara dos Deputados** é considerada como a casa dos **representantes do povo** e a eleição obedece o **sistema proporcional,** através do qual o voto é destinado à coligação eleitoral. O número de deputados é fixada proporcionalmente à população, sendo o mínimo de oito e o máximo de setenta deputados. Porém, **o Território elege apenas quatro deputados, sendo uma exceção.**

Aplicação em concurso público:

- *FCC – 2006 – TRF – 1ª REGIÃO – Analista Judiciário – Área Administrativa*

  "Em relação ao Congresso Nacional, é correto afirmar que

  A) cada Território elegerá três Deputados.

  E) a Câmara dos Deputados compõe-se de representantes do povo, eleitos pelo sistema proporcional, em cada Estado, em cada Território e no Distrito Federal."

  Gabarito: Alternativa E

Art. 46 - O **Senado Federal** compõe-se de **representantes dos Estados e do Distrito Federal,** eleitos segundo o **princípio majoritário.**

§ 1º Cada Estado e o Distrito Federal elegerão **três Senadores, com mandato de oito anos.**

§ 2º A representação de cada Estado e do Distrito Federal será renovada de **quatro em quatro anos, alternadamente, por um e dois terços.**

§ 3º Cada Senador será eleito com dois suplentes.

1. O **Senado Federal** é composto por **representantes dos Estados e do Distrito Federal**, sendo que o sistema de votação obedece ao **princípio majoritário,** sendo o voto destinado ao candidato. O número de senadores é de três por Estado e DF, com mandato de oito anos. Cada senador é eleito com dois suplentes.

Aplicação em concurso público:

- *FCC – 2006 – TRF – 1ª REGIÃO – Analista Judiciário – Área Administrativa*

  "Em relação ao Congresso Nacional, é correto afirmar que

  B) a representação de cada Estado no Senado, será renovada de dois em dois anos, alternadamente, por um e dois sextos.

C) o Senado Federal compõe-se de representantes dos Estados, Territórios e Distrito Federal, eleitos segundo o princípio proporcional.

d) cada Estado elegerá dois Senadores e o Distrito Federal um Senador, com mandato de oito anos."

Gabarito: Todas as alternativas estão incorretas

2. O mandato dos **Deputados Federais** é de um período de uma legislatura, **4 anos,** enquanto que o dos **Senadores** é de **8 anos. Além disso, a Constituição não impõe limite à reeleição de Deputados e Senadores.** Portanto, podem se reeleger quantas vezes conseguirem.

Aplicação em concurso público:

- ***CEPERJ – 2011 – ALERJ – Assessoramento às Comissões***

"O Senado Federal é composto de parlamentares, denominados Senadores, que exercem mandato decorrente de eleição direta e secreta. O mandato por eles exercido é de:

A) oito anos, com possibilidade de reeleição

B) quatro anos, com possibilidade de sucessivas eleições

C) seis anos, com prorrogação de dois anos

D) cinco anos, para um terço dos Senadores

E) dois anos, para dois terços dos Senadores"

Gabarito: Alternativa A

Art. 47 – Salvo disposição constitucional em contrário, as deliberações de cada Casa e de suas Comissões serão tomadas por **maioria dos votos, presente a maioria absoluta de seus membros.**

1. O quórum de **maioria simples constante no art. 47, CF** é usado sempre que não houver quórum específico para **aprovação de determinado ato normativo,** ou seja, é o quórum para a aprovação de leis ordinárias e de medidas provisórias

► **Atenção:** Emendas Constitucionais: quórum 3/5 (art. 60, § 2º, CF); Leis Complementares: quórum maioria absoluta (art. 69, CF)

Obs:

Maioria simples	maioria dos presentes
Maioria absoluta	maioria dos membros

SEÇÃO II
DAS ATRIBUIÇÕES DO CONGRESSO NACIONAL

1. O art. 48, CF dispõe acerca das atribuições do Congresso Nacional que necessitam de sanção do Presidente da República.

2. O restante das atribuições não necessitam de sanção presidencial. Elas estão dispostas nos arts. 49 (Congresso Nacional), 51 (Câmara dos Deputados) e 52 (Senado).

Art. 48 - Cabe ao Congresso Nacional, **com a sanção do Presidente da República,** não exigida esta para o especificado nos arts. 49, 51 e 52, dispor sobre todas as matérias de competência da União, especialmente sobre:

I - sistema tributário, arrecadação e distribuição de rendas;

II - plano plurianual, diretrizes orçamentárias, orçamento anual, operações de crédito, dívida pública e emissões de curso forçado;

III - fixação e modificação do efetivo das Forças Armadas;

IV - planos e programas nacionais, regionais e setoriais de desenvolvimento;

V - limites do território nacional, espaço aéreo e marítimo e bens do domínio da União;

VI - incorporação, subdivisão ou desmembramento de áreas de Territórios ou Estados, ouvidas as respectivas Assembléias Legislativas;

VII - transferência temporária da sede do Governo Federal;

VIII - concessão de anistia;

IX - organização administrativa, judiciária, do Ministério Público e da Defensoria Pública da União e dos Territórios e organização judiciária e do Ministério Público do Distrito Federal;

X - criação, transformação e extinção de cargos, empregos e funções públicas, observado o que estabelece o art. 84, VI, *b*;

XI - criação e extinção de Ministérios e órgãos da administração pública;

XII - telecomunicações e radiodifusão;

XIII - matéria financeira, cambial e monetária, instituições financeiras e suas operações;

XIV - moeda, seus limites de emissão, e montante da dívida mobiliária federal.

XV - fixação do subsídio dos Ministros do Supremo Tribunal Federal, observado o que dispõem os arts. 39, § 4º; 150, II; 153, III; e 153, § 2º, I.

3. A anistia é considerada uma causa de extinção de punibilidade. Ela impede que determinada sanção penal seja executada. Por tratar de matéria penal, é de competência de âmbito federal, e não pode ser tratada a nível estadual e municipal. Tem previsão expressa no art. 187, II do Código Penal.

Aplicação em concurso público:

- ***Procurador – 2018 – CONSULPLAN – Câmara de Belo Horizonte – MG***

  "Ao Congresso Nacional a Constituição Federal atribui competências específicas para dispor ou atuar em determinadas matérias. Em alguns casos, no entanto, haverá a necessidade de sanção pelo Presidente da República. É competência do Congresso Nacional, com a sanção do Presidente da República

B) dispor sobre a concessão de anistia."

Gabarito: Alternativa B (art. 48, VIII, CF)

Art. 49 – É da **competência exclusiva do Congresso Nacional:**

I – resolver definitivamente sobre tratados, acordos ou atos internacionais que acarretem encargos ou compromissos gravosos ao patrimônio nacional;

II – autorizar o Presidente da República a declarar guerra, a celebrar a paz, a permitir que forças estrangeiras transitem pelo território nacional ou nele permaneçam temporariamente, ressalvados os casos previstos em lei complementar;

III – autorizar o Presidente e o Vice-Presidente da República a se ausentarem do País, quando a ausência exceder a quinze dias;

IV – aprovar o estado de defesa e a intervenção federal, autorizar o estado de sítio, ou suspender qualquer uma dessas medidas;

V – sustar os atos normativos do Poder Executivo que exorbitem do poder regulamentar ou dos limites de delegação legislativa;

VI – mudar temporariamente sua sede;

VII – fixar idêntico subsídio para os Deputados Federais e os Senadores, observado o que dispõem os arts. 37, XI, 39, § 4º, 150, II, 153, III, e 153, § 2º, I;

VIII – fixar os subsídios do Presidente e do Vice-Presidente da República e dos Ministros de Estado, observado o que dispõem os arts. 37, XI, 39, § 4º, 150, II, 153, III, e 153, § 2º, I;

IX – julgar anualmente as contas prestadas pelo Presidente da República e apreciar os relatórios sobre a execução dos planos de governo;

X – fiscalizar e controlar, diretamente, ou por qualquer de suas Casas, os atos do Poder Executivo, incluídos os da administração indireta;

XI – zelar pela preservação de sua competência legislativa em face da atribuição normativa dos outros Poderes;

XII – apreciar os atos de concessão e renovação de concessão de emissoras de rádio e televisão;

XIII – escolher dois terços dos membros do Tribunal de Contas da União;

XIV – aprovar iniciativas do Poder Executivo referentes a atividades nucleares;

XV – autorizar referendo e convocar plebiscito;

XVI – autorizar, em terras indígenas, a exploração e o aproveitamento de recursos hídricos e a pesquisa e lavra de riquezas minerais;

XVII – aprovar, previamente, a alienação ou concessão de terras públicas com área superior a dois mil e quinhentos hectares.

4. **Nas atribuições exclusivas ao Congresso Nacional, verifica-se alguns exemplos do controle de excesso entre os poderes (freios e contrapesos),** em que todos

os poderes são independentes entre si, porém se controlam para que os limites não sejam excedidos (ver art. 2, CF). Aqui não é necessária a sanção presidencial.

Aplicação em concurso público:

- ***Delegado de Polícia – 2017 – CESPE – PC-GO***

  Assinale a opção correta a respeito da organização dos poderes e do sistema de freios e contrapesos no direito constitucional pátrio.

  "Constitui exemplo de mecanismo de freios e contrapesos a possibilidade de rejeição, pelo Congresso Nacional, de medida provisória editada pelo presidente da República."

  Gabarito: A alternativa está correta.

5. A proibição do Presidente da República para se ausentar do país por mais de 15 dias sem autorização do Congresso Nacional **é norma constitucional extensível e, portanto, deve ser respeitada nas Constituições Estaduais (O Governador precisa da autorização da Assembléia Legislativa)**. Quanto aos Prefeitos, o prazo pode ser fixado na Constituição Estadual, entretanto não poderá ser menor que 15 dias.

► **Entendimento jurisprudencial**

O STF firmou o entendimento de que a regra do art. 49, III, CF, aplica-se, por **simetria**, aos Estados-membros. Ora, se nos âmbitos federal e estadual a autorização legislativa só será necessária nos casos em que o chefe do Executivo venha a se ausentar por prazo superior a 15 dias, à Constituição estadual não se permite fixar prazo menor do que esse, em relação a ausências dos Prefeitos municipais. (ADI 307, Rel. Min. Eros Grau, j. 13-2-2008, Plenário, DJE 01-07-2009)

Aplicação em concurso público:

- ***Defensor Público – 2018 – FCC – DPE-RS***

  "o Presidente e o Vice-Presidente da República não poderão, sem licença do Senado Federal, ausentar-se do país por período superior a quinze dias, sob pena de perda do cargo."

  Gabarito: A alternativa está errada. (licença do Congresso Nacional)

Art. 50 – A Câmara dos Deputados e o Senado Federal, ou qualquer de suas Comissões, **poderão convocar Ministro de Estado** ou quaisquer titulares de órgãos diretamente subordinados à Presidência da República **para prestarem, pessoalmente, informações sobre assunto previamente determinado, importando crime de responsabilidade a ausência sem justificação adequada.**

§ 1º Os Ministros de Estado poderão comparecer ao Senado Federal, à Câmara dos Deputados, ou a qualquer de suas Comissões, por sua iniciativa e mediante entendimentos com a Mesa respectiva, para expor assunto de relevância de seu Ministério.

§ 2º As Mesas da Câmara dos Deputados e do Senado Federal poderão encaminhar pedidos escritos de informações a Ministros de Estado ou a qualquer das pessoas referidas no caput deste artigo, importando em crime de responsabilidade a recusa, ou o não - atendimento, no prazo de trinta dias, bem como a prestação de informações falsas.

1. **Entendimento jurisprudencial:**

O poder de fiscalização legislativa da ação administrativa do Poder Executivo é outorgado aos órgãos coletivos de cada Câmara do Congresso Nacional, no plano federal, e da Assembleia Legislativa, no dos Estados; **nunca aos seus membros individualmente**, salvo, é claro, quando atuem em representação (ou presentação) de sua Casa ou comissão. [RMS 28.251 AgR, rel. min. Ricardo Lewandowski, j. 18-10-2011, 2ª T, DJE de 22-11-2011]

SEÇÃO III
DA CÂMARA DOS DEPUTADOS

Art. 51 - Compete privativamente à Câmara dos Deputados:

I - autorizar, **por dois terços de seus membros, a instauração de processo contra o Presidente e o Vice-Presidente da República e os Ministros de Estado;**

II - proceder à tomada de contas do Presidente da República, quando não apresentadas ao Congresso Nacional dentro de sessenta dias após a abertura da sessão legislativa;

III - elaborar seu regimento interno;

IV - dispor sobre sua organização, funcionamento, polícia, criação, transformação ou extinção dos cargos, empregos e funções de seus serviços, e a iniciativa de lei para fixação da respectiva remuneração, observados os parâmetros estabelecidos na lei de diretrizes orçamentárias;

V - eleger membros do Conselho da República, nos termos do art. 89, VII.

1. O processo ao qual o **inciso I** faz referência é de **infrações penais comuns,** no qual, para que o Presidente, o Vice-Presidente e o Ministro de Estado sejam processados, é necessária a autorização pelo quórum de dois terços dos membros da Câmara dos Deputados.

Aplicação em concurso público:

- ***Analista Judiciário – Área Judiciária – Execução de Mandados – FCC – 2007 – TRF – 3ª REGIÃO***

"Compete privativamente à Câmara dos Deputados

A) dispor sobre limites e condições para a concessão de garantia da União em operações de crédito externo e interno.

B) aprovar previamente, por voto secreto, após argüição pública, a escolha de Ministros do Tribunal de Contas da União indicados pelo Presidente da República.

C) proceder à tomada de contas do Presidente da República, quando não apresentadas ao Congresso Nacional dentro de sessenta dias após a abertura da sessão legislativa.

D) estabelecer limites globais e condições para o montante da dívida mobiliária dos Estados, do Distrito Federal e dos Municípios.

E) processar e julgar os Ministros do Supremo Tribunal Federal nos crimes de responsabilidade."

Gabarito: Alternativa C (art. 51, II, CF)

- ***Analista Judiciário – Área Judiciária – FCC – 2007 – TRE-SE***

"Compete privativamente à Câmara dos Deputados

A) aprovar previamente, por voto secreto, após argüição em sessão secreta, a escolha dos chefes de missão diplomática de caráter permanente.

B) resolver definitivamente sobre tratados, acordos ou atos internacionais que acarretem encargos ou compromissos gravosos ao patrimônio nacional.

C) sustar os atos normativos do Poder Executivo que exorbitem do poder regulamentar ou dos limites de delegação legislativa.

D) autorizar, por dois terços de seus membros, a instauração de processo contra o Presidente e o Vice-Presidente da República e os Ministros de Estado.

E) dispor sobre limites e condições para a concessão de garantia da União em operações de crédito externo e interno."

Gabarito: Alternativa D (art. 51, I, CF)

SEÇÃO IV
DO SENADO FEDERAL

Art. 52 - Compete privativamente ao Senado Federal:

I - **processar e julgar o Presidente e o Vice-Presidente da República nos crimes de responsabilidade, bem como os Ministros de Estado** e os Comandantes da Marinha, do Exército e da Aeronáutica nos crimes da mesma natureza conexos com aqueles;

II - **processar e julgar os Ministros do Supremo Tribunal Federal**, os membros do Conselho Nacional de Justiça e do Conselho Nacional do Ministério Público, o Procurador-Geral da República e o Advogado-Geral da União nos crimes de responsabilidade;

1. O processo citado nesses incisos é o comumente chamado "**impeachment**" e, nele, o Presidente da República e as demais autoridades, democraticamente, perde seu cargo (ver art. 85, CF).

A acusação relacionada ao crime de responsabilidade cometido pelo Presidente da República poderá ser oferecida por qualquer cidadão, devendo ser formalizada à Câmara do Deputados. Esse privilégio é privativo do cidadão, na particularidade de titular do direito de participar dos negócios políticos do Estado.

2. O Senado julga os Ministros de Estado, os Comandantes da Marinha, do Exército e da Aeronáutica apenas nos crimes que apresentarem conexão com o Presidente e/ou o Vice Presidente. O Senado **não tem competência** para julgar o processo de **impeachment** de Ministros de Estados por **crimes autônomos,** nesse caso, eles são julgados pelo STF (art. 102, I, b, CF)

► **Entendimento jurisprudencial**

"O processo de impeachment dos ministros de Estado, por crimes de responsabilidade autônomos, não conexos com infrações da mesma natureza do presidente da República, **ostenta caráter jurisdicional, devendo ser instruído e julgado pelo STF.** Inaplicabilidade do disposto nos arts. 51, I, e 52, I, da Carta de 1988 e 14 da Lei 1.079/1950, dado que é prescindível autorização política da Câmara dos Deputados para a sua instauração". [Pet 1.656, rel. min. Maurício Corrêa, j. 11-9-2002, P, DJ de 1º-8-2003.]

3. Os incisos I e II estão ligados ao parágrafo único deste mesmo artigo, dispondo que, **para a perda do cargo, o agente público terá seu julgamento feito pelo Senado Federal e presidido pelo Supremo Tribunal Federal.**

4) Aplicação em concurso público:

- ***Analista de Controle Externo – 2017 – CESPE – TCE-PE***

  Com relação ao Poder Executivo, à fiscalização contábil, financeira e orçamentária e às comissões parlamentares de inquérito, julgue o item subsequente.

  É considerado abuso de poder ato praticado pelo presidente da República contra o exercício de direito individual, podendo esse exercício ser protegido por meio de mandado de segurança, cujo julgamento será da competência do Supremo Tribunal Federal (STF).

  Gabarito: A alternativa está errada. (Competência do Senado)

- ***Promotor de Justiça – 2004 – MPDFT***

  "A respeito da competência privativa do Senado Federal, da Câmara dos Deputados e do Supremo Tribunal Federal para julgamento de determinados agentes políticos, assinale a alternativa correta.

  B) Em caso de crime de responsabilidade cometido por membro do Conselho Nacional de Justiça, cabe ao Supremo Tribunal Federal o julgamento.

  C) Em caso de crime de responsabilidade cometido por membro do Conselho Nacional do Ministério Público, cabe à Câmara dos Deputados o julgamento."

  Gabarito: alternativas erradas (ambas as alternativas dispõem acerca de competências do Senado Federal; art. 52, II, CF)

III – aprovar previamente, por voto secreto, após argüição pública, a escolha de:

a) Magistrados, nos casos estabelecidos nesta Constituição;

b) Ministros do Tribunal de Contas da União indicados pelo Presidente da República;

c) Governador de Território;

d) Presidente e diretores do banco central;

e) Procurador-Geral da República;

f) titulares de outros cargos que a lei determinar;

IV - aprovar previamente, por voto secreto, após argüição em sessão secreta, a escolha dos chefes de missão diplomática de caráter permanente;

V - autorizar operações externas de natureza financeira, de interesse da União, dos Estados, do Distrito Federal, dos Territórios e dos Municípios;

VI - fixar, por proposta do Presidente da República, limites globais para o montante da dívida consolidada da União, dos Estados, do Distrito Federal e dos Municípios;

VII - dispor sobre limites globais e condições para as operações de crédito externo e interno da União, dos Estados, do Distrito Federal e dos Municípios, de suas autarquias e demais entidades controladas pelo Poder Público federal;

VIII - dispor sobre limites e condições para a concessão de garantia da União em operações de crédito externo e interno;

IX - estabelecer limites globais e condições para o **montante da dívida mobiliária dos Estados, do Distrito Federal e dos Municípios;**

5. Os limites e condições da dívida mobiliária **dos Estados, DF e Municípios** são de **competência do Senado,** conforme o art. 52, IX, CF, já a dívida mobiliária **da União** é de competência do **Congresso Nacional.**

Aplicação em concurso público:

- ***Procurador do Município – FCC – 2016 – Prefeitura de São Luís – MA***

  "De acordo com a Constituição Federal, compete ao Senado Federal:

  A) estabelecer limites individuais e globais para o montante da dívida mobiliária e consolidada dos Municípios.

  D) fixar limites globais para o montante da dívida consolidada dos Municípios, por proposta do Presidente da República.

  E) fixar limites e condições para a concessão de garantia da União em operações de crédito externo e interno de interesse dos Municípios, desde que os limites e condições tenham sido propostos pelo Presidente da República."

  Gabarito: Alternativa E

X - suspender a execução, no todo ou em parte, de lei declarada inconstitucional por decisão definitiva do Supremo Tribunal Federal;

6. Recentemente, o STF (RE 4.335-5) acolheu a tese da **abstrativização do controle difuso**, ou seja, **quando uma lei é declarada inconstitucional pelo STF em um caso concreto (controle difuso), a decisão do STF já terá efeitos para todos, produzindo de imediato eficácia *erga omnes* e efeitos vinculantes.** Dessa forma,

a competência do Senado no art. 52, X, CF, passa a ter mera natureza declaratória. Trata-se de uma decisão do STF que representa uma **mutação constitucional,** pois esse entendimento decorre de uma mudança de posicionamento.

XI – aprovar, por maioria absoluta e por voto secreto, a exoneração, de ofício, do Procurador-Geral da República antes do término de seu mandato;

XII – elaborar seu regimento interno;

XIII – dispor sobre sua organização, funcionamento, polícia, criação, transformação ou extinção dos cargos, empregos e funções de seus serviços, e a iniciativa de lei para fixação da respectiva remuneração, observados os parâmetros estabelecidos na lei de diretrizes orçamentárias;

XIV – eleger membros do Conselho da República, nos termos do art. 89, VII.

XV – avaliar periodicamente a funcionalidade do Sistema Tributário Nacional, em sua estrutura e seus componentes, e o desempenho das administrações tributárias da União, dos Estados e do Distrito Federal e dos Municípios.

Parágrafo único. Nos casos previstos nos incisos I e II, **funcionará como Presidente o do Supremo Tribunal Federal,** limitando-se a condenação, que somente será proferida por **dois terços dos votos do Senado Federal, à perda do cargo, com inabilitação, por oito anos, para o exercício de função pública, sem prejuízo das demais sanções judiciais cabíveis.**

7. O julgamento por crime de responsabilidade das autoridades previstas nos incisos I e II (*impeachment*) é feito pelo Senado e presidido pelo Presidente do STF (exemplo de harmonia entre os três poderes).

8. A sentença condenatória materializar-se-á mediante resolução do Senado Federal. Aqui, caberá a imposição de duas penas, a perda do cargo e a inabilitação para o exercício da função pública. Existe grande discussão acerca da forma com que essas penas devem ser aplicadas, uma vez que, apesar de a Constituição tender para a obrigatoriedade de cumulação dessas penas, sendo uma, consequência da outra, recentemente, no julgamento do impeachment da ex-Presidente Dilma Rousseff, o Senado Federal entendeu que elas não precisam necessariamente ser aplicadas em conjunto. Em sentença ao processo, a ex-presidente foi condenada à perda do cargo, mas não sofreu a punição da inabilitação.

Aplicação em concurso público:

- ***Delegado de Polícia – 2017 – CESPE – PC-GO***

  "A atividade legislativa e a de julgar o presidente da República nos crimes de responsabilidade são funções típicas do Poder Legislativo."

  Gabarito: A alternativa está errada. (o julgamento dos crimes de responsabilidade tem como presidente o do STF – art. 52, parágrafo único, CF)

SEÇÃO V
DOS DEPUTADOS E DOS SENADORES

Art. 53 – Os Deputados e Senadores são **invioláveis, civil e penalmente, por quaisquer de suas opiniões, palavras e votos.**

1. **O *caput* do art. 53 trata da imunidade material dos parlamentares.** Segundo ela, os **parlamentares não serão processados face a opiniões por eles proferidas.** A imunidade aqui tratada engloba a responsabilidade civil, penal, disciplinar e política do parlamentar. Além disso, **a imunidade não se estende a crimes praticados pelo parlamentar fora de seu mandato ou em época de campanha eleitoral, nem mesmo nos casos de corrupção.**

Aplicação em concurso público:

- ***IADES – 2011 – PG-DF – Técnico Jurídico – Apoio Administrativo***

  "Uma Constituição deve estruturar a forma de aquisição de poder, prerrogativas, casos de destituição e as competências das funções que compõem o Estado. Acerca de tais atributos, assinale a alternativa correta em relação à Constituição Federal vigente.

  B) A imunidade dos Congressistas Federais, após as modificações sofridas pelo texto originário da Constituição, não mais passou a albergar os efeitos civis, senão, agora, somente o penal, mas, ainda este último, desde que seja oriundo de opiniões, palavras e votos proferidos em razão de suas funções parlamentares."

  Gabarito: Alternativa incorreta (a imunidade material trata também dos efeitos civis)

► ***Atenção:*** Importante saber diferenciar a imunidade material dos deputados e senadores com a imunidade material do vereador:

Os senadores e deputados federais possuem a imunidade descrita no art. 53, CF, independente do local em que se encontrarem.

Os deputados estaduais possuem a imunidade material idêntica a dos deputados federais, por força do **princípio da simetria** (é um princípio constitucional extensível às Constituições Estaduais)

Os vereadores possuem imunidade material de acordo com o art. 29, VIII, CF, ou seja, apenas no exercício do mandato e na circunscrição do município ao qual atua.

---

2. A imunidade é relativa a função do parlamentar e portanto se refere a atos relacionados a seu Mandato. Nesse sentido, o STF entende que **os atos praticados dentro do Congresso têm presunção absoluta de relação com a atividade parlamentar,** já aqueles atos praticados em locais distintos não possuem presunção absoluta, razão pela qual o parlamentar terá que demonstrar que o ato teve relação com o exercício do mandato.

▶ **Entendimento jurisprudencial**

1. A imunidade parlamentar material, que confere inviolabilidade, na esfera civil e penal, a opiniões, palavras e votos manifestados pelos congressistas (CF, art. 53, caput), **incide de forma absoluta quanto às declarações proferidas no recinto do Parlamento.** 2. Os atos praticados em local distinto escapam à proteção absoluta da imunidade, que **abarca apenas manifestações que guardem pertinência, por um nexo de causalidade, com o desempenho das funções do mandato parlamentar**". (STF, RE 299109 AgR / RJ, Relator(a): Min. Luiz Fux. Julgamento em 03/05/2011)

Imunidade parlamentar material: **ofensa irrogada em plenário, independente de conexão com o mandato**, elide [exclui] a responsabilidade civil por dano moral. Precedente: RE 210.917 (RE 463.671-AgR, Rel. Min. Pertence, j. 19-6-2007, 1ª T., DJ de 3-8-2007)

Aplicação em concurso público:

- ***ESAF – 2012 – CGU – Analista de Finanças e Controle – prova 2 – Conhecimentos específicos***

  "Nos termos da atual redação da Constituição, os Deputados e Senadores são invioláveis, civil e penalmente, por quaisquer de suas opiniões, palavras e votos. A respeito da inviolabilidade e da imunidade parlamentar, é correto afirmar que

  C) o Supremo Tribunal Federal firmou entendimento no sentido de que qualquer declaração feita nas dependências do Congresso Nacional, seja na Tribuna ou nas Comissões, é objeto da inviolabilidade parlamentar, não sendo necessário analisar se existe ou não nexo causal entre as afirmações e o exercício do cargo para se aplicar a inviolabilidade."

  Gabarito: Alternativa correta

- ***Analista Legislativo – Consultor Legislativo Área X – CESPE – 2014 – Câmara dos Deputados***

  "A respeito da organização dos Poderes e da política agrícola, julgue os itens que se seguem.

  Considere que um deputado federal, em entrevista a programa veiculado por rádio pertencente a empresa privada, tenha caluniado um particular, imputando-lhe a prática de determinado crime. Nessa situação, a prerrogativa da imunidade material de parlamentar não se estende a palavras ou a manifestações do congressista, posto que foram realizadas fora de sua casa legislativa, revelando-se, portanto, estranhas ao exercício do mandato legislativo."

  Gabarito: Alternativa correta

3. **Súmula 245-STF:** A imunidade parlamentar **não se estende ao corréu** sem essa prerrogativa.

§ 1º Os Deputados e Senadores, desde a expedição do diploma, serão submetidos a **julgamento perante o Supremo Tribunal Federal.**

4. O § 1º do art. 53 trata do foro por prerrogativa de função, inerente aos ocupantes dos cargos de deputados e senadores. **Ambos parlamentares só poderão ser processados e julgados pelo Supremo Tribunal Federal.**

5. **O foro por prerrogativa é em função do cargo, e não da pessoa que este ocupa.**

► **Entendimento jurisprudencial**

A prerrogativa de foro, prevista em norma a encerrar direito estrito, **visa a beneficiar não a pessoa, mas o cargo ocupado.** (HC 88.536, rel. Min. Marco Aurélio, julgamento em 25-9-2007, Primeira Turma, DJE de 15-2-2008)"

§ 2º Desde a expedição do diploma, os membros do Congresso Nacional não poderão ser presos, salvo em flagrante de crime inafiançável. Nesse caso, os autos serão remetidos dentro de vinte e quatro horas à Casa respectiva, para que, pelo voto da maioria de seus membros, resolva sobre a prisão.

§ 3º Recebida a denúncia contra o Senador ou Deputado, por crime ocorrido após a diplomação, o Supremo Tribunal Federal dará ciência à Casa respectiva, que, por iniciativa de partido político nela representado e pelo voto da maioria de seus membros, poderá, até a decisão final, sustar o andamento da ação.

§ 4º O pedido de sustação será apreciado pela Casa respectiva no prazo improrrogável de quarenta e cinco dias do seu recebimento pela Mesa Diretora.

§ 5º A sustação do processo suspende a prescrição, enquanto durar o mandato.

§ 6º Os Deputados e Senadores não serão obrigados a testemunhar sobre informações recebidas ou prestadas em razão do exercício do mandato, nem sobre as pessoas que lhes confiaram ou deles receberam informações.

§ 7º **A incorporação às Forças Armadas** de Deputados e Senadores, embora militares e ainda que em tempo de guerra, **dependerá de prévia licença** da Casa respectiva.

§ 8º As imunidades de Deputados ou Senadores subsistirão durante o estado de sítio, só podendo ser suspensas mediante o voto de dois terços dos membros da Casa respectiva, nos casos de atos praticados fora do recinto do Congresso Nacional, que sejam incompatíveis com a execução da medida.

6. Os § 2º, 3º, 4º, 5º e 6º tratam das imunidades formais dos parlamentares. **Esta, por sua vez, é analisada tanto sob o aspecto processual, tanto quanto pelo prisional.**

   6.1. A **imunidade sob o aspecto processual** é a possibilidade de a casa ao qual o parlamentar faça parte remeter o processo para si para que, pela maioria de seus membros, decida sobre a prisão.

   6.2. **Sob o aspecto prisional,** significa dizer que os parlamentares não poderão ser presos, salvo em caso de flagrante em crime inafiançável.

   6.3. Os parlamentares também **não são obrigados a testemunhar** sobre informações recebidas ou prestadas em razão do exercício do mandato.

7. Nos casos de suspensão do processo do parlamentar, a prescrição voltará a correr após o final do mandato do parlamentar.

8) Aplicação em concurso público:

- ***Procurador do Estado – FCC – 2006 – PGE-RR***

"Acerca dos parlamentares, dispõe a Constituição Federal que

A) os Deputados e Senadores não serão obrigados a testemunhar sobre informações recebidas ou prestadas em razão do exercício do mandato, nem sobre as pessoas que lhes confiaram ou deles receberam informações.

B) os Deputados e Senadores, desde a expedição do diploma, serão submetidos a julgamento perante o Superior Tribunal de Justiça e perante o respectivo Conselho de Ética.

C) as imunidades de Deputados e Senadores subsistirão durante o estado de defesa e o estado de sítio, não podendo ser suspensas nem mesmo nos casos de atos praticados fora do Congresso Nacional.

D) desde a expedição do diploma, os membros do Congresso Nacional não poderão ser presos, nem mesmo em flagrante de crime inafiançável e com autorização da Casa respectiva.

E) a incorporação às Forças Armadas de Deputados e Senadores, embora militares e ainda que em tempo de guerra, não depende de prévia licença da Casa respectiva."

Gabarito: Alternativa A (art. 53, § 6º, CF)

A alternativa B está errada, pois o julgamento se dá perante o STF (§ 1º)

A alternativa C está errada, pois as imunidades podem ser suspensas mediante o voto de ⅔ dos membros da Casa (§ 8º)

A alternativa D está errada, pois os parlamentares podem ser presos em caso de flagrante de crime inafiançável (§ 2º)

A alternativa E está errada, pois a incorporação às Forças Armadas depende da prévia licença da Casa (§ 7º)

Art. 54 – Os Deputados e Senadores **não poderão:**

I – **desde a expedição do diploma:**

a) **firmar ou manter contrato com pessoa jurídica de direito público**, autarquia, empresa pública, sociedade de economia mista ou empresa concessionária de serviço público, salvo quando o contrato obedecer a cláusulas uniformes;

b) **aceitar ou exercer cargo, função ou emprego remunerado,** inclusive os de que sejam demissíveis "ad nutum", **nas entidades constantes da alínea anterior;**

II – **desde a posse:**

a) **ser proprietários, controladores ou diretores de empresa** que goze de favor decorrente de contrato com pessoa jurídica de direito público, ou nela exercer função remunerada;

b) ocupar cargo ou função de que sejam demissíveis "ad nutum", nas entidades referidas no inciso I, "a";

c) patrocinar causa em que seja interessada qualquer das entidades a que se refere o inciso I, "a";

d) ser titulares de mais de um cargo ou mandato público eletivo.

1. **As proibições buscam resguardar a probidade e a fé pública**, uma vez que, devido às funções desempenhadas, os parlamentares poderiam abusar de vantagens e agir de acordo com seus interesses particulares, o que é vedado na Administração Pública. O parlamentar que cometer alguma dessas ações perderá seu mandato, conforme descrito no art. 55, I, CF.
2. **Os artigos 54 e 55 são cobrados, na maioria das vezes, em sua literalidade.**

3) Aplicação em concurso público:

- ***CESPE – 2012 – MPE-TO – Promotor de Justiça***

"Acerca da estrutura, do funcionamento e das atribuições do Poder Legislativo, assinale a opção correta.

B) Como forma de garantia da independência do Poder Legislativo, a CF estabelece algumas vedações aos parlamentares, denominadas incompatibilidades, entre as quais se insere a impossibilidade de, desde a posse, aceitar ou exercer cargo, função ou emprego remunerado, inclusive os de que sejam demissíveis ad nutum em sociedades de economia mista."

Gabarito: Alternativa incorreta (Aqui o erro é que essas vedações acontecem desde a expedição do diploma e não desde a posse do parlamentar, conforme art. 54, I, CF)

Art. 55 - Perderá o mandato o Deputado ou Senador:

I - que infringir qualquer das proibições estabelecidas no artigo anterior;

II - **cujo procedimento for declarado incompatível com o decoro parlamentar;**

III - que deixar de comparecer, em cada sessão legislativa, à terça parte das sessões ordinárias da Casa a que pertencer, salvo licença ou missão por esta autorizada;

IV - que perder ou tiver suspensos os direitos políticos;

V - quando o decretar a Justiça Eleitoral, nos casos previstos nesta Constituição;

VI - **que sofrer condenação criminal em sentença transitada em julgado.**

1. As questões de concurso que cobram esse artigo costumam cobrar a literalidade da lei, buscando que o candidato saiba identificar quais os casos em que um parlamentar perde seu mandato. Esses casos estão dispostos no art. 54 e 55 da Constituição. São eles:

Quando desde a expedição do diploma o parlamentar:

– Firma ou mantem contrato com entidades da administração direta, indireta ou concessionária de serviço público, salvo quando o contrato obedecer a cláusulas uniformes;

– Aceita ou exerce cargo, função ou emprego remunerado

Quando a partir de sua posse o parlamentar:

- Se torna proprietário, controlador ou diretor de empresa que goze de favor decorrente de contrato com pessoa jurídica de direito público, ou nela exerça função remunerada;
- Ocupa cargo ou função de que sejam demissíveis "ad nutum", nas entidades da administração d**ireta, indireta ou concessionária de serviço público**
- **Patrocina causa em que seja interessada as entidades da administração direta, indireta ou concessionária de serviço público**
- **Se torna titular de mais de um cargo ou mandato público eletivo.**
- **Exerça procedimento for declarado incompatível com o decoro parlamentar;**
- **Deixe de comparecer, em cada sessão legislativa, à terça parte das sessões ordinárias da Casa a que pertencer, salvo licença ou missão por esta autorizada;**
- **Perca ou tenha suspensos os direitos políticos;**
- **Tenha a perca do mandato decretada pela Justiça Eleitoral**
- **Sofra conden**ação criminal em sentença transitada em julgado.

Aplicação em concurso público:

- ***Auditor Público Externo – Prova vespertina – FMP Concursos – 2011 – TCE-MT***

Perderá o mandato o Senador:

A) investido no cargo de Secretário de Estado.

B) licenciado pelo Congresso Nacional para tratar de assuntos particulares.

C) investigado em inquérito policial.

D) por decreto da Justiça Eleitoral, nos limites estabelecidos pela Constituição Federal.

E) investido no cargo de Prefeito de Capital de Estado da Federação.

Gabarito: Alternativa D

§ 1º – **É incompatível com o decoro parlamentar,** além dos casos definidos no regimento interno, **o abuso das prerrogativas asseguradas a membro do Congresso Nacional ou a percepção de vantagens indevidas.**

§ 2º Nos casos dos incisos I, II e VI, a perda do mandato será decidida pela Câmara dos Deputados ou pelo Senado Federal, por maioria absoluta, mediante provocação da respectiva Mesa ou de partido político representado no Congresso Nacional, assegurada ampla defesa.

§ 3º Nos casos previstos nos incisos III a V, a perda será declarada pela Mesa da Casa respectiva, de ofício ou mediante provocação de qualquer de seus membros, ou de partido político representado no Congresso Nacional, assegurada ampla defesa.

§ 4º A renúncia de parlamentar submetido a processo que vise ou possa levar à perda do mandato, nos termos deste artigo, terá seus efeitos suspensos até as deliberações finais de que tratam os §§ 2º e 3º.

2. **Decoro parlamentar é o comportamento respeitoso o qual é esperada dos parlamentares.** Caso o parlamentar não haja com decoro, poderá perder seu cargo, conforme § 2.
3. Conforme previsão anterior, a sentença transitada em julgado deverá ser emanada pelo Supremo Tribunal Federal, órgão competente para julgamento de parlamentares. Porém, a perda só será declarada pela mesa respectiva, conforme § 3. Apenas nos casos dos incisos I, II e VI será competente a casa respectiva ao parlamentar julgado.

Aplicação em concurso público:

- ***Defensor Público – 2014 – FUNDEP (Gestão de Concursos) – DPE-MG***

  "O STF, ao condenar um Parlamentar Federal, não poderá determinar a perda do mandato eletivo. Quando ocorrer o trânsito em julgado da condenação, se o réu ainda estiver no cargo, o STF deverá oficiar à mesa diretiva da Câmara ou do Senado para que tais casas deliberem acerca da perda ou não do mandato, nos termos do § 2º do art. 55 da CF/88".

  Gabarito: A alternativa está correta. (Art. 55, § 2º, CF)

Art. 56 – **Não perderá o mandato** o Deputado ou Senador:

I – investido no cargo de Ministro de Estado, Governador de Território, Secretário de Estado, do Distrito Federal, de Território, de Prefeitura de Capital ou chefe de missão diplomática temporária;

II – licenciado pela respectiva Casa por motivo de doença, ou para tratar, sem remuneração, de interesse particular, desde que, neste caso, o afastamento não ultrapasse cento e vinte dias por sessão legislativa.

§ 1º O suplente será convocado nos casos de vaga, de investidura em funções previstas neste artigo ou de licença superior a cento e vinte dias.

§ 2º Ocorrendo vaga e não havendo suplente, far-se-á eleição para preenchê-la se faltarem mais de quinze meses para o término do mandato.

§ 3º Na hipótese do inciso I, o Deputado ou Senador poderá optar pela remuneração do mandato.

1. **Entendimento jurisprudencial:**

O membro do Congresso Nacional que se licencia do mandato para investir-se no cargo de ministro de Estado não perde os laços que o unem, organicamente, ao Parlamento (CF, art. 56, I). Consequentemente, **continua a subsistir em seu favor a garantia constitucional da prerrogativa de foro em matéria penal** (Inq 777-3-QO/TO, rel. min. Moreira Alves, DJ de 1º-10-1993)

SEÇÃO VI
DAS REUNIÕES

Art. 57 – O Congresso Nacional reunir-se-á, anualmente, na Capital Federal, de 2 de fevereiro a 17 de julho e de 1º de agosto a 22 de dezembro.

§ 1º As reuniões marcadas para essas datas serão transferidas para o primeiro dia útil subseqüente, quando recaírem em sábados, domingos ou feriados.

§ 2º A sessão legislativa não será interrompida sem a aprovação do projeto de lei de diretrizes orçamentárias.

§ 3º Além de outros casos previstos nesta Constituição, a Câmara dos Deputados e o Senado Federal reunir-se-ão em sessão conjunta para:

I – inaugurar a sessão legislativa;

II – elaborar o regimento comum e regular a criação de serviços comuns às duas Casas;

III – receber o compromisso do Presidente e do Vice-Presidente da República;

IV – conhecer do veto e sobre ele deliberar.

§ 4º Cada uma das Casas reunir-se-á em sessões preparatórias, a partir de 1º de fevereiro, no primeiro ano da legislatura, para a posse de seus membros e eleição das respectivas Mesas, para mandato de 2 (dois) anos, **vedada a recondução para o mesmo cargo na eleição imediatamente subseqüente.**

§ 5º A Mesa do Congresso Nacional será presidida pelo Presidente do Senado Federal, e os demais cargos serão exercidos, alternadamente, pelos ocupantes de cargos equivalentes na Câmara dos Deputados e no Senado Federal.

§ 6º A convocação extraordinária do Congresso Nacional far-se-á:

I – pelo Presidente do Senado Federal, em caso de decretação de estado de defesa ou de intervenção federal, de pedido de autorização para a decretação de estado de sítio e para o compromisso e a posse do Presidente e do Vice-Presidente da República;

II – pelo Presidente da República, pelos Presidentes da Câmara dos Deputados e do Senado Federal ou a requerimento da maioria dos membros de ambas as Casas, em caso de urgência ou interesse público relevante, em todas as hipóteses deste inciso com a aprovação da maioria absoluta de cada uma das Casas do Congresso Nacional.

§ 7º Na sessão legislativa extraordinária, o Congresso Nacional somente deliberará sobre a matéria para a qual foi convocado, ressalvada a hipótese do § 8º deste artigo, vedado o pagamento de parcela indenizatória, em razão da convocação.

§ 8º Havendo **medidas provisórias** em vigor na data de convocação extraordinária do Congresso Nacional, **serão elas automaticamente incluídas na pauta da convocação.**

1) Importante não confundir legislatura, com sessão legislativa e períodos legislativos: **LEGISLATURA** é o **período de quatro anos de execução das atividades do Congresso Nacional**, SESSÃO LEGISLATIVA é o período que o Congresso se reúne anualmente, com início em 02/02, recesso entre os semestres e encerramento em 22/12 e PERÍODO LEGISLATIVO é o período semestral dentro da sessão legislativa.

Aplicação em concurso público:

- ***CESPE – 2012 – MPE-TO – Promotor de Justiça***

  Acerca da estrutura, do funcionamento e das atribuições do Poder Legislativo, assinale a opção correta.

  A) O Congresso Nacional se reúne, anualmente, na capital federal. Cada legislatura tem a duração de quatro anos, compreendendo oito sessões legislativas, que podem ser interrompidas, ainda que esteja pendente a aprovação do projeto de lei de diretrizes orçamentárias.

  Gabarito: Alternativa errada (uma legislatura compreende quatro sessões legislativas e oito períodos legislativos)

2) **A regra do § 4º não é princípio que deve ser obedecido pelas Constituições Estaduais.** Isto se deve ao fato de os Estados e Municípios possuírem **autonomia político-administrativa,** e, com isso, podem administrar seus períodos e sessões.

► **Entendimento jurisprudencial:**

"(...) o **art. 57, § 4º, da CF**, que veda a recondução dos membros das Mesas das Casas Legislativas federais para os mesmos cargos na eleição imediatamente subsequente, **não é de reprodução obrigatória pelos Estados-membros**. Com base nesse entendimento, o Tribunal, por maioria, indeferiu pedido de medida cautelar em ação direta de inconstitucionalidade, ajuizada pelo Partido Trabalhista Brasileiro-PTB, contra o § 5º do art. 58 da Constituição do Estado do Espírito Santo, com redação dada pela EC 27/2000, que permite aos membros eleitos da Mesa da Assembleia Legislativa do Estado a recondução para o mesmo cargo no biênio imediatamente subsequente." (ADI 2.371-MC, Rel. Min. Moreira Alves, julgamento em 7-3-2001, Plenário, DJ de 7-2-2003.)

Aplicação em concurso público:

- ***Procurador – 2014 – FCC – Prefeitura de Recife – PE***

  Segundo a jurisprudência dominante do STF, é compatível com a Constituição Federal comando normativo constante de Constituição Estadual que

  "autorize a recondução de integrante da Mesa Diretora da Assembleia Legislativa para o mesmo cargo na eleição imediatamente subsequente."

  A alternativa está correta.

SEÇÃO VII
DAS COMISSÕES

Art. 58 – O Congresso Nacional e suas Casas terão **comissões permanentes e temporárias,** constituídas na forma e com as atribuições previstas no respectivo regimento ou no ato de que resultar sua criação.

§ 1º Na constituição das Mesas e de cada Comissão, é assegurada, tanto quanto possível, a representação proporcional dos partidos ou dos blocos parlamentares que participam da respectiva Casa.

§ 2º Às comissões, em razão da matéria de sua competência, cabe:

I – discutir e votar projeto de lei que dispensar, na forma do regimento, a competência do Plenário, salvo se houver recurso de um décimo dos membros da Casa;

II – realizar audiências públicas com entidades da sociedade civil;

III – convocar Ministros de Estado para prestar informações sobre assuntos inerentes a suas atribuições;

IV – receber petições, reclamações, representações ou queixas de qualquer pessoa contra atos ou omissões das autoridades ou entidades públicas;

V – solicitar depoimento de qualquer autoridade ou cidadão;

VI – apreciar programas de obras, planos nacionais, regionais e setoriais de desenvolvimento e sobre eles emitir parecer.

1. O § 2º trata das **comissões permanentes** formadas por parlamentares. **São comissões que perduram mesmo com o fim de uma legislatura.** Entre suas atribuições contidas no parágrafo, está a de emitir **opiniões** sobre determinados assuntos, ajudando no processo legislativo. Um exemplo é a CCJ (Comissão de Constituição e Justiça e de Cidadania), que analisa se o projeto de lei está em conformidade com a Constituição.

Aplicação em concurso público:

- ***CESPE – 2012 – MPE-TO – Promotor de Justiça***

  Acerca da estrutura, do funcionamento e das atribuições do Poder Legislativo, assinale a opção correta.

  As comissões temáticas, criadas em razão da matéria, são permanentes, cabendo-lhes, entre outras atribuições, discutir e votar projeto de lei que dispensar, na forma do regimento, a competência do Plenário, salvo se houver recurso de um décimo dos membros da Casa.

  Gabarito: Alternativa correta (art. 58, § 2º, CF)

2. Acerca das comissões do Poder Legislativo, os concursos abordam com mais frequência o art. 58, § 3º, CF, que diz a respeito das Comissões Parlamentares de Inquérito (comissões temporárias). O restante do artigo 58, quando abordado, é cobrado em sua literalidade.

§ 3º **As comissões parlamentares de inquérito, que terão poderes de investigação próprios das autoridades judiciais,** além de outros previstos nos regimentos das respectivas Casas, serão criadas pela Câmara dos Deputados e pelo Senado Federal, em conjunto ou separadamente, **mediante requerimento de um terço de seus membros, para a apuração de fato determinado e por prazo certo**, sendo suas conclusões, se for o caso, **encaminhadas ao Ministério Público**, para que promova a responsabilidade civil ou criminal dos infratores.

3. O parágrafo terceiro deste artigo trata das **Comissões Parlamentares de Inquérito (CPI)**. As CPI's são comissões temporárias (que se extinguem após desempenhar a função para qual foram criadas).

3.1 Elas possuem a **função de investigar fatos de importância para a ordem constitucional, legal ou econômica do país.** Estas comissões podem deslocar-se a qualquer localidade do território nacional para realização de investigação e de audiências públicas. Suas características são:

- Deve ter fato certo a ser investigado
- **Prazo certo** (tem o **prazo máximo de 120 dias, prorrogáveis pela metade**, mediante deliberação do plenário)
- Deve ser motivada
- Criada a requerimento de ao menos **um terço** do total de membros da respectiva casa.

Obs: Quanto aos fatos certos, esses podem ser ampliados em razão do surgimento de novos fatos, desde que esses tenham relação com os fatos inicialmente apurados.

3.1.1 No caso de **CPI mista,** ou seja, **proposta pelas duas casas** (câmara dos deputados e senado federal), deverá ter a subscrição de um terço do total de membros do senado, e será composta por igual número de membros das duas casas legislativas.

4. Caso os requisitos sejam cumpridos, **a Casa não pode rejeitar a criação da Comissão Parlamentar de Inquérito.** A CPI é um direito subjetivo **garantido às minorias** por meio da representação da minoria parlamentar, **devendo** ser instaurada quando cumpridos os requisitos.

Aplicação em concurso público:

- ***Titular de Serviços de Notas e de Registros – 2014 – CESPE – TJ-SE***
  "Ofenderá a CF a decisão do plenário da Câmara dos Deputados que, com base no princípio majoritário, rejeitar a criação de comissão parlamentar de inquérito para apurar fato certo e determinado, objeto de requerimento de um terço dos membros da referida casa legislativa."
  A alternativa está correta

4.1 Por ser uma garantia das minorias, **o requisito de requerimento por ⅓ dos parlamentares também deve ser respeitado pelas Constituições Estaduais.**

► **Entendimento jurisprudencial:**

A garantia assegurada a 1/3 dos membros da Câmara ou do Senado estende-se aos membros das assembleias legislativas estaduais – garantia das minorias. O modelo federal de criação e instauração das CPIs constitui matéria a ser compulsoriamente observada pelas casas legislativas estaduais. **Não há razão**

para a submissão do requerimento de constituição de CPI a qualquer órgão da assembleia legislativa. Os requisitos indispensáveis à criação das CPIs estão dispostos, estritamente, no art. 58 da Constituição do Brasil/1988. [ADI 3.619, rel. min. Eros Grau, j. 1º-8-2006, P, DJ de 20-4-2007.]

5. **Quanto aos poderes e proibições referentes às Comissões Parlamentares de Inquérito,** depreende-se que seus poderes se restringem ao plano investigatório das autoridades judiciais, não possuindo as atribuições de reserva de jurisdição.

5.1 Às CPI's é permitido:

– determinar diligências;

– convocar Ministros de Estado;

– inquirir testemunhas;

– requisitar informações da Administração Pública

– ouvir algum indiciado;

– convocar Ministros de Estado

– quebrar sigilos bancários, fiscais e de dados.

5.1.1 O STF admite a condução coercitiva das testemunhas, quando essas não comparecerem (STF-HC 71.261/RJ)

5.1.2 A CPI não pode intimar magistrado para ***falar sobre ato jurisdicional praticado****, pois isso ofende o princípio da separação dos poderes. Os magistrados poderão ser intimados para esclarecer sobre fatos que não sejam atos judiciais.*

▶ **Entendimento jurisprudencial:**

O postulado da separação de poderes, examinado na perspectiva das relações entre o Parlamento e a Magistratura (enquanto no desempenho do ofício jurisdicional), traduz insuperável **limitação material ao exercício,** pelo Congresso Nacional (ou pelas Casas que o compõem), **do poder de investigação parlamentar.** Isso não significa, porém, que todos os atos do Poder Judiciário estejam excluídos do âmbito de incidência da investigação parlamentar. Na verdade, entendo que se revela constitucionalmente **lícito, a uma Comissão Parlamentar de Inquérito, investigar atos de caráter não-jurisdicional emanados do Poder Judiciário...** [STF, HC 79.441]

Aplicação em concurso público:

- ***Analista de Planejamento e Orçamento – Prova 1 – ESAF – 2010 – MPOG***

  Julgue os itens abaixo sobre as Comissões Parlamentares de Inquérito e assinale a opção correta.

  E) Ofende o princípio constitucional da separação e independência dos poderes a intimação de magistrado para prestar esclarecimentos perante Comissão Parlamentar de Inquérito sobre ato jurisdicional praticado.

  Gabarito: Alternativa correta

5.2 Apesar de ter poder equiparado ao de autoridades judiciais, a CPI é limitada. Esta **não pode:**

– determinar medidas cautelares: como prisões, indisponibilidade de bens, arresto e sequestro;

– condenar;

– determinar interceptação telefônica

– determinar quebra de sigilo de correspondência;

– expedir mandado de busca e apreensão domiciliar.

5.2.1 A CPI não tem acesso a autos que correm em segredo de justiça. Para isso, necessita-se de autorização judicial

► **Entendimento jurisprudencial:**

Em regra, **o segredo de justiça é oponível à Comissão Parlamentar de Inquérito** e representa uma expressiva limitação aos seus poderes de investigação. Em 4.8.2008, o Min. Cezar Peluso, deferira a cautelar, autorizando, até decisão contrária nesta causa, **as impetrantes a não encaminharem à CPI o conteúdo dos mandados judiciais de interceptação telefônica cumpridos no ano de 2007 e protegidos por segredo de justiça**, exceto se os correspondentes sigilos fossem quebrados prévia e legalmente.... que tipifica como **crime a quebra de segredo de justiça, sem autorização judicial**, ou, ainda, por deixarem de atender ao que se caracterizaria como requisição da CPI [MS 27483 MC/DF, rel. Min. Cezar Peluso, 14.8.2008. (MS-27483)]

Aplicação em concurso público:

- ***Delegado de Polícia – FGV – 2012 – PC-MA***

Para apurar suposto desvio de recursos públicos na construção de uma usina nuclear, foi instaurada Comissão Parlamentar de Inquérito pela Câmara dos Deputados.

A Comissão foi instalada após requerimento de um terço dos Deputados, com prazo certo de duração. Uma das determinações da Comissão foi que se transladassem cópias das provas obtidas em processo judicial previamente instaurado, que corre sob segredo de justiça.

A respeito do caso sugerido, assinale a afirmativa correta.

B) A criação da Comissão observou os requisitos constitucionais, mas a prova não pode ser obtida, pois o segredo de justiça não pode ser levantado por Comissão Parlamentar de Inquérito.

D) A criação da Comissão observou todos os requisitos constitucionais, e a prova pode ser obtida, pois a Constituição dotou as Comissões Parlamentares de Inquérito dos poderes de investigação próprios das autoridades judiciais.

Gabarito: Alternativa B

Aplicação em concurso público:

- ***Procurador da Fazenda Nacional – ESAF – 2003 – PGFN***

Suponha que, no curso de uma CPI no Congresso Nacional, tenham sido decretadas as medidas abaixo, com relação a certos investigados:

I. quebra de sigilo bancário;

II. busca domiciliar de documentos incriminadores;

III. interceptação telefônica;

IV. proibição de o investigado se ausentar do país;

V. proibição de o investigado se comunicar com o seu advogado durante a sua inquirição;

VI. seqüestro de bens mediante ato fundamentado em provas de desvio de bens públicos.

Gabarito: Dessas medidas, a CPI não poderia decretar as medidas II, III, IV, V e VI

6. Apesar dos poderes que a CPI possui, essa não pode utilizá-los sem que esteja presente uma **motivação válida.**

► **Entendimento jurisprudencial:**

A quebra do sigilo, por ato de CPI, **deve ser necessariamente fundamentada,** sob pena de invalidade. A CPI – que dispõe de competência constitucional para ordenar a quebra do sigilo bancário, fiscal e telefônico das pessoas sob investigação do Poder Legislativo – somente poderá praticar tal ato, que se reveste de gravíssimas consequências, se justificar, de modo adequado, e sempre mediante indicação concreta de fatos específicos, a necessidade de adoção dessa medida excepcional. Precedentes. A fundamentação da quebra de sigilo há de ser contemporânea à própria deliberação legislativa que a decreta. **A exigência de motivação – que há de ser contemporânea ao ato da CPI** que ordena a quebra de sigilo. [MS 23.868, rel. min. Celso de Mello, j. 30-8-2001, P, DJ de 21-6-2002.]

Aplicação em concurso público:

- ***Auxiliar administrativo – 2018 – Quadrix – CRM-DF***

  As comissões parlamentares de inquérito têm o poder de, válida e constitucionalmente, requerer a quebra de sigilo fiscal de quaisquer pessoas, independentemente de motivação.

  A alternativa está errada. (a motivação é necessária).

7. Quanto ao poder da CPI de ouvir indiciados, **é possível a impetração de Habeas Corpus preventivo** para garantir ao indiciado o direito ao silêncio. A extinção da CPI prejudica o conhecimento do Habeas Corpus.

► **Entendimentos jurisprudenciais:**

Habeas corpus. CPI instaurada na Câmara dos Deputados para investigar a atuação da Fundação Nacional do Índio – FUNAI e do Instituto Nacional de Colonização e Reforma Agrária – INCRA. **Paciente que pretende, durante sua oitiva, o respeito a diversas garantias constitucionais.** Parecer pela concessão da ordem. [STF – HABEAS CORPUS Nº 133.993/DF]

É firme a jurisprudência deste STF no sentido de que **a extinção da CPI prejudica o conhecimento do habeas corpus** impetrado contra as eventuais ilegalidades de seu relatório final, notadamente por não mais existir legitimidade passiva do órgão impetrado. [HC 87.214 AgR, rel. min. Marco Aurélio, j. 6-5-2010, P, DJE de 28-5-2010

8. Conforme o § 3º deste artigo, **as conclusões da CPI devem ser encaminhadas ao Ministério Público,** entretanto, o STF já decidiu quanto à possibilidade de encaminhamento também para a AGU ou para a autoridade policial, quando necessário.

▶ **Entendimento jurisprudencial:**

As CPIs possuem permissão legal para encaminhar relatório circunstanciado não só ao **Ministério Público e** à **AGU**, mas, também, a outros órgãos públicos, podendo veicular, inclusive, documentação que **possibilite a instauração de inquérito policial** em face de pessoas envolvidas nos fatos apurados (art. 58, § 3º, CRFB/1988, c/c art. 6º-A da Lei 1.579/1952, incluído pela Lei 13.367/2016). [MS 35.216 AgR, rel. min. Luiz Fux, j. 17-11-2017, P, DJE de 27-11-2017.]

Aplicação em concurso público:

- ***Advogado – FGV – 2008 – Senado Federal***

A respeito das comissões parlamentares de inquérito, assinale a afirmativa correta.

E) As decisões tomadas por maioria absoluta dos membros das comissões parlamentares de inquérito não estão sujeitas a controle judicial, em razão do princípio constitucional da independência dos poderes.

Gabarito: Alternativa errada (as decisões da CPI serão encaminhadas ao MP ou outro órgão possível, de forma que será submetida ao controle judicial)

9. As CPI's também podem ser criadas nos âmbitos estaduais, distritais e municipais, **sendo que cada âmbito investiga apenas questões relativas às suas esferas**. No âmbito estadual e distrital elas terão os mesmos poderes das CPI's federais relacionados à reserva de jurisdição, entretanto, no âmbito municipal, a CPI não terá as prerrogativas descritas por não existir jurisdição municipal.

§ 4º Durante o recesso, haverá uma **Comissão representativa** do Congresso Nacional, eleita por suas Casas na última sessão ordinária do período legislativo, com atribuições definidas no regimento comum, cuja composição reproduzirá, quanto possível, a proporcionalidade da representação partidária.

10. O § 4º dispõe acerca das **Comissões representativas,** que representa o parlamento durante o período de recesso parlamentar. Além dela, há a Comissão representativa que acompanha e fiscaliza a execução das medidas referentes ao estado de defesa e ao estado de sítio (art. 140, CF).

SEÇÃO VIII
DO PROCESSO LEGISLATIVO
SUBSEÇÃO I
DISPOSIÇÃO GERAL

Art. 59 – O processo legislativo compreende a elaboração de:

I – emendas à Constituição;

II – leis complementares;

III – leis ordinárias;

IV – leis delegadas;

V – medidas provisórias;

VI – decretos legislativos;

VII – resoluções.

Parágrafo único. Lei complementar disporá sobre a elaboração, redação, alteração e consolidação das leis.

1. Esses são os **atos normativos primários** que inovar no ordenamento jurídico, **criando direitos e/ou obrigações.** O art. 59 elenca as normas que podem ser objeto de processo legislativo perante o Congresso Nacional ou podem ser adotados diretamente pelo Presidente da República, como o caso da medida provisória.

1.1 Além do disposto no art. 59, CF, **são considerados atos primários:**

- Os tratados internacionais que ingressam no ordenamento jurídico (tenham eles status supralegal ou constitucional)
- Os decretos autônomos editados pelo Presidente (art. 84, VI, CF)
- Os regimentos internos e resoluções dos Tribunais (art. 96, I, "a", CF)
- As súmulas vinculantes (art. 103-A, CF)

1.2 Os **atos normativos secundários** são aqueles que regulam os atos normativos primários, eles se referem à Constituição apenas indiretamente, são exemplos decretos regulamentares e instruções normativas.

2. É importante observar que **os atos normativos primários podem ser objeto de controle de constitucionalidade** se deixarem de respeitar alguma norma constitucional. Essa inconstitucionalidade pode decorrer de incompatibilidade de **conteúdo** (inconstitucionalidade material) ou de **forma** (inconstitucionalidade formal).

2.1 A **inconstitucionalidade material** acontece quando a violação se refere à matéria tratada, ou seja, o conteúdo do ato normativo viola a constituição. Já a **inconstitucionalidade formal** se refere ao procedimento de elaboração da lei, quando por exemplo o quórum não foi seguido, ou a lei foi elaborada por alguém não competente. Assim, as regras de processo legislativo devem ser observadas, sob pena de inconstitucionalidade formal.

Aplicação em concurso público:

- ***Consultor Legislativo – Indústria, Comércio e Turismo (Manhã) – RJ – 2015 – Câmara Municipal do Rio de Janeiro***

  De acordo com o entendimento doutrinário, quando há vícios que traduzem defeito de formação do ato normativo, pela inobservância de princípios de ordem técnica ou procedimental ou pela violação de regras de competência, a hipótese é de:

  Gabarito: inconstitucionalidade formal

2.2 O órgão competente para julgamento de Ação Direta de Inconstitucionalidade é o Supremo Tribunal Federal e os legitimados à sua propositura estão taxativamente previstos no art. 103, da Constituição Federal.

3. **Os atos normativos secundários não poderão ser objeto de Controle Concentrado de Constitucionalidade** (ADI, ADC, ADPF), uma vez que não se referem diretamente à Constituição, mas poderão ser declarados inconstitucionais junto ao ato normativo primário ao qual se referem. [No controle concentrado, quando uma lei é declarada inconstitucional, todos os outros atos que encontrem sua validade nela também serão. É a chamada **inconstitucionalidade por arrastamento.]**

Aplicação em concurso público:

- ***Procurador Jurídico – VUNESP – 2018 – Prefeitura de Bauru – SP***

  Suponha que uma determinada Lei X seja declarada inconstitucional pelo Supremo Tribunal Federal em sede de Ação Direta de Inconstitucionalidade e que a Lei Y possua, em todos os seus dispositivos, fundamento de validade na Lei X.

  É correto afirmar, a respeito de tal situação, que

  A) a aplicação da teoria da inconstitucionalidade por arrastamento ou atração não é aplicada no sistema brasileiro de constitucionalidade, de modo que a Lei Y não sofrerá nenhum efeito.

  D) o efeito cascata ou dominó da declaração de inconstitucionalidade da Lei X se estende à Lei Y, que é atingida pela declaração de inconstitucionalidade, mesmo que ela não tenha sido citada por expresso na petição inicial.

  Gabarito: Alternativa D

SUBSEÇÃO II
DA EMENDA À CONSTITUIÇÃO

Art. 60 – A Constituição poderá ser emendada mediante proposta:

I – de um terço, no mínimo, dos membros da Câmara dos Deputados ou do Senado Federal;

II – do Presidente da República;

III – de **mais da metade das Assembléias Legislativas das unidades da Federação,** manifestando-se, cada uma delas, pela maioria relativa de seus membros.

§ 1º A Constituição **não poderá ser emendada** na vigência de **intervenção federal, de estado de defesa ou de estado de sítio.**

§ 2º A proposta será discutida e votada em cada Casa do Congresso Nacional, em dois turnos, considerando-se aprovada se obtiver, em ambos, três quintos dos votos dos respectivos membros.

§ 3º A emenda à Constituição será promulgada pelas Mesas da Câmara dos Deputados e do Senado Federal, com o respectivo número de ordem.

§ 4º Não será objeto de deliberação a proposta de emenda tendente a abolir:

I – a forma federativa de Estado;

II – o voto direto, secreto, universal e periódico;

III – a separação dos Poderes;

IV – os direitos e garantias individuais.

§ 5º A matéria constante de proposta de emenda rejeitada ou havida por prejudicada não pode ser objeto de nova proposta na mesma sessão legislativa.

1. **O Poder Constituinte, que é aquele capaz de escrever ou alterar uma constituição, é dividido em Originário e Derivado.** Sendo as Emendas Constitucionais atos normativos decorrentes do Poder **Constituinte Derivado Reformador.**

1.1 O **Poder Constituinte Originário** é o que inaugura uma nova constituição, sendo ele ilimitado, incondicionado e autônomo, não se submetendo a nenhum controle de constitucionalidade.

1.2 O **Poder Constituinte Derivado** é dividido em **Revisor** (pouco cobrado, diz respeito à revisão da constituição após 5 anos da sua promulgação, art. 3º, ADCT); **Decorrente** (diz respeito às Constituições Estaduais, que devem respeitar princípios básicos da CF); e **Reformador** (poder das **Emendas Constitucionais** de alterar a Constituição, para alterar o seu sentido e disposições a novas vivências da sociedade)

2. **Requisitos:**

2.1 O art. 60, incisos I, II e III dispõe acerca de quem tem **iniciativa** para propor um Projeto de Emenda Constitucional.

Aplicação em concurso público:

- ***Analista Judiciário – Taquigrafia – 2017 – FCC – TST***

Proposta de emenda à Constituição subscrita por 27 Senadores, visando acabar com a obrigatoriedade do voto para os cidadãos de 18 a 70 anos de idade, obtém a aprovação, em dois turnos de votação em cada Casa do Congresso Nacional, de dois terços de seus membros. À luz das regras constitucionais do processo legislativo, referida proposta

A) é incompatível com a Constituição Federal, por não ter sido observado o número mínimo de assinaturas necessárias para a propositura de emenda à Constituição por parlamentares.

B) é incompatível com a Constituição Federal, por não ter sido observado o quórum mínimo para aprovação de emendas à Constituição.

D) será promulgada pelas Mesas da Câmara dos Deputados e do Senado Federal, com o respectivo número de ordem.

Gabarito: Alternativa D (A questão tenta confundir o candidato com relação ao quórum necessário para aprovação de Emendas Constitucionais, que é de três quintos, entretanto é necessário lembrar que dois terços é um número ainda maior e, portanto, o quórum foi atingido)

2.2 O art. 60, § 2º e 3º trazem as regras do processo legislativo que devem ser seguidas (votação em cada Casa, em dois turnos, com pelo menos ⅗ dos votos, promulgada pelas respectivas Mesas)

Aplicação em concurso público:

- ***Analista – 2018 – CESPE – EMAP***

  Julgue o próximo item, relativo à organização dos poderes.

  Para ser aprovada, uma emenda à Constituição Federal de 1988 deverá ser discutida e votada em cada Casa do Congresso Nacional, em dois turnos, e sua aprovação dependerá da obtenção, em ambos os turnos, de três quintos dos votos dos respectivos membros, devendo o intervalo mínimo entre tais turnos de votação ser de trinta dias.

  Gabarito: A alternativa está errada. (não há intervalo mínimo entre os turnos)

3. **As limitações ao poder reformador são** as regras que impedem a alteração discricionária do texto constitucional. O poder reformador deve seguir regras básicas deste artigo, são elas:

3.1 Circunstanciais: limitações que impedem a mudança da CF, constantes no art.60, § 1º, CF, sendo elas a intervenção federal, o estado de defesa e o estado de sítio;

Aplicação em concurso público:

- ***Procurador – 2015 – CESPE – TCU***

  "Em caso de provimento de representação do procurador-geral da República pelo STF para assegurar a observância dos princípios constitucionais de intervenção, não há impedimento para que a CF seja normalmente emendada, tendo em vista que a intervenção federal, nessa hipótese, limitar-se-á a suspender a execução do ato impugnado."

  A alternativa está errada. (a intervenção federal veda, em qualquer hipótese, as emendas à Constituição: art. 60, § 1º, CF)

- ***Promotor de Justiça – 2018 – MPE-BA***

  "A Constituição Federal não poderá ser emendada na vigência de intervenção federal, de estado de defesa ou de estado de sítio, exceto em matérias relacionadas à segurança nacional."

  A alternativa está errada (não pode em nenhuma hipótese)

3.2 Formais: exigência do processo legislativo para alterar a CF, constantes no art. 60, caput e § 2º, como as iniciativas para Projeto de Emenda Constitucional e o quórum para aprovação;

3.3 Materiais: são as cláusulas pétreas do art. 60, § 4º, CF. Conforme já entende o STF, os direitos e garantias individuais estão **espalhados por toda a Constituição** e não apenas em seu artigo 5º.

Aplicação em concurso público:

- ***Auditor Estadual de Controle Externo – CESPE – 2018 – TCM-BA***

  A CF proíbe a deliberação de proposta de emenda constitucional que tenda a abolir

D) o regime democrático e a autonomia municipal, por se tratar de cláusulas pétreas expressas.

E) o sistema presidencialista de governo, por se tratar de cláusula pétrea implícita.

Gabarito: Alternativas incorretas

D) O regime democrático não é cláusula pétrea expressa, mas implícita, **por ser considerada garantia individual.**

E) o sistema presidencialista não é considerado cláusula pétrea.

- ***Técnico Legislativo – Taquigrafia – 2018 – FCC – ALESE***

"é cabível, por meio de emenda à Constituição, autorizar a instituição de pena de morte para os autores de crimes hediondos."

A alternativa está errada. (A impossibilidade da instituição da pena de morte, salvo no caso declarado pela Constituição, é um direito fundamental disposto no art. 5º, XLVII, "a", CF)

Obs: **Vale lembrar que,** *conforme disposto,* **uma Emenda não poderá ABOLIR direitos e garantias individuais,** *mas nada impede propostas de emendas que criem ou aumentem esses direitos.*

Aplicação em concurso público:

- ***Auditor – 2015 – IBGP – Prefeitura de Belo Horizonte – MG***

A discussão acerca da redução da maioridade penal no país vem promovendo questionamentos acerca do alcance e interpretação das cláusulas pétreas na Constituição de 1988.

Sobre essas cláusulas é **CORRETO** afirmar que:

A) A alteração da forma federativa de Estado pode ser objeto de emenda constitucional, desde que proposta por um terço, no mínimo, dos membros da Câmara dos Deputados ou do Senado Federal.

B) O processo legislativo das leis constitui cláusula pétrea, sendo vedado ao poder constituinte derivado, propor qualquer alteração às regras de elaboração e aprovação das leis no país.

C) Os direitos e as garantias individuais, embora sejam cláusulas pétreas expressas na constituição, podem ser objeto de emenda constitucional, desde que a proposta não esteja extinguindo, mas ampliando tais direitos e garantias.

D) A proposta de emenda constitucional que torne o voto, facultativo, seria inconstitucional, uma vez que o direito ao voto direto, secreto, universal e periódico constitui cláusula pétrea expressa.

Gabarito: Alternativa C

Obs: A doutrina também menciona limitações temporais (impedimento de emendar a Constituição em tempos determinados), o que não existe no Brasil.

4. Também existem limitações implícitas ao Poder Constituinte Reformador, como – por exemplo – a proibição revogar as cláusulas pétreas. **Assim, no Brasil, não se admite a teoria da dupla revisão, ou seja, não é possível revogar a cláusula pétrea para depois revogar o direito anteriormente protegido.**

5. As Emendas Constitucionais nunca poderão ser objeto de nova proposta na mesma sessão legislativa, conforme o § 5º deste artigo (assim como as medidas provisórias Art. 62, § 10, CF). É a aplicação do **princípio da irrepetibilidade**, que, no caso das Emendas Constitucionais, é absoluta, diferentemente do que acontece nas leis ordinárias (art. 67, CF)

6. É importante relacionar esse artigo com o art. 5º, § 3º, CF, que dá aos **tratados e convenções internacionais sobre direitos humanos, aprovados pelo procedimento das emendas, o status constitucional**, resultando no **Bloco de Constitucionalidade.** Os outros tratados internacionais incorporados ao ordenamento jurídico com os requisitos da lei ordinária terão status **infralegal,** ou seja, estarão acima das leis ordinárias, mas abaixo da Constituição.

7. A emenda constitucional não precisa ser aprovada pelo Presidente da República, dessa forma, também não haverá veto.

Aplicação em concurso público:

- ***Analista Judiciário – 2017 – PUC-PR – TJ-MS***

  Com relação ao Poder Constituinte Derivado, é **CORRETO** afirmar que

  E) o Presidente da República vetará emenda constitucional que considere inadequada, cabendo ao Congresso analisar o veto.

  Alternativa errada. (a Emenda Constitucional não necessita da promulgação do Presidente, e, portanto, ele não pode vetá-la)

SUBSEÇÃO III
DAS LEIS

Art. 61 - A iniciativa das leis complementares e ordinárias cabe a qualquer membro ou Comissão da **Câmara dos Deputados, do Senado Federal ou do Congresso Nacional, ao Presidente da República, ao Supremo Tribunal Federal, aos Tribunais Superiores, ao Procurador-Geral da República e aos cidadãos,** na forma e nos casos previstos nesta Constituição.

1. O art. 61, caput, CF cita todos aqueles que podem propor projeto de lei, entretanto a Constituição prevê regras específicas para alguns desses:

1.1 Iniciativa reservada ao Presidente da República: Art. 61, § 1º, CF

1.2 Iniciativa Popular: requisitos no art. 61, § 2º, CF

1.3 Iniciativa do STF: art. 93 e 96, II, "a" e "b"

1.4 Iniciativa do Ministério Público por meio do Procurador Geral da República: art. 127, § 2º e 128, § 5º.

2) Não existe hierarquia entre leis complementares e leis ordinárias, o que acontece é que elas tratam de diferentes matérias e têm diferentes quóruns de aprovação. A lei complementar tem quórum de maioria absoluta e trata de matérias que a

Constituição específica em seu texto, enquanto as leis ordinárias têm quórum de maioria simples e tratam de quaisquer matérias não especificadas pela CF.

► **Entendimento jurisprudencial:**

Inexistência de relação hierárquica entre lei ordinária e lei complementar. Questão exclusivamente constitucional, relacionada à distribuição material entre as espécies legais. Precedentes. A LC 70/1991 é apenas formalmente complementar, mas materialmente ordinária, com relação aos dispositivos concernentes à contribuição social por ela instituída. ADC 1, rel. Moreira Alves, RTJ 156/721. [Vide ADI 4.071 AgR, rel. min. Menezes Direito, j. 22-4-2009, P, DJE de 16-10-2009]

§ 1º São de iniciativa privativa do Presidente da República as leis que:

I – fixem ou modifiquem os efetivos das Forças Armadas;

II – disponham sobre:

a) criação de cargos, funções ou empregos públicos na administração direta e autárquica ou aumento de sua remuneração;

B) organização administrativa e judiciária, matéria tributária e orçamentária, serviços públicos e pessoal da administração dos Territórios;

c) servidores públicos da União e Territórios, seu regime jurídico, provimento de cargos, estabilidade e aposentadoria;

d) organização do Ministério Público e da Defensoria Pública da União, bem como normas gerais para a organização do Ministério Público e da Defensoria Pública dos Estados, do Distrito Federal e dos Territórios;

e) criação e extinção de Ministérios e órgãos da administração pública, observado o disposto no art. 84, VI;

f) militares das Forças Armadas, seu regime jurídico, provimento de cargos, promoções, estabilidade, remuneração, reforma e transferência para a reserva.

3. **ADI 179 – STF:** É inconstitucional qualquer tentativa do Poder Legislativo de definir previamente conteúdos ou estabelecer prazos para que o Poder Executivo, em relação às matérias afetas a sua iniciativa, apresente proposições legislativas, mesmo em sede da Constituição Estadual, porquanto ofende, na seara administrativa, a garantia de gestão superior dada ao chefe daquele Poder

4. **Todo o processo legislativo constitucional obedece ao princípio da simetria,** sendo as regras estendidas ao âmbito estadual e municipal (são os princípios constitucionais extensíveis). **Como exemplo, temos as iniciativas privativas do Presidente da República (Art. 61, § 1º, CF), que também são reservadas aos outros chefes do Executivo (Governador e Prefeito).** As matérias reservadas à iniciativa dos chefes do Executivo são muito cobradas em concurso, que buscam, no vício da iniciativa, a inconstitucionalidade das leis.

Aplicação em concurso público:

- ***FUNIVERSA – 2015 – SAPeJUS – GO – Agente de Segurança Prisional***

  Em relação ao Poder Legislativo, assinale a alternativa correta.

  A) Segundo o STF, o governador de estado possui, em regra, iniciativa reservada na hipótese de leis que disponham sobre os servidores públicos estaduais, com base no princípio da simetria e na separação dos Poderes.

  Gabarito: Alternativa correta.

- ***Juiz de Direito Substituto – VUNESP – 2016 – TJM-SP***

  Considere o seguinte caso hipotético. Assembleia Legislativa de determinado Estado da Federação aprova projeto de lei, de iniciativa parlamentar, que estabelece o regime jurídico dos servidores públicos daquela unidade federativa. O Governador do Estado sanciona o projeto, que entra em vigor. Tendo em vista as previsões da Constituição Federal que disciplinam o processo legislativo e a jurisprudência do Supremo Tribunal Federal, é correto afirmar que a lei resultante é

  A) constitucional, pois por aplicação do princípio da simetria, a iniciativa do processo legislativo estadual é sempre concorrente, sendo concedida a qualquer membro ou comissão da Assembleia Legislativa, ao Governador Estadual e aos cidadãos.

  C) constitucional, pois o regime jurídico de servidores públicos estaduais é matéria de iniciativa concorrente do Chefe do Poder Legislativo e do Chefe do Poder Executivo Estaduais.

  Gabarito: Alternativa C

- ***Analista Judiciário – Oficial de Justiça Avaliador – 2018 – FGV – TJ-AL***

  Com o objetivo de compensar os servidores públicos do Poder Executivo estadual pelo longo período sem reajustes remuneratórios, um grupo de Deputados Estaduais encaminhou projeto de lei à Assembleia Legislativa concedendo aumento de 5%, muito inferior, no entanto, à inflação acumulada. O projeto foi aprovado pelo Legislativo. O Governador do Estado, no entanto, decidiu vetá-lo sob o argumento de ser formalmente inconstitucional. O veto foi rejeitado pela maioria absoluta dos Deputados Estaduais. Ao fim, veio a ser promulgada a Lei Estadual WW.

  À luz da sistemática constitucional, sob o prisma formal, a Lei Estadual WW:

  A) apresenta vício de inconstitucionalidade, já que o poder de iniciativa legislativa era privativo do Governador, não podendo ser exercido pelos Deputados;

  Gabarito: Alternativa A

5. Quanto às matérias do § 1º, o STF já entendeu que a sanção de projeto de lei não convalida o vício de iniciativa do Presidente:

► **Entendimento jurisprudencial:**

A sanção do projeto de lei não convalida o vício de inconstitucionalidade resultante da usurpação do poder de iniciativa. A ulterior aquiescência do chefe do Poder Executivo, mediante sanção do projeto de lei, ainda quando dele seja a prerrogativa usurpada, não tem o condão de sanar o vício radical da inconstitucionalidade. Insubsistência da Súmula 5/STF." (ADI 2.867, rel. min. Celso de Mello, julgamento e 3-12-2003, Plenário, DJ de 9-2-2007)

Aplicação em concurso público:

- ***Analista Judiciário – 2016 – CESPE – TRE-PI***

  Acerca dos Poderes da República e das funções essenciais à justiça, assinale a opção correta.

  "Convalida o vício de iniciativa a sanção presidencial a projeto de lei de autoria de senador acerca de matéria de iniciativa privativa do presidente da República."

  A alternativa está errada. (o STF já entendeu que a sanção presidencial não convalida o vício de iniciativa de um projeto de lei, tornando a súmula nº5 do STF insubsistente)

6. Entendimento jurisprudencial:

É INCONSTITUCIONAL emenda constitucional que insira na Constituição estadual dispositivo determinando a **revisão automática da remuneração de servidores públicos estaduais**. Isso porque tal matéria é prevista no art. 61, § 1º, II, "c", da CF/88 como sendo de iniciativa privativa do chefe do Poder Executivo. STF. Plenário. ADI 3848/RJ, Rel. Min. Marco Aurélio, julgado em 11/2/2015 (Info 774)

Aplicação em concurso público:

- ***Promotor de Justiça – 2018 – MPE-BA***

  II – Viola a Constituição Federal emenda constitucional que insira na Constituição estadual dispositivo fixando a revisão automática da remuneração de servidores públicos estaduais, à luz da iniciativa legislativa privativa do chefe do Poder Executivo.

  Afirmativa verdadeira.

7. Entendimento jurisprudencial:

O constituinte estadual não pode estabelecer hipóteses nas quais seja vedada a apresentação de projeto de lei pelo chefe do Executivo sem que isso represente ofensa à harmonia entre os Poderes. (ADI 572, rel. min. Eros Grau, j. 28-6-2006, P, DJ de 9-2-2007)

§ 2º A iniciativa popular pode ser exercida pela apresentação à Câmara dos Deputados de projeto de lei subscrito por, no mínimo, **um por cento do eleitorado nacional,** distribuído pelo menos por **cinco Estados,** com não menos de **três décimos** por cento dos eleitores de cada um deles.

8. Os números necessários para o exercício da iniciativa popular são muito cobrados em concursos. Para facilitar na memorização, usamos o número 1503, veja:

1% do eleitorado nacional

5 estados

0,3% dos eleitores de cada Estado

Observação: A iniciativa popular só é admitida para a apresentação dos projetos de leis. Não é admitida iniciativa popular nos Projetos de Emenda Constitucionais.

Aplicação em concurso público:

- ***Titular de Serviços de Notas e de Registros – Remoção – CONSULPLAN – 2018 – TJ-MG***

  Em relação ao processo legislativo, assinale a alternativa correta.

  Gabarito: A iniciativa popular pode ser exercida pela apresentação à Câmara dos Deputados de projeto de lei subscrito por, no mínimo, 1% (um por cento) do eleitorado nacional, distribuído pelo menos por 5 (cinco) Estados, com não menos de 0,3% (três décimos por cento) dos eleitores de cada um deles.

- ***Agente de Polícia – CESPE – 2016 – PC-PE***

  No que se refere ao processo legislativo, assinale a opção correta de acordo com o disposto na CF.

  A) A iniciativa popular pode ser exercida pela apresentação ao Congresso Nacional de projeto de lei subscrito por, no mínimo, 1% do eleitorado nacional, distribuído por, pelo menos, nove estados da Federação.

  Gabarito: Alternativa errada

Art. 62 - Em caso de **relevância e urgência,** o Presidente da República poderá adotar medidas provisórias, com força de lei, devendo submetê-las de imediato ao Congresso Nacional.

§ 1º É vedada a edição de medidas provisórias sobre matéria:

I - relativa a:

a) nacionalidade, cidadania, direitos políticos, partidos políticos e direito eleitoral;

B) direito penal, processual penal e processual civil;

c) organização do Poder Judiciário e do Ministério Público, a carreira e a garantia de seus membros;

d) planos plurianuais, diretrizes orçamentárias, orçamento e créditos adicionais e suplementares, ressalvado o previsto no art. 167, § 3º;

II - que vise a detenção ou seqüestro de bens, de poupança popular ou qualquer outro ativo financeiro;

III - reservada a lei complementar;

IV - já disciplinada em projeto de lei aprovado pelo Congresso Nacional e pendente de sanção ou veto do Presidente da República.

§ 2º Medida provisória que implique instituição ou majoração de impostos, exceto os previstos nos arts. 153, I, II, IV, V, e 154, II**, só produzirá efeitos no exercício financeiro** seguinte se houver sido convertida em lei até o último dia daquele em que foi editada.

§ 3º As medidas provisórias, ressalvado o disposto nos §§ 11 e 12 perderão eficácia, desde a edição, se não forem convertidas em lei no prazo de sessenta dias, prorrogável, nos termos do § 7º, uma vez por igual período, devendo o Congresso Nacional disciplinar, por decreto legislativo, as relações jurídicas delas decorrentes.

§ 4º O prazo a que se refere o § 3º contar-se-á da publicação da medida provisória, suspendendo-se durante os períodos de recesso do Congresso Nacional.

§ 5º A deliberação de cada uma das Casas do Congresso Nacional sobre o mérito das medidas provisórias dependerá de juízo prévio sobre o atendimento de seus pressupostos constitucionais.

§ 6º Se a medida provisória não for apreciada em **até quarenta e cinco dias** contados de sua publicação, entrará em **regime de urgência,** subseqüentemente, em cada uma das Casas do Congresso Nacional, ficando sobrestadas, até que se ultime a votação, todas as demais deliberações legislativas da Casa em que estiver tramitando.

§ 7º **Prorrogar-se-á uma única vez por igual período a vigência de medida provisória** que, no prazo de sessenta dias, contado de sua publicação, não tiver a sua votação encerrada nas duas Casas do Congresso Nacional.

§ 8º As medidas provisórias terão sua votação iniciada na Câmara dos Deputados.

§ 9º Caberá à comissão mista de Deputados e Senadores examinar as medidas provisórias e sobre elas emitir parecer, antes de serem apreciadas, em sessão separada, pelo plenário de cada uma das Casas do Congresso Nacional.

§ 10 É vedada a reedição, na mesma sessão legislativa, de medida provisória que tenha sido rejeitada ou que tenha perdido sua eficácia por decurso de prazo.

§ 11. Não editado o decreto legislativo a que se refere o § 3º até sessenta dias após a rejeição ou perda de eficácia de medida provisória, as relações jurídicas constituídas e decorrentes de atos praticados durante sua vigência conservar-se-ão por ela regidas.

§ 12. Aprovado projeto de lei de conversão alterando o texto original da medida provisória, esta manter-se-á integralmente em vigor até que seja sancionado ou vetado o projeto.

1. Para propositura de medidas provisórias, o texto constitucional traz limitações formais e materiais.

1.1 Como limitações formais tem se: o requisito da relevância e da urgência da matéria e a reversibilidade da matéria (requisito implícito), uma vez que, caso a medida não seja aprovada, seus efeitos se perderão.

1.2 Como limitações materiais tem que aquelas descritas no § 1º deste artigo, são as que limitam os assuntos das medidas provisórias, sendo elas:

1.2.1 matérias que tratem sobre:

a) nacionalidade, cidadania, direitos políticos, partidos políticos e direito eleitoral;

b) direito penal, processual penal e processual civil;

c) organização do Poder Judiciário e do Ministério Público, a carreira e a garantia de seus membros;

d) planos plurianuais, diretrizes orçamentárias, orçamento e créditos adicionais e suplementares, ressalvado o previsto no art. 167, § 3º;

1.2.2 matérias que visem a detenção ou seqüestro de bens, de poupança popular ou qualquer outro ativo financeiro

1.2.3 matérias reservadas à lei complementar

1.2.4 matérias já disciplinadas em projeto de lei aprovado pelo Congresso Nacional e pendente de sanção ou veto do Presidente da República.

Aplicação em concurso público:

- ***Titular de Serviços de Notas e de Registros – Provimento – VUNESP – 2016 – TJ-SP***

  Sobre o processo legislativo, é correto afirmar que

  D) entre outras matérias, é vedada a edição de Medida Provisória sobre a organização do Poder Judiciário e do Ministério Público, a carreira e a garantia de seus membros.

  Gabarito: Alternativa correta

→ *Observação: O STF entendeu não ser possível a edição de MP que prejudique* o meio ambiente:

É possível a edição de medidas provisórias tratando sobre matéria ambiental, **mas sempre veiculando normas favoráveis ao meio ambiente.** Normas que importem diminuição da proteção ao meio ambiente equilibrado só podem ser editadas por meio de lei formal, com amplo debate parlamentar e participação da sociedade civil e dos órgão e instituições de proteção ambiental, como forma de assegurar o direito de todos ao meio ambiente ecologicamente equilibrado. Dessa forma, é **inconstitucional a edição de MP que importe em diminuição da proteção ao meio ambiente equilibrado,** especialmente em se tratando de diminuição ou supressão de unidades de conservação, com consequências potencialmente danosas e graves ao ecossistema protegido. A proteção ao meio ambiente é um limite material implícito à edição de medida provisória, ainda que não conste expressamente do elenco das limitações previstas no art. 62, § 1º, da CF/88. [STF. Plenário. ADI 4717/DF, Rel. Min. Cármen Lúcia, julgado em 5/4/2018 (Info 896)]

2. A limitação da Medida Provisória de não versar sobre matéria reservada à Lei Complementar se dá devido a **reserva de competência** e do quórum decorrente da exigência de maioria absoluta dos membros de ambas as casas legislativas, sendo então incompatível com a unipessoalidade na edição das Medidas Provisórias.

3. O § 2º trata do chamado **princípio da anterioridade tributária**, em que o legislador, visando dar segurança jurídica aos contribuintes, instituiu que as Medidas Provisórias que majore ou institua imposto só terá efeito no exercício financeiro seguinte à sua conversão em lei.

4. **Publicada a Medida Provisória, esta terá força de lei.** Com isso, **as demais normas do ordenamento que com ela sejam incompatíveis, serão temporariamente suspensas.** Caso a Medida Provisória seja rejeitada, a lei que teve sua eficácia suspensa produzirá novamente seus efeitos. E, **caso a Medida Provisória seja aprovada e convertida em lei, revogará a lei anterior que com ela seja incompatível.**

5. A medida provisória, de iniciativa do Presidente da República, é inicialmente na Câmara dos Deputados e depois no Senado Federal, por maioria simples em ambas as casas (art. 47, CF)

Aplicação em concurso público:

- ***Juiz do trabalho – 2015 – TRT 2R (SP)***

  "As medidas provisórias terão sua votação iniciada no Senado Federal, sendo vedada, dentre outras, a edição sobre matéria relativa a direito penal, processual penal e processual civil, reservada à lei complementar ou já disciplinada em projeto de lei aprovado pelo Congresso Nacional e pendente de sanção ou veto do Presidente da República."

  A alternativa está incorreta. (início na Câmara dos Deputados)

6. Conforme § 6º, **caso a Medida Provisória não seja apreciada em 45 dias, entrará em regime de urgência,** sobrestando as demais deliberações de ambas as casas, devido a sua importância. Além disto, sua votação se iniciará na Câmara dos Deputados, conforme § 8º.

6.1 O dispositivo constitucional dispõe que as demais ações ficarão sobrestadas até o julgamento da MP, entretanto o STF, no julgamento do MS 27931, STF, entendeu que tal dispositivo só alcança projetos de lei sobre temas passíveis de serem tratados por MP.

Aplicação em concurso público:

- ***Promotor de Justiça – 2018 – MPE-BA***

  III – Se a medida provisória não for apreciada em até quarenta e cinco dias contados de sua publicação, entrará em regime de urgência, subsequentemente, em cada uma das Casas do Congresso Nacional, ficando sobrestadas, até que se ultime a votação, todas as deliberações legislativas da Casa em que estiver tramitando, inclusive propostas de emenda à Constituição, projetos de lei complementar, de decreto legislativo e de resolução.

  A afirmativa é falsa.

6.2 Ainda, para garantir a eficiência e rapidez na votação das medidas provisórias (que tratam de assuntos urgentes, por sua própria essência), o STF decidiu que as emendas parlamentares à MP devem ter pertinência temática com seu objeto.

► **Entendimento jurisprudencial:**

"...Viola a Constituição da República, notadamente o princípio democrático e o devido processo legislativo (arts. 1º, caput, parágrafo único, 2º, caput, 5º, caput, e LIV, CRFB), **a prática da inserção, mediante emenda parlamentar no processo legislativo de conversão de medida provisória em lei, de matérias de conteúdo**

temático estranho ao objeto originário da medida provisória. 2. Em atenção ao princípio da segurança jurídica (art. 1º e 5º, XXXVI, CRFB), mantém-se hígidas todas as leis de conversão fruto dessa prática promulgadas até a data do presente julgamento, inclusive aquela impugnada nesta ação..." [STF, ADI 5127-DF]

Aplicação em concurso público:

- ***Promotor de Justiça Substituto – MPE-GO – 2016***

  Em relação às medidas provisórias, aponte o item que corresponde à jurisprudência dominante do Supremo Tribunal Federal:

  A) Em processo legislativo de conversão de medida provisória em lei, não é possível a apresentação de emenda parlamentar sem pertinência lógico-temática com o objeto da mesma medida provisória. Sendo esta última espécie normativa de competência exclusiva do Presidente da República, não é permitido ao Poder Legislativo tratar de temas diversos daqueles fixados como relevantes e urgentes, sob pena de enfraquecimento de sua legitimidade democrática.

  Gabarito: Alternativa A

7. A Medida Provisória pode vigorar por mais de 120 dias no caso de recesso parlamentar, neste caso seu prazo ficará suspenso;

8. O § 10 trata do **princípio da irrepetibilidade,** de forma que, caso a Medida Provisória seja rejeitada, ou tenha sua matéria prejudicada, **não poderá ser objeto de nova proposta na mesma sessão legislativa. (não se aplica o art. 67 da CF para as medidas provisórias!)**

9. *Observação:* Há grande discussão acerca da necessidade ou não de que as Medidas Provisórias sejam referendadas pelo ministro da área garantir sua validade. A única jurisprudência do STF sobre o assunto (MS 22.706-MC, Rel. Min. Celso de Mello, decisão monocrática, j. 23.01.97, DJ 05.02.97) entende pela validade dos atos mesmo sem o referendo ministerial, entretanto, as duas questões de concurso encontradas sobre o assunto adotam a tese de que a falta de tal referendo enseja a nulidade do ato, veja o exemplo:

Aplicação em concurso público:

- ***(Analista Judiciário – Oficial de Justiça Avaliador – 2018 – FGV – TJ-AL)***

  O Presidente da República editou a Medida Provisória XX, que inseriu relevantes modificações na economia nacional. O Partido Político Alfa, insatisfeito com o teor desse ato normativo, solicitou o parecer de um renomado advogado em relação ao fato de a medida provisória somente ter sido assinada pelo Chefe do Poder Executivo, não contando com o referendo do Ministro de Estado da área. À luz da sistemática constitucional, o advogado respondeu, corretamente, que:

  "era necessário o referendo do Ministro de Estado da área para a edição da Medida Provisória XX, sendo que sua ausência denota a caracterização de vício formal."

10. Com base no princípio da simetria, os Estados-membros podem editar medidas provisórias em seus âmbitos, desde que expressos nas respectivas Constituições estaduais.

▶ **Entendimento jur**isprudencial:

AÇÃO DIRETA DE INCONSTITUCIONALIDADE. ADOÇÃO DE MEDIDA PROVISÓRIA POR ESTADO-MEMBRO. POSSIBILIDADE. ARTIGOS 62 E 84, XXVI DA CONSTITUIÇÃO FEDERAL. EMENDA CONSTITUCIONAL 32, DE 11.09.01, QUE ALTEROU SUBSTANCIALMENTE A REDAÇÃO DO ART. 62. REVOGAÇÃO PARCIAL DO PRECEITO IMPUGNADO POR INCOMPATIBILIDADE COM O NOVO TEXTO CONSTITUCIONAL. APLICABILIDADE, **NOS ESTADOS-MEMBROS, DO PROCESSO LEGISLATIVO PREVISTO NA CONSTITUIÇÃO FEDERAL. INEXISTÊNCIA DE VEDAÇÃO EXPRESSA QUANTO ÀS MEDIDAS PROVISÓRIAS. NECESSIDADE DE PREVISÃO NO TEXTO DA CARTA ESTADUAL E DA ESTRITA OBSERVÂNCIA DOS PRINCÍPIOS E LIMITAÇÕES IMPOSTAS PELO MODELO FEDERAL.** [STF, ADI 2391-SC]

11) Aplicação em concurso público:

- ***Quadrix – 2016 – CRO – PR – Procurador Jurídico***

A Emenda Constitucional nº 32/2001 estabeleceu regras de processo legislativo, visando diminuir a excessiva discricionariedade na edição de medidas provisórias, prevendo uma série de limitações materiais, bem como a impossibilidade de reedições sucessivas. Com relação ao tema, considerando o procedimento legislativo especial das medidas provisórias, assinale a alternativa correta.

A) Uma vez editada, a medida provisória permanecerá em vigor pelo prazo de 45 dias (prorrogável uma única vez por mais 45 dias) e será submetida, imediatamente, ao Poder Legislativo, para apreciação. *(art. 62, § 3º)*

B) Nos termos da Constituição Federal, a medida provisória, uma vez submetida ao Poder Legislativo, será apreciada pelo Congresso Nacional em sessão conjunta. *(art. 62, § 5º)*

C) De acordo com a doutrina constitucional, não cabe ao Parlamento apresentar emendas às medidas provisórias, durante o processo de votação. Alterações nesse sentido representariam interferência do Congresso em matéria legislativa de inciativa do Presidente da República. *(art. 62, § 12)*

D) Uma vez rejeitada expressamente pelo Legislativo, a medida provisória perderá seus efeitos retroativamente, cabendo ao Congresso Nacional disciplinar as relações jurídicas dela decorrentes, no prazo de 60 dias.

Gabarito: Alternativa D (art. 62, § 3º, CF)

Art. 63 – Não será **admitido aumento da despesa prevista:**

I – nos projetos de iniciativa exclusiva do Presidente da República, ressalvado o disposto no art. 166, § 3º e § 4º;

II – nos projetos sobre organização dos serviços administrativos da Câmara dos Deputados, do Senado Federal, dos Tribunais Federais e do Ministério Público.

1. **Essa norma busca evitar que os parlamentares criem normas por meio de emendas parlamentares,** com relação aos assuntos de competência privativa do Chefe do Executivo:

► **Entendimento jurisprudencial:**

As normas constitucionais de processo legislativo não impossibilitam, em regra, a modificação, por meio de emendas parlamentares, dos projetos de lei enviados pelo chefe do Poder Executivo no exercício de sua iniciativa privativa. Essa atribuição do Poder Legislativo brasileiro esbarra, porém, em **duas limitações: a) a impossibilidade de o Parlamento veicular matérias diferentes das versadas no projeto de lei, de modo a desfigurá-lo; e b) a impossibilidade de as emendas parlamentares aos projetos de lei de iniciativa do presidente da República**, ressalvado o disposto no § 3º e no § 4º do art. 166, implicarem aumento de despesa pública (inciso I do art. 63 da CF). [ADI 3.114, rel. min. Ayres Britto, j. 24-8-2005, P, DJ de 7-4-2006]

Aplicação nos concursos públicos:

- ***Promotor de Justiça – 2018 – MPE-BA***

  I – Nos projetos legislativos de iniciativa exclusiva do Presidente da República, não serão admitidas emendas parlamentares que acarretem aumento da despesa prevista, a não ser que haja nestas, indicação da fonte dos recursos necessários.

  Afirmativa falsa. (não é admitida emenda nem se indicar a fonte dos recursos: ADI 2791, STF)

- ***Procurador do Estado – 2018 – FCC – PGE-TO***

  Projeto de Lei estadual de iniciativa do Chefe do Poder Executivo cria órgão incumbido da realização de exames médicos em crianças e adolescentes, bem como cargos públicos com atribuições voltadas para essas atividades, tendo sido apresentada emenda parlamentar que acrescentou às competências do referido órgão a realização gratuita de teste de maternidade e de paternidade aos beneficiários da Assistência Judiciária Gratuita. Paralelamente foi apresentado projeto de lei de iniciativa parlamentar para obrigar o Poder Público a realizar, gratuitamente, teste de maternidade e de paternidade aos beneficiários da Assistência Judiciária, sem indicar o órgão estadual competente para desempenhar essa função. À luz das disposições da Constituição Federal sobre processo legislativo,

  E) a emenda parlamentar é inconstitucional, uma vez que implicou aumento de despesas em projeto de lei de iniciativa exclusiva do Chefe do Poder Executivo, sendo constitucional o segundo projeto de lei.

  Gabarito: Alternativa E

- ***Procurador Jurídico – 2017 – VUNESP – Prefeitura de Marília – SP***

  O Prefeito Municipal enviou projeto de lei à Câmara de Vereadores, dispondo sobre a concessão de determinado benefício aos servidores municipais. Os Vereadores, porém, apresentaram emenda ao projeto estendendo o benefício aos servidores aposentados. O projeto foi aprovado, com a inclusão da emenda parlamentar, sendo enviado ao Prefeito que o sancionou integralmente. A lei foi promulgada e publicada.

  Nessa hipótese, é correto afirmar que

  A) a lei é constitucional, uma vez que não houve qualquer vício formal no respectivo processo legislativo.

B) houve um vício formal quando foi aprovada a emenda parlamentar, que não poderia acarretar despesa ao projeto original.

Gabarito: Alternativa B (princípio da simetria com o Art. 63, I)

Art. 64 – A discussão e votação dos projetos de lei de iniciativa do Presidente da República, do Supremo Tribunal Federal e dos Tribunais Superiores terão início na Câmara dos Deputados.

§ 1º – O Presidente da República poderá solicitar urgência para apreciação de projetos de sua iniciativa.

§ 2º Se, no caso do § 1º, a Câmara dos Deputados e o Senado Federal não se manifestarem sobre a proposição, cada qual sucessivamente, em até quarenta e cinco dias, sobrestar-se-ão todas as demais deliberações legislativas da respectiva Casa, com exceção das que tenham prazo constitucional determinado, até que se ultime a votação.

§ 3º **A apreciação das emendas do Senado Federal pela Câmara dos Deputados far-se-á no prazo de dez dias,** observado quanto ao mais o disposto no parágrafo anterior.

§ 4º Os prazos do § 2º não correm nos períodos de recesso do Congresso Nacional, nem se aplicam aos projetos de código.

Art. 65 – O projeto de lei aprovado por uma Casa será revisto pela outra, em **um só turno de discussão e votação, e enviado à sanção ou promulgação, se a Casa revisora o aprovar, ou arquivado, se o rejeitar.**

Parágrafo único. **Sendo o projeto emendado, voltará à Casa iniciadora.**

1. Esses artigos trazem o trâmite legislativo necessário para propositura de leis ordinárias e complementares, qual seja:

- início da votação na Câmara dos Deputados (Casa Iniciadora)
- votação no Senado Federal (Casa Revisora)
- caso o Senado modifique algo no projeto de lei, a projeto será novamente votado na Câmara dos Deputados, em 10 dias.

Observação: a votação poderá iniciar no Senado Federal, isso acontecerá quando o projeto de lei em discussão for de iniciativa de um membro do Senado.

Aplicação nos concursos Públicos:

- ***Juiz do trabalho – 2015 – FCC – TRT – 1ª REGIÃO (RJ)***

Após várias audiências públicas e intensos debates parlamentares, determinado Senador da República tomou a iniciativa de propor Projeto de Lei Complementar dispondo sobre as férias dos juízes, a fim de reduzi-las para um único período de 30 dias por ano. Depois de aprovado por ambas as Casas do Congresso Nacional, com o quórum qualificado de maioria absoluta, foi sancionado e promulgado pelo Presidente da República.

IV. A Lei Complementar aprovada padece de vício de inconstitucionalidade formal, uma vez que sua tramitação deveria ter começado pela Câmara dos Deputados.

Afirmativa verdadeira.

2. O quórum dessas votações depende do tipo de ato normativo que está sendo votado:

   As leis ordinárias, medidas provisórias e leis delegadas são aprovadas por maioria simples (art. 47, CF)

   As leis complementares são aprovadas por maioria absoluta (art. 69, CF)

   As emendas constitucionais são aprovadas com 3/5 dos votos (art. 60, § 2º, CF)

Art. 66 – A Casa na qual tenha sido concluída a votação enviará o projeto de lei ao Presidente da República, que, aquiescendo, o sancionará.

§ 1º Se o Presidente da República considerar o projeto, no todo ou em parte, inconstitucional ou contrário ao interesse público, vetá-lo-á total ou parcialmente, no prazo de quinze dias úteis, contados da data do recebimento, e comunicará, dentro de quarenta e oito horas, ao Presidente do Senado Federal os motivos do veto.

§ 2º O veto parcial somente abrangerá texto integral de artigo, de parágrafo, de inciso ou de alínea.

§ 3º Decorrido o prazo de quinze dias, o silêncio do Presidente da República importará sanção.

§ 4º **O veto será apreciado em sessão conjunta,** dentro de trinta dias a contar de seu recebimento, só podendo ser rejeitado pelo voto da **maioria absoluta** dos Deputados e Senadores.

§ 5º Se o veto não for mantido, será o projeto enviado, para promulgação, ao Presidente da República.

§ 6º Esgotado sem deliberação o prazo estabelecido no § 4º, o veto será colocado na ordem do dia da sessão imediata, sobrestadas as demais proposições, até sua votação final.

§ 7º Se a lei não for promulgada dentro de quarenta e oito horas pelo Presidente da República, nos casos dos § 3º e § 5º, o Presidente do Senado a promulgará, e, se este não o fizer em igual prazo, **caberá ao Vice-Presidente do Senado fazê-lo.**

1. **O projeto de lei iniciado é discutido e votado na Câmara dos Deputados e no Senado,** sendo, em regra, aprovado pela primeira casa e revisto pela segunda (caso haja emendas no projeto, deve haver outra votação na casa iniciadora). Após as votações, o Presidente promulga a lei ou veta o projeto de lei.

2. **Caso haja veto do Presidente, o projeto será apreciado em sessão conjunta no Congresso e pode ser derrubado pela maioria absoluta dos votos dos deputados e senadores.** Se o veto for derrubado, o Presidente, obrigatoriamente, terá que promulgar a lei.

Aplicação em concurso público:

- ***Defensor Público – 2018 – FCC – DPE-RS***

  Um projeto de lei ordinária foi aprovado, por maioria simples, em ambas as Casas do Congresso Nacional. O Presidente da República, ao considerar o referido projeto integralmente inconstitucional, exerceu seu poder de veto. De acordo com as normas do processo legislativo pátrio,

A) se o veto não for mantido pelo Poder Legislativo, o projeto será enviado ao Presidente da República, para promulgação.

B) o Congresso Nacional não pode rejeitar tal veto, cuja motivação é o exercício do controle de constitucionalidade.

C) basta a maioria simples dos deputados e dos senadores para a rejeição do veto, pois é necessário manter o equilíbrio entre o Legislativo e o Executivo.

D) a rejeição do veto, pela maioria absoluta dos deputados e dos senadores, exigirá escrutínio secreto.

E) é defeso o veto total, cujo efeito seria conflito agudo entre os poderes.

Gabarito: Alternativa A

- ***Titular de Serviços de Notas e de Registros – Provimento – VUNESP – 2016 – TJ-SP***

  Sobre o processo legislativo, é correto afirmar que

  A) o veto presidencial pode ser rejeitado pelo voto de dois terços dos Deputados e Senadores.

  Gabarito: Alternativa incorreta (maioria absoluta)

3. Conforme o parágrafo § 2º deste artigo, o Presidente da República não poderá vetar "partes" de um texto, uma vez que isso poderia acarretar em uma mudança de sentido da norma, mas apenas poderá vetar **texto integral de artigo, de parágrafo, de inciso ou de alínea.**

Aplicação em concurso público:

- ***Analista de Gestão – Administrador – 2017 – CESPE – TCE-PE***

  A respeito de processo legislativo, julgue o item a seguir.

  O presidente da República poderá vetar alínea de projeto de lei aprovado pelo Congresso Nacional, desde que o faça integralmente.

  A alternativa está correta.

4. Aplicação nos concursos públicos:

- ***Promotor de Justiça – 2018 – FCC – MPE-PB***

  A promulgação:

  "é da competência privativa do Presidente da República nos casos de lei ordinária e de lei complementar, mas pode passar ao Presidente ou ao Vice-Presidente do Senado."

  Afirmativa Correta (art. 66, § 7º, CF)

Art. 67 – A matéria constante de **projeto de lei rejeitado somente poderá constituir objeto de novo projeto,** na mesma sessão legislativa, mediante proposta da **maioria absoluta** dos membros de qualquer das Casas do Congresso Nacional.

1. Atenção: Esse artigo em concurso é cobrado em sua literalidade e trata do princípio da irrepetibilidade, que, no caso das leis ordinárias, é relativo, pois admite reapresentação por proposta da maioria absoluta. É necessário lembrar que a regra é diferente para as Emendas Constitucionais (Art. 60, § 5º, CF) e para as Medidas Provisórias (Art. 62, § 10, CF), que não podem ser, em hipótese alguma, objeto de nova proposta na mesma sessão legislativa.

Aplicação em concurso público:

- ***Advogado – IOBV – 2016 – Câmara de Barra Velha – SC***

  Sobre o processo legislativo, nos moldes constitucionais, é certo afirmar:

  Gabarito: A matéria constante de um projeto de lei rejeitado, somente poderá constituir objeto de um novo projeto, na mesma sessão legislativa, mediante proposta que venha assinada pela maioria absoluta dos membros da casa.

Art. 68 – As **leis delegadas** serão elaboradas pelo Presidente da República, que deverá **solicitar a delegação ao Congresso Nacional.**

§ 1º Não serão objeto de delegação os atos de competência exclusiva do Congresso Nacional, os de competência privativa da Câmara dos Deputados ou do Senado Federal, a matéria reservada à lei complementar, nem a legislação sobre:

I - organização do Poder Judiciário e do Ministério Público, a carreira e a garantia de seus membros;

II - nacionalidade, cidadania, direitos individuais, políticos e eleitorais;

III - planos plurianuais, diretrizes orçamentárias e orçamentos.

§ 2º A delegação ao Presidente da República terá a forma de resolução do Congresso Nacional, que especificará seu conteúdo e os termos de seu exercício.

§ 3º Se a resolução determinar a apreciação do projeto pelo Congresso Nacional, este a fará em votação única, **vedada qualquer emenda.**

1. **As leis delegadas são leis elaboradas pelo Presidente da República, mas versam sobre matérias de competência do poder legislativo.** O Presidente, então, solicita ao Congresso Nacional que a ele seja atribuída a competência para publicação daquela lei.
2. O **§ 1º versa sobre as vedações** sob o qual não serão supridas nem com a autorização do Congresso Nacional. **Serão matérias relativas à competência exclusiva do Congresso nacional,** e de competência privativa da Câmara dos Deputados ou do Senado Federal. Ainda sim, a vedação se estende a matérias que tratem de assuntos reservados à Lei Complementar, além da legislação que trate da organização do poder judiciário, de nacionalidade, cidadania ,entre outros; e de planos anuais e diretrizes orçamentárias.

Aplicação em concurso público:

- ***Titular de Serviços de Notas e de Registros – Provimento – IESES – 2016 – TJ-MA***

  Quanto às leis delegadas previstas pela Constituição da República Federativa de 1988 é INCORRETO afirmar que:

C) Não é objeto de delegação de poderes legislações eleitorais.

D) É objeto de delegação de poderes toda legislação que trata de diretrizes orçamentárias.

Gabarito: Alternativa D (art. 68, § 1º, III, CF)

3. A delegação da lei poderá ser típica ou atípica. Será **típica** quando o Congresso Nacional delegar ao Presidente da República a elaboração da lei e permite que este logo em seguida publique a lei, sem que haja uma revisão desta. Na **delegação atípica**, após a elaboração, o Congresso Nacional determinará que a lei retorne para que haja uma apreciação desta lei, em votação única, sendo vedada qualquer emenda, na forma do § 3. Se o projeto for rejeitado, será arquivado, e poderá ser novamente proposto apenas na próxima sessão legislativa, em respeito ao **princípio da irrepetibilidade**.

4. Até mesmo na delegação típica, é possível que o Congresso Nacional suste os atos que exorbitaram a delegação legislativa dada ao Presidente. Essa competência do CN está disposta no art. 49, V, CF.

Aplicação em concurso público:

- ***Juiz do trabalho – 2015 – TRT 16R***

Sobre o processo legislativo, é CORRETO afirmar:

II. O Congresso Nacional pode sustar os atos que exorbitem a competência delegada com efeitos ex nunc, já que não é declaração de inconstitucionalidade, mas sim uma espécie de veto legislativo.

Afirmativa verdadeira

Art. 69 – As **leis complementares** serão aprovadas por **maioria absoluta.**

1. A regra das deliberações é pela maioria simples dos votos, presentes a maioria absoluta dos membros (art. 47, CF). O artigo 69 demonstra uma exceção, vez que, no caso das leis complementares, essas precisam da aprovação da **maioria absoluta** dos membros das casas.

Aplicação em concurso público:

- ***Procurador – 2018 – FUNRIO – AL-RR***

Uma lei complementar, ainda enquanto projeto, foi votada e aprovada por maioria de votos do plenário do Senado Federal, que funcionou como casa revisora, e, posteriormente, foi sancionada pelo Presidente da República.

À luz do controle de constitucionalidade, será uma norma

B) formalmente inconstitucional, já que o quórum de aprovação de uma lei complementar é de maioria absoluta.

Gabarito: Alternativa B

SEÇÃO IX
DA FISCALIZAÇÃO CONTÁBIL, FINANCEIRA E ORÇAMENTÁRIA

Art. 70 – **A fiscalização contábil, financeira, orçamentária, operacional e patrimonial da União** e das entidades da administração direta e indireta, quanto à legalidade, legitimidade, economicidade, aplicação das subvenções e renúncia de receitas, **será exercida pelo Congresso Nacional, mediante controle externo,** e pelo sistema de controle interno de cada Poder.

Parágrafo único. **Prestará contas qualquer pessoa física ou jurídica, pública ou privada, que utilize, arrecade, guarde, gerencie ou administre dinheiros, bens e valores públicos** ou pelos quais a União responda, ou que, em nome desta, assuma obrigações de natureza pecuniária.

1. O controle da administração pública é feito mediante **controle interno e externo. O controle externo é exercido pelo Congresso Nacional, com auxílio do Tribunal de Contas**. Já o controle interno, mencionado neste artigo e no art. 74 da Constituição, é feito por um órgão do mesmo poder, como – por exemplo as corregedorias dos órgãos administrativos.

2. A prestação de contas é um **dever** da administração pública e ainda, um princípio constitucional sensível previsto na Constituição Federal, uma vez que o não cumprimento deste dever poderá acarretar em Intervenção Federal (art. 34, VII, "d", CF) ou Estadual (art. 35, II, CF).

3. Essas fiscalizações acontecem tanto no âmbito federal, quanto nos Estados e nos Municípios, dessa forma, nos **Estados, o controle externo é exercido pela Assembleia Legislativa**, e nos **Municípios, pela Câmara Municipal.**

Aplicação nos concursos públicos:

- ***Assistente Administrativo – 2015 – CEPERJ – Prefeitura de Saquarema – RJ***

  A fiscalização contábil, financeira e orçamentária do Município será exercida mediante controle externo, pela:

  Gabarito: Câmara Municipal

- ***Especialista em Controladoria Pública – 2014 – Prefeitura de Vila Velha (ESFUNCEFET)***

  Com relação ao Controle Legislativo (ou Parlamentar), é possível afirmar, exceto:

  São cinco as áreas de atuação sujeitas ao controle financeiro: contábil, financeiro (em sentido estrito), orçamentário, operacional e patrimonial. Acrescenta-se que o controle é exercido sob cinco aspectos diferentes: i) quanto à legalidade; ii) quanto à legitimidade; iii) quanto à economicidade; iv) quanto à aplicação de subvenções; v) quanto à criação de receitas.

  Gabarito: Alternativa correta.

Art. 71 – **O controle externo,** a cargo do Congresso Nacional, será exercido com o **auxílio do Tribunal de Contas da União,** ao qual compete:

1. Tal como o Ministério Público e a Defensoria Pública, **o Tribunal de Contas** é caracterizado por ser um **órgão autônomo, apesar de ser auxiliar do Congresso Nacional,** e tem o objetivo principal de ajudar o Poder Legislativo na fiscalização, além de controlar a execução do orçamento e do uso do dinheiro público.
2. **As decisões dos Tribunais de Contas possuem caráter administrativo,** logo, em observância ao princípio da inafastabilidade de jurisdição, poderão ser impugnadas perante o Poder Judiciário.

Aplicação em concurso público:

- ***Técnico Judiciário – Área Administrativa – CESPE – 2008 – TRT – 1ª REGIÃO (RJ)***

  Em denúncia ao TCU, que manteve o sigilo da fonte reveladora das irregularidades administrativas, foi delatada a malversação de verbas públicas por membros da direção de tribunal federal. Após apuração, foi imputada multa ao ordenador de despesas. Com base nessa situação hipotética, assinale a opção correta.

  A) Em razão da natureza judicial da decisão do TCU, contra ela cabe recurso ao STF.

  Gabarito: Alternativa incorreta. (O TCU não realiza decisões judiciais, por ser órgão meramente administrativo e, portanto, sua decisão não pode ser objeto de recurso judicial)

3. **As dicas 1 e 2 foram muito bem abordadas em uma questão de concurso público, veja:**

Aplicação em concurso público:

- ***Analista Judiciário – Área Judiciária – CESPE – 2010 – TRT – 21ª Região (RN)***

  O Tribunal de Contas da União, órgão ao qual incumbe a prática de atos de natureza administrativa concernentes à fiscalização contábil, financeira, orçamentária, operacional e patrimonial da União, é subordinado ao Poder Legislativo, do qual é órgão auxiliar e de orientação.

  Gabarito: A alternativa está errada (Aqui é necessário muita atenção, uma vez que o TCU pratica mesmo atoa de natureza administrativa, entretanto não é subordinado ao Poder Legislativo e sim VINCULADO, uma vez que entre eles não há hierarquia)

4. **O Tribunal de Contas não tem legitimidade extraprocessual igual o Ministério Público.**

   Informativo 883 – STF: A Turma concluiu pela ausência de legitimidade ativa de causa, visto que a legitimidade processual extraordinária e independente do Ministério Público comum não se estende ao Ministério Público junto aos Tribunais de Contas, cuja atuação se limita ao controle externo, nos termos da Constituição. Rcl 24156 AgR/DF, rel. Min. Celso de Mello, julgamento em 24.10.2017.

Aplicação em concurso público:

- ***Técnico Judiciário – Área Administrativa – CESPE – 2008 – TRT – 1ª REGIÃO (RJ)***

  Em denúncia ao TCU, que manteve o sigilo da fonte reveladora das irregularidades administrativas, foi delatada a malversação de verbas públicas por membros da direção de tribunal federal. Após apuração, foi imputada multa ao ordenador de despesas.

Com base nessa situação hipotética, assinale a opção correta.

E) Compete ao Ministério Público junto ao TCU o oferecimento de denúncia relativa a crime cometido contra a administração pública, assim como a ação de improbidade administrativa.

Gabarito: Alternativa incorreta

5. **Existe uma séria divergência sobre a possibilidade de o Tribunal de Contas, órgão do legislativo, efetuar controle de constitucionalidade sobre as normas e atos do Poder Público.**

► **Entendimento jurisprudencial:**

Súmula 347-STF: "O Tribunal de Contas, no exercício de suas atribuições, pode apreciar a constitucionalidade das leis e dos atos do Poder Público", por outro lado, uma decisão monocrática do Min. Gilmar Mendes, em sede de cautelar (MS 25888 MC) aponta para a possibilidade de superação da súmula. Entretanto, ainda não há precedente colegiado que tenha encampado a ideia do ministro, motivo pelo qual, para fins de prova, prevalece o contido na Súmula, ou seja, **o Tribunal de Contas, pode efetuar controle de constitucionalidade.**

6. O STF, em Mandado de Segurança 24405, julgou por **inconstitucional o anonimato nas denúncias feitas contra servidores públicos no TCU.**

Aplicação em concurso público:

- ***Técnico Judiciário – Área Administrativa – CESPE – 2008 – TRT – 1ª REGIÃO (RJ)***

Em denúncia ao TCU, que manteve o sigilo da fonte reveladora das irregularidades administrativas, foi delatada a malversação de verbas públicas por membros da direção de tribunal federal. Após apuração, foi imputada multa ao ordenador de despesas. Com base nessa situação hipotética, assinale a opção correta.

B) É inconstitucional que o TCU mantenha no anonimato o autor das denúncias.

Gabarito: Alternativa correta

7. Aplicação em concurso público:

- ***Técnico em Contabilidade – 2017 – UFRJ (PR-4).***

Sobre o controle externo, no âmbito da administração pública, é correto afirmar que o mesmo será:

Exercido pelo Poder Legislativo, com auxílio do Tribunal de Contas, com a finalidade de fiscalização contábil, financeira, orçamentária, operacional e patrimonial dos órgãos da administração direta e indireta.

Gabarito: Alternativa correta.

I – apreciar as contas prestadas anualmente pelo Presidente da República, mediante parecer prévio que deverá ser elaborado em **sessenta dias** a contar de seu recebimento;

II – julgar as contas dos administradores e demais responsáveis por dinheiros, bens e valores públicos da administração direta e indireta, incluídas as fundações e sociedades instituídas e mantidas pelo Poder Público federal, e as contas daqueles que derem causa a perda, extravio ou outra irregularidade de que resulte prejuízo ao erário público;

8. Cuidado para não confundir: O TCU, órgão do Poder Legislativo, julga as contas dos administradores públicos, com base no art. 70, II, CF, entretanto **não julga as contas do Chefe do Executivo,** apenas as aprecia mediante parecer prévio (art. 70, I, CF). QUEM JULGA AS CONTAS DO CHEFE O EXECUTIVO É O SENADO FEDERAL (art. 52, I, CF)

Aplicação em concurso público:

- ***Agente de Segurança Prisional – 2015 – FUNIVERSA – SAPeJUS – GO***

  Cabe ao Tribunal de Contas da União julgar as contas do presidente da República, podendo o Congresso Nacional suspender a decisão, caso discorde dela.

  A alternativa está errada. (o TCU apenas APRECIA as contas dos chefes do Executivo)

9. **O prazo de 60 dias para o TCU apreciar as contas do Presidente da República** já foi objeto de cobrança em concurso público.

III – apreciar, para fins de registro, a legalidade dos atos de admissão de pessoal, a qualquer título, na administração direta e indireta, incluídas as fundações instituídas e mantidas pelo Poder Público, excetuadas as nomeações para cargo de provimento em comissão, bem como a das concessões de aposentadorias, reformas e pensões, ressalvadas as melhorias posteriores que não alterem o fundamento legal do ato concessório;

10. **Súmula Vinculante nº 3:** Nos processos perante o Tribunal de Contas da União asseguram-se o contraditório e a ampla defesa quando da decisão puder resultar anulação ou revogação de ato administrativo que beneficie o interessado, excetuada a apreciação da legalidade do ato de concessão inicial de aposentadoria, reforma e pensão.

IV – realizar, por iniciativa própria, da Câmara dos Deputados, do Senado Federal, de Comissão técnica ou de inquérito, inspeções e auditorias de natureza contábil, financeira, orçamentária, operacional e patrimonial, nas unidades administrativas dos Poderes Legislativo, Executivo e Judiciário, e demais entidades referidas no inciso II;

V – fiscalizar as contas nacionais das empresas supranacionais de cujo capital social a União participe, de forma direta ou indireta, nos termos do tratado constitutivo;

11) Aplicação nos concursos públicos:

- ***TCE-PA – 2016 (CESPE)***

  O TCU poderá fiscalizar as contas nacionais de empresas cujo capital multinacional tenha a participação da União, ainda que a participação brasileira no capital seja minoritária.

  Gabarito: Alternativa correta.

VI – fiscalizar a aplicação de quaisquer recursos repassados pela União mediante convênio, acordo, ajuste ou outros instrumentos congêneres, a Estado, ao Distrito Federal ou a Município;

VII – prestar as informações solicitadas pelo Congresso Nacional, por qualquer de suas Casas, ou por qualquer das respectivas Comissões, sobre a fiscalização contábil, financeira, orçamentária, operacional e patrimonial e sobre resultados de auditorias e inspeções realizadas;

VIII – aplicar aos responsáveis, em caso de ilegalidade de despesa ou irregularidade de contas, as sanções previstas em lei, que estabelecerá, entre outras cominações, multa proporcional ao dano causado ao erário;

IX – assinar prazo para que o órgão ou entidade adote as providências necessárias ao exato cumprimento da lei, se verificada ilegalidade;

X – sustar, se não atendido, a execução do ato impugnado, comunicando a decisão à Câmara dos Deputados e ao Senado Federal;

XI – representar ao Poder competente sobre irregularidades ou abusos apurados.

§ 1º No caso de contrato, o ato de sustação será adotado diretamente pelo Congresso Nacional, que solicitará, de imediato, ao Poder Executivo as medidas cabíveis.

§ 2º Se o Congresso Nacional ou o Poder Executivo, no prazo de noventa dias, não efetivar as medidas previstas no parágrafo anterior, o Tribunal decidirá a respeito.

§ 3º **As decisões do Tribunal** de que resulte **imputação de débito ou multa** terão eficácia de **título executivo.**

§ 4º O Tribunal encaminhará ao Congresso Nacional, trimestral e anualmente, relatório de suas atividades.

12. Entendimento jurisprudencial:

O art. 71 da Constituição **não insere na competência do TCU a aptidão para examinar, previamente, a validade de contratos administrativos celebrados pelo Poder Público.** Atividade que se insere no acervo de competência da função executiva. É inconstitucional norma local que estabeleça a competência do tribunal de contas para realizar exame prévio de validade de contratos firmados com o Poder Público. [ADI 916, rel. min. Joaquim Barbosa, j. 2-2-2009, P, DJE de 6-3-2009.]

Aplicação em concurso público:

- *FGV – 2017 – ALERJ – Procurador*

Projeto de lei estadual, de iniciativa do Poder Legislativo, quer estabelecer que a validade dos contratos administrativos estaduais seja submetida ao exame prévio do Tribunal de Contas do Estado.

Tal projeto deve ser considerado:

B) inconstitucional, em razão de vício material, consistente em atribuir ao Tribunal de Contas função de controle prévio de atos administrativos;

Gabarito: Alternativa correta

- ***Auditor do Estado – 2015 – CGE-MT (FMP Concursos)***

O Tribunal de Contas do Estado é órgão auxiliar do Poder Legislativo na fiscalização externa das contas da administração pública, sendo-lhe possível aplicar diretamente cominações e multas aos responsáveis por irregularidades, constituindo, tais decisões, títulos executivos.

Gabarito: Alternativa correta.

- ***Técnico Judiciário – Área Administrativa – CESPE – 2008 – TRT – 1ª REGIÃO (RJ)***

Em denúncia ao TCU, que manteve o sigilo da fonte reveladora das irregularidades administrativas, foi delatada a malversação de verbas públicas por membros da direção de tribunal federal. Após apuração, foi imputada multa ao ordenador de despesas.

Com base nessa situação hipotética, assinale a opção correta.

C) A referida multa tem eficácia de título judicial e deve ser executada em uma das varas da justiça federal. *(art. 71, § 3º, CF)*

D) Não cabe ao TCU investigar os tribunais superiores, cujos atos administrativos somente podem ser apreciados pelo órgão controle do Conselho Nacional de Justiça. (*essa não é uma das atribuições do TCU constantes nos incisos do art. 71, CF)*

Gabarito: Alternativas incorretas

Art. 72 – A **Comissão mista** permanente a que se refere o art. 166, § 1º, diante de indícios de despesas não autorizadas, ainda que sob a forma de investimentos não programados ou de subsídios não aprovados, poderá solicitar à autoridade governamental responsável que, **no prazo de cinco dias**, preste os esclarecimentos necessários.

§ 1º Não prestados os esclarecimentos, ou considerados estes insuficientes, a Comissão **solicitará** ao Tribunal pronunciamento conclusivo sobre a matéria, no prazo de trinta dias.

§ 2º Entendendo o Tribunal irregular a despesa, a Comissão, se julgar que o gasto possa causar dano irreparável ou grave lesão à economia pública, proporá ao Congresso Nacional sua sustação.

Art. 73 – O Tribunal de Contas da União, integrado por **nove Ministros**, tem sede no Distrito Federal, quadro próprio de pessoal e jurisdição em todo o território nacional, exercendo, no que couber, as atribuições previstas no art. 96.

§ 1º Os Ministros do Tribunal de Contas da União serão nomeados dentre brasileiros que satisfaçam os seguintes requisitos:

I – mais de trinta e cinco e menos de sessenta e cinco anos de idade;

II – idoneidade moral e reputação ilibada;

III – notórios conhecimentos jurídicos, contábeis, econômicos e financeiros ou de administração pública;

IV – mais de dez anos de exercício de função ou de efetiva atividade profissional que exija os conhecimentos mencionados no inciso anterior.

§ 2º Os Ministros do Tribunal de Contas da União serão escolhidos:

I - um terço pelo Presidente da República, com aprovação do Senado Federal, sendo dois alternadamente dentre auditores e membros do Ministério Público junto ao Tribunal, indicados em lista tríplice pelo Tribunal, segundo os critérios de antigüidade e merecimento;

II - dois terços pelo Congresso Nacional.

§ 3° Os Ministros do Tribunal de Contas da União terão as mesmas garantias, prerrogativas, impedimentos, vencimentos e vantagens dos Ministros do Superior Tribunal de Justiça, **aplicando-se-lhes, quanto à aposentadoria e pensão, as normas constantes do art. 40.**

§ 4° O auditor, quando em substituição a Ministro, terá as mesmas garantias e impedimentos do titular e, quando no exercício das demais atribuições da judicatura, as de juiz de Tribunal Regional Federal.

1. Por mais que **os Ministros do Tribunal de Contas da União** tenham as mesmas garantias dos Ministros do Superior Tribunal de Justiça, eles **não são juízes. O TCU não integra o Poder Judiciário e também não é órgão jurisdicional.**
2. Quanto à escolha dos Ministros do TCU, uma regra pode ajudar os candidatos:
   - O Presidente é **UMA** pessoa, portanto escolhe **UM** terço dos Ministros.
   - O Congresso Nacional é composto por **DUAS** casas legislativas, portanto escolhe **DOIS** terços dos Ministros.

Aplicação em concurso público:

- ***Analista Judiciário – Execução de Mandados – FCC – 2011 – TRF – 1ª REGIÃO***

  Dois terços dos Ministros do Tribunal de Contas da União serão escolhidos pelo

  A) Supremo Tribunal Federal.

  B) Presidente do Senado Federal.

  C) Presidente da República.

  D) Presidente do Supremo Tribunal Federal.

  E) Congresso Nacional.

  Gabarito: Alternativa E

3. **Súmula 653 do STF:** No **Tribunal de Contas estadual, c**omposto por sete Conselheiros, quatro devem ser escolhidos pela Assembleia Legislativa e três pelo chefe do Poder Executivo estadual, cabendo a este indicar um dentre auditores e outro dentre membros do MP, e um terceiro à sua livre escolha.

Art. 74 - Os Poderes Legislativo, Executivo e Judiciário manterão, de forma integrada, sistema de **controle interno** com a finalidade de:

I - avaliar o cumprimento das metas previstas no plano plurianual, a execução dos programas de governo e dos orçamentos da União;

II – comprovar a legalidade e avaliar os resultados, quanto à eficácia e eficiência, da gestão orçamentária, financeira e patrimonial nos órgãos e entidades da administração federal, bem como da aplicação de recursos públicos por entidades de direito privado;

III – exercer o controle das operações de crédito, avais e garantias, bem como dos direitos e haveres da União;

IV – apoiar o controle externo no exercício de sua missão institucional.

§ 1º Os responsáveis pelo controle interno, ao tomarem conhecimento de qualquer irregularidade ou ilegalidade, dela darão ciência ao Tribunal de Contas da União, sob pena de responsabilidade solidária.

§ 2º Qualquer cidadão, partido político, associação ou sindicato é parte legítima para, na forma da lei, denunciar irregularidades ou ilegalidades perante o Tribunal de Contas da União.

Art. 75 – As normas estabelecidas nesta seção aplicam-se, no que couber, à organização, composição e fiscalização dos **Tribunais de Contas dos Estados e do Distrito Federal**, bem como dos Tribunais e Conselhos de Contas dos Municípios.

Parágrafo único. As Constituições estaduais disporão sobre os Tribunais de Contas respectivos, que serão integrados por sete Conselheiros.

1. O artigo 75 da Constituição demonstra objetivamente que as normas de fiscalização dos entes são **princípios constitucionais extensíveis** e que os Estados devem observá-las, em obediência à regra da simetria.

CAPÍTULO II
DO PODER EXECUTIVO
SEÇÃO I
DO PRESIDENTE E DO VICE-PRESIDENTE DA REPÚBLICA

Art. 76 – O Poder Executivo é exercido pelo Presidente da República, **auxiliado pelos Ministros de Estado.**

1. **Sistemas de governos** são as formas com que os poderes se relacionam. Os sistemas de governo são o **presidencialismo** (Presidente com função de chefe de Estado e de Governo) e o **parlamentarismo** (presidente como chefe de Estado apenas, sendo do Parlamento a função de chefe de Governo). O sistema de governo não é considerado como cláusula pétrea. Assim sendo, essa opção feita pelo poder constituinte originário poderá em algum momento ser alterada pelo derivado.

► *Atenção: Já que os sistemas de governo foram citados, é importante o conhecimento e a diferenciação de formas de governo, sistemas de governo, formas de Estado e Regimes políticos, pois esses conceitos confundem a maioria dos candidatos.*

► Esquematizando:

Formas de GOVERNO: República e Monarquia. No Brasil, o regime republicano **é cláusula pétrea!** (Apesar de não estar expresso no texto constitucional, trata-se de cláusula pétrea implícita)	Sistema de GOVERNO: Presidencialista e Parlamentarista. No Brasil, o sistema presidencialista **não é cláusula pétrea!**
Formas de ESTADO: Federativo e Unitário No Brasil, a forma federativa **é cláusula pétrea!** (art. 60, § 4º, I, CF)	Regimes políticos: Democracia e ditadura Entende-se que a Democracia, no Brasil, **é cláusula pétrea,** uma vez que se encontra inserida nos direitos fundamentais (art. 60, § 4º, IV, CF)

Aplicação em concurso público:

- ***Auditor Estadual de Controle Externo – CESPE – 2018 – TCM-BA***

  A CF proíbe a deliberação de proposta de emenda constitucional que tenda a abolir

  A) a forma federativa de governo, por se tratar de cláusula pétrea expressa.

  B) a forma republicana de Estado, por se tratar de cláusula pétrea implícita.

  Gabarito: Alternativas incorretas

  Apesar da questão estar relacionada com o art. 60, § 4º, da Constituição, a maior chance de erro está nas nomenclaturas aqui estudadas:

  A) a federação é forma de **Estado** e não de **governo.**

  B) a República não é **forma** e sim **Regime.**

2. O art. 2º da Constituição Federal prescreve que o Poder Executivo é independente e autônomo como os outros poderes da União e **o Presidente da República tem função de Chefe de Estado e Chefe de Governo, característica do sistema presidencialista.** No art. 76, CF identificamos que o **Poder Executivo é Unipessoal,** pois quem o exerce é o Presidente.

2.1. Chefe de Estado: Tem tanto o papel simbólico e representa o país nas relações internacionais. Uma atribuição do Presidente da República como Chefe de Estado é aquela prevista no art. 84, VII, CF: *"manter relações com Estados estrangeiros e acreditar seus representantes diplomáticos"*

2.2 Chefe de Governo: Tem o papel de chefe do Poder Executivo (exerce as funções administrativas no país).

Obs: **É importante ressaltar que** os governadores e prefeitos só possuem a **função de Chefe de Governo.**

Aplicação em concurso público:

- ***Analista Técnico – Administrativo – CESPE – 2013 – MS***

  A acumulação das funções de chefe de Estado e de chefe de governo pelo presidente da República é uma das características do sistema presidencialista de governo adotado pela República Federativa do Brasil.

  Gabarito: Alternativa correta

- ***Agente de Polícia – UEG – 2013 – PC-GO***

  No parlamentarismo, as funções de chefe de estado e de chefe de governo são exercidas por autoridades distintas, como ocorre quando o rei ou o presidente da república exercem a função de chefe de estado e um gabinete, chefiado pelo primeiro ministro, exerce a função de chefe de governo. No Brasil, em razão do regime presidencialista, a chefia de governo é exercida

  A) pelo presidente da república e diz respeito à representação do Estado brasileiro nas relações internacionais.

  D) pelo presidente da república e diz respeito à tomada de decisões e ações nos setores da realidade brasileira.

  Gabarito: Alternativa D

3. O Presidente da República é o Chefe do Poder Executivo, entretanto, também possui algumas **funções atípicas,** como por exemplo a de **natureza legislativa,** isto é, a adoção de medida provisórias (art. 62, CF) e de leis delegadas (art. 68, CF) e a de **natureza jurisdicional,** ou seja, função de julgar seus litígios administrativos.

Aplicação em concurso público:

- ***Técnico em Assuntos Educacionais – 2016 – CESPE – DPU***

  No presidencialismo brasileiro, a chefia de Estado é exercida pelo presidente da República, enquanto a chefia de governo fica a cargo dos ministros de Estado.

  Gabarito: A alternativa foi considerada errada. (o Presidente detém a chefia de governo e de Estado)

Art. 77 - A eleição do Presidente e do Vice-Presidente da República realizar-se-á, simultaneamente, no primeiro domingo de outubro, em primeiro turno, e no último domingo de outubro, em segundo turno, se houver, do ano anterior ao do término do mandato presidencial vigente.

§ 1º A eleição do Presidente da República importará a do Vice-Presidente com ele registrado.

§ 2º Será considerado eleito **Presidente** o candidato que, registrado por partido político, obtiver a **maioria absoluta de votos**, não computados os em branco e os nulos.

§ 3º Se nenhum candidato alcançar **maioria absoluta** na primeira votação, far-se-á nova eleição em até vinte dias após a proclamação do resultado, **concorrendo os dois candidatos mais votados e considerando-se eleito aquele que obtiver a maioria dos votos válidos.**

§ 4º Se, antes de realizado o segundo turno, ocorrer morte, desistência ou impedimento legal de candidato, **convocar-se-á,** dentre os remanescentes, **o de maior votação.**

§ 5º Se, na hipótese dos parágrafos anteriores, remanescer, em segundo lugar, **mais de um candidato** com a mesma votação, **qualificar-se-á o mais idoso.**

1. Forma de eleição do Presidente da República: **maioria absoluta dos eleitores (sistema majoritário).** Caso nenhum candidato atinja a maioria absoluta, os dois

candidatos mais bem votados vão para o segundo turno, em que concorrerão para ver qual obterá a maioria dos votos válidos.

Aplicação em concurso público:

- ***Advogado – 2017 – IESES – CRA-SC***

A) Se nenhum candidato alcançar maioria absoluta na primeira votação, far-se-á nova eleição em até trinta dias após a proclamação do resultado, concorrendo os dois candidatos mais votados e considerando-se eleito aquele que obtiver a maioria dos votos válidos.

D) Será considerado eleito Presidente o candidato que, registrado por partido político, obtiver a maioria absoluta de votos, computados os em branco e os nulos.

Gabarito: As alternativas estão erradas. (a: nova eleição em até 20 dias; b: sem computar votos brancos e nulos)

2. Os § 4º e 5º trazem o que fazer quando um candidato a presidente perde tal candidatura antes da votação de segundo turno (morte, desistência ou impedimento legal), nesse caso, **convoca-se dos que sobraram aquele de maior votação e, caso tenha empate** nesse segundo lugar, convoca-se **o mais idoso.**

Aplicação em concurso público:

- **FCC – 2007 – TRE-SE – Analista Judiciário – Tecnologia da Informação**

Concorreram à eleição para Presidente da República seis candidatos. O mais votado obteve 30 por cento dos votos válidos. Após o primeiro turno, o segundo mais votado faleceu e o terceiro mais votado desistiu. Nesse caso:

D) convocar-se-á para o segundo turno, dentre os remanescentes, o de maior votação.

Gabarito: Alternativa: Letra D foi considerada correta (Se, antes de realizado o segundo turno, ocorrer morte, desistência ou impedimento legal de candidato, convocar-se-á, dentre os remanescentes, o de maior votação. Se dentre os remanescentes houver empate, convoca-se o mais idoso);

- ***Investigador de Polícia – VUNESP – 2018 – PC-BA***

Suponha que, nas Eleições de 2018, candidataram-se ao cargo de Presidente da República X, Y e Z, respectivamente com 40 (quarenta), 45 (quarenta e cinco) e 50 (cinquenta) anos. Nesse caso, é correto afirmar que

A) será considerado eleito Presidente o candidato que, registrado por partido político, obtiver a maioria dos votos válidos, computando-se os votos em branco, mas não os nulos.

B) se na primeira votação nenhum candidato alcançar maioria absoluta, será realizada nova eleição em até 30 (trinta) dias após a proclamação do resultado, concorrendo os 2 (dois) candidatos mais votados.

C) havendo nova votação no caso de não se ter alcançado maioria absoluta de votos, e, antes da realização do segundo turno, ocorrer a morte, desistência ou impedimento legal de candidato, será convocado, dentre os remanescentes, o mais idoso.

D) se, por exemplo, o candidato X tiver obtido a maior votação, mas desistido do cargo antes do segundo turno, e os candidatos Y e Z obtiveram a mesma votação, será qualificado como Presidente o candidato Z.

Gabarito: Alternativa "D" foi considerada correta. (Nesse caso, considera-se o candidato mais idoso, que será o Z, que tem 50 anos).

3. A regra das eleições majoritárias com segundo turno (§ 1º, 2º e 3º) **também se aplica nas eleições de Governador e vice-governador,** já a regra da vacância (§ 4º e 5º) não é obrigatória para os Estados:

► **Entendimento jurisprudencial:**

Na realidade, e tal como precedentemente acentuado, os Estados-membros acham-se vinculados, em função de expressa determinação constitucional inscrita no art. 28, caput, in fine, da Carta da República, ao modelo subordinante estabelecido pelo art. 77 da CF, que se aplica, no entanto, por força dessa cláusula de extensão, apenas às eleições ordinárias e populares realizadas para a seleção de governador e de vice-governador de Estado, inexistindo, no que concerne à hipótese de escolha suplementar pelo próprio Poder Legislativo, **no caso excepcional da dupla vacância, qualquer regramento constitucional que, limitando a autonomia estadual, imponha a essa unidade da Federação a sua integral submissão aos padrões normativos federais.** [ADI 1.057 MC, voto do rel. min. Celso de Mello, j. 20-4-1994, P, DJ de 6-4-2001.]

4. As regras das eleições para Prefeito e vice-prefeito estão conjugadas no art. 77, CF e no art. 29, II, CF, quais sejam:

- **Para os municípios com menos de 200 mil eleitores:** o candidato é eleito por maioria simples; não há segundo turno.
- **Para os municípios com mais de 200 mil eleitores:** aplica-se o disposto no art. 77, CF: eleições majoritárias, com segundo turno.

4.1 As regras de vacância em caso de candidatura do Prefeito não é de observância obrigatória pelos municípios:

► **Entendimento jurisprudencial:**

SUCESSÃO E SUBSTITUIÇÃO DO PREFEITO E DO VICE-PREFEITO DO MUNICÍPIO.. **A matéria pertinente à sucessão e à substituição do Prefeito e do Vice-Prefeito inclui-se, por efeito de sua natureza mesma, no domínio normativo da Lei Orgânica** promulgada pelo próprio Município" (ADI 687).

Aplicação em concurso público:

- ***Procurador – FCC – 2014 – Prefeitura de Recife – PE***

A disciplina normativa sobre a sucessão no caso de vacância, nos cargos de Prefeito e Vice-Prefeito,

A) compete privativamente ao Município, sendo inconstitucional a adoção de regime diverso do adotado pela Constituição Federal para a vacância dos cargos de Presidente e Vice-Presidente da República, em face do princípio da simetria federativa.

B) cabe ser definida, privativamente pelo Município, sendo lícita a adoção de regime diverso do adotado pela Constituição Federal para a vacância dos cargos de Presidente e Vice-Presidente da República, desde que a investidura do sucessor ocorra mediante processo eletivo.

C) compete privativamente à União, pois cuida-se de legislação sobre direito eleitoral.

D) cabe ser definida, em caráter subsidiário, no âmbito da Constituição Estadual, de modo a suprir eventual ausência ou omissão quanto à matéria por parte da Lei Orgânica municipal.

E) cabe ser definida, privativamente pelo Município, sendo lícita a adoção de regime diverso do adotado pela Constituição Federal para a vacância dos cargos de Presidente e Vice-Presidente da República, ainda que a investidura do sucessor não ocorra mediante processo eletivo.

Gabarito: Alternativa B

Art. 78 - O Presidente e o Vice-Presidente da República tomarão **posse em sessão do Congresso Nacional,** prestando o compromisso de manter, defender e cumprir a Constituição, observar as leis, promover o bem geral do povo brasileiro, sustentar a união, a integridade e a independência do Brasil.

Parágrafo único. Se, decorridos **dez dias da data fixada para a posse,** o Presidente ou o Vice-Presidente, **salvo motivo de força maior, não tiver assumido o cargo, este será declarado vago.**

Aplicação em concurso público:

- ***Advogado – 2017 – IESES – CRA-SC***

"Se, decorridos dez dias da data fixada para a posse, o Presidente ou o Vice-Presidente, salvo motivo de força maior, não tiver assumido o cargo, este será declarado vago."

Gabarito: A afirmativa está correta.

Art. 79 - **Substituirá** o Presidente, no **caso de impedimento,** e suceder-lhe-á, **no de vaga,** o **Vice-Presidente.**

Parágrafo único. O Vice-Presidente da República, além de outras atribuições que lhe forem conferidas por lei complementar, auxiliará o Presidente, sempre que por ele convocado para missões especiais.

1. O Vice-Presidente substitui o Presidente no caso de impedimento e o sucede no caso de vaga, porém **estará sempre auxiliando o Presidente em suas funções.**

1.1. Os casos de impedimento acontecem por motivos de doença, férias e viagens, acontece temporariamente.

1.2. Nos casos de vaga (vacância), a substituição será definitiva, será por cassação, morte e renúncia.

Aplicação em concurso público:

- ***Soldado Músico 2018 – IADES – PM-DF***

A respeito do Poder Executivo, assinale a alternativa correta.

A) O vice-presidente substituirá o presidente, no caso de impedimento. Vagando o cargo do chefe do Poder Executivo, o vice-presidente o sucederá. Ademais, o vice-presidente da República, além de outras atribuições que lhe forem conferidas por lei complementar, auxiliará o presidente sempre que por ele for convocado para missões especiais.

Gabarito: Afirmativa está correta.

Art. 80 – Em caso de impedimento do Presidente e do Vice-Presidente, ou **vacância dos respectivos cargos, serão sucessivamente chamados ao exercício da Presidência o Presidente da Câmara dos Deputados, o do Senado Federal e o do Supremo Tribunal Federal.**

1. Os substitutos eventuais/legais do Presidente da República, caso ostentam a posição de réus criminais perante o STF, **ficarão impossibilitados de exercer o ofício de Presidente da República**. No entanto, mesmo sendo réus, podem continuar na chefia do Poder por eles titularizados, isto é, Presidente da Câmara dos Deputados, o do Senado Federal e o do Supremo Tribunal Federal.

► **Jurisprudência:**

O Presidente do Senado Renan Calheiros tornou-se réu em um processo criminal; logo, ele não poderá assumir a Presidência da República na forma do art. 80 da CF/88; porém, ele pode continuar normalmente como Presidente do Senado, não precisando ser afastado deste cargo. STF. Plenário. ADPF 402 MC-REF/DF, Rel. Min. Marco Aurélio, julgado em 7/12/2016 (Info 850).

2. O presidente da Câmara dos Deputados, presidente do Senado, e o do Supremo Tribunal Federal são só substitutos, mas não sucedem à vaga presidencial, o único **sucessor** é o Vice-Presidente. Em caso de vacância do Presidente e do seu vice, será respeitada a regra do artigo 81, CF.

Aplicação em concurso público:

- ***Analista Judiciário – 2017 – PUC-PR – TJ-MS***

Sobre o Poder Executivo Federal, assinale a alternativa **CORRETA**.

A) Em caso de vacância do cargo de Presidente da República, o único sucessor definitivo é o Vice-Presidente.

Gabarito: A afirmativa está correta.

3. Aplicação nos concursos públicos:

- ***Procurador Previdenciário – 2017 – IBEG***

  Sobre o Presidente da República e o Vice-Presidente, assinale a alternativa verdadeira:

  E) Em caso de impedimento do Presidente e do Vice-Presidente, ou vacância dos respectivos cargos, serão sucessivamente chamados ao exercício da Presidência o Presidente da Câmara dos Deputados, o do Senado Federal e o do Supremo Tribunal Federal.

  Gabarito: Afirmativa está correta.

Art. 81 – Vagando os cargos de Presidente e Vice-Presidente da República, far-se-á **eleição noventa dias** depois de aberta a última vaga.

§ 1º Ocorrendo a **vacância nos últimos dois anos do período presidencial, a eleição para ambos os cargos será feita trinta dias depois da última vaga, pelo Congresso Nacional,** na forma da lei.

§ 2º Em qualquer dos casos, os eleitos deverão completar o período de seus antecessores.

1. Deste dispositivo podemos extrair duas situações nas quais devem ser bem entendida, são elas: Eleições Diretas e Indiretas.

1.1 No caput identificamos as **eleições diretas, essas acontecem quando os cargos ficarem vagos nos dois primeiros anos de governo**, assim serão feitas novas eleições **90 dias** depois de aberta a vaga.

1.2 Já no § 1º acontecerá as **eleições indiretas** pelo Congresso Nacional **se o cargo ficar vago nos dois últimos anos de governo**. (Essa é uma hipótese excepcional de eleição indireta).

Aplicação nos concursos públicos:

- ***Procurador – 2017 – IBEG – IPREV***

  Sobre o Presidente da República e o Vice-Presidente, assinale a alternativa verdadeira:

  D) Ocorrendo a vacância nos últimos dois anos do período presidencial, far-se-á eleição noventa dias depois de aberta a última vaga.

  E) Em caso de impedimento do Presidente e do Vice-Presidente, ou vacância dos respectivos cargos, serão sucessivamente chamados ao exercício da Presidência o Presidente da Câmara dos Deputados, o do Senado Federal e o do Supremo Tribunal Federal.

  Gabarito: A afirmativa correta é letra "E" e a afirmativa de letra "D" está incorreta.

- ***Juiz de Direito – 2015 – CESPE – TJ-DFT***

  E) Caso o presidente e o vice-presidente da República decidam renunciar a seus cargos ao final do primeiro ano de mandato, deverá haver eleição para ambos os cargos, pelo Congresso Nacional, noventa dias após a abertura das vagas.

Gabarito: A alternativa está errada (nesse caso, deverão ser feitas novas eleições diretas; a eleição indireta é apenas no caso de vacância nos últimos dois anos de governo).

2. O Princípio da simetria é aplicado neste dispositivo.

Art. 82 – O mandato do Presidente da República é de **quatro anos** e terá início em **primeiro de janeiro** do ano seguinte ao da sua eleição.

3) Aplicação em concurso público;

- ***Analista Judiciário – 2018 – FCC – TRT 6ª Região.***

  Sobre o Poder Executivo, a Constituição Federal estabelece que:

  B) mandato do Presidente da República é de quatro anos e terá início em quinze de janeiro do ano seguinte ao da sua eleição.

  Gabarito: Afirmativa está errada. (Terá início em **primeiro de janeiro** *e não em* **quinze de janeiro***).*

Art. 83 – O Presidente e o Vice-Presidente da República **não poderão**, sem licença do Congresso Nacional, **ausentar-se do País** por período **superior a quinze dias,** sob **pena de perda do cargo.**

1. A ausência **não** poderá ser por período **superior a quinze dias**, porém nada impede que eles fiquem fora do país pelo período **exato de 15 dias.**
2. Pelo princípio da simetria, essa regra **também se estende para os governadores**, pois eles devem pedir licença para a Assembleia Legislativa para se ausentar do país por mais de **15 dias**. (Atenção para o art. 49, III, CF, pois nele está prescrito sobre a competência exclusiva do Congresso Nacional).

   ► **Entendimento jurisprudencial**:

   Informativo 741 do STF: É inconstitucional norma da Constituição estadual que exija autorização da Assembleia Legislativa para que o Governador e o Vice possam se **ausentar do país por menos de 15 dias**. A CE somente poderia prever a autorização se a ausência fosse superior a esse prazo.

   Aplicação nos concursos públicos:

   - ***Defensor Público – 2015 – FCC – DPE-MA***

     É inconstitucional disposição normativa veiculada por Constituição Estadual que estabeleça não configurar impedimento, para efeito de substituição pelo Vice-Governador, o afastamento do Governador, por até quinze dias, do país ou do Estado."

     Gabarito: Alternativa está correta.

3. Conforme disposto no artigo, o Presidente que se ausentar do país, por mais de 15 dias, sem autorização do Congresso Nacional, **perderá o cargo.**

Aplicação nos concursos públicos:

- ***Diplomata – 2017 – CESPE – Instituto Rio Branco***

  Acerca das características do Estado, do sistema de governo e da organização dos poderes na ordem jurídico-constitucional brasileira, julgue (**C** ou **E**) o item subsequente.

  Ausentando-se do Brasil por período superior a quinze dias sem autorização do Congresso Nacional, o presidente da República poderá sofrer, como reprimenda mais gravosa, censura pelo Poder Legislativo.

  Gabarito: A alternativa está errada. (Pode perder o cargo)

SEÇÃO II
DAS ATRIBUIÇÕES DO PRESIDENTE DA REPÚBLICA

Art. 84 - Compete **privativamente** ao Presidente da República:

1. Como já explicado, devido à forma de Governo adotada pela Constituição, o Presidente da República possui as funções de Chefe de Governo e Chefe de Estado.

Função de Chefe de ESTADO (plano externo)	VII,VIII e XIX.
Função Chefe de Governo (plano interno)	I a VI, IX a XVIII e XX a XXVII.

Aplicação nos concursos públicos:

- ***Delegado de Polícia – 2018 – NUCEPE – PC-PI***

  Segundo a Constituição Federal de 1988, é função de chefe de Estado exercido pelo Presidente da República:

  C) manter relações com Estados estrangeiros e acreditar seus representantes diplomáticos;

  E) nomear e exonerar Ministros de Estado.

  Gabarito: Alternativa C (nomear e exonerar os ministros de Estado é função de chefe de Governo exercido pelo Presidente da República).

2. As competências da União são aprovadas pelo Congresso Nacional (Art. 22, CF), enquanto que as competências privativas do Presidente descritas neste artigo são aquelas produzidas por meio de **Decreto Presidencial.**

3. As competências deste artigo são **exemplificativas.**

I - **nomear e exonerar os Ministros de Estado;**

II - exercer, com o auxílio dos Ministros de Estado, a direção superior da administração federal;

III - iniciar o processo legislativo, na forma e nos casos previstos nesta Constituição;

IV - sancionar, promulgar e fazer publicar as leis, bem como expedir **decretos e regulamentos para sua fiel execução;**

4. Os **decretos e regulamentos** não são atos normativos primários e, portanto, **não podem inovar no ordenamento jurídico, servindo apenas para regulamentar a execução de leis.** A única exceção, em que o Presidente edita decreto autônomo está prevista no inciso VI deste artigo.

▶ **Entendimento jurisprudencial**:

A delegação de poderes ao Governador para, mediante decreto, dispor sobre "as competências, as atribuições, as denominações das unidades setoriais e as especificações dos cargos, bem como a organização e reorganização administrativa do Estado", é inconstitucional porque permite, em última análise, sejam criados novos cargos sem a aprovação de lei" (ADI 4125).

Aplicação em concurso público:

- ***Promotor de Justiça – 2017 – MPE-PR***

É constitucional a lei que delega poderes ao Chefe do Executivo para, mediante decreto, dispor sobre competências, atribuições e especificações de cargos públicos. *Gabarito: A alternativa está errada.*

- ***Auditor de Controle Externo – Direito – 2016 – CESPE – TCE-PA***

O Congresso Nacional aprovou uma reforma administrativa proposta pelo presidente da República que reduziu o número de ministérios. Nesse contexto, o Ministério do Trabalho e Emprego e o Ministério da Previdência Social foram fundidos, tornando-se Ministério do Trabalho e Previdência Social. A partir dessa situação hipotética, julgue o item a seguir.

A referida reforma administrativa poderia ter se materializado com a edição de decreto autônomo, em decorrência do poder regulamentar do presidente da República. *A alternativa está errada. (o poder regulamentar não pode editar decreto autônomo, pois o decreto autônomo tem a função de inovar no ordenamento jurídico, e não apenas regulamentar outro ato normativo)*

5. **Caso o Presidente exorbite do seu poder regulamentar, dispondo de normas que criem direitos, é da competência do Congresso Nacional sustar esses atos (Art. 49, V, CF), por meio de um decreto legislativo.** O decreto legislativo, nesse caso, é passível de controle de constitucionalidade pelo STF, por ser um ato normativo primário disposto no art. 59, CF. Esse é um caso típico de tripartição dos poderes.

V – **vetar projetos de lei**, total ou parcialmente;

6. Após o veto presidencial, o Congresso Nacional apreciará tal veto em sessão conjunta e **poderá rejeitá-lo por maioria absoluta dos votos, hipótese na qual o Presidente deve fazer a promulgação da lei (Art. 66, § 4º e 5º, CF).** Importante ressaltar a necessidade do veto parcial abranger texto integral de artigo, parágrafo, inciso ou alínea (art. 66, § 2º, CF)

VI – dispor, mediante decreto, sobre:

a) organização e funcionamento da administração federal, **quando não implicar aumento de despesa nem criação ou extinção de órgãos públicos;**

b) extinção de funções ou cargos públicos, **quando vagos;**

7. As hipóteses deste inciso são as únicas previsões constitucionais em que o Poder Executivo **pode inovar** no ordenamento jurídico, criando direitos a partir de um **regulamento autônomo.** Por ser decreto autônomo, esses decretos podem ser objeto de controle de constitucionalidade.

Os decretos autônomos são permitidos para:

– Organizar e fazer funcionar a administração federal**, quando não implicar aumento de despesa nem criação ou extinção de órgãos públicos;**

– Extinguir funções ou cargos públicos, **quando vagos;**

Aplicação nos concursos públicos:

- ***Analista – 2018 – CESPE – EMAP***

  Quando um cargo público federal estiver vago, o presidente da República poderá extingui-lo por decreto, sem a necessidade de lei.

  A afirmativa está correta.

- ***Técnico Administrativo – 2017 – Quadrix – CFO-DF***

  Uma das atribuições do presidente da República no Brasil é dispor, mediante decreto, sobre extinção de órgão ou cargos públicos, quando vagos.

  A alternativa está errada. (o Presidente não pode extinguir órgãos públicos mediante decreto)

- ***Técnico Administrativo – 2016 – CESPE – ANVISA***

  O presidente da República possui competência constitucional para dispor, mediante decreto, acerca de aumento de despesa na administração federal.

  A alternativa está errada. (o decreto autônomo só é possível quando não tiver aumento de despesas)

VII – manter relações com Estados estrangeiros e acreditar seus representantes diplomáticos;

VIII – celebrar tratados, convenções e atos internacionais, sujeitos a referendo do Congresso Nacional;

8. A competência do Congresso Nacional para resolver sobre os tratados, por meio de referendo, está disposta no art. 49, I, CF.

IX – **decretar o estado de defesa e o estado de sítio;**

X – **decretar e executar a intervenção federal;**

XI – **rem**eter mensagem e plano de governo ao Congresso Nacional por ocasião da abertura da sessão legislativa, expondo a situação do País e solicitando as providências que julgar necessárias;

XII – **conceder indulto e comutar penas, com audiência, se necessário, dos órgãos instituídos em lei;**

9. O indulto é uma forma de extinção de pena, concedida pelo Presidente, de forma discricionária:

► **Entendimento jurisprudencial**:

O art. 5º, XLIII, da CF, que proíbe a graça, gênero do qual o indulto é espécie, nos crimes hediondos definidos em lei, não conflita com o art. 84, XII, da Lei Maior. O decreto presidencial que concede o indulto configura ato de governo, **caracterizado pela ampla discricionariedade.** [HC 90.364, rel. min. Ricardo Lewandowski, j. 31-10-2007, P, *DJ* de 30-11-2007.]

XIII – exercer o comando supremo das Forças Armadas, nomear os Comandantes da Marinha, do Exército e da Aeronáutica, promover seus oficiais-generais e nomeá-los para os cargos que lhes são privativos;

XIV – **nomear, após aprovação pelo Senado Federal, os Ministros do Supremo Tribunal** Federal e dos Tribunais Superiores, os Governadores de Territórios, o Procurador-Geral da República, o presidente e os diretores do banco central e outros servidores, quando determinado em lei;

XV – nomear, observado o disposto no art. 73, os Ministros do Tribunal de Contas da União;

XVI – nomear os magistrados, nos casos previstos nesta Constituição, e o Advogado-Geral da União;

XVII – nomear membros do Conselho da República, nos termos do art. 89, VII;

XVIII – convocar e presidir o Conselho da República e o Conselho de Defesa Nacional;

XIX – declarar guerra, no caso de agressão estrangeira, autorizado pelo Congresso Nacional ou referendado por ele, quando ocorrida no intervalo das sessões legislativas, e, nas mesmas condições, decretar, total ou parcialmente, a mobilização nacional;

XX – celebrar a paz, autorizado ou com o referendo do Congresso Nacional;

XXI – conferir condecorações e distinções honoríficas;

XXII – permitir, nos casos previstos em lei complementar, que forças estrangeiras transitem pelo território nacional ou nele permaneçam temporariamente;

XXIII – enviar ao Congresso Nacional o plano plurianual, o projeto de lei de diretrizes orçamentárias e as propostas de orçamento previstos nesta Constituição;

XXIV - prestar, anualmente, ao Congresso Nacional, dentro de sessenta dias após a abertura da sessão legislativa, as contas referentes ao exercício anterior;

XXV - prover e extinguir os cargos públicos federais, na forma da lei;

XXVI - editar medidas provisórias com força de lei, nos termos do art. 62;

XXVII - exercer outras atribuições previstas nesta Constituição.

Parágrafo único. O Presidente da República poderá delegar as atribuições mencionadas nos incisos VI, XII e XXV, primeira parte, aos Ministros de Estado, ao Procurador-Geral da República ou ao Advogado-Geral da União, que observarão os limites traçados nas respectivas delegações.

10. Os incisos constantes no parágrafo único são muito cobrados em concurso em sua literalidade.

11. Das competências privativas do Presidente, podem ser delegadas:

VI – dispor, mediante decreto, sobre:

a) organização e funcionamento da administração federal, quando não implicar aumento de despesa nem criação ou extinção de órgãos públicos;

b) extinção de funções ou cargos públicos, quando vagos;

XII – conceder indulto e comutar penas, com audiência, se necessário, dos órgãos instituídos em lei;

XXV – prover e extinguir os cargos públicos federais, na forma da lei;

Aplicação nos concursos públicos:

- ***Delegado de Polícia – 2018 – UEG – PC-GO***

A) o Presidente da República pode decretar guerra e delegar aos Ministros de Estado a atribuição de decretar e executar intervenção federal.

D) o Presidente da República pode expedir "decretos autônomos" e delegar aos Ministros de Estado, ao Procurador-Geral da República ou ao Advogado-Geral da União a atribuição de conceder indulto e comutar penas.

Gabarito: Alternativa D (a competência para decretar e executar a intervenção federal não está entre as delegáveis aos Ministros de Estado, no parágrafo único)

- ***Procurador Municipal – 2018 – VUNESP – Prefeitura de Sorocaba – SP***

Assinale a alternativa que contempla uma competência privativa do Presidente da República, mas que pode ser delegada a Ministro de Estado.

A) Remeter mensagem ao Congresso Nacional por ocasião da abertura da sessão legislativa, expondo a situação do País.

B) Conceder indulto e comutar penas, com audiência, se necessário, dos órgãos instituídos em lei.

Gabarito: Alternativa B

- ***Analista – 2018 – CESPE – EMAP***

  A concessão de indulto é competência indelegável do presidente da República.

  A alternativa está errada. (o parágrafo único admite a delegação do indulto)

- ***Procurador Jurídico – 2016 – VUNESP – Prefeitura de Mogi das Cruzes – SP***

  Dentre as atribuições constitucionais do Presidente da República, assinale a alternativa que contempla uma que é indelegável.

  Gabarito: Celebrar tratados, convenções e atos internacionais, sujeitos a referendo do Congresso Nacional.

SEÇÃO III
DA RESPONSABILIDADE DO PRESIDENTE DA REPÚBLICA

Art. 85 – São **crimes de responsabilidade** os atos do Presidente da República que atentem contra a Constituição Federal e, especialmente, contra:

I – a existência da União;

II – **o livre exercício do Poder Legislativo, do Poder Judiciário, do Ministério Público e dos Poderes constitucionais das unidades da Federação;**

III – o exercício dos direitos políticos, individuais e sociais;

IV – a segurança interna do País;

V – **a probidade na administração;**

VI – **a lei orçamentária;**

VII – **o cumprimento das leis e das decisões judiciais.**

Parágrafo único. Esses crimes serão definidos em lei especial, que estabelecerá as normas de processo e julgamento.

1. O art. 22, I, CF concede à União competência privativa para legislar sobre direito penal e processual, dessa forma, a **União tem a competência para legislar sobre os crimes de responsabilidade**. Além disso, conforme o STF, o **julgamento desses crimes também é de competência da União.**

   ► **Entendimento jurisprudencial:**

   Súmula Vinculante 46: A definição dos crimes de responsabilidade e o estabelecimento das respectivas normas de processo e julgamento são de competência legislativa privativa da União.

2. **Crimes de responsabilidade** são as infrações político-administrativas dispostas Lei nº 1.079/1950. **Crimes comuns** são as infrações penais dispostas no Código Penal e demais legislações extravagantes. Importante ter cuidado, pois apesar dos crimes de responsabilidade possuírem lei própria, eles também são submetidos às normas do Direito Penal.

Aplicação em concurso público:

- ***Procurador – 2018 – FUNRIO – AL-RR***

  Judith, no exercício de seu mandato como Presidente da República, cometeu crime de responsabilidade por agir em desacordo com a lei orçamentária. José, prefeito de Tatuzinho do Sul, igualmente cometeu crime de responsabilidade, também por agir em desacordo com a lei orçamentária do município.

C) Judith e José não serão submetidos a processo penal, posto que os crimes de responsabilidade não se confundem com os crimes comuns, de modo que não se aplicam as normas de direito penal.

A alternativa está incorreta.

3. **O IMPEACHMENT é o impedimento para a função política,** ocasionado devido ao cometimento de algum crime de responsabilidade, **julgado pelo Senado Federal,** conforme o art. 52, I, CF, sendo as penas estabelecidas no parágrafo único do mesmo artigo. **É importante lembrar que, no julgamento, atua como Presidente o do Supremo Tribunal Federal.**

Aplicação em concurso público:

- ***Agente Administrativo – 2017 – Quadrix – CRMV-DF***

Suponha-se que o presidente da República atente contra a CF, especialmente contra a lei orçamentária. Nesse caso, qualquer cidadão em pleno gozo dos direitos políticos poderá formalizar a acusação na Câmara dos deputados. Admitida a acusação contra o presidente da República por dois terços da Câmara dos deputados, será ele submetido a julgamento perante o Supremo Tribunal Federal (STF).

A alternativa está errada. (Quem julga os crimes de responsabilidade é o Senado)

4. No ***impeachment***, o STF decidiu que, além do juízo de admissibilidade feito pela Câmara dos Deputados em todos os crimes de responsabilidade, também é necessário um juízo de admissibilidade no Senado Federal (ADPF 378, STF)

► **Entendimento jurisprudencial**:

Por maioria, o Plenário do Supremo Tribunal Federal (STF) julgou parcialmente procedente a Arguição de Descumprimento de Preceito Fundamental (ADPF) 378, que discute a validade de dispositivos da Lei 1.079/1950 que regulamentam o processo de impeachment de presidente da República. Com o julgamento, **firmou-se o entendimento de que a Câmara dos Deputados apenas dá a autorização para a abertura do processo de impeachment, cabendo ao Senado fazer juízo inicial de instalação ou não do procedimento, quando a votação se dará por maioria simples**; a votação para escolha da comissão especial na Câmara deve ser aberta, sendo ilegítimas as candidaturas avulsas de deputados para sua composição; e o afastamento de presidente da República ocorre apenas se o Senado abrir o processo.

- ***Técnico Administrativo – 2017 – Quadrix – CFO-DF***

O juízo de admissibilidade do processo de *impeachment* é realizado exclusivamente por dois terços da Câmara dos deputados, quando então o processo deverá ser encaminhado ao Senado, a quem caberá julgar o presidente da República por crime de responsabilidade.

A alternativa está errada. (no impeachment, há também o juízo de admissibilidade feito pelo Senado)

5. Aplicação nos concursos públicos:

- ***Promotor de Justiça – 2018 – FUNDEP (Gestão de Concursos) – MPE-MG***

  São crimes de responsabilidade os atos do Presidente da República, na dicção do art. 85 da CR/88, **EXCETO**:

  Gabarito: que atentem contra os partidos políticos.

Art. 86 – Admitida a acusação contra o Presidente da República, por dois terços da Câmara dos Deputados, será ele submetido a julgamento perante o **Supremo Tribunal Federal**, nas **infrações penais comuns**, ou perante o **Senado Federal**, nos **crimes de responsabilidade.**

§ 1º O Presidente ficará suspenso de suas funções:

I – nas infrações penais comuns, **se recebida a denúncia** ou queixa-crime pelo Supremo Tribunal Federal;

II – nos crimes de responsabilidade, **após a instauração do processo** pelo Senado Federal.

§ 2º Se, decorrido o prazo de **cento e oitenta dias,** o julgamento não estiver concluído, **cessará o afastamento do Presidente,** sem prejuízo do regular prosseguimento do processo.

§ 3º Enquanto não sobrevier sentença condenatória, nas infrações comuns, o Presidente da República não estará sujeito a prisão.

§ 4º O Presidente da República, na vigência de seu mandato, não pode ser responsabilizado por atos estranhos ao exercício de suas funções.

1. O artigo 86 da Constituição traz em si as **imunidades** concedidas ao chefe do Poder Executivo, são elas:

   1.1 Imunidade Formal: o Presidente só pode ser processado após a admissão de ⅔ da Câmara dos Deputados.

   1.2 Imunidade em relação à prisão: O Presidente só pode ser preso em sentença condenatória transitada em julgado.

   1.3 Imunidade temporária à persecução penal: Caso o crime praticado não tenha ligação com o exercício de suas funções ou tenha sido praticado antes de começar o mandato, a responsabilização só poderá ocorrer após o encerramento do mesmo. A relativa e temporária irresponsabilidade é apenas penal, portanto não será incluída aqui a responsabilidade civil e administrativa.

Aplicação em concurso público:

- ***Técnico Judiciário – Área Judiciária – 2018 – FGV – TJ-AL***

  O Presidente da República foi acusado da prática de crime de responsabilidade perante o Senado Federal. Em resposta, afirmou que a acusação não poderia ser endereçada à referida Casa Legislativa.

À luz da sistemática constitucional, a defesa apresentada pelo Presidente da República deve ser:

Gabarito: acolhida, pois a acusação deveria ter sido endereçada à Câmara dos Deputados.

2. Além das imunidades, o chefe do Executivo detém da **Prerrogativa de foro:** O Presidente é julgado perante o STF nas infrações penais comuns e perante o Senado Federal nos crimes de responsabilidade.(OBS: Art. 52, I e parágrafo único: no caso de julgamento perante o Senado, funcionará como presidente o do Supremo Tribunal Federal). **A prerrogativa é da função e não da pessoa, por isso, ao perder o cargo, a pessoa perde essa prerrogativa.**

▶ **Entendimento jurisprudencial:**

O postulado republicano – que repele privilégios e não tolera discriminações – impede que prevaleça a prerrogativa de foro, perante o STF, nas infrações penais comuns, mesmo que a prática delituosa tenha ocorrido durante o período de atividade funcional, se sobrevier a cessação da investidura do indiciado, denunciado ou réu no cargo, função ou mandato cuja titularidade (desde que subsistente) qualifica-se como o único fator de legitimação constitucional apto a fazer instaurar a competência penal originária da Suprema Corte (CF, art. 102, I, *b* e *c*). (...)[**Inq 1.376 AgR**, rel. min. Celso de Mello, j. 15-2-2007, P, *DJ* de 16-3-2007.]

3. **Os cargos do poder executivo não detém imunidade material (com relação a suas opiniões, palavras e votos).**

4. É importante ressaltar que as imunidades tratada neste tópico não são estendidas aos Governadores e aos Prefeitos, **uma vez que são concedidas ao Presidente da República em função da sua qualidade de Chefe de Estado.** Sendo assim, não poderão tão pouco ser aplicadas por simetria já que os Governadores e os Prefeitos exercem tão somente a função de chefe de governo.

Aplicação em concurso público:

- ***Defensor Público – 2018 – FCC – DPE-RS***

  Sobre o Poder Executivo, é correto afirmar que

  A) qualquer cidadão pode denunciar o Presidente da República pela prática de crime de responsabilidade, sendo ele submetido a julgamento perante o Senado Federal caso a Câmara dos Deputados, por três quintos dos seus membros, admita a acusação.

  C) ao contrário dos crimes de responsabilidade, somente o Procurador-Geral da República possui legitimidade para acusar o Presidente da República pela prática de infração penal comum, sendo ele submetido a julgamento pelo Supremo Tribunal Federal caso a Câmara dos Deputados, por dois terços dos seus membros, admita a acusação.

  E) as prerrogativas extraordinárias de caráter processual penal, consistentes na imunidade à prisão cautelar e a qualquer processo penal por atos estranhos ao exercício de suas funções, são inerentes ao Presidente da República enquanto

Chefe de Estado, não podendo ser estendidas aos demais chefes do Poder Executivo pelas constituições estaduais e leis orgânicas.

Gabarito: Alternativa E

► **Entendimento jurisprudencial:**

Não há necessidade de prévia autorização da Assembleia Legislativa para que o STJ receba denúncia ou queixa e instaure ação penal contra Governador de Estado, por crime comum. Vale ressaltar que se a Constituição Estadual exigir autorização da ALE para que o Governador seja processado criminalmente, **essa previsão é considerada inconstitucional. Assim, é vedado às unidades federativas instituir normas que condicionem a instauração de ação penal contra Governador por crime comum à previa autorização da Casa Legislativa.** Se o STJ receber a denúncia ou queixa-crime contra o Governador, ele não ficará automaticamente suspenso de suas funções. Cabe ao STJ dispor, fundamentadamente, sobre a aplicação de medidas cautelares penais, inclusive afastamento do cargo. STF. Plenário. ADI 5540/MG, Rel. Min. Edson Fachin, julgado em 3/5/2017 (Info 863)

Aplicação nos concursos públicos:

- ***Juiz de Direito – 2015 – CESPE – TJ-DFT***

  D) É lícita a prisão em flagrante de governador de estado da Federação que cometa tentativa de homicídio, uma vez que os governadores não gozam da prerrogativa extraordinária da imunidade a esse tipo de prisão.

  A alternativa está correta.

- ***Delegado de Polícia – 2018 – UEG – PC-GO***

  E) o Governador do Estado só pode ser processado criminalmente pelo Superior Tribunal de Justiça após prévia autorização da Assembleia Legislativa local nos casos em que a Constituição Estadual assim o exigir.

  A afirmativa está errada. (a prévia autorização da Câmara dos Deputados para admissão da acusação do Presidente não é um princípio extensível aos Governadores)

5. O § 1º deste artigo dispõe acerca das hipóteses em que o Presidente fica **suspenso de suas funções,** visando aguardar o julgamento do processo a qual está sendo submetido. Essas hipóteses são cobradas de forma literal, são elas:

– após o recebimento da ação penal no STF, para os crimes comuns.

– após a instauração do processo no Senado, para os crimes de responsabilidade.

A suspensão ocorrerá por 180 dias, após esse prazo, caso o julgamento não tenha sido concluído, o Presidente voltará às suas funções (§ 2º).

Aplicação nos concursos públicos:

- ***Técnico Administrativo – 2017 – Quadrix – CFO-DF***

  O presidente da República, uma vez recebida a denúncia por crime comum, ficará suspenso de suas funções. Da mesma forma, conforme o STF, não poderão substituir o presidente suspenso em caráter eventual aqueles que, na linha sucessória, também estejam com denúncia recebida perante o STF.

A alternativa está certa.

- ***Procurador Jurídico – 2017 – Quadrix – CFO-DF***

  O presidente da República somente ficará suspenso das suas funções após a instauração do processo de *impeachment* pelo Senado Federal, que terá o prazo de 180 dias para concluir o julgamento, sob pena da imediata cessação do afastamento, sem prejuízo da continuidade do processo.

  A alternativa está correta.

6. O STF, no julgamento do MS 21.689-DF, entendeu que o julgamento do Senado nos crimes de responsabilidade tem natureza política, sendo, portanto, irrecorrível. Dessa forma, o Poder Judiciário não pode reformar sentença, apenas verificar a respeito do procedimento usado

Aplicação em concurso público:

- ***Agente de Polícia – 2016 – CESPE – PC-PE***

  Assinale a opção correta no que se refere às responsabilidades do presidente da República estabelecidas na CF.

  A) Acusado da prática de crime comum estranho ao exercício de suas funções, cometido na vigência do mandato, o presidente da República será julgado pelo Supremo Tribunal Federal (STF) após deixar a função.

  B) O afastamento do presidente da República cessará se, decorrido o prazo de cento e oitenta dias, o Senado Federal não tiver concluído o julgamento do processo pela prática de crime de responsabilidade aberto contra ele; nesse caso, o processo será arquivado.

  E) A decisão do Senado Federal que absolve ou condena o presidente da República em processo pela prática de crime de responsabilidade não pode ser reformada pelo Poder Judiciário.

  Gabarito: Alternativa E

7. **Entendimento jurisprudencial:**

"...A apresentação de defesa prévia não é uma exigência do princípio constitucional da ampla defesa: ela é exceção, e não a regra no processo penal. Não há, portanto, impedimento para que a primeira oportunidade de apresentação de defesa no processo penal comum se dê após o recebimento da denúncia...' [STF, ADPF 378/DF]

Aplicação em concurso público:

- ***Promotor de Justiça – 2016 – MPE-GO***

  Em relação ao processo de apuração de crime de responsabilidade cometido por Presidente da República, segundo a jurisprudência dominante do Supremo Tribunal Federal, é correto afirmar que:

A apresentação de defesa prévia não é uma exigência do princípio constitucional da ampla defesa: ela é exceção, e não a regra no processo penal, de tal arte que não é direito subjetivo do Presidente da República o exercício de defesa previamente ao ato do Presidente da Câmara dos Deputados que inicia o rito de *impeachment* naquela Casa.

SEÇÃO IV
DOS MINISTROS DE ESTADO

Art. 87 – Os **Ministros de Estado serão escolhidos dentre brasileiros maiores de vinte e um anos** e no **exercício dos direitos políticos.**

Parágrafo único. Compete ao Ministro de Estado, além de outras atribuições estabelecidas nesta **Constituição e na lei:**

I – exercer a orientação, coordenação e supervisão dos órgãos e entidades da administração federal na área de sua competência e referendar os atos e decretos assinados pelo Presidente da República;

II – expedir instruções para a execução das leis, decretos e regulamentos;

III – apresentar ao Presidente da República relatório anual de sua gestão no Ministério;

IV – praticar os atos pertinentes às atribuições que lhe forem outorgadas ou delegadas pelo Presidente da República.

1. **Os Ministros de Estado são auxiliares do Presidente** e ficam responsáveis por coordenar um **Ministério** (órgão do poder executivo), ligado a um assunto específico do governo (ex. Ministério da Agricultura, Ministério do Trabalho, Ministério da Educação, Ministério da Justiça...).

2) Aplicação em concurso público:

- ***Delegado de Polícia – 2018 – VUNESP – PC-SP***

Supondo que o Presidente da República decida nomear como novo Ministro de Defesa FULANO DE TAL, é correto afirmar que referido Ministro

A) deverá possuir no mínimo 18 anos de idade, podendo ser brasileiro nato ou naturalizado, no gozo de seus direitos políticos.

B) obrigatoriamente, deverá possuir mais de 21 anos de idade e ser exclusivamente brasileiro nato, no gozo de seus direitos políticos.

D) deverá contar no máximo 30 anos de idade, podendo ser brasileiro nato ou naturalizado, no gozo dos seus direitos políticos.

Gabarito: Alternativa B (literalidade do art. 87, caput, CF)

Art. 88 – A **lei** disporá sobre a criação e extinção de Ministérios e órgãos da administração pública.

1. O Presidente da República pode extinguir funções e cargos públicos quando vagos mediante decreto (art. 84, VI, b, CF), **mas nunca órgãos e Ministérios.**

Aplicação em concurso público:

- ***Analista Judiciário – Taquigrafia – FCC – 2017 – TST***

Decreto editado pelo Presidente da República promove a reorganização de diferentes Ministérios da Administração federal, sem que haja criação de novos órgãos ou aumento de despesa, bem como extingue centenas de cargos vagos até então existentes nos quadros dos órgãos em questão. Nessa hipótese, o Presidente da República

Gabarito: agiu em conformidade com as competências que lhe são atribuídas pela Constituição Federal. (a questão tentou confundir o candidato ao dizer que o decreto reorganizava os Ministérios)

SEÇÃO V
O CONSELHO DA REPÚBLICA E DO CONSELHO DE DEFESA NACIONAL

1. O Conselho da República e o Conselho Nacional são **órgãos de consulta** do Presidente da República. Tais órgãos emitem pareceres, porém esses pareceres não vinculam a decisão presidencial.
2. Nota-se que as diferenças entre os órgãos se dá pela sua composição e nos assuntos dos quais opinam.

SUBSEÇÃO I
DO CONSELHO DA REPÚBLICA

Art. 89 – O Conselho da República é **órgão superior de consulta do Presidente da República,** e dele participam:

I – o Vice-Presidente da República;

II – o Presidente da Câmara dos Deputados;

III – o Presidente do Senado Federal;

IV – os líderes da maioria e da minoria na Câmara dos Deputados;

V – os líderes da maioria e da minoria no Senado Federal;

VI – o Ministro da Justiça;

VII – seis **cidadãos brasileiros natos,** com mais de trinta e cinco anos de idade, sendo dois nomeados pelo Presidente da República, **dois eleitos pelo Senado Federal** e **dois eleitos pela Câmara dos Deputados,** todos com mandato de **três anos,** vedada a recondução.

Art. 90 – Compete ao **Conselho da República** pronunciar-se sobre:

I – **intervenção federal, estado de defesa e estado de sítio;**

II – as questões relevantes para a estabilidade das instituições democráticas.

§ 1º O Presidente da República poderá convocar **Ministro de Estado** para participar da reunião do Conselho, quando constar da pauta questão relacionada com o respectivo Ministério.

§ 2º A lei regulará a organização e o funcionamento do Conselho da República.

1. Dos membros do conselho da República podemos destacar que dentre eles possuem **membros do poder executivo e também do poder legislativo**, são eles:

Executivo: Presidente (art. 84, XVIII da CF), Vice-presidente e Ministro da Justiça.
Legislativo: Presidentes da câmara e do Senado, líderes da maioria e da minoria na câmara e no senado.
Lembrar também dos seis cidadãos brasileiros natos e que o mandato deles são de três anos.

2. Importante destacar a grande diferença na composição para o Conselho de Defesa Nacional. **Aqui, há a participação de cidadãos brasileiros natos.**
3. O Conselho da República pode ter sua composição cobrada nos concursos públicos.

4. Aplicação nos concursos públicos:

- ***Delegado de Polícia – 2018 – VUNESP – PC-SP***

  É correto afirmar sobre o Conselho da República:

  A) dele participam como membros, dentre outros, os líderes da maioria e da minoria, tanto na Câmara dos Deputados como no Senado Federal.

  B) possui como um de seus membros o Ministro do Planejamento.

  E) é composto, dentre outros membros, de oito cidadãos brasileiros natos ou naturalizados, com mais de trinta e cinco anos de idade, sendo três nomeados pelo Presidente da República, três eleitos pelo Senado Federal e dois eleitos pela Câmara dos Deputados, todos com mandato de três anos, sendo possível a recondução por uma única vez.

  Gabarito: Alternativa A.

- ***Analista Judiciário – 2017 – TRF 1ª REGIÃO – CESPE.***

  A respeito da organização dos poderes da República, julgue o item que se segue.

  O Conselho de Defesa Nacional é órgão de consulta do presidente da República nos assuntos relacionados à soberania e à defesa do Estado democrático, sendo sua competência opinar sobre a decretação de estado de defesa, estado de sítio e intervenção federal.

  Gabarito: A afirmativa está correta.

SUBSEÇÃO II
DO CONSELHO DE DEFESA NACIONAL

Art. 91 – O Conselho de Defesa Nacional é **órgão de consulta do Presidente da República nos assuntos relacionados com a soberania nacional e a defesa do Estado democrático,** e dele participam como membros natos:

I – o Vice-Presidente da República;

II – o Presidente da Câmara dos Deputados;

III – o Presidente do Senado Federal;

IV – o Ministro da Justiça;

V – os Ministros militares;

V – o Ministro de Estado da Defesa;

VI – o Ministro das Relações Exteriores;

VII – o Ministro do Planejamento.

VIII – os Comandantes da Marinha, do Exército e da Aeronáutica.

§ 1º Compete ao Conselho de Defesa Nacional:

I – **opinar nas hipóteses de declaração de guerra e de celebração da paz,** nos termos desta Constituição;

II – **opinar sobre a decretação do estado de defesa, do estado de sítio e da intervenção federal;**

III – propor os critérios e condições de utilização de áreas indispensáveis à segurança do território nacional e opinar sobre seu efetivo uso, especialmente na faixa de fronteira e nas relacionadas com a preservação e a exploração dos recursos naturais de qualquer tipo;

IV – estudar, propor e acompanhar o desenvolvimento de iniciativas necessárias a garantir a independência nacional e a defesa do Estado democrático.

§ 2º A lei regulará a organização e o funcionamento do Conselho de Defesa Nacional.

1. O Conselho de Defesa Nacional opina sobre **hipóteses de declaração de guerra e celebração de paz,** possuindo um papel que também se relaciona com a **soberania do Estado**, o que não acontece com o Conselho da República, que opina apenas acerca de questões internas, ligadas à autonomia estatal.

2) Aplicação nos concursos públicos:

- ***Analista Judiciário – Área Judiciária – 2017 – IBFC – TJ-PE***

  O Conselho de Defesa Nacional é um órgão de Estado, cuja missão é prestar consultoria ao Presidente da República em assuntos vinculados à soberania nacional e à defesa do Estado Democrático de Direito. Assinale a alternativa que apresenta informação correta sobre o Conselho de Defesa Nacional.

  A) Além dos Ministros da Justiça, da Defesa, do Planejamento e das Relações Exteriores, também participam das reuniões do Conselho de Defesa Nacional os comandantes da Marinha, Exército e Aeronáutica, bem como o presidente do Supremo Tribunal Federal e do Senado Federal

  B) O Conselho de Defesa Nacional detém competência exclusiva para a decretação do estado de defesa e do estado de sítio

  C) Cabe ao Conselho de Defesa Nacional pronunciar-se sobre questões relevantes para a estabilidade das instituições democráticas

  D) A missão do Conselho de Defesa Nacional é zelar pela segurança interna do país e probidade na administração dos recursos nacionais

E) O Conselho de Defesa Nacional tem o dever de opinar nas hipóteses de declaração de guerra e celebração da paz

Gabarito: Alternativa E

- ***Juiz federal – 2016 – TRF – 4ª REGIÃO***

E) O Conselho de Defesa Nacional é o órgão de consulta do Presidente da República nos assuntos relacionados com a soberania nacional e a defesa do Estado Democrático, sendo portanto essenciais à sua composição, como membros natos, o Vice-Presidente da República, o Presidente do Congresso Nacional e o Presidente do Supremo Tribunal Federal.

A alternativa está incorreta. (o CDN tem em sua composição o Presidente do Senado e o Presidente da Câmara dos Deputados e não o Presidente do Congresso Nacional).

- ***Defensor Público – CESPE – 2017 – DPE-AC***

O Conselho de Defesa Nacional

E) é órgão de consulta para assuntos relacionados à soberania nacional.

Gabarito: Afirmativa está correta.

- ***Prefeitura do Rio de Janeiro – 2015***

De acordo com a Constituição da República Federativa do Brasil de 1988, compete ao Conselho de Defesa Nacional:

B) estudar, propor e acompanhar o desenvolvimento de iniciativas necessárias a garantir a independência nacional e a defesa do Estado Democrático.

Gabarito: A afirmativa está correta.

CAPÍTULO III
DO PODER JUDICIÁRIO

1. O Poder Judiciário tem a **função típica de aplicar o direito no caso concreto**, mas também possui funções atípicas, como demonstra o art. 96, CF. Este artigo possui exemplos de competência atípica no âmbito executivo (organizar suas secretarias) e também no âmbito legislativo (elaborar seus regimentos internos).
2. A Constituição elenca alguns princípios muito importantes para o Poder Judiciário, veja:

- Princípio da Inafastabilidade da Jurisdição (art. 5º, XXXV, CF)
- Princípio do Juiz Natural (art. 5º, XXXVII, CF)
- Princípio do Contraditório e da Ampla Defesa (art. 5º, LV, CF)
- Princípio da fundamentação das decisões (art. 93, IX, CF)

SEÇÃO I
DISPOSIÇÕES GERAIS

Art. 92 – São órgãos do Poder Judiciário:

I – o Supremo Tribunal Federal;

I-A o Conselho Nacional de Justiça;

II – o Superior Tribunal de Justiça;

II-A – o Tribunal Superior do Trabalho;

III – os Tribunais Regionais Federais e Juízes Federais;

IV – os Tribunais e Juízes do Trabalho;

V – os Tribunais e Juízes Eleitorais;

VI – os Tribunais e Juízes Militares;

VII – os Tribunais e Juízes dos Estados e do Distrito Federal e Territórios.

§ 1º O Supremo Tribunal Federal, o Conselho Nacional de Justiça e os Tribunais Superiores têm sede na Capital Federal.

§ 2º O Supremo Tribunal Federal e os Tribunais Superiores têm jurisdição em todo o território nacional.

1. Esse artigo traz os órgãos que estruturam o Poder Judiciário. Através dele, podemos analisar a sua estrutura como um todo.

2. O **CNJ** é o único órgão do poder judiciário que **não tem função jurisdicional**, só administrativa; ele exerce o controle interno do Poder Judiciário, fiscalizando-o. Por isso mesmo, as suas decisões são consideradas como de natureza exclusivamente administrativa, não podendo resultar em demissão de magistrados, já que o órgão não profere sentença. As disposições acerca do CNJ estão dispostas no art. 103-B da Constituição.

3) Aplicação nos concursos públicos:

- ***Oficial Judiciário – 2017 – TJ-MG (CONSULPLAN)***

  São órgãos do poder judiciário, **EXCETO**:

  Gabarito: Os tribunais de contas. (órgãos do Poder Legislativo).

Art. 93 – Lei complementar, de iniciativa do Supremo Tribunal Federal, disporá sobre o **Estatuto da Magistratura,** observados os seguintes princípios:

I – ingresso na carreira, cujo **cargo inicial** será o de **juiz substituto,** mediante concurso público de provas e títulos, com a participação da Ordem dos Advogados do Brasil em todas as fases, exigindo-se do bacharel em direito, no mínimo, **três anos de atividade jurídica** e obedecendo-se, nas nomeações, à ordem de classificação;

1. Ingresso na carreira de magistrado: por meio de concurso de concurso de provas e títulos com a exigência de três anos de atividade jurídica, que devem ser comprovadas no momento da inscrição definitiva no concurso público.

Entendimento jurisprudencial:

Ingresso na carreira da magistratura. Art. 93, I, CRFB. EC 45/2004. **Triênio de atividade jurídica privativa de bacharel em direito.** Requisito de experimentação profissional. **Momento da comprovação. Inscrição definitiva.** Constitucionalidade da exigência. ADI 3.460. Reafirmação do precedente pela Suprema Corte. Papel da Corte de Vértice. Unidade e estabilidade do Direito. Vinculação aos seus precedentes. Stare decisis. Princípios da segurança jurídica e da isonomia. Ausência dos requisitos de superação total (Overruling) do precedente. [RE 655.265, rel. p/ o ac. min. Edson Fachin, j. 13-4-2016, P, DJE de 5-8-2016, Tema 509.]

Aplicação nos concursos públicos:

- ***Procurador Municipal – 2016 – Prefeitura de Porto Alegre – RS (FUNDATEC).***

  O STF, em repercussão geral, recentemente reformulou sua orientação para definir que: "A comprovação do triênio de atividade jurídica exigida para o ingresso no cargo de juiz substituto, nos termos do Art. 93, inciso I, da Constituição Federal, pode ocorrer até a posse e não no momento da inscrição definitiva no concurso público".

  Gabarito: Alternativa incorreta.

2. **Entendimento jurisprudencial:**

A comprovação de atividade jurídica**, pode considerar o tempo de exercício em cargo não privativo de bacharel em Direito,** desde que, ausentes dúvidas acerca da natureza eminentemente jurídica das funções desempenhadas.

[MS 28.226 AgR, rel. min. Luiz Fux, j. 4-8-2015, 1ª T, DJE de 26-8-2015.]

II – promoção de entrância para entrância, alternadamente, por antigüidade e merecimento, atendidas as seguintes normas:

a) é obrigatória a **promoção** do juiz que **figure por três vezes consecutivas ou cinco alternadas em lista de merecimento;**

b) a promoção por merecimento pressupõe dois anos de exercício na respectiva entrância e integrar o juiz a primeira quinta parte da lista de antigüidade desta, salvo se não houver com tais requisitos quem aceite o lugar vago;

c) aferição do merecimento conforme o desempenho e pelos critérios objetivos de produtividade e presteza no exercício da jurisdição e pela freqüência e aproveitamento em cursos oficiais ou reconhecidos de aperfeiçoamento;

d) na apuração de antigüidade, o tribunal somente poderá recusar o juiz mais antigo pelo voto fundamentado de dois terços de seus membros, conforme procedimento próprio, e assegurada ampla defesa, repetindo-se a votação até fixar-se a indicação;

e) não será promovido o juiz que, injustificadamente, retiver autos em seu poder além do prazo legal, não podendo devolvê-los ao cartório sem o devido despacho ou decisão;

1. Cuidado para não confundir **entrância** com **instância:**

- **Entrância** está relacionado com o número de varas de uma comarca. A comarca de primeira entrância é a que tem só uma vara, de segunda entrância tem número intermediário de varas e as entrâncias especiais são as comarcas com 5 ou mais varas.

- **Instância é** o grau de jurisdição dentro do Poder Judiciário. Em regra, um processo é interposto na primeira instância a um juiz monocrático; quando há interposição de recurso, o processo sobe para a segunda instância.

Entendimento jurisprudencial:

A **promoção de juízes para o Tribunal de Justiça local ocorre de acordo com o surgimento das vagas, alternando-se os critérios de antiguidade e merecimento para provimento dos cargos.** Esse sistema não se confunde com a promoção de entrância, em que há uma lista das varas a serem providas por merecimento e outra destinada ao provimento por antiguidade. A combinação dos sistemas, aplicando-se os preceitos da promoção de entrância à promoção para o Tribunal, é impossível. (AO 1.499, Rel. Min. Eros Grau, j. 26-5-2010, Plenário, DJE de 6-8-2010.)

2. Aplicação nos concursos públicos:

- ***Investigador de Polícia Civil – 2018 – PC-BA(VUNESP)***

Partindo das previsões constantes na Constituição Federal brasileira, assinale a alternativa correta acerca da organização, das competências e dos órgãos do Poder Judiciário.

B) Na promoção de entrância para entrância, será obrigatória a promoção do juiz que figure por 3 (três) vezes consecutivas ou 5 (cinco) alternadas em lista de merecimento.

Gabarito: Alternativa correta.

- ***Titular de Serviços de Notas e de Registros – Provimento – VUNESP – 2014 – TJ-SP***

A Constituição Federal, em seu artigo 93, estabelece que lei complementar, de iniciativa do Supremo Tribunal Federal, disporá sobre o Estatuto da Magistratura, observados determinados princípios.

Assinale a alternativa que expõe, de forma correta, um desses princípios.

A) Nunca será promovido o juiz que retiver autos em seu poder além do prazo legal, não podendo devolvê-los ao cartório sem o devido despacho ou decisão.

B) Promoção de entrância para entrância, alternadamente, por antiguidade e merecimento, observando-se, dentre outros fatores, a obrigatoriedade da promoção do juiz que figure por três vezes consecutivas ou cinco alternadas em lista de merecimento.

Gabarito: Alternativa B (a alternativa A está errada devido a palavra NUNCA)

III o acesso aos tribunais de segundo grau far-se-á por **antigüidade e merecimento**, alternadamente, apurados na última ou única entrância;

3. Aplicação em concurso público:

- ***Titular de Serviços de Notas e de Registros – Provimento – VUNESP – 2014 – TJ-SP***

A Constituição Federal, em seu artigo 93, estabelece que lei complementar, de iniciativa do Supremo Tribunal Federal, disporá sobre o Estatuto da Magistratura, observados determinados princípios.

D) Acesso aos tribunais de segundo grau por antiguidade ou indicação do Supremo Tribunal Federal, alternadamente.

Gabarito: Alternativa incorreta (o STF não faz indicação para acesso aos tribunais de segundo grau, o acesso é por antiguidade e merecimento)

IV – previsão de cursos oficiais de preparação, aperfeiçoamento e promoção de magistrados, constituindo etapa obrigatória do processo de vitaliciamento a participação em curso oficial ou reconhecido por escola nacional de formação e aperfeiçoamento de magistrados;

V – o subsídio dos Ministros dos Tribunais Superiores corresponderá a noventa e cinco por cento do subsídio mensal fixado para os Ministros do Supremo Tribunal Federal e os subsídios dos demais magistrados serão fixados em lei e escalonados, em nível federal e estadual, conforme as respectivas categorias da estrutura judiciária nacional, não podendo a diferença entre uma e outra ser superior a dez por cento ou inferior a cinco por cento, nem exceder a noventa e cinco por cento do subsídio mensal dos Ministros dos Tribunais Superiores, obedecido, em qualquer caso, o disposto nos arts. 37, XI, e 39, § 4º;

4. O **subsídio dos Ministros do STF** é chamado de **"teto constitucional" ou vulgarmente conhecido como "teto geral do funcionalismo público"**, ou seja, **nenhum servidor público pode receber remuneração maior que a desses ministros,** além disso, todo o salário dos membros do poder judiciário é calculado com base no subsídio dos ministros.

5. **O inciso V dispõe acerca dos limites dos subsídios dos membros do Poder Judiciário.** Dessa forma, considerando 100% do subsídio dos ministros do STF, o teto dos ministros dos outros tribunais superiores é de 95% desse valor; e considerando esses 95%, o teto dos demais membros do poder judiciário é de 95% destes.

6. **Atenção:** Foi votado o PLC 26/2016 que modifica o salário percebido pelos ministros do Supremo Tribunal Federal. Segundo o Projeto de Lei Complementar, o quantum será de **R$ 39,2 mil.**

VI – a aposentadoria dos magistrados e a pensão de seus dependentes observarão o disposto no art. 40;

VII – o juiz titular residirá na respectiva comarca, salvo autorização do tribunal;

VIII – o ato de remoção, disponibilidade e aposentadoria do magistrado, por interesse público, fundar-se-á em decisão por voto da maioria absoluta do respectivo tribunal ou do Conselho Nacional de Justiça, assegurada ampla defesa;

VIII-A – a remoção a pedido ou a permuta de magistrados de comarca de igual entrância atenderá, no que couber, ao disposto nas alíneas a, b, c e e do inciso II;

IX – todos os julgamentos dos órgãos do Poder Judiciário serão públicos, e fundamentadas todas as decisões, sob pena de nulidade, **podendo a lei limitar a presença,** em determinados atos, às próprias partes e a seus advogados, ou somente a estes, **em casos nos quais a preservação do direito à intimidade do interessado no sigilo não prejudique o interesse público à informação;**

7. O inciso IX obedece aos princípios da **publicidade,** que é ponderado pela defesa da intimidade ou do interesse social (Ver também art. 5º, LX, CF)

Aplicação nos concursos públicos:

- **Assistente Jurídico – Advocacia – 2016 – Câmara de Suzano – SP (INTEGRI)**

  Todos os julgamentos dos órgãos do Poder Judiciário serão públicos, e fundamentadas todas as decisões, sem exceção, sob pena de nulidade, a fim de garantir e preservar o interesse público à informação.

  Gabarito: Alternativa incorreta. (a lei pode limitar a presença do público nos julgamentos – inciso IX)

X - as decisões administrativas dos tribunais **serão motivadas** e em **sessão pública**, sendo as disciplinares tomadas pelo **voto da maioria absoluta de seus membros;**

XI - nos tribunais com número superior a vinte e cinco julgadores, poderá ser constituído **órgão especial**, com o mínimo de onze e o máximo de vinte e cinco membros, para o exercício das atribuições administrativas e jurisdicionais delegadas da competência do tribunal pleno, provendo-se metade das vagas por antigüidade e a outra metade por eleição pelo tribunal pleno;

8 O **órgão especial** mencionado no inciso XI, juntamente com o órgão plenário, é o órgão capacitado para, dentro do controle difuso de constitucionalidade, declarar a inconstitucionalidade de uma lei ou ato normativo dentro dos tribunais. **É mencionado também posteriormente no art. 97, caput, da Constituição Federal e no art. 948 do CPC,** disposições estas que tratam da cláusula de reserva de plenário.

9) Aplicação nos concursos públicos:

- ***Investigador de Polícia Civil – 2018 – PC-BA (VUNESP)***

  As decisões administrativas dos tribunais serão motivadas e em sessão pública, sendo as disciplinares tomadas pelo voto de 2/3 (dois terços) de seus membros.

  Gabarito: Alternativa incorreta. (maioria absoluta – inciso X)

XII - a atividade jurisdicional será ininterrupta, **sendo vedado férias coletivas nos juízos e tribunais de segundo grau**, funcionando, nos dias em que não houver expediente forense normal, juízes em plantão permanente;

XIII - o número de juízes na unidade jurisdicional será proporcional à efetiva demanda judicial e à respectiva população;

XIV - os servidores receberão delegação para a prática de atos de administração e atos de mero expediente sem caráter decisório;

XV - **a distribuição de processos será imediata**, em todos os graus de jurisdição.

10) Aplicação em concurso público:

- ***Delegado de Polícia – 2018 – PC-BA (VUNESP)***

  A atividade jurisdicional será ininterrupta, sendo vedadas férias coletivas nos juízos de duplo grau de jurisdição e tribunais superiores, funcionando, nos dias em que não houver expediente forense normal, juízes em plantão permanente.

  Gabarito: Alternativa incorreta. (nos tribunais superiores podem ter férias coletivas – inciso XII)

- ***Técnico de Nível Superior – 2015 – MPOG (CESPE)***

  Os servidores do judiciário não poderão receber delegação para a prática de atos de mero expediente, ainda que sem caráter decisório.

  Gabarito: Alternativa considerada errada. (podem ser delegados atos de mero expediente sem caráter decisório – inciso XIV)

Art. 94 - Um **quinto dos lugares** dos Tribunais Regionais Federais, dos Tribunais dos Estados, e do Distrito Federal e Territórios **será composto de membros, do Ministério Público, com mais de dez anos de carreira, e de advogados de notório saber jurídico e de reputação ilibada, com mais de dez anos de efetiva atividade profissional, indicados em lista sêxtupla pelos órgãos de representação das respectivas classes.**

Parágrafo único. Recebidas as indicações, o tribunal formará lista tríplice, enviando-a ao Poder Executivo, que, nos vinte dias subseqüentes, escolherá um de seus integrantes para nomeação.

1. O **quinto constitucional** é a regra que reserva um quinto das vagas de juízes em alguns tribunais brasileiros para advogados e membros do Ministério Público que preencham os requisitos constitucionais (mais de 10 anos de carreira, além de notório saber jurídico e reputação ilibada para os advogados). Importante salientar que a regra varia no âmbito do **Superior Tribunal de Justiça, onde a regra é que serão reservados um terço das vagas,** conforme art. 104, II, da Constituição Federal.

Aplicação em concurso público:

- ***Técnico Judiciário – Área Administrativa – CESPE – 2017 – TRT – 7ª Região (CE)***

  A CF dispõe que um quinto (regra do quinto constitucional) ou um terço (regra de um terço) dos membros de alguns tribunais serão, obrigatoriamente, oriundos do Ministério Público e da advocacia.

  A partir dessa informação, assinale a opção em que o primeiro tribunal deve respeitar a regra do quinto constitucional para a sua composição, e o segundo, deve respeitar a regra de um terço.

  Gabarito: Tribunal de Justiça do Distrito Federal e Territórios / STJ

  Obs: Além do STJ, a Constituição elenca outros tribunais que são exceção ao quinto constitucional, são eles:

- *TSE e TRE: art. 119, II e 120, III, CF – 2/7*
- *STM: art. 123, parágrafo único, I e II, CF ; 3/15 de advogados e 2/15 entre juízes auditores e membros do MP da Justiça Militar*

2. Os tribunais brasileiros que observam a regra do quinta constitucional são: Tribunais de Justiça Estaduais, Tribunais Regionais Federais, Tribunais Regionais do Trabalho e Tribunal Superior do Trabalho. Os tribunais do trabalho foram adicionados à regra após a EC 45/2004.

► **Entendimento jurisprudencial:**

Com a promulgação da EC 45/2004, **deu-se a extensão, aos tribunais do trabalho, da regra do "quinto"** constante do art. 94 da Carta Federal. [ADI 3.490, rel. min. Marco Aurélio, j. 19-12-2005, P, DJ de 7-4-2006.]

Aplicação em concurso público:

- ***TCE-PR – Analista de Controle – Jurídica – CESPE – 2016***

De acordo com a jurisprudência do STF, assinale a opção correta acerca da regra do quinto constitucional.

E) O quinto constitucional que destina parcela das vagas de um tribunal à advocacia não se estende aos tribunais regionais do trabalho.

Gabarito: Alternativa errada

3. Os tribunais eleitorais não obedecem à regra do quinto constitucional, entretanto, nada impede que um advogado que ocupa o cargo de juiz no TRE concorre a cargo reservado ao quinto constitucional de desembargador no TJ.

► **Entendimento jurisprudencial:**

Não há, na legislação vigente, nenhum impedimento a que ocupante do cargo de juiz no TRE na vaga destinada aos advogados no TRE concorra ao cargo de desembargador pelo quinto constitucional no TJ." (MS 32.491, rel. min. Ricardo Lewandowski, julgamento em 19-8-2014, Segunda Turma, DJE de 10-10-2014.)

Aplicação em concurso público:

- ***Analista de Controle – Jurídica – CESPE – 2016 – TCE-PR***

De acordo com a jurisprudência do STF, assinale a opção correta acerca da regra do quinto constitucional.

C) O juiz de tribunal regional eleitoral ocupante de vaga destinada à advocacia estará impedido de concorrer ao quinto constitucional para preenchimento de vaga no tribunal de justiça de estado também destinada à advocacia.

Gabarito: A alternativa está errada

4. Processo de escolha: Depois de escolhidos os integrantes (advogados ou membros do Ministério Público, conforme o *caput*), será formada uma lista sêxtupla, ou seja, com seis nomes para serem indicados. Após, serão escolhidos 3 integrantes dentre os 6 anteriormente escolhidos e enviados seus nomes ao Poder executivo para que este finalmente escolha.

Aplicação em concurso público:

- ***Juiz do trabalho – 2016 – TRT – 4ª REGIÃO.***

  I – Um quinto dos lugares dos Tribunais Regionais Federais, dos Tribunais dos Estados e do Distrito Federal e Territórios será composto de membros oriundos do Ministério Público e da advocacia, indicados em lista sêxtupla pelos órgãos de representação das respectivas classes. Caso o número total de membros do Tribunal não seja divisível por 5 (cinco), arredonda-se a fração para o número inteiro seguinte, a fim de obter-se a quantidade de vagas reservadas ao quinto constitucional.

  Gabarito: Alternativa correta.

- ***Advogado – 2016 – CRQ 18° Região – PI (Quadrix).***

  Os advogados que ingressam nos tribunais estaduais ou federais pelo quinto constitucional adquirem vitaliciedade após dois anos de efetivo exercício da carreira.

  Gabarito: Alternativa incorreta. (a vitaliciedade após dois anos é adquirida apenas no primeiro grau, pela regra do quinto constitucional, os advogados e membros do MP adquirem a vitaliciedade instantaneamente).

5. Os Tribunais de Justiça **podem devolver a lista sêxtupla quando acharem que os candidatos à vaga não preenchem os requisitos necessários,** porém tal devolução deve ter motivação fundada em razões objetivas.

► **Entendimento jurisprudencial:**

A devolução da lista apresentada pela OAB com clara indicação dos motivos que a suportaram não viola decisão desta Suprema Corte que, expressamente, ressalvou essa possibilidade 'à falta de requisito constitucional para a investidura, desde que fundada a recusa em razões objetivas, declinadas na motivação da deliberação do órgão competente do colegiado judiciário' (MS 25.624/SP, Rel. Min. Sepúlveda Pertence, DJ de 19-12-2006)." (Rcl 5.413, rel. min. Menezes Direito, julgamento em 10-4-2008, Plenário,DJE de 23-5-2008.)

Aplicação em concurso público:

- ***Analista de Controle – Jurídica – CESPE – 2016 – TCE-PR***

  De acordo com a jurisprudência do STF, assinale a opção correta acerca da regra do quinto constitucional.

  Gabarito: Os tribunais de justiça possuem a prerrogativa de, fundamentada e objetivamente, devolver a lista sêxtupla encaminhada pela Ordem dos Advogados do Brasil para preenchimento de vaga destinada à advocacia quando faltar a algum dos indicados requisito constitucional para a investidura.

6. A Assembleia Legislativa **não participa** do processo de escolha do quinto constitucional dos Tribunal de Justiça de seu Estado.

► **Entendimento jurisprudencial:**

Conflita com a CF norma da Carta do Estado que junge à aprovação da Assembleia Legislativa a escolha de candidato à vaga do quinto em Tribunal." (ADI 4.150, rel. min. Marco Aurélio, julgamento em 25-2-2015, Plenário, DJE de 19-3-2015.)

Aplicação em concurso público:

- ***Analista de Controle – Jurídica – CESPE – 2016 – TCE-PR***

  De acordo com a jurisprudência do STF, assinale a opção correta acerca da regra do quinto constitucional.

  A) Não afrontará o princípio da simetria a norma que, presente em Constituição estadual, imponha a sabatina, pela assembleia legislativa do estado, do candidato escolhido pelo Poder Executivo a partir de lista tríplice para preenchimento de vaga em tribunal de justiça destinada ao quinto constitucional.

  Gabarito: A alternativa está errada

Art. 95 – Os juízes gozam das seguintes **garantias:**

I – **vitaliciedade,** que, no primeiro grau, só será adquirida após dois anos de exercício, dependendo a perda do cargo, nesse período, de deliberação do tribunal a que o juiz estiver vinculado, e, nos demais casos, de sentença judicial transitada em julgado;

II – **inamovibilidade,** salvo por motivo de interesse público, na forma do art. 93, VIII;

III – **irredutibilidade de subsídio,** ressalvado o disposto nos arts. 37, X e XI, 39, § 4º, 150, II, 153, III, e 153, § 2º, I.

1. **A art. 95 dispõe das garantias gozadas pelos juízes para permitir o exercício do cargo, são elas:**

   1.1. A **vitaliciedade** garante aos magistrados que apenas percam seu cargo por uma sentença transitada em julgado.

   1.2. A **inamovibilidade** traduz-se na impossibilidade de ser o juíz ser removido do local onde atua sem seu consentimento. Importante salientar que, apesar de ser regra, admite exceção. Conforme art. 93, VIII, da Constituição Federal, **o magistrado poderá ser movido por motivo de interesse público.**

   1.3. A **irredutibilidade de subsídio** garante que o subsídio dos magistrados não poderá ser reduzido, para que haja livre exercício de suas funções.

Aplicação em concurso público:

- ***Técnico Judiciário – Área Administrativa – 2016 – TRT – 8ª Região (2016).***

  São garantias da magistratura a inamovibilidade, a irredutibilidade de subsídios e a vitaliciedade.

  Gabarito: Alternativa Correta.

2 Quanto à vitaliciedade, necessário lembrar que essa só será adquirida no primeiro grau de jurisdição após dois anos, **enquanto que para os advogados e membros do Ministério Público que entrarem no Poder Judiciário pela regra do quinto constitucional adquirirão a vitaliciedade logo na posse.**

Aplicação em concurso público:

- ***Advogado – Quadrix – 2016 – CRQ 18° Região – PI***

Por certo, os predicamentos da magistratura não se caracterizam como privilégios dos magistrados, mas sim como meio de assegurar o seu livre desempenho, e revelar a independência e autonomia do Poder Judiciário. Com relação ao tema, considerando as garantias do Poder Judiciário:

B) Os advogados que ingressam nos tribunais estaduais ou federais pelo quinto constitucional adquirem vitaliciedade após dois anos de efetivo exercício da carreira.

Gabarito: Alternativa incorreta

Parágrafo único. **Aos juízes é vedado:**

I – exercer, ainda que em disponibilidade, outro cargo ou função, salvo uma de magistério;

II – receber, a qualquer título ou pretexto, custas ou participação em processo;

III – dedicar-se à atividade político-partidária.

IV – receber, a qualquer título ou pretexto, auxílios ou contribuições de pessoas físicas, entidades públicas ou privadas, ressalvadas as exceções previstas em lei;

V – exercer a advocacia no juízo ou tribunal do qual se afastou, **antes de decorridos três anos do afastamento** do cargo por aposentadoria ou exoneração.

3. As vedações tratadas no parágrafo único do art. 95 é aplicação referente ao princípio da imparcialidade, no qual tais medidas são vedadas para que as decisões sejam **livres e motivadas.**

3.1. Quanto à vedação do exercício da advocacia do tribunal a qual se afastou, o prazo de três anos do afastamento do cargo é muito cobrado em concursos públicos. Esse prazo é conhecido como **quarentena.**

Aplicação em concurso público:

- ***Analista – 2018 – EMAP (CESPE)***

Aos juízes, ainda que em disponibilidade, é vedado o exercício de qualquer outro cargo ou função pública.

Gabarito: Alternativa falsa. (podem exercer a função de magistério)

- ***Analista Judiciário – Direito – UFMT – 2016 – TJ-MT***

No que diz respeito ao Poder Judiciário, assinale a afirmativa correta.

A) Ao juiz é vedado o exercício da advocacia no juízo ou tribunal do qual se afastou antes de transcorridos dois anos do afastamento do cargo por aposentadoria ou exoneração.

B) Ao juiz é vedado o exercício de outro cargo ou função, ainda que em disponibilidade, salvo as de magistério e as atividades político-partidárias.

Gabarito: Alternativas erradas (A: prazo de três anos; B: os juízes não podem exercer atividades político partidárias)

Art. 96 - Compete privativamente:

I - aos tribunais:

a) eleger seus órgãos diretivos e elaborar seus regimentos internos, com observância das normas de processo e das garantias processuais das partes, dispondo sobre a competência e o funcionamento dos respectivos órgãos jurisdicionais e administrativos;

b) organizar suas secretarias e serviços auxiliares e os dos juízos que lhes forem vinculados, velando pelo exercício da atividade correicional respectiva;

c) prover, na forma prevista nesta Constituição, os cargos de juiz de carreira da respectiva jurisdição;

d) **propor a criação de novas varas judiciárias;**

e) prover, por concurso público de provas, ou de provas e títulos, obedecido o disposto no art. 169, parágrafo único, os cargos necessários à administração da Justiça, exceto os de confiança assim definidos em lei;

f) conceder licença, férias e outros afastamentos a seus membros e aos juízes e servidores que lhes forem imediatamente vinculados;

II - ao Supremo Tribunal Federal, aos Tribunais Superiores e aos Tribunais de Justiça propor ao Poder Legislativo respectivo, observado o disposto no art. 169:

a) a alteração do número de membros dos tribunais inferiores;

b) a criação e a extinção de cargos e a remuneração dos seus serviços auxiliares e dos juízos que lhes forem vinculados, bem como a fixação do subsídio de seus membros e dos juízes, inclusive dos tribunais inferiores, onde houver;

c) a criação ou extinção dos tribunais inferiores;

d) a alteração da organização e da divisão judiciárias;

III - aos Tribunais de Justiça julgar os juízes estaduais e do Distrito Federal e Territórios, bem como os membros do Ministério Público, nos crimes comuns e de responsabilidade, ressalvada a competência da Justiça Eleitoral.

1. **As competências privativas aqui tratadas referem-se a autonomia administrativa detida pelo Poder Judiciário**. Ou seja, ele é capaz por si só de se organizar, sem influência de outrem.

Aplicação em concurso público:

- ***Agente Penitenciário – 2016 – SEGEP-MA (FUNCAB).***

  A Constituição da República Federativa Brasileira de 1988 confiou ao Poder Judiciário algumas garantias até então não deferidas por nenhuma outra Constituição. Nesse sentido, é correto afirmar que:

  A competência dos tribunais em propor a criação de novas varas judiciárias é resultante da autonomia administrativa concedida ao Poder Judiciário, devendo ser respeitada pelo Executivo e pelo Legislativo.

  Gabarito: Alternativa Correta.

Art. 97 – Somente pelo voto da maioria absoluta de seus membros ou dos membros do respectivo órgão especial poderão os tribunais declarar a inconstitucionalidade de lei ou ato normativo do Poder Público.

1. **A cláusula de reserva de plenário** de que trata esse artigo se refere ao **controle difuso de constitucionalidade das leis**, reservando a declaração de inconstitucionalidade de lei ou ato normativo para o órgão plenário ou especial, tendo em vista a importância dessa matéria. **Exige-se, ademais, o quórum de maioria absoluta** para declaração de inconstitucionalidade incidental, seguindo também o rito processual do art. 948 do CPC.

Aplicação em concurso público:

- ***Direito – 2015 – ITAIPU BINACIONAL (NC-UFPR).***

Sobre a cláusula de reserva de plenário aplicável para a garantia da supremacia da Constituição, é correto afirmar:

A) Trata-se da observância do voto da maioria absoluta dos Tribunais ou dos membros do respectivo órgão especial, para a declaração de inconstitucionalidade de lei ou de ato normativo do Poder Público.

Gabarito: Alternativa Correta.

2. O controle de constitucionalidade abrange apenas as leis incorporadas ao ordenamento jurídico após a promulgação da Constituição Federal em 1988. Dessa forma, **a cláusula de reserva de plenário não abrange o fenômeno da recepção ou não de atos normativos anteriores à Constituição.**

Aplicação em concurso público:

- ***Defensor Público – FCC – 2017 – DPE-PR***

Sobre a aplicação da cláusula de reserva de plenário, é correto afirmar:

B) Conforme o Supremo Tribunal Federal, a análise da recepção de ato normativo anterior à Constituição ou emenda constitucional se submete à cláusula de reserva de plenário.

Gabarito: Alternativa incorreta

3. Os **Tribunais são divididos em três tipos de órgãos: plenário**, **fracionário** e **especial**.

3.1. O órgão **plenário** possui a totalidade dos membros do tribunal (todos os desembargadores ou ministros);

3.2. O órgão **fracionário** é aquele que possui apenas três membros para decidir coisas rotineiras do tribunal, não podendo declarar a inconstitucionalidade de lei ou ato normativo (são as famosas Câmaras ou Turmas);

3.3. O órgão **especial** é aquele criado para decidir questões de competência do plenário, tendo em vista a grande quantidade de membros que ele possui (conferir art. 93, XI, CF).

4. **O controle difuso acontece em todos os graus do poder judiciário**, de acordo com o caso concreto em que se discute. No primeiro grau, o caso é decidido por um juiz singular, que pode conhecer a inconstitucionalidade de uma legislação, quando arguida, e afastar tais normas; **já no âmbito dos tribunais, quando a inconstitucionalidade é arguida, as seções e câmaras (órgãos fracionários) não podem afastar a aplicação das leis de imediato, deve ser feita uma "incidente de arguição de inconstitucionalidade" e o processo é encaminhado para o Tribunal Pleno ou Órgão especial, para que a inconstitucionalidade da legislação seja discutida de acordo com a Cláusula de Reserva de Plenário.**

4.1. A decisão do órgão fracionário violará a cláusula mesmo que tenha afastado a incidência de uma lei apenas em sua parcialidade.

► **Entendimento jurisprudencial:**

Súmula Vinculante 10: Viola a cláusula de reserva de plenário (CF, artigo 97) a decisão de órgão fracionário de Tribunal que embora não declare expressamente a inconstitucionalidade de lei ou ato normativo do poder público, afasta sua incidência, **no todo ou em parte.**

Aplicação em concurso público:

- ***Juiz Leigo – VUNESP – 2018 – TJ-RJ***

  Imagine que o Tribunal de Justiça do Estado X, mediante exercício de controle difuso de constitucionalidade, pelo voto da maioria absoluta dos membros de órgão fracionário, afaste a incidência em parte da legislação estadual X, sem, contudo, declarar expressamente a inconstitucionalidade de tal lei. Nessa hipótese, é correto afirmar que tal decisão

  Gabarito: é inconstitucional, pois violou a cláusula de reserva de plenário em função do afastamento da incidência da norma, ainda que de forma parcial.

4.2. O STF é o único tribunal do Poder Judiciário que não precisa obedecer à Cláusula de Reserva de Plenário.

► **Entendimento jurisprudencial:**

(...) O STF exerce, por excelência, o controle difuso de constitucionalidade quando do julgamento do recurso extraordinário, tendo os seus colegiados fracionários competência regimental para fazê-lo sem ofensa ao art. 97 da Constituição Federal. 5. Embargos de declaração rejeitados. (RE 361829 ED, Relator(a): Min. ELLEN GRACIE, Segunda Turma, julgado em 02/03/2010, DJe-050 DIVULG 18-03-2010 PUBLIC 19-03-2010 EMENT VOL-02394-02 PP-00491 RTJ VOL-00214-01 PP-00510 LEXSTF v. 32, n. 376, 2010, p. 166-172)

Aplicação em concurso público:

- ***Defensor Público – FCC – 2017 – DPE-PR***

  Sobre a aplicação da cláusula de reserva de plenário, é correto afirmar:

D) Há precedente do Supremo Tribunal Federal afirmando que, mesmo sendo órgãos fracionários, as Turmas do Supremo Tribunal Federal não se submetem à cláusula de reserva de plenário.

Gabarito: Alternativa correta

5. Apesar da Súmula Vinculante 10, **o Código de Processo Civil prevê duas hipóteses em que a cláusula não precisa ser obedecida**:

Art. 949, parágrafo único, CPC: Os órgãos fracionários dos tribunais não submeterão ao plenário ou ao órgão especial a arguição de inconstitucionalidade quando já houver pronunciamento destes ou do plenário do Supremo Tribunal Federal sobre a questão.

Aplicação em concurso público:

- ***Juiz federal – 2018 – TRF – 2ª REGIÃO (IBFC):***

A despeito da previsão contida no artigo 97 da CF/88 ("somente pelo voto da maioria absoluta de seus membros ou dos membros do respectivo órgão especial poderão os tribunais declarar a inconstitucionalidade de lei ou ato normativo do Poder Público") é desnecessária a submissão à regra da reserva de plenário por turma de Tribunal Regional Federal, quando a decisão judicial estiver fundada em jurisprudência do Plenário ou em Súmula do Supremo Tribunal Federal.

Gabarito: Alternativa correta.

6. O **órgão especial** busca ajudar o Tribunal Pleno nas suas competências administrativas e jurisdicionais, sendo facultada a sua criação quando a composição do Tribunal ultrapassar 25 membros.

7) Aplicação em concurso público:

- ***Procurador – VUNESP – 2018 – FAPESP***

Assinale a alternativa que contempla hipótese em que deve ser aplicada a cláusula de reserva de plenário no controle de constitucionalidade exercido por órgão fracionário de tribunal.

A) Decisão que aplica a interpretação conforme a Constituição, sem redução de texto.

B) Acórdão que decide que lei anterior não foi recepcionada pela nova ordem constitucional.

C) Julgamento que segue pronunciamento do plenário do tribunal que julgou a lei inconstitucional.

D) Acórdão que declara lei inconstitucional de forma incidental.

E) Julgado da Turma Recursal dos Juizados Especiais que declara e afasta norma contraria à Constituição.

Gabarito: Alternativa D

Art. 98 – A União, no Distrito Federal e nos Territórios, e os Estados criarão:

I – juizados especiais, providos por juízes togados, ou togados e leigos, competentes para a conciliação, o julgamento e a execução de causas cíveis de menor complexidade e infrações penais de menor potencial ofensivo, mediante os procedimentos oral e sumaríssimo, permitidos, nas hipóteses previstas em lei, a transação e o julgamento de recursos por turmas de juízes de primeiro grau;

II – justiça de paz, remunerada, composta de cidadãos eleitos pelo voto direto, universal e secreto, com mandato de quatro anos e competência para, na forma da lei, celebrar casamentos, verificar, de ofício ou em face de impugnação apresentada, o processo de habilitação e exercer atribuições conciliatórias, sem caráter jurisdicional, além de outras previstas na legislação.

§ 1º Lei federal disporá sobre a criação de juizados especiais no âmbito da Justiça Federal.

§ 2º As custas e emolumentos serão destinados exclusivamente ao custeio dos serviços afetos às atividades específicas da Justiça.

1. **Os juizados especiais cíveis e criminais no âmbito dos Estados são regidos pela Lei 9.099/95 e os juizados especiais federais pela Lei 10.259/01.**
2. Conforme o art. 14, § 3, VI, "c", da Constituição Federal, **para ser eleito Juiz de Paz é necessário a idade mínima de 21 anos**. Seu mandato terá 4 anos e suas decisões **não terão caráter jurisdicional**.

3. Aplicação nos concursos públicos:

- ***Técnico Judiciário – Administrativo – 2015 – TRE-MA (IESES).***

  Segundo a Constituição Federal de 1988, é **INCORRETO** afirmar:

  Compete exclusivamente aos Estados a criação de juizados especiais, providos por juízes togados, ou togados e leigos, competentes para a conciliação, o julgamento e a execução de causas cíveis de menor complexidade e infrações penais de menor potencial ofensivo, mediante os procedimentos oral e sumariíssimo, permitidos, nas hipóteses previstas em lei, a transação e o julgamento de recursos por turmas de juízes de primeiro grau.

  Gabarito: Essa é a alternativa incorreta (a União, DF e Territórios também podem criar juizados especiais)

Art. 99 – Ao Poder Judiciário é assegurada autonomia administrativa e financeira.

§ 1º Os tribunais elaborarão suas **propostas orçamentárias dentro dos limites** estipulados conjuntamente com os demais Poderes na lei de diretrizes orçamentárias.

§ 2º O encaminhamento da proposta, ouvidos os outros tribunais interessados, compete:

I – no âmbito da **União, aos Presidentes do Supremo Tribunal Federal e dos Tribunais Superiores,** com a aprovação dos respectivos tribunais;

II – no âmbito dos **Estados e no do Distrito Federal e Territórios, aos Presidentes dos Tribunais de Justiça,** com a aprovação dos respectivos tribunais.

§ 3º Se os órgãos referidos no § 2º não encaminharem as respectivas propostas orçamentárias dentro do prazo estabelecido na lei de diretrizes orçamentárias, o Poder

Executivo considerará, para fins de consolidação da proposta orçamentária anual, os valores aprovados na lei orçamentária vigente, ajustados de acordo com os limites estipulados na forma do § 1º deste artigo.

§ 4º Se as propostas orçamentárias de que trata este artigo forem encaminhadas em desacordo com os limites estipulados na forma do § 1º, o Poder Executivo procederá aos ajustes necessários para fins de consolidação da proposta orçamentária anual.

§ 5º Durante a execução orçamentária do exercício, não poderá haver a realização de despesas ou a assunção de obrigações que extrapolem os limites estabelecidos na lei de diretrizes orçamentárias, **exceto se previamente autorizadas,** mediante a abertura de créditos suplementares ou especiais.

1. **A autonomia administrativa e financeira** é assegurada em diversos dispositivos, para garantir a **independência funcional do poder judiciário.**
2. Esse artigo, quando cobrado, é cobrado em sua literalidade:

Aplicação em concurso público:

- ***Procurador – FCC – 2011 – TCE-SP***

Ao assegurar a autonomia administrativa e financeira do Poder Judiciário, a Constituição da República prevê que

A) os tribunais elaborarão suas propostas orçamentárias dentro dos limites estipulados pelo Poder Executivo na lei de diretrizes orçamentárias.

B) o encaminhamento da proposta orçamentária compete, no âmbito dos Estados, aos Presidentes dos Tribunais de Justiça, com a aprovação dos respectivos tribunais.

C) o encaminhamento da proposta orçamentária compete, no âmbito da União, ao Presidente do Supremo Tribunal Federal, ouvidos os outros tribunais interessados.

D) se as propostas orçamentárias do Poder Judiciário forem encaminhadas em desacordo com os limites da lei de diretrizes orçamentárias, o Poder Legislativo procederá aos ajustes necessários para fins de consolidação da proposta orçamentária anual.

E) durante a execução orçamentária do exercício, não poderá haver a realização de despesas ou a assunção de obrigações que extrapolem os limites estabelecidos na lei de diretrizes orçamentárias.

Gabarito: Alternativa B

- Alternativa A: art. 99, § 1º, CF – Limites estipulados por todos os poderes
- Alternativa C: art. 99, § 2º, I, CF – o encaminhamento da proposta orçamentária no âmbito da União compete aos presidentes do STF e dos tribunais superiores
- Alternativa D: art. 99, § 4º, CF – o reajuste necessário é feito pelo Poder Executivo
- Alternativa E: art. 99, § 5º, CF – tem exceção
- Agente Penitenciário – 2016 – SEGEP-MA (FUNCAB)

É assegurada ao Poder Judiciário autonomia administrativa, mas não financeira, uma vez que não é deferido aos tribunais o poder de elaborar suas propostas orçamentárias.

Gabarito: Alternativa Incorreta. (o Poder Judiciário tem autonomia administrativa e financeira)

Art. 100 – Os pagamentos devidos pelas Fazendas Públicas Federal, Estaduais, Distrital e Municipais, em virtude de sentença judiciária, far-se-ão exclusivamente na ordem cronológica de apresentação dos **precatórios** e à conta dos créditos respectivos, proibida a designação de casos ou de pessoas nas dotações orçamentárias e nos créditos adicionais abertos para este fim.

1. Para garantir a **impenhorabilidade dos bens públicos,** a Constituição garante aos entes públicos o pagamento de suas dívidas por **precatórios judiciais,** que são colocados em uma lista por **ordem cronológica** para o pagamento.

Aplicação nos concursos públicos:

- ***Técnico em Assuntos Educacionais – 2016 – DPU (CESPE)***

  Os pagamentos devidos pelas fazendas públicas federal, estadual e municipal, em virtude de sentença judicial, são feitos por meio de precatórios.

  Gabarito: Alternativa correta.

§ 1º **Os débitos de natureza alimentícia compreendem aqueles decorrentes de salários, vencimentos, proventos, pensões e suas complementações, benefícios previdenciários e indenizações por morte ou por invalidez, fundadas em responsabilidade civil,** em virtude de sentença judicial transitada em julgado, e serão pagos com **preferência** sobre todos os demais débitos, exceto sobre aqueles referidos no § 2º deste artigo.

§ 2º Os débitos de natureza alimentícia cujos titulares, originários ou por sucessão hereditária, **tenham 60 (sessenta) anos de idade,** ou sejam portadores **de doença grave,** ou **pessoas com deficiência,** assim definidos na forma da lei, serão pagos com preferência sobre todos os demais débitos, até o valor equivalente ao triplo fixado em lei para os fins do disposto no § 3º deste artigo, admitido o fracionamento para essa finalidade, sendo que o restante será pago na **ordem cronológica de apresentação do precatório.**

2. Os **precatórios alimentares** compreendem aqueles provenientes de natureza trabalhista, de responsabilidade civil (acidentes, por exemplo) e recentemente também provenientes de honorários advocatícios.

► **Entendimento jurisprudencial:**

A expedição de precatório não se aplica aos créditos alimentícios de pequeno valor. **(AI 641.431-AgR, Rel. Min. Ellen Gracie, j. 8-6-2010, 2ªT, DJE de 25-6-2010)**

3. Os precatórios alimentares do § 1º, embora tenham preferência, devem respeitar a regra do § 2º. Dessa forma, assim fica a ordem para pagamento de precatórios:

(1º) Débitos de natureza alimentícia referentes a pessoas com mais de 60 anos, portadores de doença grave ou com deficiência;

(2º) Demais débitos de natureza alimentícia;

(3º) Todos os outros débitos da Fazenda Pública.

Aplicação nos concursos públicos:

- ***Juiz federal – 2016 – TRF – 4ª REGIÃO.***

  Os débitos de natureza alimentícia que compreendem aqueles decorrentes de salários, vencimentos, proventos, pensões e suas complementações, benefícios previdenciários e indenizações por morte ou por invalidez, fundados em responsabilidade civil, em virtude de sentença judicial transitada em julgado, serão sempre pagos, independentemente da condição subjetiva do titular do crédito, com preferência sobre todos os demais débitos.

  Gabarito: Alternativa Incorreta. (esses débitos são pagos com preferência, entretanto, têm que respeitar as exceções do § 2º)

4. Ao expedir os precatórios, o Presidente do Tribunal exerce função administrativa.

► **Entendimento jurisprudencial:**

Súmula nº 311: "os atos do presidente do tribunal que disponham sobre o processamento e pagamento de precatório não têm caráter jurisdicional

Aplicação em concurso público:

- ***Juiz Federal Substituto – 2016 – TRF – 4ª REGIÃO***

  C) O Presidente de Tribunal, no processamento dos precatórios judiciais, exerce função de natureza eminentemente administrativa, por isso suas decisões não se tornam suscetíveis de serem impugnadas por recursos de natureza jurisdicional.

  Gabarito: Alternativa correta

§ 3º O disposto no caput deste artigo relativamente à expedição de precatórios **não se aplica aos pagamentos de obrigações definidas em leis como de pequeno valor** que as Fazendas referidas devam fazer em virtude de sentença judicial transitada em julgado.

§ 4º Para os fins do disposto no § 3º, poderão ser fixados, por leis próprias, valores distintos às entidades de direito público, segundo as diferentes capacidades econômicas, sendo o mínimo igual ao valor do maior benefício do regime geral de previdência social.

§ 5º É **obrigatória a inclusão,** no orçamento das entidades de direito público, **de verba necessária ao pagamento de seus débitos**, oriundos de sentenças transitadas em julgado, constantes de precatórios judiciários apresentados até 1º de julho, fazendo-se o pagamento até o final do exercício seguinte, quando terão seus valores atualizados monetariamente.

§ 6º As dotações orçamentárias e os créditos abertos serão consignados diretamente ao Poder Judiciário, cabendo ao Presidente do Tribunal que proferir a decisão exequenda determinar o pagamento integral e autorizar, a requerimento do credor e exclusivamente para os casos de preterimento de seu direito de precedência ou de não alocação orçamentária do valor necessário à satisfação do seu débito, o sequestro da quantia respectiva.

§ 7º O **Presidente do Tribunal** competente que, por ato comissivo ou omissivo, retardar ou tentar frustrar a liquidação regular de precatórios incorrerá em **crime de responsabilidade** e responderá, também, perante o **Conselho Nacional de Justiça.**

§ 8º É vedada a expedição de precatórios complementares ou suplementares de valor pago, bem como o fracionamento, repartição ou quebra do valor da execução para fins de enquadramento de parcela do total ao que dispõe o § 3º deste artigo.

5. A expedição de precatórios não se aplica quando a Fazenda Pública é condenada em pequeno valor (§ 3º), nesse caso o pagamento é por meio de **RPV (Requisição de Pequeno Valor).** Na esfera federal, o valor máximo para pagamento em RPV é de 60 salários mínimos, quanto aos Estados e Municípios, cada um tem autonomia para decidir o valor máximo. Porém, se eles nada dispuserem a respeito, o valor máximo será de 40 salários mínimos para os Estados e o DF e 30 salários mínimos para os Municípios (ADCT, art. 87).

6. A Requisição de Pequeno Valor tem pagamento bem mais rápido que o Precatório Judicial, é por isso que surgiu a norma do § 8º, estipulando que **o credor do débito contra a fazenda não pode fracionar esse débito ao valor do RPV para receber tudo em RPV.**

Aplicação em concurso público:

- ***Juiz Federal Substituto – 2016 – TRF – 4ª REGIÃO***

  A) Segundo o Supremo Tribunal Federal, é incabível o fracionamento do valor de precatório em execução de sentença com o objetivo de efetuar o pagamento das custas processuais por meio de requisição de pequeno valor.

  Gabarito: Alternativa correta

  Observação: *O fracionamento da execução poderá acontecer em caso de sentença genérica que tutela direitos individuais homogêneos:*

► Entendimento jurisprudencial:

'...A irresignação não merece prosperar, uma vez que o Plenário do Supremo Tribunal Federal, no julgamento do ARE nº 925.754/PR, o Ministro Teori Zavascki, reconheceu a repercussão geral do tema em debate e reafirmou o entendimento desta Suprema Corte no sentido da **constitucionalidade da execução individual de sentença condenatória genérica proferida contra a Fazenda Pública em ação coletiva que visa a tutela de direitos individuais homogêneos...**" (ARE 965589, Relator(a): Min. DIAS TOFFOLI, julgado em 01/06/2016, publicado em PROCESSO ELETRÔNICO DJe-123 DIVULG 14/06/2016 PUBLIC 15/06/2016)

Aplicação em concurso público:

- ***Juiz de Direito – 2018 – TJ-MG (CONSULPLAN).***

"Não ofende o preconizado pelo art. 100, 8º §, da Constituição da República – segundo o qual é vedado o fracionamento, repartição ou quebra de valores da execução, para fins de enquadramento – a execução individual de sentença condenatória genérica proferida em ação coletiva que tem, como objeto, a tutela a direitos individuais homogêneos."

Gabarito: Alternativa verdadeira.

7) Aplicação em concurso público:

- ***Juiz Federal Substituto – 2016 – TRF – 4ª REGIÃO***

E) É obrigatória a inclusão no orçamento das entidades de direito público de verba necessária ao pagamento de seus débitos, oriundos de sentenças transitadas em julgado, constantes de precatórios judiciários apresentados até 1º de julho, fazendo-se o pagamento até o final do exercício seguinte, quando terão seus valores atualizados monetariamente.

Gabarito: Alternativa correta (§ 5º)

§ 9º No momento da expedição dos precatórios, independentemente de regulamentação, deles deverá ser abatido, a título de compensação, valor correspondente aos débitos líquidos e certos, inscritos ou não em dívida ativa e constituídos contra o credor original pela Fazenda Pública devedora, incluídas parcelas vincendas de parcelamentos, ressalvados aqueles cuja execução esteja suspensa em virtude de contestação administrativa ou judicial.

§ 10. Antes da expedição dos precatórios, o Tribunal solicitará à Fazenda Pública devedora, para resposta em até 30 (trinta) dias, sob pena de perda do direito de abatimento, informação sobre os débitos que preencham as condições estabelecidas no § 9º, para os fins nele previstos.

§ 11. É facultada ao credor, conforme estabelecido em lei da entidade federativa devedora, a entrega de créditos em precatórios para compra de imóveis públicos do respectivo ente federado.

§ 12. A partir da promulgação desta Emenda Constitucional, a atualização de valores de requisitórios, após sua expedição, até o efetivo pagamento, independentemente de sua natureza, será feita pelo índice oficial de remuneração básica da caderneta de poupança, e, para fins de compensação da mora, incidirão juros simples no mesmo percentual de juros incidentes sobre a caderneta de poupança, ficando excluída a incidência de juros compensatórios.

§ 13. O credor poderá ceder, total ou parcialmente, seus créditos em precatórios a terceiros, independentemente da concordância do devedor, não se aplicando ao cessionário o disposto nos §§ 2º e 3º.

§ 14. A cessão de precatórios somente produzirá efeitos após comunicação, por meio de petição protocolizada, ao tribunal de origem e à entidade devedora.

§ 15. Sem prejuízo do disposto neste artigo, lei complementar a esta Constituição Federal poderá estabelecer regime especial para pagamento de crédito de precatórios de Estados, Distrito Federal e Municípios, dispondo sobre vinculações à receita corrente líquida e forma e prazo de liquidação.

§ 16. A seu critério exclusivo e na forma de lei, a União poderá assumir débitos, oriundos de precatórios, de Estados, Distrito Federal e Municípios, refinanciando-os diretamente.

§ 17. A União, os Estados, o Distrito Federal e os Municípios aferirão mensalmente, em base anual, o comprometimento de suas respectivas receitas correntes líquidas com o pagamento de precatórios e obrigações de pequeno valor.

§ 18. Entende-se como receita corrente líquida, para os fins de que trata o § 17, o somatório das receitas tributárias, patrimoniais, industriais, agropecuárias, de contribuições e de serviços, de transferências correntes e outras receitas correntes, incluindo as oriundas do § 1º do art. 20 da Constituição Federal, verificado no período compreendido pelo segundo mês imediatamente anterior ao de referência e os 11 (onze) meses precedentes, excluídas as duplicidades, e deduzidas:

I – na União, as parcelas entregues aos Estados, ao Distrito Federal e aos Municípios por determinação constitucional;

II – nos Estados, as parcelas entregues aos Municípios por determinação constitucional;

III – na União, nos Estados, no Distrito Federal e nos Municípios, a contribuição dos servidores para custeio de seu sistema de previdência e assistência social e as receitas provenientes da compensação financeira referida no § 9º do art. 201 da Constituição Federal.

§ 19. Caso o montante total de débitos decorrentes de condenações judiciais em precatórios e obrigações de pequeno valor, em período de 12 (doze) meses, ultrapasse a média do comprometimento percentual da receita corrente líquida nos 5 (cinco) anos imediatamente anteriores, a parcela que exceder esse percentual poderá ser financiada, excetuada dos limites de endividamento de que tratam os incisos VI e VII do art. 52 da Constituição Federal e de quaisquer outros limites de endividamento previstos, não se aplicando a esse financiamento a vedação de vinculação de receita prevista no inciso IV do art. 167 da Constituição Federal.

§ 20. Caso haja precatório com valor superior a 15% (quinze por cento) do montante dos precatórios apresentados nos termos do § 5º deste artigo, 15% (quinze por cento) do valor deste precatório serão pagos até o final do exercício seguinte e o restante em parcelas iguais nos cinco exercícios subsequentes**, acrescidas de juros de mora e correção monetária,** ou mediante acordos diretos, perante Juízos Auxiliares de Conciliação de Precatórios, com redução máxima de 40% (quarenta por cento) do valor do crédito atualizado, desde que em relação ao crédito não penda recurso ou defesa judicial e que sejam observados os requisitos definidos na regulamentação editada pelo ente federado.

7) Aplicação em concurso público:

- ***Procurador Municipal – 2018 – PGM (CESPE)***

  Não incidem juros de mora no período compreendido entre a data da realização dos cálculos de liquidação e a da expedição do precatório.

  Gabarito: Alternativa errada. (§ 20)

SEÇÃO II
DO SUPREMO TRIBUNAL FEDERAL

Art. 101 – O Supremo Tribunal Federal compõe-se de **onze Ministros,** escolhidos dentre **cidadãos com mais de trinta e cinco e menos de sessenta e cinco anos de idade, de notável saber jurídico e reputação ilibada.**

Parágrafo único. Os Ministros do Supremo Tribunal Federal serão **nomeados pelo Presidente da República,** depois de **aprovada a escolha pela maioria absoluta do Senado Federal.**

1. O STF é a Corte Suprema, o **órgão de cúpula do Poder Judiciário,** formado por 11 ministros que devem cumprir os requisitos dispostos neste artigo e em seu parágrafo único: mais de 35 anos e menos de 65 anos, notável saber jurídico, reputação ilibada, nomeação pelo Presidente da República e aprovação da maioria absoluta do Senado Federal. **É o STF quem cuida da defesa da Constituição Federal.**

Observação: Composição dos tribunais:

- **STF:** *11 ministros*
- **STJ:** 33 ministros (art. 104, CF)
- **TST:** 27 ministros (art. 11-A, CF)
- **TSE:** no mínimo 7 ministros (art. 119, CF)
- **STM:** 15 ministros vitalícios (art. 123, CF)
- **TRF:** no mínimo 7 juízes (art. 107, CF)

Aplicação em concurso público:

- ***Analista Judiciário – Engenharia – 2017 – TRT – 24ª REGIÃO (FCC).***

  Em razão do recente falecimento de Ministro do Supremo Tribunal Federal, o Presidente da República indicou determinado jurista para ocupar o referido cargo. Neste caso, a nomeação de novo Ministro pelo Presidente da República depende da aprovação da referida escolha

  Gabarito: Pela maioria absoluta do Senado Federal.

- ***Titular de Serviços de Notas e de Registros – 2018 – TJ-AM (IESES).***

  De acordo com a Carta Magna Brasileira, o Supremo Tribunal Federal compõe-se de quantos Ministros?

  Gabarito: 11 ministros.

2. A constituição não exige formação superior em Direito, nem em qualquer outra área, para integrar o STF. O que se tem como principal requisito, dentre os outros, é o **notável saber jurídico e reputação ilibada**, mas que nada relaciona-se com graduação em direito.

▶ **3. ATENÇÃO:** As idades para assumir os cargos do poder judiciário são muito cobradas e podem levar os alunos à confusão, vamos conferir:

- ministro do STF: entre 35 e 65 anos.
- ministro do STJ: entre 35 e 65 anos (art. 104, CF)
- ministro do TST: entre 35 e 65 anos (art. 111-A, CF)
- desembargador do TRF: entre 30 e 65 anos (art. 107, CF)
- desembargador do TRT: entre 30 e 65 anos (art. 115, CF)

Art. 102 - Compete ao Supremo Tribunal Federal, precipuamente, a guarda da Constituição, cabendo-lhe:

I - processar e julgar, originariamente:

a) a **ação direta de inconstitucionalidade** de lei ou ato normativo federal ou estadual e a ação declaratória de constitucionalidade de lei ou ato normativo federal;

1. Todas as leis e atos normativos devem obedecer à Constituição. Quando uma lei nasce ela tem **presunção relativa de constitucionalidade**, pois com seu nascimento ela já passa a ter efeito no mundo jurídico, entretanto, a inconstitucionalidade pode ser discutida e averiguada pelos órgãos judiciais, por meio do **controle de constitucionalidade.**

1.1. O **controle incidental** acontece no meio de **casos concretos**, podendo ser feito por qualquer juiz ou Tribunal; quando tal controle é feito nos Tribunais, devem obedecer a cláusula de reserva de plenário (Art. 97, CF).

1.2. O **controle abstrato,** por sua vez, é feito com relação à **lei em tese,** isto é, não tem discussão de caso concreto e a ação será proposta pelos legitimados do art. 103, CF. Por ser uma discussão em caráter abstrato, suas decisões de mérito tem **efeito contra todos e vinculante,** anulando a lei de modo a **retroagir os efeitos desde a data de sua promulgação**. As ações de controle abstrato são:

- **ADI:** busca a declaração de inconstitucionalidade de um ato normativo. (Cabe ADI para discutir validade de ato normativo FEDERAL ou ESTADUAL)
- **ADO:** busca a declaração da omissão normativa do Poder Legislativo ou Executivo que inviabilize o exercício de um direito constitucional. Em omissões do poder legislativo, é dada ciência para que o poder adote as providências necessárias; em omissões do poder executivo, é fixado o prazo de 30 dias para solução do problema.
- **ADC:** busca a declaração absoluta de constitucionalidade de uma lei que está sendo objeto de controvérsia judicial relevante. (Cabe ADC para discutir validade de ato normativo apenas FEDERAL)
- **ADPF:** é aplicada subsidiariamente para proteger direitos fundamentais constitucionais, usada de forma extraordinária e supletiva quando não couber

ADI, ADO ou ADC. (Cabe ADPF para discutir validade de atos normativos municipais perante a CF e atos normativos anteriores à promulgação da Constituição Federal)

- **ADI interventiva:** trata das exceções que possibilitam a intervenção da União nos Estados, sendo que a ação é proposta pelo Procurador Geral da República e deve obedecer as hipóteses do art. 34, CF.

Aplicação em concurso público:

- ***Promotor de Justiça – 2016 – MPE-RS.***

Consoante preceituam os artigos 102 e 103 da Carta da República, assinale a alternativa **INCORRETA**.

Compete ao Supremo Tribunal Federal processar e julgar, originariamente, a ação direta de inconstitucionalidade de lei ou ato normativo federal, estadual ou municipal e a ação declaratória de constitucionalidade de lei ou ato normativo federal. (não cabe ADI de lei municipal, nesse caso a competência seria do STF para julgar uma ADPF da lei).

- ***Procurador – PGT – 2006***

Quanto ao controle de constitucionalidade no Brasil:

I – as decisões definitivas de mérito, proferidas pelo Supremo Tribunal Federal, nas ações diretas de inconstitucionalidade e nas ações declaratórias de constitucionalidade produzirão eficácia erga omnes, efeito vinculante e ex nunc, relativamente aos demais órgãos do Poder Judiciário e à administração pública direta e indireta, nas esferas federal, estadual, distrital, territorial e municipal;

Gabarito: Alternativa errada (o efeito é EX TUNC: retroage)

1.3. O Supremo Tribunal Federal admite a **fungibilidade** entre ADI e ADPF, salvo em casos de erros grotescos/grosseiros.

2. As ações: ADI, ADO e ADC são reguladas pela **Lei nº 9.869/99,** já a **ADPF** é regulada pela **Lei nº 9.882/99.**

3. Entendimentos jurisprudenciais:

3.1. Súmula 642-STF: "Não cabe ação direta de inconstitucionalidade de lei do Distrito Federal derivada da sua competência legislativa municipal."

3.2. O STF não tem competência para determinar, de imediato**, a aplicação de eventual comando legal em substituição de lei ou ato normativo considerado inconstitucional.** (RE 582.258-AgR-AgR, Rel. Min. Ricardo Lewandowski, j. 6-4-2010, 1ªT, DJE de 14-5-2010)

3.3. O ajuizamento da ação direta de inconstitucionalidade não está sujeito à observância de qualquer prazo de natureza prescricional ou de caráter decadencial, **eis que atos inconstitucionais jamais se convalidam pelo mero decurso do tempo.** Súmula 360. (ADI 1.247-MC, Rel. Min. Celso de Mello, j. 17-8-1995, Plenário, DJ de 8-9-1995)

b) nas infrações penais comuns, o Presidente da República, o Vice-Presidente, os membros do Congresso Nacional, seus próprios Ministros e o Procurador-Geral da República;

c) nas infrações penais comuns e nos crimes de responsabilidade, os Ministros de Estado e os Comandantes da Marinha, do Exército e da Aeronáutica, ressalvado o disposto no art. 52, I, os membros dos Tribunais Superiores, os do Tribunal de Contas da União e os chefes de missão diplomática de caráter permanente;

d) o ***habeas corpus***, sendo paciente qualquer das pessoas referidas nas alíneas anteriores; o mandado de segurança e o *habeas data* contra atos do Presidente da República, das Mesas da Câmara dos Deputados e do Senado Federal, do Tribunal de Contas da União, do Procurador-Geral da República e do próprio Supremo Tribunal Federal;

e) o litígio entre **Estado estrangeiro ou organismo internacional e a União, o Estado, o Distrito Federal ou o Território;**

f) as causas e os conflitos entre a União e os Estados, a União e o Distrito Federal, ou entre uns e outros, inclusive as respectivas entidades da administração indireta;

4. O cabimento do Habeas Corpus está previsto no artigo **5, LXVIII** da Constituição Federal.

---

5. Cuidado! A constituição também atribui **aos juízes federais** a competência para julgar as causas entre Estado estrangeiro ou organismo internacional **e Município ou pessoa domiciliada ou residente no País** (Art. 109, II). Esse artigo é muito confundido em provas de concursos públicos, mas a parte final diferencia as duas hipóteses de competência.

Aplicação em concurso público:

- ***Promotor de Justiça – 2018 – MPE-BA.***

  Compete ao Superior Tribunal de Justiça processar e julgar, originariamente, as causas e os conflitos entre a União e os Estados, a União e o Distrito Federal, ou entre uns e outros.

  Gabarito: Alternativa incorreta. (competência do STF)

- ***Juiz Leigo – 2017 – TJ-GO (CS-UFG).***

  O Supremo Tribunal Federal (STF) é o guardião da Constituição da República Federativa do Brasil. Nos termos da lei maior, compete ao STF processar e julgar originariamente:

  As causas e os conflitos entre a União e os Estados, entre a União, o Distrito Federal e os Municípios entre si, inclusive as respectivas entidades da administração indireta.

  Gabarito: Alternativa incorreta. (conflitos entre os Municípios entre si são julgados pela Justiça Estadual e entre a União e um município pela Justiça Federal – AC 3542, STF)

6. Entendimentos jurisprudenciais:

Súmula 624, STF – Não compete ao STF conhecer originariamente de mandado de segurança contra atos de outros tribunais.

g) a extradição solicitada por Estado estrangeiro;

h) Revogado.

i) o ***habeas corpus***, quando o coator for Tribunal Superior ou quando o coator ou o paciente for autoridade ou funcionário cujos atos estejam sujeitos diretamente à jurisdição do Supremo Tribunal Federal, ou se trate de crime sujeito à mesma jurisdição em uma única instância;

j) a **revisão criminal** e a ação rescisória de seus julgados;

l) a reclamação para a preservação de sua competência e garantia da autoridade de suas decisões;

m) a execução de sentença nas causas de sua competência originária, facultada a delegação de atribuições para a prática de atos processuais;

n) a ação em que todos os membros da magistratura sejam direta ou indiretamente interessados, e aquela em que mais da metade dos membros do tribunal de origem estejam impedidos ou sejam direta ou indiretamente interessados;

o) os **conflitos de competência entre o Superior Tribunal de Justiça e quaisquer tribunais**, entre Tribunais Superiores, ou entre estes e qualquer outro tribunal;

7. Entendimentos jurisprudenciais:

Envolvendo o **conflito de competência o TST e tribunal de justiça**, incumbe ao **Supremo** apreciá-lo. [CC 7.950, rel. min. Marco Aurélio, j. 14-9-2016, P, DJE de 1º-8-2017.]

O **STF é titular de competência originária para dirimir o conflito entre juízo estadual de primeira instância e o TST,** nos termos dispostos no art. 102, I, o, da CF [CC 7.242, voto do rel. min. Eros Grau, j. 18-9-2008, P, DJE de 19-12-2008.]

p) o pedido de medida cautelar das ações diretas de inconstitucionalidade;

q) o **mandado de injunção**, quando a elaboração da norma regulamentadora for atribuição do Presidente da República, do Congresso Nacional, da Câmara dos Deputados, do Senado Federal, das Mesas de uma dessas Casas Legislativas, do Tribunal de Contas da União, de um dos Tribunais Superiores, ou do próprio Supremo Tribunal Federal;

8. Entendimento jurisprudencial:

A omissão referente à edição da lei complementar a que se refere o art. 40, § 4º, da CF/1988 deve ser **imputada ao presidente da República e ao Congresso Nacional.** Competência para julgar mandado de injunção sobre a referida questão é do STF. (RE 797.905 RG, rel. min. Gilmar Mendes, j. 15-5-2014, P, DJE de 29-5-2014, Tema 727)

Observação: o Art. 40, § 4º se refere à legislação para regulamentar as hipóteses de aposentadorias especiais.

r) as ações contra o Conselho Nacional de Justiça e contra o Conselho Nacional do Ministério Público;

9) Aplicação em concurso público:

- ***Analista Judiciário – Área Judiciária – 2016 – TRT – 20ª REGIÃO (FCC).***

  De acordo com a Constituição Federal, a competência para processar e julgar, originariamente, a ação contra o Conselho Nacional do Ministério Público; a ação em que todos os membros da magistratura sejam direta ou indiretamente interessados e a ação em que mais da metade dos membros do tribunal de origem estejam impedidos ou sejam direta ou indiretamente interessados é do

  Supremo Tribunal Federal, nas três ações.

  Gabarito: Alternativa correta.

II – julgar, em **recurso ordinário:**

a) o ***habeas corpus***, o mandado de segurança, o *habeas data* e o mandado de injunção decididos em única instância pelos Tribunais Superiores, se denegatória a decisão;

b) o crime político;

10. Também chamado de "recurso ordinário constitucional", o ROC é o **meio para se impugnar decisões heterônomas que acontecem no julgamento dos remédios constitucionais.**

III – julgar, mediante **recurso extraordinário**, as causas decididas em única ou última instância, quando a decisão recorrida:

a) contrariar dispositivo desta Constituição;

b) declarar a inconstitucionalidade de tratado ou lei federal;

c) julgar válida lei ou ato de governo local contestado em face desta Constituição.

d) julgar válida lei local contestada em face de lei federal.

11. Esse é o recurso endereçado ao STF, por ser a **última instância** o recurso deve observar alguns **requisitos de admissibilidade:**

a. **o prequestionamento,** ou seja, a matéria tem que ter sido discutida em todas as instâncias inferiores;

b. **repercussão geral da matéria,** conforme o parágrafo terceiro deste artigo.

Além desse, **o único recurso que pode chegar ao STF é o Recurso Ordinário,** disposto no inciso anterior.

▶ **12. Atenção! Segundo entendimento do STF, a reclamação não é um recurso,** mas sim um meio para se impugnar decisões contrárias às súmulas vinculantes (art. 103-A, CF)

13) Aplicação em concurso público:

- ***Procurador Municipal – 2015 – Prefeitura de Bom Jesus – PI (COPESE – UFPI).***

  Compete ao Supremo Tribunal Federal, precipuamente, a guarda da Constituição, cabendo-lhe processar e julgar, originariamente, em recurso ordinário e mediante recurso extraordinário.

  Gabarito: Afirmativa correta.

§ 1º A **argüição de descumprimento de preceito fundamental,** decorrente desta Constituição, será apreciada pelo Supremo Tribunal Federal, na forma da lei.

14. A ADPF, disposta no § 1º, foi explicado em conjunto com todas as ações constitucionais de controle abstrato, no tópico 1.2 deste artigo.

Aplicação em concurso público:

- ***TRT – Juiz do Trabalho Substituto – Outubro/2017***

  A Arguição de Descumprimento de Preceito Fundamental (ADPF) foi regulamentada pela Lei no 9.882/1999. Da mesma forma que a Ação Direta de Inconstitucionalidade (ADI), a ADPF é uma ação no âmbito do controle abstrato e concentrado de constitucionalidade. Ambas as ações são iguais em diversos aspectos. Em diversas situações, a arguição da inconstitucionalidade de uma lei pode ser feita por meio de qualquer das duas ações, sem diferenças. Mas há situações em que apenas uma delas é cabível. Diante disso, a constitucionalidade de "leis municipais e de leis anteriores à promulgação da Constituição de 1988 somente pode ser questionada por meio de ADPF."

  A alternativa está correta.

§ 2º As decisões definitivas de mérito, proferidas pelo Supremo Tribunal Federal, nas **ações diretas de inconstitucionalidade e nas ações declaratórias de constitucionalidade** produzirão **eficácia contra todos e efeito vinculante, relativamente aos demais órgãos do Poder Judiciário e à administração pública direta e indireta, nas esferas federal, estadual e municipal.**

15. O § 2º dispõe acerca da eficácia das ações de controle abstrato no mundo jurídico: elas têm **eficácia contra todos e efeito vinculante** ao poder executivo e aos demais órgãos do poder judiciário **(não vinculam o poder legislativo e o STF**).

15.1. Modulação dos efeitos temporais da sentença no controle concentrado de constitucionalidade: Em regra, as decisões de controle concentrado possuem efeito *Ex tunc,* ou seja, retroagem até a data em que os atos começaram a produzir efeitos, uma vez que, considerando o ato normativo inconstitucional, ele será NULO. Entretanto, em alguns casos o STF determina prazo inicial para que a sentença comece a valer, evitando uma verdadeira confusão no mundo jurídico com base nos atos já existentes.

▶ **Legislação infraconstitucional:**

Art. 27, Lei 9.868/99: Ao declarar a inconstitucionalidade de lei ou ato normativo, e tendo em vista razões de segurança jurídica ou de excepcional interesse social, poderá o Supremo Tribunal Federal, por maioria de dois terços de seus membros, restringir **os efeitos daquela declaração ou decidir que ela só tenha eficácia a partir de seu trânsito em julgado ou de outro momento que venha a ser fixado.**

Art. 11, Lei 9.882/99: Ao declarar a inconstitucionalidade de lei ou ato normativo, no processo de argüição de descumprimento de preceito fundamental, e tendo em vista razões de segurança jurídica ou de excepcional interesse social, poderá o Supremo Tribunal Federal, por maioria de dois terços de seus membros**, restringir os efeitos daquela declaração ou decidir que ela só tenha eficácia a partir de seu trânsito em julgado ou de outro momento que venha a ser fixado.**

Art. 927, § 3º, CPC: Na hipótese de alteração de jurisprudência dominante do Supremo Tribunal Federal e dos tribunais superiores ou daquela oriunda de julgamento de casos repetitivos, **pode haver modulação dos efeitos da alteração no interesse social e no da segurança jurídica.**

Aplicação nos concursos públicos:

- ***Técnico Administrativo – 2017 – CFO-DF (Quadrix).***

  As decisões de mérito proferidas pelo STF produzirão eficácia contra todos e efeito vinculante à Administração Pública direta e indireta nas esferas federal, estadual e municipal.

  Gabarito: Alternativa errada. (não são todas as decisões de mérito pelo STF que produzem efeito vinculante, o § 2º se refere especificadamente quanto a ADI e ADC. Importante pontuar que, com relação as decisões do STF, cada caso é um caso, não podendo generalizar dessa forma. Além disso, a questão busca mera literalidade da lei).

§ 3º No **recurso extraordinário** o recorrente deverá demonstrar a **repercussão geral** das questões constitucionais discutidas no caso, nos termos da lei, a fim de que o Tribunal examine a admissão do recurso, somente podendo recusá-lo pela manifestação de dois terços de seus membros.

16. São dois os requisitos para admissibilidade do Recurso Extraordinário pelo STF: o **prequestionamento,** ou seja, a discussão da matéria nas instâncias inferiores para evitar a supressão de instâncias, e a **repercussão geral da matéria** (assunto de repercussão para toda a sociedade).

▶ **Legislação infraconstitucional:**

Art. 1.035. O Supremo Tribunal Federal, em decisão irrecorrível, não conhecerá do recurso extraordinário quando a questão constitucional nele versada não tiver repercussão geral, nos termos deste artigo.

§ 1° Para efeito de repercussão geral, será considerada a existência ou não de questões relevantes do ponto de vista econômico, político, social ou jurídico que ultrapassem os interesses subjetivos do processo.

▶ Súmulas:

Súmula 282 – STF: É inadmissível o recurso extraordinário, quando não ventilada, na decisão recorrida, a questão federal suscitada.

Súmula **356 – STF:** O ponto omisso da decisão, sobre o qual não foram opostos embargos declaratórios, não pode ser objeto de recurso extraordinário, por faltar o requisito do prequestionamento.

Aplicação nos concursos públicos:

- ***Defensor Público – 2018 – DPE-RS (FCC).***

  No recurso extraordinário, o recorrente deverá demonstrar a repercussão geral das questões constitucionais discutidas no caso, a fim de que o Supremo Tribunal Federal examine sua admissão, não se aplicando o requisito ao recurso extraordinário em matéria criminal, em razão da imanente repercussão geral, pois em jogo, de regra, a liberdade de locomoção, prevista no rol dos direitos fundamentais.

  Gabarito: Alternativa incorreta. (a repercussão geral se aplica a todos os casos de recurso extraordinário)

Art. 103 – Podem propor a **ação direta de inconstitucionalidade** e a **ação declaratória de constitucionalidade**:

I – o Presidente da República;

II – a Mesa do Senado Federal;

III – a Mesa da Câmara dos Deputados;

IV – a Mesa de Assembléia Legislativa ou da Câmara Legislativa do Distrito Federal;

V – o Governador de Estado ou do Distrito Federal;

VI – o Procurador-Geral da República;

VII – o Conselho Federal da Ordem dos Advogados do Brasil;

VIII – partido político com representação no Congresso Nacional;

IX – confederação sindical ou entidade de classe de âmbito nacional.

1. **Esse artigo trás os legitimados para propor as ações de constitucionalidade.** Para facilitar na memorização, recomendamos dividi-los em três grupos:

   (1) mesas: incisos II, III e IV.

   (2) pessoas/autoridades: incisos I, V e VI.

   (3) instituições/entidades: incisos VII, VIII e IX.

2. Esses legitimados são ainda divididos em **legitimados universais**, aqueles aos quais **não é exigida pertinência temática ao caso,** podendo propor ação sobre qualquer matéria; e os **legitimados especiais**, que são aqueles para os quais **se exige a pertinência temática** para a propositura da ação em razão do interesse que representa. Há também uma regra para ajudar na memorização, basta lembrar que cada grupo do tópico acima possui 1 (um) legitimado especial, sendo ele o "mais fraco" do grupo (incisos IV, V e IX); esses incisos foram grifados para ajudar na visualização.

Aplicação nos concursos públicos:

- ***TRT/RN – Juiz do Trabalho Substituto. Setembro/2015.***

  Com base no regramento relativo ao processo e julgamento da Arguição de Descumprimento de Preceito Fundamental (ADPF), é correto afirmar:

  C) Podem propor ADPF os legitimados para a Ação Declaratória de Constitucionalidade.

  Alternativa correta.

§ 1º **O Procurador-Geral da República deverá ser previamente ouvido nas ações de inconstitucionalidade** e em todos os processos de competência do Supremo Tribunal Federal.

§ 2º Declarada a inconstitucionalidade por omissão de medida para tornar efetiva norma constitucional, será dada ciência ao Poder competente para a adoção das providências necessárias e, em se tratando de órgão administrativo, para fazê-lo em trinta dias.

§ 3º Quando o Supremo Tribunal Federal apreciar a inconstitucionalidade, em tese, de norma legal ou ato normativo, citará, previamente, o Advogado-Geral da União, que defenderá o ato ou te**xto impugnado.**

§ 4.º A ação declaratória de constitucionalidade poderá ser proposta pelo Presidente da República, pela Mesa do Senado Federal, pela Mesa da Câmara dos Deputados ou pelo Procurador-Geral da República.

3. Nas ações de controle, o **Advogado Geral da União** deverá **defender o ato normativo** que está sendo objeto da ação. A atuação do AGU só é obrigatória na ADI, uma vez que a ADO e a ADC não buscam a inconstitucionalidade de uma lei.

4. Ainda assim, há duas hipóteses em que o STF entende que a atuação do AGU na ADI não é obrigatória: **quando já há decisão do Supremo Tribunal Federal sobre a inconstitucionalidade da norma discutida e quando a ação está discutindo a constitucionalidade de lei que é contrária aos interesses da União.**

Art. 103-A – O **Supremo Tribunal Federal** poderá, de ofício ou por provocação, mediante decisão de **dois terços** dos seus membros, após reiteradas decisões sobre matéria constitucional, aprovar **súmula** que, a partir de sua publicação na imprensa oficial, **terá efeito vinculante em relação aos demais órgãos do Poder Judiciário e à administração pública direta e indireta, nas esferas federal, estadual e municipal,** bem como proceder à sua revisão ou cancelamento, na forma estabelecida em lei.

1. **A súmula vinculante busca unificar um entendimento para os demais órgãos do Poder Judiciário e para o Poder Executivo, em todos os âmbitos federativos (não vinculando o STF e o Legislativo).** A Lei 11.417 regulamenta o instituto da Súmula Vinculante. O intuito das súmulas vinculantes vai além do simples objetivo de combater a morosidade do Poder Judiciário, busca também garantir uma imparcialidade na aplicação da lei, impedindo com que haja arbitrariedades judiciais, garante também respostas igualitárias aos jurisdicionados.

► **Súmula 734-STF:** Não cabe reclamação quando já houver transitado em julgado o ato judicial que se alega tenha desrespeitado decisão do STF.

Aplicação em concurso público:

- ***Procurador Municipal – 2015 – Prefeitura de Bom Jesus – PI (UFPI).***

  O Supremo Tribunal Federal poderá aprovar súmula que terá efeito vinculante em relação aos demais órgãos do Poder Judiciário e à administração pública direta, nas esferas federal e estadual, bem como proceder à SUA revisão ou cancelamento, na forma estabelecida em lei.

  Gabarito: Afirmativa incorreta. (a súmula vincula a esfera municipal também)

2. O quórum para aprovação da súmula vinculante é muito cobrado em concursos: DOIS TERÇOS.

Aplicação em concurso público:

- ***Advogado I (Trabalhista) – FAURGS – 2016 – HCPA***

  Qual o quórum exigido para aprovação de Súmula Vinculante pelo Supremo Tribunal Federal?

  Gabarito: Dois terços de seus membros.

§ 1º A súmula terá por objetivo a validade, a interpretação e a eficácia de normas determinadas, acerca das quais haja controvérsia atual entre órgãos judiciários ou entre esses e a administração pública que acarrete grave insegurança jurídica e relevante multiplicação de processos sobre questão idêntica.

§ 2º Sem prejuízo do que vier a ser estabelecido em lei, **a aprovação, revisão ou cancelamento de súmula poderá ser provocada por aqueles que podem propor a ação direta de inconstitucionalidade.**

§ 3º Do ato administrativo ou decisão judicial que contrariar a súmula aplicável ou que indevidamente a aplicar, **caberá reclamação ao Supremo Tribunal Federal** que, julgando-a procedente, anulará o ato administrativo ou cassará a decisão judicial reclamada, e determinará que outra seja proferida com ou sem a aplicação da súmula, conforme o caso.

3. Para que haja a **revisão e a anulação** de Súmula Vinculante, é indispensável que haja **evidências de superação da jurisprudência no STF** do assunto tratado, alteração substantiva do contexto político, econômico ou social, ou alteração legislativa

referente à matéria objeto da súmula. É importante destacar que, atualmente, os legitimados para requerer a aprovação, revisão ou cancelamento de súmula vinculante é mais amplo do que o rol de legitimados para ajuizamento de uma ADI, pois a Lei 11.417 trouxe uma lista maior.

4. A **reclamação** é o meio judicial usado para buscar a **obediência das súmulas vinculantes,** devendo ser julgada pelo STF quando a hipótese for de violação à súmula vinculante. Importante ressaltar que a reclamação não prejudicará a utilização de outros recursos ou qualquer outro meio admissível de impugnação.

5. Apesar do § 2º dispor que os legitimados a ação de controle podem propor súmula vinculante, os legitimados para provocação de edição de súmula vinculante vão além daqueles constantes no art. 103, CF. Eles estão dispostos no art. 3º da Lei 11.417/2006 (lei que disciplina a súmula vinculante), sendo eles:

I – o Presidente da República;

II – a Mesa do Senado Federal;

III – a Mesa da Câmara dos Deputados;

IV – o Procurador-Geral da República;

V – o Conselho Federal da Ordem dos Advogados do Brasil;

VI – o Defensor Público-Geral da União;

VII – partido político com representação no Congresso Nacional;

VIII – confederação sindical ou entidade de classe de âmbito nacional;

IX – a Mesa de Assembléia Legislativa ou da Câmara Legislativa do Distrito Federal;

X – o Governador de Estado ou do Distrito Federal;

XI – os Tribunais Superiores, os Tribunais de Justiça de Estados ou do Distrito Federal e Territórios, os Tribunais Regionais Federais, os Tribunais Regionais do Trabalho, os Tribunais Regionais Eleitorais e os Tribunais Militares.

Aplicação em concurso público:

- ***Procurador Jurídico – VUNESP – 2016 – Câmara Municipal de Poá – SP***

  Nos termos do art. 103-A da Constituição Federal, a aprovação, revisão ou cancelamento de súmula vinculante poderão ser provocados

  A) pelo Presidente da República e pelo Procurador-Geral da República ou procedidos de ofício pelo Supremo Tribunal Federal.

  B) pelos Tribunais Superiores e pelo Procurador do Município, desde que a súmula vinculante em questão afete os interesses do respectivo Município.

  C) pelo partido político, pela confederação sindical de âmbito nacional ou procedidos de ofício pelo Presidente da República.

  D) pela Mesa da Assembleia Legislativa e pela entidade de classe de âmbito municipal, estadual ou nacional, desde que haja pertinência temática, ou procedidos de ofício pelo Supremo Tribunal Federal.

E) pelo Prefeito Municipal e o Governador de Estado ou do Distrito Federal ou procedidos de ofício pelo Presidente da República.

Gabarito: Alternativa A

Art. 103-B – O Conselho Nacional de Justiça compõe-se de 15 (quinze) membros com mandato de 2 (dois) anos, admitida 1 (uma) recondução, sendo:

I – o Presidente do Supremo Tribunal Federal;

II – um Ministro do Superior Tribunal de Justiça, indicado pelo respectivo tribunal;

III – um Ministro do Tribunal Superior do Trabalho, indicado pelo respectivo tribunal;

IV – um desembargador de Tribunal de Justiça, indicado pelo Supremo Tribunal Federal;

V – um juiz estadual, indicado pelo Supremo Tribunal Federal;

VI – um juiz de Tribunal Regional Federal, indicado pelo Superior Tribunal de Justiça;

VII – um juiz federal, indicado pelo Superior Tribunal de Justiça;

VIII – um juiz de Tribunal Regional do Trabalho, indicado pelo Tribunal Superior do Trabalho;

IX – um juiz do trabalho, indicado pelo Tribunal Superior do Trabalho;

X – um membro do Ministério Público da União, indicado pelo Procurador-Geral da República;

XI um membro do Ministério Público estadual, escolhido pelo Procurador-Geral da República dentre os nomes indicados pelo órgão competente de cada instituição estadual;

XII – dois advogados, indicados pelo Conselho Federal da Ordem dos Advogados do Brasil;

XIII – dois cidadãos, de notável saber jurídico e reputação ilibada, indicados um pela Câmara dos Deputados e outro pelo Senado Federal.

§ 1º O **Conselho será presidido pelo Presidente do Supremo Tribunal Federal** e, nas suas ausências e impedimentos, pelo Vice-Presidente do Supremo Tribunal Federal.

§ 2º Os demais membros do Conselho serão nomeados pelo Presidente da República, depois de aprovada a escolha pela maioria absoluta do Senado Federal.

§ 3º Não efetuadas, no prazo legal, as indicações previstas neste artigo, caberá a escolha ao Supremo Tribunal Federal.

§ 4º **Compete ao Conselho o controle da atuação administrativa e financeira do Poder Judiciário** e do cumprimento dos deveres funcionais dos juízes, cabendo-lhe, além de outras atribuições que lhe forem conferidas pelo Estatuto da Magistratura:

I – **zelar pela autonomia do Poder Judiciário** e pelo cumprimento do Estatuto da Magistratura, podendo expedir atos regulamentares, no âmbito de sua competência, ou recomendar providências;

II – zelar pela **observância do art. 37** e apreciar, de ofício ou mediante provocação, a legalidade dos atos administrativos praticados por membros ou órgãos do Poder

Judiciário, podendo desconstituí-los, revê-los ou fixar prazo para que se adotem as providências necessárias ao exato cumprimento da lei, sem prejuízo da competência do Tribunal de Contas da União;

III – receber e conhecer das reclamações contra membros ou órgãos do Poder Judiciário, inclusive contra seus serviços auxiliares, serventias e órgãos prestadores de serviços notariais e de registro que atuem por delegação do poder público ou oficializados, sem prejuízo da competência disciplinar e correicional dos tribunais, podendo avocar processos disciplinares em curso e determinar a remoção, a disponibilidade ou a aposentadoria com subsídios ou proventos proporcionais ao tempo de serviço e aplicar outras sanções administrativas, assegurada ampla defesa;

IV – representar ao Ministério Público, no caso de crime contra a administração pública ou de abuso de autoridade;

V – rever, de ofício ou mediante provocação, os processos disciplinares de juízes e membros de tribunais julgados há menos de um ano;

VI – elaborar semestralmente relatório estatístico sobre processos e sentenças prolatadas, por unidade da Federação, nos diferentes órgãos do Poder Judiciário;

VII – elaborar relatório anual, propondo as providências que julgar necessárias, sobre a situação do Poder Judiciário no País e as atividades do Conselho, o qual deve integrar mensagem do Presidente do Supremo Tribunal Federal a ser remetida ao Congresso Nacional, por ocasião da abertura da sessão legislativa.

§ 5º O Ministro do Superior Tribunal de Justiça exercerá a função de Ministro-Corregedor e ficará excluído da distribuição de processos no Tribunal, competindo-lhe, além das atribuições que lhe forem conferidas pelo Estatuto da Magistratura, as seguintes:

I receber as reclamações e denúncias, de qualquer interessado, relativas aos magistrados e aos serviços judiciários;

II exercer funções executivas do Conselho, de inspeção e de correição geral;

III requisitar e designar magistrados, delegando-lhes atribuições, e requisitar servidores de juízos ou tribunais, inclusive nos Estados, Distrito Federal e Territórios.

§ 6º Junto ao Conselho oficiarão o Procurador-Geral da República e o Presidente do Conselho Federal da Ordem dos Advogados do Brasil.

§ 7º A União, inclusive no Distrito Federal e nos Territórios, criará ouvidorias de justiça, competentes para receber reclamações e denúncias de qualquer interessado contra membros ou órgãos do Poder Judiciário, ou contra seus serviços auxiliares, representando diretamente ao Conselho Nacional de Justiça.

1. Os incisos I ao XIII do artigo trazem a composição do Conselho Nacional de Justiça, enquanto que os incisos I ao VII do § 4º trazem as funções atribuídas a esse órgão.

Aplicação em concurso público:

- ***Titular de Serviços de Notas e de Registros – 2018 – CONSULPLAN***

  Em relação aos Tribunais de Contas e ao Conselho Nacional de Justiça, assinale a alternativa correta.

D) Compete ao Conselho Nacional de Justiça receber e conhecer das reclamações contra atos praticados por serventias e órgãos prestadores de serviços notariais e de registro que atuem por delegação do poder público ou oficializados, sem prejuízo da competência disciplinar e correicional dos tribunais.

Gabarito: A alternativa está correta.

2. Apesar de fazer parte do Poder Judiciário, o **CNJ só tem funções administrativas,** sendo competente para comandar o exercício administrativo e financeiro do poder judiciário e observar os juízes no cumprimento de suas funções.

3. O CNJ não exerce controle sobre atos jurisdicionais, isto é, despachos, sentença, acórdãos e dentre outros. Isto nos diz que ele não realiza controle de constitucionalidade, **porém pode exercer o controle de legalidade dos atos administrativos dos juízos e Tribunais,** excluindo, o STF (Supremo Tribunal Federal), conforme entendimento da Suprema Corte nos julgados: MS 27.774/DF e MS 28.872 AgR/DF.

Aplicação em concurso público:

- ***Procurador Jurídico – 2018 – Câmara de Goiânia***

  No artigo 92, I, a Constituição Federal enumera entre os órgãos do Poder Judiciário o Conselho Nacional de Justiça, atribuindo-lhe competência para apreciar

  C) a legalidade dos atos administrativos praticados por órgãos do Poder Judiciário, podendo desconstituí-los, revê-los ou fixar prazo para as providências necessárias ao cumprimento da lei.

  Gabarito: Alternativa Correta.

- ***Analista Judiciário – Área Administrativa – FGV – 2017 – TRT – 12ª Região (SC)***

  C) parcialmente incorreta, já que o CNJ pode controlar atos jurisdicionais quando autorizado;

  Gabarito: Alternativa incorreta (ele pode controlar apenas atos administrativos)

SEÇÃO III
DO SUPERIOR TRIBUNAL DE JUSTIÇA

Art. 104 – O Superior Tribunal de Justiça compõe-se de, no mínimo, **trinta e três Ministros.**

Parágrafo único. Os Ministros do Superior Tribunal de Justiça serão nomeados pelo Presidente da República, dentre brasileiros **com mais de trinta e cinco e menos de sessenta e cinco anos**, de notável saber jurídico e reputação ilibada, depois de aprovada a escolha pela maioria absoluta do Senado Federal, sendo:

I – um terço dentre juízes dos Tribunais Regionais Federais e um terço dentre desembargadores dos Tribunais de Justiça, indicados em lista tríplice elaborada pelo próprio Tribunal;

II – um terço, em partes iguais, dentre advogados e membros do Ministério Público Federal, Estadual, do Distrito Federal e Territórios, alternadamente, indicados na forma do art. 94.

1. O STJ é composto de 33 ministros, sendo de acordo com os incisos I e II deste artigo:

   – ⅓ juízes do TRF

   – ⅓ desembargadores dos Tribunais de Justiça

   – ⅓ advogados e membros do MP

► **Cuidado! No Superior Tribunal de Justiça não existe o quinto constitucional, mas sim, o terço,** dessa forma, um terço das vagas do tribunal são reservadas para advogados e membros do Ministério Público.

Aplicação em concurso público:

- ***Analista Judiciário – Área Judiciária – FCC – 2017 – TRT – 24ª REGIÃO (MS)***

  Sandoval, estudante de direito, está preparando um seminário sobre os Tribunais Superiores e a Constituição Federal brasileira. Assim, verificando a Carta Magna, no tocante ao Superior Tribunal de Justiça, constatou que é composto por

  Gabarito: no mínimo trinta e três Ministros, sendo um terço dentre Desembargadores dos Tribunais de Justiça, indicados em lista tríplice elaborada pelo próprio Tribunal.

2. **Requisitos para ser Ministro do STJ:** brasileiro nato ou naturalizado; mais de 35 anos e menos de 65 anos; notável saber jurídico e reputação ilibada.

► **Atenção:** Apenas no STF se exige que os ministros sejam **brasileiros natos.**

Aplicação em concurso público:

- ***Analista – Gestão Pública – 2016 – Prefeitura de Teresina – PI (FCC)***

  A) podem ser Ministros do Supremo Tribunal Federal somente brasileiros natos, com mais de trinta e cinco e menos de sessenta e cinco anos.

  Gabarito: Alternativa correta.

- ***Analista Judiciário – Área Judiciária – 2017 – TRT – 24ª REGIÃO (FCC).***

  Sandoval, estudante de direito, está preparando um seminário sobre os Tribunais Superiores e a Constituição Federal brasileira. Assim, verificando a Carta Magna, no tocante ao Superior Tribunal de Justiça, constatou que é composto por no mínimo trinta e três Ministros, sendo um terço dentre Desembargadores dos Tribunais de Justiça, indicados em lista tríplice elaborada pelo próprio Tribunal.

  Gabarito: Alternativa Correta.

Art. 105 - Compete ao Superior Tribunal de Justiça:

I - processar e julgar, originariamente:

a) nos **crimes comuns**, os **Governadores** dos Estados e do Distrito Federal, e, nestes e nos de **responsabilidade**, os desembargadores dos Tribunais de Justiça dos Estados e do Distrito Federal, os membros dos Tribunais de Contas dos Estados e do Distrito Federal, os dos Tribunais Regionais Federais, dos Tribunais Regionais Eleitorais e do Trabalho, os membros dos Conselhos ou Tribunais de Contas dos Municípios e os do Ministério Público da União que oficiem perante tribunais;

1. Na Ação Penal 937, o STF restringiu seu foro por prerrogativa de função aos deputados federais e senadores apenas a crimes cometidos no exercício do cargo e em razão das funções a ele relacionadas. Seguindo esse entendimento, o STJ também restringiu o foro dos Governadores.

► **Entendimento jurisprudencial:**

"...Assim, é de se conferir ao enunciado normativo do art. 105, I, "a", da CF, o mesmo sentido e alcance atribuído pelo Supremo Tribunal Federal ao art. 102, I, "b" e "c", restringindo-se, desse modo, as hipóteses de foro por prerrogativa de função perante o STJ àquelas em que o crime for praticado em razão e durante o exercício do cargo ou função – no caso concreto, o de Governador de Estado –, porquanto "onde existe a mesma razão fundamental, prevalece a mesma regra de direito"..."[STJ. AgRg nº 866/DF]

1.1. Apesar da restrição do foro, o entendimento da corte superior manteve uma exceção, a do julgamento dos **Desembargadores dos Tribunais de Justiça.**

► Entendimento jurisprudencial:

Os Desembargadores dos Tribunais de Justiça continuam sendo julgados pelo STJ mesmo que o crime não esteja relacionado com as suas funções. Assim, **o STJ continua sendo competente para julgar quaisquer crimes imputados a Desembargadores,** não apenas os que tenham relação com o exercício do cargo. STJ. APn 878/DF QO, Rel. Min. Benedito Gonçalves, julgado em 30/05/2016.

b) os **mandados de segurança e os habeas data contra ato de Ministro de Estado**, dos Comandantes da Marinha, do Exército e da Aeronáutica ou do próprio Tribunal;

2. Aplicação nos concursos públicos:

- ***Técnico Ministerial – Área Administrativa – 2018 – MPE-PI (CESPE).***

  Compete ao Supremo Tribunal Federal processar e julgar originariamente mandados de segurança e *habeas data* contra ato de ministro de Estado.

  Gabarito: Alternativa falsa. (competência do STJ)

c) os **habeas corpus**, quando o coator ou paciente for qualquer das pessoas mencionadas na alínea "a", ou quando o coator for tribunal sujeito à sua jurisdição, Ministro de Estado ou Comandante da Marinha, do Exército ou da Aeronáutica, ressalvada a competência da Justiça Eleitoral;

3. Aplicação nos concursos públicos:

- ***Analista Judiciário – Área Judiciária – 2018 – TRT – 1ª REGIÃO (INSTITUTO AOCP)***

  É competência do Superior Tribunal de Justiça processar e julgar, originariamente, o *habeas corpus* quando o paciente for membro do Ministério Público Estadual.

  Gabarito: Alternativa incorreta. (a alínea "a" se refere apenas aos membros do Ministério Público da União que oficiem perante tribunais **– os membros do MP são julgados pelo Tribunal de Justiça do Estado,** *por força do princípio da simetria com o art. 108, I, CF)*

d) os conflitos de competência entre quaisquer tribunais, ressalvado o disposto no art. 102, I, "o", bem como entre tribunal e juízes a ele não vinculados e entre juízes vinculados a tribunais diversos;

e) as revisões criminais e as ações rescisórias de seus julgados;

f) a reclamação para a preservação de sua competência e garantia da autoridade de suas decisões;

4. Aplicação nos concursos públicos:

- ***Técnico Judiciário – Área Administrativa – 2017 – TST (FCC)***

  A reclamação para a preservação de sua competência e garantia da autoridade de suas decisões.

  Gabarito: Alternativa correta.

g) os conflitos de atribuições entre autoridades administrativas e judiciárias da União, ou entre autoridades judiciárias de um Estado e administrativas de outro ou do Distrito Federal, ou entre as deste e da União;

h) o mandado de injunção, quando a elaboração da norma regulamentadora for atribuição de órgão, entidade ou autoridade federal, da administração direta ou indireta, excetuados os casos de competência do Supremo Tribunal Federal e dos órgãos da Justiça Militar, da Justiça Eleitoral, da Justiça do Trabalho e da Justiça Federal;

i) a homologação de sentenças estrangeiras e a concessão de exequatur às cartas rogatórias;

5. Aplicação nos concursos públicos:

- ***Investigador de Polícia Civil – 2018 – PC-BA (VUNESP)***

  Compete ao Supremo Tribunal Federal homologar sentenças estrangeiras e conceder *exequatur* às cartas rogatórias.

  Gabarito: Alternativa incorreta. (competência do STJ)

II – julgar, em **recurso ordinário:**

a) os habeas corpus decididos em única ou última instância pelos **Tribunais Regionais Federais ou pelos tribunais dos Estados, do Distrito Federal e Territórios,** quando a decisão for denegatória;

6. Aplicação nos concursos públicos:

- ***Agente Penitenciário – 2016 – SEJUS-PI (NUCEPE).***

Assinale a alternativa que **NÃO** indica competência do Supremo Tribunal Federal:

Gabarito: Julgar, em recurso ordinário, os habeas corpus decididos em única ou última instância pelos Tribunais Regionais Federais ou pelos tribunais dos Estados, do Distrito Federal e Territórios, quando a decisão for denegatória. (competência do STJ)

b) os mandados de segurança decididos em única instância pelos Tribunais Regionais Federais ou pelos tribunais dos Estados, do Distrito Federal e Territórios, quando denegatória a decisão;

7. Aplicação nos concursos públicos:

- ***Analista Jurídico – 2018 – MPE-AL(FGV)***

O Ministério Público impetrou mandado de segurança, contra ato de Desembargador, perante o Tribunal de Justiça do Estado. O pedido formulado foi indeferido com base em um argumento considerado, pela Instituição, nitidamente contrário à ordem constitucional. À luz desses fatos, o Ministério Público decidiu manejar o recurso cabível para que a causa seja analisada pelo Tribunal Superior competente.

Sobre a sistemática constitucional e a divisão de competências dos Tribunais Superiores, assinale a afirmativa correta.

Deve ser interposto recurso ordinário endereçado ao Superior Tribunal de Justiça.

Gabarito: Alternativa correta.

c) as causas em que forem partes Estado estrangeiro ou organismo internacional, de um lado, e, do outro, Município ou pessoa residente ou domiciliada no País;

III – julgar, em **recurso especial,** as causas decididas, em única ou última instância, pelos Tribunais Regionais Federais ou pelos tribunais dos Estados, do Distrito Federal e Territórios, quando a decisão recorrida:

a) contrariar tratado ou lei federal, ou negar-lhes vigência;

b) julgar válido ato de governo local contestado em face de lei federal;

c) der a lei federal interpretação divergente da que lhe haja atribuído outro tribunal.

8. O **Recurso Especial é próprio do STJ** e, para ser aceito e analisado, deve respeitar o requisito do **prequestionamento,** ou seja, ter sido discutido nas instâncias inferiores.

► **Legislação infraconstitucional:**

Art. 1.025, CPC: Consideram-se incluídos no acórdão os elementos que o embargante suscitou, **para fins de pré-questionamento,** ainda que os embargos de declaração sejam inadmitidos ou rejeitados, caso o tribunal superior considere existentes erro, omissão, contradição ou obscuridade.

Parágrafo único. Funcionarão junto ao Superior Tribunal de Justiça:

I – a Escola Nacional de Formação e Aperfeiçoamento de Magistrados, cabendo-lhe, dentre outras funções, regulamentar os cursos oficiais para o ingresso e promoção na carreira;

II – o Conselho da Justiça Federal, cabendo-lhe exercer, na forma da lei, a supervisão administrativa e orçamentária da Justiça Federal de primeiro e segundo graus, como órgão central do sistema e com poderes correicionais, cujas decisões terão caráter vinculante.

SEÇÃO IV
DOS TRIBUNAIS REGIONAIS FEDERAIS E DOS JUÍZES FEDERAIS

Art. 106 – São órgãos da Justiça Federal:

I – os Tribunais Regionais Federais;

II – os Juízes Federais.

1. A Justiça comum é dividida entre **Federal e Estadual.** Sua competência adota o critério residual, ou seja, engloba todos aqueles assuntos que não se referem a alguma justiça especializada (eleitoral, militar, trabalhista). As justiças federal e estadual não possuem hierarquia uma sobre a outra, mas apenas competências diversas, que as distinguem.

Aplicação em concurso público:

- ***Juiz Leigo – COMPERVE – 2018 – TJ-RN***

  Clara e sua avó, Telma, conversavam na sala de casa após acompanharem, no jornal regional, a veiculação de notícia que divulgava o sucesso de uma operação realizada pela Polícia Federal, responsável por ensejar a propositura, pelo Ministério Público Federal, de ação penal e de ação de improbidade administrativa. Telma disse a Clara que sempre que via notícias de combate à corrupção tinha o sentimento de que a Justiça Federal era mais combativa e importante do que a Justiça Estadual. Clara, jovem graduada em Direito, disse acertadamente a sua avó que

  D) ela estava errada, pois não há qualquer hierarquia entre os entes da federação que justifique a ideia de maior importância da Justiça Federal com relação à Justiça Estadual.

  Gabarito: Alternativa correta

2. Os Tribunais Regionais Federais são divididos em **cinco regiões** em todo o Brasil.

> **Art. 107** – Os **Tribunais Regionais Federais** compõem-se de, no mínimo, **sete juízes,** recrutados, quando possível, na respectiva região e nomeados pelo Presidente da República dentre brasileiros com mais de trinta e menos de sessenta e cinco anos, sendo:
>
> I – **um quinto dentre advogados com mais de dez anos de efetiva atividade profissional e m**embros do Ministério Público Federal com mais de dez anos de carreira;
>
> II – os demais, mediante promoção de juízes federais com mais de cinco anos de exercício, por antigüidade e merecimento, alternadamente.
>
> Parágrafo único. A lei disciplinará a remoção ou a permuta de juízes dos Tribunais Regionais Federais e determinará sua jurisdição e sede.
>
> § 1º A lei disciplinará a remoção ou a permuta de juízes dos Tribunais Regionais Federais e determinará sua jurisdição e sede.
>
> § 2º Os Tribunais Regionais Federais instalarão a justiça itinerante, com a realização de audiências e demais funções da atividade jurisdicional, nos limites territoriais da respectiva jurisdição, servindo-se de equipamentos públicos e comunitários.
>
> § 3º Os Tribunais Regionais Federais poderão funcionar descentralizadamente, constituindo Câmaras regionais, a fim de assegurar o pleno acesso do jurisdicionado à justiça em todas as fases do processo.

1. Os Tribunais Regionais Federais compõem se de **7 ministros,** sendo **um quinto de advogados e membros do Ministério Público** e, os demais, juízes federais com mais de cinco anos de exercício.

Aplicação em concurso público:

- ***Procurador – CETREDE – 2016 – Prefeitura de Itapipoca – CE***

  Sobre os preceitos constitucionais do Poder Judiciário, analise as afirmativas a seguir.

  IV. Os Tribunais Regionais Federais compõem-se de, no mínimo, sete juízes, recrutados, quando possível, na respectiva região e nomeados pelo Presidente da República dentre brasileiros com mais de trinta e menos de sessenta e cinco anos.

  Gabarito: Alternativa correta

- ***CESPE – 2016 – PC-GO – Escrivão de Polícia Substituto***

  Acerca das funções essenciais à justiça e do Poder Judiciário, assinale a opção correta.

  C) Os tribunais regionais federais, diferentemente dos tribunais de justiça dos estados, não poderão ter, em sua composição, desembargadores oriundos da advocacia ou do MP pela sistemática do quinto constitucional.

  Gabarito: Alternativa incorreta (tanto os Tribunais de Justiça quanto o TRF participam da regra do quinto constitucional: art. 94, CF)

2. **A justiça itinerante é uma forma de levar a justiça para todos os lugares,** até nos lugares mais precários, buscando resguardar os direitos de todos. Pela justiça itinerante o magistrado se desloca até o local da demanda para produzir a sentença ou ao acórdão.

Art. 108 - Compete aos Tribunais Regionais Federais:

I - processar e julgar, originariamente:

a) os **juízes federais da área de sua jurisdição,** incluídos os da Justiça Militar e da Justiça do Trabalho, nos crimes comuns e de responsabilidade, e os membros do Ministério Público da União, ressalvada a competência da Justiça Eleitoral;

II - julgar, em grau de **recurso, as causas decididas pelos juízes federais** e pelos juízes estaduais no exercício da competência federal da área de sua jurisdição.

1. **É competência do TRF julgar os juízes FEDERAIS de sua área de jurisdição e os membros do Ministério Público da União,** em seus crimes comuns e se responsabilidade, com exceção dos crimes eleitorais (competência da Justiça Eleitoral), e, em grau de recurso, as causas decididas pelos juízes federais e estaduais, no exercício da competência federal da área de sua jurisdição.

Art. 109 - Aos juízes federais compete processar e julgar:

I - as causas em que a **União, entidade autárquica ou empresa pública federal forem interessadas na condição de autoras, rés, assistentes ou oponentes**, exceto as de falência, as de acidentes de trabalho e as sujeitas à Justiça Eleitoral e à Justiça do Trabalho;

II - as causas entre Estado estrangeiro ou organismo internacional e Município ou pessoa domiciliada ou residente no País;

III - as causas fundadas em tratado ou contrato da União com Estado estrangeiro ou organismo internacional;

IV - os crimes políticos e as infrações penais praticadas em detrimento de bens, serviços ou interesse da União ou de suas entidades autárquicas ou empresas públicas, excluídas as contravenções e ressalvada a competência da Justiça Militar e da Justiça Eleitoral;

V - os crimes previstos em tratado ou convenção internacional, quando, iniciada a execução no País, o resultado tenha ou devesse ter ocorrido no estrangeiro, ou reciprocamente;

V-A as causas relativas a direitos humanos a que se refere o § 5º deste artigo;

VI - os crimes contra a organização do trabalho e, nos casos determinados por lei, contra o sistema financeiro e a ordem econômico-financeira;

VII - os habeas corpus, em matéria criminal de sua competência ou quando o constrangimento provier de autoridade cujos atos não estejam diretamente sujeitos a outra jurisdição;

VIII - os mandados de segurança e os habeas data contra ato de autoridade federal, excetuados os casos de competência dos tribunais federais;

IX - os crimes cometidos a bordo de navios ou aeronaves, ressalvada a competência da Justiça Militar;

X - os crimes de ingresso ou permanência irregular de estrangeiro, **a execução de carta rogatória, após o "exequatur", e de sentença estrangeira,** após a homologação, as causas referentes à nacionalidade, inclusive a respectiva opção, e à naturalização;

XI - a disputa sobre direitos indígenas.

1. **Esse artigo traz as causas de competência da Justiça Federal que devem ser julgadas pelos juízes.**

2. **As causas relativas aos direitos indígenas é de competência da Justiça Federal,** sendo esta competente quando o processo envolver a efetiva **disputa de interesses indígenas**. Quando a vítima for réu ou vítima de um processo em que os fatos não se relacionam com os direitos indígenas em si, compete à **Justiça Estadual Comum julgá-lo**. A distinção é difícil e causa muitas controvérsias.

► **Súmula 140, STJ:** Compete à Justiça Comum Estadual processar e julgar crime em que o indígena figure como autor ou vítima.

3) Aplicação em concurso público:

- ***Juiz Leigo – CS-UFG – 2017 – TJ-GO***

Nos termos do artigo 109 da Constituição da República Federativa do Brasil de 1988, compete aos juízes federais processar e julgar

A) as causas entre Estado estrangeiro ou organismo internacional e Município ou pessoa domiciliada ou residente no País.

B) as causas fundadas em tratado ou contrato da União, Estado ou Município, com Estado estrangeiro ou organismo internacional.

C) os crimes e as contravenções penais cometidos a bordo de navios ou aeronaves, ressalvada a competência da Justiça Militar.

D) os crimes e as contravenções penais praticadas em detrimento de bens, serviços ou interesse da União ou de suas entidades autárquicas ou empresas públicas, ressalvada a competência da Justiça Militar e da Justiça Eleitoral.

E) os crimes e contravenções penais previstos em tratado ou convenção internacional, quando, iniciada a execução no País, o resultado tenha ou devesse ter ocorrido no estrangeiro.

Gabarito: Alternativa A

- ***Juiz Federal Substituto – CESPE – 2017 – TRF – 5ª REGIÃO***

De acordo com o STF, eventual ajuizamento de ação judicial proposta em razão da demora na expedição de diploma de conclusão de curso em instituição privada de ensino superior deverá ser processada e julgada pela justiça

A) estadual, se a instituição for mantida por pessoas de direito privado.

B) estadual, porquanto não há interesse da União.

C) federal, ainda que a instituição seja privada.

D) federal, desde que haja repasse de verba federal para a instituição.

E) estadual, se a instituição for administrada por pessoas de direito privado.

Gabarito: Alternativa C

§ 1º As causas em que a União for autora serão aforadas na seção judiciária onde tiver domicílio a outra parte.

§ 2º **As causas intentadas contra a União poderão ser aforadas na seção judiciária em que for domiciliado o autor**, naquela onde houver ocorrido o ato ou fato que deu origem à demanda ou onde esteja situada a coisa, ou, ainda, no Distrito Federal.

§ 3º **Serão processadas e julgadas na justiça estadual, no foro do domicílio dos segurados ou beneficiários, as causas em que forem parte instituição de previdência social e segurado, sempre que a comarca não seja sede de vara do juízo federal, e, se verificada essa condição,** a lei poderá permitir que outras causas sejam também processadas e julgadas pela justiça estadual.

4. Regra de competência em razão desse § 3º:

4.1. Quando o segurado for domiciliado em cidade que possui Vara Federal: as causas de até 60 salários mínimos são processadas e julgadas pelo Juizado Especial Federal e as causas com valor maior pela Vara Federal (obrigatoriamente). Os recursos vão para o TRF.

4.2. Quando o segurado for domiciliado em cidade que não é sede de Vara Federal: pode optar por propor ação na seção ou subseção mais próxima, ou pela Justiça Estadual, sempre com recurso ao TRF.

§ 4º Na hipótese do parágrafo anterior, o recurso cabível será sempre para o Tribunal Regional Federal na área de jurisdição do juiz de primeiro grau.

§ 5º Nas hipóteses de **grave violação de direitos humanos, o Procurador-Geral da República, com a finalidade de assegurar o cumprimento de obrigações decorrentes de tratados internacionais de direitos humanos dos quais o Brasil seja parte, poderá suscitar, perante o Superior Tribunal de Justiça, em qualquer fase do inquérito ou processo, incidente de deslocamento de competência para a Justiça Federal.**

5. O § 5º trata do **Incidente de Deslocamento de Competência,** buscando garantir a imparcialidade em processos que haja grave violação a direitos humanos, transferindo a competência da Justiça Estadual para Justiça Federal. Dessa forma, o **PGR instaura o incidente no STJ e, sendo julgado procedente, o processo será encaminhado para a Justiça Federal, que julgará o caso.**

5.1. Observe que o incidente de deslocamento de competência não envia o processo para ser julgado pelo STJ em seu mérito, mas apenas o incidente. **O processo em que a causa está sendo discutida desloca da Justiça Estadual para a Justiça Federal (1º grau)**

▶ **5.2. Atenção! Esse** incidente tem relevância importância com relação ao Direito Internacional, Corte Internacional – União que é parte – evitar que processos brasileiros cheguem na corte

Aplicação nos concursos públicos:

- ***Guarda de Segurança – 2018 – SEPLAG-SE (IBADE)***

  Segundo a Constituição Federal, nas hipóteses de grave violação de direitos humanos, o Procurador-Geral da República, com a finalidade de assegurar o cumprimento de obrigações decorrentes de tratados internacionais de direitos humanos dos quais o Brasil seja parte, poderá:

  Suscitar, perante o Superior Tribunal de Justiça, em qualquer fase do inquérito ou processo, incidente de deslocamento de competência para a Justiça Federal.

  Gabarito: Alternativa correta.

- ***Defensor Público – 2016 – FCC – DPE-BA***

  B) Nas hipóteses de grave violação de direitos humanos, o Procurador-Geral da República, com a finalidade de assegurar o cumprimento de obrigações decorrentes de tratados internacionais de direitos humanos dos quais o Brasil seja parte, poderá suscitar, perante o Superior Tribunal de Justiça, em qualquer fase do inquérito ou processo, incidente de deslocamento de competência para a Justiça Federal.

  Alternativa correta.

Art. 110 – Cada Estado, bem como o Distrito Federal, **constituirá uma seção judiciária** que terá por sede a respectiva Capital, e varas localizadas segundo o estabelecido em lei.

Parágrafo único. Nos Territórios Federais, a jurisdição e as atribuições cometidas aos juízes federais caberão aos juízes da justiça local, na forma da lei.

1. As seções judiciárias buscam dinamizar o trabalho da justiça federal, dessa forma, **em cada Estado existe um Tribunal Regional Federal.**

SEÇÃO V
Do Tribunal Superior do Trabalho, dos Tribunais Regionais do Trabalho e dos Juízes do Trabalho

1. O nome dessa seção foi alterado, antes da Emenda Constitucional nº 92/2016, antes ela era nomeada apenas com a expressão: “DOS TRIBUNAIS E JUÍZES DO TRABALHO”. Observe que a nova redação acrescentou o Tribunal Superior do Trabalho e os Tribunais Regionais do Trabalho.

Art. 111 – São órgãos da Justiça do Trabalho:

I – o Tribunal Superior do Trabalho;

II – os Tribunais Regionais do Trabalho;

III – Juízes do Trabalho.

1. As juntas de Conciliação e Julgamento foram excluídas desse dispositivo (EC. 24/99), e o Tribunal Superior do Trabalho (TST) passou a compor explicitamente no inciso I. Assim, fica claro o reconhecimento deste tribunal como **órgão do Poder Judiciário.**

TST	Órgão de Cúpula	27 Ministros
TRT	2º Instância	24 Tribunais Regionais
JUÍZES DO TRABALHO	1ª Instância	1 Juíz do Trabalho

- Importante ressaltar que o Estado de São Paulo possui 2 Tribunais Regionais, o Tribunal da 2ª Região e o Tribunal da 15ª Região.

Art. 111-A - O Tribunal Superior do Trabalho compor-se-á de **vinte e sete Ministros**, escolhidos dentre brasileiros com mais de **trinta e cinco anos** e menos de **sessenta e cinco anos**, de **notável saber jurídico e reputação ilibada**, nomeados pelo Presidente da República após **aprovação pela maioria absoluta do Senado Federal,** sendo:

1. O art. 111-A foi alterado pela **Emenda Constitucional 92 de 2016**, ela veio para explicitar o Tribunal Superior do Trabalho (TST) como órgão do Poder Judiciário. Também altera os requisitos para o provimento dos cargos de Ministros daquele Tribunal e modifica a sua competência. **Por ser uma inovação, está sendo muito cobrado em concursos públicos, então os seus detalhes são de muita importância.**
2. Outra mudança também deve ser notada é que este artigo traz uma nova redação, nesse sentido, para ser Ministro do Superior Tribunal do Trabalho é necessário ter **notável saber jurídico e reputação ilibada.**
3. Importante saber os **requisitos** para ser Ministro do TST: **brasileiros natos ou naturalizados, de 35 a 65 anos, notável saber jurídico e reputação ilibada,** escolhidos pelo Presidente após **aprovação do Senado Federal.**

Aplicação em concurso.

- ***Analista Judiciário – Contabilidade – 2017 – TST (FCC).***

  Os Ministros do Tribunal Superior do Trabalho - TST:

  Gabarito: São aprovados pelo Senado Federal.

4. Aplicação em concurso:

- *Oficial PM-DF – 2017*

  A Emenda Constitucional **nº 92/2016** alterou os artigos 92 e 111-A da Constituição Federal para explicitar o Tribunal Superior do Trabalho como órgão do Poder

Judiciário, além de alterar os requisitos para o provimento dos cargos de Ministros desse Tribunal e modificar a respectiva competência. Acerca da aplicabilidade das normas constitucionais, considerando o clássico pensamento de José Afonso da Silva (Aplicabilidade das Normas Constitucionais, 8ª Ed., 2012), classifica-se a Emenda Constitucional nº 92 como norma:

Gabarito: De eficácia plena (Lembre-se, a norma de eficácia plena tem aplicabilidade **direta, imediata e integral)**

I – **um quinto** dentre advogados com **mais de dez anos** de efetiva atividade profissional e membros do Ministério Público do Trabalho com mais de dez anos de efetivo exercício, observado o disposto no art. 94;

II – os demais dentre juízes dos Tribunais Regionais do Trabalho, oriundos da magistratura da carreira, indicados pelo próprio Tribunal Superior.

§ 1º A **lei** disporá sobre a competência do **Tribunal Superior do Trabalho.**

§ 2º Funcionarão junto ao Tribunal Superior do Trabalho:

I – a Escola Nacional de Formação e Aperfeiçoamento de Magistrados do Trabalho, cabendo-lhe, dentre outras funções, **regulamentar os cursos oficiais para o ingresso e promoção na carreira;**

II – o Conselho Superior da Justiça do Trabalho, cabendo-lhe exercer, **na forma da lei**, a supervisão administrativa, orçamentária, financeira e patrimonial da Justiça do Trabalho de primeiro e segundo graus, como órgão central do sistema, **cujas decisões terão efeito vinculante.**

§ 3º Compete ao Tribunal Superior do Trabalho processar e julgar, originariamente, **a reclamação para a preservação de sua competência e garantia da autoridade de suas decisões.**

5. O TST obedece a regra do **quinto constitucional** (ver art. 94, CF), isto é, reserva um quinto dos **lugares dos Tribunais Regionais Federais e dos Estados e Distrito Federal e Territórios** para os membros do Ministério Público e advogados de notório saber jurídico e reputação ilibada, ambos com mais de **10 anos** de efetiva atividade profissional indicados em **lista sêxtupla** pelos órgãos de representação das respectivas classes.

6. Atenção ao § 3º, assim como o Supremo Tribunal Federal (STF), o TST tem **competência** para julgar reclamação para preservação de sua competência.

7. Junto ao Tribunal Superior do trabalho funcionarão: O **Conselho Superior da Justiça do Trabalho** e a **Escola Nacional de Formação e Aperfeiçoamento de Magistrados do Trabalho.**

8. Aplicação em concurso.

- *Técnico Judiciário – Área Administrativa – 2017 – TST (FCC)*

O Conselho Superior da Justiça do Trabalho.

Possui, entre seus membros, três Ministros do Tribunal Superior do Trabalho, eleitos pelo Tribunal Pleno, para cumprirem mandatos de dois anos, vedada a recondução.

Gabarito: Alternativa correta.

Art. 112 – A **lei** criará **varas** da Justiça do Trabalho, podendo, **nas comarcas não abrangidas por sua jurisdição, atribuí-la aos juízes de direito, com recurso para o respectivo Tribunal Regional do Trabalho.**

Art. 113 – A **lei** disporá sobre a constituição, investidura, jurisdição, competência, garantias e condições de exercício dos órgãos da Justiça do Trabalho.

1. Sempre que estiver escrito "lei" será lei ordinária. Quando for lei complementar estará escrito a palavra "complementar".

Aplicação em concurso:

- ***Procurador Municipal – FCC 2014.***

  Sobre a organização e estrutura da Justiça do Trabalho, é correto afirmar:

  A **lei** criará varas da Justiça do Trabalho, podendo, nas comarcas não abrangidas por sua jurisdição, atribuí-la aos juízes de direito, com recurso para o respectivo Tribunal Regional do Trabalho.

  Gabarito: Alternativa Correta. Para acertar essa questão a única dificuldade foi saber se o dispositivo tratou de lei ordinária ou de lei complementar. No caso em tela verifica-se que foi de lei ordinária e foi cobrado a literalidade do artigo.

2. No local que não houver vara trabalhista, a ação poderá ser ajuizada na Justiça comum e terá seus **recursos endereçados ao Tribunal Regional do Trabalho (TRT).**

3. Esses artigos tratam da estrutura da Justiça do Trabalho. São questões mais cobradas no âmbito do Direito do Trabalho, por isso o baixo número de questões em Direito Constitucional.

Art. 114 – Compete à Justiça do Trabalho processar e julgar:

I – as ações oriundas da **relação de trabalho,** abrangidos os entes de direito público externo e da administração pública direta e indireta da União, dos Estados, do Distrito Federal e dos Municípios;

II – as ações que envolvam exercício do direito de greve;

III – as ações sobre representação sindical, entre sindicatos, entre sindicatos e trabalhadores, e entre sindicatos e empregadores;

IV – os mandados de segurança, habeas corpus e habeas data, quando o ato questionado envolver matéria sujeita à sua jurisdição;

V – os conflitos de competência entre órgãos com jurisdição trabalhista, ressalvado o disposto no art. 102, I, o;

VI – as ações de indenização por dano moral ou patrimonial, decorrentes da relação de trabalho;

VII – as ações relativas às penalidades administrativas impostas aos empregadores pelos órgãos de fiscalização das relações de trabalho;

VIII – a execução, de ofício, das contribuições sociais previstas no art. 195, I, a, e II, e seus acréscimos legais, decorrentes das sentenças que proferir;

IX – outras controvérsias decorrentes da relação de trabalho, na forma da lei.

§ 1º Frustrada a negociação coletiva, as partes poderão eleger árbitros.

§ 2º Recusando-se qualquer das partes à negociação coletiva ou à arbitragem, é facultado às mesmas, **de comum acordo, ajuizar dissídio coletivo de natureza econômica, podendo a Justiça do Trabalho decidir o conflito, respeitadas as disposições mínimas legais de proteção ao trabalho, bem como as convencionadas anteriormente.**

§ 3º Em caso de greve em atividade essencial, com possibilidade de lesão do interesse público, o Ministério Público do Trabalho poderá ajuizar dissídio coletivo, competindo à Justiça do Trabalho decidir o conflito.

1. Com relação à justiça do trabalho, o assunto mais cobrado nas provas de concurso público dentro de Direito Constitucional é acerca da **competência** da Justiça do Trabalho com a Justiça Comum. Um exemplo são as as ações previdenciárias do Regime Geral de Previdência Social, quando se tratar de uma ação que busca **auxílio doença,** ela será instaurada na **justiça comum.** Entretanto, caso seja um **auxílio-doença decorrente de acidente de trabalho** (art. 114, I, CF), a ação terá de ser instaurada na **justiça trabalhista.**

2. As súmulas e entendimentos jurisprudenciais demonstram algumas regras:

   Súmula Vinculante 22 – A Justiça do Trabalho é **competente** para processar e julgar as **ações de indenização por danos morais e patrimoniais decorrentes de acidente de trabalho** propostas por empregado contra empregador, inclusive aquelas que ainda não possuíam sentença de mérito em primeiro grau quando da promulgação da Emenda Constitucional nº 45/04.

   Súmula Vinculante 23: A Justiça do Trabalho é **competente** para processar e julgar ação **possessória** ajuizada em decorrência do **exercício do direito de greve** pelos trabalhadores da iniciativa privada.

   Súmula Vinculante 53: A **competência** da Justiça do Trabalho prevista no art. 114, VIII, da Constituição Federal alcança a execução de ofício das contribuições previdenciárias relativas ao objeto da condenação constante das sentenças que proferir e acordos por ela homologados.

   Súmula 736 do STF: Compete à Justiça do Trabalho julgar as ações que tenham como causa de pedir o descumprimento de normas trabalhistas relativas à segurança, higiene e saúde dos trabalhadores.

   Súmula 363 do STJ: Compete à Justiça estadual processar e **julgar a ação de cobrança ajuizada por profissional liberal contra cliente.**

RE 586456, STF: Compete à Justiça Comum julgar os processos decorrentes de contrato de previdência privada complementar.

3. Aplicação em concurso.

- ***TST – Analista Judiciário – 2017 TST (FCC).***

  O órgão federal de fiscalização das relações de trabalho impôs **penalidade administrativa contra certa empresa**, por violação a determinadas normas de proteção à saúde e à segurança do trabalhador. A empresa pretende propor ação para impugnar o ato administrativo que lhe impôs a multa, por entendê-lo ilegal. Nesse caso, a ação deverá ser proposta perante o

  Gabarito: Órgão da justiça do trabalho competente.

- ***Analista Judiciário – Área Judiciária – 2017 – TST (FCC)***

  "**Servidores públicos grevistas**, titulares de cargos públicos efetivos estaduais, ocuparam parte de prédio público do respectivo Estado para realizar manifestação a fim de que sua reivindicação fosse atendida. Em vista disso, o Estado ajuizou **ação possessória perante a Justiça do Trabalho**, a fim de obter decisão judicial que determinasse a desocupação do próprio público pelos servidores. **O juiz de primeiro grau**, todavia, proferiu sentença em que reconheceu **não ter competência para julgar o feito.** À luz da Constituição Federal e da jurisprudência do Supremo Tribunal Federal, a referida sentença está:

  Gabarito: Alternativa correta. (a Justiça do Trabalho **não é competente para processar e julgar essa ação possessória,** *nem para julgar as ações envolvendo o Estado e os seus servidores que lhe sejam vinculados por relação jurídico-estatutária.)*

- ***Procurador do Estado – 2018 – PGE-AP (FCC).***

  Compete à Justiça do Trabalho processar e julgar as ações relativas às penalidades administrativas impostas aos empregadores pelos órgãos de fiscalização das relações de trabalho.

  Gabarito: Alternativa correta.

4. **Conflitos de competência:** Quando houver conflitos de competência entre os órgãos da Justiça do Trabalho, quem resolve o conflito é sempre o órgão hierarquicamente superior a ambos. (Ex.: Entre uma vara trabalhista e o TRT, quem resolverá é o TST).

5. Em relação às **ações penais, a Justiça do Trabalho não tem competência** para o seu julgamento.

Art. 115 – Os Tribunais Regionais do Trabalho compõem-se de, no mínimo, sete juízes, recrutados, quando possível, na respectiva região, e nomeados pelo Presidente da República dentre **brasileiros com mais de trinta e menos de sessenta e cinco anos, sendo:**

I – **um quinto** dentre advogados com mais de dez anos de efetiva atividade profissional e membros do Ministério Público do Trabalho com mais de dez anos de efetivo exercício, observado o disposto no art. 94;

II – os demais, mediante promoção de juízes do trabalho por antigüidade e merecimento, alternadamente.

§ 1º Os Tribunais Regionais do Trabalho instalarão a justiça itinerante, com a realização de audiências e demais funções de atividade jurisdicional, nos limites territoriais da respectiva jurisdição, servindo-se de equipamentos públicos e comunitários.

§ 2º Os Tribunais Regionais do Trabalho poderão funcionar **descentralizadamente**, constituindo Câmaras regionais, a fim de assegurar o **pleno acesso do jurisdicionado à justiça em todas as fases do processo.**

1. O Tribunal Regional do Trabalho (TRT) obedece a regra do **quinto constitucional** (ver art. 94, CF).
2. Requisitos para integrar o TRT: **brasileiros natos ou naturalizados entre 30 e 65 anos,** nomeados pelo Presidente da República.
3. Composição – 7 juízes:

1/5 advogados e membros do MP
4/5 promoção de juízes do trabalho por antiguidade e merecimento.

4. A **justiça itinerante,** criada pelos Tribunais Regionais do Trabalho, busca **levar a prestação jurisdicional às regiões de difícil acesso**, garantindo, assim, a possibilidade de todos buscarem seus direitos, inclusive, nesse caso, os direitos trabalhistas.

Aplicação em concurso público:

- *Técnico Judiciário – Área Administrativa – 2017 – TST (FCC).*

  O Conselho Superior da Justiça do Trabalho poderá instalar a justiça itinerante e funcionar descentralizadamente, constituindo Câmaras regionais, a fim de assegurar o pleno acesso do jurisdicionado à Justiça do Trabalho em todas as fases do processo.

  Gabarito: Alternativa Incorreta. (Os próprios Tribunais Regionais do Trabalho instalarão a justiça itinerante nos limites territoriais da respectiva jurisdição).

Art. 116 – Nas Varas do Trabalho, a jurisdição será exercida por **um juiz singular.**

1. Aplicação em concurso:

- ***Técnico Judiciário – Administrativa – FCC – 2016 – TRT – 20ª REGIÃO (SE)***

  Nas Varas do Trabalho, a jurisdição será, necessariamente, exercida por um juiz singular titular e outro substituto, além de um membro do Ministério Público do Trabalho que atuará junto à Vara.

  Gabarito: Alternativa errada. (O art. 116 da Constituição Federal diz que é necessário **apenas um juiz singular.** *Não é preciso ter outro juiz substituto e nem mesmo o membro do Ministério Público.)*

Art. 117 - Revogado.

1. Este artigo foi revogado pela EC 24/99, ela extinguiu a representação classista da Justiça do Trabalho. Assim, eles foram substituídos pelos Juízes do Trabalho.

Seção VI
OS TRIBUNAIS E JUÍZES ELEITORAIS

Art. 118 - São órgãos da Justiça Eleitoral:

I - o Tribunal Superior Eleitoral;

II - os Tribunais Regionais Eleitorais;

III - os Juízes Eleitorais;

IV - as Juntas Eleitorais.

1. A justiça eleitoral é formada pelo TSE, TRE, juízes eleitorais e juntas eleitorais. A lei nº **4737/65** dispõe sobre normas destinadas a assegurar a organização e o exercício de direitos políticos.

1.1. As regras acerca da Justiça eleitoral estão dispostas neste dispositivo legal.

► **Legislação infraconstitucional:**

O número dos **Tribunais Regionais** não serão reduzidos, mas poderá ser elevado até nove mediante proposta do TSE. (Art. 13).

Os juízes dos **Tribunais Eleitorais**, salvo motivo justificado, servirão obrigatoriamente por dois anos, e nunca por mais de dois biênios consecutivos. (Art. 14).

As juntas eleitorais são compostas de um juiz de direito, que será o presidente, e de 2 (dois) ou 4 (quatro) cidadãos de notória idoneidade. (Art. 36).

Aplicação em concurso público:

- ***Técnico Judiciário (TER/PE) CESPE 2017***

  Segundo a CF, são órgãos da justiça eleitoral

  C) os juízes eleitorais.

  Gabarito: Alternativa Correta.

Art. 119 - O Tribunal Superior Eleitoral compor-se-á, no mínimo, de **sete membros,** escolhidos:

I - mediante eleição, pelo voto secreto:

a) três juízes dentre os Ministros do Supremo Tribunal Federal;

b) dois juízes dentre os Ministros do Superior Tribunal de Justiça;

II – por nomeação do **Presidente da República, dois juízes dentre seis advogados de notável saber jurídico** e idoneidade moral, indicados pelo Supremo Tribunal Federal.

Parágrafo único. O Tribunal Superior Eleitoral elegerá seu Presidente e o Vice-Presidente dentre os Ministros do Supremo Tribunal Federal, e o Corregedor Eleitoral dentre os Ministros do Superior Tribunal de Justiça.

1. Composição do TSE – São 7 juízes, sendo:

- 3 juízes eleitos dentre os ministros do STF
- 2 juízes eleitos dentre os ministros do STJ
- 2 juízes nomeados pelo Presidente da República

2. As eleições dos membros do Tribunal Superior Eleitoral são realizadas pelo voto secreto. (Art. 16 da Lei 4.737/65).

3. Os cidadãos que tenham entre si parentesco, ainda que por afinidade, até o quarto grau, seja o vínculo legítimo ou ilegítimo, excluindo-se neste caso o que tiver sido escolhido por último, não podem fazer parte do TSE. (Art. 16, § 1º da Lei 4.737/65).

4. Atenção à regra do parágrafo único:

– **Presidente do TSE:** escolhido entre os ministros do STF

– **Corregedor eleitoral:** escolhido entre os ministros do STJ

5. Aplicação em concurso público:

- *Técnico Judiciário (TER/RJ) CONSULPLAN 2017*

  "A Constituição da República Federativa do Brasil estabelece a composição do Tribunal Superior Eleitoral. Sobre o tema, assinale:

  D) Terá um membro do Ministério Público, indicado pela Procurador Geral da República."

  Gabarito: Alternativa incorreta. (O dispositivo menciona advogados e não membro do Ministério Público. A indicação é realizada pelo Presidente da República.)

Art. 120 – Haverá **um Tribunal Regional Eleitoral na Capital de cada Estado e no Distrito Federal.**

§ 1º – Os Tribunais Regionais Eleitorais compor-se-ão:

I – mediante eleição, pelo voto secreto:

a) de dois juízes dentre os desembargadores do Tribunal de Justiça;

b) de dois juízes, dentre juízes de direito, escolhidos pelo Tribunal de Justiça;

II – de um juiz do Tribunal Regional Federal com sede na Capital do Estado ou no Distrito Federal, ou, não havendo, de juiz federal, escolhido, em qualquer caso, pelo Tribunal Regional Federal respectivo;

III – por nomeação, pelo Presidente da República, de dois juízes dentre seis advogados de **notável saber jurídico e idoneidade moral**, indicados pelo Tribunal de Justiça.

§ 2º – O Tribunal Regional Eleitoral elegerá seu Presidente e o Vice-Presidente – dentre os desembargadores.

1. Aplicação em concurso público:

- *Analista Judiciário (TER/BA) CESPE 2017*

  A Constituição Federal de 1988 estabelece que os tribunais regionais eleitorais sejam compostos por dois juízes dentre seis advogados de notável saber jurídico e idoneidade moral indicados pelo:

  Gabarito: Tribunal de Justiça.

Art. 121 – Lei complementar disporá sobre a organização e **competência** dos tribunais, dos juízes de direito e das juntas eleitorais.

§ 1º Os membros dos tribunais, os juízes de direito e os integrantes das juntas eleitorais, no exercício de suas funções, e no que lhes for aplicável, gozarão de plenas garantias e serão inamovíveis.

§ 2º Os juízes dos tribunais eleitorais, salvo motivo justificado, servirão por dois anos, no mínimo, e nunca por mais de dois biênios consecutivos, sendo os substitutos escolhidos na mesma ocasião e pelo mesmo processo, em número igual para cada categoria.

§ 3º São irrecorríveis as decisões do Tribunal Superior Eleitoral, salvo as que contrariarem esta Constituição e as denegatórias de habeas corpus ou mandado de segurança.

§ 4º Das decisões dos Tribunais Regionais Eleitorais somente caberá recurso quando:

I – forem proferidas contra disposição expressa desta Constituição ou de lei;

II – ocorrer divergência na interpretação de lei entre dois ou mais tribunais eleitorais;

III – versarem sobre inelegibilidade ou expedição de diplomas nas eleições federais ou estaduais;

IV – anularem dip**lomas ou decretarem a perda de mandatos eletivos federais ou estaduais;**

V – denegarem habeas corpus, mandado de segurança, habeas data ou mandado de injunção.

1. Aplicação em concurso público:

- *Promotor de Justiça Substituto (MPE/BA) 2018*

  Sobre a competência exclusiva da Justiça Eleitoral, no primeiro grau de jurisdição, é correto afirmar que:

  Gabarito: Processa e julga os crimes eleitorais e os comuns que lhe forem conexos, ressalvada a competência originária do Tribunal Superior e dos Tribunais Regionais.

  Obs: Como mencionado no caput deste artigo, lei complementar disporá sobre a competência dos tribunais, dos juízes de direito e das juntas eleitorais, essa resposta é a literalidade do art. 35, inciso II, da lei 4.737/65.

2. O § 3º é muito cobrado e busca que o candidato tenha conhecimento da **irrecorribilidade das decisões do TSE.** (Com exceção daquelas que contrariem a Constituição e as que denegam *habeas corpus* ou *mandado de segurança*).
3. **Súmula 374, STJ:** Compete à Justiça Eleitoral processar e julgar a ação para anular **débito decorrente de multa eleitoral.**

4. Aplicação em concurso:

- ***Técnico Judiciário (TER/TO) CESPE 2017***

  "Das decisões dos tribunais regionais eleitorais

  C) caberá recurso caso decretem a perda de mandatos eletivos estaduais."

  Gabarito: Alternativa Correta.

- ***Técnico Judiciário (TER/PR) FCC 2017***

  "De acordo com a disciplina constitucional a respeito da Justiça Eleitoral,

  E) decisão de Tribunal Regional Eleitoral que versar sobre inelegibilidade para cargo político é passível de ser impugnada mediante recurso."

  Gabarito: Alternativa correta.

Seção VII
DOS TRIBUNAIS E JUÍZES MILITARES

Art. 122 – São órgãos da Justiça Militar:

I – o Superior Tribunal Militar;

II – os Tribunais e Juízes Militares instituídos por lei.

Art. 123 – O Superior Tribunal Militar compor-se-á de **quinze Ministros vitalícios,** nomeados pelo Presidente da República, depois de aprovada a indicação pelo Senado Federal, sendo três dentre oficiais-generais da Marinha, quatro dentre oficiais-generais do Exército, três dentre oficiais-generais da Aeronáutica, todos da ativa e do posto mais elevado da carreira, e **cinco dentre civis.**

Parágrafo único. Os Ministros civis serão escolhidos pelo Presidente da República dentre brasileiros maiores de **trinta e cinco anos,** sendo:

I – três dentre advogados de notório saber jurídico e conduta ilibada, com mais de dez anos de efetiva atividade profissional;

II – dois, por escolha paritária, dentre juízes auditores e membros do Ministério Público da Justiça Militar.

Art. 124 – À Justiça Militar compete **processar e julgar os crimes militares definidos em lei.**

Parágrafo único. A lei disporá sobre a organização, o funcionamento e a competência da Justiça Militar

1. Atenção ao fato de que no âmbito da Justiça Militar **não há Tribunais Regionais.**
2. **Os órgãos da Justiça Militar são o STM e os Tribunais e juízes militares.** O STM é composto de 15 ministros, sendo 10 militares e 5 civis. Dentre os civis, haverão 3 advogados e 2 membros do MP ou juízes auditores.

Aplicação em concurso público:

- ***Nível Superior (STM) CESPE 2018***

  "O Superior Tribunal Militar é composto por quinze ministros vitalícios, que, por serem todos oficiais oriundos das Forças Armadas, devem ser brasileiros natos."

  Gabarito: Alternativa incorreta. (O art. 123 da CF descreve que cinco Ministros podem ser civis. Portanto, nem todos são oriundos das Forças Armadas. Vale lembrar que oficial das forças armadas é cargo de brasileiro nato, conforme artigos 12 § 3º da CF).

Seção VIII
DOS TRIBUNAIS E JUÍZES DOS ESTADOS

Art. 125 - Os Estados organizarão sua Justiça, observados os **princípios estabelecidos** nesta Constituição.

§ 1º A competência dos tribunais será definida na Constituição do Estado, **sendo a lei de organização judiciária de iniciativa do Tribunal de Justiça.**

1. Os princípios constitucionais podem ser sensíveis (art. 34, CF), extensíveis (art. 75, CF) e estabelecidos, como é o caso da regra neste artigo. **Os princípios constitucionais estabelecidos são regras expressas na Constituição Federal que incidem sobre a autonomia Estadual,** como a criação das varas e dos tribunais regionais
2. **As súmulas dispõem acerca de assuntos de competência da Justiça Estadual:**

   Súmula Vinculante 27 – Compete à Justiça estadual julgar causas entre consumidor e concessionária de serviço público de telefonia, quando a ANATEL não seja litisconsorte passiva necessária, assistente, nem opoente.

   Súmula 556 do STF – É competente a Justiça comum para julgar as causas em que é parte sociedade de economia mista.

   Súmula 702 STF – A competência do tribunal de justiça para julgar prefeitos restringe-se aos crimes de competência da justiça comum estadual; nos demais casos, a competência originária caberá ao respectivo tribunal de segundo grau.

   Súmula 721 do STF – A competência constitucional do Tribunal do Júri prevalece sobre o foro por prerrogativa de função estabelecido exclusivamente pela Constituição estadual.

   Súmula 368 do STJ – Compete à Justiça comum estadual processar e julgar os pedidos de retificação de dados cadastrais da Justiça Eleitoral.

Aplicação em concurso.

- *Técnico Judiciário (TER/RS) CESP 2015*

  "No tocante ao Poder Judiciário, assinale a opção correta.

  A) Compete à justiça comum estadual processar e julgar os pedidos de retificação de dados cadastrais da justiça eleitoral."

  Gabarito: Alternativa Correta.

§ 2º **Cabe aos Estados a instituição de representação de inconstitucionalidade d**e leis ou atos normativos estaduais ou municipais em face da Constituição Estadual, vedada a atribuição da legitimação para agir a um único órgão.

3. A **representação** perante o Tribunal de Justiça é a forma de **controle abstrato de constitucionalidade** das leis municipais e estaduais frente à Constituição Estadual (se equipara à ADI).

▶ **Aplicação jurisprudencial:**

Tribunais de Justiça podem exercer controle abstrato de constitucionalidade de leis municipais utilizando como **parâmetro normas da Constituição Federal, desde que se trate de normas de reprodução obrigatória pelos Estados.**" [RE 650.898, rel. p/ o ac. min. Roberto Barroso, j. 1º-2-2017, P, DJE de 24-8-2017, tema 484.]

4. Importante destacar que não cabe recurso **da decisão em ADI,** mas **da representação ao TJ cabe Recurso Extraordinário para o STF quando se tratar de norma de repetição obrigatória** (vez que o dispositivo pode violar, também, norma da Constituição da CF, como acontece quanto aos princípios constitucionais estabelecidos).

Aplicação em concurso público:

- ***Procurador – IADES – 2019 – AL-GO***

  Suponha que o prefeito de Goiânia, no exercício da respectiva competência, edite decreto que fira direito adquirido de munícipes, previsto na Constituição do Estado de Goiás. Quanto à providência judicial que pode ser tomada em favor dos prejudicados nesse caso, assinale a alternativa correta.

  Gabarito: Representar por inconstitucionalidade no Tribunal de Justiça de Goiás.

5. Cabe representação em face da **Lei Orgânica do Distrito Federal,** uma vez que essa tem o valor de verdadeira Constituição local.

▶ Aplicação jurisprudencial:

A Lei **Orgânica do Distrito Federal apresenta, no dizer da doutrina, a natureza de verdadeira Constituição local**, ante a autonomia política, administrativa e financeira que a Carta confere a tal ente federado. **Por essa razão, entendo que se mostrava cabível a propositura da ação direta de inconstitucionalidade pelo MPDFT** no caso sob exame." [RE 577.025, voto do rel. min. Ricardo Lewandowski, j. 11-12-2008, P, DJE de 6-3-2009, Tema 48.]

6. Aplicação em concurso público:

- ***Oficial da Infância e Juventude – FGV – 2018 – TJ-SC***

  O Tribunal de Justiça de determinado Estado, nos termos da Constituição Estadual, ao julgar, em sua composição plena, representação por inconstitucionalidade ajuizada em face da Lei nº 22/2017, do Município que sedia a capital do respectivo Estado, declarou a sua inconstitucionalidade.

  Gabarito: nos limites de sua competência, pois a Constituição Estadual pode instituir a representação por inconstitucionalidade de lei municipal.

§ 3º **A lei estadual poderá criar, mediante proposta do Tribunal de Justiça, a Justiça Militar estadual,** constituída, em primeiro grau, pelos juízes de direito e pelos Conselhos de Justiça e, em segundo grau, pelo próprio Tribunal de Justiça, ou por Tribunal de Justiça Militar nos Estados em que o efetivo militar seja superior a vinte mil integrantes.

§ 4º Compete à Justiça Militar estadual processar e julgar os militares dos Estados, nos crimes militares definidos em lei e as ações judiciais contra atos disciplinares militares, ressalvada a competência do júri quando a vítima for civil, cabendo ao tribunal competente decidir sobre a perda do posto e da patente dos oficiais e da graduação das praças.

§ 5º Compete aos juízes de direito do juízo militar processar e julgar, singularmente, os **crimes militares cometidos contra civis e as ações judiciais contra atos disciplinares militares,** cabendo ao Conselho de Justiça, sob a presidência de juiz de direito, processar e julgar os demais crimes militares.

§ 6º O Tribunal de Justiça poderá funcionar descentralizadamente, constituindo Câmaras regionais, a fim de assegurar o pleno acesso do jurisdicionado à justiça em todas as fases do processo.

§ 7º O Tribunal de Justiça instalará a justiça itinerante, com a realização de audiências e demais funções da atividade jurisdicional, nos limites territoriais da respectiva jurisdição, servindo-se de equipamentos públicos e comunitários.

Art. 126 - Para dirimir **conflitos fundiários**, o Tribunal de Justiça proporá a **criação de varas especializadas**, com competência exclusiva para **questões agrárias.**

Parágrafo único. Sempre que necessário à eficiente prestação jurisdicional, **o juiz far-se-á presente no local do litígio.**

1. Criar **varas especializadas** para dirimir conflitos fundiários significa ter uma **estrutura própria** para desempenhar a função de juiz no Direito Agrário.
2. A criação dessas varas é muito discutida no âmbito do Direito Agrário, uma vez que, **apesar da previsão constitucional, essa estruturação ainda não existe.**

CAPÍTULO IV
DAS FUNÇÕES ESSENCIAIS À JUSTIÇA
SEÇÃO I
DO MINISTÉRIO PÚBLICO

Art. 127 - O **Ministério Público** é instituição permanente, essencial à função jurisdicional do Estado, **incumbindo-lhe a defesa da ordem jurídica, do regime democrático e dos interesses sociais e individuais indisponíveis.**

1. O Ministério Público busca proteger os interesses coletivos, o Estado Democrático, a liberdade, igualdade, direitos políticos, patrimônio público e social, meio ambiente e, entre outros, direitos individuais indisponíveis.
2. A permanência diz respeito a não dissolubilidade do Ministério Público, ou seja, ele não pode ser extinto;

3. A **autonomia** diz respeito à liberdade de organização administrativa, orçamentária e funcional, ou seja, é o único responsável pela gestão de seus recursos financeiros e funcionais. A **autonomia funcional** é a liberdade dos membros nas suas tarefas dentro do órgão; **Autonomia administrativa** é a liberdade para lidar com sua organização e autogestão e a **autonomia financeira** é a liberdade para elaborar a proposta orçamentária do órgão.
4. **Interesses sociais**: São classificados como difusos e coletivos. São direitos transindividuais, pois vão além do interesse de um único indivíduo. Os direitos difusos são aqueles que os titulares são indetermináveis, enquanto que os direitos coletivos correspondem àqueles titularizados por uma quantidade determinada de pessoas que possuem interesse comum.

5) Aplicação em concurso público:

- ***Secretário Auxiliar – 2017 – (MPE-GO)***

  O Ministério Público é instituição temporária, essencial à função jurisdicional do Estado, incumbindo-lhe a defesa da ordem jurídica, do regime democrático e dos interesses sociais e individuais indisponíveis.

  Gabarito: Alternativa Incorreta.

§ 1º São **princípios institucionais do Ministério Público** a **unidade**, a **indivisibilidade** e a **independência funcional.**

§ 2º Ao Ministério Público é assegurada **autonomia funcional e administrativa**, podendo, observado o disposto no art. 169, propor ao Poder Legislativo a criação e extinção de seus cargos e serviços auxiliares, provendo-os por concurso público de provas ou de provas e títulos, a política remuneratória e **os planos de carreira**; a lei disporá sobre sua organização e funcionamento.

§ 3º O Ministério Público elaborará sua proposta orçamentária dentro dos limites estabelecidos na lei de diretrizes orçamentárias.

§ 4º Se o Ministério Público não encaminhar a respectiva proposta orçamentária dentro do prazo estabelecido na lei de diretrizes orçamentárias, o Poder Executivo considerará, para fins de consolidação da proposta orçamentária anual, os valores aprovados na lei orçamentária vigente, ajustados de acordo com os limites estipulados na forma do § 3º.

§ 5º Se a proposta orçamentária de que trata este artigo for encaminhada em desacordo com os limites estipulados na forma do § 3º, o Poder Executivo procederá aos ajustes necessários para fins de consolidação da proposta orçamentária anual.

§ 6º Durante a execução orçamentária do exercício, não poderá haver a realização de despesas ou a assunção de obrigações que extrapolem os limites estabelecidos na lei de diretrizes orçamentárias, exceto se previamente autorizadas, mediante a abertura de créditos suplementares ou especiais.

4. **Princípios: Os princípios inerentes ao Ministério Público são os princípios da unidade, da indivisibilidade e da independência funcional.**

4.1. O princípio da **unidade** estabelece que apesar de ser subdividido em sub-órgãos, todos os membros do Ministério Público fazem parte do mesmo órgão. A divisão é meramente funcional.

4.2. Já segundo o princípio da **indivisibilidade** prescreve que os membros do Ministério Público podem ser substituídos sem que haja uma mudança subjetiva nos processos em que atuam. Ou seja, quem está atuando é o Ministério Público, instituição una, não o promotor.

4.3. Já o princípio da **independência funciona**l permite que o Ministério Público aja de acordo com suas convicções, ou seja, sem nenhuma vinculação à outro órgão ou poder. É sinônimo de **autonomia funcional**;

Aplicação em concurso público:

- ***Analista – Direito – 2013 – MPU (CESPE)***

  No tocante aos princípios e garantias institucionais do MP, julgue os próximos itens.

  De acordo com a CF, são princípios institucionais do MP a independência funcional, a indivisibilidade e a unidade.

  Gabarito: Alternativa Correta.

- ***Juiz federal – 2015 – CESPE – TRF – 1ª REGIÃO***

  C) Dado o princípio da indivisibilidade, o MP é uma instituição una, podendo seus membros, que não se vinculam aos processos nos quais atuam, ser substituídos uns pelos outros de acordo com as normas legais.

  Gabarito: Alternativa C

5. A elaboração da proposta orçamentária advém da **autonomia financeira do Ministério Público e deve ser estabelecida nos limites da lei.**

Aplicação em concurso público:

- ***Secretário Auxiliar – 2017 – MPE-GO.***

  O Ministério Público elaborará sua proposta orçamentária independentemente dos limites estabelecidos na lei de diretrizes orçamentárias.

  Gabarito: Alternativa incorreta. (a proposta orçamentária deve ser elaborada dentro dos limites estabelecidos na lei: § 3º)

6. Aplicação em concurso público:

- ***Analista Judiciário – Área Administrativa – 2018 – FCC – TRT – 15ª Região (SP)***

  Nos termos da Constituição Federal e de acordo com a jurisprudência do Supremo Tribunal Federal (STF), sendo o Ministério Público instituição permanente, essencial à função jurisdicional do Estado

  B) o princípio da independência funcional garante aos seus membros liberdade de convicção, cabendo à chefia a edição de normas de orientação para a padronização da atuação jurídica da instituição.

  Alternativa errada. (A edição das normas não cabe à chefia; § 2º: lei disporá sobre sua organização e funcionamento).

- ***Analista do Ministério Público – Administrativa – FGV – 2016 – MPE-RJ***

  O Chefe do Poder Executivo encaminhou projeto de lei, ao Poder Legislativo, concedendo reajuste de vencimentos a todos os servidores vinculados à Administração Pública direta e indireta. Omitiu, no entanto, os servidores do Ministério Público. Insatisfeitos, os servidores formaram uma comissão e convenceram diversos parlamentares a apresentar uma emenda ao projeto, de modo que o aumento a ser concedido viesse a contemplá-los. Esse projeto foi aprovado, sancionado e promulgado, tornando-se lei. À luz da Constituição da República Federativa do Brasil, é correto afirmar que a lei assim aprovada é:

  Gabarito: inconstitucional, porque somente o Ministério Público poderia ter proposto, ao Poder Legislativo, o reajuste dos vencimentos dos seus servidores; (art. 127, § 2º, CF)

Art. 128 – O Ministério Público abrange:

I – o Ministério Público da União, que compreende:

a) o Ministério Público Federal;

b) o Ministério Público do Trabalho;

c) o Ministério Público Militar;

d) o Ministério Público do Distrito Federal e Territórios;

II – os Ministérios Públicos dos Estados.

§ 1º O Ministério Público da União tem por chefe o **Procurador-Geral da República**, nomeado pelo Presidente da República dentre integrantes da carreira, **maiores de trinta e cinco anos**, após a aprovação de seu nome pela **maioria absoluta** dos membros do Senado Federal, para **mandato de dois anos**, permitida a recondução.

§ 2º A destituição do Procurador-Geral da República, por iniciativa do Presidente da República, deverá ser **precedida** de autorização da **maioria absoluta** do Senado Federal.

§ 3º Os Ministérios Públicos dos Estados e o do Distrito Federal e Territórios formarão **lista tríplice** dentre integrantes da carreira, na forma da lei respectiva, para escolha de seu Procurador-Geral, que será nomeado pelo Chefe do Poder Executivo, para mandato de dois anos, permitida uma recondução.

§ 4º Os Procuradores-Gerais nos Estados e no Distrito Federal e Territórios poderão ser destituídos por deliberação da **maioria absoluta do Poder Legislativo**, na forma da lei complementar respectiva.

1. **O Procurador-Geral da República,** chefe do Ministério Público da União, deve ter entre 35 e 65 anos e poderá ser destituído apenas pelo Presidente da República por maioria absoluta do Senado Federal (§ 2º). Diferentemente dos Procuradores Gerais de Justiça, que poderão ser destituídos por maioria absoluta do Poder Legislativo, na forma de lei complementar (§ 4º).

Aplicação em concurso público:

- ***Analista Judiciário – Área Administrativa – 2018 – FCC – TRT – 6ª Região (PE)***

  C) Os Procuradores-Gerais de Justiça nos Estados e no Distrito Federal e Territórios poderão ser destituídos por deliberação da maioria absoluta do Poder Legislativo, na forma da lei complementar respectiva.

  Alternativa correta.

2. **A subdivisão do Ministério Público encontra-se pautada no princípio da unidade** (ver art. 127, CF; dica 5)

3. **A maioria absoluta diz respeito à todos os membros da casa, e não de apenas os presentes.** Ou seja: se a casa possui 100 membros, mas apenas 60 presentes, é necessário que se obtenha 51 votos (maioria referente ao total);

▶ 4. *Atenção!* **A nomenclatura do chefe do ministério público muda da União para os Estados!**

Na União, o chefe é o Procurador-Geral da República e os demais são procuradores federais.

Nos Estados, o chefe é o Procurador-Geral de Justiça e os demais são promotores de justiça. (o Procurador do Estado é o Advogado do Estado, o que na União é intitulado Advogado Geral da União – ver art. 131, CF)

---

5. Aplicação em concurso público:

- ***Analista – 2014 – INSS (FUNRIO)***

  Assinale a alternativa que caracteriza corretamente o Procurador-Geral da República, nos termos da Constituição Federal.

  O Ministério Público da União tem por chefe o Procurador-Geral da República, nomeado pelo Presidente da República dentre integrantes da carreira, maiores de trinta e cinco anos, após a aprovação de seu nome pela maioria absoluta dos membros do Senado Federal, para mandato de dois anos, permitida a recondução.

  Gabarito: Alternativa correta.

- ***Advogado – FCC – 2016 – Prefeitura de Teresina – PI – Técnico de Nível Superior***

  Ao dispor sobre o Ministério Público como função essencial à Justiça, a Constituição da República estabelece que

  E) a instituição abrange o Ministério Público da União, o Ministério Público dos Estados e o Ministério Público junto aos Tribunais de Contas.

  Gabarito: Alternativa incorreta (art. 128, I, CF)

§ 5º Leis complementares da União e dos Estados, cuja iniciativa é facultada aos respectivos Procuradores-Gerais, estabelecerão a organização, as atribuições e o estatuto de cada Ministério Público, observadas, relativamente a seus membros:

I – as seguintes garantias:

a) vitaliciedade, após dois anos de exercício, não podendo perder o cargo senão por sentença judicial transitada em julgado;

b) inamovi**bilidade, salvo por motivo de interesse público**, mediante decisão do órgão colegiado competente do Ministério Público, pelo voto da maioria absoluta de seus membros, assegurada ampla defesa;

c) **irredutibilidade de subsídio,** fixado na forma do art. 39, § 4º, e ressalvado o disposto nos arts. 37, X e XI, 150, II, 153, III, 153, § 2º, I;

6. **Súmula 11 – STF**: A vitaliciedade não impede a extinção do cargo, ficando o funcionário em disponibilidade, com todos os vencimentos.

7. Aplicação em concurso público:

- ***PGR – 2005 – PGR – Procurador da República***

QUANTO AO REGIME CONSTITUCIONAL DOS CARGOS PÚBLICOS, É CORRETO AFIRMAR:

C) os Procuradores da República são remunerados exclusivamente por subsídio fixado em parcela única, vedado o acréscimo de qualquer gratificação, adicional, abono, prêmio, verba de representação ou outra espécie remuneratória;

Gabarito: Alternativa correta

II – as seguintes vedações:

a) receber, a qualquer título e sob qualquer pretexto, honorários, percentagens ou custas processuais;

b) exercer a advocacia;

c) participar de sociedade comercial, na forma da lei;

d) exercer, ainda que em disponibilidade, qualquer outra função pública, salvo uma de magistério;

e) exercer atividade político-partidária;

f) receber, a qualquer título ou pretexto, **auxílios ou contribuições** de pessoas físicas, entidades públicas ou privadas, ressalvadas as exceções previstas em lei.

§ 6º Aplica-se aos membros do Ministério Público o disposto no art. 95, parágrafo único, V.

---

8. Atenção ao art. 95, parágrafo único, V, CF, é muito cobrado em concursos: "Aos juízes é vedado: exercer a advocacia no juízo ou tribunal do qual se afastou, antes de decorridos três anos do afastamento do cargo por aposentadoria ou exoneração".

Aplicação em concurso público:

- ***Analista Judiciário – Área Administrativa – 2018 – FCC – TRT – 15ª Região (SP)***

Nos termos da Constituição Federal e de acordo com a jurisprudência do Supremo Tribunal Federal (STF), sendo o Ministério Público instituição permanente, essencial à função jurisdicional do Estado

E) a seus membros é vedado o exercício da advocacia perante o juízo ou tribunal no qual tenham atuado, antes de decorridos três anos do afastamento do cargo por aposentadoria ou exoneração.

Alternativa correta.

9. As vedações buscam evitar a **influência e pessoalidade** que o cargo de magistério pode trazer.

10. Aplicação em concurso público:

- ***Promotor de Justiça – Matutina – MPE-SC – 2016***

  Dentre as vedações previstas pela Constituição Federal aos membros do Ministério Público, encontram-se a proibição do exercício de atividade político-partidária e do exercício de qualquer outra função pública, ainda que o membro se encontre em disponibilidade.

  Gabarito: A alternativa está errada (art. 128, § 5º, II, 'd', CF: a função no Ministério Público pode ser cumulada com a de magistério)

- ***Assessor Jurídico – 2012 – JUCEPE (UPENET/IAUPE)***

  O Ministério Público é instituição permanente, essencial à função jurisdicional do Estado, incumbindo-lhe a defesa da ordem jurídica, do regime democrático e dos interesses sociais e individuais indisponíveis. Aos seus membros é vedado, EXCETO

  Gabarito: Exercer o magistério.

- ***Técnico Judiciário – Área Judiciária – 2018 – FGV – TJ-AL***

  O Governador do Estado Beta solicitou, ao Procurador-Geral de Justiça, que o respectivo Ministério Público Estadual passasse a prestar consultoria jurídica à Secretaria de Estado de Finanças, contribuindo, desse modo, para evitar a prática de ilícitos naquele setor.

  À luz da sistemática constitucional, a solicitação do Chefe do Poder Executivo:

  A) pode ser atendida, desde que a consultoria seja prestada por tempo determinado;

  B) não pode ser atendida, pois ao Ministério Público é vedada a consultoria jurídica de entidades públicas;

  Gabarito: Alternativa B

Art. 129 – São funções institucionais do Ministério Público:

I – promover, privativamente, a ação penal pública, na forma da lei;

II – zelar pelo efetivo respeito dos Poderes Públicos e dos serviços de relevância pública aos direitos assegurados nesta Constituição, promovendo as medidas necessárias a sua garantia;

III – promover o **inquérito civil e a ação civil pública,** para a **proteção do patrimônio público e social**, do meio ambiente e de outros interesses difusos e coletivos;

1. O Ministério Público tem a incumbência de promover a **defesa dos interesses individuais indisponíveis,** pois a Constituição Federal assim estabelecer. Porém, para que isso ocorra, deve existir a compatibilidade com sua finalidade institucional (art. 127 e 129 da CF). Entende-se também na competência do MP a defesa de interesses individuais homogêneos.

▶ Entendimento jurisprudencial:

O Ministério Público **dispõe de competência** para promover, por autoridade própria, e por prazo razoável, investigações de natureza penal **(RE 593727)**

2. O Ministério Público tem competência para defender interesses difusos, uma vez que, os interesses estritamente individuais são tutelados pela Defensoria Pública. Entretanto, o MP pode intentar ACP nos casos que envolvem direito à saúde.

Aplicação nos concursos públicos:

- ***Promotor de Justiça – 2018 – MPE-BA***

  "A posição nos Tribunais Superiores atualmente é de que há legitimidade do Ministério Público para intentar ação civil pública de cunho individual nos casos que envolvem direito à saúde."

  A alternativa está correta.

3. Aplicação em concurso público:

- ***Juiz federal – 2015 – CESPE – TRF – 1ª REGIÃO***

  D) Constam expressamente na CF dispositivos normativos que investem o MP de poderes investigatórios criminais, sendo-lhe facultado promover a colheita de determinados elementos de prova que demonstrem a autoria e a materialidade de delitos.

  Alternativa errada. (não é expresso na CF)

- ***Analista Judiciário – Área Administrativa – 2018 – FCC – TRT – 15ª Região (SP)***

  Nos termos da Constituição Federal e de acordo com a jurisprudência do Supremo Tribunal Federal (STF), sendo o Ministério Público instituição permanente, essencial à função jurisdicional do Estado

  D) possui legitimidade para promover ação civil pública para proteção de interesses coletivos, inclusive com a finalidade de impugnar a cobrança de tributos ou pleitear sua restituição.

  Alternativa errada. (o Ministério Público não impugna cobrança de tributos, uma vez que isso não se trata de direitos coletivos)

IV – promover a **ação de inconstitucionalidade ou representação para fins de intervenção da União e dos Estados,** nos casos previstos nesta Constituição;

4. O **Procurador Geral da República** (chefe do Ministério Público da União) é um dos legitimados do art. 103 para propor ações de inconstitucionalidade. Além disso, **tem competência para propor intervenção federal,** conforme os arts. 34 e 36, da Constituição Federal.

V – defender judicialmente os **direitos e interesses das populações indígenas;**

VI – expedir notificações nos procedimentos administrativos de sua competência, requisitando informações e documentos para instruí-los, na forma da lei complementar respectiva;

VII – exercer o controle externo da atividade policial, na forma da lei complementar mencionada no artigo anterior;

VIII – requisitar diligências investigatórias e a instauração de inquérito policial, indicados os fundamentos jurídicos de suas manifestações processuais;

IX – exercer outras funções que lhe forem conferidas, desde que compatíveis com sua finalidade, sendo-lhe vedada a representação judicial e a consultoria jurídica de entidades públicas.

5. As competências do Ministério Público são muito cobradas em concurso, lembrando que todas tem a ver com os **direitos da coletividade** (de toda a sociedade).

6. Aplicação nos concursos públicos:

- ***Analista Judiciário – Área Administrativa – 2018 – FCC – TRT – 15ª Região (SP)***

  Nos termos da Constituição Federal e de acordo com a jurisprudência do Supremo Tribunal Federal (STF), sendo o Ministério Público instituição permanente, essencial à função jurisdicional do Estado

  A) não possui legitimidade para a propositura de ações judiciais em defesa dos interesses da população indígena, cabendo tal prerrogativa aos procuradores da autarquia federal incumbida dessa defesa.

  Alternativa errada. (competência do MP disposta no art. 129, V, CF)

§ 1º A legitimação do Ministério Público para as ações civis previstas neste artigo não impede a de terceiros, nas mesmas hipóteses, segundo o disposto nesta Constituição e na lei.

§ 2º As funções do Ministério Público só podem ser exercidas por integrantes da carreira, que deverão residir na comarca da respectiva lotação, salvo autorização do chefe da instituição.

§ 3º O ingresso na carreira do Ministério Público far-se-á mediante concurso público de provas e títulos, assegurada a participação da Ordem dos Advogados do Brasil em sua realização, exigindo-se do bacharel em direito, no mínimo, três anos de atividade jurídica e observando-se, nas nomeações, a ordem de classificação.

§ 4º Aplica-se ao Ministério Público, no que couber, o disposto no art. 93.

§ 5º A distribuição de processos no Ministério Público será imediata.

Art. 130 – Aos membros do Ministério Público junto aos Tribunais de Contas aplicam-se as disposições desta seção pertinentes a direitos, vedações e forma de investidura.

Art. 130-A – O Conselho Nacional do Ministério Público compõe-se de quatorze membros nomeados pelo Presidente da República, depois de aprovada a escolha pela maioria absoluta do Senado Federal, para um mandato de dois anos, admitida uma recondução, sendo:

I o Procurador-Geral da República, que o preside;

II quatro membros do Ministério Público da União, assegurada a representação de cada uma de suas carreiras;

III três membros do Ministério Público dos Estados;

IV dois juízes, indicados um pelo Supremo Tribunal Federal e outro pelo Superior Tribunal de Justiça;

V dois advogados, indicados pelo Conselho Federal da Ordem dos Advogados do Brasil;

VI dois cidadãos de notável saber jurídico e reputação ilibada, indicados um pela Câmara dos Deputados e outro pelo Senado Federal.

§ 1º Os membros do Conselho oriundos do Ministério Público serão indicados pelos respectivos Ministérios Públicos, na forma da lei.

§ 2º Compete ao Conselho Nacional do Ministério Público o controle da atuação administrativa e financeira do Ministério Público e do cumprimento dos deveres funcionais de seus membros, cabendo lhe:

I – zelar pela autonomia funcional e administrativa do Ministério Público, podendo expedir atos regulamentares, no âmbito de sua competência, ou recomendar providências;

II – zelar pela observância do art. 37 e apreciar, de ofício ou mediante provocação, a legalidade dos atos administrativos praticados por membros ou órgãos do Ministério Público da União e dos Estados, podendo desconstituí-los, revê-los ou fixar prazo para que se adotem as providências necessárias ao exato cumprimento da lei, sem prejuízo da competência dos Tribunais de Contas;

III – receber e conhecer das reclamações contra membros ou órgãos do Ministério Público da União ou dos Estados, inclusive contra seus serviços auxiliares, sem prejuízo da competência disciplinar e correicional da instituição, podendo avocar processos disciplinares em curso, determinar a remoção, a disponibilidade ou a aposentadoria com subsídios ou proventos proporcionais ao tempo de serviço e aplicar outras sanções administrativas, assegurada ampla defesa;

IV – rever, de ofício ou mediante provocação, os processos disciplinares de membros do Ministério Público da União ou dos Estados julgados há menos de um ano;

V – elaborar relatório anual, propondo as providências que julgar necessárias sobre a situação do Ministério Público no País e as atividades do Conselho, o qual deve integrar a mensagem prevista no art. 84, XI.

§ 3º O Conselho escolherá, em votação secreta, um Corregedor nacional, dentre os membros do Ministério Público que o integram, vedada a recondução, competindo-lhe, além das atribuições que lhe forem conferidas pela lei, as seguintes:

I – receber reclamações e denúncias, de qualquer interessado, relativas aos membros do Ministério Público e dos seus serviços auxiliares;

II – exercer funções executivas do Conselho, de inspeção e correição geral;

III – requisitar e designar membros do Ministério Público, delegando-lhes atribuições, e requisitar servidores de órgãos do Ministério Público.

§ 4º O Presidente do Conselho Federal da Ordem dos Advogados do Brasil oficiará junto ao Conselho.

§ 5º Leis da União e dos Estados criarão ouvidorias do Ministério Público, competentes para receber reclamações e denúncias de qualquer interessado contra membros ou órgãos do Ministério Público, inclusive contra seus serviços auxiliares, representando diretamente ao Conselho Nacional do Ministério Público.

1. O CNMP é composto por 15 membros, nomeados pelo Presidente da República e aprovados por maioria absoluta do Senado Federal.

Aplicação em concurso público:

- ***Técnico Ministerial – Área Administrativa – 2018 – CESPE – MPE-PI***

  A composição de membros do Conselho Nacional do Ministério Público deve incluir dois cidadãos de notável saber jurídico e reputação ilibada — um indicado pela Câmara dos Deputados, e o outro, pelo Senado Federal.

  Alternativa correta.

2. O **CNMP** (Conselho Nacional do Ministério Público), assim como o **CNJ, não possui função jurisdicional, apenas administrativa.**

3. Aplicação nos concursos públicos:

- ***Técnico do CNMP – 2015 – CNMP (FCC).***

  Dispõe a Constituição Federal acerca do Conselho Nacional do Ministério Público que:

  Escolherá, em votação secreta, um Corregedor nacional apenas dentre os membros do Ministério Público que o integram.

  Alternativa correta. (art. 130-A, § 3º, CF)

- ***Analista Administrativo e Operacional – Advogado – IADES – 2016 – Ceitec S.A***

  Com relação às disposições constitucionais do Conselho Nacional de Justiça (CNJ) e do Conselho Nacional do Ministério Público (CNMP), assinale a alternativa correta.

  B) O CNMP escolherá, dentre seus membros, em votação secreta, um corregedor nacional.

  D) Ao CNJ e ao CNMP compete, respectivamente, o controle da atuação administrativa e financeira do Poder Judiciário e do Ministério Público, além do cumprimento dos deveres funcionais dos juízes e membros do Ministério Público, cabendo-lhe as competências constitucionais conferidas, além de outras atribuições que lhe forem concedidas pelo Estatuto da Magistratura e pela Lei Orgânica Nacional do Ministério Público.

  Gabarito: Alternativa B (art. 130-A, § 3º, CF)

  Observação: Quem concede as atribuições ao CNMP é apenas a Lei Orgânica do Ministério Público (art. 130-A, § 2º, CF).

SEÇÃO II
DA ADVOCACIA PÚBLICA

1. O advogado público representa os entes públicos judicial e extrajudicialmente, além de ser responsável pela consultoria jurídica destes. É importante ressaltar que esse advogado tem posição de igualdade com os advogados privados e, portanto, não poderá ter superpoderes e não terá garantias das outras funções previstas na CF (como os magistrados e os membros da promotoria).

2. Entendimentos jurisprudenciais:

2.1. STF – ADI 230: É inconstitucional a requisição por defensores públicos a autoridade pública, a seus agentes e a entidade particular de certidões, exames, perícias, vistorias, diligências, processos, documentos, informações, esclarecimentos e providências, necessários ao exercício de suas atribuições: exacerbação das prerrogativas asseguradas aos demais advogados.

2.2. A atividade de assessoramento jurídico do Poder Executivo dos Estados é de ser exercida por procuradores organizados em carreira, cujo ingresso depende de concurso público de provas e títulos, com a participação da OAB em todas as suas fases, nos termos do art. 132 da CF. Preceito que se destina à configuração da necessária qualificação técnica e independência funcional desses especiais agentes públicos. **É inconstitucional norma estadual que autoriza a ocupante de cargo em comissão o desempenho das atribuições de assessoramento jurídico, no âmbito do Poder Executivo.** Precedentes. [ADI 4.843 MC-ED-REF, rel. min. Celso de Mello, j. 11-12-2014, P, DJE de 19-2-2015]

Aplicação em concurso público:

- ***Procurador Jurídico – 2017 – Quadrix – CFO-DF***

  Acerca da Constituição Federal de 1988 (CF) e de sua interpretação pelo Supremo Tribunal Federal (STF), julgue o item seguinte.

  De acordo com o STF, é inconstitucional lei estadual que assegure aos servidores ocupantes exclusivamente de cargo em comissão, mesmo que advogados inscritos na Ordem dos Advogados do Brasil, o assessoramento jurídico ou a consultoria jurídica dos estados, pois a CF assegura que essas atividades são privativas de procuradores de Estado.

  Alternativa correta.

Art. 131 – A Advocacia-Geral da União é a instituição que, diretamente ou através de órgão vinculado, representa a União, judicial e extrajudicialmente, cabendo-lhe, **nos termos da lei complementar que dispuser** sobre sua organização e funcionamento, as atividades de **consultoria e assessoramento jurídico do Poder Executivo.**

§ 1º A Advocacia-Geral da União tem por chefe o Advogado-Geral da União, de **livre nomeação pelo Presidente da República dentre cidadãos maiores de trinta e cinco anos, de notável saber jurídico e reputação ilibada.**

§ 2º O ingresso nas classes iniciais das carreiras da instituição de que trata este artigo far-se-á mediante concurso público de provas e títulos.

§ 3º Na execução da dívida ativa de natureza tributária, a representação da União cabe à Procuradoria-Geral da Fazenda Nacional, observado o disposto em lei.

1. **O advogado público não tem autonomia** (ele faz parte do poder Executivo, prestando **consultoria e assessoria jurídica** aos entes). Por não ter autonomia, a advocacia pública depende de lei complementar que dispõe sobre sua organização e funcionamento.

Aplicação em concurso público:

- ***Procurador Municipal – 2015 – COPESE – UFPI – Prefeitura de Bom Jesus – PI***

  C) A Constituição Federal, no título IV, capítulo IV, determina a Advocacia Pública dentre as funções essenciais à justiça, conferindo-lhe autonomia em relação aos poderes do Estado, competindo-lhe a defesa institucional da Administração Pública limitado ao exercício da representação judicial.

  Alternativa errada. (a advocacia pública não tem autonomia, é órgão vinculado ao poder executivo)

- ***Técnico Judiciário – Área Administrativa – FCC – 2017 – TRF – 5ª REGIÃO***

  Dentre as funções essenciais à Justiça, inclui-se a Advocacia Pública, a respeito da qual, a Constituição Federal estabelece que

  Gabarito: a Advocacia-Geral da União é a instituição que, diretamente ou através de órgão vinculado, representa a União, judicial e extrajudicialmente, cabendo-lhe, nos termos da lei complementar que dispuser sobre sua organização e funcionamento, as atividades de consultoria e assessoramento jurídico do Poder Executivo.

- ***Juiz federal – 2015 – CESPE – TRF – 1ª REGIÃO***

  B) A AGU representa os interesses da União no âmbito judicial e na consultoria e assessoramento jurídico aos poderes da República.

  Alternativa errada. (consultoria e assessoramento apenas do Poder Executivo)

2. Importante não confundir as nomenclaturas: **o Advogado da União** integra a **Advocacia Geral da União,** enquanto que, nos Estados e nos Municípios, os advogados públicos integram **Procuradorias** e são chamados de **Procuradores.**

3. **Entendimento jurisprudencial:**

Súmula 644 do STF: Ao titular do cargo de procurador de autarquia não se exige a apresentação de instrumento de mandato para representá-la em juízo.

4. Aplicação nos concursos públicos:

- ***Analista – 2018 – CESPE – EMAP***

  1 – A execução da dívida ativa tributária é de competência da Advocacia-Geral da União.

  2 – Aos membros da Advocacia-Geral da União são concedidas as garantias constitucionais previstas para os membros do Ministério Público.

  Gabarito: As duas afirmativas estão erradas.

  [1] § 3º: dívida ativa tributária é competência do Procurador-Geral da Fazenda Nacional;

  [2] o advogado público não possui as garantias dos membros da magistratura e do Ministério Público, porque a Constituição busca atribuí-los a mesma posição de igualdade dos membros da advocacia privada.

Art. 132 – Os **Procuradores dos Estados** e do Distrito Federal, organizados em carreira, na qual o ingresso dependerá de concurso público de provas e títulos, com a participação da Ordem dos Advogados do Brasil em todas as suas fases, exercerão a representação judicial e a consultoria jurídica das respectivas unidades federadas.

Parágrafo único. Aos procuradores referidos neste artigo é assegurada **estabilidade após três anos de efetivo exercício,** mediante avaliação de desempenho perante os órgãos próprios, após relatório circunstanciado das corregedorias.

1. **A Procuradoria é órgão vinculado ao Estado e tem, por simetria, as características da Advocacia da União,** portanto, seus membros não possuem as garantias dadas aos magistrados e membros do Ministério Público (vitaliciedade, inamovibilidade e irredutibilidade de subsídios), os órgãos também não possuem autonomia.

   Observação: Veja que a estabilidade deles é adquirida após 3 anos, como qualquer outro servidor público.

Aplicação em concurso público:

- ***Analista de Gestão – Administração – CESPE – 2017 – TCE-PE***

  Com relação às funções essenciais à justiça, julgue o item a seguir.

  Aos procuradores do estado, assim como aos membros das defensorias públicas, é garantida, institucionalmente, a inamovibilidade.

  Gabarito: Alternativa correta

2. Embora não esteja expressa a figura da procuradoria municipal na Constituição, **a doutrina e a jurisprudência** referem, **por simetria,** a sua existência como **estrutura permanente de Estado.**

3. **Entendimento jurisprudencial:**

   É inconstitucional norma de Constituição Estadual que preveja a figura das procuradorias autárquicas, como órgão distinto da PGE. Isso porque a CF/88 determina que a representação judicial e a consultoria jurídica do Estado, incluídas suas autarquias e fundações, deve ser feita pela PGE, nos termos do art. 132 da CF/88. O art. 132 da CF/88 consagra o chamado "princípio" da unicidade da representação judicial e da consultoria jurídica dos Estados e do Distrito Federal e, dessa forma, estabelece competência funcional exclusiva da Procuradoria-Geral do Estado. O art. 69 do ADCT da CF deixou evidente que, a partir da Constituição de 1988, não se permite mais a criação de órgãos jurídicos distintos da Procuradoria-Geral do Estado, admite-se apenas a manutenção daquelas consultorias jurídicas já existentes quando da promulgação da Carta.STF. Plenário. ADI 145/CE, Rel. Min. Dias Toffoli, julgado em 20/6/2018 (Info 907).

4. Aplicação em concurso público:

- ***Técnico Judiciário – Área Administrativa – FCC – 2017 – TRF – 5ª REGIÃO***

  Dentre as funções essenciais à Justiça, inclui-se a Advocacia Pública, a respeito da qual, a Constituição Federal estabelece que

C) os Procuradores dos Estados e do Distrito Federal, organizados em carreira, na qual o ingresso dependerá de concurso público de provas e títulos, com a participação da Ordem dos Advogados do Brasil apenas na fase da prova oral que consiste na arguição pública dos candidatos a ela admitidos, exercerão a representação judicial e a consultoria jurídica das respectivas unidades federadas.

D) aos Procuradores dos Estados e do Distrito Federal é assegurada estabilidade após dois anos de efetivo exercício, mediante avaliação de desempenho perante os órgãos próprios, após relatório circunstanciado das corregedorias.

Gabarito: Alternativas incorretas

Observação:

C: A participação da Ordem dos Advogados do Brasil deve acontecer em todas as fases do concurso

D: A estabilidade é adquirida após três anos

SEÇÃO III
DA ADVOCACIA

Art. 133 – O advogado é indispensável à administração da justiça, **sendo inviolável por seus atos e manifestações no exercício da profissão**, nos limites da lei.

1. Ao dizer que o advogado é inviolável por seus atos e manifestações, a Constituição se refere à **imunidade** desses profissionais quanto à responsabilização **penal, civil e administrativa, por injúria e difamação,** no exercício da profissão.

2. A jurisprudência do Supremo Tribunal Federal é pacífica no sentido de que **o crime de calúnia não é alcançado pela imunidade.**

► **Entendimento jurisprudencial:**

A imunidade concedida aos advogados pelo artigo 133 da Constituição Federal **não abrange o crime de calúnia,** conforme entendimento desta Corte. (HC 96763 / RS – Relator (a): Ministra JANE SILVA (DESEMBARGADORA CONVOCADA – Data do Julgamento: 22/04/2008).

3. O advogado não tem mais imunidade por **desacato**, pois a ADIN n. 1.127-8 declarou inconstitucional a expressão desacato contida no artigo 7º, § 2º da lei 8.906/94 (Estatuto da OAB).

4. Aplicação em concurso público;

- ***TRT 6ª Região (PE) – FCC – 2015:***

A manifestação do advogado, no exercício de sua atividade, em juízo ou fora dele, é acobertada por imunidade nos crimes de

D) difamação e injúria

Gabarito: Alternativa D

SEÇÃO IV
DA DEFENSORIA PÚBLICA

Art. 134 – A **Defensoria Pública** é instituição permanente, essencial à função jurisdicional do Estado, incumbindo-lhe, como expressão e instrumento do regime democrático, fundamentalmente, a **orientação jurídica, a promoção dos direitos humanos e a defesa, em todos os graus, judicial e extrajudicial,** dos direitos individuais e coletivos, **de forma integral e gratuita, aos necessitados**, na forma do inciso **LXXIV do art. 5º desta Constituição Federal.**

§ 1º Lei complementar organizará a Defensoria Pública da União e do Distrito Federal e dos Territórios e prescreverá normas gerais para sua organização nos Estados, em cargos de carreira, providos, na classe inicial, mediante concurso público de provas e títulos, assegurada a seus integrantes a garantia da inamovibilidade e vedado o exercício da advocacia fora das atribuições institucionais.

§ 2º Às Defensorias Públicas Estaduais são asseguradas autonomia funcional e administrativa e a iniciativa de sua proposta orçamentária dentro dos limites estabelecidos na lei de diretrizes orçamentárias e subordinação ao disposto no art. 99, § 2º.

§ 3º Aplica-se o disposto no § 2º às Defensorias Públicas da União e do Distrito Federal.

§ 4º São princípios institucionais da Defensoria Pública a unidade, a indivisibilidade e a independência funcional, aplicando-se também, no que couber, o disposto no art. 93 e no inciso II do art. 96 desta Constituição Federal.

1. **O acesso à justiça aos necessitados foi prevista pela 1ª vez expressamente na Constituição de 1934** e com o advento da CF/88, a Defensoria iniciou como integrante do Poder Executivo. Porém, com o advento da **EC nº 80/2014,** a Defensoria Pública passou a **ser autônoma e** independente, tendo como finalidade **promover a orientação e assistência jurídica aos necessitados.**

Aplicação em concurso público:

- ***Defensor Público – 2015 – CESPE – DPE-RN***

  Com relação ao tratamento dispensado à assistência judiciária, à assistência jurídica e à DP nas Constituições brasileiras, assinale a opção correta.

  E) A determinação dirigida à União e aos estados para a concessão de assistência judiciária aos necessitados surgiu pela primeira vez na Constituição de 1934.

  Gabarito: A alternativa "E" foi considerada como correta.

- ***Advogado – FADESP – COSANPA – 2017***

  A estruturação da defensoria pública, prevista na Constituição Federal de 1988, sofreu

  A) restrição importante recentemente por Emenda Constitucional que lhe alterou os objetivos institucionais.

  B) restrição importante recentemente por Emenda Constitucional que a submeteu ao controle do Conselho Nacional do Ministério Público.

C) ampliação com a Emenda Constitucional n. 80, de 2014, que, no entanto, não lhe garantiu competência para a promoção dos direitos coletivos dos necessitados na forma do inciso LXXIV do artigo 5º da Constituição Federal de 1988.

D) ampliação com a Emenda Constitucional n. 80, de 2014, que lhe garantiu independência funcional.

Gabarito: Alternativa D

2. Importante diferenciar as atividades de competência da Defensoria Pública e do Ministério Público. O **MP tutela interesses difusos e coletivos,** enquanto que a Defensoria tutela o **interesse dos necessitados.** Esses interesses podem coincidir, mas não são os mesmos.

Aplicação em concurso público:

- ***Procurador do Estado – 2018 – FCC – PGE-AP***

A Defensoria Pública de certo Estado propôs ação civil pública para obrigar certo Município a tomar as providências necessárias à prestação do serviço de saneamento básico junto a imóveis habitados por famílias economicamente necessitadas. Nessa situação, à luz da Constituição Federal, a Defensoria Pública

A) tem legitimidade para a propositura da ação, ainda que ao Ministério Público também caiba propô-la, podendo ser determinada ao Município a prestação do serviço pleiteado judicialmente, por tratar-se de serviço que se insere no âmbito de sua competência constitucional.

Gabarito: A alternativa "A" foi considerada como correta.

- ***Analista – Ciências Jurídicas – 2018 – FCC – DPE-AM***

O Presidente da República encaminhou projeto de lei complementar ao Congresso Nacional dispondo sobre a organização da Defensoria Pública da União e sobre normas gerais para a organização da Defensoria Pública dos Estados e do Distrito Federal. A propositura, todavia, sofreu emenda parlamentar que atribuiu à Defensoria Pública da União a defesa judicial de servidores públicos federais processados civil ou criminalmente em razão do regular exercício da função pública, tendo sido aprovada com essa redação. À luz da Constituição Federal e da jurisprudência do Supremo Tribunal Federal na matéria, referido projeto, caso venha a se tornar lei, será

B) incompatível com a Constituição Federal no ponto que atribui à Defensoria Pública da União a defesa dos servidores públicos federais.

Gabarito: A alternativa "B" foi considerada como correta.

3. **Nos Estados em que não há defensoria pública o STF entendeu pela** possibilidade de atuação do Ministério Público até que se viabilize a implementação plena da Defensoria Pública em cada Estado (Recurso Extraordinário nº 248.869-SP).

▶ **Atenção:** Não pode haver cobrança por parte da defensoria pública, é um **serviço de natureza gratuita,** podendo ser efetivado a defesa no âmbito administrativo e também no âmbito jurídico.

4. Às Defensorias Públicas são concedidas as mesmas autonomias e princípios institucionais do Ministério Público (art. 127, CF). Sendo assim, possuem: **autonomia funcional, administrativa e orçamentária** (dentro dos limites estabelecidos na Lei de Diretrizes Orçamentárias).

Aplicação em concurso público:

- ***Delegado de Polícia – 2018 – FUMARC – PC-MG***

A Emenda Constitucional n. 80, de 4 de junho de 2014, foi responsável por alterar dispositivos do Capítulo IV – Das Funções Essenciais à Justiça, do Título IV – Da Organização dos Poderes.

Em relação à Defensoria Pública, esta emenda

B) atribui à Defensoria Pública a iniciativa legislativa quanto à fixação de subsídios dos defensores públicos.

Gabarito: A alternativa "B" foi considerada como correta.

5. Advocacia é diferente de advocacia pública e também de defensoria pública, vejamos a diferença entre elas:

ADVOCACIA	ADVOGADO LIBERAL/PARTICULAR
ADVOCACIA PÚBLICA /PROCURADORIA	ADVOGADOS QUE REPRESENTAM, FISCALIZAM E TAMBÉM REALIZAM O CONTROLE JURÍDICOS DO ESTADO.
DEFENSORIA PÚBLICA	ADVOGADO PÚBLICO QUE TRABALHA PARA O POVO (Art. 5º, LXXIV da CF).

6. Aplicação em concurso público;

- ***Auditor de Tributos – 2016 – Prefeitura de Goiânia – GO – (CS-UFG).***

"O direito de acesso à justiça foi previsto, na Carta de 1988, como um direito fundamental do cidadão. Tal direito, em tese, não seria exercitável se no texto da Carta Magna não tivessem sido previstos mecanismos de acionamento do Poder Judiciário para as hipóteses de violação. Diante disso, a Constituição vigente dedicou capítulo exclusivo, entre os artigos 127 e 135, para tratar das Funções Essenciais à Justiça. Nesse contexto,

A Defensoria Pública é instituição permanente, essencial à função jurisdicional do Estado, incumbindo-lhe, como expressão e instrumento do regime democrático, fundamentalmente, a orientação jurídica, a promoção dos direitos humanos e a defesa, em todos os graus, judicial e extrajudicial, dos direitos individuais e coletivos, de forma integral e gratuita, aos necessitados."

Gabarito: A alternativa foi considerada como correta.

- ***Procurador – CS-UFG – 2015 – AL-GO***

Sobre as funções essenciais à Justiça, no que diz respeito à Defensoria Pública, após as recentes alterações introduzidas pelas Emendas Constitucionais n. 74/2013 e n. 80/2014, a Constituição assevera que

A) a unidade, a indivisibilidade e a independência funcional são princípios institucionais da Defensoria Pública.

Gabarito: A alternativa foi considerada como correta (Questão referente ao § 4º)

Art. 135 – Os servidores integrantes das carreiras disciplinadas nas Seções II e III deste Capítulo serão remunerados na forma do art. 39, § 4º.

1. O art. 134, § 1º, CF assegura a **inamovibilidade aos membros da Defensoria Pública** e o art. 135, CF assegura a **irredutibilidade do salário dos mesmos,** entretanto **a Constituição Federal não prevê a vitaliciedade para os Defensores Públicos**, de forma que tal garantia continua a ser assegurada apenas para os membros do poder judiciário, do Ministério Público e dos Tribunais de Contas.

Aplicação em concurso público:

- ***Procurador – CS-UFG – 2015 – AL-GO***

  Sobre as funções essenciais à Justiça, no que diz respeito à Defensoria Pública, após as recentes alterações introduzidas pelas Emendas Constitucionais n. 74/2013 e n. 80/2014, a Constituição assevera que

  B) a garantia da inamovibilidade e a da vitaliciedade são asseguradas aos integrantes da Defensoria Pública.

  Gabarito: A alternativa foi considerada como incorreta (não possuem vitaliciedade)

2. Atenção para a leitura deste dispositivo, por mais que no artigo 135 só menciona sobre a seções II e III, a seção IV também está incluída. **Defensor Público e advogado público são remunerados na forma de subsídio.**

TÍTULO V
DA DEFESA DO ESTADO E DAS INSTITUIÇÕES DEMOCRÁTICAS
CAPÍTULO I
DO ESTADO DE DEFESA E DO ESTADO DE SÍTIO

1. Ambas as instituições são **medidas excepcionais e de urgência,** responsáveis por compor o chamado **"sistema constitucional de crises"**, que restringem direitos fundamentais por tempo determinado, a fim de **proteger o Estado Democrático de Direito.** São usadas apenas em extrema **necessidade,** em caráter **temporário (prazo determinado) e com medidas proporcionais** aos fatos que estiverem acontecendo. Elas compõem os "**elementos de estabilização constitucional**" da Constituição, na qual estão ao lado da intervenção federal.

2. O sistema constitucional de crises representa **limites circunstanciais ao Poder Constituinte Reformador**. Dessa forma, quando o Estado de Defesa ou Estado de Sítio forem decretados não será possível emendar a Constituição Federal.

3. Em ambas as instituições, o Presidente da República deve ouvir previamente o Conselho da República e o Conselho de Defesa Nacional, os quais **emitem pareceres**

não vinculantes, ou seja, meramente opinativos, podendo o Presidente acatá-los ou não.

Aplicação em concurso público:

- ***Delegado de Polícia – 2018 – VUNESP – PC-BA***

  Assinale a alternativa que corretamente trata do sistema constitucional de crises.

  E) Os pareceres emitidos pelos Conselhos da República e de Defesa Nacional não são vinculantes, cabendo a decretação do estado de defesa ao Presidente da República, que expedirá decreto estabelecendo a duração da medida.

  Gabarito: Alternativa "E" foi considerada correta.

SEÇÃO I
DO ESTADO DE DEFESA

Art. 136 – O Presidente da República pode, **ouvidos o Conselho da República e o Conselho de Defesa Nacional**, decretar estado de defesa para preservar ou prontamente restabelecer, **em locais restritos e determinados**, a **ordem pública ou a paz social ameaçadas** por grave e iminente instabilidade institucional ou atingidas por calamidades de grandes proporções na natureza.

1. Verificando o caput do art. 136, percebe-se que o Estado de Defesa acontece apenas nas hipóteses **taxativa deste artigo,** isto é, para manter a ordem pública ou estabelecer a paz social e somente o Presidente da República poderá decretar, pois esse é o titular da competência exclusiva.

Aplicação em concurso público:

- ***Procurador – 2015 – CESPE – TCU***

  "Constatada a ocorrência de comoção grave de repercussão nacional, o presidente da República pode, ouvidos o Conselho da República e o Conselho de Defesa Nacional, decretar estado de defesa."

  Gabarito: A alternativa foi considerada como errada. (A grave repercussão nacional não é um pressuposto para decretação do Estado de defesa. Conforme o caput deste artigo, o Estado de Defesa pode ser decretado em 2 situações, isto é, em casos de **grave e iminente instabilidade institucional** *e também quando houver* **calamidade de grandes proporções na natureza.**

2. O Estado de Defesa é utilizado em situações **menos grave** em relação ao Estado de sítio, ele concede ao Poder Executivo poderes mais limitados do que no Estado de Sítio. Sua principal característica é que ele deve ocorrer em um **local determinado, sendo** vedada sua expansão por todo o país.

§ 1º O decreto que instituir o estado de defesa determinará **o tempo de sua duração,** especificará as áreas a serem abrangidas e indicará, nos termos e limites da lei, as medidas coercitivas a vigorarem, dentre as seguintes:

I - restrições aos direitos de:

a) reunião, ainda que exercida no seio das associações;

b) sigilo de correspondência;

c) sigilo de comunicação telegráfica e telefônica;

II - ocupação e uso temporário de bens e serviços públicos, na hipótese de calamidade pública, respondendo a União pelos danos e custos decorrentes.

3. O § 1º estipula as medidas coercitivas que podem ser adotadas durante a vigência do Estado de Defesa, sendo **a possibilidade da ocupação e uso temporário de bens e serviços públicos na hipótese de calamidade pública e a restrição de certos direitos fundamentais.** Os direitos que poderão ser restringidos são taxativos:

- **Direito de reunião (art. 5º, XVI, CF)**
- **Direito ao sigilo das correspondências e da comunicação telegráfica e telefônica (art. 5º, XII, CF)**

Aplicação em concurso público:

- ***Defensor Público – 2017 – CESPE – DPE-AL***

  Devido à ocorrência de calamidade natural de grandes proporções em determinado município, o presidente da República, após consultar exclusivamente o Conselho da República e o Conselho Nacional, decretou o estado de defesa naquela localidade. Com base nessa situação hipotética e considerando as normas previstas na Constituição Federal de 1988 (CF), assinale a opção correta.

  A) As medidas coercitivas previstas na CF para aplicação em casos como esse incluem a ocupação e o uso temporário de bens e serviços.

  B) O tempo de duração do estado de defesa não poderá ser superior a noventa dias, sendo vedada a sua prorrogação.

  D) Durante o estado de defesa, o controle das prisões será político, exercido pelo Congresso Nacional, e judicial, exercido pelo STF.

  E) O decreto presidencial é inconstitucional, uma vez que não houve autorização prévia do Congresso Nacional.

  Gabarito: A alternativa "A" foi considerada como correta.

- ***Delegado de Polícia – 2018 – VUNESP – PC-SP***

  Suponha que o Presidente da República, depois de ouvir o Conselho da República e o Conselho de Defesa Nacional, decretou estado de defesa para restabelecer a paz social ameaçada por grave e iminente instabilidade institucional no local X.

  Nesse caso, é certo assinalar que:

  B) o decreto poderá restringir tanto o sigilo de comunicação telegráfica como telefônica.

  Gabarito: Alternativa "B" foi considerada como correta.

- ***Agente de Polícia Federal – 2018 – CESPE – Polícia Federal***

  "Na vigência do estado de defesa, é legal a prisão de indivíduo por até trinta dias, independentemente de autorização do Poder Judiciário."

  Gabarito: A alternativa foi considerada errada. (os direitos possíveis de restrição no Estado de Defesa estão taxativamente descritos no § 1º deste artigo, e a prisão sem autorização judiciária não faz parte deles).

§ 2º O tempo de duração do estado de defesa **não será superior a trinta dias, podendo ser prorrogado uma vez, por igual período,** se persistirem as razões que justificaram a sua decretação.

4. Período máximo de duração do Estado de Defesa: 30 dias prorrogáveis por igual período.

Aplicação em concurso público:

- ***Aspirante da Polícia Militar – 2014 – CESPE – PM CE***

  Julgue os próximos itens, referentes à organização e ao funcionamento dos poderes da República, bem como à defesa do Estado e das instituições democráticas.

  O presidente da República pode, ouvidos o Conselho da República e o Conselho de Defesa Nacional, decretar estado de defesa, cujo tempo de duração não será superior a trinta dias podendo ser prorrogado uma vez, por igual período, se persistirem as razões que justificaram a sua decretação.

  Gabarito: Alternativa foi considerada como Correta.

§ 3º Na vigência do estado de defesa:

I – a prisão por crime contra o Estado, determinada pelo executor da medida, será por este comunicada imediatamente ao juiz competente, que a relaxará, se não for legal, facultado ao preso requerer exame de corpo de delito à autoridade policial;

II – a comunicação será acompanhada de declaração, pela autoridade, do estado físico e mental do detido no momento de sua autuação;

III – a prisão ou detenção de qualquer pessoa **não poderá ser superior a dez dias**, salvo quando autorizada pelo Poder Judiciário;

IV – é vedada a incomunicabilidade do preso.

5. Aplicação em concurso público:

- ***Delegado de Polícia – ACAFE – 2014 – PC-SC***

  O Presidente da República pode, ouvidos o Conselho da República e o Conselho de Defesa Nacional, decretar estado de defesa para preservar ou prontamente restabelecer, em locais restritos e determinados, a ordem pública ou a paz social ameaçadas por grave e iminente instabilidade institucional ou atingidas por calamidades de grandes proporções na natureza.

Sobre o tema e de acordo com a Constituição da República Federativa do Brasil – CRFB/88 é correto afirmar, exceto:

D) Na vigência do estado de defesa a prisão ou detenção de qualquer pessoa não poderá ser superior a trinta dias, estando vedada, ainda, a incomunicabilidade do preso.

Gabarito: Alternativa "D" considerada incorreta e deve ser assinalada. (Atenção para este tipo de questão, pois na maioria das vezes é cobrado a literalidade do dispositivo e alteram poucas informações. Neste caso foi alterado a quantidade de dias, na questão menciona 30 dias, porém o prazo exposto no § 3º, inciso III consta 10 dias).

- ***Perito criminal – 2015 – FUNCAB – PC-AC***

  "na vigência do estado de defesa é vedada a incomunicabilidade do preso."

  Gabarito: A alternativa foi considerada como correta.

§ 4º Decretado o estado de defesa ou sua prorrogação, o Presidente da República, dentro de vinte e quatro horas, **submeterá o ato com a respectiva justificação ao Congresso Nacional, que decidirá por maioria absoluta.**

6. Conforme o art. 49, IV, CF, é da Competência do Congresso Nacional aprovar o Estado de Defesa decretado pelo Presidente da República (art. 84, IX, CF). Aqui, é necessário frisar que, devido à urgência da medida, ela é decretada rapidamente pelo Presidente (art. 136, § 4º, CF) **sendo a aprovação pelo Congresso feita posteriormente,** diferentemente do que acontece no Estado de sítio, que deve haver a autorização do Congresso para ser instaurado (art. 49, IV e art. 137, CF).

Aplicação em concurso público:

- ***Nível Superior – 2018 – CESPE – Polícia Federal***

  "Um estado da Federação foi atingido por fortes chuvas, que inundaram diversos centros comerciais, vias e prédios públicos e áreas de lazer, além de ter causado desabamentos. Diante dessa calamidade natural de grandes proporções, o poder público adotou medidas institucionais a fim de restabelecer a ordem pública.

  Considerando essa situação hipotética, julgue o item que segue.

  O presidente da República, desde que autorizado pelo Congresso Nacional, poderá decretar estado de defesa no referido estado, devendo indicar no instrumento normativo o tempo de duração da medida, bem como especificar as áreas a serem abrangidas e indicar as medidas coercitivas que devam vigorar."

  Gabarito: A alternativa foi considerada como errada.

- ***Advogado – Instituto AOCP – 2016 – EBSERH***

  A respeito das disposições constitucionais acerca da defesa do Estado e das instituições democráticas, assinale a alternativa correta.

  B) Decretado o estado de defesa ou sua prorrogação, o Presidente da República, dentro de vinte e quatro horas, submeterá o ato com a respectiva justificação ao Congresso Nacional, que decidirá por maioria absoluta.

  Gabarito: Alternativa "B" considerada como correta. (Literalidade do § 4º).

7. Se ocorrer convocação no período de funcionamento normal do Congresso Nacional, ou seja, entre os dias 2 de fevereiro até 17 de julho e 1º de agosto até 22 de dezembro a convocação do Estado de Defesa será decretado pelo presidente da república em 24 horas. Ocorrendo fora destes períodos, isto é, em casos de convocação extraordinária do Congresso Nacional, o Presidente do Senado Federal poderá, no prazo de 5 cinco dias, convocar o Congresso Nacional para decidir sobre o estado de defesa. (Art. 57, § 6º da Constituição Federal).

Aplicação em concurso público:

- ***Juiz Substituto – FCC – 2015 – TJ-SE***

Na hipótese de o Presidente da República decretar, no mês de janeiro, estado de exceção em determinada região do país, em função de ameaças à ordem pública e paz social decorrentes de desastres provocados pelas chuvas torrenciais do início do ano, sem que tenha havido anterior decreto de exceção pelo mesmo fato, deverá o:

A) Congresso Nacional ser convocado, extraordinariamente, no prazo de cinco dias, pelo Presidente do Senado Federal, para decidir, por maioria absoluta, sobre o estado de defesa.

Gabarito: Alternativa "A" foi considerada como correta. (Na questão está mencionado o mês de Janeiro, assim deve se levar em consideração o prazo de cinco dias).

§ 5º Se o Congresso Nacional estiver em recesso, será convocado, extraordinariamente, no prazo de cinco dias.

§ 6º O Congresso Nacional apreciará o decreto dentro de dez dias contados de seu recebimento, devendo continuar funcionando enquanto vigorar o estado de defesa.

§ 7º **Rejeitado o decreto, cessa imediatamente o estado de defesa.**

8. **Resumo do Estado de Defesa:**

Requisitos: Ouvir o Conselho da República e o Conselho de Defesa Nacional. Devido à urgência para sua decretação, o Presidente decreta o Estado de Defesa **sem submissão prévia,** sendo o ato submetido ao Congresso Nacional **após** sua decretação, em um período de 24 horas.

Forma: Restringe os direitos fundamentais dispostos no parágrafo primeiro (direito de reunião, direito de sigilo de correspondência e direito de sigilo de comunicação telegráfica e telefônica, além de restringir a ocupação e o uso temporário de bens e serviços públicos).

Solução: Busca restabelecer a ordem pública ou a paz social ameaçadas por grave e iminente instabilidade institucional ou atingidas por calamidades de grandes proporções na natureza.

Duração: máximo de 30 dias, com possibilidade de ser prorrogado uma vez por igual período.

SEÇÃO II
DO ESTADO DE SÍTIO

Art. 137 - O Presidente da República pode, ouvidos o Conselho da República e o Conselho de Defesa Nacional, **solicitar ao Congresso Nacional autorização** para decretar o estado de sítio nos casos de:

I - comoção grave de repercussão nacional ou ocorrência de fatos que comprovem a ineficácia de medida tomada durante o estado de defesa;

II - declaração de estado de guerra ou resposta a agressão armada estrangeira.

Parágrafo único. O Presidente da República, ao solicitar autorização para decretar o estado de sítio ou sua prorrogação, relatará os motivos determinantes do pedido, **devendo o Congresso Nacional decidir por maioria absoluta.**

1. O Estado de Sítio é utilizado em situações **mais rigorosas** em relação ao Estado de Defesa e pode acontecer de forma geral, **em todo o país.** As situações que possibilitam a decretação do Estado de sítio também são taxativas e devem estar previstas nos incisos I e II deste artigo.

> ▶ **Atenção:** O Estado de Defesa pode ser **repressivo,** quando estiverem presentes as hipóteses do inciso I ou **defensivo,** nas hipóteses do inciso II.

Aplicação em concurso público:

- ***Procurador – 2018 – FUNRIO – AL-RR***

  Diante de uma grave instabilidade institucional ocorrida em um estado da federação, o Presidente da República decidiu por decretar o estado de sítio para prontamente restabelecer a ordem constitucional que foi atacada. Tendo cumprido as formalidades para a decretação do ato, o Presidente determinou a restrição quanto à liberdade de imprensa, retirando o poder de livre comunicação jornalística.

  Tendo sido procurado para analisar essa decisão tomada pelo Presidente da República, você a classificaria como medida

  A) inconstitucional, pois a instabilidade institucional não é causa para a decretação do estado de sítio.

  Gabarito: A alternativa "A" foi considerada como correta. (As hipóteses para decretação do Estado de sítio são taxativas).

2. Diferente do Estado de Defesa, o Estado de Sítio precisa de **anterior autorização do Congresso Nacional para ser decretado.** Se o Congresso Nacional entender pela rejeição, o presidente não poderá decretar o Estado de Sítio, porém se ele autorizar, o presidente tem a discricionariedade para decretar ou não decretar.

▶ **Regra mnemônica:**

Estado de Defesa: Decreta → Estado de defesa = Presidente **decreta** e Congresso **aprova**

Estado de Sítio: Solicita → Estado de sítio = Presidente solicita e Congresso autoriza

Aplicação em concurso público:

- ***Defensor Público – 2017 – CESPE – DPE-AL***

  C) Se houver fatos que comprovem a ineficácia das medidas tomadas durante o estado de defesa, este será automaticamente convertido em estado de sítio.

  Gabarito: A alternativa foi considerada como errada. (Necessita de autorização do Congresso Nacional).

Art. 138 – O decreto do estado de sítio **indicará sua duração, as normas necessárias a sua execução e as garantias constitucionais que ficarão suspensas,** e, depois de publicado, o Presidente da República designará o executor das medidas específicas e as áreas abrangidas.

§ 1º O estado de sítio, **no caso do art. 137, I, não poderá ser decretado por mais de trinta dias,** nem prorrogado, de cada vez, por prazo superior; **no do inciso II, poderá ser decretado por todo o tempo que perdurar a guerra ou a agressão armada estrangeira.**

§ 2º Solicitada autorização para decretar o estado de sítio durante o recesso parlamentar, o Presidente do Senado Federal, de imediato, convocará extraordinariamente o Congresso Nacional para se reunir dentro de cinco dias, a fim de apreciar o ato.

§ 3º O Congresso Nacional permanecerá em funcionamento até o término das medidas coercitivas.

1. Procedimentos do Estado de Sítio:

Requisitos: Ouvir o Conselho da República e o Conselho de Defesa Nacional. O Presidente precisa solicitar **autorização do Congresso Nacional** para que possa Decretar o Estado de Sítio (Art. 137, parágrafo único)

Forma: No caso de grave repercussão nacional ou ineficácia do Estado de Defesa, o Estado de Sítio só pode restringir os direitos fundamentais dispostos no art. 139, CF; no caso de estado de guerra ou agressão armada, o decreto deve indicar quais garantias fundamentais ficarão suspensas.

Duração: O estado de sítio tem um prazo máximo de 30 dias (em caso comoção grave e ineficácia), não podendo ser renovado por um período superior, no entanto, é possível que se tenha sucessivas renovações. Em casos de guerra será enquanto durar a guerra.

2. Aplicação nos concursos públicos:

- ***Agente de Polícia Federal – 2018 – CESPE – Polícia Federal***

  "O direito ao sigilo de correspondência é constitucionalmente previsto, mas poderá ser restringido nas hipóteses de estado de defesa e de estado de sítio."

  Gabarito: A alternativa foi considerada como correta.

- ***Promotor de Justiça – 2018 – MPE-BA***

  "O decreto do estado de sítio decorrente de grave comoção de repercussão nacional indicará sua duração, que não poderá ser superior a trinta dias, permitida apenas uma prorrogação por igual período."

  A alternativa foi considerada como errada. (Aqui o examinador tenta fazer confusão com Estado de Defesa e Estado de Sítio).

- ***Perito criminal – 2015 – FUNCAB – PC-AC***

  Em relação ao estado de defesa e ao estado de sítio, a alternativa **INCORRETA** é:

  A) no estado de defesa a prisão ou detenção de qualquer pessoa não poderá ser superior a dez dias, salvo quando autorizada pelo Poder Judiciário.

  C) o tempo de duração do estado de defesa não será superior a trinta dias, podendo ser prorrogado uma vez, por igual período, se persistirem as razões que justificaram a sua decretação.

  D) caracteriza fundamento para a decretação do estádio de sítio comoção grave de repercussão regional nos Estados Federativos ou ocorrência de fatos que comprovem a ineficácia de medida tomada durante o estado de defesa.

  E) solicitada autorização para decretar o estado de sítio durante o recesso parlamentar, o Presidente do Senado Federal, de imediato, convocará extraordinariamente o Congresso Nacional para se reunir dentro de cinco dias, a fim de apreciar o ato.

  Gabarito: Alternativa "D" foi considerada como incorreta e deve ser assinalada. (A repercussão deve ser nacional).

Art. 139 – Na vigência do estado de sítio decretado com fundamento no art. 137, I, só poderão ser tomadas contra as pessoas as seguintes medidas:

I – obrigação de permanência em localidade determinada;

II – detenção em edifício não destinado a acusados ou condenados por crimes comuns;

III – restrições relativas à inviolabilidade da correspondência, ao sigilo das comunicações, à prestação de informações e à liberdade de imprensa, radiodifusão e televisão, na forma da lei;

IV – suspensão da liberdade de reunião;

V – busca e apreensão em domicílio;

VI – intervenção nas empresas de serviços públicos;

VII – requisição de bens.

Parágrafo único. Não se inclui nas restrições do inciso III a difusão de pronunciamentos de parlamentares efetuados em suas Casas Legislativas, desde que liberada pela respectiva Mesa.

1. Esse artigo traz os direitos fundamentais que podem sofrer restrição com a decretação do Estado de Sítio. As hipóteses são taxativas.

2. As **imunidades de Deputados ou Senadores subsistirão durante o estado de sítio,** só podendo ser suspensas mediante o voto de dois terços dos membros da Casa

respectiva, nos casos de atos praticados fora do recinto do Congresso Nacional, que sejam incompatíveis com a execução da medida. (Ler art. 53, CF)

Aplicação em concurso público:

- ***Promotor de Justiça – 2018 – MPE-BA***

  Sobre a defesa do estado e das instituições democráticas, responda:

  II – Durante o estado de sítio, as imunidades dos membros do Congresso Nacional podem ser suspensas mediante o voto de dois terços dos membros da Casa respectiva, nos casos de atos praticados fora do recinto do Congresso Nacional, que sejam incompatíveis com a execução da medida.

  Gabarito: A alternativa foi considerada correta.

SEÇÃO III
DISPOSIÇÕES GERAIS

Art. 140 – A Mesa do Congresso Nacional, ouvidos os líderes partidários, designará **Comissão** composta de cinco de seus membros para **acompanhar e fiscalizar** a execução das medidas referentes ao estado de defesa e ao estado de sítio.

Art. 141 – Cessado o estado de defesa ou o estado de sítio, **cessarão também seus efeitos, sem prejuízo da responsabilidade pelos ilícitos cometidos por seus executores ou agentes.**

Parágrafo único. Logo que cesse o estado de defesa ou o estado de sítio, as medidas aplicadas em sua vigência serão **relatadas pelo Presidente da República**, em mensagem ao Congresso Nacional, com especificação e justificação das providências adotadas, com relação nominal dos atingidos e indicação das restrições aplicadas.

1. Os efeitos do Estado de Defesa e do Estado de Sítio cessam com seus términos, entretanto os agentes que **cometerem ilícitos** durante as situações de Defesa do Estado Democrático vão responder por isso.

Aplicação em concurso público:

- ***Delegado de Polícia – 2018 – VUNESP – PC-BA***

  C) Logo que cesse o Estado de Defesa ou o Estado de Sítio, as medidas aplicadas em sua vigência pelo Presidente da República serão relatadas em mensagem ao Supremo Tribunal Federal, pois cumpre ao Judiciário o controle de legalidade dos atos praticados.

  D) Cessado o Estado de Sítio, cessam imediatamente seus efeitos, de modo que os atos coercitivos autorizados em decreto, executados pelos delegados do Presidente da República, são imunes ao controle judicial.

  As alternativas estão erradas. (as medidas são relatadas ao Presidente da República e há responsabilidade pelos ilícitos cometidos).

2. Aplicação em concurso público:

- ***Nível Superior – 2018 – CESPE – Polícia Federal***

  Um estado da Federação foi atingido por fortes chuvas, que inundaram diversos centros comerciais, vias e prédios públicos e áreas de lazer, além de ter causado desabamentos. Diante dessa calamidade natural de grandes proporções, o poder público adotou medidas institucionais a fim de restabelecer a ordem pública.

  Considerando essa situação hipotética, julgue o item que segue.

  Na hipótese de ter sido decretado estado de defesa no âmbito do referido estado, agentes públicos que tenham cometido atos ilícitos durante a situação de exceção serão eximidos de quaisquer responsabilidades, mesmo após cessarem os efeitos da medida.

  A alternativa está errada. (art. 141: "sem prejuízo da responsabilidade pelos ilícitos cometidos).

CAPÍTULO II
DAS FORÇAS ARMADAS

Art. 142 – As Forças Armadas, constituídas pela Marinha, pelo Exército e pela Aeronáutica, são instituições nacionais permanentes e regulares, organizadas com base na hierarquia e na disciplina, sob a autoridade suprema do Presidente da República, e **destinam-se à defesa da Pátria, à garantia dos poderes constitucionais e, por iniciativa de qualquer destes, da lei e da ordem.**

§ 1º Lei complementar estabelecerá as normas gerais a serem adotadas na organização, no preparo e no emprego das Forças Armadas.

§ 2º Não caberá *habeas corpus* em relação a punições disciplinares militares.

§ 3º Os membros das Forças Armadas são denominados militares, aplicando-se-lhes, além das que vierem a ser fixadas em lei, as seguintes disposições:

I – as patentes, com prerrogativas, direitos e deveres a elas inerentes, são conferidas pelo Presidente da República e asseguradas em plenitude aos oficiais da ativa, da reserva ou reformados, sendo-lhes privativos os títulos e postos militares e, juntamente com os demais membros, o uso dos uniformes das Forças Armadas;

II – o militar em atividade que tomar posse em cargo ou emprego público civil permanente, ressalvada a hipótese prevista no art. 37, inciso XVI, alínea "c", será transferido para a reserva, nos termos da lei;

III – o militar da ativa que, de acordo com a lei, tomar posse em cargo, emprego ou função pública civil temporária, não eletiva, ainda que da administração indireta, ressalvada a hipótese prevista no art. 37, inciso XVI, alínea "c", ficará agregado ao respectivo quadro e somente poderá, enquanto permanecer nessa situação, ser promovido por antiguidade, contando-se-lhe o tempo de serviço apenas para aquela promoção e transferência para a reserva, sendo depois de dois anos de afastamento, contínuos ou não, transferido para a reserva, nos termos da lei;

IV – ao militar são proibidas a sindicalização e a greve;

V – o militar, enquanto em serviço ativo, não pode estar filiado a partidos políticos;

VI – o oficial só perderá o posto e a patente se for julgado indigno do oficialato ou com ele incompatível, por decisão de tribunal militar de caráter permanente, em tempo de paz, ou de tribunal especial, em tempo de guerra;

VII – o oficial condenado na justiça comum ou militar a pena privativa de liberdade superior a dois anos, por sentença transitada em julgado, será submetido ao julgamento previsto no inciso anterior;

VIII – aplica-se aos militares o disposto no art. 7º, incisos VIII, XII, XVII, XVIII, XIX e XXV, e no art. 37, incisos XI, XIII, XIV e XV, bem como, na forma da lei e com prevalência da atividade militar, no art. 37, inciso XVI, alínea "c";

IX – Revogado

X – a lei disporá sobre o ingresso nas Forças Armadas, os limites de idade, a estabilidade e outras condições de transferência do militar para a inatividade, os direitos, os deveres, a remuneração, as prerrogativas e outras situações especiais dos militares, consideradas as peculiaridades de suas atividades, inclusive aquelas cumpridas por força de compromissos internacionais e de guerra.

1. O caput do artigo traz a definição e a incumbência das forças armadas, que devem defender a Pátria, a garantia dos poderes constitucionais e, por iniciativa de qualquer destes, a lei e a ordem.
2. Quanto ao inciso III, é importante ressaltar que a regra é que o militar em atividade que tomar posse em outro cargo/emprego público seja transferido para a reserva, entretanto, há uma exceção, o art. 37, XVI, "c", CF, de forma que o militar poderá acumular sua função com outro cargo ou emprego privativo de **profissional de saúde**, quando houver compatibilidade de horários.

Aplicação em concurso público:

- ***CRS – PMMG – 2014 – PM-MG – Aspirante da Polícia Militar***

Nos termos da Constituição Federal de 1988, marque a alternativa em que o dispositivo legal é aplicado aos militares dos Estados:

A) O militar em atividade, de qualquer categoria, que tomar posse em cargo ou emprego público civil permanente, será transferido, necessariamente, para a reserva, nos termos da lei.

B) Aos profissionais de saúde da Polícia Militar havendo a compatibilidade de horários, admite-se a cumulação remunerada de dois cargos ou empregos privativos de profissionais de saúde, com profissões regulamentadas.

C) O militar em atividade, de qualquer categoria, havendo compatibilidade de horários poderá cumular dois cargos públicos.

D) Aos profissionais de saúde da Polícia Militar, admite-se a cumulação remunerada de dois cargos ou empregos privativos de profissionais de saúde, com profissões regulamentadas, independentemente da compatibilidade de horários.

Gabarito: Alternativa B

3. Aplicação nos concursos públicos:

- ***Juiz de Direito – 2016 – VUNESP – TJM-SP***

De acordo com a Constituição Federal, consideradas as peculiaridades das atividades exercidas pelos policiais militares, é correto afirmar que

A) o militar que puder concorrer a cargos eletivos e contar com menos de dez anos de serviço será agregado pela autoridade superior e, se eleito, passará automaticamente, no ato da diplomação, para a inatividade.

B) as polícias militares e os corpos de bombeiros militares são forças auxiliares e reserva do Exército, justificando-se sua sujeição ao poder disciplinar das Forças Armadas.

C) ao militar são proibidas a sindicalização e a greve, mas permitida a filiação a partidos políticos enquanto em serviço ativo, uma vez que é assegurado seu direito de concorrer a cargos eletivos.

D) a lei disporá sobre o ingresso, os limites de idade, a estabilidade e outras condições de transferência do militar para a inatividade, os direitos, os deveres, a remuneração, as prerrogativas e outras situações especiais dos militares.

E) a perda de graduação como pena acessória criminal, ou em virtude de sanção disciplinar administrativa, é de competência exclusiva da Justiça Militar estadual, nos termos do § 4o do art. 125 da Constituição Federal.

Gabarito: Alternativa D (art. 142, § 3º, X, CF)

- ***Contador – 2016 – FAURGS – TJ-RS***

I – O militar alistável é inelegível.

II – Não cabe *habeas corpus* em relação a punições disciplinares militares.

III – Ao militar são proibidas a sindicalização e a greve e, enquanto em serviço ativo, a filiação a partidos políticos.

Gabarito: As afirmativas II e III estão corretas

Observação:

II: art. 142, § 2º, CF

III: art. 142, § 3º, IV, CF

- ***Guarda Municipal – 2016 – FUNDEP (Gestão de Concursos) – Prefeitura de Cláudio – MG***

Segundo a Constituição da República Federativa do Brasil, os membros das Forças Armadas são denominados militares.

São disposições constitucionais aplicáveis aos membros das Forças Armadas, **EXCETO:**

A) Ao militar, são proibidas a sindicalização e a greve.

B) O militar, enquanto em serviço ativo, não pode estar filiado a partido político.

C) Ao militar da ativa não é deferido o direito de liberdade de associação.

D) As patentes, com prerrogativas, direitos e deveres a elas inerentes, são conferidas pelo Presidente da República.

Gabarito: Alternativa C (trata-se de um direito fundamental, e não é restringido pelo artigo)

Art. 143 – O **serviço militar** é **obrigatório** nos termos da lei.

§ 1º **Às Forças Armadas** compete, na forma da lei, atribuir **serviço alternativo** aos que, em tempo de paz, após alistados, alegarem **imperativo de consciência**, entendendo-se como tal o decorrente de crença religiosa e de convicção filosófica ou política, para se eximirem de atividades de caráter essencialmente militar.

§ 2º – **As mulheres e os eclesiásticos ficam isentos do serviço militar obrigatório em tempo de paz,** sujeitos, porém, a outros encargos que a lei lhes atribuir.

1. Trata-se de um serviço obrigatório. Dessa forma, o artigo obedece a regra descrita no art. 5º, VIII, CF, ou seja, caso o indivíduo invoque **crença religiosa** para eximir-se da obrigação, **deve cumprir prestação alternativa.**

CAPÍTULO III
DA SEGURANÇA PÚBLICA

Art. 144 – A **segurança pública, dever do Estado, direito e responsabilidade de todos,** é exercida para a preservação da ordem pública e da incolumidade das pessoas e do patrimônio, através dos seguintes órgãos:

I – **polícia** federal;

II – polícia rodoviária federal;

III – polícia ferroviária federal;

IV – polícias **civis;**

V – polícias militares e corpos de bombeiros militares.

1. Os órgãos da segurança pública são os descritos nesse artigo, de forma taxativa, sendo os serviços viabilizados por meio dos impostos arrecadados.

Aplicação em concurso público:

- ***Escrivão de Polícia Civil – CESPE – 2018 – PC-MA***

  A CF, em seu art. 144, apresenta o rol dos órgãos encarregados da segurança pública. Esse rol é

  A) taxativo para a União e inaplicável aos estados e ao Distrito Federal.

  B) taxativo para a União e exemplificativo para os estados e o Distrito Federal.

  C) exemplificativo para a União e taxativo para os estados e para o Distrito Federal.

  D) taxativo para a União, para os estados e para o Distrito Federal.

  E) exemplificativo para a União, para os estados e para o Distrito Federal.

  Gabarito: Alternativa D

2. **A segurança é um serviço público essencial e por isso, se mantém por impostos, sendo vedada a cobrança de taxas.**

► **Entendimento jurisprudencial:**

O plenário do STF aprovou a tese de julgamento do RE 643.247, com repercussão geral. O plenário aprovou a proposta feita pelo relator do caso, ministro Marco Aurélio. Confira: *"A segurança pública, presentes a prevenção e o combate a incêndios, faz-se, no campo da atividade precípua, pela unidade da Federação e, porque serviço essencial, tem como a viabilizá-la a arrecadação de impostos, não cabendo ao Município a criação de taxa para tal fim."*

§ 1º A **polícia federal,** instituída por lei como órgão permanente, organizado e mantido pela União e estruturado em carreira, destina-se a:

I – apurar infrações penais contra a ordem política e social ou em detrimento de bens, serviços e interesses da **União ou de suas entidades autárquicas e empresas públicas,** assim como outras infrações cuja prática tenha **repercussão interestadual ou internacional e exija repressão** uniforme, segundo se dispuser em lei;

II – prevenir e reprimir o tráfico ilícito de entorpecentes e drogas afins, o contrabando e o descaminho, sem prejuízo da ação fazendária e de outros órgãos públicos nas respectivas áreas de competência;

III – **exercer as funções de polícia marítima, aeroportuária e de fronteiras;**

IV – exercer, com exclusividade, as funções de polícia judiciária da União.

3. As competências da polícia federal constantes no parágrafo primeiro são muito cobradas nas provas de concurso para carreiras policiais em sua literalidade, buscando ainda que o concurseiro saiba as **diferenças** de **competência da Polícia Federal com a Justiça Federal.**

Aplicação em concurso público:

- ***Delegado de Polícia – 2018 – CESPE – Polícia Federal***

  A PF tem competência para apurar infrações penais que causem prejuízos aos interesses da União, ressalvadas aquelas que atinjam órgãos da administração pública indireta no âmbito federal.

  A alternativa está errada. (a competência da PF engloba também a administração pública indireta no âmbito federal)

4. Aplicação em concurso público:

- ***Escrivão de Polícia Civil – 2017 – FEPESE – PC-SC***

  De acordo com a Constituição da República Federativa do Brasil de 1988, o exercício das funções de polícia marítima, aeroportuária e de fronteiras é incumbência da:

  Gabarito: Polícia Federal. (art. 144, § 1º, III, CF)

- ***Agente de Polícia Federal – 2018 – CESPE – Polícia Federal***

  Compete à Polícia Federal exercer, com exclusividade, as funções de polícia judiciária da União.

A alternativa está correta. (art. 144, § 1º, IV, CF)

- ***Agente de Polícia Federal – 2018 – CESPE – Polícia Federal***

  A Polícia Federal tem a atribuição de apurar infrações que exijam repressão uniforme e tenham repercussão internacional; infrações que exijam repressão uniforme, mas que tenham repercussão interestadual, devem ser apuradas pelas polícias civis e militares.

  A alternativa está errada. (art. 144, § 1º, I, CF: a PF também apura infrações com repercussão interestadual)

§ 2º **A polícia rodoviária federal,** órgão permanente, organizado e mantido pela União e estruturado em carreira, destina-se, na forma da lei, ao patrulhamento ostensivo das rodovias federais.

§ 3º **A polícia ferroviária federal,** órgão permanente, organizado e mantido pela União e estruturado em carreira, destina-se, na forma da lei, ao patrulhamento ostensivo das ferrovias federais.

§ 4º Às polícias civis, dirigidas por delegados de polícia de carreira, incumbem, ressalvada a competência da União, as funções de polícia judiciária e a apuração de infrações penais, exceto as militares.

§ 5º **Às polícias militares** cabem a **polícia ostensiva** e a preservação da ordem pública; aos corpos de bombeiros militares, além das atribuições definidas em lei, incumbe a execução de atividades de defesa civil.

5. As polícias rodoviárias, ferroviárias e militares são polícias **ostensivas,** ou seja, são polícias que buscam a PREVENÇÃO da ordem pública. Já as polícias judiciárias (polícia civil e polícia federal) são polícias **judiciárias,** buscando investigar as infrações penais e apurar suas autorias.

Aplicação em concurso público:

- ***Agente Penitenciário (Superior) – 2017 – IDECAN – SEJUC-RN***

  "O objetivo fundamental da segurança pública é a preservação da ordem pública e da incolumidade das pessoas e do patrimônio (Art. 144 da CF/88). Segundo o constitucionalista Pedro Lenza, podemos distinguir a) polícia administrativa *lato sensu*; b) polícia de segurança, dividida esta em X1 e polícia judiciária. As funções de polícia judiciária da União são desempenhadas pela Polícia Federal e a competência remanescente é da X4. No âmbito estadual, a X1 fica a cargo dos seguintes órgãos: X2 e X3. *(LENZA, Pedro. Direito Constitucional Esquematizado. 16. ed. rev., atual. e ampl. – São Paulo: Saraiva, 2012.)* Os termos que podem substituir os códigos em destaque correta e respectivamente são

  D) polícia administrativa / polícia militar / corpo de bombeiros militar / polícia civil.

  Gabarito: Alternativa D

6. Além da função repressiva dos órgãos de segurança pública, buscando apurar infrações penais, o STF decidiu que o Ministério Público tem competência para promover esse tipo de investigação (ver art. 129, CF).

► **Entendimento jurisprudencial:**

O Ministério Público dispõe de competência para promover por autoridade própria, e por prazo razoável, investigações de natureza penal, desde que respeitados os direitos e garantias que assistem a qualquer indiciado ou a qualquer pessoa sob investigação do Estado, observadas, sempre, por seus agentes, as hipóteses de reserva constitucional de jurisdição e, também, as prerrogativas profissionais de que se acham investidos, em nosso País, os Advogados (...) (RECURSO EXTRAORDINÁRIO 593.727 MINAS GERAIS)

§ 6º **As polícias militares e corpos de bombeiros militares, forças auxiliares e reserva do Exército, subordinam-se, juntamente com as polícias civis, aos Governadores dos Estados, do Distrito Federal e dos Territórios.**

7. Importante pontuar que as polícias militares e corpo de bombeiros militares do Distrito Federal, conforme o Art. 144, § 6º, CF, são **subordinadas ao Governador do Distrito Federal,** mas são **organizadas e mantidas pela União**, conforme art. 21, XIV, CF.

Aplicação em concurso público:

- ***Perito Criminal – CESPE – 2018 – PC-MA***

  As polícias civis, dirigidas por delegados de polícia de carreira, subordinam-se

  A) somente ao governador do Distrito Federal e dos territórios.

  B) ao governador do Distrito Federal e aos governadores de estado e dos territórios.

  C) à União e ao governador do Distrito Federal e dos territórios.

  D) somente aos governadores de estado.

  E) aos governadores de estado e à União.

  Gabarito: Alternativa B

8. Aplicação em concurso público:

- ***Delegado de Polícia – 2018 – FUNDATEC – PC-RS***

  Reza a Constituição que a segurança pública, dever do Estado, direito e responsabilidade de todos, é exercida para a preservação da ordem pública e da incolumidade das pessoas e do patrimônio. Assinale a alternativa correta em relação às atribuições dos órgãos da segurança pública.

  B) As Polícias Civis são instituições nacionais permanentes e regulares, organizadas com base na hierarquia e na disciplina, sob a autoridade suprema do Governador do respectivo Estado, e destinam-se à defesa da Pátria, à garantia dos poderes constitucionais e, por iniciativa de qualquer destes, da lei e da ordem.

  Gabarito: Alternativa errada (não é autoridade suprema; são subordinadas)

- ***Delegado de Polícia – 2015 – FUNIVERSA – PC-DF***

  Com relação à defesa do Estado e das instituições democráticas, é correto afirmar que

A) a polícia federal se destina a apurar quaisquer infrações que tenham repercussão interestadual ou internacional.

B) a polícia civil pode ser dirigida por qualquer servidor integrante com carreira de delegado, agente, perito ou escrivão.

c) compete à polícia federal apurar infrações penais cometidas contra a União, suas fundações, autarquias, empresas públicas e sociedades de economia mista.

D) a CF prevê a polícia federal, a polícia rodoviária federal, a polícia ferroviária federal e a polícia aeroportuária federal como órgãos permanentes, estruturados em carreira, organizados e mantidos pela União.

E) a polícia civil do Distrito Federal, a polícia militar do Distrito Federal e o corpo de bombeiros militar do Distrito Federal são organizados e mantidos pela União, mas estão subordinados ao governador do Distrito Federal.

Gabarito: Alternativa E

§ 7º A lei disciplinará a organização e o funcionamento dos órgãos responsáveis pela segurança pública, de maneira a garantir a eficiência de suas atividades.

§ 8º Os Municípios poderão constituir guardas municipais destinadas à proteção de seus bens, serviços e instalações, conforme dispuser a lei.

§ 9º A remuneração dos servidores policiais integrantes dos órgãos relacionados neste artigo será fixada na forma do § 4º do art. 39.

§ 10. A segurança viária, exercida para a preservação da ordem pública e da incolumidade das pessoas e do seu patrimônio nas vias públicas:

I – compreende a educação, engenharia e fiscalização de trânsito, além de outras atividades previstas em lei, que assegurem ao cidadão o direito à mobilidade urbana eficiente; e

II – compete, no âmbito dos Estados, do Distrito Federal e dos Municípios, aos respectivos órgãos ou entidades executivos e seus agentes de trânsito, estruturados em Carreira, na forma da lei.

9. Os policiais são remunerados por meio de **subsídios,** ou seja, por **parcela única,** assim como detentores de mandato eletivo, os Ministros de Estado e os Secretários Estaduais e Municipais. A parcela única, sem acréscimos remuneratórios, visa **impedir o acréscimo ou concessão de vantagens** devido ao cargo ocupado.

Aplicação em concurso público:

- ***Delegado de Polícia – 2018 – UEG – PC-GO***

A segurança pública, dever do Estado, direito e responsabilidade de todos, é exercida para a preservação da ordem pública e da incolumidade das pessoas e do patrimônio. Esse é o teor do artigo 144 da Constituição que, dentre outras coisas, dispõe que

C) os servidores policiais integrantes dos órgãos de segurança pública serão remunerados exclusivamente por subsídio.

Gabarito: Alternativa C

10. Os Municípios podem instituir **guardas municipais** para preservação de seu patrimônio público (conforme § 8º)

► **Entendimento jurisprudencial:**

O art. 144, § 8º, da CF, não impede que a guarda municipal exerça funções adicionais à de proteção dos bens, serviços e instalações do Município. Até mesmo instituições policiais podem cumular funções típicas de segurança pública com exercício de poder de polícia. Entendimento que não foi alterado pelo advento da EC nº 82/2014. (RE 658570, STF)

Aplicação em concurso público:

- ***Delegado de Polícia – 2018 – FUNDATEC – PC-RS***

  Reza a Constituição que a segurança pública, dever do Estado, direito e responsabilidade de todos, é exercida para a preservação da ordem pública e da incolumidade das pessoas e do patrimônio. Assinale a alternativa correta em relação às atribuições dos órgãos da segurança pública.

  C) Conforme dispositivo da CF/88, os municípios poderão constituir guardas municipais destinadas à proteção de seus bens, serviços e instalações, conforme dispuser a lei. Destarte, é constitucional a atribuição às guardas municipais do exercício de poder de polícia de trânsito, inclusive para imposição de sanções administrativas legalmente previstas.

  Gabarito: Alternativa C

11. Aplicação em concurso público:

- ***Papiloscopista da Polícia Federal – 2018 – VUNESP – PC-SP***

  Nos termos da Constituição Federal de 1988, é correto afirmar que

  A) o cargo de oficial de Polícia Militar ou de Bombeiro Militar é privativo de brasileiro nato.

  D) às polícias civis incumbem, ressalvada a competência da União, as funções de polícia judiciária e a apuração de infrações penais, inclusive as militares.

  As alternativas estão erradas. (os cargos privativos de brasileiros natos estão dispostos no art. 12, § 3º, CF, sendo que, além das opções previstas constitucionalmente, os brasileiros natos e naturalizados possuem os mesmos direitos)

TÍTULO VI
DA TRIBUTAÇÃO E DO ORÇAMENTO
CAPÍTULO I
DO SISTEMA TRIBUTÁRIO NACIONAL
SEÇÃO I
DOS PRINCÍPIOS GERAIS

1. Essa seção traz os tipos de tributos do Sistema Tributário Nacional. O conceito de tributo está contido no artigo 3º do Código Tributário Nacional. Vale ressaltar que **o CTN prevê apenas 3 tributos:** impostas, taxas e contribuições de melhoria, isso porque foi promulgado antes da Constituição Federal (em 1966). A Constituição, entretanto, promulgada em 1988, trouxe 5 tipos de tributos: **impostos, taxas, contribuições de melhoria, empréstimos compulsórios e contribuições** (sociais, especiais e de melhoria).

► **Legislação infraconstitucional:**

Art. 3º **Tributo é** toda prestação pecuniária compulsória, em moeda ou cujo valor nela se possa exprimir, que não constitua sanção de ato ilícito, instituída em lei e cobrada mediante atividade administrativa plenamente vinculada.

Art. 145 – A União, os Estados, o Distrito Federal e os Municípios poderão instituir os seguintes tributos:

I – **impostos;**

II – **taxas,** em razão do exercício do **poder de polícia** ou pela utilização, efetiva ou potencial, de **serviços públicos específicos e divisíveis,** prestados ao contribuinte ou postos a sua disposição;

III – **contribuição de melhoria,** decorrente de obras públicas.

§ 1º Sempre que possível, os impostos terão **caráter pessoal e serão graduados segundo a capacidade econômica do contribuinte,** facultado à administração tributária, especialmente para conferir efetividade a esses objetivos, identificar, respeitados os direitos individuais e nos termos da lei, o patrimônio, os rendimentos e as atividades econômicas do contribuinte.

§ 2º As taxas não poderão ter base de cálculo própria de impostos.

1. O conceito de **imposto** é encontrado no Código Tributário Nacional, no art. 16, que diz ser este um tributo, com caráter arrecadatório, de **caráter geral**, ou seja, sua arrecadação não terá um fim específico e será **não vinculante**, não vinculando a arrecadação a uma destinação específica.

Observação: **A competência para instituir impostos é exclusiva de cada ente,** de acordo com o que a Constituição distribui. Isso significa que a criação de determinado tributo não pode ser delegável a outro ente da federação. Dessa forma, a instituição não será delegada, **as únicas atividades que poderão ser delegadas são a arrecadação e a fiscalização tributárias.** Os outros tributos possuem competência comum (todos os entes podem instituir).

2. As taxas são cobradas em função do exercício do **poder de polícia** e em razão dos **serviços públicos**, ou seja, por uma atuação estatal específica. O Código Tributário Nacional trata das taxas no art. 77. Além disto, ao contrário dos tributos, **a taxa tem caráter vinculante**, ou seja, **seu destino está atrelado à sua cobrança.**

2.1. Por ter caráter vinculante, a taxa é uma contraprestação de um serviço prestado pelo Poder Público e sua correspondência deve ser entre o valor exigido e o custo da atividade para o Estado.

▶ **Entend**imento jurisprudencial:

Taxa: corr**espondência entre o valor exigido e o custo da atividade estatal.** A taxa, enquanto contraprestação a uma atividade do poder público, não pode superar a relação de razoável equivalência que deve existir entre o custo real da atuação estatal referida ao contribuinte e o valor que o Estado pode exigir de cada contribuinte, considerados, para esse efeito, os elementos pertinentes às alíquotas e à base de cálculo fixadas em lei (...) [ADI 2.551 MC-QO, rel. min. Celso de Mello, j. 2-4-2003, P, DJ de 20-4-2006.]

2.2. Entendimento muito cobrado se refere a **inconstitucionalidade da cobrança de taxa para o serviço de iluminação pública,** uma vez que não é possível dividir e vincular tal serviço aos indivíduos.

▶ **Entend**imento jurisprudencial:

Súmula V**inculante 19**: A taxa cobrada exclusivamente em razão dos serviços públicos de coleta, remoção e tratamento ou destinação de lixo ou resíduos provenientes de imóveis não viola o art. 145, II, da CF.

2.3. Importante não confundir **taxas** com **preços de serviços públicos (também conhecido como tarifas).** As taxas são tributos cobradas pelo Estado quando se usa um serviço público ou o poder de polícia, enquanto que as tarifas são normalmente cobradas por uma empresa privada concessionária do serviço público.

▶ **Entendi**mento jurisprudencial:

→ Súmula 5**45: Preços de serviços públicos e taxas não se confundem,** porque estas, diferentemente daqueles, são compulsórias e têm sua cobrança condicionada à prévia autorização orçamentária, em relação à lei que as instituiu.

→ Taxa e preço público diferem quanto à compulsoriedade de seu pagamento. A taxa é cobrada em razão de uma obrigação legal enquanto o preço público é de pagamento facultativo por quem pretende se beneficiar de um serviço prestado. [RE 556.854, rel. min. Cármen Lúcia, j. 30-6-2011, P, DJE de 11-10-2011.]

3. A **contribuição de melhoria** é prevista no art. 81 do Código Tributário Nacional. Este será cobrado em função de valorizações imobiliárias decorrentes de obras públicas. Tem como característica a **vinculação,** visto que a destinação do tributo será sempre para aplicação na obra pública ao qual se justifica.

4. Os **empréstimos compulsórios e**stão previstos no art. 15, do CTN. Estes, por sua vez, terão caráter restitutivos, ou seja, serão devolvidos aos contribuintes após o saneamento da necessidade (ver art. 148, CF).

5. As **contribuições especiais** serão divididas em 3 subespécies: **as sociais**, que serão destinadas a financiar direitos sociais como a educação; as de **intervenção no domínio econômico**, que serão contribuições instituídas quando da necessidade da união intervir na economia para sua regulação; e as de **interesses de categorias profissionais ou econômicas**, que são aquelas devidas aos conselhos regionais, por exemplo (ver art. 149, CF).

6. A Constituição Federal adota o **princípio da capacidade contributiva**, no § 1 do art. 145. Segundo este, os tributos sempre que possível terão caráter pessoal, e serão cobrados segundo a capacidade econômica de cada contribuinte.

▶ O entendimento majoritário da doutrina de direito Tributário entende que esse princípio se refere à duas técnicas: a **progressividade** e a **seletividade** dos tributos.

6.1. A **progressividade** se refere aos impostos de caráter pessoal, entendendo que a alíquota aumentará de acordo com a base de cálculo do tributo; é o que acontece com o Imposto de Renda, por exemplo.

6.2. A **seletividade** se refere aos impostos de caráter real, entendendo que as alíquotas serão definidas de acordo com a essencialidade do produto (Ex. produtos essenciais, como alimentação, terão alíquotas mínimas e produtos supérfluos – artigos de luxo – ou prejudiciais – cigarro, bebidas alcoólicas – terão alíquotas altas).

Aplicação em concurso público:

- ***Advogado – BIO-RIO – 2016 – Prefeitura de Paracambi – RJ***

Sobre o sistema tributário nacional previsto na Constituição da República Federativa do Brasil, assinale a opção CORRETA:

B) Sempre que possível, os impostos terão caráter pessoal e serão graduados segundo a capacidade econômica do contribuinte, facultado à administração tributária, especialmente para conferir efetividade a esses objetivos, identificar, respeitados os direitos individuais e nos termos da lei, o patrimônio, os rendimentos e as atividades econômicas do contribuinte.

Gabarito: Alternativa correta

7. Aplicação em concurso público:

- ***Agente Fazendário – FGV – 2015 – Prefeitura de Niterói – RJ***

Sandro compareceu a uma repartição pública e foi informado de que deveria pagar determinado valor em dinheiro para que certo serviço público, perfeitamente individualizado e especificamente direcionado à sua pessoa, fosse prestado. Como, no seu entender, todo serviço público deveria ser gratuito, procurou obter maiores esclarecimentos. Um advogado informou-lhe que a cobrança estava correta. De acordo com a ordem constitucional, o tributo cobrado de Sandro é denominado:

Gabarito: taxa

- ***Titular de Serviços de Notas e de Registros – Remoção – CONSULPLAN – 2017 – TJ-MG***

Acerca dos princípios gerais do Sistema Tributário Nacional, previstos na Constituição Federal, é correto afirmar que:

B) A instituição da contribuição de melhoria, decorrente de obras públicas, é privativa dos Municípios.

C) As taxas instituídas pelos Estados e pelo Distrito Federal, relacionadas ao exercício do poder de polícia, poderão ter a mesma base de cálculo própria de impostos, caso haja a autorização do Senado Federal.

Gabarito: Alternativas erradas Obs. b) A contribuição de melhoria tem competência concorrente entre todos os entes

C) *as taxas não podem ter a mesma base de cálculo de impostos*

Art. 146 - Cabe à lei complementar:

I - dispor sobre conflitos de competência, em matéria tributária, entre a União, os Estados, o Distrito Federal e os Municípios;

II - regular as limitações constitucionais ao poder de tributar;

III - estabelecer normas gerais em matéria de legislação tributária, especialmente sobre:

a) definição de tributos e de suas espécies, bem como, em relação aos impostos discriminados nesta Constituição, a dos respectivos fatos geradores, bases de cálculo e contribuintes;

b) obrigação, lançamento, crédito, prescrição e decadência tributários;

c) adequado tratamento tributário ao ato cooperativo praticado pelas sociedades cooperativas.

d) definição de tratamento diferenciado e favorecido para as microempresas e para as empresas de pequeno porte, inclusive regimes especiais ou simplificados no caso do imposto previsto no art. 155, II, das contribuições previstas no art. 195, I e §§ 12 e 13, e da contribuição a que se refere o art. 239.

Parágrafo único. A lei complementar de que trata o inciso III, d, também poderá instituir um regime único de arrecadação dos impostos e contribuições da União, dos Estados, do Distrito Federal e dos Municípios, observado que:

I - será opcional para o contribuinte;

II - poderão ser estabelecidas condições de enquadramento diferenciadas por Estado;

III - o recolhimento será unificado e centralizado e a distribuição da parcela de recursos pertencentes aos respectivos entes federados será imediata, vedada qualquer retenção ou condicionamento;

IV - a arrecadação, a fiscalização e a cobrança poderão ser compartilhadas pelos entes federados, adotado cadastro nacional único de contribuintes.

Art. 146-A - Lei complementar poderá estabelecer critérios especiais de tributação, com o objetivo de prevenir desequilíbrios da concorrência, sem prejuízo da competência de a União, por lei, estabelecer normas de igual objetivo.

1. As regras gerais de tributação serão feitas por lei complementar pela União. O **CTN** foi promulgado por decreto-lei em 1966, em período anterior à Constituição, e na forma de Lei ordinária. Com o advento da Constituição Federal, que exigia

lei de natureza complementar para versar sobre assuntos tributários, tal norma **foi recepcionada** como Lei Complementar, e **suas normas que tratam das regras gerais de tributação possuem status também de lei complementar.**

Aplicação em concurso público:

- ***BIO-RIO – 2016 – Prefeitura de Paracambi – RJ***

  Sobre o sistema tributário nacional previsto na Constituição da República Federativa do Brasil, assinale a opção CORRETA:

  A) Cabe à lei complementar dispor sobre conflitos de competência, em matéria tributária, entre a União, os Estados, o Distrito Federal e os Municípios, e à Lei ordinária estabelecer normas gerais em matéria de legislação tributária.

  Gabarito: Alternativa errada (as normas gerais em matéria tributária cabem à Lei Complementar)

2. Via de regra, as regras gerais são feitas por lei complementar e as leis de instituição e majoração de tributos por lei ordinária. Há, entretanto, casos excepcionais de tributos que só podem ser instituídos por lei complementar, são eles: empréstimos compulsórios, impostos sobre Grandes Fortunas, impostos Residuais da União e contribuições sociais residuais da União.

Art. 147 – Competem à União, em Território Federal, os impostos estaduais e, se o Território não for dividido em Municípios, **cumulativamente,** os impostos municipais; ao Distrito Federal cabem os impostos municipais

1. Essa regra trata da competência cumulativa da União e do Distrito Federal. A **União** tem competência cumulativa nos **Territórios Federais** e o **DF** em seu **território.**

Aplicação em concurso público:

- **Procurador – FGV – 2008 – TCM-RJ**

  Possuem competência múltipla em nosso sistema jurídico:

  A) a União e os Estados.

  B) a União e o Distrito Federal.

  C) os Estados e os Municípios.

  D) a União e os Municípios.

  E) os Estados e o Distrito Federal.

  Gabarito: Alternativa B (a União pode instituir nos Territórios federais os impostos estaduais e, ainda, se o território não for dividido em Município, os municipais. O DF poderá instituir em seu território impostos estaduais e municipais)

Art. 148 – A União, mediante **lei complementar,** poderá instituir **empréstimos compulsórios:**

I - para atender a despesas extraordinárias, decorrentes de calamidade pública, de guerra externa ou sua iminência;

II - no caso de investimento público de caráter urgente e de relevante interesse nacional, observado o disposto no art. 150, III, "b".

Parágrafo único. A aplicação dos recursos provenientes de empréstimo compulsório será vinculada à despesa que fundamentou sua instituição.

1. Empréstimo compulsório só é instituído por Lei Complementar e somente pela União! A **regra** é que os tributos sejam instituídos mediante **lei ordinária,** dessa forma, a Constituição declarará expressamente aqueles tributos que comportam exceção à regra.

Aplicação em concurso público:

- ***Advogado Júnior – IESES – 2017 – GasBrasiliano***

  Em matéria tributária, a Constituição Federal no Título VI, capítulo I, estabelece:

  Gabarito: A União, mediante lei complementar, poderá instituir empréstimos compulsórios para atender despesas extraordinárias, decorrentes de calamidade pública, de guerra externa ou sua iminência.

Art. 149 - Compete exclusivamente à União instituir **contribuições sociais, de intervenção no domínio econômico e de interesse das categorias profissionais ou econômicas,** como instrumento de sua atuação nas respectivas áreas, observado o disposto nos arts. 146, III, e 150, I e III, e sem prejuízo do previsto no art. 195, § 6º, relativamente às contribuições a que alude o dispositivo.

§ 1º Os Estados, o Distrito Federal e os Municípios instituirão contribuição, cobrada de seus servidores, para o custeio, em benefício destes, do regime previdenciário de que trata o art. 40, cuja alíquota não será inferior à da contribuição dos servidores titulares de cargos efetivos da União.

§ 2º As contribuições sociais e de intervenção no domínio econômico de que trata o caput deste artigo:

I - não incidirão sobre as receitas decorrentes de exportação;

II - incidirão também sobre a importação de produtos estrangeiros ou serviços;

III - poderão ter alíquotas:

a) ad valorem, tendo por base o faturamento, a receita bruta ou o valor da operação e, no caso de importação, o valor aduaneiro;

b) específica, tendo por base a unidade de medida adotada.

§ 3º A pessoa natural destinatária das operações de importação poderá ser equiparada a pessoa jurídica, na forma da lei.

§ 4º A lei definirá as hipóteses em que as contribuições incidirão uma única vez.

1. Esse artigo traz os três tipos de **contribuições parafiscais existentes.** As contribuições parafiscais são subespécies da espécie tributária contribuição especial. Suas subespécies são as **contribuições sociais, contribuições de intervenção no domínio econômico e contribuições de interesse das categorias dos profissionais ou econômicas**, todas já anteriormente trabalhadas (ver art. 145, CF; tópico 5).

2. Aplicação em concurso público:

- ***Analista em Gestão Municipal – Ciências Econômicas – VUNESP – 2015 – Prefeitura de São José dos Campos – SP***

Segundo a Constituição Federal, compete exclusivamente à União instituir contribuições sociais, de intervenção no domínio econômico e de interesse das categorias profissionais ou econômicas. Essas contribuições sociais.

Gabarito: não incidirão sobre receitas de exportação. (art. 149, § 2º, I, CF)

Art. 149-A – Os Municípios e o Distrito Federal poderão instituir contribuição, na forma das respectivas leis, para o custeio do serviço de iluminação pública, observado o disposto no art. 150, I e III.

Parágrafo único. É facultada a cobrança da contribuição a que se refere o caput, na fatura de consumo de energia elétrica.

1. Muito se falou no cenário jurídico a respeito da legalidade da cobrança da COSIP – Custeio de Serviços de Iluminação Pública por meio de taxas. As taxas carregam consigo duas importantes características: são divisíveis e específicas. Portanto, **não há que se falar em taxa de serviço de iluminação pública.** Confirmando este entendimento, o Supremo Tribunal Federal editou a súmula vinculante de número 41:

► **Entendimentos jurisprudenciais:**

→ **Súmula Vinculante 41:** O serviço de iluminação pública não pode ser remunerado mediante taxa.

→ A orientação do Supremo Tribunal Federal é no sentido de que a Taxa de Iluminação Pública é inconstitucional, uma vez que **seu fato gerador tem caráter inespecífico e indivisível**. (AI 479.587 AgR, rel. min. Joaquim Barbosa, 2ª T, j. 3-3-2009, DJE 53 de 20-3-2009)

SEÇÃO II
DAS LIMITAÇÕES DO PODER DE TRIBUTAR

1. As **limitações** ao poder de tributar do Estado correspondem aos **princípios e imunidades tributárias** que serão tratados nos próximos artigos.

Art. 150 – Sem prejuízo de outras garantias asseguradas ao contribuinte, é vedado à União, aos Estados, ao Distrito Federal e aos Municípios:

I - **exigir ou** aumentar tributo sem lei que o estabeleça;

II - instituir tratamento desigual entre contribuintes que se encontrem em situação equivalente, proibida qualquer distinção em razão de ocupação profissional ou função por eles exercida, independentemente da denominação jurídica dos rendimentos, títulos ou direitos;

III - cobrar tributos:

a) em relação a fatos geradores ocorridos antes do início da vigência da lei que os houver instituído ou aumentado;

b) no mesmo exercício financeiro em que haja sido publicada a lei que os instituiu ou aumentou;

c) antes de decorridos noventa dias da data em que haja sido publicada a lei que os instituiu ou aumentou, observado o disposto na alínea b;

IV - utilizar tributo **com efeito de confisco;**

V - estabelecer limitações ao tráfego de pessoas ou bens, por meio de tributos interestaduais ou intermunicipais, **ressalvada a cobrança de pedágio** pela utilização de vias conservadas pelo Poder Público;

1. Os incisos I ao V do art. 150 trazem os princípios tributários explícitos na constituição.

1.1. Inciso I: O **princípio da legalidade**, que exige a necessidade de lei para exigir ou aumentar tributos.

Aplicação em concurso público:

- ***Procurador – 2015 – CS-UFG – Prefeitura de Goiânia – GO***

  "a norma legal que altera o prazo de recolhimento de obrigação tributária está sujeita ao princípio da anterioridade."

  A alternativa está incorreta. (o princípio da anterioridade abarca apenas a instituição ou aumento de tributos).

1.2. Inciso II: **O princípio da isonomia**, buscando evitar que em matéria tributária se dê tratamento diferente a contribuintes equivalentes.

1.3. Inciso III: este inciso traz consigo alguns subprincípios, quais sejam: **o princípio da irretroatividade**, que veda a cobrança de tributos ocorridos antes da instituição do fato gerador; o **princípio da anterioridade**, que veda a cobrança de tributo no mesmo exercício financeiro ao qual foi instituído; e traz também o **princípio da noventena ou anterioridade nonagesimal,** que veda a cobrança de tributos antes do decurso de 90 dias da data em que foi publicada a lei que instituiu ou aumentou o tributo. **Cuidado para não confundi-los!!**

► **Entendimento jurisprudencial:**

Súmula Vinculante 50: Norma legal que altera o prazo de recolhimento de obrigação tributária não se sujeita ao princípio da anterioridade.

Aplicação em concurso público:

- ***Juiz Leigo – VUNESP – 2018 – TJ-RJ***

  Identifique a alternativa que transcreve corretamente dispositivo constitucional que veicula regra ligada ao princípio jurídico-tributário da irretroatividade.

  A) É vedado à União, aos Estados, ao Distrito Federal e aos Municípios cobrar tributos em relação a fatos geradores ocorridos antes do início da vigência da lei que os houver instituído ou aumentado.

  C) É vedado à União, aos Estados, ao Distrito Federal e aos Municípios cobrar tributos no mesmo exercício financeiro em que haja sido publicada a lei que os instituiu ou aumentou.

  D) É vedado à União, aos Estados, ao Distrito Federal e aos Municípios exigir ou aumentar tributo sem lei que o estabeleça.

  E) A lei tributária não retroagirá, salvo para beneficiar o réu.

  Gabarito: Alternativa A

- ***Juiz Substituto – VUNESP – 2018 – TJ-MT***

  As limitações ao poder de tributar são decorrência do direito fundamental à propriedade, previsto na Constituição Federal, protegendo os cidadãos contra a expropriação de seus bens sem que estejam presentes os pressupostos autorizadores da ação arrecadatória do Estado. A esse respeito, é correto afirmar que é

  B) facultada a cobrança de tributos em relação a fatos geradores ocorridos antes do início da vigência da lei que os houver instituído ou aumentado, quando se referir à internalização de tratado internacional na ordem jurídica nacional.

  Gabarito: Alternativa errada (é vedada a cobrança de tributos em relação a fatos gerados ocorridos antes da vigência da lei)

1.4. Inciso IV: O **princípio da vedação ao confisco**, em que a finalidade do tributo não pode ser a de confiscar os bens.

1.5. Inciso V: O **princípio da liberdade de tráfego**, que veda aos entes federativos a instituição de tributos a fim de restringir a liberdade de ir e vir.

Aplicação em concurso público:

- ***Juiz Substituto – VUNESP – 2018 – TJ-MT***

  As limitações ao poder de tributar são decorrência do direito fundamental à propriedade, previsto na Constituição Federal, protegendo os cidadãos contra a expropriação de seus bens sem que estejam presentes os pressupostos autorizadores da ação arrecadatória do Estado. A esse respeito, é correto afirmar que é

  E) facultado à União estabelecer limitações ao tráfego de pessoas ou bens, por meio de tributos interestaduais ou intermunicipais, em caso de comoção intestina autorizadora de imposto extraordinário.

  Gabarito: Alternativa errada

1.5.1. O **pedágio não tem natureza de taxa,** mas sim de preço público.

► **Entendimento jurisprudencial:**

O pedágio cobrado pela efetiva utilização de rodovias NÃO tem natureza tributária, mas de preço público, consequentemente, não está sujeito ao princípio da legalidade estrita. STF. Plenário. ADI 800/RS, Rel. Min. Teori Zavascki, julgado em 11/6/2014 (Info 750).

2. Aplicação em concurso público:

- ***Auditor – FCC – 2015 – TCE-AM***

O prefeito de um Município brasileiro publicou decreto, em 1° de novembro de 2014, aumentando a alíquota do IPTU em um ponto percentual e estabeleceu o início da vigência dessa regra para 1° de dezembro de 2014. Caso o proprietário do imóvel fosse engenheiro ou arquiteto e, concomitantemente, funcionário público daquele Município, o percentual de aumento seria de apenas meio ponto percentual.

Com base no que dispõe a Constituição Federal, esse diploma legislativo municipal

A) não ofendeu princípio constitucional algum.

B) ofendeu os princípios da legalidade e da noventena (anterioridade nonagesimal), apenas.

C) ofendeu os princípios da legalidade, da anterioridade, da noventena (anterioridade nonagesimal) e da isonomia.

D) ofendeu os princípios da anterioridade, da noventena (anterioridade nonagesimal) e da isonomia, apenas.

E) ofendeu os princípios da legalidade, da anterioridade e da isonomia, apenas.

Gabarito: Alternativa C

Obs:

- *Princípio da legalidade: foi por decreto e não por lei (IPTU não é exceção a esse princípio)*
- *Princípio da anterioridade: a vigência aconteceu no mesmo ano (IPTU não é exceção a esse princípio)*
- *Princípio da noventena: a vigência se deu em menos de 90 dias da publicação da lei (vale lembrar que o IPTU é exceção ao princípio da noventena com relação a instituição/majoração de seu Base de Cálculo; a alíquota, não)*
- *Princípio da isonomia: a lei estabelece tratamento desigual entre contribuintes, uma vez que tratou diferentemente os engenheiros e arquitetos.*

VI – instituir impostos sobre:

a) patrimônio, renda ou serviços, **uns dos outros;**

b) templos de qualquer culto;

c) patrimônio, renda ou serviços dos **partidos políticos**, inclusive suas fundações, das entidades sindicais dos trabalhadores, das instituições de educação e de assistência social, sem fins lucrativos, atendidos os requisitos da lei;

d) livros, jornais, periódicos e o papel destinado a sua impressão.

e) **fonogramas e videofonogramas musicais produzidos no Brasil** contendo obras musicais ou literomusicais de autores brasileiros e/ou obras em geral interpretadas por artistas brasileiros bem como os suportes materiais ou arquivos digitais que os contenham, salvo na etapa de replicação industrial de mídias ópticas de leitura a laser.

2. O inciso VI revela as chamadas **imunidades tributárias.** As imunidades impossibilitam o nascimento da obrigação tributária em fatos determinados. Portanto, mesmo que pratiquem o Fato Gerador, estarão exonerados do tributo, não nascendo para eles uma obrigação tributária; as imunidades se referem apenas aos IMPOSTOS. Diferencia-se das **isenções** pois a isenção é prevista por **lei infraconstitucional,** e nesta a obrigação tributária existe, porém a lei isenta certos grupos por motivações específicas, fazendo com que não gere para estes um **crédito tributário.**

3. **As hipóteses do art. 150, VI, 'a', 'b' e 'c' se referem à patrimônio, renda e serviços.** Nas alíneas 'a' e 'c' isso está expresso, já na alínea 'b' o entendimento advém do art. 150, § 4º, CF.

4. Aplicação em concurso público:

- ***Auditor – CESPE – 2015 – TCE-RN***

  A respeito da defesa do Estado e das instituições democráticas, do sistema tributário nacional e das finanças públicas, julgue o próximo item.

  Situação hipotética: Determinado município brasileiro criou, por legislação específica, uma autarquia, mantida com recursos municipais, cuja principal atribuição é administrar a oferta e a realização de eventos educacionais e culturais. Assertiva: Nessa situação, a referida autarquia é beneficiada pela imunidade tributária recíproca estabelecida pela CF entre a União, os estados, o Distrito Federal e os municípios no que diz respeito ao patrimônio, à renda e aos serviços vinculados aos eventos na área de educação e cultura ou deles decorrentes.

  Gabarito: Alternativa correta (art. 150, VI, 'a', CF)

§ 1º A vedação do inciso III, b, não se aplica aos tributos previstos nos arts. 148, I, 153, I, II, IV e V; e 154, II; e a vedação do inciso III, c, não se aplica aos tributos previstos nos arts. 148, I, 153, I, II, III e V; e 154, II, nem à fixação da base de cálculo dos impostos previstos nos arts. 155, III, e 156, I.

§ 2º – A vedação do inciso VI, "a", é extensiva às autarquias e às fundações instituídas e mantidas pelo Poder Público, no que se refere ao patrimônio, à renda e aos serviços, vinculados a suas finalidades essenciais ou às delas decorrentes.

§ 3º – As vedações do inciso VI, "a", e do parágrafo anterior não se aplicam ao patrimônio, à renda e aos serviços, relacionados com exploração de atividades econômicas regidas pelas normas aplicáveis a empreendimentos privados, ou em que haja contraprestação ou pagamento de preços ou tarifas pelo usuário, nem exonera o promitente comprador da obrigação de pagar imposto relativamente ao bem imóvel.

§ 4º - As vedações expressas no inciso VI, alíneas "b" e "c", compreendem somente o patrimônio, a renda e os serviços, relacionados com as finalidades essenciais das entidades nelas mencionadas.

§ 5º - A lei determinará medidas para que os consumidores sejam esclarecidos acerca dos impostos que incidam sobre mercadorias e serviços.

§ 6º Qualquer subsídio ou isenção, redução de base de cálculo, concessão de crédito presumido, anistia ou remissão, relativos a impostos, taxas ou contribuições, só poderá ser concedido mediante lei específica, federal, estadual ou municipal, que regule exclusivamente as matérias acima enumeradas ou o correspondente tributo ou contribuição, sem prejuízo do disposto no art. 155, § 2.º, XII, g.

§ 7º A lei poderá atribuir a sujeito passivo de obrigação tributária a condição de responsável pelo pagamento de imposto ou contribuição, cujo fato gerador deva ocorrer posteriormente, assegurada a imediata e preferencial restituição da quantia paga, caso não se realize o fato gerador presumido.

5. Este parágrafo trata das **exceções aos princípios retrocitados.** Dentre algumas exceções, destaca-se:

5.1. Exceção ao princípio da anterioridade anual (§ 1º): Empréstimo Compulsório, II, IE, IPI, IOF e Imposto Extraordinário de guerra.

5.2. Exceção ao princípio da noventena (§ 1º): Empréstimo Compulsório, II, IE, IOF, Imposto Extraordinário de guerra, IR e a base de cálculo do IPVA e IPTU.

5.3. Os parágrafos § 2º e 3º dizem respeito a imunidade entre os entes na tributação de **patrimônio, renda e serviços** uns dos outros, essa imunidade também se estende às autarquia e fundações públicas, quando estão prestando serviços públicos.

5.4. **As imunidades referentes às alíneas 'a', 'b' e 'c' do inciso VI d**este artigo (instituição de impostos sobre patrimônio, renda ou serviços de um ente federativo a outro; dos partidos políticos e de templos de qualquer culto) se dá apenas quanto às finalidades essenciais dos entes que possuem o benefício; a essencialidade dessas finalidades pode ser comprovada direta ou indiretamente. (§ 4º)

Art. 151 - É **vedado** à União:

I - instituir tributo que não seja **uniforme em todo o território nacional** ou que implique distinção ou preferência em relação a Estado, ao Distrito Federal ou a Município, em detrimento de outro, admitida a concessão de incentivos fiscais destinados a promover o equilíbrio do desenvolvimento sócio-econômico entre as diferentes regiões do País;

II - tributar a renda das obrigações da dívida pública dos Estados, do Distrito Federal e dos Municípios, bem como a remuneração e os proventos dos respectivos agentes públicos, em níveis superiores aos que fixar para suas obrigações e para seus agentes;

III - instituir **isenções de tributos da competência dos Estados, do Distrito Federal ou dos Municípios.**

1. O art. 151 traz novos princípios tributários explícitos na constituição.

1.1. O inciso I trata do **princípio da uniformidade geográfica,** que veda o tratamento desigual em relação aos estados. Segundo este, não poderá ser instituído tributo que gere preferência a algum estado, ao distrito federal ou algum município, de forma a tratá-lo desigualmente.

Aplicação em concurso público:

- ***Juiz Substituto – VUNESP – 2018 – TJ-MT***

As limitações ao poder de tributar são decorrência do direito fundamental à propriedade, previsto na Constituição Federal, protegendo os cidadãos contra a expropriação de seus bens sem que estejam presentes os pressupostos autorizadores da ação arrecadatória do Estado. A esse respeito, é correto afirmar que é

Gabarito: vedado à União instituir tributo que não seja uniforme em todo o território nacional, admitida a concessão de incentivos fiscais destinados a promover o equilíbrio do desenvolvimento socioeconômico entre as diferentes regiões do País.

1.2 O inciso II trata do **princípio do federalismo**, em que a União **não poderá tributar** os Estados, o Distrito Federal e os Municípios em relação a suas **dívidas públicas,** nem os proventos de seus agentes.

1.3 O inciso III trata do **princípio da vedação às isenções heterônomas,** em que a isenção tributária por meio de lei só pode ser tratada pelo ente competente à instituição do tributo.

Art. 152 – **É vedado** aos Estados, ao Distrito Federal e aos Municípios **estabelecer diferença tributária** entre bens e serviços, de qualquer natureza, **em razão de sua procedência ou destino.**

1. O art. 152 trata do **princípio da não discriminação/diferenciação tributária**. Esse é um princípio que, ao contrário das demais vedações previstas na constituição, tem como destinatários os Estados, Distrito Federal e os Municípios. Veda estes entes de diferenciar tributos entre bens e serviços em razão da sua procedência. Como a vedação se aplica apenas aos Estados, ao Distrito Federal e aos Municípios, **é permitido a União que faça esta diferenciação, de maneira a diminuir as desigualdades sociais e econômicas de cada estado.**

SEÇÃO III
DOS IMPOSTOS DA UNIÃO

Art. 153 – Compete à União instituir impostos sobre:

I – importação de produtos estrangeiros;

II – exportação, para o exterior, de produtos nacionais ou nacionalizados;

III – renda e proventos de qualquer natureza;

IV - produtos industrializados;

V - operações de crédito, câmbio e seguro, ou relativas a títulos ou valores mobiliários;

VI - propriedade **territorial rural;**

VII - **grandes fortunas,** nos termos de lei complementar.

1. **Impostos privativos da União**:

   II (Imposto de Importação)

   IE (Imposto de Exportação)

   IR (Imposto de Renda)

   IPI (Imposto sobre Produtos Industrializados)

   IOF (Impostos sobre Operações Financeiras)

   ITR (Imposto Territorial Rural)

   IGF (Imposto sobre Grandes Fortunas).

2. O **IGF ainda não foi regulamentado** e, portanto, não é arrecadado.

§ 1º É facultado ao Poder Executivo, atendidas as condições e os limites estabelecidos em lei, alterar as alíquotas dos impostos enumerados nos incisos I, II, IV e V.

3. O II, IE, IPI e IOF são **exceções ao princípio da legalidade** e podem ter suas alíquotas alteradas por meio de **decreto presidencial.**

§ 2º O imposto previsto no inciso III:

I - será informado pelos critérios da **generalidade**, da **universalidade** e da **progressividade**, na forma da lei;

II - não incidirá, nos termos e limites fixados em lei, **sobre rendimentos provenientes de aposentadoria e pensão,** pagos pela previdência social da União, dos Estados, do Distrito Federal e dos Municípios, a pessoa com idade superior a sessenta e cinco anos, cuja renda total seja constituída, exclusivamente, de rendimentos do trabalho.

4. O Imposto de Renda deve ser **geral, universal e progressivo,** ou seja, sua alíquota aumenta de acordo com a renda do contribuinte. Não incide sobre a aposentadoria e a pensão de pessoas com mais de 65 anos.

§ 3º O imposto previsto no inciso IV:

I - será **seletivo**, em função da essencialidade do produto;

II – será **não-cumulativo,** compensando-se o que for devido em cada operação com o montante cobrado nas anteriores;

III – não incidirá sobre produtos industrializados destinados ao **exterior.**

IV – terá reduzido seu impacto sobre a aquisição de bens de capital pelo contribuinte do imposto, na forma da lei.

5. **A alíquota do IPI varia de acordo com a essencialidade do produto (princípio da essencialidade),** ou seja, produtos essenciais no dia a dia das pessoas têm alíquotas mais baixas ou iguais a zero, enquanto produtos pouco essenciais, como os de luxo, tem alíquotas mais altas. **O IPI não incide sobre produtos que vão para o exterior e não é cumulativo (**deve ser compensado em cada operação em cima de um produto).

§ 4º O imposto previsto no inciso VI do caput:

I – será **progressivo** e terá suas alíquotas fixadas de forma a desestimular a manutenção de propriedades improdutivas;

II – não incidirá so**bre pequenas glebas rurais,** definidas em lei, quando as explore o proprietário que não possua outro imóvel;

III – será fiscalizado e cobrado pelos Municípios que assim optarem, na forma da lei, desde que não implique redução do imposto ou qualquer outra forma de renúncia fiscal.

6. O ITR é imposto de competência da União, entretanto 50% da sua receita vai para os municípios; caso **o Município também fiscalize e cobre o tributo, ficará com toda a receita resultante do imposto**. Esse imposto tem um importante caráter extrafiscal, de forma que, por meio dele, se busca dar à terra sua **função social.** Por isso, o ITR não incide sobre pequenas glebas rurais quando o proprietário que as explore não possua outro imóvel e pode ter suas alíquotas aumentadas em propriedades que não cumprem sua função social (como forma de estimular o proprietário a produzir);
7. O STJ já decidiu sobre situações excepcionais em que o ITR foi cobrado sobre imóvel em áreas urbanas

► **Entendimento** jurisprudencial:

Não incide IPTU, mas ITR, **sobre imóvel localizado na área urbana do Município, desde que comprovadamente utilizado em exploração extrativa, vegetal, agrícola, pecuária ou agroindustrial.** (STJ. 1ª Seção. REsp 1112646/SP, Rel. Min. Herman Benjamin, julgado em 26/08/2009)

§ 5º O **ouro,** quando definido em lei **como ativo financeiro** ou instrumento cambial, sujeita-se exclusivamente à incidência do imposto de que trata o inciso V do "caput" deste artigo, devido na operação de origem; a alíquota mínima será de um por cento, assegurada a transferência do montante da arrecadação nos seguintes termos:

I - trinta por cento para o Estado, o Distrito Federal ou o Território, conforme a origem;

II - setenta por cento para o Município de origem.

8. Sobre o ouro como ativo financeiro **só incide o IOF,** sendo a arrecadação transferida 30% para o Estado de origem e 70% para o Município.

Art. 154 - A União poderá instituir:

I - mediante **lei complementar, impostos não previstos no artigo anterior,** desde que sejam não-cumulativos e não tenham fato gerador ou base de cálculo próprios dos discriminados nesta Constituição;

II - **na iminência ou no caso de guerra externa,** impostos extraordinários, compreendidos ou não em sua competência tributária, os quais serão suprimidos, gradativamente, cessadas as causas de sua criação.

1. O inciso I dá à União a permissão de criação de novos impostos não previstos no Sistema Tributário, chamados pela própria constituição de **residuais**. Esta possibilidade foi criada para que os fatos geradores de tributos sejam exauridos pelo texto constitucional, devido a incapacidade do legislador constituinte prever todas as possibilidades que poderiam gerar tributos.

Obs: Há apenas três requisitos, conforme inciso I: **Fato gerador e Base de Cálculo diferente** dos já anteriormente previstos; a **aprovação deverá ser mediante Lei Complementar;** e a obediência ao **princípio da não cumulatividade.**

Aplicação em concurso público:

- ***Advogado – FUNDEP (Gestão de Concursos) – 2017 – CRM – MG***

  Em relação ao Sistema Tributário Nacional, previsto no Capítulo I, do Título VI da Constituição Federal, analise as afirmativas a seguir, assinalando com V as verdadeiras e F as falsas.

  ( ) É vedada à União a instituição de impostos não previstos na Constituição, exceto na iminência ou no caso de guerra externa, impostos extraordinários previstos ou não na sua competência tributária, os quais serão suprimidos, gradativamente, cessadas as causas de sua criação.

  Gabarito: Alternativa Falsa (é possível a instituição de impostos residuais)

2. O inciso II traz a possibilidade de a união instituir o **imposto extraordinário**. A extraordinariedade ocorre em um único caso, qual seja: o **de guerra externa ou iminência desta,** no qual, mediante lei ordinária, a União terá competência para instituir. Este imposto poderá ter como **Fato Gerador qualquer situação (**inclusive aqueles que já compõem outros tributos), desde que **não vinculado.** Detalhe importante ocorre no fato de **a União poder bitributar seus contribuintes,** ou seja, utilizar-se de fatos geradores já existentes para cobrar o imposto extraordinário.

Aplicação em concurso público:

- ***FGV – 2015 – Prefeitura de Niterói – RJ – Fiscal de Tributos***

De acordo com a Constituição da República Federativa do Brasil, os impostos extraordinários:

A) são de competência da União e só podem ser instituídos em caso de guerra externa, interna ou sua iminência;

B) são de competência da União e podem ter fato gerador próprio de tributos de competência das demais pessoas políticas de direito público interno;

Gabarito: Alternativa B (as hipóteses são guerra externa e sua iminência, não guerra interna)

SEÇÃO IV
DOS IMPOSTOS DOS ESTADOS E DO DISTRITO FEDERAL

Art. 155 – Compete aos Estados e ao Distrito Federal instituir impostos sobre:

I – **transmissão causa mortis e doação,** de quaisquer bens ou direitos;

II – operações relativas **à circulação de mercadorias e sobre prestações de serviços** de transporte interestadual e intermunicipal e de comunicação, ainda que as operações e as prestações se iniciem no exterior;

III – **propriedade de veículos automotores.**

1. São impostos estaduais: o **ITCMD** (Imposto sobre Transmissão causa mortis e doação), **ICMS** (Imposto sobre Circulação de Mercadorias e Serviços) e o **IPVA** (Imposto sobre a Propriedade de Veículos Automotores).

§ 1º O imposto previsto no inciso I:

I – relativamente a bens imóveis e respectivos direitos, compete ao Estado da situação do bem, ou ao Distrito Federal

II – relativamente a bens móveis, títulos e créditos, compete ao Estado onde se processar o inventário ou arrolamento, ou tiver domicílio o doador, ou ao Distrito Federal;

III – terá competência para sua instituição regulada por lei complementar:

a) se o doador tiver domicilio ou residência no exterior;

b) se o de cujus possuía bens, era residente ou domiciliado ou teve o seu inventário processado no exterior;

IV – terá suas **alíquotas máximas fixadas pelo Senado Federal;**

2. Essas são regras relativas ao ITCMD. Importante lembrar que **o Senado Federal fixa sua alíquota máxima,** que os Estados devem cumprir.

§ 2º O imposto previsto no inciso II atenderá ao seguinte:

I – será não-cumulativo, compensando-se o que for devido em cada operação relativa à circulação de mercadorias ou prestação de serviços com o montante cobrado nas anteriores pelo mesmo ou outro Estado ou pelo Distrito Federal;

II – a isenção ou não-incidência, salvo determinação em contrário da legislação:

a) não implicará crédito para compensação com o montante devido nas operações ou prestações seguintes;

b) acarretará a anulação do crédito relativo às operações anteriores;

III – poderá ser seletivo, em função da essencialidade das mercadorias e dos serviços;

IV – resolução do Senado Federal, de iniciativa do Presidente da República ou de um terço dos Senadores, aprovada pela maioria absoluta de seus membros, estabelecerá as alíquotas aplicáveis às operações e prestações, interestaduais e de exportação;

V – é facultado ao Senado Federal:

a) estabelecer alí**quotas mínimas nas operações internas,** mediante resolução de iniciativa de um terço e aprovada pela maioria absoluta de seus membros;

b) **fixar alíquotas máximas** nas mesmas operações para resolver conflito específico que envolva interesse de Estados, mediante resolução de iniciativa da maioria absoluta e aprovada por dois terços de seus membros;

VI – salvo deliberação em contrário dos Estados e do Distrito Federal, nos termos do disposto no inciso XII, "g", as alíquotas internas, nas operações relativas à circulação de mercadorias e nas prestações de serviços, não poderão ser inferiores às previstas para as operações interestaduais;

VII – nas operações e prestações que destinem bens e serviços a consumidor final, contribuinte ou não do imposto, localizado em **outro Estado, adotar-se-á a alíquota interestadual e caberá ao Estado de localização do destinatário o imposto correspondente à diferença entre a alíquota interna do Estado destinatário e a alíquota interestadual;**

VIII – a responsabilidade pelo recolhimento do imposto correspondente à diferença entre a alíquota interna e a interestadual de que trata o inciso VII será atribuída:

a) ao destinatário, quando este for contribuinte do imposto;

b) ao remetente, quando o destinatário não for contribuinte do imposto;

IX – incidirá também:

a) sobre a entrada de bem ou mercadoria importados do exterior por pessoa física ou jurídica, ainda que não seja contribuinte habitual do imposto, qualquer que seja a sua finalidade, assim como sobre o serviço prestado no exterior, cabendo o imposto ao Estado onde estiver situado o domicílio ou o estabelecimento do destinatário da mercadoria, bem ou serviço;

b) sobre o valor total da operação, quando mercadorias forem fornecidas com serviços não compreendidos na competência tributária dos Municípios;

X - não incidirá:

a) sobre operações que destinem mercadorias para o exterior, nem sobre serviços prestados a destinatários no exterior, assegurada a manutenção e o aproveitamento do montante do imposto cobrado nas operações e prestações anteriores;

b) sobre operações que destinem a outros Estados petróleo, inclusive lubrificantes, combustíveis líquidos e gasosos dele derivados, e energia elétrica;

c) sobre o ouro, nas hipóteses definidas no art. 153, § 5º;

d) nas prestações de serviço de comunicação nas modalidades de radiodifusão sonora e de sons e imagens de recepção livre e gratuita;

XI - não compreenderá, em sua base de cálculo, o montante do imposto sobre produtos industrializados, quando a operação, realizada entre contribuintes e relativa a produto destinado à industrialização ou à comercialização, configure fato gerador dos dois impostos;

XII - cabe à lei complementar:

a) definir seus contribuintes;

b) dispor sobre substituição tributária;

c) disciplinar o regime de compensação do imposto;

d) fixar, para efeito de sua cobrança e definição do estabelecimento responsável, o local das operações relativas à circulação de mercadorias e das prestações de serviços;

e) excluir da incidência do imposto, nas exportações para o exterior, serviços e outros produtos além dos mencionados no inciso X, "a"

f) prever casos de manutenção de crédito, relativamente à remessa para outro Estado e exportação para o exterior, de serviços e de mercadorias;

g) regular a forma como, mediante deliberação dos Estados e do Distrito Federal, isenções, incentivos e benefícios fiscais serão concedidos e revogados.

h) definir os combustíveis e lubrificantes sobre os quais o imposto incidirá uma única vez, qualquer que seja a sua finalidade, hipótese em que não se aplicará o disposto no inciso X, b;

i) fixar a base de cálculo, de modo que o montante do imposto a integre, também na importação do exterior de bem, mercadoria ou serviço.

3. O ICMS é **não-cumulativo** e pode ser **seletivo** em razão da essencialidade do produto.
4. O Senado **deve** estabelecer as alíquotas aplicadas **às operações e prestações, interestaduais e de exportação;**
5. O Senado **pode** estabelecer as **alíquotas mínimas e máximas nas operações internas.**
6. O inciso VII foi incorporado à CF pela EC nº 87/2015, trazendo a regra do "**diferencial de alíquota**", um instrumento que busca **proteger os Estados em razão**

da competitividade que nasceu com as compras à distância (via internet). Para proteger o Estado do contribuinte, cabe ao Estado do contribuinte a arrecadação referente à diferença do valor entre a alíquota interna e a alíquota interestadual.

7. Não incide ICMS sobre bens e serviços destinados ao exterior.

§ 3º À exceção dos impostos de que tratam o inciso II do caput deste artigo e o art. 153, I e II, nenhum outro imposto poderá incidir sobre operações relativas a energia elétrica, serviços de telecomunicações, derivados de petróleo, combustíveis e minerais do País.

8. Sobre a **energia elétrica, telecomunicações, derivados de petróleo, combustíveis e minerais**, incidem apenas o **II, o IE e o ICMS.**

► **Entendimentos jurisprudenciais:**

Ademais, de acordo com o art. 155, § 3º, da Magna Carta**, o ICMS é o único imposto que poderá incidir sobre operações relativas a energia elétrica.** [AC 457 MC, rel. min. Ayres Britto, j. 26-10-2004, 1ª T, DJ de 11-2-2005.]

Súmula 659: É legítima a cobrança da Cofins, do PIS e do Finsocial sobre as operações relativas a energia elétrica, serviços de telecomunicações, derivados de petróleo, combustíveis e minerais do País.

§ 4º Na hipótese do inciso XII, h, observar-se-á o seguinte:

I – nas operações com os lubrificantes e combustíveis derivados de petróleo, o imposto caberá ao Estado onde ocorrer o consumo;

II – nas operações interestaduais, entre contribuintes, com gás natural e seus derivados, e lubrificantes e combustíveis não incluídos no inciso I deste parágrafo, o imposto será repartido entre os Estados de origem e de destino, mantendo-se a mesma proporcionalidade que ocorre nas operações com as demais mercadorias;

III – nas operações interestaduais com gás natural e seus derivados, e lubrificantes e combustíveis não incluídos no inciso I deste parágrafo, destinadas a não contribuinte, o imposto caberá ao Estado de origem;

IV – as alíquotas do imposto serão definidas mediante deliberação dos Estados e Distrito Federal, nos termos do § 2º, XII, g, observando-se o seguinte:

a) serão uniformes em todo o território nacional, podendo ser diferenciadas por produto;

b) poderão ser específicas, por unidade de medida adotada, ou ad valorem, incidindo sobre o valor da operação ou sobre o preço que o produto ou seu similar alcançaria em uma venda em condições de livre concorrência;

c) poderão ser reduzidas e restabelecidas, não se lhes aplicando o disposto no art. 150, III, b.

§ 5º As regras necessárias à aplicação do disposto no § 4º, inclusive as relativas à apuração e à destinação do imposto, serão estabelecidas mediante deliberação dos Estados e do Distrito Federal, nos termos do § 2º, XII, g.

§ 6º O imposto previsto no inciso III:

I – terá alíquotas **mínimas fixadas pelo Senado Federal;**

II – poderá ter **alíquotas diferenciadas em função do tipo e utilização.**

9. As alíquotas do IPVA terão suas **alíquotas mínimas fixadas pelo Senado Federal,** para evitar a concorrência desleal entre os Estados.
10. Sobre os veículos automotores poderão incidir alíquotas diferenciadas em razão de seu tipo ou função.

SEÇÃO V
DOS IMPOSTOS DOS MUNICÍPIOS

Art. 156 – Compete aos Municípios instituir impostos sobre:

I – **propriedade predial e territorial urbana;**

II – **transmissão "inter vivos"**, a qualquer título, por ato oneroso, de bens imóveis, por natureza ou acessão física, e de direitos reais sobre imóveis, exceto os de garantia, bem como cessão de direitos a sua aquisição;

III – **serviços de qualquer natureza**, não compreendidos no art. 155, II, definidos em lei complementar.

1. Os municípios têm competência para instituir o IPTU (Imposto sobre a Propriedade Predial e Territorial urbana), o ITBI (Imposto sobre a transmissão de bens imóveis) e o ISS (Imposto sobre Serviços de qualquer natureza).

§ 1º Sem prejuízo da progressividade no tempo a que se refere o art. 182, § 4º, inciso II, o imposto previsto no inciso I poderá:

I – ser **progressivo** em razão do valor do imóvel; e

II – ter **alíquotas diferentes de acordo com a localização e o uso do imóvel.**

2. O IPTU pode **ser progressivo** em razão do valor do imóvel e ter **alíquotas diferentes** de acordo com a localização e o uso do imóvel.

§ 2º O imposto previsto no inciso II:

I – não incide sobre a transmissão de bens ou direitos incorporados ao patrimônio de pessoa jurídica em realização de capital, nem sobre a transmissão de bens ou direitos decorrente de fusão, incorporação, cisão ou extinção de pessoa jurídica, salvo se, nesses casos, a atividade preponderante do adquirente for a compra e venda desses bens ou direitos, locação de bens imóveis ou arrendamento mercantil;

II – compete ao **Município da situação do bem.**

3. O ITBI compete ao município da situação do bem imóvel.

§ 3º Em relação ao imposto previsto no inciso III do caput deste artigo, cabe à **lei complementar:**

I - **fixar as suas alíquotas máximas e mínimas;**

II - **excluir da sua incidência exportações de serviços para o exterior.**

III - regular a forma e as condições como isenções, incentivos e benefícios fiscais serão concedidos e revogados.

4. Lei complementar deve fixar **alíquotas máximas e mínimas do ISS** e excluir sua incidência sobre exportações de serviços para o exterior.

SEÇÃO VI
DA REPARTIÇÃO DAS RECEITAS TRIBUTÁRIAS

1. Essa seção traz as regras de repartição de receitas entre os entes federativos, trazendo **formas de cooperação** entre os entes com relação à receita recebida de impostos. Essas regras de repartição podem ser com relação aos impostos federais para os Estados, DF e municípios e com relação aos impostos estaduais para os municípios.

2. As questões de concurso referentes às regras tributárias são menos incidentes na matéria de Direito Constitucional e, quando cobradas, recorrem à literalidade da Constituição.

Art. 157 - Pertencem aos Estados e ao Distrito Federal:

I - o produto da arrecadação do imposto da União sobre renda e proventos de qualquer natureza, incidente na fonte, sobre rendimentos pagos, a qualquer título, por eles, suas autarquias e pelas fundações que instituírem e mantiverem;

II - vinte por cento do produto da arrecadação do imposto que a União instituir no exercício da competência que lhe é atribuída pelo art. 154, I.

Art. 158 - Pertencem aos Municípios:

I - o produto da arrecadação do imposto da União sobre renda e proventos de qualquer natureza, incidente na fonte, sobre rendimentos pagos, a qualquer título, por eles, suas autarquias e pelas fundações que instituírem e mantiverem;

II - cinqüenta por cento do produto da arrecadação do imposto da União sobre a propriedade territorial rural, relativamente aos imóveis neles situados, cabendo a totalidade na hipótese da opção a que se refere o art. 153, § 4º, III;

III - cinqüenta por cento do produto da arrecadação do imposto do Estado sobre a propriedade de veículos automotores licenciados em seus territórios;

IV – vinte e cinco por cento do produto da arrecadação do imposto do Estado sobre operações relativas à circulação de mercadorias e sobre prestações de serviços de transporte interestadual e intermunicipal e de comunicação.

Parágrafo único. As parcelas de receita pertencentes aos Municípios, mencionadas no inciso IV, serão creditadas conforme os seguintes critérios:

I – três quartos, no mínimo, na proporção do valor adicionado nas operações relativas à circulação de mercadorias e nas prestações de serviços, realizadas em seus territórios;

II – até um quarto, de acordo com o que dispuser lei estadual ou, no caso dos Territórios, lei federal.

1. Aplicação em concurso público:

- ***Administrador – UFMT – 2015 – DETRAN-MT***

Considerando as disposições da Constituição Federal Brasileira de 1988 e da Constituição Estadual de Mato Grosso de 1989, cabe aos municípios

A) trinta e cinco por cento do produto da arrecadação do imposto do Estado sobre a propriedade de veículos automotores licenciados em seu território.

B) cinquenta por cento do produto da arrecadação do imposto do Estado sobre a propriedade de veículos automotores licenciados em seu território.

C) quarenta por cento do produto da arrecadação do imposto do Estado sobre a propriedade de veículos automotores licenciados em seu território.

D) sessenta por cento do produto da arrecadação do imposto do Estado sobre a propriedade de veículos automotores licenciados em seu território.

Gabarito: Alternativa A (art. 158, III, CF)

- ***Auditor-Fiscal da Receita Estadual – Gestão Tributária (Prova 3) – FCC – 2018 – SEFAZ-SC***

De acordo com a Constituição Federal, aos Municípios pertencem 50% do produto da arrecadação do

A) ITR, relativamente aos imóveis situados em sua área urbana, desde que os Municípios optem por fiscalizar e cobrar este imposto.

B) ICMS incidente, especificamente, sobre a prestação de serviços de radiodifusão livre e aberta em seu território.

C) ITR, relativamente aos imóveis neles situados, desde que optem por não fiscalizar nem cobrar este imposto.

D) ITCMD incidente sobre a transmissão de bens imóveis localizados em seu território.

E) IPVA incidente sobre a propriedade de veículos licenciados em seu território, desde que seu proprietário nele tenha domicílio, e o referido veículo tenha menos de 20 anos de fabricação.

Gabarito: Alternativa C (art. 158, II, CF)

- ***Fiscal da Fazenda – FEPESE – 2015 – Prefeitura de Balneário Camboriú – SC***

  Em relação à repartição das receitas tributárias, assinale a alternativa que indica corretamente o percentual de repasse aos Municípios do produto da arrecadação do imposto da União sobre renda e proventos de qualquer natureza, incidente na fonte, sobre rendimentos pagos, a qualquer título, por eles, suas autarquias e pelas fundações que instituírem e mantiverem.

  Gabarito: 100% (art. 158, I, CF)

Art. 159 – A União entregará:

I – do produto da arrecadação dos **impostos sobre renda** e proventos de qualquer natureza e sobre produtos industrializados, 49% (quarenta e nove por cento), na seguinte forma:

a) vinte e um inteiros e cinco décimos por cento ao Fundo de Participação dos Estados e do Distrito Federal;

b) vinte e dois inteiros e cinco décimos por cento ao Fundo de Participação dos Municípios;

c) três por cento, para aplicação em programas de financiamento ao setor produtivo das Regiões Norte, Nordeste e Centro-Oeste, através de suas instituições financeiras de caráter regional, de acordo com os planos regionais de desenvolvimento, ficando assegurada ao semi-árido do Nordeste a metade dos recursos destinados à Região, na forma que a lei estabelecer;

d) um por cento ao Fundo de Participação dos Municípios, que será entregue no primeiro decêndio do mês de dezembro de cada ano;

e) 1% (um por cento) ao Fundo de Participação dos Municípios, que será entregue no primeiro decêndio do mês de julho de cada ano;

II – do produto da arrecadação do imposto sobre produtos industrializados, dez por cento aos Estados e ao Distrito Federal, proporcionalmente ao valor das respectivas exportações de produtos industrializados.

III – do produto da arrecadação da contribuição de intervenção no domínio econômico prevista no art. 177, § 4º, 29% (vinte e nove por cento) para os Estados e o Distrito Federal, distribuídos na forma da lei, observada a destinação a que se refere o inciso II, c, do referido parágrafo.

§ 1º Para efeito de cálculo da entrega a ser efetuada de acordo com o previsto no inciso I, excluir-se-á a parcela da arrecadação do imposto de renda e proventos de qualquer natureza pertencente aos Estados, ao Distrito Federal e aos Municípios, nos termos do disposto nos arts. 157, I, e 158, I.

§ 2º A nenhuma unidade federada poderá ser destinada parcela superior a vinte por cento do montante a que se refere o inciso II, devendo o eventual excedente ser distribuído entre os demais participantes, mantido, em relação a esses, o critério de partilha nele estabelecido.

§ 3º Os Estados entregarão aos respectivos Municípios vinte e cinco por cento dos recursos que receberem nos termos do inciso II, observados os critérios estabelecidos no art. 158, parágrafo único, I e II.

§ 4º Do montante de recursos de que trata o inciso III que cabe a cada Estado, vinte e cinco por cento serão destinados aos seus Municípios, na forma da lei a que se refere o mencionado inciso.

Art. 160 – **É vedada a retenção ou qualquer restrição à entrega e ao emprego dos recursos atribuídos,** nesta seção, aos Estados, ao Distrito Federal e aos Municípios, neles compreendidos adicionais e acréscimos relativos a impostos.

Parágrafo único. A vedação prevista neste artigo não impede a União e os Estados de condicionarem a entrega de recursos:

I – ao pagamento de seus créditos, inclusive de suas autarquias;

II – ao cumprimento do disposto no art. 198, § 2º, incisos II e III.

Art. 161 – Cabe à **lei complementar:**

I – definir valor adicionado para fins do disposto no art. 158, parágrafo único, I;

II – estabelecer normas sobre a entrega dos recursos de que trata o art. 159, especialmente sobre os critérios de rateio dos fundos previstos em seu inciso I, objetivando promover o equilíbrio sócio-econômico entre Estados e entre Municípios;

III – dispor sobre o acompanhamento, pelos beneficiários, do cálculo das quotas e da liberação das participações previstas nos arts. 157, 158 e 159.

Parágrafo único. O Tribunal de Contas da União efetuará o cálculo das quotas referentes aos fundos de participação a que alude o inciso II.

Art. 162 – A União, os Estados, o Distrito Federal e os Municípios divulgarão, até o último dia do mês subseqüente ao da arrecadação, **os montantes de cada um dos tributos arrecadados, os recursos recebidos, os valores de origem tributária entregues e a entregar e a expressão numérica dos critérios de rateio.**

Parágrafo único. Os dados divulgados pela União serão discriminados por Estado e por Município; os dos Estados, por Município.

1. **Artigo 159, CF**: Forma de repartição das receitas da União (cobradas no âmbito do Direito Tributário)

CAPÍTULO II
DAS FINANÇAS PÚBLICAS
SEÇÃO I
NORMAS GERAIS

Art. 163 – Lei complementar disporá sobre:

I – finanças públicas;

II – dívida pública externa e interna, incluída a das autarquias, fundações e demais entidades controladas pelo Poder Público;

III – concessão de garantias pelas entidades públicas;

IV – emissão e resgate de títulos da dívida pública;

V – fiscalização financeira da administração pública direta e indireta;

VI – operações de câmbio realizadas por órgãos e entidades da União, dos Estados, do Distrito Federal e dos Municípios;

VII – compatibilização das funções das instituições oficiais de crédito da União, resguardadas as características e condições operacionais plenas das voltadas ao desenvolvimento regional.

1. Aplicação em concurso público:

- ***Juiz do Trabalho – TRT – 6R (PE) – 2010***

Tendo em vista as normas constitucionais que tratam das finanças públicas:

I. Lei complementar disporá sobre dívida pública externa e externa, excetuada a das autarquias, fundações e demais entidades controladas pelo Poder Público.

Gabarito: Alternativa errada (as autarquias, fundações e demais entidades estão incluídas)

Art. 164 – A competência da União para emitir moeda será exercida exclusivamente pelo banco central.

§ 1º É vedado ao banco central conceder, direta ou indiretamente, empréstimos ao Tesouro Nacional e a qualquer órgão ou entidade que não seja instituição financeira.

§ 2º O banco central poderá comprar e vender títulos de emissão do Tesouro Nacional, com o objetivo de regular a oferta de moeda ou a taxa de juros.

§ 3º **As disponibilidades de caixa da União serão depositadas no banco central; as dos Estados, do Distrito Federal, dos Municípios e dos órgãos ou entidades do Poder Público e das empresas por ele controladas, em instituições financeiras oficiais, ressalvados os casos previstos em lei.**

1. Aplicação em concurso público:

- ***INSTITUTO AOCP – 2014 – UFC – Advogado***

Com relação às finanças públicas, analise as assertivas e assinale a alternativa que aponta as corretas.

I. É permitido ao banco central conceder, direta ou indiretamente, empréstimos ao Tesouro Nacional e a qualquer órgão ou entidade que não seja instituição financeira.

II. A competência da União para emitir moeda será exercida exclusivamente pelo banco central.

III. O banco central poderá comprar e vender títulos de emissão do Tesouro Nacional, com o objetivo de regular a oferta de moeda ou a taxa de juros.

IV. As disponibilidades de caixa da União serão depositadas no banco central, ressalvados os casos previstos em lei.

Gabarito: corretas as alternativas II e III. (as alternativas I e IV estão erradas devido à literalidade dos parágrafos 1º e 3º deste artigo)

- ***Advogado – 2015 – IBFC – Docas – PB***

Assinale a alternativa INCORRETA no tocante às disposições da Constituição Federal sobre finanças públicas.

A) A competência da União para emitir moeda será exercida exclusivamente pelo banco central.

B) É vedado ao banco central conceder, direta ou indiretamente, empréstimos ao Tesouro Nacional e a qualquer órgão ou entidade que não seja instituição financeira.

C) O banco central poderá comprar e vender títulos de emissão do Tesouro Nacional, com o objetivo de regular a oferta de moeda ou a taxa de juros.

D) As disponibilidades de caixa da União serão depositadas no banco central; as dos Estados, do Distrito Federal, dos Municípios e dos órgãos ou entidades do Poder Público e das empresas por ele controladas, em instituições financeiras oficiais, vedada qualquer disposição legal em outro sentido.

Gabarito: Alternativa D

- ***Analista Judiciário – Área Judiciária – 2018 – FCC – TRT – 6ª Região (PE)***

À luz da disciplina constitucional das finanças públicas,

B) a competência da União para emitir moeda será exercida exclusivamente pelo Conselho Monetário Nacional.

c) não é permitida ao Banco Central a compra e venda de títulos de emissão do Tesouro Nacional, com o objetivo de regular a oferta de moeda ou a taxa de juros.

e) é vedado ao Banco Central conceder, direta ou indiretamente, empréstimos ao Tesouro Nacional e a qualquer órgão ou entidade que não seja instituição financeira.

Gabarito: Alternativa E (art. 164, § 1º, CF)

SEÇÃO II
DOS ORÇAMENTOS

Art. 165 – Leis de **iniciativa do Poder Executivo estabelecerão:**

I – o plano plurianual;

II – as diretrizes orçamentárias;

III – os orçamentos anuais.

1. **Plano Plurianual (PPA):** plano que programa as metas e os objetivos do governo nos próximos 4 anos, buscando o desenvolvimento econômico do país, a regionalização da economia e disciplinando a execução de despesas e investimentos; norteia a execução da Lei Orçamentária anual.
2. **Lei de Diretrizes Orçamentárias (LDO):** busca ter como base o Plano plurianual para orientar a elaboração da Lei Orçamentária anual; fixa diretrizes, metas e prioridades da administração pública para o ano seguinte.

3. **Lei Orçamentária Anual (LOA):** é o orçamento anual do governo, que prevê todas as receitas que serão arrecadadas e determina as despesas possíveis de acordo com a LDO e o PPA. Deve ser desenvolvida para a gestão do ano subsequente, antes do encerramento da sessão legislativa.
4. A iniciativa do chefe do Poder Executivo para propor leis sobre orçamentos anuais **não interfere na competência dos entes de fazer leis sobre isenções fiscais:**

► **Entendimentos jurisprudenciais:**

A reserva de iniciativa prevista no art. 165, II da Carta Magna, por referir-se a normas concernentes às diretrizes orçamentárias, não se aplica a normas que tratam de direito tributário, como são aquelas que concedem benefícios fiscais. Precedentes: ADI nº 724-MC, rel. Min. Celso de Mello, DJ 27.04.01 e ADI nº 2.659, rel. Min. Nelson Jobim, DJ de 06.02.04. 3. Ação direta de inconstitucionalidade cujo pedido se julga improcedente. (ADI nº 2.464, Plenário, Relatora a Ministra Ellen Gracie, DJe de 25/05/2007).

O ato de legislar sobre direito tributário, ainda que para conceder **benefícios jurídicos de ordem fiscal, não se equipara** – especialmente para os fins de instauração do respectivo processo legislativo – **ao ato de legislar sobre o orçamento do Estado.** (ADI nº 724, Plenário, Relator o Ministro Celso de Mello, DJe de 27/04/2001).

5. Aplicação em concurso público:

- ***Analista Legislativo – Processo Legislativo – 2018 – FCC – ALESE***

  B) são quatro as espécies de leis orçamentárias de iniciativa do Poder Executivo: a Lei de Diretrizes Orçamentárias, a Lei Orçamentária Anual, o Plano Plurianual e a lei que fixa o limite de endividamento do Estado.

  Alternativa errada. (São três: PPA, LDO e LOA).

§ 1º A lei que instituir o **plano plurianual** estabelecerá, de **forma regionalizada, as diretrizes, objetivos e metas da administração pública federal** para as despesas de capital e outras delas decorrentes e para as relativas aos programas de duração continuada.

§ 2º A lei de diretrizes orçamentárias compreenderá as metas e prioridades da administração pública federal, incluindo as despesas de capital para o exercício financeiro subseqüente, orientará a elaboração da lei orçamentária anual, disporá sobre as alterações na legislação tributária e estabelecerá a política de aplicação das agências financeiras oficiais de fomento.

§ 3º O Poder Executivo publicará, até trinta dias após o encerramento de cada bimestre, relatório resumido da execução orçamentária.

§ 4º Os planos e programas nacionais, regionais e setoriais previstos nesta Constituição serão elaborados em consonância com o plano plurianual e apreciados pelo Congresso Nacional.

§ 5º A lei orçamentária anual compreenderá:

I – o orçamento fiscal referente aos Poderes da União, seus fundos, órgãos e entidades da administração direta e indireta, inclusive fundações instituídas e mantidas pelo Poder Público;

II – o orçamento de investimento das empresas em que a União, direta ou indiretamente, detenha a maioria do capital social com direito a voto;

III – o orçamento da seguridade social, abrangendo todas as entidades e órgãos a ela vinculados, da administração direta ou indireta, bem como os fundos e fundações instituídos e mantidos pelo Poder Público.

§ 6º O projeto de lei orçamentária será acompanhado de demonstrativo regionalizado do efeito, sobre as receitas e despesas, decorrente de isenções, anistias, remissões, subsídios e benefícios de natureza financeira, tributária e creditícia.

§ 7º Os orçamentos previstos no § 5º, I e II, deste artigo, compatibilizados com o plano plurianual, terão entre suas funções a de reduzir desigualdades inter-regionais, segundo critério populacional.

§ 8º A lei orçamentária anual não conterá dispositivo estranho à previsão da receita e à fixação da despesa, não se incluindo na proibição a autorização para abertura de créditos suplementares e contratação de operações de crédito, ainda que por antecipação de receita, nos termos da lei.

§ 9º Cabe à lei complementar:

I – dispor sobre o exercício financeiro, a vigência, os prazos, a elaboração e a organização do plano plurianual, da lei de diretrizes orçamentárias e da lei orçamentária anual;

II – estabelecer normas de gestão financeira e patrimonial da administração direta e indireta bem como condições para a instituição e funcionamento de fundos.

III – dispor sobre critérios para a execução equitativa, além de procedimentos que serão adotados quando houver impedimentos legais e técnicos, cumprimento de restos a pagar e limitação das programações de caráter obrigatório, para a realização do disposto no § 11 do art. 166.

6. Os planos e leis orçamentárias devem ter como objetivo **reduzir as desigualdades inter-regionais,** instituindo planos de forma regionalizada (conforme § 1º).
7. As disposições acerca dos orçamentos da União são mais exigidas em **Direito Financeiro e Tributário,** por isso, quando aparecem em Direito Constitucional, são cobradas em suas literalidades.

8. Aplicação em concurso público:

- ***Analista Judiciário – Oficial de Justiça Avaliador – 2018 – FCC – TRT – 6ª Região (PE)***

  Sobre as finanças públicas, suas normas gerais e orçamentos, dispõe a Constituição Federal que:

  A) leis de iniciativa do Poder Legislativo estabelecerão o plano plurianual, as diretrizes orçamentárias e os orçamentos anuais.

  B) o Presidente da República poderá enviar mensagem ao Congresso Nacional para propor modificação nos projetos a que se refere este artigo enquanto não iniciada a votação, na Comissão mista, da parte cuja alteração é proposta.

C) a lei orçamentária anual não conterá dispositivo estranho à previsão da receita e à fixação da despesa, ainda que referentes à autorização para abertura de créditos suplementares e contratação de operações de crédito.

D) cabe à lei ordinária estabelecer normas de gestão financeira e patrimonial da Administração direta e indireta bem como condições para a instituição e funcionamento de fundos.

E) a lei que instituir o plano plurianual estabelecerá as metas e prioridades da Administração pública, incluindo as despesas de capital para o exercício financeiro subsequente, e disporá sobre as alterações na legislação tributária.

Gabarito: Alternativa B (literalidade do art. 165, § 5º, CF)

- ***Consultor Legislativo – Finanças Públicas – FCC – 2018 – Câmara Legislativa do Distrito Federal***

  Com base nas disposições constitucionais sobre a Lei Orçamentária Anual,

  Gabarito: os recursos que, em decorrência de veto, emenda ou rejeição do Projeto de Lei Orçamentária Anual, ficarem sem despesas correspondentes poderão ser utilizados, conforme o caso, mediante créditos especiais ou suplementares, com prévia e específica autorização legislativa. (Art. 165, § 8º, CF)

Art. 166 – Os projetos de lei relativos ao plano plurianual, às diretrizes orçamentárias, ao orçamento anual e aos créditos adicionais serão **apreciados pelas duas Casas do Congresso Nacional,** na forma do regimento comum.

§ 1º Caberá a uma Comissão mista permanente de Senadores e Deputados:

I – examinar e emitir parecer sobre os projetos referidos neste artigo e sobre as contas apresentadas anualmente pelo Presidente da República;

II – examinar e emitir parecer sobre os planos e programas nacionais, regionais e setoriais previstos nesta Constituição e exercer o acompanhamento e a fiscalização orçamentária, sem prejuízo da atuação das demais comissões do Congresso Nacional e de suas Casas, criadas de acordo com o art. 58.

§ 2º As emendas serão apresentadas na Comissão mista, que sobre elas emitirá parecer, e apreciadas, na forma regimental, pelo Plenário das duas Casas do Congresso Nacional.

§ 3º As emendas ao projeto de lei do orçamento anual ou aos projetos que o modifiquem somente podem ser aprovadas caso:

I – sejam compatíveis com o plano plurianual e com a lei de diretrizes orçamentárias;

II – indiquem os recursos necessários, admitidos apenas os provenientes de anulação de despesa, excluídas as que incidam sobre:

a) dotações para pessoal e seus encargos;

b) serviço da dívida;

c) transferências tributárias constitucionais para Estados, Municípios e Distrito Federal; ou

III – sejam relacionadas:

a) com a correção de erros ou omissões; ou

b) com os dispositivos do texto do projeto de lei.

§ 4º As emendas ao projeto de lei de diretrizes orçamentárias não poderão ser aprovadas quando incompatíveis com o plano plurianual.

§ 5º O Presidente da República poderá enviar mensagem ao Congresso Nacional para propor modificação nos projetos a que se refere este artigo enquanto não iniciada a votação, na Comissão mista, da parte cuja alteração é proposta.

§ 6º Os projetos de lei do plano plurianual, das diretrizes orçamentárias e do orçamento anual serão enviados pelo Presidente da República ao Congresso Nacional, nos termos da lei complementar a que se refere o art. 165, § 9º.

§ 7º Aplicam-se aos projetos mencionados neste artigo, no que não contrariar o disposto nesta seção, as demais normas relativas ao processo legislativo.

§ 8º Os recursos que, em decorrência de veto, emenda ou rejeição do projeto de lei orçamentária anual, ficarem sem despesas correspondentes poderão ser utilizados, conforme o caso, mediante créditos especiais ou suplementares, com prévia e específica autorização legislativa.

§ 9º As emendas individuais ao projeto de lei orçamentária serão aprovadas no limite de 1,2% (um inteiro e dois décimos por cento) da receita corrente líquida prevista no projeto encaminhado pelo Poder Executivo, sendo que a metade deste percentual será destinada a ações e serviços públicos de saúde.

§ 10. A execução do montante destinado a ações e serviços públicos de saúde previsto no § 9º, inclusive custeio, será computada para fins do cumprimento do inciso I do § 2º do art. 198, vedada a destinação para pagamento de pessoal ou encargos sociais.

§ 11. É obrigatória a execução orçamentária e financeira das programações a que se refere o § 9º deste artigo, em montante correspondente a 1,2% (um inteiro e dois décimos por cento) da receita corrente líquida realizada no exercício anterior, conforme os critérios para a execução equitativa da programação definidos na lei complementar prevista no § 9º do art. 165.

§ 12. As programações orçamentárias previstas no § 9º deste artigo não serão de execução obrigatória nos casos dos impedimentos de ordem técnica.

§ 13. Quando a transferência obrigatória da União, para a execução da programação prevista no § 11 deste artigo, for destinada a Estados, ao Distrito Federal e a Municípios, independerá da adimplência do ente federativo destinatário e não integrará a base de cálculo da receita corrente líquida para fins de aplicação dos limites de despesa de pessoal de que trata o caput do art. 169.

§ 14. No caso de impedimento de ordem técnica, no empenho de despesa que integre a programação, na forma do § 11 deste artigo, serão adotadas as seguintes medidas:

I – até 120 (cento e vinte) dias após a publicação da lei orçamentária, o Poder Executivo, o Poder Legislativo, o Poder Judiciário, o Ministério Público e a Defensoria Pública enviarão ao Poder Legislativo as justificativas do impedimento;

II – até 30 (trinta) dias após o término do prazo previsto no inciso I, o Poder Legislativo indicará ao Poder Executivo o remanejamento da programação cujo impedimento seja insuperável;

III – até 30 de setembro ou até 30 (trinta) dias após o prazo previsto no inciso II, o Poder Executivo encaminhará projeto de lei sobre o remanejamento da programação cujo impedimento seja insuperável;

IV – se, até 20 de novembro ou até 30 (trinta) dias após o término do prazo previsto no inciso III, o Congresso Nacional não deliberar sobre o projeto, o remanejamento será implementado por ato do Poder Executivo, nos termos previstos na lei orçamentária.

§ 15. Após o prazo previsto no inciso IV do § 14, as programações orçamentárias previstas no § 11 não serão de execução obrigatória nos casos dos impedimentos justificados na notificação prevista no inciso I do § 14.

§ 16. Os restos a pagar poderão ser considerados para fins de cumprimento da execução financeira prevista no § 11 deste artigo, até o limite de 0,6% (seis décimos por cento) da receita corrente líquida realizada no exercício anterior

§ 17. Se for verificado que a reestimativa da receita e da despesa poderá resultar no não cumprimento da meta de resultado fiscal estabelecida na lei de diretrizes orçamentárias, o montante previsto no § 11 deste artigo poderá ser reduzido em até a mesma proporção da limitação incidente sobre o conjunto das despesas discricionárias.

§ 18. Considera-se equitativa a execução das programações de caráter obrigatório que atenda de forma igualitária e impessoal às emendas apresentadas, independentemente da autoria.

1. Esse artigo traz regras e disposições acerca das leis orçamentárias de iniciativa do chefe do Poder Executivo.

2. Aplicação nos concursos públicos:

- ***Advogado – 2018 – FGV – AL-RO***

O governador do Estado encaminhou o projeto de lei orçamentária anual à Assembleia Legislativa. Um grupo de Deputados Estaduais, sensibilizado pelos interesses da coletividade, decidiu apresentar uma emenda modificativa ao projeto, de modo a ampliar os recursos destinados a determinado programa na área de saúde, já previsto no projeto.

À luz da sistemática constitucional, sobre a aprovação dessa emenda, que se mostra compatível com o plano plurianual e a lei de diretrizes orçamentárias, assinale a afirmativa correta.

A) Exige a anulação de despesa, ressalvadas apenas as concernentes às dotações para pessoal e seus encargos e às transferências constitucionais para os Municípios.

B) Exige a anulação de despesa, ressalvadas apenas as que digam respeito ao serviço da dívida e às transferências tributárias constitucionais para os Municípios.

C) Exige a anulação de despesa, inexistindo óbice à anulação daquelas concernentes à aquisição de bens de capital.

D) Exige a anulação de despesa, qualquer que seja a sua natureza.

E) Depende tão somente da aquiescência do Chefe do Poder Executivo.

Gabarito: Alternativa C

- ***Analista Legislativo – Processo Legislativo – 2018 – FCC – ALESE***

De acordo com a disciplina atribuída pela Constituição da República às finanças públicas,

A) sendo de iniciativa do Poder Executivo, o projeto de lei do orçamento anual não poderá sofrer emendas pelo Poder Legislativo, cabendo a esse apenas, se entender necessário, aprová-lo com ressalvas a serem encaminhadas à apreciação do Poder Executivo.

Alternativa errada. (O art. 166, § 3º, CF indica as possibilidades em que o projeto de LOA pode sofrer emendas).

Art. 167 – São vedados:

I – o início de programas ou projetos não incluídos na lei orçamentária anual;

II – a realização de despesas ou a assunção de obrigações diretas que excedam os créditos orçamentários ou adicionais;

III – a realização de operações de créditos que excedam o montante das despesas de capital, ressalvadas as autorizadas mediante créditos suplementares ou especiais com finalidade precisa, aprovados pelo Poder Legislativo por maioria absoluta;

IV – a vinculação de receita de impostos a órgão, fundo ou despesa, ressalvadas a repartição do produto da arrecadação dos impostos a que se referem os arts. 158 e 159, a destinação de recursos para as ações e serviços públicos de saúde, para manutenção e desenvolvimento do ensino e para realização de atividades da administração tributária, como determinado, respectivamente, pelos arts. 198, § 2º, 212 e 37, XXII, e a prestação de garantias às operações de crédito por antecipação de receita, previstas no art. 165, § 8º, bem como o disposto no § 4º deste artigo;

V – a abertura de crédito suplementar ou especial sem prévia autorização legislativa e sem indicação dos recursos correspondentes;

VI – a transposição, o remanejamento ou a transferência de recursos de uma categoria de programação para outra ou de um órgão para outro, sem prévia autorização legislativa;

VII – a concessão ou utilização de créditos ilimitados;

VIII – a utilização, sem autorização legislativa específica, de recursos dos orçamentos fiscal e da seguridade social para suprir necessidade ou cobrir déficit de empresas, fundações e fundos, inclusive dos mencionados no art. 165, § 5º;

IX – a instituição de fundos de qualquer natureza, sem prévia autorização legislativa.

X – a transferência voluntária de recursos e a concessão de empréstimos, inclusive por antecipação de receita, pelos Governos Federal e Estaduais e suas instituições financeiras, para pagamento de despesas com pessoal ativo, inativo e pensionista, dos Estados, do Distrito Federal e dos Municípios.

XI – a utilização dos recursos provenientes das contribuições sociais de que trata o art. 195, I, a, e II, para a realização de despesas distintas do pagamento de benefícios do regime geral de previdência social de que trata o art. 201.

§ 1º **Nenhum investimento cuja execução ultrapasse um exercício financeiro poderá ser iniciado sem prévia inclusão no plano plurianual, ou sem lei que autorize a inclusão, sob pena de crime** de responsabilidade.

§ 2º Os créditos especiais e extraordinários terão vigência no exercício financeiro em que forem autorizados, salvo se o ato de autorização for promulgado nos últimos quatro meses daquele exercício, caso em que, reabertos nos limites de seus saldos, serão incorporados ao orçamento do exercício financeiro subseqüente.

§ 3º A abertura de crédito extraordinário somente será admitida para atender a despesas imprevisí**veis e urgentes, como as decorrentes de guerra, comoção interna ou calamidade pública, observado o disposto no art. 62.**

§ 4.º É permitida a vinculação de receitas próprias geradas pelos impostos a que se referem os arts. 155 e 156, e dos recursos de que tratam os arts. 157, 158 e 159, I, a e b, e II, para a prestação de garantia ou contragarantia à União e para pagamento de débitos para com esta.

§ 5º **A transposição, o remanejamento ou a transferência de recursos de uma categoria de programação para outra poderão ser admitidos,** no âmbito das atividades de **ciência, tecnologia e inovação,** com o objetivo de viabilizar os resultados de projetos restritos a essas funções, mediante ato do Poder Executivo, sem necessidade da prévia autorização legislativa prevista no inciso VI deste artigo.

1. A **abertura de crédito extraordinário** (§ 3º) acontece por meio de **medida provisória**.

2. Contido no art. 167, VI, CF, o **Princípio da vedação ao estorno** veda a transferência de recursos de um programa para outro ou de um ente para outro sem lei que autorize. É um exemplo retirar recursos que deveriam investir na saúde com a pretensão de investi-los nos esportes.

Aplicação em concurso público:

- ***Procurador do Estado – 2018 – FCC – PGE-AP***

  Solicita-se da Procuradoria Especializada parecer quanto à legalidade e constitucionalidade de um Projeto de Lei Orçamentária Anual com a seguinte disposição:

  Art. X. As transferências de recursos orçamentários, exceto daqueles no âmbito das atividades de ciência, tecnologia e inovação, de uma entidade para outra somente poderão ocorrer sem autorização legislativa até o limite de 5%.

  Tal dispositivo

  Gabarito: viola o art. 167, VI da CF/1988, conhecido como princípio da vedação ao estorno.

3. Aplicação em concurso público:

- ***Procurador Autárquico – FCC – 2015 – MANAUSPREV***

  A Constituição da República, em matéria orçamentária,

  A) permite, mediante autorização legislativa prévia, o início de programas ou projetos não incluídos na lei orçamentária anual.

C) veda a realização de quaisquer operações de créditos que excedam o montante das despesas de capital.

D) proíbe a edição de lei que autorize a utilização de recursos dos orçamentos fiscal e da seguridade social para suprir necessidade ou cobrir déficit de empresas, fundações e fundos.

E) impede a transferência voluntária de recursos e a concessão de empréstimos, pelo governo federal e suas instituições financeiras, para pagamento de despesas com pessoal dos Estados, salvo por antecipação de receita.

Gabarito: Alternativas erradas

Obs.

a) art. 167, I, CF (é vedado o início de programas ou projetos não incluídos em lei)

c) art. 167, III, CF (existe ressalva)

d) art. 167, VIII, CF (a CF não veda a edição de lei)

e) art. 167, X, CF (a antecipação de receita não é exceção)

- ***Procurador do Estado – 2018 – FCC – PGE-AP***

A Constituição Federal de 1988 introduziu a chamada "regra de ouro" ao art. 167, III, referendada pela Constituição do Estado do Amapá ao art. 177, III e reiterada ao art. 12, § 2º da LRF. Segundo tal disposição constitucional,

B) créditos suplementares para despesas correntes com finalidade específica e aprovados por maioria absoluta do Poder Legislativo podem ser financiados com operações de crédito.

Gabarito: Alternativa correta (é a ressalva do art. 167, III, CF)

- ***Juiz do Trabalho – TRT – 6R (PE) – 2010***

Tendo em vista as normas constitucionais que tratam das finanças públicas:

III. É absolutamente vedada a realização de operações de créditos que excedam o montante das despesas de capital.

Gabarito: Alternativa errada (tem ressalvas: art. 167, IV, CF)

Art. 168 – Os recursos correspondentes às dotações orçamentárias, compreendidos os créditos suplementares e especiais, destinados aos órgãos dos Poderes Legislativo e Judiciário, do Ministério Público e da Defensoria Pública, ser-lhes-ão entregues até o dia 20 de cada mês, em duodécimos, na forma da lei complementar a que se refere o art. 165, § 9º.

Art. 169 – A despesa com pessoal ativo e inativo da União, dos Estados, do Distrito Federal e dos Municípios não poderá exceder os limites estabelecidos em lei complementar.

§ 1º A concessão de qualquer vantagem ou aumento de remuneração, a criação de cargos, empregos e funções ou alteração de estrutura de carreiras, bem como a admissão ou contratação de pessoal, a qualquer título, pelos órgãos e entidades da administração direta ou indireta, inclusive fundações instituídas e mantidas pelo poder público, só poderão ser feitas:

I – se houver prévia dotação orçamentária suficiente para atender às projeções de despesa de pessoal e aos acréscimos dela decorrentes;

II – se houver autorização específica na lei de diretrizes orçamentárias, ressalvadas as empresas públicas e as sociedades de economia mista.

§ 2º Decorrido o prazo estabelecido na lei complementar referida neste artigo para a adaptação aos parâmetros ali previstos, serão imediatamente suspensos todos os repasses de verbas federais ou estaduais aos Estados, ao Distrito Federal e aos Municípios que não observarem os referidos limites.

§ 3º Para o cumprimento dos limites estabelecidos com base neste artigo, durante o prazo fixado na lei complementar referida no caput, a União, os Estados, o Distrito Federal e os Municípios adotarão as seguintes providências:

I – redução em pelo menos vinte por cento das despesas com cargos em comissão e funções de confiança;

II – exoneração dos servidores não estáveis.

§ 4º Se as medidas adotadas com base no parágrafo anterior não forem suficientes para assegurar o cumprimento da determinação da lei complementar referida neste artigo, o servidor estável poderá perder o cargo, desde que ato normativo motivado de cada um dos Poderes especifique a atividade funcional, o órgão ou unidade administrativa objeto da redução de pessoal.

§ 5º O servidor que perder o cargo na forma do parágrafo anterior fará jus a indenização correspondente a um mês **de remuneração por ano de serviço.**

§ 6º O cargo objeto da redução prevista nos parágrafos anteriores será considerado extinto, vedada a criação de cargo, emprego ou função com atribuições iguais ou assemelhadas pelo prazo de quatro anos.

§ 7º Lei federal disporá sobre as normas gerais a serem obedecidas na efetivação do disposto no § 4º.

1. Caso o ente federativo ultrapasse o limite da lei orçamentária, deve tomar providência para reduzir essas despesas, essas providências estão dispostas no § 3º, 4º e 5º, sendo:

- **Reduzir em pelo menos 20% as despesas com cargos comissionados** e funções de confiança;
- **Exonerar servidores não estáveis.**
- Em último caso, **a exoneração de servidores estáveis** (nesse caso, com indenização de um mês de remuneração por cada ano de serviço).

Aplicação em concurso público:

- ***Procurador do Estado – 2014 – FCC – PGE-RN***

  A Constituição Federal determina que a despesa com pessoal ativo e inativo da União, dos Estados, do Distrito Federal e dos Municípios não poderá exceder os limites estabelecidos em lei complementar. Para o cumprimento desse limite, a Constituição Federal autoriza, dentre outras medidas, que

D) sejam exonerados, durante o prazo fixado na lei complementar referida, servidores estaduais não estáveis.

Gabarito: Alternativa D

- ***Procurador do Estado – 2018 – FCC – PGE-AP***

Na hipótese de o Estado extrapolar o limite de gastos com pessoal previsto em lei complementar federal, essa situação

A) autoriza a União a não repassar ao Estado o valor da arrecadação do imposto sobre renda e proventos de qualquer natureza, incidente na fonte, sobre rendimentos pagos pelo Estado, a qualquer título, suas autarquias e fundações que instituir e mantiver.

B) pode justificar a exoneração de servidores titulares de cargos públicos estáveis, observados os requisitos constitucionais, dentre os quais o pagamento de indenização correspondente a um mês de remuneração por ano de serviço.

C) não pode ensejar a exoneração dos servidores titulares de cargos públicos efetivos, mas pode justificar a exoneração de servidores titulares de cargos públicos em comissão, observados os requisitos constitucionais, dentre os quais o pagamento de indenização correspondente a um mês de remuneração por ano de serviço.

D) pode justificar a colocação de servidores titulares de cargos públicos efetivos em disponibilidade, observados os requisitos constitucionais, dentre os quais o pagamento de remuneração mensal proporcional ao tempo de serviço.

E) não pode ensejar a exoneração dos servidores titulares de cargos públicos efetivos, nem de servidores titulares de cargos públicos em comissão.

Gabarito: Alternativa B

TÍTULO VII
DA ORDEM ECONÔMICA E FINANCEIRA
CAPÍTULO I
DOS PRINCÍPIOS GERAIS DA ATIVIDADE ECONÔMICA

Art. 170 – A ordem econômica, fundada na **valorização do trabalho humano e na livre iniciativa,** tem por fim assegurar a todos existência digna, conforme os ditames da justiça social, observados os seguintes princípios:

1. É necessário saber os incisos do art. 170 em sua literalidade, pois são muito cobrados em concurso.
2. O princípio da livre iniciativa é cláusula geral para os princípios contidos nos incisos.

► **Entendimento jurisprudencial:**

O princípio da livre iniciativa, inserido no caput do art. 170 da Constituição nada mais é do que uma **cláusula geral cujo conteúdo é preenchido pelos incisos do mesmo artigo**. Esses princípios claramente definem a liberdade de iniciativa não como uma liberdade anárquica, mas social, e que pode, consequentemente, ser limitada. [ARE 1.104.226 AgR, rel. min. Roberto Barroso, j. 27-4-2018, 1ª T, DJE de 25-5-2018.]

I - soberania nacional;

3. A soberania de forma ampla já está prevista no art. 1º, I da Constituição Federal, significando a independência da República Federativa do Brasil no âmbito nacional. Reforçá-la, neste título, busca deixar claro a necessidade dessa **independência no plano econômico.**

II - propriedade privada;

III - função social da propriedade;

IV - livre concorrência;

4. O princípio da livre concorrência busca dar a todos os agentes econômicos oportunidades de concorrer no mercado.

5. Importante esclarecer que a livre iniciativa disposta no caput e a livre concorrência do inciso IV não se confundem. A livre iniciativa é gênero, é a liberdade de atuação do particular na economia, é mais ampla, enquanto que a livre concorrência é mais restrita, é a regulamentação do Estado na economia. (A Lei nº 12.529/2011 estrutura o Sistema Brasileiro de Defesa da Concorrência.)

▶ **Enten**dimento jurisprudencial:

A defesa **da livre concorrência é imperativo de ordem constitucional (art. 170, IV) que deve harmonizar-se com o princípio da livre iniciativa (art. 170, caput). Lembro que "livre iniciativa e livre concorrência, esta como base do chamado livre mercado, não coincidem necessariamente. Ou seja, livre concorrência nem sempre conduz à livre iniciativa e vice-versa (cf. FARINA; AZEVEDO; SAES: Competitividade: mercado, estado e organizações. São Paulo, 1997. cap. IV). ...**"livre iniciativa não é sinônimo de liberdade econômica absoluta (...). O que ocorre é que o princípio da livre iniciativa, inserido no caput do art. 170 da CF, nada mais é do que uma cláusula geral cujo conteúdo é preenchido pelos incisos do mesmo artigo. Esses princípios claramente definem a liberdade de iniciativa não como uma liberdade anárquica, porém social, e que pode, consequentemente, ser limitada". **[AC 1.657 MC, voto do rel. p/ o ac. min. Cezar Peluso, j. 27-6-2007, P, DJ de 31-8-2007.]**

6. Entendimentos jurisprudenciais:

6.1. Súmula Vinculante 49: Ofende o princípio da livre concorrência lei municipal que impede a instalação de estabelecimentos comerciais do mesmo ramo em determinada área.

6.2 A fixação de horário de funcionamento de estabelecimento comercial é matéria de competência municipal, considerando improcedentes as alegações de ofensa aos princípios constitucionais da isonomia, da livre iniciativa, da livre concorrência, da liberdade de trabalho, da busca do pleno emprego e da proteção ao consumidor. (AI 481.886 AgR, rel. min. Carlos Velloso, j. 15-2-2005, 2ª T, DJ de 1º-4-2005)

V – defesa do consumidor;

7. Entendimento jurisprudencial:

O princípio da livre iniciativa não pode ser invocado para afastar regras de regulamentação do mercado e de defesa do consumidor. [RE 349.686, rel. min. Ellen Gracie, j. 14-6-2005, 2ª T, DJ de 5-8-2005.]

VI – **defesa do meio ambiente,** inclusive mediante tratamento diferenciado conforme o impacto ambiental dos produtos e serviços e de seus processos de elaboração e prestação;

8. A defesa do meio ambiente também está prevista no Capítulo VI da Constituição, quando o Meio Ambiente é melhor trabalhado. Além disto, a constituição adota uma política de **desenvolvimento sustentável**, incentivando práticas que ao mesmo tempo sejam boas para o desenvolvimento econômico, social, cultural, dentre outros, mas que não sejam degradantes ao meio ambiente. Exemplo disto pode ser visto quando ao mesmo tempo em que a Constituição incentiva o desenvolvimento científico, busca preservar também a fauna e a flora, tentando fazer sempre esta ponderação.

9. Aplicação em concurso público:

- ***Advogado – FUNCAB – 2014 – EMDAGRO-SE***

Assinale a alternativa correta, de acordo com a Constituição Federal de 1988.

C) É vedado o tratamento diferenciado de produtos e serviços e de seus processos de elaboração e prestação.

Gabarito: Alternativa incorreta.

- ***Delegado de Polícia – 2018 – UEG – PC-GO***

Ao asseverar sobre a proteção do meio ambiente, a Constituição Federal de 1988

B) deixou de aludir expressamente ao desenvolvimento sustentável, apesar de ele poder ser inferido do artigo 170, VI, quando se refere ao meio ambiente como princípio que rege a ordem econômica.

Alternativa correta.

- ***Técnico Judiciário – 2018 – CESPE – STJ***

  A defesa do meio ambiente, inclusive mediante tratamento diferenciado conforme o impacto ambiental dos produtos e serviços e de seus processos de elaboração e prestação, é princípio de índole constitucional que pauta a ordem econômica brasileira.

  Alternativa correta.

VII – redução das desigualdades regionais e sociais;

VIII – busca do pleno emprego;

IX – tratamento fav**orecido para as empresas de pequeno porte constituídas sob as leis brasileiras e que tenham sua sede e administração no País.**

Parágrafo único. **É assegurado a todos o livre exercício de qualquer atividade econômica, independentemente de autorização de órgãos públicos,** salvo nos casos previstos em lei.

10. O tratamento favorecido na ordem econômica se refere apenas às **Empresas de Pequeno Porte,** não tendo esse inciso abrangido as microempresas (ponto de muitas questões de concurso público).

Aplicação em concurso público:

- ***Juiz do Trabalho – 2012 – TRT – 23ª REGIÃO (MT)***

  São princípios gerais da atividade econômica previstos da Constituição Federal todos os elencados abaixo, exceto:

  A) redução das desigualdades regionais e sociais.

  B) soberania nacional.

  C) função social da propriedade.

  D) defesa do consumidor.

  E) tratamento favorecido para as microempresas e empresas de pequeno e médio portes constituídas sob as leis brasileiras e que tenham sua sede e administração no País.

  Gabarito: Alternativa E (a alternativa inclui as microempresas, o que não acontece no texto constitucional)

- ***CESPE – 2010 – MPE-ES – Promotor de Justiça***

  Assinale a opção correta com relação à ordem econômica na CF.

  C) Entre os princípios expressamente consignados na CF está o tratamento favorecido para as microempresas constituídas sob as leis brasileiras e que tenham sua sede e administração no país.

  Gabarito: Alternativa errada (microempresas)

11. O tratamento favorecido às EPPs não afronta o princípio da igualdade e segue inclusive o disposto no **princípio da equidade,** partindo do pensamento em que as empresas de pequeno porte não tem condição de competir no cenário econômico com as grandes empresas/multinacionais, sendo esse tratamento necessário para a garantia da igualdade material.

12. O disposto no parágrafo único segue regra semelhante do art. 1, IV da CF, que prevê o chamado **princípio da livre iniciativa**.

13) Aplicação em concurso público:

- ***Especialista em Políticas Públicas e Gestão Governamental – 2018 – IBFC – SEPLAG-SE***

  A) A defesa do consumidor, a defesa do meio ambiente, a redução das desigualdades regionais e sociais e o tratamento favorecido para as empresas de pequeno porte constituídas sob as leis brasileiras e que tenham sua sede e administração no País são princípios da ordem econômica.

  B) É assegurado a todos o livre exercício de qualquer atividade econômica, dependendo de autorização de órgãos públicos

  Gabarito: Alternativa A

- ***Analista – 2018 – CESPE – EMAP***

  No que diz respeito à ordem econômica e financeira, aos serviços públicos e às formas de outorgas, julgue o item seguinte.

  Lei pode estabelecer condições para o exercício de certas atividades econômicas.

  Gabarito: Alternativa correta.

- ***Defensor Público – 2018 – CESPE – DPE-PE***

  II O rompimento do ciclo intergeracional da pobreza pode ser atingido por meio de políticas públicas que promovam a autonomia e a liberdade econômica e financeira da mulher, como o acesso igualitário ao mercado de trabalho, a provisão de creches e o apoio aos familiares idosos.

  III A ordem econômica determina que se observe a função social da propriedade e que, ao mesmo tempo, se respeite o bem-estar da sociedade, porém não garante o direito do indivíduo sobre a propriedade.

  Está correta a afirmativa II.

- ***Procurador da República – 2017 – PGR***

  A ordem econômica visa assegurar a existência digna de todos, com base na valorização do trabalho humano e na livre iniciativa. Assinale a alternativa que não corresponde a um princípio expresso da atividade econômica:

  A) Soberania nacional, tratamento diferenciado às empresas de pequeno porte e livre concorrência.

  B) Busca do pleno emprego, redução das desigualdades sociais e regionais, defesa do consumidor.

  C) Propriedade privada, função social da propriedade e não intervenção do estado na economia.

  D) Defesa do meio ambiente, propriedade privada e redução das desigualdades sociais.

  Gabarito: Alternativa C

- ***Auditor – 2017 – IBADE – IPERON – RO***

  C) não existe, na ordem constitucional pátria, o caráter absoluto da livre iniciativa, sendo permitida ao poder público a regulamentação no mercado.

  Alternativa correta.

Art. 171 - Revogado

Art. 172 - A lei disciplinará, com base no interesse nacional, os **investimentos de capital estrangeiro**, incentivará os reinvestimentos e regulará a remessa de lucros.

Art. 173 - Ressalvados os casos previstos nesta Constituição, **a exploração direta de atividade econômica pelo Estado só será permitida quando necessária aos imperativos da segurança nacional ou a relevante interesse coletivo,** conforme definidos em lei.

1. Esse dispositivo constitucional consagra o **princípio da subsidiariedade**. Este princípio é adotado no mesmo sentido em que a constituição adota o princípio da livre iniciativa. Ou seja, o papel do estado na economia está limitado a livre iniciativa, em que **o principal encarregado da exploração econômica é a iniciativa privada, sendo a atuação estatal subsidiária** (apenas quando necessário aos imperativos da segurança nacional ou a relevante interesse coletivo).

▶ **Entendimento jurisprudencial:**

Quer dizer, o art. 173 da CF está cuidando da hipótese em que o Estado esteja na **condição de agente empresarial, isto é, esteja explorando, diretamente, atividade econômica em concorrência com a iniciativa privada.** Os parágrafos, então, do citado art. 173 aplicam-se com observância do comando constante do caput. Se não houver concorrência – existindo monopólio, CF, art. 177 – não haverá aplicação do disposto no § 1º do mencionado art. 173. [RE 407.099, voto do rel. min. Carlos Velloso, j. 22-6-2004, 2ª T, DJ de 6-8-2004.]

Aplicação em concurso público:

- ***Titular de Serviços de Notas e de Registros – 2018 – CONSULPLAN – TJ-MG – CONSULPLAN***

  A administração pública ante o princípio da eficiência não pode participar como sócia, ainda que de modo indireto de sociedade privada, a não ser que detenha seu controle.

  A afirmativa está errada. (art. 173, CF: o Estado pode participar quando necessário à segurança nacional ou ao interesse coletivo)

- ***Analista Judiciário – Ciências Jurídicas e Sociais – FAURGS – 2012 – TJ-RS***

  Sobre os princípios gerais da atividade econômica, considere as afirmações abaixo.

  I – Como agente normativo e regulador, o Estado exercerá exploração direta de atividade econômica se necessária aos imperativos de segurança nacional e aos relevantes interesses coletivos, conforme definidos em lei complementar.

Gabarito: Alternativa incorreta. (a exploração de atividade econômica direta se dá pela prestação do serviço e não apenas pela normatização e regulação do Estado; é a exceção prevista neste artigo).

§ 1º **A lei estabelecerá o estatuto jurídico** da empresa pública, da sociedade de economia mista e de suas subsidiárias que explorem atividade econômica de produção ou comercialização de bens ou de prestação de serviços, dispondo sobre:

I – sua função social e formas de fiscalização pelo Estado e pela sociedade;

II – a sujeição ao regime jurídico próprio das empresas privadas, inclusive quanto aos direitos e obrigações civis, comerciais, trabalhistas e tributários;

III – licitação e contratação de obras, serviços, compras e alienações, observados os princípios da administração pública;

IV – a constituição e o funcionamento dos conselhos de administração e fiscal, com a participação de acionistas minoritários;

V – os mandatos, a avaliação de desempenho e a responsabilidade dos administradores.

§ 2º As empresas públicas e as sociedades de economia mista não poderão gozar de privilégios fiscais não extensivos às do setor privado.

§ 3º A lei regulamentará as relações da empresa pública com o Estado e a sociedade.

§ 4º **A lei reprimirá o abuso do poder econômico que vise à dominação dos mercados, à eliminação da concorrência e ao aumento arbitrário dos lucros.**

§ 5º A lei, sem prejuízo da responsabilidade individual dos dirigentes da pessoa jurídica, estabelecerá a responsabilidade desta, sujeitando-a às punições compatíveis com sua natureza, nos atos praticados contra a ordem econômica e financeira e contra a economia popular.

1. A regra do parágrafo único é usada apenas quando o Poder Público está concorrendo com os particulares (desenvolvendo atividades econômicas). No casos de **estatais que prestam serviços públicos, essas obedecerão o regime jurídico do ente estatal.**

► **Entendimento jurisprudencial:**

Distinção entre empresas estatais prestadoras de serviço público e empresas estatais que desenvolvem atividade econômica em sentido estrito. (...) As sociedades de economia mista e as empresas públicas que explorem atividade econômica em sentido estrito estão sujeitas, nos termos do disposto no § 1º do art. 173 da Constituição do Brasil, ao regime jurídico próprio das empresas privadas. (...) O § 1º do art. 173 da Constituição do Brasil não se aplica às empresas públicas, sociedades de economia mista e entidades (estatais) que prestam serviço público. [ADI 1.642, rel. min. Eros Grau, j. 3-4-2008, P, DJE de 19-9-2008.]

1.1 Por estar concorrendo em igualdade com as empresas do setor privado, as empresas públicas e sociedades de economia mista que desenvolvem atividade econômica em sentido estrito se sujeitarão ao regime jurídico do direito privado, ou seja, respeitando a Consolidação das Leis do Trabalho e todas as outras obrigações das empresas privadas, inclusive, sem qualquer privilégio concedido aos entes estatais.

Aplicação em concurso público:

- ***Juiz federal – 2016 – TRF – 3ª REGIÃO***

  Ao explorarem diretamente atividade econômica, as empresas públicas e as sociedades de economia mista:

  B) sujeitam-se ao regime jurídico das empresas privadas quanto aos direitos e obrigações civis, comerciais, tributários e trabalhistas.

  Alternativa correta.

- ***Especialista em Regulação de Aviação Civil – 2016 – ESAF – ANAC***

  A) As empresas públicas poderão ter privilégios fiscais em relação às empresas do setor privado.

  Alternativa errada. (art. 173, § 2º, CF)

2. Para a doutrina majoritária, a Constituição adota um **mercado neoliberal,** por meio do qual se veda o oligopólio de empresas, fomentando e incentivando o crescimento de EPPs e MEs. Exemplo disto é encontrado no § 4, que **veda o abuso do poder econômico e o domínio do mercado.**

Art. 174 – Como **agente normativo e regulador da atividade econômica,** o Estado exercerá, na forma da lei, as funções de **fiscalização, incentivo e planejamento**, sendo este **determinante para o setor público e indicativo para o setor privado.**

§ 1º A lei estabelecerá as diretrizes e bases do planejamento do desenvolvimento nacional equilibrado, o qual incorporará e compatibilizará os planos nacionais e regionais de desenvolvimento.

§ 2º A lei apoiará e estimulará o cooperativismo e outras formas de associativismo.

§ 3º O Estado favorecerá a organização da atividade garimpeira em cooperativas, levando em conta a proteção do meio ambiente e a promoção econômico-social dos garimpeiros.

§ 4º As cooperativas a que se refere o parágrafo anterior terão prioridade na autorização ou concessão para pesquisa e lavra dos recursos e jazidas de minerais garimpáveis, nas áreas onde estejam atuando, e naquelas fixadas de acordo com o art. 21, XXV, na forma da lei.

1. O art. 174, da CF vem confirmar a visão neoliberal aplicada pela Constituição, através do qual o **Estado intervirá de forma mínima, mas regulará, fiscalizará e incentivará todas as formas de se desenvolver a economia.** Trata-se de uma forma de intervenção do Estado na economia de maneira indireta.

Concluindo:

1.1. A **intervenção direta do Estado na economia** acontece em suas atividades de monopólio (art. 177, CF) e nas atividades em que o Estado concorre em igualdade com os particulares (art. 173, C**F).**

1.2. A intervenção indireta do Estado na economia acontece quando o mesmo regula, fiscaliza ou incentiva alguma atividade econômica (art. 174, CF).

2) Aplicação em concurso público:

- ***Especialista em Políticas Públicas e Gestão Governamental – 2018 – IBFC – SEPLAG-SE***

  C) Como agente normativo e regulador da atividade econômica, o Estado exercerá, na forma da lei, as funções de fiscalização, incentivo e planejamento, sendo este determinante para o setor público e privado.

  A alternativa está errada. (o planejamento é determinante para o setor público e **indicativo** *para o setor privado)*

Art. 175 – Incumbe ao Poder Público, na forma da lei, **diretamente ou sob regime de concessão ou permissão,** sempre através de licitação, **a prestação de serviços públicos.**

Parágrafo único. A lei disporá sobre:

I – o regime das empresas concessionárias e permissionárias de serviços públicos, o caráter especial de seu contrato e de sua prorrogação, bem como as condições de caducidade, fiscalização e rescisão da concessão ou permissão;

II – os direitos dos usuários;

III – política tarifária;

IV – a obrigação de manter serviço adequado.

1. O art. 175 é consoante com o previamente disposto no capítulo VII, do título III (da organização do estado), mais precisamente no art. 37, no qual a constituição prevê os princípios básicos da administração pública.

2. As contratações pelo poder público são reguladas pela **Lei 8.666/93.**

Art. 176 – As jazidas, em lavra ou não, e demais recursos minerais e os potenciais de energia hidráulica constituem propriedade distinta da do solo, para efeito de exploração ou aproveitamento, e pertencem à União, garantida ao concessionário a propriedade do produto da lavra.

§ 1º A pesquisa e a lavra de recursos minerais e o aproveitamento dos potenciais a que se refere o «caput» deste artigo somente poderão ser efetuados mediante autorização ou concessão da União, no interesse nacional, por brasileiros ou empresa constituída sob as leis brasileiras e que tenha sua sede e administração no País, na forma da lei, que estabelecerá as condições específicas quando essas atividades se desenvolverem em faixa de fronteira ou terras indígenas.

§ 2º É assegurada participação ao proprietário do solo nos resultados da lavra, na forma e no valor que dispuser a lei.

§ 3º A autorização de pesquisa será sempre por prazo determinado, e as autorizações e concessões previstas neste artigo **não poderão ser cedidas** ou transferidas, total ou parcialmente, **sem prévia anuência do poder concedente.**

§ 4º Não dependerá de autorização ou concessão o aproveitamento do potencial de energia renovável de capacidade reduzida.

1. Aplicação em concurso público:

- ***Especialista em Regulação de Aviação Civil – 2016 – ESAF – ANAC***

  Considerando os princípios gerais da atividade econômica dispostos na Constituição Federal, é correto afirmar:

  B) Não dependerá de autorização ou concessão o aproveitamento do potencial de energia renovável de capacidade reduzida.

  D) Integram a propriedade do solo, para efeito de aproveitamento, os recursos minerais.

  E) O particular que recebe autorização para pesquisa de recursos minerais poderá cedê-la, total ou parcialmente, desde que pelo mesmo prazo que a recebeu.

  Gabarito: Alternativa B

  Obs:

  C: art. 176, caput, CF: os recursos minerais constituem propriedade distinta do solo;

  D: art. 176, § 3º, CF: para ceder a autorização, deve ter anuência do poder concedente).

Art. 177 - Constituem monopólio da União:

I - **a pesquisa e a lavra das jazidas de petróleo e gás natural** e outros hidrocarbonetos fluidos;

II - **a refinação do petróleo nacional ou estrangeiro;**

III - a importação e exportação dos produtos e derivados básicos resultantes das atividades previstas nos incisos anteriores;

IV - o transporte marítimo do **petróleo bruto de origem nacional ou de derivados básicos de petróleo** produzidos no País, **bem assim o transporte, por meio de conduto, de petróleo bruto, seus derivados e gás natural** de qualquer origem;

V - a pesquisa, a lavra, o enriquecimento, o reprocessamento, a industrialização e o comércio de minérios e minerais nucleares e seus derivados, com exceção dos radioisótopos cuja produção, comercialização e utilização poderão ser autorizadas sob regime de permissão, conforme as alíneas b e c do inciso XXIII do caput do art. 21 desta Constituição Federal.

1. Esse artigo traz as atividades de interesse econômico que constituem monopólio do Poder Público, ou seja, que não podem ser realizadas por empresas privadas, são as dispostas nos incisos I ao V (importante a leitura atenta).

1.1. Quanto ao inciso IV, é importante diferenciar o transporte marítimo de petróleo bruto com o transporte por meio de conduto, pois as questões tentam confundir o candidato:

- **Transporte marítimo do petróleo (de origem nacional)**
- **Transporte por meio de conduto (de qualquer origem)**

Aplicação em concurso público:

- ***Procurador do Estado – CESPE – 2008 – PGE-PB***

Acerca da ordem econômica, assinale a opção incorreta.

Gabarito: Constitui monopólio da União o transporte do petróleo bruto de origem nacional ou estrangeira, bem assim o transporte, por meio de conduto, de petróleo bruto, seus derivados e gás natural de qualquer origem.

Obs. É monopólio da União apenas o petróleo bruto de origem NACIONAL.

2. O art. 42 da Lei nº 6.538/78 diz que coletar, transportar ou distribuir, sem observância das condições legais, objeto de qualquer natureza sujeitos ao monopólio da União, ainda que pagas as tarifas postais ou de telegramas, **constitui crime**, cuja pena é de detenção, até 2 meses, ou pagamento não excedente à 10 dias-multa.

► **Legislação infraconstitucional:**

VIOLAÇÃO DO PRIVILÉGIO POSTAL DA UNIÃO

Art. 42 – Coletar, transportar, transmitir ou distribuir, sem observância das condições legais, objetos de qualquer natureza sujeitos ao monopólio da União, ainda que pagas as tarifas postais ou de telegramas.

Pena: detenção, até dois meses, ou pagamento não excedente a dez dias-multa.

3. Conforme o art. 1 da Lei 9.478/1997, a união busca alcançar com este monopólio da indústria petrolífera alguns objetivos, quais sejam:

A. Preservar o interesse nacional;

B. Promover o desenvolvimento, ampliar o mercado de trabalho e valorizar os recursos energéticos;

C. Proteger os interesses do consumidor quanto a preço, qualidade e oferta do produto;

D. Proteger o meio ambiente e promover a conservação de energia;

E. Garantir o fornecimento de derivados de petróleo em todo o território nacional;

F. Promover a livre concorrência;

G. Atrair investimentos na produção de energia;

H. Ampliar a competitividade do país no mercado internacional.

4. A realização das atividades previstas nos incisos I ao IV ocorrerá por meio de **contratos de concessão**, precedida de licitação, conforme art. 23, da lei 9.478/1997.

5. Aplicação nos concursos públicos:

- ***Juiz federal – 2017 – CESPE – TRF – 5ª REGIÃO***

  A) A propriedade exclusiva da União dos recursos minerais, inclusive os do subsolo, não implica domínio do resultado da lavra de jazidas de petróleo, de gás natural e de outros hidrocarbonetos fluídos: a União pode atribuir a terceiros a exploração desses recursos, sem qualquer ofensa à reserva de monopólio para pesquisa e lavra.

  Alternativa correta

- ***Analista de Projetos – Jurídica – 2017 – IESES – ALGÁS***

  C) Constituem monopólio da União nos termos do artigo 177 da Constituição Federal de 1988: Somente a pesquisa das jazidas de petróleo e o transporte marítimo do petróleo bruto, já os seus derivados produzidos no país não pertencem à União Federal.

  Alternativa incorreta. (art. 177, III, CF: os derivados também constituem monopólio da União)

§ 1º **A União poderá contratar com empresas estatais ou privadas** a realização das atividades previstas nos incisos I a IV deste artigo observadas as condições estabelecidas em lei.

§ 2º A lei a que se refere o § 1º disporá sobre:

I – a garantia do fornecimento dos derivados de petróleo em todo o território nacional;

II – as condições de contratação;

III – a estrutura e atribuições do órgão regulador do monopólio da União;

§ 3º A lei disporá sobre o transporte e a utilização de materiais radioativos no território nacional.

§ 4º A lei que instituir contribuição de intervenção no domínio econômico relativa às atividades de importação ou comercialização de petróleo e seus derivados, gás natural e seus derivados e álcool combustível deverá atender aos seguintes requisitos:

I – a alíquota da contribuição poderá ser:

a) diferenciada por produto ou uso;

b) reduzida e restabelecida por ato do Poder Executivo, não se lhe aplicando o disposto no art. 150,III, *b*;

II – os recursos arrecadados serão destinados:

a) ao pagamento de subsídios a preços ou transporte de álcool combustível, gás natural e seus derivados e derivados de petróleo;

b) ao financiamento de projetos ambientais relacionados com a indústria do petróleo e do gás;

c) ao financiamento de programas de infra-estrutura de transportes.

6. O § 1º traz a possibilidade da **União de contratar empresas estatais ou privadas para a realização dos serviços os quais detém o monopólio.** Esse parágrafo foi modificado com a EC nº 9/1995, já que a redação original vedava qualquer tipo de participação na exploração de petróleo ou gás natural.

► **Antiga redação:**

§ 1º O monopólio previsto neste artigo inclui os riscos e resultados decorrentes das atividades nele mencionadas, sendo vedado à União ceder ou conceder qualquer tipo de participação, em espécie ou em valor, na exploração de jazidas de petróleo ou gás natural, ressalvado o disposto no art. 20, § 1º.

Aplicação em concurso público:

- ***TJ-RS – 2009 – TJ-RS – Juiz***

  III – O transporte, por meio de conduto, de gás natural, de qualquer origem, constitui monopólio da União e não pode ser concedido à iniciativa privada.

  Gabarito: Alternativa errada (§ 1º: pode ser realizado por empresas privadas)

Art. 178 – A lei disporá sobre a ordenação dos transportes aéreo, aquático e terrestre, devendo, quanto à ordenação do transporte internacional, **observar os acordos firmados pela União**, atendido o princípio da reciprocidade.

Parágrafo único. Na ordenação do transporte aquático, a lei estabelecerá as condições em que o transporte de mercadorias na cabotagem e a navegação interior poderão ser feitos por embarcações estrangeiras.

1. Aplicação em concurso público:

- ***Especialista em Regulação – Economia – CESPE – 2009 – ANTAQ***

  Sobre as águas brasileiras, o Brasil exerce total soberania no que se refere ao transporte nacional ou internacional aquaviário, não sendo obrigado a obedecer normas que não tenham sido incorporadas ao direito brasileiro.

  Gabarito: Alternativa correta.

Art. 179 – A União, os Estados, o Distrito Federal e os Municípios dispensarão **às microempresas e às empresas de pequeno porte,** assim definidas em lei, **tratamento jurídico diferenciado,** visando a incentivá-las pela simplificação de suas obrigações administrativas, tributárias, previdenciárias e creditícias, ou pela eliminação ou redução destas por meio de lei.

1. O tratamento jurídico diferenciado para as microempresas e empresas de pequeno porte fez surgir, para estas, o recolhimento pelo regime jurídico do "**Simples Nacional**", previsto na **Lei Complementar nº 123/06,** que abrange em um único documento todos os impostos recaídos sobre o contribuinte. Esse tratamento, assim como a regra do art. 170, IX, CF, não viola o princípio da isonomia, mas garante a igualdade material entre as empresas.

▶ **En**tendimentos jurisprudenciais:

Por disposição constitucional (CF, art. 179), as microempresas e as empresas de pequeno porte devem ser beneficiadas, nos termos da lei, pela "simplificação de suas obrigações administrativas, tributárias, previdenciárias e creditícias, ou pela eliminação ou redução destas" (CF, art. 179). Não há ofensa ao princípio da isonomia tributária se a lei, por motivos extrafiscais, imprime tratamento desigual a microempresas e empresas de pequeno porte de capacidade contributiva distinta, afastando do regime do Simples aquelas cujos sócios têm condição de disputar o mercado de trabalho sem assistência do Estado. (ADI 1.643, rel. min. Maurício Corrêa, j. 5-12-2003, P, DJ de 14-3-2003)

O Simples **Nacional surgiu da premente necessidade de se fazer com que o sistema tributário nacional concretizasse as diretrizes constitucionais do favorecimento às microempresas e às empresas de pequeno porte.** A LC 123, de 14-12-2006, em consonância com as diretrizes traçadas pelos arts. 146, III, d, e parágrafo único; 170, IX; e 179 da CF, visa à simplificação e à redução das obrigações dessas empresas, conferindo a elas um tratamento jurídico diferenciado, o qual guarda, ainda, perfeita consonância com os princípios da capacidade contributiva e da isonomia. Ausência de afronta ao princípio da isonomia tributária. [[RE 627.543, rel. min. Dias Toffoli, j. 30-10-2013, P, DJE de 29-10-2014, Tema 363.]

2. Aplicação em concurso público:

- ***Promotor de Justiça Substituto – 2018 – MPE-BA – Promotor de Justiça Substituto***

  Sobre a Ordem Econômica e Financeira, de acordo com a Constituição Federal/1988 e suas alterações, é correto afirmar que

  C) a lei dará tratamento jurídico diferenciado às microempresas e às empresas de pequeno porte, visando a incentivá-las pela simplificação de suas obrigações administrativas, tributárias e creditícias, vedada a eliminação de obrigações previdenciárias.

  Gabarito: Alternativa errada (as obrigações previdenciárias também serão simplificadas)

Art. 180 – A União, os Estados, o Distrito Federal e os Municípios promoverão e **incentivarão o turismo** como fator de desenvolvimento social e econômico.

1. Importante destacar que o **incentivo** ao turismo é de competência comum **de todos os entes federativos**

Aplicação em concurso público:

- ***Juiz do Trabalho – 2014 – TRT – 3ª Região (MG) – Juiz do Trabalho***

  Sobre a ordem econômica e financeira na Constituição da República é correto afirmar:

  Gabarito: Que a União, os Estados, o distrito Federal e os Municípios promoverão e incentivarão o turismo como fator de desenvolvimento social e econômico.

Art. 181 – O atendimento de requisição de documento ou informação de natureza comercial, feita por autoridade administrativa ou judiciária estrangeira, a pessoa física ou jurídica residente ou domiciliada no País dependerá de autorização do Poder competente.

1. Aplicação em concurso público:

- ***Auditor Fiscal da Receita Federal – Área Tecnologia da Informação – ESAF – 2005 – Receita Federal***

  Sobre os princípios gerais da atividade econômica e sobre a assistência social, na Constituição de 1988, marque a única opção correta.

  C) Nos termos da Constituição Federal, havendo reciprocidade de tratamento, o atendimento de requisições de documento ou informação de natureza comercial, feitas por autoridade administrativa ou judiciária estrangeira a pessoa física ou jurídica residente ou domiciliada no País, não dependerá de autorização do Poder competente.

  Gabarito: Alternativa errada (dependerá)

CAPÍTULO II

1. Para adentrar nos estudos acerca da política urbana e da política rural, é necessário ter em mente o conceito de função social da propriedade e da desapropriação:

1.1. A **função social da propriedade** é um princípio que rege o direito à propriedade privada, limitando-o. Seus requisitos estão no plano diretor da respectiva cidade e no caso da propriedade rural, no art. 186, CF. Se o indivíduo não os cumprir, ocorrerá a **desapropriação.**

1.2. A CF atribui privativamente à **união a competência para legislar sobre a desapropriação** (ver art. 22, II, da CF).

1.3. A desapropriação será em regra feita mediante **pagamento em dinheiro** (art. 5º, XXIV, CF), entretanto há exceções em que será feita mediante **Títulos da Dívida Pública** (art. 182, § 4º, CF) e **Títulos da Dívida Agrária** (art. 184, caput, CF). Por fim, há a hipótese em que será feita sem qualquer pagamento ao proprietário, é a chamada **expropriação** (art. 243, CF), uma espécie de sanção, deve ocorrer sempre fundamentada na lei, e nunca de forma arbitrária.

DA POLÍTICA URBANA

Art. 182 – A política de desenvolvimento urbano, executada pelo Poder Público municipal, conforme diretrizes gerais fixadas em lei, tem por objetivo **ordenar o pleno desenvolvimento das funções sociais da cidade e garantir o bem-estar de seus habitantes.**

§ 1º O **plano diretor,** aprovado pela Câmara Municipal, **obrigatório para cidades com mais de vinte mil habitantes,** é o instrumento básico da política de desenvolvimento e de expansão urbana.

1. O número de habitantes que torna necessário o Plano Diretor é muito cobrado nos concursos **(vinte mil habitantes).**

► **Entendimento jurisprudencial:**

RE 607940 (STF) – Os municípios com mais de vinte mil habitantes e o Distrito Federal **podem legislar sobre programas e projetos específicos de ordenamento do espaço urbano** por meio de leis que sejam compatíveis com as diretrizes fixadas no plano diretor.

Aplicação em concurso público:

- ***Procurador Municipal – 2016 – FCC – Prefeitura de São Luiz – MA***

  Constituição estadual que estabeleça a obrigatoriedade de Municípios com mais de 10.000 habitantes aprovarem Plano Diretor, como instrumento básico da política de desenvolvimento e de expansão urbana, no qual se exija do proprietário de solo urbano não utilizado ou subutilizado que promova o seu adequado aproveitamento, sob pena de, entre outras medidas, desapropriação com pagamento mediante títulos da dívida pública, será

  D) compatível com a Constituição da República, desde que a desapropriação mediante títulos da dívida pública seja precedida de parcelamento ou edificação compulsórios e imposto sobre a propriedade predial e territorial urbana progressivo no tempo.

  E) incompatível com a Constituição da República, por violação à autonomia dos Municípios com até 20.000 habitantes, dos quais não se exige a aprovação de Plano Diretor como instrumento básico da política de desenvolvimento e de expansão urbana.

  Gabarito: Alternativa E

- ***Procurador – 2018 – CONSULPLAN – Câmara de Belo Horizonte – MG***

  Sobre o tratamento que a Constituição da República Federativa do Brasil dá à Política Urbana, assinale a alternativa INCORRETA.

  A) A propriedade urbana cumpre sua função social quando atende às exigências fundamentais de ordenação da cidade expressas no plano diretor.

  B) O plano diretor, aprovado pela Câmara Municipal, obrigatório para cidades com mais de vinte e cinco mil habitantes, é o instrumento básico da política de desenvolvimento e de expansão urbana.

  D) É facultado ao Poder Público municipal, mediante lei específica para área incluída no plano diretor, exigir, nos termos da lei federal, do proprietário do solo urbano não edificado, subutilizado ou não utilizado, que promova seu adequado aproveitamento, sob pena de utilização sucessiva de alguns instrumentos legais.

  Gabarito: Alternativa B (plano diretor necessário para cidades com mais de 20 mil habitantes).

§ 2º A propriedade urbana cumpre sua **função social** quando **atende às exigências fundamentais de ordenação da cidade expressas no plano diretor.**

2. A **Função social da propriedade urbana** se traduz no atendimento às exigências do plano diretor.

Aplicação em concurso público:

- ***Procurador Jurídico – 2018 – VUNESP – Câmara de Itaquaquecetuba – SP***

  A política de desenvolvimento urbano, executada pelo Poder Público municipal, conforme diretrizes gerais fixadas em lei, tem por objetivo ordenar o pleno desenvolvimento das funções sociais da cidade e garantir o bem estar de seus habitantes. Nessa consonância, é certo afirmar a respeito da política urbana que:

  A) o plano diretor, aprovado pela Câmara Municipal, obrigatório para cidades com mais de quinze mil habitantes, é o instrumento básico da política de desenvolvimento e de expansão urbana.

  B) a propriedade urbana cumpre sua função social quando atende às exigências fundamentais de ordenação da cidade expressas no plano diretor.

  Gabarito: Alternativa B

§ 3º As desapropriações de imóveis urbanos serão feitas com prévia e justa indenização em dinheiro.

3. O § 3º prevê a **desapropriação mediante interesse público**. Diferencia-se da desapropriação mediante descumprimento da função social por não ser forma de sanção e, por isso, deve ser feita em dinheiro (o pagamento em dinheiro é um direito fundamental disposto no art. 5º XXIV, CF)

Aplicação em concurso público:

- ***Defensor Público – FCC – 2018 – DPE-MA***

  Sobre a Política Urbana, prevista na Constituição Federal de 1988, é correto afirmar:

  C) as desapropriações de imóveis urbanos serão feitas com posterior, mas breve, indenização em dinheiro.

  Gabarito: Alternativa errada (indenização prévia)

§ 4º É facultado ao Poder Público municipal, mediante lei específica para área incluída no plano diretor, exigir, nos termos da lei federal, do proprietário do **solo urbano não edificado, subutilizado ou não utilizado,** que promova seu **adequado aproveitamento, sob pena, sucessivamente, de:**

I – parcelamento ou edificação compulsórios;

II – imposto sobre a propriedade predial e territorial urbana progressivo no tempo;

III – desapropriação com pagamento mediante títulos da dívida pública de emissão previamente aprovada pelo Senado Federal, com prazo de resgate de até dez anos, em parcelas anuais, iguais e sucessivas, assegurados o valor real da indenização e os juros legais.

4. O § 4º traz a **desapropriação por motivos de não cumprimento da função social**. As situações previstas no § 4 são muito cobradas. O não cumprimento da função social da terra leva a sanções, que podem ser de natureza leve ou grave.

4.1. A sanção de **natureza leve será o parcelamento** ou a **edificação compulsória.**

4.2. A sanção de **natureza grave será a desapropriação** com pagamento mediante títulos da dívida pública, de emissão previamente aprovada pelo Senado Federal, com prazo de resgate de até dez anos, em parcelas anuais, iguais e sucessivas, assegurados o valor real da indenização e os juros legais.

Aplicação em concurso público:

- ***Procurador – 2014 – FUNCEPE – Câmara Municipal de Acaraú – CE***

  I – O proprietário do solo urbano não edificado, subutilizado ou não utilizado poderá ser coagido a promover seu adequado aproveitamento, por meio da imposição de penalidades, entre as quais o parcelamento ou edificação compulsória, a desapropriação do imóvel ou mesmo a aplicação de imposto sobre a propriedade predial e territorial urbana progressivo no tempo.

  Alternativa correta.

- ***Procurador Jurídico – 2018 – Orhion Consultoria – Prefeitura de Jaguariúna – SP***

  I – É facultado ao Poder Público municipal, mediante lei específica para área incluída no plano diretor, exigir, nos termos da lei federal, do proprietário do solo urbano não edificado, subutilizado ou não utilizado, que promova seu adequado aproveitamento, sob pena, sucessivamente de: (i) imposto sobre a propriedade predial e territorial urbana progressivo no tempo; (ii) parcelamento ou edificação compulsórios; (iii) desapropriação com pagamento mediante títulos da dívida pública de emissão previamente aprovada pelo Senado Federal, com prazo de resgate de até dez anos, em parcelas anuais, iguais e sucessivas, assegurados o valor real da indenização e os juros legais.

  Alternativa incorreta. (atenção à ordem que deve ser obedecida no § 4º)

- ***Procurador Legislativo – 2017 – COMPERVE – Câmara de Currais Novos – RN***

  A normativa infraconstitucional em questão estabelece as diretrizes gerais da política urbana, cuida de seus instrumentos, dentre outros assuntos. Nesse sentido, estabelece, expressamente, que

  A) lei municipal, baseada no plano diretor, fica vedada de autorizar o proprietário de imóvel urbano, privado ou público, a exercer em outro local, ou alienar, mediante escritura pública, o direito de construir previsto no plano diretor ou em legislação urbanística dele decorrente.

B) lei municipal específica para área incluída no plano diretor poderá determinar o parcelamento, a edificação ou a utilização compulsórios do solo urbano não edificado, subutilizado ou não utilizado, devendo fixar as condições e os prazos para implementação da referida obrigação.

D) lei federal, baseada no plano diretor, delimitará as áreas em que incidirá o direito de preempção e fixará prazo de vigência, não superior a cinco anos, renovável a partir de um ano após o decurso do prazo inicial de vigência.

Gabarito: Alternativa B

5. Aplicação em concurso público:

- ***Técnico da Receita Estadual – Conhecimentos Gerais – FCC – 2016 – SEGEP-MA***

A política urbana constitucional, regulada no título da ordem econômica,

A) estabelece, como instrumento de combate à subutilização do solo urbano, a desapropriação com pagamento mediante títulos da dívida pública de emissão previamente aprovada pelo Congresso Nacional, com prazo de resgate de até quinze anos, em parcelas anuais, iguais e sucessivas, assegurados o valor real da indenização e os juros legais.

B) prevê a possibilidade de cobrança de imposto sobre a propriedade predial e territorial urbana progressivo no tempo e em razão do valor do imóvel.

C) determina que a função social da propriedade urbana é definida no plano diretor dos Municípios.

D) determina a obrigatoriedade do plano diretor para cidades com mais de 25 mil habitantes.

Gabarito: Alternativa C

Obs:

a) art. 182, § 4º, CF (o prazo de resgate dos títulos da dívida pública é de até 10 anos)

b) art. 182, § 4º, CF (não estabelece progressividade em razão do valor do imóvel)

d) art. 182, § 1º, CF (mais de 20 mil habitantes)

Art. 183 – Aquele que possuir como sua área urbana de até **duzentos e cinqüenta metros quadrados, por cinco anos, ininterruptamente e sem oposição, utilizando-a para sua moradia ou de sua família, adquirir-lhe-á o domínio, desde que não seja proprietário de outro imóvel urbano ou rural.**

§ 1º O título de domínio e a concessão de uso serão conferidos ao homem ou à mulher, ou a ambos, **independentemente do estado civil.**

§ 2º Esse direito não será reconhecido ao mesmo possuidor mais de uma vez.

§ 3º Os imóveis públicos não serão adquiridos por usucapião.

1. Trata-se de **Usucapião Constitucional Urbana.** Requisitos previstos no art. 183, da CF, sendo eles:

a) Área urbana de até 250m²;

b) 5 anos de posse;

c) Posse ininterrupta e sem oposição;

d) O uso deverá ser para própria moradia ou de sua família;

e) Não possuir outro imóvel urbano ou rural;

Observação: *§ 2º: o direito não será reconhecido ao mesmo possuidor mais de uma vez.*

Aplicação em concurso público:

- ***Juiz de Direito – 2014 – CESPE – TJ-DFT***

  B) Aquele que possuir área urbana de até duzentos e cinquenta metros quadrados como sua, por cinco anos, ininterruptamente e sem oposição, utilizando-a somente para sua moradia, adquirirá o seu domínio, desde que não seja proprietário de outro imóvel urbano.

  Alternativa errada. (também pode ser usada para a moradia da família).

2. **Entendimento jurisprudencial:**

   Preenchidos os requisitos do art. 183 da CF, o reconhecimento do direito à usucapião especial urbana não pode ser obstado por legislação infraconstitucional que estabeleça módulos urbanos na respectiva área em que situado o imóvel (dimensão do lote). [RE 422.349, rel. min. Dias Toffoli, j. 29-4-2015, P, DJE de 5-8-2015, Tema 815.]

3. Os requisitos do usucapião constitucional rural estão no art. 191, da CF. Além disto, **o Código Civil em seu capítulo II (Da aquisição da propriedade imóvel) prevê outras possibilidades de ocorrer o usucapião.**

4. Os imóveis públicos não serão adquiridos por usucapião por estarem **afetados,** ou seja, já estão destinados à alguma função pública.

5. Aplicação em concurso público:

- ***Procurador Jurídico – 2018 – Orhion Consultoria – Prefeitura de Jaguariúna – SP***

  II – Aquele que possuir como sua área urbana de até duzentos metros quadrados, por cinco anos, ininterruptamente e sem oposição, utilizando-a para sua moradia ou de sua família, adquirir-lhe-á o domínio, desde que não seja proprietário de outro imóvel urbano ou rural.

  III – Os imóveis públicos não serão adquiridos por usucapião.

  A alternativa III está correta.

  Obs:

  II: a área pode ser de até 250m²

- ***Defensor Público – FCC – 2018 – DPE-MA***

  Sobre a Política Urbana, prevista na Constituição Federal de 1988, é correto afirmar:

  Gabarito: o título de domínio e a concessão de uso serão conferidos ao homem ou à mulher, ou a ambos, independentemente do estado civil. (art. 183, § 1º, CF)

CAPÍTULO III
DA POLÍTICA AGRÍCOLA E FUNDIÁRIA E DA REFORMA AGRÁRIA

Art. 184 – Compete à União desapropriar por interesse social, para fins de reforma agrária, o imóvel rural que não esteja cumprindo sua **função social,** mediante **prévia e justa indenização em títulos da dívida agrária,** com cláusula de preservação do valor real, resgatáveis no prazo de até vinte anos, a partir do segundo ano de sua emissão, e cuja utilização será definida em lei.

1. A **desapropriação de imóvel rural** ocorrerá quando o proprietário não cumprir a função social e será feita SEMPRE pela União.

Aplicação em concurso público:

- ***Promotor – 2012 – MPE-RS***

Gabarito: O Município, com finalidade de promover a reforma agrária, não tem competência para declarar de interesse social um imóvel rural situado nos limites de sua circunscrição.

Obs: A competência é da União.

§ 1º As benfeitorias úteis e necessárias serão indenizadas em dinheiro.

§ 2º O decreto que declarar o imóvel como de interesse social, para fins de reforma agrária, autoriza a União a propor a ação de desapropriação.

§ 3º Cabe à lei complementar estabelecer procedimento contraditório especial, de rito sumário, para o processo judicial de desapropriação.

§ 4º O orçamento fixará anualmente o volume total de títulos da dívida agrária, assim como o montante de recursos para atender ao programa de reforma agrária no exercício.

§ 5º São **isentas de impostos federais, estaduais e municipais** as operações de transferência de imóveis desapropriados para fins de reforma agrária.

2. A indenização da propriedade rural que não cumpre sua função social ocorrerá em títulos da dívida agrária, com **exceção as benfeitorias úteis e necessárias, que serão indenizadas em dinheiro.**

Aplicação em concurso público:

- ***Procurador – 2015 – PUC-PR – Prefeitura de Maringá – PR***

B) Compete à União desapropriar por interesse social, para fins de reforma agrária, o imóvel rural que não esteja cumprindo sua função social, mediante prévia e justa indenização de seu valor e das benfeitorias úteis e necessárias em títulos da dívida agrária, com cláusula de preservação do valor real, resgatáveis no prazo de até vinte anos, a partir do segundo ano de sua emissão, e cuja utilização será definida em lei.

Alternativa errada. (benfeitorias úteis e necessárias devem ser indenizadas em dinheiro)

Art. 185 - São insuscetíveis de desapropriação para fins de reforma agrária:

I - a pequena e média propriedade rural, assim definida em lei, **desde que seu proprietário não** possua outra;

II - a **propriedade produtiva.**

Parágrafo único. A lei garantirá tratamento especial à propriedade produtiva e fixará normas para o cumprimento dos requisitos relativos a sua função social.

1. No Brasil, para fins de desapropriação agrária, **somente poderão ser desapropriadas:**
   - **A grande propriedade rural que não cumpre sua função social;**
   - **A pequena e a média propriedade rural que não cumpre sua função social e, ainda, que o proprietário não possua outra propriedade.**
2. Os incisos I e II são muito cobrados em sua literalidade, muitas vezes mudando algum requisito para considerar a alternativa errada, veja o exemplo:

Aplicação em concurso público:

- ***Juiz de Direito – 2014 – CESPE – TJ-DFT***

  C) São insuscetíveis de desapropriação para fins de reforma agrária a pequena e a média propriedade rural, ainda que o seu proprietário possua outra, desde que de igual porte.

  Alternativa errada. (o proprietário não pode possuir outra).

- ***Procurador do Município – COPESE – UFPI – 2015 – Prefeitura de Bom Jesus – PI***

  I. A pequena propriedade é insuscetível de desapropriação para a reforma agrária

  Gabarito: Alternativa errada (a alternativa não está completa pois não é qualquer propriedade pequena que é insuscetível de desapropriação, deve também ser produtiva e ser a única do proprietário).

Art. 186 - A **função social** é cumprida quando a **propriedade rural** atende, simultaneamente, segundo critérios e graus de exigência estabelecidos em lei, aos seguintes requisitos:

I - **aproveitamento racional e adequado;**

II - utilização adequada dos recursos naturais disponíveis e preservação do meio ambiente;

III - observância das disposições que regulam as **relações de trabalho;**

IV - exploração que favoreça o bem-estar dos proprietários e dos trabalhadores.

1. Diferente da função social da propriedade urbana, que tem seus requisitos expressos no plano diretor (art. 182, CF) da respectiva cidade, a **propriedade rural** terá seus **requisitos** expressos no **art. 186, da CF.**

Aplicação em concurso público:

- ***Procurador – 2015 – PUC-PR – Prefeitura de Maringá – PR***

C) A função social da propriedade rural é cumprida se o proprietário utiliza a área de acordo com os mínimos estabelecidos em legislação infraconstitucional ou quando o proprietário cumpre a legislação trabalhista nas relações com os trabalhadores.

Alternativa errada. (a função social da propriedade rural está estabelecida na CF e não em legislações infraconstitucionais)

2) Aplicação em concurso público:

- ***Juiz do trabalho – 2016 – TRT – 4ª REGIÃO (RS)***

Considere as assertivas abaixo sobre a ordem econômica e financeira.

I – O livre exercício do direito de propriedade privada é garantido desde que o proprietário atenda a sua função socioambiental, de modo que a ele é vedado colocar em risco o equilíbrio ecológico, cuja titularidade é difusa.

II – A função individual da propriedade justifica-se para proteger o indivíduo e sua família, de maneira que se consubstancia num simples direito individual. Já a função social justifica-se pelos seus fins, em face da inserção da propriedade na coletividade.

Afirmativa correta.

Obs. Requisito de preservação do meio ambiente (art. 186, II, CF)

- ***Procurador do Município – COPESE – UFPI – 2015 – Prefeitura de Bom Jesus – PI***

II. A função social da propriedade rural é cumprida quando atende, simultaneamente, segundo critérios e graus de exigência estabelecidos em lei, aos seguintes requisitos: aproveitamento racional e adequado; utilização adequada dos recursos naturais disponíveis e preservação do meio ambiente; observância das disposições que regulam as relações de trabalho e exploração que favoreça o bem-estar dos proprietários e dos trabalhadores.

Gabarito: Alternativa correta.

Art. 187 – A política agrícola será planejada e executada na forma da lei, com a participação efetiva do setor de produção, envolvendo produtores e trabalhadores rurais, bem como dos setores de comercialização, de armazenamento e de transportes, levando em conta, especialmente:

I – os instrumentos **creditícios e fiscais;**

II – os preços compatíveis com os custos de produção e a garantia de comercialização;

III – o incentivo à pesquisa e à tecnologia;

IV – a assistência técnica e extensão rural;

V – o seguro agrícola;

VI – o cooperativismo;

VII – a eletrificação rural e irrigação;

VIII – a habitação para o trabalhador rural.

§ 1º Incluem-se no planejamento agrícola as **atividades agro-industriais, agropecuárias, pesqueiras e florestais.**

§ 2º Serão compatibilizadas as ações de política agrícola e de reforma agrária.

Art. 188 – A destinação de **terras públicas e devolutas** será compatibilizada com a política agrícola e com **o plano nacional de reforma agrária.**

§ 1º A alienação ou a concessão, a qualquer título, de terras públicas com área superior a dois mil e quinhentos hectares a pessoa física ou jurídica, ainda que por interposta pessoa, **dependerá de prévia aprovação do Congresso Nacional.**

§ 2º Excetuam-se do disposto no parágrafo anterior as alienações ou as concessões de terras públicas para fins de reforma agrária.

1. **Terras devolutas:** O art. 188 faz menção das chamadas terras devolutas. Estas são terras bens públicos, entretanto, sem nenhuma aplicabilidade ou uso público. A constituição faz menção de quais terras devolutas serão da União (Art. 20, II da CF) e quais serão dos Estados (art. 26, IV, da CF).

2. O parágrafo 2º determina a desnecessidade de prévia aprovação do Congresso Nacional quando a alienação ou concessão de terras públicas ou devolutas, quando essas tiverem a finalidade de reforma agrária (reestruturação fundiária das propriedades rurais).

Aplicação em concurso público:

- ***Procurador – 2015 – PUC-PR – Prefeitura de Maringá – PR***

  E) A destinação de terras públicas e devolutas será compatibilizada com a política agrícola e com o plano nacional de reforma agrária, e a alienação ou concessão das que tiverem área superior a dois mil e quinhentos hectares, mesmo que sua destinação seja a reforma agrária, dependerá de prévia aprovação do Congresso Nacional.

  Alternativa errada. (§ 2º: para fins de reforma agrária, não depende de prévia aprovação do CN)

- ***Analista Judiciário – Área Judiciária – 2017 – FCC – TRF – 5ª REGIÃO***

  Será compatível com a disciplina constitucional do direito de propriedade

  B) a concessão de terra pública com área de três mil e quinhentos hectares a pessoas físicas, para fins de reforma agrária, independentemente de prévia aprovação do Congresso Nacional.

  Alternativa correta.

- ***Defensor Público – 2015 – FCC – DPE-MA***

  O Estado do Maranhão, compatibilizando sua política agrária com a política agrícola e com o plano nacional de reforma agrária, alienou uma área de três mil hectares de terras devolutas para reforma agrária. Esta alienação, segundo a Constituição Federal, é

C) válida, uma vez que a Administração Pública pode alienar livremente suas terras devolutas.

E) válida, uma vez que a Administração Pública pode, no contexto citado, alienar suas terras devolutas para fins de reforma agrária sem prévia aprovação do Congresso Nacional.

Gabarito: Alternativa E

Art. 189 – Os beneficiários da distribuição de imóveis rurais pela reforma agrária receberão títulos de domínio ou de concessão de uso, inegociáveis pelo prazo de dez anos.

Parágrafo único. O título de domínio e a concessão de uso serão conferidos ao homem ou à mu**lher, ou a ambos, independentemente do estado civil, nos termos e condições previstos em lei.**

Art. 190 – A lei regulará e limitará a aquisição ou o arrendamento de propriedade rural por pessoa física ou jurídica estrangeira e estabelecerá os casos que dependerão de autorização do Congresso Nacional.

Art. 191 – Aquele que, não sendo proprietário de imóvel rural ou urbano, possua como seu, por **cinco anos ininterruptos**, sem oposição, área de terra, em zona rural, **não superior a cinqüenta hectares**, tornando-a produtiva por seu trabalho ou de sua família, tendo nela sua moradia, adquirir-lhe-á a propriedade.

Parágrafo único. **Os imóveis públicos não serão adquiridos por usucapião.**

1. **Usucapião Constitucional rural**: os requisitos estão expressos no art. 191 da CF e são eles:
   a. Não ser proprietário de outro imóvel rural ou urbano;
   b. Possuir por 5 anos ininterruptos;
   c. Não haver oposição à posse;
   d. A propriedade deverá ser área de terra em zona rural;
   e. Não poderá ser superior a 50 hectares, o que equivale a 500000m^2;
   f. Tornar a propriedade produtiva com seu trabalho ou de sua família;
   g. Morar na propriedade ao qual ocorrerá o usucapião;

Aplicação em concurso público:

- ***Procurador – 2015 – PUC-PR – Prefeitura de Maringá – PR***

A) A Constituição dispõe sobre a possibilidade de aquisição das propriedades urbana e rural por meio de usucapião. No intuito de fazer um resgate social, protegendo especialmente aqueles despossuídos de propriedade, o texto constitucional alterou profundamente os critérios de concessão do direito que passaram a ser o material e o temporal. O primeiro exige que o indivíduo demonstre estar na posse de uma área construída; o segundo, que demonstre estar na posse por, no mínimo, dez anos.

Alternativa errada.(a posse deve ser por, no mínimo, 5 anos)

- ***Técnico Judiciário – Área Administrativa – 2017 – FCC – TRF – 5ª REGIÃO***

  A Constituição Federal consagra hipóteses de aquisição de propriedade urbana e rural por usucapião, estabelecendo que, para a usucapião de área de terra em zona rural,

  A) tanto quanto para a usucapião de área urbana, a posse deve ser exercida sem oposição pelo prazo de cinco anos ininterruptos.

  B) o possuidor só não pode ser proprietário de outro imóvel rural, ao passo que, para a usucapião de área urbana, o possuidor só não pode ser proprietário de outro imóvel urbano.

  C) exige-se que o possuidor a torne produtiva por seu trabalho ou de sua família, não sendo necessário que tenha nela sua moradia, ao passo que, para a usucapião de área urbana, esta deve constituir a moradia do possuidor ou de sua família, não sendo necessário torná-la produtiva.

  Gabarito: Alternativa A

2. Assim como os imóveis urbanos, os imóveis rurais não serão adquiridos por usucapião quando estiverem **afetados ao poder público.**

CAPÍTULO IV
DO SISTEMA FINANCEIRO NACIONAL

Art. 192 – **O sistema financeiro nacional,** estruturado de forma a promover o desenvolvimento equilibrado do País e a servir aos interesses da coletividade, em todas as partes que o compõem, abrangendo as cooperativas de crédito, **será regulado por leis complementares** que disporão, inclusive, sobre a participação do capital estrangeiro nas instituições que o integram.

1. Os órgão normativos do Sistema Financeiro Nacional são:

- **Conselho Monetário Nacional (CMN)**
- **Conselho Nacional de Seguros Privados (CNSP)**
- **Conselho Nacional de Previdência Complementar (CNPC)**

Aplicação em concurso público:

- ***Engenheiro de segurança do trabalho – 2016 – INSTITUTO AOCP – UFFS***

  O Sistema Financeiro Nacional (SFN) do Brasil é formado por um conjunto de instituições, financeiras ou não, voltadas para a gestão da política monetária do governo federal. O Banco Central do Brasil propõe uma subdivisão do Sistema Financeiro Nacional em 3 níveis, órgãos normativos, entidades supervisoras e operadores. Assinale a alternativa que apresenta apenas órgãos normativos do SFN.

A) Conselho Nacional Monetário, Conselho Nacional de Seguros Privados, Conselho Nacional de Previdência Complementar.

Gabarito: Alternativa A

2. Todos os incisos e parágrafos deste artigo foram revogados com a EC nº 40/2003.

3. **Súmula Vinculante nº 7:** A norma do § 3º do artigo 192 da Constituição, revogada pela Emenda Constitucional 40/2003, que limitava a taxa de juros reais a 12% ao ano, tinha sua aplicação condicionada à edição de **lei complementar.**

Aplicação em concurso público:

- ***Procurador do Trabalho – MPT – 2015***

Examine o conteúdo das seguintes assertivas referentes às Súmulas Vinculantes do STF:

A norma do art. 192, § 3º, da Constituição, revogada pela Emenda Constitucional n. 40/2003, que limitava a taxa de juros reais a 12% ao ano, tinha sua aplicação condicionada à edição de lei ordinária.

Gabarito: Alternativa errada (era condicionada à aplicação de lei complementar)

TÍTULO VIII
DA ORDEM SOCIAL
CAPÍTULO I
DISPOSIÇÃO GERAL

Art. 193 – A ordem social tem como base o primado do **trabalho,** e como objetivo o **bem-estar** e a **justiça sociais.**

1. Aplicação em concurso público:

- ***Técnico Judiciário – Área Administrativa – CONSULPLAN – 2017 – TRE-RJ***

Conforme expressamente previsto no texto constitucional, a ordem social tem como base

A) a justiça social, e como objetivo o bem-estar e o primado do trabalho.

B) o bem-estar, e como objetivo o primado do trabalho e a justiça social.

C) o bem-estar e a justiça sociais, e como objetivo o primado do trabalho.

D) o primado do trabalho, e como objetivo o bem-estar e a justiça sociais.

Gabarito: Alternativa D

CAPÍTULO II
DA SEGURIDADE SOCIAL
SEÇÃO I
DISPOSIÇÕES GERAIS

Art. 194 – A seguridade social compreende um conjunto integrado de **ações de iniciativa dos Poderes Públicos e da sociedade,** destinadas a assegurar os direitos relativos **à saúde, à previdência e à assistência social.**

Parágrafo único. Compete ao Poder Público, nos termos da lei, organizar a seguridade social, com base nos seguintes **objetivos:**

I - universalidade **da cobertura e do atendimento;**

II - **uniformidade e equivalência dos benefícios e serviços às populações urbanas e rurais;**

III - **seletividade e distributividade na prestação dos benefícios e serviços;**

IV - **irredutibilidade do valor dos benefícios;**

V - **eqüidade na forma de participação no custeio;**

VI - **diversidade** da base de financiamento;

VII - **caráter democrático e descentralizado da administração**, mediante **gestão quadripartite**, com participação dos trabalhadores, dos empregadores, dos aposentados e do Governo nos órgãos colegiados.

1. O artigo 194 da Constituição dispõe acerca da **seguridade social**, que abrange a saúde, previdência e assistência social, sendo normalmente cobrada de forma literal nos concursos.

Aplicação em concurso público:

- ***Procurador – 2018 – FUNRIO – AL-RR***

  II. Nos termos da CFB/88, a Seguridade Social é estruturada em um sistema bipartite, nele compreendidas a Assistência Social e a Previdência Social.

  A afirmativa está errada (sistema tripartite: saúde, previdência e assistência social)

2. A seguridade social é **um direito de segunda geração**, no qual o estado terá importante papel de garantidor destes perante os indivíduos. Em outras palavras: é um direito que necessita de uma **intervenção garantidora estatal (ação positiva do Estado)** para que os sujeitos possam usufruir destes direitos.

3. O **conceito da seguridade social** pode ser encontrado tanto no caput do art. 194, da CF quanto também na Lei Orgânica da Seguridade Social (Lei 8212/91)

4. Aqui entra uma discussão muito importante no contexto jurídico atual: a **reserva do possível** x **o mínimo existencial**. Neste sentido, a garantia dos direitos sociais objetiva assegurar aquilo que se denominou de **"Mínimo Existencial"**, ou seja, o mínimo necessário à subsistência do indivíduo. De outro lado, o Estado possui problemas e limitações financeiras e jurídicas à sua atuação para assegurar tais direitos, o que ensejou a importação da teoria alemã da **"Reserva do Possível".**

5. A universalidade da cobertura e do atendimento possui uma dupla dimensão: uma **dimensão objetiva** e outra **subjetiva**.

   5.1. A dimensão objetiva diz que a universalidade de cobertura deverá abranger as situações de necessidade social no qual o legislador se resguardou de prever no texto constitucional, por representarem um risco social.

5.2. Na dimensão subjetiva, a aplicação do princípio da universalidade se refere aos indivíduos destinatários da proteção, abrangência esta que deverá alcançar todos os cidadãos, independente se trabalham ou não, se contribuem ou não.

6. Os **objetivos que baseiam a seguridade social** estão dispostos nos incisos do parágrafo único deste artigo e são muito cobrados pelos concursos públicos, em suas literalidades.

Aplicação em concurso público:

- ***Procurador – 2018 – FUNRIO – AL-RR***

  III. Constitui objetivo da Seguridade Social o caráter democrático e descentralizado da administração, mediante gestão quadripartite com participação dos trabalhadores, dos empregados, dos aposentados e do Governo nos órgãos colegiados.

  Gabarito: A afirmativa está correta. (art. 194, VII, CF)

- ***Procurador – 2018 – FUNDATEC – AL-RS***

  Segundo Amado (2016), à luz do interesse coletivo, o poder constituinte, derivado a partir da Emenda Constitucional nº 20/1998, restringiu a concessão do benefício de Auxílio-Reclusão, que desde então passou a se destinar para os dependentes dos Segurados de baixa renda, na forma do art. 201, IV, da Constituição Federal de 1988. Esse caso se insere no campo de incidência de qual princípio constitucional da previdência social?

  D) Seletividade e distributividade na prestação dos benefícios.

  Gabarito: Alternativa D (art. 194, III, CF)

- ***Procurador Jurídico – 2017 – VUNESP – Prefeitura de Marília – SP***

  "A diversidade e distinção na concessão dos benefícios e serviços às populações urbanas e rurais pelo poder público é um dos objetivos constitucionais da seguridade social."

  A afirmativa está errada. (art. 194, II, CF: uniformidade e equivalência)

Art. 195 – A **seguridade social** será financiada por toda a sociedade, de forma direta e indireta, nos termos da lei, mediante recursos provenientes dos orçamentos da União, dos Estados, do Distrito Federal e dos Municípios, e das seguintes **contribuições sociais:**

I – do empregador, da empresa e da entidade a ela equiparada na forma da lei, incidentes sobre:

a) a folha de salários e demais rendimentos do trabalho pagos ou creditados, a qualquer título, à pessoa física que lhe preste serviço, mesmo sem vínculo empregatício;

b) a receita ou o faturamento;

c) o lucro;

II – dos trabalhadores;

II – do trabalhador e dos demais segurados da previdência social, não incidindo contribuição sobre aposentadoria e pensão concedidas pelo regime geral de previdência social de que trata o art. 201;

III – **sobre a receita de concursos de prognósticos.**

IV – **do importador de bens ou serviços do exterior,** ou de quem a lei a ele equiparar.

§ 1º As receitas dos Estados, do Distrito Federal e dos Municípios destinadas à seguridade social constarão dos respectivos orçamentos, não integrando o orçamento da União.

§ 2º A proposta de orçamento da seguridade social será elaborada de forma **integrada pelos órgãos responsáveis pela saúde, previdência social e assistência social,** tendo em vista as metas e prioridades estabelecidas na **lei de diretrizes orçamentárias,** assegurada a cada área a gestão de seus recursos.

§ 3º **A pessoa jurídica em débito com o sistema da seguridade social,** como estabelecido em lei, **não poderá contratar com o Poder Público nem dele receber benefícios ou incentivos fiscais ou creditícios.**

§ 4º A lei poderá instituir outras fontes destinadas a garantir a manutenção ou expansão da seguridade social, obedecido o disposto no art. 154, I.

§ 5º Nenhum benefício ou serviço da seguridade social poderá ser criado, majorado ou estendido sem a correspondente fonte de custeio total.

§ 6º As contribuições sociais de que trata este artigo **só poderão ser exigidas após decorridos noventa dias** da data da publicação da lei que as houver instituído ou modificado, não se lhes apl**icando o disposto no art. 150, III, "b".**

§ 7º São isentas de contribuição para a seguridade social as entidades beneficentes de assistência social que atendam às exigências estabelecidas em lei.

§ 8º O produtor, o parceiro, o meeiro e o arrendatário rurais e o pescador artesanal, bem como os respectivos cônjuges, que exerçam suas atividades em regime de economia familiar, sem empregados permanentes, contribuirão para a seguridade social mediante a aplicação de uma alíquota sobre o resultado da comercialização da produção e farão jus aos benefícios nos termos da lei.

§ 9º As contribuições sociais previstas no inciso I do caput deste artigo poderão ter alíquotas ou bases de cálculo diferenciadas, em razão da atividade econômica, da utilização intensiva de mão-de-obra, do porte da empresa ou da condição estrutural do mercado de trabalho.

§ 10. A lei definirá os critérios de transferência de recursos para o sistema único de saúde e ações de assistência social da União para os Estados, o Distrito Federal e os Municípios, e dos Estados para os Municípios, observada a respectiva contrapartida de recursos.

§ 11. É vedada a concessão de remissão ou anistia das contribuições sociais de que tratam os incisos I, a, e II deste artigo, para débitos em montante superior ao fixado em lei complementar.

§ 12. A lei definirá os setores de atividade econômica para os quais as contribuições incidentes na forma dos incisos I, b; e IV do *caput*, serão não-cumulativas.

§ 13. Aplica-se o disposto no § 12 inclusive na hipótese de substituição gradual, total ou parcial, da contribuição incidente na forma do inciso I, a, pela incidente sobre a receita ou o faturamento.

1. A receita de concurso de prognósticos pode financiar a seguridade social. O art. 26, § 1º, da Lei nº 8.212/1991 conceitua prognósticos (Art. 195, "c", III, CF):

   "Consideram-se concurso de prognósticos todos e quaisquer concursos de sorteios de números, loterias, apostas, inclusive as realizadas em reuniões hípicas, nos âmbitos federal, estadual, do Distrito Federal e municipal."

Aplicação em concurso público:

- ***Procurador do Estado – 2018 – CESPE – PGE-PE***

Considerando o que preconiza a CF a respeito da ordem social, que objetiva o bem-estar e a justiça social, assinale a opção correta.

E) É expressamente proibida a participação de contribuições sociais sobre a receita de concursos de loteria no financiamento da seguridade social.

A afirmativa está errada. (art. 195, III, CF: a seguridade social pode financiar os prognósticos/loterias)

2. O § 6º segue o **princípio da anterioridade nonagesimal,** no qual as contribuições sociais só poderão ser exigidas noventa dias após a publicação.

3. As entidades beneficiadas pela **isenção** tratada pelo § 7º são entidades **sem fins lucrativos e que prestam serviços gratuitos de assistência social, saúde ou educação a pessoas necessitadas.** A qualidade de beneficente de assistência social da entidade é certificada pelos ministérios, conforme sua área de atuação, como é o caso do Ministério da Assistência Social e Combate à Fome, Ministério da Saúde e Ministério da Educação, dentre outros.

Aplicação em concurso público:

- ***Procurador de Universidade Assistente – 2018 – VUNESP – UNICAMP***

A respeito das disposições constitucionais sobre a seguridade social, assinale a alternativa correta.

A) As receitas dos Estados e dos Municípios destinadas à seguridade social constarão dos respectivos orçamentos, integrando o orçamento da União.

B) A pessoa jurídica em débito com o sistema da seguridade social, poderá contratar com o Poder Público e dele receber benefícios fiscais, excluídos apenas os creditícios.

C) São isentas de contribuição para a seguridade social as entidades beneficentes de assistência social que atendam às exigências estabelecidas em lei.

D) A lei não poderá instituir outras fontes destinadas a garantir a manutenção ou expansão da seguridade social além daquelas previstas na Constituição.

E) Há benefícios da seguridade social que podem ser criados, majorados ou estendidos sem a correspondente fonte de custeio total, tendo em vista a solidariedade.

Gabarito: Alternativa C

4. Aplicação em concurso público:

- ***Analista Judiciário – Oficial de Justiça Avaliador – 2018 – FCC – TRT – 6ª Região (PE)***

A) as contribuições sociais do empregador, da empresa e da entidade a ela equiparada na forma da lei não poderão ter alíquotas ou bases de cálculo diferenciadas, em razão da atividade econômica, da utilização intensiva de mão de obra, do porte da empresa ou da condição estrutural do mercado de trabalho. (Art. 195, § 9)

B) a proposta de orçamento da seguridade social será elaborada de forma integrada pelos órgãos responsáveis pela saúde, previdência social e assistência social, tendo em vista as metas e prioridades estabelecidas na lei de diretrizes orçamentárias, assegurada a cada área a gestão de seus recursos. (Art. 195, § 2)

C) nenhum benefício ou serviço da seguridade social poderá ser criado, majorado ou estendido sem a correspondente fonte de custeio total, exceto os que dizem respeito ao direito à saúde. (Art. 195, § 5)

D) são isentas de contribuição para a seguridade social as Organizações da Sociedade Civil de Interesse Público, bem como as organizações não governamentais que atendam às exigências estabelecidas em decreto do Presidente da República. (Art. 195, § 7)

E) as receitas dos Estados, do Distrito Federal e dos Municípios destinadas à seguridade social constarão dos respectivos orçamentos, integrando, ainda, o orçamento da União. (Art. 195, § 1)

Gabarito: Alternativa B

- ***Procurador Jurídico – 2018 – VUNESP – Câmara de Itaquaquecetuba – SP***

A partir do quanto previsto pela Constituição Federal, assinale a alternativa correta a respeito da Ordem Social.

A) Nenhum benefício ou serviço da seguridade social poderá ser criado, majorado ou estendido sem a correspondente fonte de custeio total.

B) As contribuições sociais que financiam a seguridade social só poderão ser exigidas após decorridos sessenta dias da data da publicação da lei que as houver instituído ou modificado.

Gabarito: Alternativa A (art. 195, § 5º, CF)

- ***Procurador Municipal – 2018 – CESPE – PGM – Manaus – AM***

Julgue o próximo item, relativo à organização, aos princípios e ao custeio da seguridade social.

Constitui fonte de financiamento da seguridade social a arrecadação de contribuições sociais do importador de bens ou serviços do exterior.

A alternativa está correta.

SEÇÃO II
DA SAÚDE

Art. 196 – A **saúde é direito de todos e dever do Estado,** garantido mediante políticas sociais e econômicas que visem à redução do risco de doença e de outros agravos e ao **acesso universal e igualitário** às ações e serviços para sua promoção, proteção e recuperação.

2. A assistência à saúde é **responsabilidade solidária entre todos os entes,** conforme art. 23, II, da CF. Este entendimento foi reafirmado pelo Supremo Tribunal Federal no RE 855178.

Aplicação em concurso público:

- ***Juiz de Direito – 2018 – CESPE – TJ-CE***

  "O polo passivo de ações que versem sobre responsabilidade nos tratamentos médicos pode ser ocupado por qualquer dos entes federados."

  A alternativa está correta.

3. **O Poder Judiciário pode atuar como garantidor do direito à saúde quando o estado não puder ou não quiser garantir este direito.** Porém, este ativismo deve ser **moderado,** de modo a não ensejar a interferência de um poder no outro.

4. **Entendimentos jurisprudenciais:**

3.1. STF reafirma inconstitucionalidade de dispositivo que permitia extração de amianto crisotila, essa decisão teve como fundamento base o mal à saúde que a substância pode gerar:

► Por maioria de votos, o Plenário do Supremo Tribunal Federal (STF) reafirmou a declaração de inconstitucionalidade do artigo 2º da Lei federal 9.055/1995 que permitia a extração, industrialização, comercialização e a distribuição do uso do amianto na variedade crisotila no país. A inconstitucionalidade do dispositivo já havia sido incidentalmente declarada no julgamento da ADI 3937, mas na sessão desta quarta-feira (29) os ministros deram efeito vinculante e erga omnes (para todos) à decisão.

Aplicação em concurso público:

- ***Juiz de Direito – 2018 – CESPE – TJ-CE***

  "De acordo com o STF, desde que seguidos os padrões regulamentados pela ANVISA, não é proibido o uso industrial e comercial do amianto."

  A alternativa está errada.

3.2. O Supremo Tribunal Federal confirmou seu entendimento de que o direito à saúde necessita de **políticas públicas impositivas ao estado,** de modo que este se obrigue a criar condições objetivas que possibilitem o efetivo acesso a tal serviço **(AI 734.487-AgR, Rel. Min. Ellen Gracie, DJE de 20-8-2010).**

Aplicação em concurso público:

- ***Juiz do trabalho – 2015 – TRT – 21ª Região (RN)***

  Sobre a Ordem Social, é **correto** dizer, à luz da jurisprudência majoritária do Supremo Tribunal Federal e da Constituição Federal:

  A) É possível ao Judiciário determinar medidas assecuratórias de direitos constitucionalmente reconhecidos como essenciais, como é o caso da saúde, embora o

Art. 196 da Constituição Federal, que consubstancia a garantia do direito à saúde, contenha norma que admite classificação como preceito programático.

Alternativa correta.

Art. 197 – São de relevância pública as ações e serviços de **saúde**, cabendo ao **Poder Público** dispor, nos termos da lei, sobre sua regulamentação, fiscalização e controle, devendo sua **execução ser feita diretamente ou através de terceiros e, também, por pessoa física ou jurídica de direito privado.**

1. Tal artigo é corriqueiramente cobrado em concurso com mera leitura de lei, buscando que o candidato saiba da **importância das políticas públicas na área da saúde.**

Aplicação em concurso público:

- ***Analista Técnico Científico – Pedagogo – VUNESP – 2016 – MPE-SP***

A Constituição Federal de 1988 (art.197) estabelece que são de relevância pública as ações e serviços de saúde pública, cabendo ao Poder Público dispor, nos termos da lei, sobre sua regulamentação, fiscalização e controle, devendo sua execução ser feita

A) diretamente ou por meio de terceiros e, também, por pessoa física ou jurídica de direito privado.

B) por empresas filantrópicas, exclusivamente em convênio com o Governo Federal.

C) pelos Estados, que poderão estabelecer convênio, desde que autorizados pelo Governo Federal.

D) diretamente pelos serviços terceirizados contratados unicamente pelo Governo Federal.

E) por pessoas físicas, desde que credenciadas pelo Ministério da Saúde.

Gabarito: Alternativa A

Art. 198 – As ações e serviços públicos de saúde integram uma rede regionalizada e hierarquizada e constituem um **sistema único**, organizado de acordo com as seguintes diretrizes:

I – descentralização, com direção única em cada esfera de governo;

II – **atendimento integral,** com prioridade para as atividades preventivas, sem prejuízo dos serviços assistenciais;

III – participação da comunidade.

§ 1º. O sistema único de saúde será financiado, nos termos do art. 195, com recursos do orçamento da seguridade social, da **União, dos Estados, do Distrito Federal e dos Municípios,** além de outras fontes.

§ 2º A União, os Estados, o Distrito Federal e os Municípios aplicarão, anualmente, em ações e serviços públicos de saúde recursos mínimos derivados da aplicação de percentuais calculados sobre:

I – no caso da União, a receita corrente líquida do respectivo exercício financeiro, não podendo ser inferior a 15% (quinze por cento);

II – no caso dos Estados e do Distrito Federal, o produto da arrecadação dos impostos a que se refere o art. 155 e dos recursos de que tratam os arts. 157 e 159, inciso I, alínea a, e inciso II, deduzidas as parcelas que forem transferidas aos respectivos Municípios;

III – no caso dos Municípios e do Distrito Federal, o produto da arrecadação dos impostos a que se refere o art. 156 e dos recursos de que tratam os arts. 158 e 159, inciso I, alínea b e § 3º.

§ 3º Lei complementar, que será reavaliada pelo menos a cada cinco anos, estabelecerá:

I – os percentuais de que tratam os incisos II e III do § 2º;

II – os critérios de rateio dos recursos da União vinculados à saúde destinados aos Estados, ao Distrito Federal e aos Municípios, e dos Estados destinados a seus respectivos Municípios, objetivando a progressiva redução das disparidades regionais;

III – as normas de fiscalização, avaliação e controle das despesas com saúde nas esferas federal, estadual, distrital e municipal;

IV – Revogado

§ 4º Os gestores locais do **sistema único de saúde** poderão admitir **agentes comunitários de saúde e agentes de combate às endemias por meio de processo seletivo público,** de acordo com a natureza e complexidade de suas atribuições e requisitos específicos para sua atuação.

§ 5º Lei federal disporá sobre o regime jurídico, o piso salarial profissional nacional, as diretrizes para os Planos de Carreira e a regulamentação das atividades de agente comunitário de saúde e agente de combate às endemias, competindo à União, nos termos da lei, prestar assistência financeira complementar aos Estados, ao Distrito Federal e aos Municípios, para o cumprimento do referido piso salarial.

§ 6º Além das hipóteses previstas no § 1º do art. 41 e no § 4º do art. 169 da Constituição Federal, o servidor que exerça funções equivalentes às de agente comunitário de saúde ou de agente de combate às endemias poderá perder o cargo em caso de descumprimento dos requisitos específicos, fixados em lei, para o seu exercício.

1. O art. 167, IV da CF veda a **vinculação de impostos** a qualquer que seja a despesa, mas faz ressalva quanto à saùde, **permitindo a destinação de recursos para as ações** e serviços públicos de saúde.

2. O Sistema Único de Saúde deve ser financiado por todos os entes federativos e fornecer **atendimento integral de saúde, sendo vedada a cobrança para que o paciente tenha acomodações superiores.** Além disso, o STF já decidiu que o **SUS não é obrigado a custear tratamentos de saúde experimentais.**

► **Entendimentos jurisprudenciais:**

O Plenário do Supremo Tribunal Federal (STF) considerou inconstitucional a possibilidade de um paciente do Sistema Único de Saúde (SUS) pagar para ter acomodações superiores ou ser atendido por médico de sua preferência, a chamada diferença de classes. [RE 581488 – STF]

"Os tratamentos experimentais (sem comprovação científica de sua eficácia) são realizados por laboratórios ou centros médicos de ponta, consubstanciando-se em pesquisas clínicas. A participação nesses tratamentos rege-se pelas normas que regulam a pesquisa médica e, portanto, **o Estado não pode ser condenado a fornecê-los.**" (STA 175 AgR, voto do rel. min. Gilmar Mendes, j. 17-3-2010, P, DJE de 30-4-2010.)

Aplicação em concurso público:

- ***Juiz federal – 2018 – IBFC – TRF – 2ª REGIÃO***

  Após analisar as afirmações abaixo, assinale a alternativa correta:

  I – Como a Constituição Federal afirma que a saúde é direito de todos e dever do Estado, cabe ao Poder Judiciário determinar que o Estado forneça medicamentos, ainda não registrados na ANVISA ou de eficácia não demonstrada, desde que demonstradas a urgência e a gravidade do estado de saúde do paciente.

  II – Devido ao princípio da separação dos poderes, não é lícito ao Poder Judiciário determinar a implementação de políticas públicas nas questões relativas ao direito constitucional à saúde.

  III – No que tange à legitimidade passiva dos entes políticos envolvidos, referente às ações cuja pretensão é o fornecimento de medicamentos, tratamentos e congêneres imprescindíveis à saúde de pessoa carente, há solidariedade entre a União Federal, Estados e Municípios, considerando a unicidade do Sistema Único de Saúde.

  IV – o STF entende ser constitucional atos normativos que, no âmbito do Sistema Único de Saúde (SUS), vedam a internação em acomodações superiores, bem como o atendimento diferenciado por médico do próprio SUS ou conveniado, mediante o pagamento da diferença dos valores correspondentes.

  Gabarito: As alternativas III e IV estão corretas.

- ***Técnico Judiciário – Área Administrativa – 2018 – FCC – TRT – 15ª Região (SP)***

  B) o financiamento do Sistema Único de Saúde será efetivado integralmente com recursos do orçamento da seguridade social da União, responsável em assegurar o acesso universal e igualitário.

  C) as ações e serviços públicos de saúde integram uma rede regionalizada e hierarquizada e constituem um sistema único, organizado com vistas ao atendimento integral, excluídos os serviços assistenciais.

  As alternativas estão erradas (art. 198, § 1º, CF: orçamento da União, Estados e Municípios; II: sem prejuízo dos serviços assistenciais).

3. A Lei nº 8.080/1990 regula as ações e serviços de saúde em todo o território nacional.

4. O § 4º deste artigo dispõe que agentes comunitários de saúde e agentes de combate às endemias podem ser admitidos por meio de processo seletivo público. **Apesar de não usar a nomenclatura "concurso público", tal processo seletivo em nada se diferencia**, uma vez que, regulamentado pela Lei 11.350/2006, prevê a realização de provas ou de provas e títulos.

▶ **Legislação Infraconstitucional:**

Lei nº 11.350/2006, Art. 9º: A contratação de Agentes Comunitários de Saúde e de Agentes de Combate às Endemias deverá ser **precedida de processo seletivo público de provas ou de provas e títulos,** de acordo com a natureza e a complexidade de suas atribuições e requisitos específicos para o exercício das atividades, que atenda aos princípios de legalidade, impessoalidade, moralidade, publicidade e eficiência.

Art. 199 – A assistência à saúde é livre à iniciativa privada.

§ 1º – As instituições privadas poderão participar de forma complementar do sistema único de saúde, segundo diretrizes deste, mediante contrato de direito público ou convênio, tendo preferência as entidades filantrópicas e as sem fins lucrativos.

§ 2º É vedada a destinação de recursos públicos para auxílios ou subvenções às instituições privadas com fins lucrativos.

§ 3º É vedada a participação direta ou indireta de empresas ou capitais estrangeiros na assistência à saúde no País, salvo nos casos previstos em lei.

§ 4º A lei disporá sobre as condições e os requisitos que facilitem a remoção de órgãos, tecidos e substâncias humanas para fins de transplante, pesquisa e tratamento, bem como a coleta, processamento e transfusão de sangue e seus derivados, sendo vedado todo tipo de comercialização.

1. As **instituições privadas** garantem a assistência à saúde de forma **complementar.** Os recursos públicos **poderão ser destinados** apenas a **instituições públicas e privadas SEM fins lucrativos.**

Aplicação em concurso público:

- ***Assistente Administrativo – 2018 – Quadrix – CRM-DF***

  No que se refere à ordem social na CF, julgue o item subsequente.

  Entidades privadas poderão substituir o Estado no conjunto de ações e serviços públicos que integrem o chamado Sistema Único de Saúde (SUS), desde que por meio de instituições filantrópicas e sem fins lucrativos.

  A afirmativa está errada. (forma complementar)

- ***Técnico Judiciário – Área Administrativa – 2018 – FCC – TRT – 15ª Região (SP)***

  O Direito universal à saúde deve ser garantido pelo Estado mediante políticas sociais e econômicas que visem à redução do risco de doença e de outros agravos, com base, dentre outros, na previsão constitucional segundo a qual

  A) as instituições privadas poderão participar de forma complementar do Sistema Único de Saúde, segundo diretrizes próprias, tendo preferência as entidades filantrópicas e as sem fins lucrativos.

  D) é vedado às instituições privadas com fins lucrativos participarem do Sistema Único de Saúde.

As alternativas estão erradas. (As instituições privadas devem seguir as diretrizes do SUS; não é vedada a participação das instituições com fins lucrativos, mas elas não podem receber recursos públicos)

- ***Procurador Jurídico – 2018 – VUNESP – Câmara de Itaquaquecetuba – SP***

  C) É permitida a destinação de recursos públicos para auxílios ou subvenções às instituições privadas com fins lucrativos, desde que essas prestem serviços de saúde.

  D) Em regra, é autorizada a participação direta ou indireta de empresas ou capitais estrangeiros na assistência à saúde no País, salvo nos casos previstos em lei.

  As alternativas estão erradas. (Não pode haver destinação de recursos públicos para entidades com fins lucrativos; o § 4º veda a participação de empresas e capitais estrangeiros)

2. Aplicação em concurso público:

- ***Promotor de Justiça – 2017 – FMP Concursos – MPE-RO***

  Sobre a Ordem Social presente na CRFB/88, pode-se afirmar:

  B) O direito à saúde, de acesso universal e igualitário, deverá ser viabilizado por meio de políticas públicas, cabendo ao Poder Público regulamentar, fiscalizar e controlar sua execução, podendo ser prestada diretamente pelo ente público como também por terceiros, sendo a iniciativa privada livre para participar complementarmente ao Sistema Único de Saúde – SUS.

  A alternativa está errada. (deve ser segundo as diretrizes do SUS)

Art. 200 – Ao sistema único de saúde compete, além de outras atribuições, nos termos da lei:

I – controlar e fiscalizar procedimentos, produtos e substâncias de interesse para a saúde e participar da produção de medicamentos, equipamentos, imunobiológicos, hemoderivados e outros insumos;

II – executar as ações de vigilância sanitária e epidemiológica, bem como as de saúde do trabalhador;

III – ordenar a formação de recursos humanos na área de saúde;

IV – participar da formulação da política e da execução das ações de saneamento básico;

V – incrementar, em sua área de atuação, o desenvolvimento científico e tecnológico e a inovação;

VI – fiscalizar e inspecionar alimentos, compreendido o controle de seu teor nutricional, bem como bebidas e águas para consumo humano;

VII – participar do controle e fiscalização da produção, transporte, guarda e utilização de substâncias e produtos psicoativos, tóxicos e radioativos;

VIII – colaborar na proteção do meio ambiente, nele compreendido o do trabalho.

1. As atribuições do SUS previstas na Constituição são exemplificativas e não se exaurem com o texto constitucional. Sua competência variará de acordo com a direção nacional, direção estadual e municipal, mas sempre em conjunto, conforme a **Lei nº 8.080/90.**

SEÇÃO III
DA PREVIDÊNCIA SOCIAL

Art. 201 – A previdência social será organizada sob a forma de **regime geral, de caráter contributivo e de filiação obrigatória**, observados critérios que preservem o equilíbrio financeiro e atuarial, e atenderá, nos termos da lei, a:

1. O **INSS – Instituto Nacional do Seguro Social** é uma autarquia Federal vinculada ao Ministério da Previdência Social. Sua principal função é gerir o plano de benefícios e serviços do RGPS. Além disto, é a autarquia encarregada em **receber as contribuições dos contribuintes** e no pagamento de pensões. A **administração do RGPS**, porém, é atribuição do **Ministério da Previdência Social.** O INSS é **representado juridicamente pelos Procuradores Federais.**

2. O **caráter contributivo da previdência** é repetido também no art. 40, da CF, quando trata do regime dos servidores públicos.

Aplicação em concurso público:

- ***Procurador – 2018 – FUNRIO – AL-RR***
  A contributividade é princípio da Seguridade Social e específico da Previdência Social.
  A afirmativa está correta.

I – cobertura dos eventos de **doença, invalidez, morte e idade avançada;**

II – proteção à **maternidade**, especialmente à gestante;

III – proteção ao trabalhador em situação de **desemprego involuntário**;

IV – **salário-família** e **auxílio-reclusão** para os dependentes dos segurados de baixa renda;

V – **pensão por morte** do segurado, homem ou mulher, ao cônjuge ou companheiro e dependentes, observado o disposto no § 2º.

3. Os incisos demonstram alguns benefícios, são eles: auxílio-doença (para quando o contribuinte necessita de mais de 15 dias de afastamento do trabalho **cobertura do plano de previdência social**), aposentadoria por invalidez, pensão por morte, aposentadoria por idade, salário maternidade, salário-família e auxílio reclusão. Esses benefícios são estudos profundamente no âmbito do **Direito Previdenciário.**

▶ **Atenção:** o **Seguro desemprego** não **é benefício previdenciário** e não é operacionalizado pelo Fundo de Previdência Social. O fundo que o mantém é o FAT (Fundo de Amparo ao Trabalhador, do Ministério do Trabalho).

---

§ 1º É vedada a adoção de requisitos e critérios diferenciados para a concessão de aposentadoria aos beneficiários do regime geral de previdência social, ressalvados os casos de atividades exercidas sob condições especiais que prejudiquem a saúde ou a integridade física e quando se tratar de segurados portadores de deficiência, nos termos definidos em lei complementar.

§ 2º Nenhum benefício que substitua o salário de contribuição ou o rendimento do trabalho do segurado terá valor mensal inferior ao salário mínimo.

§ 3º Todos os salários de contribuição considerados para o cálculo de benefício serão devidamente atualizados, na forma da lei.

§ 4º É assegurado o reajustamento dos benefícios para preservar-lhes, em caráter permanente, o valor real, conforme critérios definidos em lei.

§ 5º É vedada a filiação ao regime geral de previdência social, na qualidade de segurado facultativo, de pessoa participante de regime próprio de previdência.

§ 6º A **gratificação natalina dos aposentados e pensionistas** terá por base o valor dos proventos do mês de **dezembro** de cada ano.

§ 7º É assegurada aposentadoria no regime geral de previdência social, nos termos da lei, obedecidas as seguintes condições:

I – trinta e cinco anos de contribuição, se homem, e trinta anos de contribuição, se mulher;

II – sessenta e cinco anos de idade, se homem, e sessenta anos de idade, se mulher, reduzido em cinco anos o limite para os trabalhadores rurais de ambos os sexos e para os que exerçam suas atividades em regime de economia familiar, nestes incluídos o produtor rural, o garimpeiro e o pescador artesanal.

§ 8º Os requisitos a que se refere o inciso I do parágrafo anterior serão reduzidos em cinco anos, para o professor que comprove exclusivamente tempo de efetivo exercício das funções de magistério na educação infantil e no ensino fundamental e médio.

§ 9º Para efeito de aposentadoria, é assegurada a contagem recíproca do tempo de contribuição na administração pública e na atividade privada, rural e urbana, hipótese em que os diversos regimes de previdência social se compensarão financeiramente, segundo critérios estabelecidos em lei.

§ 10. Lei disciplinará a **cobertura do risco de acidente do trabalho**, a ser atendida concorrentemente pelo regime geral de previdência social e pelo setor privado.

§ 11. Os ganhos habituais do empregado, a qualquer título, serão incorporados ao salário para efeito de contribuição previdenciária e conseqüente repercussão em benefícios, nos casos e na forma da lei.

§ 12. Lei disporá sobre sistema especial de inclusão previdenciária para atender a trabalhadores de baixa renda e àqueles sem renda própria que se dediquem exclusivamente ao trabalho doméstico no âmbito de sua residência, desde que pertencentes a famílias de baixa renda, garantindo-lhes acesso a benefícios de valor igual a um salário-mínimo.

§ 13. O sistema especial de inclusão previdenciária de que trata o § 12 deste artigo terá alíquotas e carências inferiores às vigentes para os demais segurados do regime geral de previdência social.

4. O § 1 é um exemplo do **princípio da equidade em conjunto com o da uniformidade**, ambos princípios constitucionais expressos e gerais da seguridade social.

5. **Gratificação natalina:** tem por base o valor dos proventos de **dezembro.**

Aplicação em concurso público:

- ***Procurador Jurídico – 2018 – VUNESP – Câmara de Itaquaquecetuba – SP***

  E) A gratificação natalina dos aposentados e pensionistas terá por base o valor dos proventos do mês de julho de cada ano.

  A alternativa está errada. (§ 6º: proventos de dezembro)

6. **O servidor público não pode contribuir para o Regime Geral de Previdência como segurado facultativo, mas apenas como contribuinte individual, comprovando o exercício de atividade autônoma.** Outra opção é a contribuição em Regime de Previdência Privada de caráter complementar. (art. 202, CF).

Aplicação em concurso público:

- ***Advogado – 2018 – FGV – AL-RO***

  Em dezembro de 1998, foi aprovada importante reforma previdenciária no Brasil, a qual inseriu diversas inovações no texto constitucional.

  Dentre as mudanças realizadas em 1988, assinale a afirmativa correta.

  A) Realizada por meio da Emenda Constitucional nº 20, ela inovou nas idades mínimas de todas as aposentadorias, incluindo o Regime Geral de Previdência Social.

  B) Colocou fim às regras de paridade e integralidade remuneratórias nos Regimes Próprios de Previdência Social de Servidores Públicos.

  C) Impediu que servidores públicos vinculados a Regime Próprio de Previdência Social fossem, simultaneamente, segurados facultativos do Regime Geral de Previdência Social.

  D) Criou a aposentadoria compulsória para servidores públicos aos 70 anos de idade.

  E) Não previa regras transitórias de aposentadoria voluntária nos Regimes Próprios de Previdência Social.

  Gabarito: Alternativa C

- ***Assistente Administrativo – 2018 – CS-UFG – AparecidaPrev***

  A Constituição Federal de 1988, em seu artigo 201, incs. de I a V, estabelece diretrizes que o legislador ordinário e a administração devem seguir para bem conduzir os rumos do Regime Geral de Previdência Social, como a seguinte:

  A) é vedada a adoção de requisitos e critérios diferenciados para a concessão de aposentadoria aos beneficiários do regime geral de previdência social, ressalvados os casos de atividades exercidas sob condições especiais que prejudiquem a saúde ou a integridade física e quando se tratar de segurados portadores de deficiência, nos termos definidos em lei complementar.

  C) é vedada a filiação ao regime geral de previdência social na qualidade de segurado obrigatório, de pessoa participante de regime próprio de previdência.

Gabarito: Alternativa A (A alternativa C está errada porque só é vedada a contribuição de caráter **facultativo** *no Regime Geral de Previdência Social ao participante do Regime Próprio de Previdência, ou seja, o servidor público ainda pode contribuir para o Regime Geral como empregado, trabalhador avulso, segurado especial ou como contribuinte individual, comprovando que exerce atividade autônoma)*

Art. 202 - O **regime de previdência privada, de caráter complementar** e organizado de forma autônoma em relação ao regime geral de previdência social, **será facultativo**, baseado na constituição de reservas que garantam o benefício contratado, e regulado por lei complementar.

§ 1° A lei complementar de que trata este artigo assegurará ao participante de planos de benefícios de entidades de previdência privada o pleno acesso às informações relativas à gestão de seus respectivos planos.

§ 2° As contribuições do empregador, os benefícios e as condições contratuais previstas nos estatutos, regulamentos e planos de benefícios das entidades de previdência privada não integram o contrato de trabalho dos participantes, assim como, à exceção dos benefícios concedidos, não integram a remuneração dos participantes, nos termos da lei.

§ 3º É vedado o aporte de recursos a entidade de previdência privada pela União, Estados, Distrito Federal e Municípios, suas autarquias, fundações, empresas públicas, sociedades de economia mista e outras entidades públicas, salvo na qualidade de patrocinador, situação na qual, em hipótese alguma, sua contribuição normal poderá exceder a do segurado.

§ 4º Lei complementar disciplinará a relação entre a União, Estados, Distrito Federal ou Municípios, inclusive suas autarquias, fundações, sociedades de economia mista e empresas controladas direta ou indiretamente, enquanto patrocinadoras de entidades fechadas de previdência privada, e suas respectivas entidades fechadas de previdência privada.

§ 5º A lei complementar de que trata o parágrafo anterior aplicar-se-á, no que couber, às empresas privadas permissionárias ou concessionárias de prestação de serviços públicos, quando patrocinadoras de entidades fechadas de previdência privada.

§ 6º A lei complementar a que se refere o § 4° deste artigo estabelecerá os requisitos para a designação dos membros das diretorias das entidades fechadas de previdência privada e disciplinará a inserção dos participantes nos colegiados e instâncias de decisão em que seus interesses sejam objeto de discussão e deliberação.

1. A **previdência de caráter complementar** é uma faculdade para que o contribuinte do RGPS ou do RPPS possa aumentar seu benefício.

2. Aplicação em concurso público:

- ***Procurador de Universidade Assistente – 2018 – VUNESP – UNICAMP***

  De acordo com a Constituição da República, se um Município pretender fixar, para o valor das aposentadorias e pensões a serem concedidas pelo regime próprio de previdência, o limite máximo estabelecido para os benefícios do regime geral de previdência social,

E) poderá fazê-lo, desde que institua regime de previdência complementar para os seus respectivos servidores titulares de cargo efetivo.

Gabarito: Alternativa E

SEÇÃO IV
DA ASSISTÊNCIA SOCIAL

Art. 203 – A assistência social será prestada a quem dela necessitar, **independentemente de contribuição à seguridade social,** e tem por objetivos:

I – a proteção à família, à maternidade, à infância, à adolescência e à velhice;

II – o amparo às crianças e adolescentes carentes;

III – a promoção da integração ao mercado de trabalho;

IV – a habilitação e reabilitação das pessoas portadoras de deficiência e a promoção de sua integração à vida comunitária;

V – a garantia de **um salário mínimo de benefício mensal à pessoa portadora de deficiência e ao idoso que comprovem não possuir meios de prover à própria manutenção ou de tê-la provida por sua família,** conforme dispuser a lei.

1. A assistência social busca garantir o **mínimo existencial** a todos os indivíduos, tutelando aquelas pessoas que mais precisam da ajuda do Estado:

Dessa forma, a assistência social não exige contraprestação, é independente de contribuição à seguridade social (o que a diferencia da previdência social).

Aplicação em concurso público:

- ***Auxiliar administrativo – 2018 – Quadrix – CRM-DF***

No que se refere à ordem social na CF, julgue o item seguinte.

A assistência social, parte integrante do sistema de seguridade social, será mantida mediante contribuição dos assistidos, a exemplo do que ocorre com a previdência oficial.

A afirmativa está errada. (A assistência social é prestada independentemente de contribuição)

2. A Lei nº 8.742/1993 dispõe sobre a **Lei Orgânica da Assistência Social**.

► **Legislação infraconstitucional:**

Art. 20, § 4o, Lei 8.742/93: O benefício de que trata este artigo não pode ser acumulado pelo beneficiário com qualquer outro no âmbito da seguridade social ou de outro regime, salvo os da assistência médica e da pensão especial de natureza indenizatória.

Art. 21. O benefício de prestação continuada deve ser **revisto a cada 2 (dois)** anos para avaliação da continuidade das condições que lhe deram origem.

Art. 34. Parágrafo único, Lei 8.742/93: **O benefício já concedido a qualquer membro da família nos termos do caput não será computado** para os fins do cálculo da renda familiar per capita a que se refere a Loas.

Aplicação em concurso público:

- ***Procurador do Estado – 2018 – FCC – PGE-AP***

  O Benefício de Prestação Continuada (BPC), previsto no texto constitucional e regulado na Lei Orgânica da Assistência Social (LOAS),

  A) é devido ao idoso maior de 70 anos que comprove não possuir meios de prover a própria manutenção nem de tê-la provida por sua família.

  B) não se estende à pessoa com deficiência, ainda que comprove não possuir meios de prover a própria manutenção.

  C) pode ser acumulado apenas com aquele relativo à pensão por morte.

  D) tem valor de um salário mínimo mensal, podendo ser majorado em até 25%, caso comprovada a real necessidade.

  E) deve ser revisto a cada dois anos para avaliação da continuidade das condições que lhe deram origem.

  Gabarito: Alternativa E

3. O Estatuto do idoso (Lei nº 10.741/2003) considera como idosas as pessoas acima de 60 anos de idade, entretanto há algumas diferenciações de idade para a aquisição de direitos, tanto na Constituição, como no Código Penal e no próprio Estatuto do idoso, vejamos:

- O **benefício assistencial** para o idoso é garantido aos idosos que possuem mais de **65 anos** e comprovem não possuir meios de prover a própria manutenção nem de tê-la provida por sua família. (Lei nº 8.742/1993)
- Há **circunstância atenuante** dos crimes no Código Penal para quem for maior de **70 anos** na data da sentença.
- O prazo de **prescrição do crime** no Código Penal é reduzido pela metade para o agente que for maior de **70 anos** na data da sentença.
- O Estatuto do idoso prevê desconto de 50% no transporte interestadual para os idosos acima de 60 anos, entretanto, no **transporte urbano e semiurbano,** a gratuidade do transporte coletivo é assegurada para os **maiores de 65 anos** (art. 230, § 2º, CF), ficando a cargo da legislação local decidir sobre aqueles que possuem entre 60 e 65 anos.
- O Estatuto do Idoso prevê **prioridade especial** aos idosos com mais de **80 anos.**

4. Aplicação em concurso público:

- ***Procurador – 2018 – FUNRIO – AL-RR***

  "A assistência social será prestada a quem dela necessitar, independente de contribuição à seguridade social, e tem por objetivo a proteção ao trabalhador em situação de desemprego involuntário."

A afirmativa está errada. (a assistência social não tem como objetivo a proteção do trabalhador)

- ***Juiz Substituto – FCC – 2015 – TJ-SC***

II. A assistência social é, nos termos da Constituição, direito de todos e dever do Estado, de acesso universal e igualitário, a ser prestada independentemente de contribuição à seguridade social.

Gabarito: Alternativa errada (não tem acesso universal, só para quem dela necessita)

Art. 204 – As ações governamentais na área da assistência social serão realizadas com recursos do orçamento da seguridade social, previstos no art. 195, além de outras fontes, e organizadas com base nas seguintes diretrizes:

I – **descentralização político-administrativa, cabendo a coordenação e as normas gerais à esfera** federal e a coordenação e a execução dos respectivos programas às esferas estadual e municipal, bem como a entidades beneficentes e de assistência social;

II – participação da população, por meio de organizações representativas, na formulação das políticas e no controle das ações em todos os níveis.

Parágrafo único. É facultado aos Estados e ao Distrito Federal vincular a programa de apoio à inclusão e promoção social até cinco décimos por cento de sua receita tributária líquida, vedada a aplicação desses recursos no pagamento de:

I – despesas com pessoal e encargos sociais;

II – serviço da dívida;

III – qualquer outra despesa corrente não vinculada diretamente aos investimentos ou ações apoiados.

1. Aplicação em concurso público:

- ***Atividades Técnicas de Complexidade Intelectual – CETRO – 2015 – MDS***

Sobre as chamadas ações governamentais na área de assistência social, mencionadas no artigo 204 da Constituição Federal de 1988, assinale a alternativa correta.

A) Obedecem a uma descentralização político-administrativa, cabendo a coordenação e as normas gerais à esfera federal e a coordenação e a execução dos programas de ações governamentais de assistência social às esferas estaduais e municipais, não participando as entidades beneficentes e de assistência social.

B) Obedecem a uma centralização político-administrativa, cabendo a coordenação, as normas gerais e execução dos programas de ações governamentais de assistência social às esferas estaduais e municipais, bem como as entidades beneficentes e de assistência social.

C) Obedecem a uma descentralização político-administrativa, cabendo a coordenação e as normas gerais à esfera federal e a coordenação e a execução dos programas de ações governamentais de assistência social às esferas estaduais e municipais, bem como as entidades beneficentes e de assistência social.

Gabarito: Alternativa C (mera literalidade do art. 204, I, CF)

CAPÍTULO III
DA EDUCAÇÃO, DA CULTURA E DO DESPORTO

1. São direitos sociais, **de segunda geração**, que buscam a igualdade entre os indivíduos.

Seção I
DA EDUCAÇÃO

Art. 205 – A educação, direito de todos e dever do Estado e da família, será promovida e incentivada com a colaboração da sociedade, visando ao pleno desenvolvimento da pessoa, seu preparo para o exercício da cidadania e sua qualificação para o trabalho.

1. A educação já está prevista no *caput* do art, 6º, CF. Por ser uma **norma de eficácia limitada**, são necessárias **políticas públicas** para que a educação seja efetivada.

► **Entendimento jurisprudencial:**

Ação civil pública. **Implementação de políticas públicas. Obrigação de fazer:** reforma de escola em situação precária. Possibilidade. [RE 850.215 AgR, rel. min. Cármen Lúcia, j. 7-4-2015, 2ª T, DJE de 29-4-2015.]

Aplicação em concurso público:

- ***Direito – 2017 – CESPE – SEDF***

  O direito à educação, previsto pela Constituição Federal de 1988, é norma de direito fundamental de eficácia plena e de execução imediata, pois não necessita da atuação do legislador para produzir todos os seus efeitos.

  A alternativa está errada. (norma de eficácia limitada)

2. O artigo 227, CF, dispõe acerca do **dever da família, da sociedade e do Estado** na educação das crianças e dos adolescentes

3. Aplicação em concurso público:

- ***Auxiliar administrativo – 2018 – Quadrix – CRM-DF***

  No que se refere à ordem social na CF, julgue o item seguinte.

  A educação é um dever não apenas do Estado, mas também da família, que deverá promovê-la e estimulá-la, com a colaboração de toda a sociedade.

  A alternativa está correta.

Art. 206 – O **ensino** será ministrado com base nos seguintes princípios:

I – igualdade de condições para o acesso e permanência na escola;

II – liberdade de aprender, ensinar, pesquisar e divulgar o pensamento, a arte e o saber;

III – pluralismo de idéias e de concepções pedagógicas, e coexistência de instituições públicas e privadas de ensino;

IV – gratuidade do ensino público em estabelecimentos oficiais;

V – valorização dos profissionais da educação escolar, garantidos, na forma da lei, planos de carreira, com ingresso exclusivamente por concurso público de provas e títulos, aos das redes públicas;

VI – gestão democrática do ensino público, na forma da lei;

VII – garantia de padrão de qualidade.

VIII – piso salarial profissional nacional para os profissionais da educação escolar pública, nos termos de lei federal.

Parágrafo único. **A lei disporá sobre as categorias de trabalhadores considerados profissionais da educação básica e sobre a fixação de prazo para a elaboração ou adequação de seus planos de carreira,** no âmbito da União, dos Estados, do Distrito Federal e dos Municípios.

1. Esse artigo dispõe acerca dos **princípios do ensino** que devem ser respeitados por todos os entes federativos. O Poder Judiciário buscará sempre, em suas decisões, respeitar os princípios aqui estabelecidos.
2. **Súmula Vinculante 12:** A cobrança de taxa de matrícula nas universidades públicas viola o disposto no art. 206, IV, da Constituição Federal.

3. Aplicação em concurso público:

- ***Assistente em Administração – 2018 – IF-TO***

De acordo com a Constituição Federal da República Federativa do Brasil, o ensino será ministrado com base nos seguintes princípios, **exceto**:

A) Gratuidade do ensino público em estabelecimentos oficiais.

B) Garantia de padrão de qualidade.

C) Gestão autocrática do ensino público, na forma da lei.

D) Piso salarial profissional nacional para os profissionais da educação escolar pública.

E) Pluralismo de ideias e de concepções pedagógicas, e coexistência de instituições públicas e privadas de ensino.

Gabarito: Alternativa C

Art. 207 – As universidades gozam de autonomia didático-científica, administrativa e de gestão financeira e patrimonial, e obedecerão ao princípio de **indissociabilidade entre ensino, pesquisa e extensão.**

§ 1º É facultado às universidades admitir professores, técnicos e cientistas estrangeiros, na forma da lei.

§ 2º O disposto neste artigo aplica-se às instituições de pesquisa científica e tecnológica.

1. As universidades públicas são consideradas **Autarquias Especiais (culturais),** por possuírem uma maior autonomia dentro de suas deliberações comparadas às autarquias comuns, a **autonomia pedagógica (didático-científica),** que confere mandato certo ao reitor, impedindo que ele seja exonerado livremente e, possibilitando, com isso, uma maior liberdade em sua tomada de decisões.

2. Obedecem ao princípio de indissociabilidade entre ensino, pesquisa e extensão.

Aplicação em concurso público:

- ***Assistente de Alunos – 2017 – PR-4 UFRJ***

  "A educação, direito de todos e dever do Estado e da família, será promovida e incentivada com a colaboração da sociedade, visando ao pleno desenvolvimento da pessoa, seu preparo para o exercício da cidadania e sua qualificação para o trabalho." (Art. 205, Caput, da Constituição Federal de 1988).

  Nos termos da Constituição Federal, é correto afirmar que:

  E) as universidades obedecerão ao princípio de indissociabilidade entre ensino, pesquisa e extensão.

  Gabarito: Alternativa E

3) Aplicação em concurso público:

- ***Procurador de Universidade Assistente – 2018 – VUNESP – UNICAMP***

  A respeito da admissão de professores, técnicos e cientistas estrangeiros, a Constituição Federal dispõe que:

  B) as Universidades podem fazer a admissão, desde que por meio das instituições de pesquisa científica e tecnológica.

  C) as Universidades estão obrigadas a ter em seus quadros o mínimo de dez por cento desses profissionais estrangeiros.

  D) é facultada para as Universidades, bem como para as instituições de pesquisa científica e tecnológica.

  E) é autorizada para as Universidades e as instituições de ensino, pesquisa científica e tecnológica no limite de dez por cento de seus quadros.

  Gabarito: Alternativa D (art. 207, § 1º, CF)

- ***Técnico em Assuntos Educacionais – 2017 – UFMT – UFSBA***

  As universidades, segundo a Constituição da República de 1988, gozam de autonomia didático-científica, administrativa e de gestão financeira e patrimonial. Sobre as universidades brasileiras, no tocante à autonomia:

"Definem as Diretrizes Curriculares dos cursos de graduação que ofertam em suas unidades, inclusive das licenciaturas."

A alternativa está errada. (quem define as diretrizes curriculares é a lei; competência concorrente art. 24, XXIV, CF)

Art. 208 – O **dever do Estado** com a educação será efetivado mediante a garantia de:

I – **educação básica obrigatória e gratuita dos 4 (quatro) aos 17 (dezessete) anos de idade**, assegurada inclusive sua oferta gratuita para todos os que a ela não tiveram acesso na idade própria;

II – progressiva universalização do ensino médio gratuito;

III – atendimento educacional especializado aos portadores de deficiência, preferencialmente na rede regular de ensino;

IV – educação infantil, em creche e pré-escola, às crianças até 5 (cinco) anos de idade;

V – acesso aos níveis mais elevados do ensino, da pesquisa e da criação artística, segundo a capacidade de cada um;

VI – oferta de **ensino noturno regular,** adequado às condições do educando;

VII – atendimento ao educando, em todas as etapas da educação básica, por meio de programas suplementares de material didáticoescolar, transporte, alimentação e assistência à saúde.

1. O Estado tem o dever de fornecer, entre outros:

- **educação e creche para crianças com até 5 anos de idade**
- **educação básica para aqueles com 4 a 17 anos de idade**
- **atendimento especializado aos portadores de deficiência.**

1.1. o Estado não pode alegar a **"reserva do possível"** para se eximir destas obrigações, uma vez que se tratam dos direitos englobados ao **mínimo existencial.**

1.2. Este artigo traz regras que devem ser garantidas por todos os entes federativos, uma vez que é competência comum dos entes proporcionar o acesso à educação (art. 23, V, CF).

Aplicação em concurso público:

- ***Professor – 2017 – Quadrix – SEDF***

Julgue o item subsequente acerca das bases legais e dos temas da educação nacional e distrital.

Conforme a CF, o ensino inclusivo, em todos os níveis de educação, é um imperativo que se põe mediante regra explícita da CF.

A alternativa está correta.

2. Aplicação em concurso público:

- ***Técnico Judiciário – 2017 – CESPE – TRF – 1ª REGIÃO***

  De acordo com a Constituição Federal, o Estado deverá garantir a educação da pessoa com deficiência, preferencialmente, em rede especial de ensino, de acordo com as suas necessidades físicas e mentais.

  A alternativa está errada. (art. 208, III, CF: preferencialmente em rede regular de ensino)

- ***Professor – Administração – 2018 – Colégio Pedro II***

  De acordo com a Constituição Federal de 1988, sem prejuízo de outras garantias, o dever do Estado com a educação será efetivado mediante a garantia de

  B) Educação Infantil, em creche e pré-escola, às crianças até 5 (cinco) anos de idade e oferta de ensino noturno regular, adequado às condições do educando.

  C) Educação Básica obrigatória e gratuita dos 5 (cinco) aos 17 (dezessete) anos de idade e gestão democrática do ensino público.

  D) gratuidade do ensino em estabelecimentos públicos e privados e progressiva universalização do ensino médio.

  Gabarito: Alternativa B

- ***Nível Médio – 2018 – CESPE – IFF***

  I A gratuidade do ensino público fundamental alcançará os estabelecimentos privados de educação se na localidade onde reside o aluno de baixa renda não existir estabelecimento de ensino de natureza pública.

  II O Estado tem o dever de assegurar atendimento educacional especializado às pessoas deficientes, preferencialmente em rede especial de ensino.

  III O Estado tem a obrigação de garantir o acesso aos níveis mais elevados do ensino bem como à pesquisa e à criação artística.

  IV É compromisso estatal ofertar gratuitamente a educação básica a todos os que não tenham tido acesso a essa etapa na idade própria.

  As alternativas III e IV estão corretas.

§ 1º O acesso ao ensino obrigatório e gratuito é direito público subjetivo.

§ 2º O não-oferecimento do ensino obrigatório pelo Poder Público, ou sua oferta irregular, importa responsabilidade da autoridade competente.

§ 3º Compete ao Poder Público recensear os educandos no ensino fundamental, fazer-lhes a chamada e zelar, junto aos pais ou responsáveis, pela freqüência à escola.

3. Ao dizer que um **direito é público e subjetivo** significa que é um direito que o indivíduo pode fazer valer perante o Estado, sendo dever este. Dessa forma, caso o Poder Público não ofereça o ensino público obrigatório de maneira regular, a autoridade competente poderá ser responsabilizada.

4. Compete ao Poder Público avaliar os estudantes do ensino fundamental, além de cuidar, junto aos pais ou responsáveis, pela frequência à escola.

5. **Legislação infraconstitucional** (Art. 6º, Lei 12.796/2013): É dever dos pais ou responsáveis efetuar a matrícula das crianças na educação básica a partir dos **4 anos de idade**.

Art. 209 – O ensino é livre à iniciativa privada, atendidas as seguintes condições:

I – cumprimento das **normas gerais da educação nacional;**

II – **autorização e avaliação de qualidade pelo Poder Público.**

1. Apesar de ser livre o ensino por iniciativas privadas, essas **devem cumprir as normas gerais de educação nacional,** ficando sujeitas à autorização e avaliação do Poder Público. A competência para legislar sobre educação é concorrente, disposta no art. 24, IX, CF. Dessa forma, as normas gerais são de competência da União).

Aplicação em concurso público:

- ***Analista Judiciário – Área Administrativa – 2017 – CONSULPLAN – TRE-RJ***

  "Considere que Anaximandro é empresário e decidiu abrir um estabelecimento de ensino." No que se refere às regras constitucionais relativas à educação, é correto afirmar que uma das condições que Anaximandro deverá obedecer é a

  C) prescindibilidade de cumprimento das normas gerais da educação nacional.

  D) sujeição a um processo de autorização e avaliações para o exercício da atividade.

  Gabarito: Alternativa D

2) Aplicação em concurso público:

- ***Agente de Segurança Socioeducativo – FEPESE – 2016 – SJC-SC***

  Assinale a alternativa correta sobre o direito à educação previsto na Constituição Federal.

  D) É vedada a extensão do ensino fundamental, médio e superior à iniciativa privada.

  Gabarito: Alternativa errada (art. 209, CF)

- ***Professor – 2017 – Quadrix – SEDF***

  Julgue o item subsequente acerca das bases legais e dos temas da educação nacional e distrital.

  De acordo com a Constituição Federal de 1988 (CF), o ensino é livre à iniciativa privada, razão pela qual é vedado ao Poder Público intervir na fixação dos conteúdos mínimos para o Ensino Fundamental.

  A alternativa está errada. (as instituições privadas devem obedecer às normas gerais de educação, impostas pela União)

Art. 210 – Serão fixados conteúdos mínimos para o ensino fundamental, de maneira a assegurar formação básica comum e respeito aos valores culturais e artísticos, nacionais e regionais.

§ 1º O ensino religioso, de matrícula facultativa, constituirá disciplina dos horários normais das escolas públicas de ensino fundamental.

§ 2º O ensino fundamental regular será ministrado em **língua portuguesa**, assegurada às comunidades indígenas também a utilização de suas línguas maternas e processos próprios de aprendizagem.

1. As discussões acerca do ensino religioso resultam numa **ponderação entre a laicidade do Estado** (art. 19, I, CF) **e a liberdade religiosa** (art. 5º, VI, CF), de forma que o STF decidiu que a **matéria pode ser incluídas nas escolas, entretanto deve ter matrícula facultativa para os alunos.**

Aplicação em concurso público:

- ***Juiz Substituto – FCC – 2015 – TJ-SC***

  IV. É inconstitucional lei que proíba o ensino religioso como disciplina a ser ministrada nos horários normais das escolas públicas de ensino fundamental.

  Gabarito: Alternativa correta (art. 210, § 1º, CF)

2. O STF, na ADI 4.439, proposta pelo MP, firmou o entendimento de que **o ensino confessional é legítimo e não fere a laicidade do Estado, uma vez que se trata de matéria facultativa.**

► **Entendimento jurisprudencial:**

O Poder Público, observado o binômio Laicidade do Estado (CF, art. 19, I)/Consagração da Liberdade religiosa (CF, art. 5º, VI), deverá atuar na regulamentação integral do cumprimento do preceito constitucional previsto no artigo 210, § 1º, autorizando na rede pública, em igualdade de condições (CF, art. 5º, caput), o oferecimento de ensino confessional das diversas crenças, mediante requisitos formais previamente fixados pelo Ministério da Educação. **Dessa maneira, será permitido aos alunos, que expressa e voluntariamente se matricularem, o pleno exercício de seu direito subjetivo ao ensino religioso como disciplina dos horários normais das escolas públicas de ensino fundamental,** ministrada de acordo com os princípios de sua confissão religiosa, por integrantes da mesma, devidamente credenciados a partir de chamamento público e, preferencialmente, sem qualquer ônus para o Poder Público. [ADI 4.439 STF]

Aplicação em concurso público:

- ***Analista Judiciário – Área Judiciária – 2018 – CESPE – STJ***

  Em relação aos direitos e às garantias fundamentais e às funções essenciais à justiça, julgue o item a seguir, considerando a jurisprudência dos tribunais superiores.

O Supremo Tribunal Federal firmou posição no sentido de que o ensino religioso nas escolas públicas deve ter caráter não confessional, sendo vedada a admissão de professores na qualidade de representantes das religiões para ministrar os cursos.

A alternativa está errada.

3) Aplicação em concurso público:

- ***Agente de Segurança Socioeducativo FEPESE – 2016 – SJC-SC***

  Assinale a alternativa correta sobre o direito à educação previsto na Constituição Federal.

  B) O ensino religioso constitui disciplina obrigatória das escolas públicas de ensino fundamental.

  C) A critério do estabelecimento de ensino fundamental regular, as aulas poderão ser ministradas em língua portuguesa ou estrangeira.

  Gabarito: Alternativas erradas (a disciplina de ensino religioso é facultativa e as aulas devem ser ministradas obrigatoriamente em língua portuguesa)

- ***Estágio – Direito – 2015 – DPE-PE***

  "No ensino fundamental, conteúdos mínimos são fixados pela CF/88. O ensino religioso, por exemplo, constituirá disciplina de matrícula obrigatória dos horários normais das escolas públicas de Ensino Fundamental e Médio, assegurando a formação comum e respeito aos valores culturais e artísticos, nacionais e regionais do País."

  A alternativa está errada. (ensino religioso é matéria de matrícula facultativa)

Art. 211 – A União, os Estados, o Distrito Federal e os Municípios organizarão em regime de colaboração seus sistemas de ensino.

§ 1º A União organizará o sistema federal de ensino e o dos Territórios, financiará as instituições de ensino públicas federais e exercerá, em matéria educacional, função redistributiva e supletiva, de forma a garantir equalização de oportunidades educacionais e padrão mínimo de qualidade do ensino mediante assistência técnica e financeira aos Estados, ao Distrito Federal e aos Municípios;

§ 2º Os Municípios atuarão prioritariamente no ensino fundamental e na educação infantil.

§ 3º Os Estados e o Distrito Federal atuarão prioritariamente no ensino fundamental e médio.

§ 4º Na organização de seus sistemas de ensino, a União, os Estados, o Distrito Federal e os Municípios definirão formas de colaboração, de modo a assegurar a universalização do ensino obrigatório.

§ 5º A educação básica pública atenderá prioritariamente ao ensino regular.

1. Apesar de ser um dever solidário de todos os entes, a Constituição atribui a prioridade de atuação de cada ente federativo na educação:

– **Os Municípios** devem priorizar a **educação infantil;**

– Os **Estados** devem priorizar **o ensino fundamental e médio;**

– **A União** prioriza a **organização do sistema federal de ensino.**

Aplicação em concurso público:

- ***Defensor Público – FCC – 2018 – DPE-AP***

  A Constituição Federal, ao dispor sobre a Educação, estabelece

  A) que a União, os Estados, o Distrito Federal e os Municípios definirão formas de colaboração, de modo a assegurar a universalização do ensino infantil.

  B) que a educação básica pública atenderá prioritariamente ao ensino regular.

  C) que os Estados atuarão prioritariamente no ensino rural, técnico e na educação especial.

  Gabarito: Alternativa B (art. 211, § 5º, CF)

Art. 212 - A União aplicará, anualmente, nunca menos de dezoito, e os Estados, o Distrito Federal e os Municípios vinte e cinco por cento, no mínimo, da receita resultante de impostos, compreendida a proveniente de transferências, na manutenção e desenvolvimento do ensino.

§ 1º A parcela da arrecadação de impostos transferida pela União aos Estados, ao Distrito Federal e aos Municípios, ou pelos Estados aos respectivos Municípios, não é considerada, para efeito do cálculo previsto neste artigo, receita do governo que a transferir.

§ 2º Para efeito do cumprimento do disposto no "caput" deste artigo, serão considerados os sistemas de ensino federal, estadual e municipal e os recursos aplicados na forma do art. 213.

§ 3º A distribuição dos recursos públicos assegurará prioridade ao atendimento das necessidades do ensino obrigatório, no que se refere a universalização, garantia de padrão de qualidade e equidade, nos termos do plano nacional de educação.

§ 4º Os programas suplementares de alimentação e assistência à saúde previstos no art. 208, VII, serão financiados com recursos provenientes de contribuições sociais e outros recursos orçamentários.

§ 5º A educação básica pública terá como fonte adicional de financiamento a contribuição social do salário-educação, recolhida pelas empresas na forma da lei.

§ 6º As cotas estaduais e municipais da arrecadação da contribuição social do salário-educação serão distribuídas proporcionalmente ao número de alunos matriculados na educação básica nas respectivas redes públicas de ensino.

1. Os percentuais aplicados na manutenção e desenvolvimento de ensino são muito cobrados nos concursos públicos:

- **União: mínimo de 18%;**
- **Estados, DF e Municípios: 25%**

Aplicação em concurso público:

- ***Analista Judiciário – Administrativa – FCC – 2015 – TRE-RR***

  Quanto ao direito social à educação, nos termos da Constituição Federal:

Gabarito: à União compete investir anualmente ao menos 18% e aos Estados e Municípios ao menos 25% de suas receitas decorrentes de impostos na manutenção e no desenvolvimento do ensino.

- ***Promotor de Justiça Substituto – 2015 – MPE-***

A atuação do Ministério Público na seara educacional é de extrema relevância, visto que constitui bem jurídico consagrado pela Constituição Federal de 1988 e que visa ao pleno desenvolvimento da pessoa. Assim sendo, julgue os seguintes itens propostos:

III – A União aplicará, anualmente, nunca menos de 18% (dezoito por cento) da receita resultante de impostos, e os Estados, o Distrito Federal e os Municípios, 20% (vinte por cento), ou o que consta nas respectivas Constituições ou Leis Orgânicas, compreendidas as transferências constitucionais na manutenção e desenvolvimento do ensino público.

Gabarito: Alternativa incorreta (O percentual mínimo para os Estados, DF e Municípios é de 25%).

Art. 213 - Os recursos públicos serão destinados às escolas públicas, podendo ser dirigidos a escolas comunitárias, confessionais ou filantrópicas, definidas em lei, que:

I - comprovem **finalidade não-lucrativa** e apliquem seus excedentes financeiros em educação;

II - assegurem a destinação de seu patrimônio a outra escola comunitária, filantrópica ou confessional, ou ao Poder Público, no caso de encerramento de suas atividades.

§ 1º - Os recursos de que trata este artigo poderão ser destinados a bolsas de estudo para o ensino fundamental e médio, na forma da lei, para os que demonstrarem insuficiência de recursos, quando houver falta de vagas e cursos regulares da rede pública na localidade da residência do educando, ficando o Poder Público obrigado a investir prioritariamente na expansão de sua rede na localidade.

§ 2º As atividades de pesquisa, de extensão e de estímulo e fomento à inovação realizadas por universidades e/ou por instituições de educação profissional e tecnológica poderão receber apoio financeiro do Poder Público.

1. Recursos públicos destinados ao ensino: podem ir para escola pública, mas também para as escolas comunitárias, confessionais ou filantrópicas, quando comprovados os dois requisitos:

   – **Finalidade não lucrativa;**

   – **Destinação a outra escola comunitária, confessional ou filantrópica no caso de encerramento de suas atividades.**

Aplicação em concurso público:

- ***Agente Penitenciário – CESPE – 2009 – SEJUS-ES***

De acordo com a CF, os recursos públicos serão destinados às escolas públicas, vedando-se a destinação desses recursos a escolas filantrópicas.

Gabarito: Alternativa incorreta

Art. 214 - **A lei estabelecerá o plano nacional de educação**, de duração decenal, com o objetivo de articular o sistema nacional de educação em regime de colaboração e definir diretrizes, objetivos, metas e estratégias de implementação para assegurar a manutenção e desenvolvimento do ensino em seus diversos níveis, etapas e modalidades por meio de ações integradas dos poderes públicos das diferentes esferas federativas que conduzam a:

I - erradicação do analfabetismo;

II - universalização do atendimento escolar;

III - melhoria da qualidade do ensino;

IV - formação para o trabalho;

V - promoção humanística, científica e tecnológica do País.

VI - estabelecimento de meta de aplicação de recursos públicos em educação como proporção do produto interno bruto.

1. Aplicação em concurso público:

- ***Analista Técnico Educacional – Psicologia – FCC – 2014 – CETAM***

  Tem o objetivo de articular o sistema nacional de educação em regime de colaboração e definir diretrizes, objetivos, metas e estratégias de implementação para assegurar a manutenção e desenvolvimento do ensino em seus diversos níveis, etapas e modalidades por meio de ações integradas dos poderes públicos das diferentes esferas federativas que conduzam à erradicação do analfabetismo; à universalização do atendimento escolar; à melhoria da qualidade do ensino; à formação para o trabalho, à promoção humanística, científica e tecnológica do País e ao estabelecimento de meta de aplicação de recursos públicos em educação como proporção do produto interno bruto.

  Segundo a Constituição da República Federativa do Brasil (CF/88), estes objetivos devem estar previstos

  A) no Projeto Político-Pedagógico Anual das escolas.

  B) na Lei de Diretrizes Orçamentárias.

  C) no Plano Nacional de Educação, de duração decenal.

  D) no Regimento Escolar das escolas públicas e privadas.

  E) no Plano Plurianual da Educação Básica.

  Gabarito: Alternativa C

Seção II
DA CULTURA

1. As normas quanto à cultura também são **de eficácia limitada.** Para concretização dos direitos referentes à cultura foi instituído o **Plano Nacional de Cultura (Lei 12.343/2010),** que busca o planejamento e implementação de políticas públicas a longo prazo (até 2020), voltadas à proteção e promoção da diversidade cultural brasileira.

Aplicação em concurso público:

- ***Produtor Cultural – 2015 – COVEST-COPSET – UFPE***

  No Plano Nacional de Cultura, a cultura aparece como um direito básico na dimensão:

  Gabarito: cidadã.

2. O Plano Nacional de Cultura se baseia em três dimensões: **simbólica, cidadã e econômica.**

– **Dimensão simbólica:** expressa os modos de vidas, identidades, ritos, crenças, etc.

– **Dimensão cidadã**: difusão e estímulo dos meios artísticos na sociedade.

– **Dimensão econômica:** realização de políticas públicas

Aplicação em concurso público:

- ***Produtor Cultural – COVEST-COPSET – 2015 – UFPE***

  No Plano Nacional de Cultura (PNC), a concepção de cultura aparece articulada com as seguintes "dimensões":

  A) sociológica, antropológica e social.

  B) simbólica, cidadã e econômica.

  C) popular, erudita e acadêmica.

  D) cidadã, popular e erudita.

  E) criativa, econômica e sociológica.

  Gabarito: Alternativa B

3. É de competência concorrente entre a União e os Estados/DF (art. 24, IX, CF) legislar sobre a cultura e de competência comum de todos os entes proporcionar os meios de acesso à cultura (art. 23, V, CF)

Art. 215 – O Estado garantirá a todos o pleno exercício dos direitos culturais e acesso às fontes da cultura nacional, e apoiará e incentivará a valorização e a difusão das manifestações culturais.

§ 1º O Estado protegerá as manifestações das culturas populares, indígenas e afro-brasileiras, e das de outros grupos participantes do processo civilizatório nacional.

2º A lei disporá sobre a fixação de datas comemorativas de alta significação para os diferentes segmentos étnicos nacionais.

3º A lei estabelecerá o Plano Nacional de Cultura, de duração plurianual, visando ao desenvolvimento cultural do País e à integração das ações do poder público que conduzem à:

I defesa e valorização do patrimônio cultural brasileiro;

II produção, promoção e difusão de bens culturais;

III formação de pessoal qualificado para a gestão da cultura em suas múltiplas dimensões;

IV democratização do acesso aos bens de cultura;

V valorização da diversidade étnica e regional.

1. É dever do Estado garantir o amplo acesso e pleno exercício à cultura (ver art. 225, § 7º, CF)

Aplicação em concurso público:

- ***Nível Médio – 2018 – CESPE – IPHAN***

  Conforme a CF, o Estado é responsável por garantir o direito à cultura e o acesso às fontes da cultura nacional.

  A alternativa está correta.

- ***Assistente Administrativo – 2018 – Quadrix – CRM-DF***

  No que se refere à ordem social na CF, julgue o item subsequente.

  A garantia, por parte do Estado, à cultura passa pela valorização e pela proteção de manifestações populares e regionais, como o folclore e as danças típicas.

  Alternativa correta.

Art. 216 - **Constituem patrimônio cultural brasileiro os bens de natureza material e imaterial, tomados individualmente ou em conjunto, portadores de referência à identidade, à ação, à memória dos diferentes grupos formadores da sociedade brasileira,** nos quais se incluem:

I - as formas de expressão;

II - os modos de criar, fazer e viver;

III - as criações científicas, artísticas e tecnológicas;

IV - as obras, objetos, documentos, edificações e demais espaços destinados às manifestações artístico-culturais;

V - os conjuntos urbanos e sítios de valor histórico, paisagístico, artístico, arqueológico, paleontológico, ecológico e científico.

§ 1º **O Poder Público, com a colaboração da comunidade, promoverá e protegerá o patrimônio cultural brasileiro,** por meio de inventários, registros, vigilância, tombamento e desapropriação, e de outras formas de acautelamento e preservação.

§ 2º Cabem à administração pública, na forma da lei, a gestão da documentação governamental e as providências para franquear sua consulta a quantos dela necessitem.

§ 3º A lei estabelecerá incentivos para a produção e o conhecimento de bens e valores culturais.

§ 4º Os danos e ameaças ao patrimônio cultural serão punidos, na forma da lei.

§ 5º Ficam tombados todos os documentos e os sítios detentores de reminiscências históricas dos antigos quilombos.

§ 6º É **facultado** aos Estados e ao Distrito Federal vincular a fundo estadual de fomento à cultura até **cinco décimos por cento** de sua receita tributária líquida, para o financiamento de programas e projetos culturais, vedada a aplicação desses recursos no pagamento de:

I – despesas com pessoal e encargos sociais;

II – serviço da dívida;

III – qualquer outra despesa corrente não vinculada diretamente aos investimentos ou ações apoiados.

1. Constituem patrimônio cultural brasileiro bens de natureza material e imaterial, que se referem à identidade, nação ou memória dos grupos que foram a sociedade brasileira. Quando algo é reconhecido como patrimônio histórico, é tombado, ou seja, passa a ser considerado como **patrimônio oficial público.**

▶ **Entendimento jurisprudencial:**

A proteção jurídica do patrimônio cultural brasileiro, enquanto direito fundamental de terceira geração, é matéria expressamente prevista no Texto Constitucional (art. 216 da CRFB/1988). A ordem constitucional vigente recepcionou o DL 25/1937, que, **ao organizar a proteção do patrimônio histórico e artístico nacional, estabeleceu disciplina própria e específica ao instituto do tombamento, como meio de proteção de diversas dimensões do patrimônio cultural brasileiro.** [ACO 1.966 AgR, rel. min. Luiz Fux, j. 17-11-2017, P, DJE de 27-11-2017.]

2. Aplicação nos concursos públicos:

- ***Analista I – Área 4 – CESPE – 2018 – IPHAN***

  Com relação à preservação do patrimônio cultural brasileiro e ao papel do Estado nesse assunto, julgue o item subsecutivo.

  Por previsão constitucional, uma escultura será considerada patrimônio cultural desde que faça referência a elementos representativos da identidade, da memória e da ação dos grupos formadores da sociedade brasileira.

  Gabarito: Alternativa correta (art. 216, caput, CF)

- ***Técnico Judiciário – Área Administrativa – 2017 – FCC – TRF – 5ª REGIÃO***

  I. Os modos de criar, fazer e viver, bem como as formas de expressão, portadores de referência à identidade, ação e memória dos diferentes grupos formadores da sociedade brasileira constituem patrimônio cultural brasileiro.

  II. Ficam tombados todos os documentos e os sítios detentores de reminiscências históricas dos antigos quilombos.

  III. É facultado aos Estados e ao Distrito Federal vincular a fundo estadual de fomento à cultura até cinco décimos por cento de sua receita tributária líquida, para o financiamento de programas e projetos culturais, vedada a aplicação desses recursos no pagamento de despesas com pessoal e encargos sociais, serviço da dívida e qualquer outra despesa corrente não vinculada diretamente aos investimentos ou ações apoiados.

IV. As edificações e demais espaços destinados às manifestações artístico-culturais não constituem patrimônio cultural brasileiro.

Todas as afirmativas estão corretas.

Obs:

I: art. 216, I e II, CF

II: § 5º

III: § 6º

IV: as edificações não constam nos incisos do art. 216, CF.

- ***Analista – Psicologia – FUNCAB – 2010 – IBRAM***

  De acordo com as regras previstas na Constituição Federal, que tratam da cultura, é correto afirmar que

  A) As criações científicas e tecnológicas não se incluem dentre os bens que constituem o patrimônio cultural brasileiro.

  C) As formas de expressão e os modos de criar, fazer e viver constituem patrimônio cultural brasileiro.

  E) O patrimônio cultural brasileiro é constituído unicamente de bens de natureza material, tomados em conjunto ou individualmente

  Gabarito: Alternativa C

Art. 216-A – O Sistema Nacional de Cultura, organizado em regime de colaboração, de forma descentralizada e participativa, institui um processo de gestão e promoção conjunta de políticas públicas de cultura, democráticas e permanentes, pactuadas entre os entes da Federação e a sociedade, tendo por objetivo promover o desenvolvimento humano, social e econômico com pleno exercício dos direitos culturais.

§ 1º O Sistema Nacional de Cultura fundamenta-se na **política nacional de cultura** e nas suas diretrizes, estabelecidas no Plano Nacional de Cultura, e rege-se pelos seguintes **princípios:**

I - diversidade das expressões culturais;

II - universalização do acesso aos bens e serviços culturais;

III - fomento à produção, difusão e circulação de conhecimento e bens culturais;

IV - cooperação entre os entes federados, os agentes públicos e privados atuantes na área cultural;

V - integração e interação na execução das políticas, programas, projetos e ações desenvolvidas;

VI - complementaridade nos papéis dos agentes culturais;

VII - transversalidade das políticas culturais;

VIII - autonomia dos entes federados e das instituições da sociedade civil;

IX – transparência e compartilhamento das informações;

X – democratização dos processos decisórios com participação e controle social;

XI – descentralização articulada e pactuada da gestão, dos recursos e das ações;

XII – ampliação progressiva dos recursos contidos nos orçamentos públicos para a cultura.

§ 2º Constitui a estrutura do Sistema Nacional de Cultura, nas respectivas esferas da Federação:

I – órgãos gestores da cultura;

II – conselhos de política cultural;

III – conferências de cultura;

IV – comissões intergestores;

V – planos de cultura;

VI – sistemas de financiamento à cultura;

VII – sistemas de informações e indicadores culturais;

VIII – programas de formação na área da cultura; e

IX – sistemas setoriais de cultura.

§ 3º Lei federal disporá sobre a regulamentação do Sistema Nacional de Cultura, bem como de sua articulação com os demais sistemas nacionais ou políticas setoriais de governo.

§ 4º Os Estados, o Distrito Federal e os Municípios organizarão seus respectivos sistemas de cultura em leis próprias.

1. O **Sistema Nacional de Cultura** atua no planejamento e compartilhamento de políticas culturais entre os entes federativos, cujas ações são promovidas pelo **Plano Nacional da Cultura,** por meio de diretrizes e metas com o objetivo de **melhorar e dinamizar as políticas públicas acerca da cultura.**

2. Aplicação nos concursos públicos:

- ***Procurador Jurídico – VUNESP – 2017 – Câmara de Mogi das Cruzes – SP***

  Nos termos expressos da Constituição Federal, o Sistema Nacional de Cultura rege-se pelo seguinte princípio:

  Gabarito: ampliação progressiva dos recursos contidos nos orçamentos públicos para a cultura (art. 216-A, § 1º, inciso XII, CF)

- ***Procurador Jurídico – 2017 – VUNESP – Câmara de Mogi das Cruzes – SP***

  Nos termos expressos da Constituição Federal, o Sistema Nacional de Cultura rege-se pelo seguinte princípio:

  A) ampliação progressiva dos recursos contidos nos orçamentos públicos para a cultura.

  Gabarito: Alternativa A (art. 216-A, § 1º, XII, CF)

- ***Juiz Substituto – FCC – 2015 – TJ-SC***

  I. O Sistema Nacional de Cultura fundamenta-se no Plano Nacional de Cultura e nas suas diretrizes, estabelecidas na política nacional de cultura, e rege-se, entre outros, pelos princípios da transversalidade das políticas culturais, da diversidade das expressões culturais e da formação de pessoal qualificado para a gestão da cultura em suas múltiplas dimensões.

  Gabarito: Alternativa errada (a formação de pessoal qualificado para a gestão da cultura em suas múltiplas dimensões não é um dos princípios)

Seção III
DO DESPORTO

Art. 217 – **É dever do Estado fomentar práticas desportivas** formais e não-formais, como direito de cada um, observados:

I – a autonomia das entidades desportivas dirigentes e associações, quanto a sua organização e funcionamento;

II – a destinação de recursos públicos para a promoção prioritária do desporto educacional e, em casos específicos, para a do desporto de alto rendimento;

III – o tratamento diferenciado para o desporto profissional e o não-profissional;

IV – a proteção e o incentivo às manifestações desportivas de criação nacional.

§ 1º O Poder Judiciário só admitirá ações relativas à disciplina e às competições desportivas após esgotarem-se as instâncias da justiça desportiva, regulada em lei.

§ 2º A justiça desportiva terá o prazo máximo de sessenta dias, contados da instauração do processo, para proferir decisão final.

§ 3º O Poder Público incentivará o lazer, como forma de promoção social.

1. A **prioridade do desporto educacional ante o desporto de alto rendimento** (inciso II) é muito cobrada nos concursos públicos.

Aplicação em concurso público:

- ***Analista de Finanças e Controle – ESAF – 2006 – CGU – Analista de Finanças e Controle***

  Sobre políticas públicas:

  E) Entre as diretrizes constitucionais para o cumprimento pelo Estado de seu dever de fomentar práticas desportivas formais, encontra-se a vedação de destinação de recursos para o desporto de alto rendimento.

  Gabarito: Alternativa incorreta (a aplicação de recursos em desporto de alto rendimento não é vedada, apenas não é prioritária)

2. Apesar de ter na nomenclatura a palavra "justiça", **a justiça desportiva é órgão administrativo e, portanto, não faz parte do Poder Judiciário.**

3. Importante lembrar acerca do § 1º que é uma **exceção ao princípio da inafastabilidade da jurisdição,** sendo a admissão do Poder Judiciário condicionada ao esgotamento da instância administrativa (justiça desportiva).

Aplicação em concurso público:

- ***Auxiliar administrativo – 2018 – Quadrix – CRM-DF***

  No que se refere à ordem social na CF, julgue o item seguinte.

  A exigência de submissão prévia à Justiça Desportiva de ações relativas a competições e à disciplina importa flexibilização constitucional do direito fundamental de acesso à Justiça estatal.

  Alternativa correta.

- ***Procurador Jurídico – 2017 – VUNESP – Prefeitura de Marília – SP***

  C) O Poder Judiciário não admitirá ações relativas à disciplina e às competições desportivas devendo tais questões ser dirimidas pela justiça desportiva, na forma da lei.

  A alternativa está errada. (O poder judiciário deve julgar as ações desportivas, entretanto apenas após o esgotamento das instâncias administrativas)

4. Aplicação em concurso público:

- ***Assistente de Alunos – FUNRIO – 2016 – IF-BA***

  É dever do Estado, nos termos da Constituição da República, fomentar práticas desportivas formais e não-formais, como direito de cada um, devendo ser observado:

  A) o tratamento igualitário para o desporto profissional e o não-profissional.

  B) o incentivo às atividades desportivas oriundas de outros países.

  C) a destinação de recursos públicos ao desporto educacional de forma não prioritária.

  D) a submissão das entidades desportivas, quanto a sua organização e funcionamento.

  E) a proteção e o incentivo às manifestações desportivas de criação nacional.

  Gabarito: Alternativa E (art. 217, IV, CF)

CAPÍTULO IV
DA CIÊNCIA, TECNOLOGIA E INOVAÇÃO

Art. 218 – O Estado promoverá e incentivará o desenvolvimento científico, a pesquisa, a capacitação científica e tecnológica e a inovação.

§ 1º A pesquisa científica básica e tecnológica receberá tratamento prioritário do Estado, tendo em vista o bem público e o progresso da ciência, tecnologia e inovação.

§ 2º A pesquisa tecnológica voltar-se-á preponderantemente para a solução dos problemas brasileiros e para o desenvolvimento do sistema produtivo nacional e regional.

§ 3º O Estado apoiará a formação de recursos humanos nas áreas de ciência, pesquisa, tecnologia e inovação, inclusive por meio do apoio às atividades de extensão tecnológica, e concederá aos que delas se ocupem meios e condições especiais de trabalho.

§ 4º A lei apoiará e estimulará as empresas que invistam em pesquisa, criação de tecnologia adequada ao País, formação e aperfeiçoamento de seus recursos humanos e que pratiquem sistemas de remuneração que assegurem ao empregado, desvinculada do salário, participação nos ganhos econômicos resultantes da produtividade de seu trabalho.

§ 5º É facultado aos **Estados e ao Distrito Federal vincular parcela de sua receita orçamentária a entidades públicas de fomento ao ensino e à pesquisa científica e tecnológica.**

§ 6º O Estado, na execução das atividades previstas no caput , estimulará a articulação entre entes, tanto públicos quanto privados, nas diversas esferas de governo.

§ 7º **O Estado promoverá e incentivará a atuação no exterior** das instituições públicas de **ciência, tecnologia e inovação,** com vistas à execução das atividades previstas no caput.

1. Como forma de regular e exteriorizar a promoção ao desenvolvimento científico, à pesquisa, à capacitação científica e tecnológica e à inovação, a legislação infraconstitucional trata de forma específica sobre o tema, na **Lei nº 13.243/2016.**
2. O art. 23, V, da CF diz que é de **competência comum** da União, dos Estados, do Distrito Federal e dos Municípios proporcionar meios de acesso à cultura, à ciência, à tecnologia, dentre outros.
3. A EC 85 de 2015 alterou o art. 218, de modo a **ampliá-lo e permitir a promoção do desenvolvimento de novos meios tecnológicos e científicos.**
4. Pontos importantes deste artigo:
   - Pesquisa tecnológica prioridade para solução dos problemas brasileiros e desenvolvimento do sistema produtivo nacional e regional.
   - Tratamento prioritário para pesquisa científica **básica e tecnológica.**
   - Facultatividade aos Estados E DF na vinculação das suas receitas a entidades públicas de fomento ao ensino e à pesquisa científica e tecnológica.

Aplicação em concurso público:

- ***Auxiliar administrativo – 2018 – Quadrix – CRM-DF***

  No que se refere à ordem social na CF, julgue o item seguinte.

  As pesquisas científicas e tecnológicas serão, ambas, igualmente estimuladas pelo Estado, sem distinções ou preferências.

  A alternativa está errada. (há distinção da pesquisa científica básica)

- ***Promotor de Justiça – 2017 – FUNDEP (Gestão de Concursos) – MPE-MG***

  C) A pesquisa de inovação voltar-se-á preponderantemente para a solução dos problemas brasileiros e para o desenvolvimento do sistema produtivo nacional e regional.

  Alternativa errada. (art. 218, § 2º, CF: pesquisa tecnológica)

- ***Promotor de Justiça Substituto – FUNDEP (Gestão de Concursos) – 2017***

Sobre a pesquisa, ciência, tecnologia e inovação, previstas na Constituição Federal:

B) A pesquisa científica básica e tecnológica receberá tratamento prioritário do Estado, tendo em vista o bem público e o progresso da ciência, tecnologia e inovação.

C) A pesquisa de inovação voltar-se-á preponderantemente para a solução dos problemas brasileiros e para o desenvolvimento do sistema produtivo nacional e regional.

Gabarito: Alternativa C

Obs:

(c) Não é a pesquisa de inovação, e sim, a pesquisa tecnológica.

5. Aplicação em concurso público:

- ***Assistente em Administração – 2015 – UTFPR***

A respeito da temática de Ciência e Tecnologia prevista na Constituição Federal do Brasil, assinale a alternativa correta.

A) A lei apoiará e estimulará as empresas que invistam em pesquisa, criação de tecnologia adequada ao País, formação e aperfeiçoamento de seus recursos humanos e que pratiquem sistemas de remuneração que assegurem ao empregado, desvinculada do salário, participação nos ganhos econômicos resultantes da produtividade de seu trabalho.

B) O mercado externo integra o patrimônio nacional e será incentivado de modo a viabilizar o desenvolvimento cultural e socioeconômico, o bem-estar da população e a autonomia tecnológica do País.

C) É vedado aos Estados e ao Distrito Federal vincular parcela de sua receita orçamentária a entidades públicas de fomento ao ensino e à pesquisa científica e tecnológica.

D) A pesquisa tecnológica se voltará preponderantemente para ajuda humanitária internacional e, subsidiariamente, para o desenvolvimento do sistema produtivo nacional e regional.

E) A União detém exclusividade sobre o desenvolvimento de Ciência e Tecnologia em território nacional, tendo em vista o interesse público e o progresso das ciências.

Gabarito: Alternativa A

- ***Administrador – 2015 – IF-PB***

De acordo com as disposições sobre Ciência, Tecnologia e Inovação trazidas pela Emenda Constitucional 85/2015, que alterou os artigos 218 e 219 da Constituição da República Federativa do Brasil de 1988, assinale a alternativa INCORRETA:

A) O Estado promoverá e incentivará a atuação das empresas estrangeiras de ciência, tecnologia e inovação, com vistas à execução do crescimento econômico privado, da pesquisa, da capacitação científica e tecnológica e da inovação.

Alternativa errada. (§ 7º: não é a atuação das empresas estrangeiras, mas a atuação no exterior das empresas brasileiras)

- ***Procurador – 2015 – NC-UFPR – Prefeitura de Curitiba – PR***

Segundo a Constituição da República, "o Estado promoverá e incentivará o desenvolvimento científico, a pesquisa, a capacitação científica e tecnológica e a inovação". Com base nas normas constitucionais dedicadas ao tema, assinale a alternativa correta.

D) O Sistema Nacional de Ciência, Tecnologia e Inovação (SNCTI) será organizado em regime de colaboração entre entes, tanto públicos quanto privados, com vistas a promover o desenvolvimento científico e tecnológico e a inovação.

Alternativa correta.

Art. 219 – O mercado interno integra o patrimônio nacional e será incentivado de modo a viabilizar o **desenvolvimento cultural e sócio-econômico,** o bem-estar da população e a autonomia tecnológica do País, nos termos de lei federal.

Parágrafo único. **O Estado estimulará a formação e o fortalecimento da inovação nas empresas,** bem como nos demais entes, **públicos ou privados,** a constituição e a manutenção de parques e polos tecnológicos e de demais ambientes promotores da inovação, a atuação dos inventores independentes e a criação, absorção, difusão e transferência de tecnologia.

1. Aplicação em concurso público:

- ***Procurador de Universidade Assistente – 2018 – VUNESP – UNICAMP***

C) O monopólio do mercado interno será protegido pelo Estado de modo a priorizar o desenvolvimento cultural e sócio-econômico, o bem-estar da população e a autonomia tecnológica do País.

D) O Estado estimulará a formação e o fortalecimento da inovação tecnológica nos entes públicos com prioridade sobre as empresas ou entes privados.

E) As empresas que invistam em pesquisa, criação de tecnologia adequada ao País e que ofereçam participação dos empregados nos seus lucros devem ter tratamento prioritário do Estado por meio de isenções fiscais.

Gabarito: Alternativas erradas.

Obs:

(c) não há monopólio do mercado interno a ser protegido;

(d) não há prioridade entre os entes, sejam eles públicos ou privados;

(e) o Estado estimula a formação de empresas, mas a CF não dispõe acerca de isenções fiscais.

Art. 219-A – A União, os Estados, o Distrito Federal e os Municípios poderão firmar **instrumentos de cooperação com órgãos e entidades públicos e com entidades privadas**, inclusive para o **compartilhamento de recursos humanos** especializados e capacidade instalada, para a execução de projetos de pesquisa, de desenvolvimento científico e tecnológico e de inovação, **mediante contrapartida financeira ou não financeira assumida pelo ente beneficiário, na forma da lei.**

1. Aplicação em concurso público:

- ***Recepcionista – 2017 – Quadrix – CFO-DF***

  Com o objetivo de executar projetos de pesquisa, de desenvolvimento científico e tecnológico e de inovação, a União, os estados, o Distrito Federal e os municípios poderão firmar instrumentos de cooperação com entidades públicas e privadas, desde que não haja compartilhamento de recursos humanos, podendo inclusive haver contrapartida financeira.

  A alternativa está errada. (art. 219-A, CF: pode haver compartilhamento de recursos humanos)

Art. 219-B – O Sistema Nacional de Ciência, Tecnologia e Inovação (SNCTI) **será organizado em regime de colaboração entre entes**, tanto públicos quanto privados, **com vistas a promover o desenvolvimento científico e tecnológico e a inovação.**

§ 1º Lei federal disporá sobre as normas gerais do SNCTI.

§ 2º Os Estados, o Distrito Federal e os Municípios legislarão concorrentemente sobre suas peculiaridades.

1. Aplicação em concurso público:

- ***Juiz Substituto – FCC – 2015 – TJ-SC***

  III. O Sistema Nacional de Ciência, Tecnologia e Inovação – SNCTI, segundo expressa disposição constitucional, será organizado em regime de colaboração entre entes, tanto públicos quanto privados, com vistas a promover o desenvolvimento científico e tecnológico e a inovação.

  Gabarito: Alternativa correta (art. 219-B, CF)

CAPÍTULO V
DA COMUNICAÇÃO SOCIAL

Art. 220 – A manifestação do pensamento, a criação, a expressão e a informação, sob qualquer forma, processo ou veículo não sofrerão qualquer restrição, observado o disposto nesta Constituição.

§ 1º Nenhuma lei conterá dispositivo que possa constituir embaraço à plena liberdade de informação jornalística em qualquer veículo de comunicação social, observado o disposto no art. 5º, IV, V, X, XIII e XIV.

§ 2º É vedada toda e qualquer censura de natureza política, ideológica e artística.

§ 3º Compete à lei federal:

I – regular as diversões e espetáculos públicos, cabendo ao Poder Público informar sobre a natureza deles, as faixas etárias a que não se recomendem, locais e horários em que sua apresentação se mostre inadequada;

II – estabelecer os meios legais que garantam à pessoa e à família a possibilidade de se defenderem de programas ou programações de rádio e televisão que contrariem o disposto no art. 221, bem como da propaganda de produtos, práticas e serviços que possam ser nocivos à saúde e ao meio ambiente.

§ 4º A propaganda **comercial de tabaco, bebidas alcoólicas, agrotóxicos,** medicamentos e terapias estará sujeita a restrições legais, nos termos do inciso II do parágrafo anterior, e conterá, sempre que necessário, **advertência sobre os malefícios decorrentes de seu uso.**

§ 5º **Os meios de comunicação social não podem,** direta ou indiretamente, **ser objeto de monopólio ou oligopólio.**

§ 6º A publicação de veículo impresso de comunicação independe de licença de autoridade.

1. O artigo faz referência a alguns direitos fundamentais constantes no art. 5º da Constituição Federal:

Art. 5º: [...]:

IV – é livre a manifestação do pensamento, sendo vedado o anonimato;

V – é assegurado o direito de resposta, proporcional ao agravo, além da indenização por dano material, moral ou à imagem;

X – são invioláveis a intimidade, a vida privada, a honra e a imagem das pessoas, assegurado o direito a indenização pelo dano material ou moral decorrente de sua violação;

XIII – é livre o exercício de qualquer trabalho, ofício ou profissão, atendidas as qualificações profissionais que a lei estabelecer;

XIV – é assegurado a todos o acesso à informação e resguardado o sigilo da fonte, quando necessário ao exercício profissional;

2 A liberdade de expressão é ampla e engloba, entre outros, a liberdade religiosa prevista no art. 5º, VI, CF.

► **Entendimento jurisprudencial:**

A liberdade religiosa não é exercível apenas em privado, mas também no espaço público, e inclui o direito de tentar convencer os outros, por meio do ensinamento, a mudar de religião. O discurso proselitista é, pois, inerente à liberdade de expressão religiosa. (...) A liberdade política pressupõe a livre manifestação do pensamento e a formulação de discurso persuasivo e o uso dos argumentos críticos. Consenso e debate público informado pressupõem a livre troca de ideias e não apenas a divulgação de informações. **O artigo 220 da Constituição Federal expressamente consagra a liberdade de expressão sob qualquer forma, processo ou veículo, hipótese que inclui o serviço de radiodifusão comunitária. Viola a Constituição Federal a proibição de veiculação de discurso proselitista em serviço de radiodifusão comunitária.** [ADI 2.566, rel. p/ o ac. min. Edson Fachin, j. 16-5-2018, P, DJE de 23-10-2018.]

3. A vedação à censura é um direito fundamental também previsto no **art. 5, IX da CF**.

Aplicação em concurso público:

- ***Nível Superior – 2015 – CESPE – DEPEN***

  Por suas características mais definidoras, a Constituição Federal de 1988 (CF) foi chamada de Constituição Cidadã. Com relação aos direitos humanos e aos direitos fundamentais consagrados na Carta Magna brasileira, julgue o item a seguir.

  A única forma de censura permitida no Brasil é a que envolve espetáculos teatrais, especialmente os voltados para o público infanto-juvenil, e os livros didáticos a serem utilizados no ensino fundamental.

  A alternativa está errada. (é vedada a censura no Brasil)

4. A regulamentação do conteúdo exibido nos meios de comunicação não possuem lei própria e é feita em acordo primeiramente com a Constituição, mas também de forma esparsa.

   A Constituição atribui **à União o exercício da classificação indicativa em programas de rádio e televisão, no art. 21, XVI, da CF.** Além disto, a regulamentação também é feita em conformidade Estatuto da Criança e do Adolescente.

5. O rádio e a televisão são serviços públicos dependentes de outorga do Estado e, por isso, têm o dever de imparcialidade, **o que não se confunde com a impossibilidade de difundirem suas opiniões.** As mídias podem difundir suas opiniões, devido à vedação à censura no texto constitucional.

   ► **Entendimentos jurisprudenciais:**

   ADI 4451, STF: sobre o TSE ter decidido que o rádio e a televisão, por constituírem serviços públicos, dependentes de "outorga" do Estado e prestados mediante a utilização de um bem público (espectro de radiofrequências), têm um dever que não se estende à mídia escrita: o dever da imparcialidade ou da equidistância perante os candidatos: **Imparcialidade, porém, que não significa ausência de opinião ou de crítica jornalística.** Equidistância que apenas veda às emissoras de rádio e televisão encamparem, ou então repudiarem, essa ou aquela candidatura a cargo político-eletivo.

Aplicação em concurso público:

- ***Procurador da República – 2017 – PGR***

  II – O rádio e a televisão, por constituírem serviços públicos dependentes de outorga do Estado, têm o dever de imparcialidade, o que os impede de difundir opinião contrária a candidato, partido, coligação, a seus órgãos ou representantes.

  A afirmativa está errada. Trata-se de entendimento jurisprudencial:

6. **Entendimentos jurisprudenciais:**

   O Plenário do STF, no julgamento do RE 511.961, declarou como **não recepcionado** pela Constituição de 1988 o art. 4º, V, do Decreto-Lei 972/1969, que exigia **diploma de curso superior** para o exercício da profissão de **jornalista**.

O Plenário do STF, no julgamento da ADPF 130, declarou como **não recepcionado** pela Constituição de 1988 todo o conjunto de dispositivos da **Lei de Imprensa** (Lei 5.250/1967).

7. Aplicação em concurso público:

- ***Procurador do Estado – 2018 – VUNESP – PGE-SP***

  C) Nenhuma lei poderá conter dispositivo que possa constituir embaraço à plena liberdade de informação jornalística em qualquer veículo de comunicação social, sendo resguardado o sigilo da fonte, em todas as circunstâncias.

  E) É competência comum da União, dos Estados, do Distrito Federal e dos Municípios legislar sobre os meios legais que garantam à pessoa e à família a possibilidade de se defenderem de programas ou programações de rádio e televisão que vinculem propaganda de produtos, práticas e serviços que possam ser nocivos à saúde e ao meio ambiente.

  As alternativas estão erradas. (art. 5º, IV, CF: é vedado o anonimato; e) compete à União, por meio de lei federal, conforme art. 220, § 3º, II, CF)

- ***Recepcionista – 2017 – Quadrix – CFO-DF***

  A CF determina que compete à lei federal regular as diversões públicas, sendo vedado ao Poder Público informar sobre a natureza delas, as faixas etárias e os locais e horários de sua apresentação, sob pena de violação ao princípio da liberdade de expressão.

  Alternativa errada. (art. 220, §º, CF: A CF não fala de pena de violação à liberdade de expressão)

Art. 221 – A produção e a **programação das emissoras de rádio e televisão** atenderão aos seguintes princípios:

I – **prefer**ência a finalidades educativas, artísticas, culturais e informativas;

II – promoção da cultura nacional e regional e estímulo à produção independente que objetive sua divulgação;

III – regionalização da produção cultural, artística e jornalística, conforme percentuais estabelecidos em lei;

IV – respeito aos valores éticos e sociais da pessoa e da família.

1. Aplicação em concurso público:

- ***Procurador da República – 2017 – PGR***

  IV – No sistema democrático, a liberdade goza de uma forte prioridade *prima facie*, decorrente de seu *status* de condição para a cooperação na deliberação democrática, mas não de uma prioridade absoluta.

  A afirmativa está correta.

- ***Procurador do Estado – 2018 – VUNESP – PGE-SP***

  B) Os meios de comunicação social eletrônica, independentemente da tecnologia utilizada para a prestação do serviço, deverão observar os princípios constitucionais que regem a produção e a programação das emissoras de rádio e televisão, como dar preferência a finalidades educativas, artísticas, culturais e informativas.

  Alternativa correta.

Art. 222 – A propriedade de empresa jornalística e de radiodifusão sonora e de sons e imagens é **privativa de brasileiros natos ou naturalizados há mais de dez anos, ou de pessoas jurídicas constituídas sob as leis brasileiras e que tenham sede no País.**

§ 1º Em qualquer caso, **pelo menos setenta por cento do capital total e do capital votante das empresas jornalísticas e de radiodifusão sonora e de sons e imagens** deverá pertencer, direta ou indiretamente, a brasileiros natos ou naturalizados há mais de dez anos, que exercerão obrigatoriamente a gestão das atividades e estabelecerão o conteúdo da programação.

§ 2º A responsabilidade editorial e as atividades de seleção e direção da programação veiculada são privativas de brasileiros natos ou naturalizados há mais de dez anos, em qualquer meio de comunicação social.

§ 3º Os meios de comunicação social eletrônica, independentemente da tecnologia utilizada para a prestação do serviço, deverão observar os princípios enunciados no art. 221, na forma de lei específica, que também garantirá a prioridade de profissionais brasileiros na execução de produções nacionais.

§ 4º Lei disciplinará a participação de capital estrangeiro nas empresas de que trata o § 1º.

§ 5º As alterações de controle societário das empresas de que trata o § 1º serão comunicadas ao Congresso Nacional.

1. A Constituição Federal atribui de forma **privativa** a propriedade de empresas jornalísticas e de radiodifusão:

   1.1. Para pessoas físicas: aos brasileiros **natos** e aos **naturalizado com mais de 10 anos;**

   1.2. Para pessoas jurídicas: aquelas constituídas sob as leis brasileiras e que tenham sede no País.

   Para tanto, dispõe que, em qualquer caso, **pelo menos 70% do capital** destas empresas deverão permanecer a essas pessoas.

2. Os meios de comunicação em geral devem observar os princípios do artigo 221 referentes às emissoras de rádio e televisão. São eles:

   – Preferência a finalidades educativas, artísticas, culturais e informativas;

   – Promoção da cultura nacional e regional e estímulo à produção independente que objetive sua divulgação;

- Regionalização da produção cultural, artística e jornalística, conforme percentuais estabelecidos em lei;
- Respeito aos valores éticos e sociais da pessoa e da família.

3. Tal vedação demonstra uma exceção à igualdade existente entre os brasileiros natos e naturalizados na CF, matéria bastante cobrada em provas no assunto de nacionalidade.

4. Aplicação em concurso público:

- ***CESPE – 2009 – SEJUS-ES – Agente Penitenciário***

  No que se refere à ordem social, julgue os itens a seguir:

  A CF consagra a propriedade de empresa jornalística, de radiodifusão sonora e de sons e imagens, de maneira privativa, aos brasileiros natos ou naturalizados há mais de dez anos, ou às pessoas jurídicas constituídas sob as leis brasileiras que tenham sede no país.

  A alternativa está correta.

- ***Procurador do Município – FCC – 2018 – Prefeitura de Caruaru – PE***

  No título da Constituição relativo à Ordem Social, foi reservada disciplina aos meios de comunicação social e às empresas que os exploram economicamente. Segundo as disposições do texto constitucional a esse respeito,

  A) os meios de comunicação social eletrônica, independentemente da tecnologia utilizada para a prestação do serviço, estão dispensados de observar os princípios aplicáveis à produção e à programação das emissoras de rádio e televisão, a exemplo da preferência a finalidades educativas, artísticas, culturais e informativas, bem assim do respeito aos valores éticos e sociais da pessoa e da família.

  B) pelo menos sessenta por cento do capital total e do capital votante das empresas jornalísticas e de radiodifusão sonora e de sons e imagens deverá pertencer, direta ou indiretamente, a brasileiros natos ou naturalizados há mais de dez anos, que exercerão obrigatoriamente a gestão das atividades e estabelecerão o conteúdo da programação.

  C) os meios de comunicação social eletrônica, independentemente da tecnologia utilizada para a prestação do serviço, deverão, nos termos de lei específica, observar os princípios aplicáveis à produção e à programação das emissoras de rádio e televisão, a exemplo do fomento à produção, difusão e circulação de conhecimento e bens culturais, bem assim da democratização dos processos decisórios com participação e controle social.

  D) os meios de comunicação social eletrônica, independentemente da tecnologia utilizada para a prestação do serviço, deverão, nos termos de lei específica, observar os princípios aplicáveis à produção e à programação das emissoras de rádio e televisão, a exemplo da regionalização da produção cultural, artística e jornalística, conforme percentuais estabelecidos em lei, bem assim do respeito aos valores éticos e sociais da pessoa e da família.

E) é vedada a participação de pessoa jurídica no capital social de empresa jornalística ou de radiodifusão, exceto a de partido político e de sociedades cujo capital pertença exclusiva e nominalmente a brasileiros.

Gabarito: Alternativa D

Obs:

(a) Art. 222, § 3º, CF: não estão dispensadas de respeitar os princípios, todos devem respeitar!

(b) Art. 222, § 1º, CF: 70%

(c) Art. 222, § 3º, CF: devem observar os princípios do artigo 221, CF e eles não foram citados como exemplo.

(e) Art. 222, CF: não é vedado, o caput do artigo permite a propriedade de pessoas jurídicas constituídas sobre as leis brasileiras ou que tenham sede no país.

Art. 223 – **Compete ao Poder Executivo outorgar e renovar concessão, permissão e autorização para o serviço de radiodifusão sonora e de sons e imagens,** observado o princípio da complementaridade dos sistemas privado, público e estatal.

§ 1º O Congresso Nacional apreciará o ato no prazo do art. 64, § 2º e § 4º, a contar do recebimento da mensagem.

§ 2º A não renovação da concessão ou permissão dependerá de aprovação de, no mínimo, dois quintos do Congresso Nacional, em votação nominal.

§ 3º O ato de outorga ou renovação somente produzirá efeitos legais após deliberação do Congresso Nacional, na forma dos parágrafos anteriores.

§ 4º O cancelamento da concessão ou permissão, antes de vencido o prazo, depende de decisão judicial.

§ 5º O prazo da concessão ou permissão será de dez anos para as emissoras de rádio e de quinze para as de televisão.

1. O artigo 223, CF é cobrado em sua literalidade, sendo de competência do **Poder Executivo** os contratos acerca dos serviços de comunicação social com o poder público.

Aplicação em concurso público:

- ***Procurador do Estado – 2018 – VUNESP – PGE-SP***

D) Compete ao Congresso Nacional outorgar e renovar concessão, permissão e autorização para o serviço de radiodifusão sonora e de sons e imagens, observado o princípio da complementaridade dos sistemas privado, público e estatal.

A alternativa está errada. (competência do Poder Executivo)

- ***CESPE – 2013 – FUB – Jornalista***

De acordo com a Constituição Federal de 1988 (CF), julgue o item que se segue, a respeito da comunicação social.

Outorgar e renovar concessão, permissão ou autorização para o serviço de radiodifusão sonora e de sons e imagens, observando-se o princípio da complementaridade dos sistemas privado, público e estatal, é competência do Poder Executivo.

Gabarito: Alternativa correta

2. O prazo do tempo de contrato (concessão ou permissão) estabelecido para as empresas de comunicação social é previsto na Constituição:
   - **Dez anos para as emissoras de rádio;**
   - **Quinze anos para as emissoras de televisão.**

Aplicação em concurso público:

- ***IADES – 2014 – SEAP-DF – Analista – Direito***

  E) O prazo da concessão ou permissão será de 20 anos para as emissoras de rádio e de 18 anos para as de televisão.

  A alternativa está errada

Art. 224 – Para os efeitos do disposto neste capítulo, o **Congresso Nacional** instituirá, como seu órgão auxiliar, o **Conselho de Comunicação Social**, na forma da lei.

1. O Conselho de Comunicação Social é responsável por **emitir opiniões e recomendações sobre os assuntos relacionados à comunicação social no Brasil,** contribuindo para a propositura de leis a respeito do tema pelo Congresso Nacional.
2. Cuidado para não confundir as regras de competência:
   - Contratos de serviços de comunicação: Poder Executivo
   - Instituição do Conselho de Comunicação Social: Congresso Nacional

Aplicação em concurso público:

- ***Juiz Substituto – FCC – 2015 – TJ-SE***

  Ao disciplinar a exploração do serviço de radiodifusão sonora e de sons e imagens, a Constituição da República estabelece que,

  D) o Conselho de Comunicação Social, instituído pelo Poder Executivo, na forma da lei, funcionará como órgão auxiliar do Congresso Nacional, em suas atribuições relacionadas ao serviço.

  Gabarito: Alternativa errada

CAPÍTULO VI
DO MEIO AMBIENTE

Art. 225 – **Todos têm direito ao meio ambiente ecologicamente equilibrado,** bem de uso comum do povo e essencial à sadia qualidade de vida, **impondo-se ao Poder Público e à coletividade o dever de defendê-lo e preservá-lo para as presentes e futuras gerações.**

1. O direito ao meio ambiente equilibrado é um **direito fundamental de terceira geração,** sua defesa é, inclusive, um princípio da ordem econômica prevista no art. 170, VI, CF.

2. **A terceira geração** está ligada aos princípios da **fraternidade e solidariedade.** É um **direito difuso,** representando direitos que não se voltam apenas para a proteção de interesses individuais ou grupos específicos de pessoas, mas pelos direitos referentes a todos os indivíduos em geral.

Aplicação em concurso público:

- ***Juiz do trabalho – 2017 – FCC – TST***

A) a Constituição Federal condiciona a responsabilização penal da pessoa jurídica por crimes ambientais à simultânea persecução penal da pessoa física em tese responsável no âmbito da empresa.

B) o direito à integridade do meio ambiente constitui prerrogativa jurídica de titularidade coletiva e destina-se somente àqueles que residam em território nacional.

Alternativas erradas. (o direito ao meio ambiente destina-se à todos)

3. A Constituição Federal de 1988 foi o primeiro texto constitucional a trazer, de modo específico, regras sobre a preservação do meio ambiente.

4. Aqui encontra-se a previsão do **princípio do desenvolvimento sustentável,** que pode ser também encontrado no art. 170 da CF. Este consagra um novo direito fundamental do homem, o direito a um meio ambiente ecologicamente equilibrado.

5. Em RE 548181/PR, o STF decidiu que:

O art. 225, § 3º, da Constituição Federal **não condiciona a responsabilização penal da pessoa jurídica por crimes ambientais à simultânea persecução penal da pessoa física em tese responsável no âmbito da empresa**. A norma constitucional não impõe a necessária dupla imputação.

► **Legislação infraconstitucional:**

Lei nº 6.938/81: Art. 3º – Para os fins previstos nesta Lei, entende-se por: I – meio ambiente, **o conjunto de condições, leis, influências e interações de ordem física, química e biológica, que permite, abriga e rege a vida em todas as suas formas;**

6. Aplicação concurso público:

- ***Analista Técnico – 2018 – FUNDATEC – DPE – SC***

Analise as assertivas abaixo sobre o que constitui o Meio Ambiente como conjunto de relações e interações que condiciona a vida em todas as suas formas, conforme o Art. 225 da CRFB/1988:

I. Bem jurídico de tutela específica e autônoma.

II. Direito de exercício coletivo (art. 129, III, e § 1º), mas também individual assentado na dimensão coletiva e difusa do direito ao meio ambiente sadio.

III. Direito de terceira geração, alicerçado na fraternidade ou solidariedade.

IV. Salvaguarda da dignidade da pessoa humana, da funcionalização social e ambiental da propriedade que se liga à própria proteção da vida e da saúde.

Todas as alternativas estão corretas.

§ 1º Para assegurar a efetividade desse direito, incumbe ao Poder Público:

I – **preservar** e restaurar os processos ecológicos essenciais e prover o manejo ecológico das espécies e ecossistemas;

II – preservar a diversidade e a integridade do patrimônio genético do País e fiscalizar as entidades dedicadas à pesquisa e manipulação de material genético;

III – definir, em todas as unidades da Federação, espaços territoriais e seus componentes a serem especialmente protegidos, sendo a alteração e a supressão permitidas somente através de lei, vedada qualquer utilização que comprometa a integridade dos atributos que justifiquem sua proteção;

IV – exigir, na forma da lei, para instalação de obra ou atividade potencialmente causadora de significativa degradação do meio ambiente, estudo prévio de impacto ambiental, a que se dará publicidade;

V – controlar a produção, a comercialização e o emprego de técnicas, métodos e substâncias que comportem risco para a vida, a qualidade de vida e o meio ambiente;

VI – promover a educação ambiental em todos os níveis de ensino e a **conscientização pública para a preservação do meio ambiente;**

VII – **proteger a fauna e a flora**, vedadas, na forma da lei, as práticas que coloquem em risco sua função ecológica, provoquem a extinção de espécies ou submetam os animais a crueldade.

7. Estão incluídos no conceito de espaços territoriais especialmente protegidos as **áreas de proteção permanente** e as de **reserva Legal.** Os conceitos de Área de Preservação Permanente (APP) e de Reserva Legal estão contidos no artigo 3º da Lei 12.651/2002, sendo:

II – Área de Preservação Permanente – APP: área protegida, coberta ou não por vegetação nativa, com a função ambiental de preservar os recursos hídricos, a paisagem, a estabilidade geológica e a biodiversidade, facilitar o fluxo gênico de fauna e flora, proteger o solo e assegurar o bem-estar das populações humanas;

III – Reserva Legal: área localizada no interior de uma propriedade ou posse rural, delimitada nos termos do art. 12, com a função de assegurar o uso econômico de modo sustentável dos recursos naturais do imóvel rural, auxiliar a conservação e a reabilitação dos processos ecológicos e promover a conservação da biodiversidade, bem como o abrigo e a proteção de fauna silvestre e da flora nativa;

8. Inciso III: Alterações e supressões de espaços ambientais protegidos só podem ser feitas por meio de LEI.

Aplicação em concurso público:

- ***Procurador Jurídico – 2017 – VUNESP – Prefeitura de Marília – SP***

  D) Com o objetivo de preservação do meio ambiente, serão vedadas a alteração e a supressão dos espaços territoriais e seus componentes considerados especialmente protegidos.

  Gabarito: A alternativa está errada. (art. 225, § 1º, III, CF: alteração e supressão permitidas somente através de lei)

- ***Procurador do Estado – 2018 – FCC – PGE-TO***

  Dentro do sistema de proteção e preservação do meio ambiente, na forma prevista na Constituição Federal, emerge o instituto dos espaços territoriais especialmente protegidos, cuja instituição

  A) não se sujeita à reserva de lei, porém, uma vez criados, ainda que por decreto, a proteção ambiental assim instituída somente pode ser suprimida por lei em sentido formal.

  D) se dá, obrigatoriamente, por lei de âmbito estadual, no exercício da competência concorrente para dispor sobre normas gerais em matéria ambiental.

  E) somente pode se dar mediante lei da União, no uso da competência privativa para legislar sobre direito civil, dado que o instituto não corresponde a restrição ambiental *stricto sensu*, mas sim a restrição à propriedade.

  Gabarito: Alternativa A

9. O inciso V permite a **interferência do Poder Público nas atividades econômicas de domínio privado** para impedir práticas danosas à saúde da população e ao meio ambiente.

Aplicação em concurso público:

- ***ANP – Todos os Cargos – CESPE – 2013***

  Entre os deveres constitucionais ambientais impostos ao poder público, há a determinação de que os governos incentivem a criação de pequenas e médias empresas para desenvolverem atividades cujas técnicas e métodos não impliquem riscos à vida ou ao meio ambiente.

  Gabarito: Alternativa errada (o inciso V se refere ao domínio privado como um todo, não fazendo diferenciação às pequenas empresas).

10. O inciso VI traz consigo a previsão do **princípio da educação ambiental.**

11. Aplicação em concurso público:

- ***Analista – Advogado – INSTITUTO INEAA – 2014 – CREA-GO***

  Todos têm direito ao meio ambiente ecologicamente equilibrado, bem de uso comum do povo e essencial à sadia qualidade de vida, impondo-se ao Poder Público e à coletividade o dever de defendê-lo e preservá-lo para as presentes e futuras gerações. Para assegurar a efetividade desse direito, incumbe ao Poder Público:

I – preservar e restaurar os processos ecológicos ordinários e prover o manejo constante das espécies e ecossistemas.

II – promover a educação ambiental como disciplina obrigatória em todos os níveis de ensino.

III – fiscalizar a diversidade e a integridade do patrimônio genético público do País.

Gabarito: Nenhum item está correto

Obs:

I: processos essenciais não ordinários (inciso I)

II: o texto constitucional não fala em disciplina obrigatória (inciso VI)

III: fiscalizar as entidades dedicadas à pesquisa e manipulação de material genético (inciso II)

§ 2º Aquele que explorar recursos minerais fica obrigado a recuperar o meio ambiente degradado, de acordo com solução técnica exigida pelo órgão público competente, na forma da lei.

§ 3º As condutas e atividades consideradas lesivas ao meio ambiente sujeitarão os infratores, pessoas físicas ou jurídicas, **a sanções penais e administrativas, independentemente da obrigação de reparar os danos causados.**

12. **As pessoas físicas e jurídicas são responsáveis** pelos danos que causam ao meio ambiente, impondo a esses **sanções cíveis, administrativas e penais.**

Aplicação em concurso público:

- ***Técnico Judiciário – 2018 – CESPE – STJ***

  Considerando as disposições legais pertinentes a sustentabilidade e proteção ambiental, julgue o item a seguir.

  A Constituição vigente consagra a cumulatividade das sanções em matéria de dano ambiental ao preceituar que as condutas e atividades lesivas ao meio ambiente sujeitarão seus agentes, pessoas físicas ou jurídicas, a infrações penais, administrativas e civis, sendo do tipo objetiva a responsabilidade pelas infrações civis.

  Alternativa correta.

- ***Titular de Serviços de Notas e de Registros – 2017 – IESES – TJ-RO***

  D) As condutas e atividades consideradas lesivas ao meio ambiente sujeitarão os infratores, pessoas físicas ou jurídicas, a sanções penais e administrativas, independentemente da obrigação de reparar os danos causados.

  Alternativa correta. (trata-se da reparação nas três esferas: cível, administrativa e penal)

13. O § 2 prevê o chamado **Princípio do Poluidor-Pagador,** ou seja, busca obrigar o poluidor a arcar com os custos causados pelo dano ao meio ambiente, impedindo que tais danos causem prejuízos maiores, não só ao indivíduo, mas a toda a coletividade a às futuras gerações.

► **Entendimento jurisprudencial:**

"Meio Ambiente – Direito à preservação de sua integridade (CF, art. 225) – prerrogativa qualificada por seu caráter de metaindividualidade – Direito de terceira geração (ou de novíssima dimensão) que consagra o postulado da solidariedade – Necessidade de impedir que a transgressão a esse direito faça irromper, no seio da coletividade, conflitos intergeracionais". (ADI 3540)

Aplicação em concurso público:

- ***Juiz do trabalho – 2017 – FCC – TST***

  C) o direito à preservação da integridade do meio ambiente consagra o postulado de solidariedade, diante da necessidade de impedir que a transgressão a esse direito faça irromper, no seio da coletividade, conflitos intergeracionais.

  D) o direito à preservação da integridade do meio ambiente, prerrogativa qualificada por seu caráter de metaindividualidade, realça o princípio da liberdade e acentua o princípio da igualdade.

  Gabarito: Alternativa C

§ 4º A **Floresta Amazônica** brasileira, a **Mata Atlântica**, a **Serra do Mar**, o **Pantanal Mato-Grossense** e a **Zona Costeira** são patrimônio nacional, e sua utilização far-se-á, na forma da lei, dentro de condições que assegurem a preservação do meio ambiente, inclusive quanto ao uso dos recursos naturais.

14. **Os biomas que fazem parte do patrimônio nacional** são, algumas vezes, cobrados em concursos de forma literal. As questões colocam nas alternativas alguma opção de bioma que a Constituição não inclui nesse parágrafo, como por exemplo, a Caatinga.

Aplicação em concurso público:

- ***Técnico Previdenciário – Administrativa – FCC – 2015 – MANAUSPREV***

  Segundo as normas sobre meio ambiente constantes da Constituição Federal, é correto afirmar:

  D) A floresta amazônica brasileira, a mata atlântica e o pantanal mato-grossense são considerados patrimônio nacional, assim como também o são a serra do mar, a zona costeira, o cerrado, a caatinga e as dunas maranhenses, devendo a utilização dessas áreas se dar na forma da lei.

  Gabarito: Alternativa errada (serra do mar, cerrado, caatinga e dunas maranhenses não são considerados patrimônio nacional)

§ 5º **São indisponíveis as terras devolutas** ou arrecadadas pelos Estados, por ações discriminatórias, necessárias à proteção dos ecossistemas naturais.

15. **As terras devolutas são terras não utilizadas pelos sesmeiros na colonização do país e devolvidas ao Poder Público sem que seja feito nelas qualquer utilização.** Essas terras são alvo de grande discussão na seara do Direito Agrário, pois apesar de serem bens públicos e, portanto, impenhoráveis e insuscetíveis de usucapião, **não cumprem a função social da terra** (art. 186, CF)

16. **Súmula 477 – STF:** As concessões de terras devolutas situadas na faixa de fronteira, feitas pelos Estados, autorizam, apenas, o uso, permanecendo o domínio com a União, ainda que se mantenha inerte ou tolerante, em relação aos possuidores.

Aplicação em concurso público:

- ***Promotor de Justiça – 2016 – MPE-PR***

  C) As concessões de terras devolutas situadas na faixa de fronteira, feitas pelos Estados, autorizam apenas o uso, permanecendo o domínio com a União, desde que esta não se mantenha inerte ou tolerante, em relação aos possuidores;

  A alternativa está errada. (as terras devolutas são indisponíveis, mesmo se a União se manter inerte)

► 17. Atenção: **a indisponibilidade das terras devolutas é declarada pelo próprio texto constitucional!**

Aplicação em concurso público:

- ***Analista Administrativo – Jurídico – VUNESP – 2014 – SP-URBANISMO***

  Em relação à proteção do meio ambiente, prevê a Constituição Federal de 1988, que todas as unidades da Federação deverão

  C) declarar indisponíveis as terras devolutas ou arrecadadas pela União, por ações discriminatórias, necessárias à proteção dos ecossistemas naturais.

  Gabarito: Alternativa errada (não são os entes federativos que declaram a indisponibilidade das terras devolutas)

§ 6º **As usinas** que operem com reator **nuclear** deverão ter sua localização definida em **lei federal,** sem o que não poderão ser instaladas.

► 18. Atenção para o fato de que a **lei** que define a localização dessas usinas **deve ser federal!**

Aplicação em concurso público:

- ***Delegado de Polícia – 2018 – UEG – PC-GO***

  Ao asseverar sobre a proteção do meio ambiente, a Constituição Federal de 1988

C) buscou limitar as atividades nucleares, ao exigir que o licenciamento ambiental de novas usinas dependa de lei estadual específica, por meio da qual se defina sua localização.

A alternativa está errada. (as usinas dependem de lei federal)

§ 7º Para fins do disposto na parte final do inciso VII do § 1º deste artigo, **não se consideram cruéis as práticas desportivas que utilizem animais, desde que sejam manifestações culturais,** conforme o § 1º do art. 215 desta Constituição Federal, registradas como bem de natureza imaterial integrante do patrimônio cultural brasileiro, devendo ser regulamentadas por lei específica que assegure o bem-estar dos animais envolvidos.

19. **O § 7º foi incluído pela EC 96/2017, buscando resolver o conflito entre a proteção das práticas culturais e a proteção do meio ambiente.** Esse assunto foi alvo de diversas discussões: inicialmente o STF considerou inconstitucional a Lei 15.299/2013, do Estado do Ceará, que regulamenta a vaquejada como prática desportiva e cultural no estado, considerando-a contrária ao meio ambiente (ADI 4983), logo após o Poder legislativo aprovou a Emenda que incluiu na Constituição o § 7º. **Essa situação é um ótimo exemplo de ponderação entre as normas e do princípio de "freios e contrapesos" de Constituição.**

Aplicação em concurso público:

- ***Analista Judiciário – 2018 – CESPE – STJ***

  A Constituição Federal veda práticas desportivas que utilizem animais, mesmo que elas se deem no âmbito de manifestações culturais que integrem o patrimônio cultural brasileiro.

  A alternativa está errada.

CAPÍTULO VII
Da Família, da Criança, do Adolescente, do Jovem e do Idoso

Art. 226 – A família, base da sociedade, tem especial proteção do Estado.

§ 1º O casamento é civil e gratuita a celebração.

§ 2º O casamento religioso tem efeito civil, nos termos da lei.

§ 3º Para efeito da proteção do Estado, é reconhecida a união estável entre o homem e a mulher como entidade familiar, devendo a lei facilitar sua conversão em casamento.

§ 4º Entende-se, também, como entidade familiar a comunidade formada por qualquer dos pais e seus descendentes.

§ 5º Os direitos e deveres referentes à sociedade conjugal são exercidos igualmente pelo homem e pela mulher.

§ 6º O casamento civil pode ser dissolvido pelo divórcio.

§ 7º Fundado nos princípios da dignidade da pessoa humana e da paternidade responsável, **o planejamento familiar é livre decisão do casal,** competindo ao Estado propiciar recursos educacionais e científicos para o exercício desse direito, vedada qualquer forma coercitiva por parte de instituições oficiais ou privadas.

§ 8º O Estado assegurará a assistência à família na pessoa de cada um dos que a integram, **criando mecanismos para coibir a violência no âmbito de suas relações.**

1. O direito de família é norteado por alguns princípios constitucionais. Primeiro pelo **princípio da dignidade humana**, por meio do qual se entende que o direito a constituir família é um direito mínimo a ser garantido pelo Estado à população.

▶ O Supremo Tribunal Federal, ao Julgar a ADI 4277 e a ADPF 132, por meio de **mutação constitucional (mudança de interpretação sem alteração de texto)**, reconheceu a união estável entre pessoas de mesmo sexo, tendo como base, entre outros, o princípio da dignidade humana. Além deste exemplo, pautado no mesmo entendimento, com base na Emenda Constitucional nº 66 de 2010, hoje em dia os **meios para efetivação do divórcio estão facilitados,** não sendo mais necessária a separação judicial para que ele ocorra.

→ Entendimento jurisprudencial:

ADI 4.277/DF: O caput do art. 226 confere à família, base da sociedade, especial proteção do Estado. (...) A Constituição de 1988, ao utilizar-se da expressão **"família", não limita sua formação a casais heteroafetivos nem a formalidade cartorária, celebração civil ou liturgia religiosa.** (...)

Aplicação em concurso público:

- ***Assistente Administrativo – 2018 – Quadrix – CRM-DF***

  Julgue o item seguinte a respeito do princípio da igualdade na Constituição Federal de 1988 (CF).

  Por força do princípio da isonomia, é admitida a união estável homoafetiva, ainda que com algumas distinções em relação à união estável heteroafetiva, no que diz respeito à meação e à adoção.

  Gabarito: Alternativa considerada como errada.

2. O direito de família também é norteado pelo **princípio da isonomia (igualdade)**, em que todos os entes familiares serão protegidos de forma igual e incidente pela constituição. O **princípio da solidariedade social** nos traz um caráter solidário, levando em conta que o direito de família é eivado de sentimentos. Um exemplo a este princípio é o Direito a alimentos, na qual entende-se que é dever de um membro cuidar do outro. Partindo deste sentido, temos também o **princípio da afetividade**, que confirma o caráter sentimental e humanístico dado pela constituição ao direito de família.

Aplicação em concurso público:

- ***Titular de Serviços de Notas e de Registros – 2018 – IESES – TJ-AM***

B) A família, base da sociedade, tem especial proteção do Estado, sendo que os direitos e deveres referentes à sociedade conjugal são exercidos prioritariamente pela mulher.

Gabarito: Alternativa considerada como errada. (Nos termos do § 5º, os direitos e deveres da sociedade conjugal são exercidos igualmente pelo homem e pela mulher).

3. Aplicação em concurso público:

- ***Agente de Polícia Civil – 2018 – NUCEPE – PC-PI***

A) A família, base da sociedade, tem especial proteção do Estado. O casamento e a união estável têm efeitos civis, sendo os direitos e deveres referentes à sociedade conjugal exercidos igualmente pelo homem, mulher e filhos maiores de 18 (dezoito) anos.

B) O casamento civil pode ser dissolvido pelo divórcio, após prévia separação judicial por mais de um ano nos casos expressos em lei, ou comprovada separação de fato por mais de um ano.

Gabarito: As alternativas foram consideradas como erradas. (Desde a EC nº 66/2010, não é necessária prévia separação judicial).

Art. 227 – É **dever da família, da sociedade e do Estado** assegurar à criança, ao adolescente **e ao jovem,** com absoluta prioridade, o direito à vida, à saúde, à alimentação, à educação, ao lazer, à profissionalização, à cultura, à dignidade, ao respeito, à liberdade e à convivência familiar e comunitária, além de colocá-los a salvo de toda forma de negligência, discriminação, exploração, violência, crueldade e opressão.

4. **O art. 227 foi alterado pela Emenda Constitucional 65 de 2010, que expandiu o alcance da proteção familiar também aos jovens.** A idade considerada como parâmetro dos jovens aqui tratada não é unânime, já que nem a Constituição nem a lei infraconstitucional trouxeram a definição como fizeram com as outras faixas etárias.

Aplicação em concurso público:

- ***Titular de Serviços de Notas e de Registros – 2017 – IESES – TJ-RO***

B) O dever da família, da sociedade e do Estado em assegurar à criança, com absoluta prioridade, o direito à vida, à saúde, à alimentação, à educação, ao lazer, à profissionalização, à cultura, à dignidade, ao respeito, à liberdade e à convivência familiar e comunitária, não se estende ao adolescente e ao jovem.

Gabarito: Alternativa considerada errada. (Conforme expresso no caput do art. 227, se estende ao adolescente e ao jovem).

§ 1º O Estado promoverá programas de **assistência integral** à saúde da criança, do adolescente **e do jovem, admitida a participação de entidades não governamentais**, mediante políticas específicas e obedecendo aos seguintes preceitos:

I - aplicação de percentual dos recursos públicos destinados à saúde na assistência materno-infantil;

II - criação de programas de prevenção e atendimento especializado para as pessoas portadoras de deficiência física, sensorial ou mental, **bem como de integração social do adolescente e do jovem portador de deficiência, mediante o treinamento para o trabalho e a convivência, e a facilitação do acesso aos bens e serviços coletivos, com a eliminação de obstáculos arquitetônicos e de todas as formas de discriminação.**

§ 2º A lei disporá sobre normas de **construção dos logradouros e dos edifícios de uso público e de fabricação de veículos de transporte coletivo,** a fim de garantir **acesso adequado às pessoas portadoras de deficiência.**

2. Atenção para o que prescreve o artigo, ele menciona "**assistência integral**", porém as bancas de concursos tendem a confundir com outras palavras.

Aplicação em concurso público:

- ***Promotor de Justiça – 2017 – FMP Concursos – MPE-RO***

  D) A Constituição, no que se refere à criança, ao adolescente e ao jovem, sustenta o princípio da proteção especial.

  Gabarito: Alternativa considerada errada. (A proteção é integral).

3. O inciso II e o § 2º refletem aplicações do **princípio da solidariedade social** e da **isonomia.** O entendimento que prevalece é de que as pessoas com deficiência devem ter uma atenção redobrada tanto da sociedade, como do estado, no sentido de oferecer ações que os integre na sociedade. Isso tem uma relação direta com o **princípio da equidade**, ramo da isonomia, assim, os desiguais deverão ser tratados com desigualdade, para que não sejam prejudicados por suas capacidades ou incapacidades físicas ou mentais a eles inerentes.

§ 3º O direito a proteção especial abrangerá os seguintes aspectos:

I - idade mínima de quatorze anos para admissão ao trabalho, observado o disposto no art. 7º, XXXIII;

II - garantia de direitos previdenciários e trabalhistas;

III - garantia de acesso do trabalhador adolescente e jovem à escola;

IV - garantia de pleno e formal conhecimento da atribuição de ato infracional, igualdade na relação processual e defesa técnica por profissional habilitado, segundo dispuser a legislação tutelar específica;

V - obediência aos princípios de brevidade, excepcionalidade e respeito à condição peculiar de pessoa em desenvolvimento, quando da aplicação de qualquer medida privativa da liberdade;

VI – estímulo do Poder Público, através de **assistência jurídica, incentivos fiscais e subsídios,** nos termos da lei, ao acolhimento, sob a forma de **guarda,** de criança ou adolescente órfão ou abandonado;

VII – programas de **prevenção e atendimento** especializado à criança, ao adolescente e ao jovem dependente de **entorpecentes e drogas afins.**

4. A proteção especial está regulada no **Estatuto da Criança e do Adolescente** (Lei nº 8.069/1990).

---

5. Importante destacar que:

- o menor de 18 anos só pode trabalhar na condição de "menor aprendiz";
- o menor de 18 anos não comete crime e não é julgado pelo juiz criminal, comete atos infracionais e é julgado pelo juiz da infância e juventude;
- são muito importantes os programas de prevenção e atendimento às crianças e jovens dependentes de drogas e/ou entorpecentes.

Aplicação em concurso público:

- ***Oficial Judiciário (Médio) – 2017 – CONSULPLAN – TJ-MG***

  II. São proteções especiais constitucionais à criança, ao adolescente e ao jovem, dentre outras, idade mínima de quatorze anos para admissão ao trabalho, observado o disposto no art. 7º, XXXIII, e a garantia de pleno e formal conhecimento da atribuição de ato infracional, igualdade na relação processual e defesa técnica por profissional habilitado, segundo dispuser a legislação tutelar específica.
  Alternativa correta.

- ***Promotor de Justiça – 2015 – MPE-SP***

  Nos termos da Constituição Federal, o direito a proteção especial à criança, ao adolescente e ao jovem deve abranger, dentre outros, os seguintes aspectos:

  I – Garantia de inimputabilidade aos menores de dezoito anos, que ficarão sujeitos às normas da legislação especial.

  II – Programas de prevenção e atendimento especializado à criança, ao adolescente e ao jovem dependente de entorpecentes e drogas afins.

  III – Proibição de quaisquer designações discriminatórias relativas à filiação e igualdade de direitos e qualificações em relação aos filhos, havidos ou não da relação do casamento, ou por adoção.

  IV – Aplicação de percentual dos recursos públicos destinados à saúde na assistência materno-infantil.

  V – Estímulo do Poder Público, através de assistência jurídica, incentivos fiscais e subsídios, nos termos da lei, ao acolhimento, sob a forma de guarda, de criança ou adolescente órfão ou abandonado.

  Corretas as alternativas II e V.

§ 4º A lei punirá severamente o abuso, a violência e a exploração sexual da criança e do adolescente.

§ 5º A adoção será assistida pelo Poder Público, na forma da lei, que estabelecerá casos e condições de sua efetivação por parte de estrangeiros.

§ 6º Os filhos, havidos ou não da relação do casamento, ou por adoção, terão os mesmos direitos e qualificações, proibidas quaisquer designações discriminatórias relativas à filiação.

§ 7º No atendimento dos direitos da criança e do adolescente levar-se-á em consideração o disposto no art. 204.

§ 8º A lei estabelecerá:

I - o estatuto da juventude, destinado a regular os direitos dos jovens;

II - o plano nacional de juventude, de duração decenal, visando à articulação das várias esferas do poder público para a execução de políticas públicas.

6. Os **filhos adotivos têm os mesmos direitos que os sanguíneos**, dessa forma, devem ser tratados igualmente e possuem os mesmos direitos à herança.
7. A adoção por estrangeiros é possível e é disciplinada pelo Estatuto da Criança e do Adolescente (Lei nº 8.069/1990), sendo considerada medida excepcional, ou seja, quando não é encontrada uma família brasileira disposta a adoção.

► **Legislação infraconstitucional:**

Art. 31, ECA: A colocação em família substituta estrangeira constitui medida excepcional, somente admissível na modalidade de adoção.

Aplicação em concurso público:

- ***Recepcionista – 2017 – Quadrix – CFO-DF***

  A CF veda a adoção de crianças e adolescentes por estrangeiros.

  Alternativa errada. (a adoção por estrangeiros não é vedada, mas tem condições estabelecidas por lei)

Art. 228 - São **penalmente inimputáveis os menores de dezoito anos**, sujeitos às normas da legislação especial.

1. O Estatuto da Criança e do Adolescente prevê, no art. 103, que, por serem inimputáveis, os menores de 18 anos não cometem crimes, **o que quer que tenham praticado será considerado como ato infracional, para todos os fins.**

Aplicação em concurso público:

- ***Oficial Judiciário – CONSULPLAN – 2017 – TJ-MG***

  De acordo com a Constituição Federal/1988, os menores têm uma série de direitos garantidos, EXCETO:

A) Os menores de 18 (dezoito) anos são penalmente imputáveis.

B) Os pais têm o dever de assistir, criar e educar.

C) Os menores de 18 (dezoito) anos estão sujeitos às normas da legislação especial.

D) Os filhos havidos ou não na relação do casamento têm os mesmos direitos e qualificações.

Gabarito: Alternativa A

Art. 229 – Os pais têm o dever de assistir, criar e educar os filhos menores, e **os filhos maiores têm o dever de ajudar e amparar os pais na velhice, carência ou enfermidade.**

1. Esse artigo traz em si **a obrigação alimentar existente entre pais e filhos,** tendo o abandono responsabilidades cíveis e até penal. O não cumprimento da obrigação de pagar alimentar pode resultar em prisão (única hipótese de prisão civil resguardada pela Constituição), justamente porque se pondera as normas de liberdade de locomoção (do alimentante) com o direito à vida (do alimentado). Além disso, deixar de assistir descendentes ou ascendentes pode caracterizar o crime de abandona material (art. 244, do Código Penal).
2. Importante destacar a reciprocidade deste dever, ou seja, tanto dos pais para com os filhos, quanto dos filhos para com os pais (na velhice, carência ou enfermidade).

Aplicação em concurso público:

- ***Agente de Polícia Civil – 2018 – NUCEPE – PC-PI***

D) Os pais têm o dever de assistir, criar os filhos menores. O Estado tem o dever de educar os menores. E os filhos, em qualquer idade, têm o dever de ajudar e amparar os pais, em qualquer tempo, independentemente de carência ou enfermidade.

Alternativa errada. (os filhos têm o dever de amparar os pais na velhice, carência ou enfermidade)

- ***Juiz do trabalho – 2015 – TRT – 21ª Região (RN)***

E) Os pais têm o dever de assistir, criar e educar os filhos menores, e, embora a Constituição Federal não preveja dever de ajuda e amparo para os filhos maiores, o Supremo Tribunal Federal já assentou a recíproca em face do dever constitucional de solidariedade.

Alternativa errada.

Art. 230 – **A família, a sociedade e o Estado têm o dever de amparar as pessoas idosas,** assegurando sua participação na comunidade, defendendo sua dignidade e bem-estar e garantindo-lhes o direito à vida.

§ 1º Os programas de amparo aos idosos serão executados **preferencialmente** em seus lares.

§ 2º Aos maiores de sessenta e cinco anos é garantida **a gratuidade dos transportes coletivos urbanos.**

1. O Estatuto do Idoso (Lei nº 10.741/2003) dispõe acerca dos direitos dos idosos, sendo considerados toda pessoa com idade igual ou superior a 60 anos.

2. O § 1º revela uma prioridade aos programas de amparo ao idoso em seus próprios lares. Tal dispositivo revela apenas uma prioridade, o que significa que, em caso de impossibilidade, o programa poderá ser executado fora de seus lares.

Aplicação em concurso público:

- ***Oficial de Apoio Judicial – 2017 – CONSULPLAN – TJ-MG***

  Conforme a Constituição Federal de 1988, o Estado tem o dever de amparar as pessoas idosas, devendo, **EXCETO**:

  A) Executar programas de amparo, exclusivamente, em seus lares.

  B) Garantir a gratuidade dos transportes coletivos urbanos aos maiores de 65 anos.

  C) Defender sua dignidade e bem-estar

  D) Assegurar sua participação na comunidade.

  Gabarito: Alternativa A (não é exclusivamente, é preferencialmente)

3. O § 2º garante a **gratuidade dos transportes públicos urbanos e semi-urbanos** para os idosos **acima de 65 anos.** Nesse ponto, é importante destacar que o parágrafo não inclui o transporte interestadual.

► É garantida a gratuidade do transporte interestadual para idosos acima de 60 anos com baixa renda, nos termos do art. 40 do Estatuto do Idoso:

► **Legislação infraconstitucional:**

Art. 40, Lei 10.741/03: No sistema de transporte coletivo interestadual observar-se-á, nos termos da legislação específica:

I – a reserva de 2 (duas) vagas gratuitas por veículo para idosos com renda igual ou inferior a 2 (dois) salários-mínimos;

II – desconto de 50% (cinqüenta por cento), no mínimo, no valor das passagens, para os idosos que excederem as vagas gratuitas, com renda igual ou inferior a 2 (dois) salários-mínimos.

Parágrafo único. Caberá aos órgãos competentes definir os mecanismos e os critérios para o exercício dos direitos previstos nos incisos I e II.

4. Aplicação em concurso público:

- ***Técnico em Assuntos Educacionais – FUNIVERSA – 2016 – IF-AP***

  De acordo com a CF:

B) os programas de amparo aos idosos serão executados preferencialmente fora de seus lares.

C) é garantida a gratuidade dos transportes coletivos urbanos aos maiores de cinquenta e cinco anos de idade.

Gabarito: Alternativas incorretas

Obs:

§ 1º: preferencialmente em seus lares;

§ 2º: gratuidade dos transportes coletivos urbanos para os maiores de 65 anos.

CAPÍTULO VIII
DOS ÍNDIOS

Art. 231 – São reconhecidos aos índios sua organização social, costumes, línguas, crenças e tradições, e os direitos originários sobre as terras que tradicionalmente ocupam, **competindo à União demarcá-las, proteger e fazer respeitar todos os seus bens.**

§ 1º São terras tradicionalmente ocupadas pelos índios as **por eles habitadas** em caráter permanente, as utilizadas para suas atividades produtivas, as imprescindíveis à preservação dos recursos ambientais necessários a seu bem-estar e as necessárias a sua reprodução física e cultural, segundo seus usos, costumes e tradições.

§ 2º As terras tradicionalmente ocupadas pelos índios destinam-se a sua posse permanente, **cabendo-lhes o usufruto exclusivo das riquezas do solo, dos rios e dos lagos** nelas existentes.

§ 3º O aproveitamento dos recursos hídricos, incluídos os potenciais energéticos, a pesquisa e a lavra das riquezas minerais em terras indígenas só podem ser efetivados com autorização do Congresso Nacional, ouvidas as comunidades afetadas, ficando-lhes assegurada participação nos resultados da lavra, na forma da lei.

§ 4º As terras de que trata este artigo são inalienáveis e indisponíveis, e os direitos sobre elas, imprescritíveis.

§ 5º É vedada a remoção dos grupos indígenas de suas terras, salvo, «ad referendum» do Congresso Nacional, em caso de catástrofe ou epidemia que ponha em risco sua população, ou no interesse da soberania do País, após deliberação do Congresso Nacional, garantido, em qualquer hipótese, o retorno imediato logo que cesse o risco.

§ 6º São nulos e extintos, não produzindo efeitos jurídicos, os atos que tenham por objeto a ocupação, o domínio e a posse das terras a que se refere este artigo, ou a exploração das riquezas naturais do solo, dos rios e dos lagos nelas existentes, **ressalvado relevante interesse público da União, segundo o que dispuser lei complementar,** não gerando a nulidade e a extinção direito a indenização ou a ações contra a União, salvo, na forma da lei, quanto às benfeitorias derivadas da ocupação de boa fé.

§ 7º Não se aplica às terras indígenas o disposto no art. 174, § 3º e § 4º.

1. Neste artigo, a Constituição traz uma série de direitos e garantias para proteger os indígenas. **O Estado busca proteger sua organização social, seus costumes,**

línguas, crenças, tradições e identidade, além de garantir a posse e o usufruto das terras originalmente ocupada por eles.

2. A CF/88 estipulou que as terras ocupadas por índios são de propriedade da União e posse permanente dos indígenas. Essas terras, portanto, não podem ser vendidas ou cedidas e os direitos sobre elas são imprescritíveis.

A jurisprudência do STF tratou de regular esse direito ao longo do tempo, entendendo que:

2.1. Se os índios não ocupavam a terra por terem sido expulsos, eles têm direito a elas, pois considera-se que foram vítimas de esbulho possessório:

► **Entendimento jurisprudencial:**

Informativo 771 – STF: Assim, se, na época da promulgação da CF/88, os índios não ocupavam a terra porque dela haviam sido expulsos em virtude de conflito possessório, considera-se que eles foram vítimas de esbulho e, assim, essa área será considerada terra indígena para os fins do art. 231. (STF. 2ª Turma. ARE 803462 AgR/MS, Rel. Min. Teori Zavascki, julgado em 9/12/2014)

Aplicação em concurso público:

- ***Juiz federal – 2017 – CESPE – TRF – 5ª REGIÃO***

  C) Segundo o STF, para efeitos de demarcação de terras indígenas, deve ser considerado o marco temporal de promulgação da Constituição Federal de 1988, perdendo-se a tradicionalidade da posse nativa no caso de renitente esbulho possessório de terceiros à época da promulgação da Carta Magna.

  Gabarito: Alternativa errada

2.2. Os índios adquiriram o direito de usufruto permanente das terras que ocupavam à época do promulgação da Constituição (1988), de forma que, demarcada essas terras, não é mais possível que sejam ampliadas:

► **Entendimento jurisprudencial:**

Informativo 761 – STF: A alegação de que a demarcação da terra indígena não observou os parâmetros estabelecidos pela CF/1988 não justifica a remarcação ampliativa de áreas originariamente demarcadas em período anterior à sua promulgação. Desde o julgamento da Pet 3.388-RR (Caso Raposa Serra do Sol), a jurisprudência passou a entender que **é vedada a ampliação de terra indígena já demarcada,** salvo em caso de vício de ilegalidade do ato de demarcação e, ainda assim, desde que respeitado o prazo decadencial. (STF. 2ª Turma. RMS 29542/DF, Rel. Min. Cármen Lúcia, julgado em 30/9/2014)

Aplicação em concurso público:

- ***Juiz federal – 2017 – CESPE – TRF – 5ª REGIÃO***

  D) Após regular conclusão da demarcação de terras indígenas — cujo processo demarcatório compete à União instaurar, sequenciar e concluir formalmente, bem como efetivá-lo materialmente —, poderá haver revisão administrativa para ampliar ou reduzir a terra indígena, com fundamento no princípio da autotutela administrativa, nos termos de entendimento do STF.

Gabarito: Alternativa errada

3. Aplicação em concurso público:

- ***Promotor de Justiça – 2017 – FMP Concursos – MPE-RO***

Sobre a Ordem Social presente na CRFB/88, pode-se afirmar:

E) O princípio da proteção da identidade garante às populações indígenas a proteção de seus territórios tradicionais, o que exige dos entes federados, em suas respectivas esferas de competência, a sua demarcação.

A alternativa está correta.

- ***Juiz federal – 2017 – CESPE – TRF – 5ª REGIÃO***

E) O usufruto das riquezas do solo, dos rios e dos lagos em terras indígenas devidamente demarcadas pela União não poderá ser relativizado: no desenvolvimento do processo demarcatório, a União já teve a oportunidade de analisar o interesse público nas eventuais riquezas presentes nas terras demarcadas.

Gabarito: Alternativa errada (o usufruto pode ser relativizado mediante lei complementar, de acordo com o disposto no § 6º deste artigo)

Art. 232 – Os índios, suas comunidades e organizações são partes legítimas para ingressar em juízo em defesa de seus direitos e interesses, intervindo o Ministério Público em todos os atos do processo.

1. Artigo cobrado em sua literalidade. Muita atenção, pois aqui, a **intervenção do MP é obrigatória!**

Aplicação em concurso público:

- ***Titular de Serviços de Notas e de Registros – 2016 – IESES – TJ-MA***

III. Os índios são partes legítimas para ingressar em juízo em defesa de seus direitos.

A afirmativa está correta

TÍTULO IX
Das Disposições Constitucionais Gerais

Art. 233 – Revogado

Art. 234 – É vedado à União, direta ou indiretamente, assumir, em decorrência da criação de Estado, encargos referentes a despesas com pessoal inativo e com encargos e amortizações da dívida interna ou externa da administração pública, inclusive da indireta.

Art. 235 - Nos dez primeiros anos da criação de Estado, serão observadas as seguintes normas básicas:

I - a Assembléia Legislativa será composta de dezessete Deputados se a população do Estado for inferior a seiscentos mil habitantes, e de vinte e quatro, se igual ou superior a esse número, até um milhão e quinhentos mil;

II - o Governo terá no máximo dez Secretarias;

III - o Tribunal de Contas terá três membros, nomeados, pelo Governador eleito, dentre brasileiros de comprovada idoneidade e notório saber;

IV - o Tribunal de Justiça terá sete Desembargadores;

V - os primeiros Desembargadores serão nomeados pelo Governador eleito, escolhidos da seguinte forma:

a) cinco dentre os magistrados com mais de trinta e cinco anos de idade, em exercício na área do novo Estado ou do Estado originário;

b) dois dentre promotores, nas mesmas condições, e advogados de comprovada idoneidade e saber jurídico, com dez anos, no mínimo, de exercício profissional, obedecido o procedimento fixado na Constituição;

VI - no caso de Estado proveniente de Território Federal, os cinco primeiros Desembargadores poderão ser escolhidos dentre juízes de direito de qualquer parte do País;

VII - em cada Comarca, o primeiro Juiz de Direito, o primeiro Promotor de Justiça e o primeiro Defensor Público serão nomeados pelo Governador eleito após concurso público de provas e títulos;

VIII - até a promulgação da Constituição Estadual, responderão pela Procuradoria-Geral, pela Advocacia-Geral e pela Defensoria-Geral do Estado advogados de notório saber, com trinta e cinco anos de idade, no mínimo, nomeados pelo Governador eleito e demissíveis "ad nutum";

IX - se o novo Estado for resultado de transformação de Território Federal, a transferência de encargos financeiros da União para pagamento dos servidores optantes que pertenciam à Administração Federal ocorrerá da seguinte forma:

a) no sexto ano de instalação, o Estado assumirá vinte por cento dos encargos financeiros para fazer face ao pagamento dos servidores públicos, ficando ainda o restante sob a responsabilidade da União;

b) no sétimo ano, os encargos do Estado serão acrescidos de trinta por cento e, no oitavo, dos restantes cinqüenta por cento;

X - as nomeações que se seguirem às primeiras, para os cargos mencionados neste artigo, serão disciplinadas na Constituição Estadual;

XI - as despesas orçamentárias com pessoal não poderão ultrapassar cinqüenta por cento da receita do Estado.

Art. 236 - Os serviços notariais e de registro são exercidos em caráter privado, por delegação do Poder Público.

§ 1º Lei regulará as atividades, disciplinará a responsabilidade civil e criminal dos notários, dos oficiais de registro e de seus prepostos, e definirá a fiscalização de seus atos pelo Poder Judiciário.

§ 2º Lei federal estabelecerá **normas gerais para fixação de emolumentos relativos** aos atos praticados pelos serviços notariais e de registro.

§ 3º O ingresso na atividade notarial e de registro depende de concurso público de provas e títulos, não se permitindo que qualquer serventia fique vaga, sem abertura de concurso de provimento ou de remoção, por mais de seis meses.

1. As atividades notariais e de registro (exercidas nos cartórios) são atividades próprias do Estado mas que só são exercidas por particulares. A transferência para os particulares, nesse caso, não acontece por concessão de serviço, mas por delegação a uma pessoa natural, escolhida por meio de **concurso público de provas e títulos:**

► **Entendimento jurisprudencial:**

Regime jurídico dos servidores notariais e de registro. **Trata-se de atividades jurídicas que são próprias do Estado, porém exercidas por particulares mediante delegação**. Exercidas ou traspassadas, mas não por conduto da concessão ou da permissão, normadas pelo caput do art. 175 da Constituição como instrumentos contratuais de privatização do exercício dessa atividade material (não jurídica) em que se constituem os serviços públicos. A delegação que lhes timbra a funcionalidade não se traduz, por nenhuma forma, em cláusulas contratuais. **A sua delegação somente pode recair sobre pessoa natural,** e não sobre uma empresa ou pessoa mercantil, visto que de empresa ou pessoa mercantil é que versa a Magna Carta Federal em tema de concessão ou permissão de serviço público. **Para se tornar delegatária do poder público, tal pessoa natural há de ganhar habilitação em concurso público de provas e títulos,** e não por adjudicação em processo licitatório, regrado, este, pela Constituição como antecedente necessário do contrato de concessão ou de permissão para o desempenho de serviço público. Cuida-se ainda de atividades estatais cujo exercício privado jaz sob a exclusiva fiscalização do Poder Judiciário, e não sob órgão ou entidade do Poder Executivo, sabido que por órgão ou entidade do Poder Executivo é que se dá a imediata fiscalização das empresas concessionárias ou permissionárias de serviços públicos. [ADI 2.415, rel. min. Ayres Britto, j. 10-11-2011, P, DJE de 9-2-2012.]

Aplicação em concurso público:

- ***Titular de Serviços de Notas e de Registros – 2017 – CETRO – TJ-RJ***

  A) Os princípios da livre iniciativa e da livre concorrência não se aplicam, direta ou indiretamente, à atividade notarial e registral.

  Alternativa correta.

Art. 237 – A fiscalização e o controle sobre o comércio exterior, essenciais à defesa dos interesses fazendários nacionais, serão exercidos pelo Ministério da Fazenda.

Art. 238 – A lei ordenará a venda e revenda de combustíveis de petróleo, álcool carburante e outros combustíveis derivados de matérias-primas renováveis, respeitados os princípios desta Constituição.

Art. 239 – A arrecadação decorrente das contribuições para o Programa de Integração Social, criado pela Lei Complementar nº 7, de 7 de setembro de 1970, e para o Programa de Formação do Patrimônio do Servidor Público, criado pela Lei Complementar nº 8, de 3 de dezembro de 1970, passa, a partir da promulgação desta Constituição, a financiar, nos termos que a lei dispuser, o programa do seguro-desemprego e o abono de que trata o § 3º deste artigo.

§ 1º Dos recursos mencionados no «caput» deste artigo, pelo menos quarenta por cento serão destinados a financiar programas de desenvolvimento econômico, através do Banco Nacional de Desenvolvimento Econômico e Social, com critérios de remuneração que lhes preservem o valor.

§ 2º Os patrimônios acumulados do Programa de Integração Social e do Programa de Formação do Patrimônio do Servidor Público são preservados, mantendo-se os critérios de saque nas situações previstas nas leis específicas, com exceção da retirada por motivo de casamento, ficando vedada a distribuição da arrecadação de que trata o «caput» deste artigo, para depósito nas contas individuais dos participantes.

§ 3º Aos empregados que percebam de empregadores que contribuem para o Programa de Integração Social ou para o Programa de Formação do Patrimônio do Servidor Público, até dois salários mínimos de remuneração mensal, é assegurado o pagamento de um salário mínimo anual, computado neste valor o rendimento das contas individuais, no caso daqueles que já participavam dos referidos programas, até a data da promulgação desta Constituição.

§ 4º O financiamento do seguro-desemprego receberá uma contribuição adicional da empresa cujo índice de rotatividade da força de trabalho superar o índice médio da rotatividade do setor, na forma estabelecida por lei.

Art. 240 – Ficam ressalvadas do disposto no art. 195 as atuais contribuições compulsórias dos empregadores sobre a folha de salários, destinadas às entidades privadas de serviço social e de formação profissional vinculadas ao sistema sindical.

Art. 241 – A União, os Estados, o Distrito Federal e os Municípios disciplinarão por meio de lei os consórcios públicos e os convênios de cooperação entre os entes federados, autorizando a gestão associada de serviços públicos, bem como a transferência total ou parcial de encargos, serviços, pessoal e bens essenciais à continuidade dos serviços transferidos.

1. **Consórcio Público** é a união/associação de entes federativos que formam uma entidade da Administração Indireta para realizar atividades em comuns. É disciplinado pela **Lei 11.107/2005** e pelo **Decreto nº 6.017/2007.** Já o convênio é um acordo entre entidades públicas para execução de atividades, aqui não é formada nova entidade, mas apenas acordado entre as partes.

2. A União só poderá participar de consórcio no qual o Estado em que os municípios se situam também faça parte do consórcio.

Art. 242 – O princípio do art. 206, IV, não se aplica às instituições educacionais oficiais criadas por lei estadual ou municipal e existentes na data da promulgação desta Constituição, que não sejam total ou preponderantemente mantidas com recursos públicos.

§ 1º O ensino da História do Brasil levará em conta as contribuições das diferentes culturas e etnias para a formação do povo brasileiro.

§ 2º O Colégio Pedro II, localizado na cidade do Rio de Janeiro, será mantido na órbita federal.

Art. 243 – As propriedades rurais e urbanas de qualquer região do País onde forem localizadas culturas ilegais de plantas psicotrópicas ou a exploração de trabalho escravo na forma da lei serão expropriadas e **destinadas à reforma agrária e a programas de habitação popular, sem qualquer indenização** ao proprietário e sem prejuízo de outras sanções previstas em lei, observado, no que couber, o disposto no art. 5º.

Parágrafo único. **Todo e qualquer bem de valor econômico apreendido em decorrência do tráfico ilícito de entorpecentes e drogas afins e da exploração de trabalho escravo será confiscado e reverterá a fundo especial com destinação específica,** na forma da lei.

1. A **expropriação** é a **transferência** de um bem de um particular para o Estado, **sem qualquer pagamento ou indenização.** Também é chamada de "desapropriação confisco" e é uma **sanção** da administração pública pelo mal uso de um imóvel.

   1.1. Motivos para a expropriação de propriedade:.

   - Cultivo ilegal de plantas psicotrópicas;
   - Exploração de trabalho escravo.

   1.2. Motivos para a expropriação de bens:

   - Tráfico ilícito de drogas;
   - Exploração de trabalho escravo.

2. **Entendimentos jurisprudenciais:**

   "A expropriação prevista no artigo 243, da Constituição Federal, pode ser afastada desde que o proprietário comprove que não incorreu em culpa, ainda que in vigilando* ou in elegendo". (RE 635336)**

   *in vigilando – falta de atenção com procedimento de outra pessoa.

   **in eligendo – má escolha daquele a quem se confia a prática de um ato.

   O proprietário de terra onde são cultivadas plantas para produzir drogas ilegais deve ter toda a área da qual é dono expropriada, e não apenas a parte onde havia o cultivo ilegal.

Aplicação em concurso público:

- ***Juiz do trabalho – 2015 – FCC – TRT – 6ª Região (PE)***

  A garantia constitucional do direito de propriedade impede que

A) a expropriação de propriedade rural onde for localizada cultura ilegal de plantas psicotrópicas recaia sobre toda a extensão da área, quando o cultivo ilegal detectado encontre-se em fração diminuta do imóvel, em razão de configurar medida confiscatória.

Gabarito: Alternativa errada (o direito de propriedade não impede que a expropriação recaia sobre toda a área)

3. Aplicação em concurso público:

- ***Defensor Público – 2016 – FCC – DPE-ES***

A propósito da intervenção do Estado na propriedade, a Constituição Federal dispõe que

D) o confisco decorrente da cultura ilegal de plantas psicotrópicas e pela exploração de trabalho escravo aplica-se somente às propriedades rurais.

Alternativa errada. (aplica-se às propriedades rurais e urbanas)

- ***Procurador do Estado – 2016 – FCC – SEGEP-MA***

É consagrada em norma constitucional não dotada de autoexecutoriedade, na medida em que dependente de regulamentação infraconstitucional para a produção de efeitos, a regra concernente à propriedade segundo a qual

B) todo e qualquer bem de valor econômico apreendido em decorrência da exploração de trabalho escravo será confiscado e reverterá a fundo especial com destinação específica, na forma da lei.

Alternativa correta.

Art. 244 – A lei disporá sobre a adaptação dos logradouros, dos edifícios de uso público e dos veículos de transporte coletivo atualmente existentes a fim de garantir **acesso adequado às pessoas portadoras de deficiência,** conforme o disposto no art. 227, § 2º.

1. Por ser **norma de eficácia limitada,** o direito das pessoas portadoras de deficiência é regulado pelo Estatuto da Pessoa com Deficiência **(Lei nº 13.146/2015).**

Art. 245 – A lei disporá sobre as hipóteses e condições em que o Poder Público dará assistência aos herdeiros e dependentes carentes de pessoas vitimadas por crime doloso, sem prejuízo da responsabilidade civil do autor do ilícito.

Art. 246 – É vedada a adoção de medida provisória na regulamentação de artigo da Constituição cuja redação tenha sido alterada por meio de emenda promulgada entre 1º de janeiro de 1995 até a promulgação desta emenda, inclusive.

Art. 247 – As leis previstas no inciso III do § 1º do art. 41 e no § 7º do art. 169 estabelecerão critérios e garantias especiais para a perda do cargo pelo servidor público estável que, em decorrência das atribuições de seu cargo efetivo, desenvolva atividades exclusivas de Estado.

Parágrafo único. Na hipótese de insuficiência de desempenho, a perda do cargo somente ocorrerá mediante processo administrativo em que lhe sejam assegurados o contraditório e a ampla defesa.

Art. 248 – Os benefícios pagos, a qualquer título, pelo órgão responsável pelo regime geral de previdência social, ainda que à conta do Tesouro Nacional, e os não sujeitos ao limite máximo de valor fixado para os benefícios concedidos por esse regime observarão os limites fixados no art. 37, XI.

Art. 249 – Com o objetivo de assegurar recursos para o pagamento de proventos de aposentadoria e pensões concedidas aos respectivos servidores e seus dependentes, em adição aos recursos dos respectivos tesouros, a União, os Estados, o Distrito Federal e os **Municípios poderão constituir fundos integrados pelos recursos provenientes de contribuições e por bens, direitos e ativos de qualquer natureza,** mediante lei que disporá sobre a natureza e administração desses fundos.

Art. 250 – Com o objetivo de assegurar recursos para o pagamento dos benefícios concedidos pelo regime geral de previdência social, em adição aos recursos de sua arrecadação, **a União poderá constituir fundo integrado por bens, direitos e ativos de qualquer natureza**, mediante lei que disporá sobre a natureza e administração desse fundo.

Ato das Disposições Constitucionais Transitórias

1. Antes da vigência da Constituição Federal de 1988, o Brasil era regido pela Constituição de 1967. O corpo legislativo era outro, e como todo exercício do Poder Constituinte Originário, muitas mudanças seriam feitas. Para não gerar conflitos, o legislador criou o Ato das Disposições Constitucionais Transitórias, que serviu justamente para **ajustar as regras de transição de uma Constituição para outra.**

► **Entendimento Jurisprudencial**

"destinam-se as normas dessa natureza a auxiliar na transição de uma ordem jurídica para outra, procurando neutralizar os efeitos nocivos desse confronto, no tempo, entre regras de igual hierarquia — Constituição nova versus Constituição velha — e de hierarquia diversa — Constituição nova versus ordem ordinária preexistente", interligando-se, portanto, nesse sentido, com o instituto da recepção **(Luís Roberto Barroso, Disposições constitucionais transitórias..., p. 491, in: CLÈVE, C. M.; BARROSO, L. R. (Org.). Doutrinas essenciais direito constitucional, RT, 2011. v. 1, p. 489-505)**

2. Além da transição com relação às normas da Constituição de 1967, o ADCT também serve para regular o período de transição para imposição das normas de Emendas Constitucionais.

3. O ADCT está no mesmo nível legal da Constituição Federal, uma vez que foi elaborado pelo Poder Constituinte Originário e só pode ser alterado por meio de Emenda Constitucional, **não havendo hierarquia entre ambas;**

Aplicação em concurso público:

- ***COPESE – UFPI – 2015 – Prefeitura de Bom Jesus – PI – Procurador do Município***

  "Sobre aspectos teóricos constitucionais relacionados à conceituação, à classificação, à natureza das normas constitucionais e à interpretação constitucional:

  Gabarito: Correta: O Ato das Disposições Constitucionais Transitórias qualifica-se, juridicamente, como um estatuto de natureza constitucional que ostenta o mesmo perfil das normas inscritas no texto básico da Lei Fundamental da República, não havendo ente ambas quaisquer desníveis ou desigualdades quanto à intensidade de sua eficácia ou à prevalência de sua autoridade.

- ***Defensor Público – FCC – 2011 – DPE-RS***

  A) As normas do ADCT não podem ser alteradas por meio de emendas constitucionais, pois são de natureza transitória.

  Gabarito: Alternativa errada (podem ser alteradas por emenda)

4. Como todos os artigos constitucionais, as normas da ADCT servem como **base para o controle de constitucionalidade.**

5. Segundo STF, **todas as normas constitucionais possuem retroatividade mínima,** pois passam a surtir efeitos a partir da publicação podendo atingir atos anteriores que ainda não tenham surtido efeitos, ou seja, fatos originados de negócios passados mas que acontecem/produzem efeitos no futuro. (AI 830843/PE)

Art. 1º – O Presidente da República, o Presidente do Supremo Tribunal Federal e os membros do Congresso Nacional prestarão o compromisso de manter, defender e cumprir a Constituição, no ato e na data de sua promulgação.

Art. 2º – No dia 7 de setembro de 1993 o eleitorado definirá, através de plebiscito, a forma (república ou monarquia constitucional) e o sistema de governo (parlamentarismo ou presidencialismo) que devem vigorar no País.

§ 1º Será assegurada gratuidade na livre divulgação dessas formas e sistemas, através dos meios de comunicação de massa cessionários de serviço público.

§ 2º O Tribunal Superior Eleitoral, promulgada a Constituição, expedirá as normas regulamentadoras deste artigo.

1. Importante relembrar os **elementos fundamentais** para a existência de um Estado:

   1.1. Formas de Estado: Unitário; Federado; Confederado.

   1.2. Formas de Governo: República e Monarquia.

   1.3. Sistemas de Governo: Presidencialismo e Parlamentarismo.

   1.4. Sistemas de Estado: Democracia e Autocracia.

2. Aplicação em concurso público:

- ***Juiz de Direito Substituto – FAURGS – 2016 – TJ-RS***

  Tendo em vista o Ato das Disposições Constitucionais Transitórias, considere as seguintes afirmações.

  II – O artigo 2º estabeleceu a realização de um plebiscito, no dia 07 de setembro de 1993, para o eleitorado definir a forma, o sistema e o regime de governo que vigoram no País.

  Alternativa errada. (O art. 2º, ADCT não estipulou plebiscito para definir o regime de governo da Constituição, mas apena a forma e sistema de Governo).

Art. 3º – A **revisão constitucional** será realizada após **cinco anos**, contados da promulgação da Constituição, pelo voto da maioria absoluta dos membros do Congresso Nacional, em sessão unicameral.

1. O art. 3 é o exemplo do exercício do Poder Constituinte Derivado Revisor, que se exauriu após 5 anos da promulgação da CF, conforme o caput.

2. Por ter as normas do ADCT tempo exato de duração, perdendo sua eficácia após o período no qual regulam a transição de normas constitucionais, tais normas são classificadas como de **eficácia exaurida.**

Aplicação nos concursos públicos:

- ***Procurador Jurídico – 2016 – VUNESP – Prefeitura de Mogi das Cruzes – SP***

  As disposições normativas próprias do ADCT (Ato das Disposições Constitucionais Transitórias), por suas características, são classificadas como normas de eficácia

  A) plena.

  B) contida.

  C) programática.

  D) limitada.

  E) exaurida.

  Gabarito: Alternativa E

Art. 4º - O mandato do atual Presidente da República terminará em 15 de março de 1990.

§ 1º A primeira eleição para Presidente da República após a promulgação da Constituição será realizada no dia 15 de novembro de 1989, não se lhe aplicando o disposto no art. 16 da Constituição.

§ 2º É assegurada a irredutibilidade da atual representação dos Estados e do Distrito Federal na Câmara dos Deputados.

§ 3º Os mandatos dos Governadores e dos Vice-Governadores eleitos em 15 de novembro de 1986 terminarão em 15 de março de 1991.

§ 4º Os mandatos dos atuais Prefeitos, Vice-Prefeitos e Vereadores terminarão no dia 1º de janeiro de 1989, com a posse dos eleitos.

Art. 5º - Não se aplicam às eleições previstas para 15 de novembro de 1988 o disposto no art. 16 e as regras do art. 77 da Constituição.

§ 1º Para as eleições de 15 de novembro de 1988 será exigido domicílio eleitoral na circunscrição pelo menos durante os quatro meses anteriores ao pleito, podendo os candidatos que preencham este requisito, atendidas as demais exigências da lei, ter seu registro efetivado pela Justiça Eleitoral após a promulgação da Constituição.

§ 2º Na ausência de norma legal específica, caberá ao Tribunal Superior Eleitoral editar as normas necessárias à realização das eleições de 1988, respeitada a legislação vigente.

§ 3º Os atuais parlamentares federais e estaduais eleitos Vice-Prefeitos, se convocados a exercer a função de Prefeito, não perderão o mandato parlamentar.

§ 4º O número de Vereadores por município será fixado, para a representação a ser eleita em 1988, pelo respectivo Tribunal Regional Eleitoral, respeitados os limites estipulados no art. 29, IV, da Constituição.

§ 5º Para as eleições de 15 de novembro de 1988, ressalvados os que já exercem mandato eletivo, são inelegíveis para qualquer cargo, no território de jurisdição do titular, o cônjuge e os parentes por consangüinidade ou afinidade, até o segundo grau, ou por adoção, do Presidente da República, do Governador de Estado, do Governador do Distrito Federal e do Prefeito que tenham exercido mais da metade do mandato.

Art. 6º – Nos seis meses posteriores à promulgação da Constituição, parlamentares federais, reunidos em número não inferior a trinta, poderão requerer ao Tribunal Superior Eleitoral o registro de novo partido político, juntando ao requerimento o manifesto, o estatuto e o programa devidamente assinados pelos requerentes.

§ 1º O registro provisório, que será concedido de plano pelo Tribunal Superior Eleitoral, nos termos deste artigo, defere ao novo partido todos os direitos, deveres e prerrogativas dos atuais, entre eles o de participar, sob legenda própria, das eleições que vierem a ser realizadas nos doze meses seguintes a sua formação.

§ 2º O novo partido perderá automaticamente seu registro provisório se, no prazo de vinte e quatro meses, contados de sua formação, não obtiver registro definitivo no Tribunal Superior Eleitoral, na forma que a lei dispuser.

Art. 7º – O Brasil propugnará pela formação de um **tribunal internacional dos direitos humanos**.

Art. 8º – É concedida **anistia** aos que, no período de 18 de setembro de 1946 até a data da promulgação da Constituição, foram atingidos, em decorrência de **motivação exclusivamente política**, por atos de exceção, institucionais ou complementares, aos que foram abrangidos pelo Decreto Legislativo n.º 18, de 15 de dezembro de 1961, e aos atingidos pelo Decreto-Lei n.º 864, de 12 de setembro de 1969, asseguradas as promoções, na inatividade, ao cargo, emprego, posto ou graduação a que teriam direito se estivessem em serviço ativo, obedecidos os prazos de permanência em atividade previstos nas leis e regulamentos vigentes, respeitadas as características e peculiaridades das carreiras dos servidores públicos civis e militares e observados os respectivos regimes jurídicos.

§ 1º O disposto neste artigo somente gerará efeitos financeiros a partir da promulgação da Constituição, vedada a remuneração de qualquer espécie em caráter retroativo.

§ 2º Ficam assegurados os benefícios estabelecidos neste artigo aos trabalhadores do setor privado, dirigentes e representantes sindicais que, por motivos exclusivamente políticos, tenham sido punidos, demitidos ou compelidos ao afastamento das atividades remuneradas que exerciam, bem como aos que foram impedidos de exercer atividades profissionais em virtude de pressões ostensivas ou expedientes oficiais sigilosos.

§ 3º Aos cidadãos que foram impedidos de exercer, na vida civil, atividade profissional específica, em decorrência das Portarias Reservadas do Ministério da Aeronáutica n.º S-50-GM5, de 19 de junho de 1964, e n.º S-285-GM5, será concedida reparação de natureza econômica, na forma que dispuser lei de iniciativa do Congresso Nacional e a entrar em vigor no prazo de doze meses a contar da promulgação da Constituição.

§ 4º Aos que, por força de atos institucionais, tenham exercido gratuitamente mandato eletivo de vereador serão computados, para efeito de aposentadoria no serviço público e previdência social, os respectivos períodos.

§ 5º A anistia concedida nos termos deste artigo aplica-se aos **servidores públicos civis e aos empregados em todos os níveis de governo ou em suas fundações, empresas públicas ou empresas mistas sob controle estatal,** exceto nos Ministérios militares, que tenham sido punidos ou demitidos por atividades profissionais interrompidas em virtude de decisão de seus trabalhadores, bem como em decorrência do Decreto-Lei n.º 1.632, de 4 de agosto de 1978, ou por motivos exclusivamente políticos, assegurada a readmissão dos que foram atingidos a partir de 1979, observado o disposto no § 1º.

1. Aplicação em concurso público:

- ***Juiz de Direito Substituto – FAURGS – 2016 – TJ-RS***

  Tendo em vista o Ato das Disposições Constitucionais Transitórias, considere as seguintes afirmações.

  III – O artigo 8º concedeu anistia aos que, no período de 18 de setembro de 1946 até a data da promulgação da Constituição de 1988, foram atingidos, em decorrência de motivação exclusivamente política, por atos de exceção, institucionais ou complementares.

  Alternativa correta.

Art. 9º - Os que, por motivos exclusivamente políticos, foram cassados ou tiveram seus direitos políticos suspensos no período de 15 de julho a 31 de dezembro de 1969, por ato do então Presidente da República, poderão requerer ao Supremo Tribunal Federal o reconhecimento dos direitos e vantagens interrompidos pelos atos punitivos, desde que comprovem terem sido estes eivados de vício grave.

Parágrafo único. O Supremo Tribunal Federal proferirá a decisão no prazo de cento e vinte dias, a contar do pedido do interessado.

Art. 10 - Até que seja promulgada a lei complementar a que se refere o art. 7º, I, da Constituição:

I - fica limitada a proteção nele referida ao aumento, para quatro vezes, da porcentagem prevista no art. 6º, caput e § 1º, da Lei n.º 5.107, de 13 de setembro de 1966;

II - fica vedada a dispensa arbitrária ou sem justa causa:

a) do empregado eleito para cargo de direção de comissões internas de prevenção de acidentes, desde o registro de sua candidatura até um ano após o final de seu mandato;

b) da empregada gestante, desde a confirmação da gravidez até cinco meses após o parto.

§ 1º Até que a lei venha a disciplinar o disposto no art. 7º, XIX, da Constituição, o prazo da licença-paternidade a que se refere o inciso é de cinco dias.

§ 2º Até ulterior disposição legal, a cobrança das contribuições para o custeio das atividades dos sindicatos rurais será feita juntamente com a do imposto territorial rural, pelo mesmo órgão arrecadador.

§ 3º Na primeira comprovação do cumprimento das obrigações trabalhistas pelo empregador rural, na forma do art. 233, após a promulgação da Constituição, será certificada perante a Justiça do Trabalho a regularidade do contrato e das atualizações das obrigações trabalhistas de todo o período.

1. Aplicação em concurso público:

- ***Assistente Jurídico – 2018 – CORE-MS***

A Constituição de 1988 e a Consolidação das Leis do Trabalho consagraram um rol bem maior de direitos trabalhistas adquiridos através de inúmeras revoluções sociais no decorrer da história. Dentre os inúmeros direitos consagrados, no Ato das Disposições Constitucionais Transitórias (ADCT) da Constituição Federal de 1988, foi conferido à empregada gestante a estabilidade provisória no emprego devido a sua condição gravídica.

À luz do ADCT, sobre a estabilidade gravídica, pode-se afirmar que:

Gabarito: O desconhecimento do estado gravídico pelo empregador não afasta o direito ao pagamento da indenização decorrente da estabilidade.

Art. 11 - Cada Assembléia Legislativa, com poderes constituintes, elaborará a Constituição do Estado, no prazo de um ano, contado da promulgação da Constituição Federal, obedecidos os princípios desta.

Parágrafo único. Promulgada a Constituição do Estado, caberá à Câmara Municipal, no prazo de seis meses, votar a Lei Orgânica respectiva, em dois turnos de discussão e votação, respeitado o disposto na Constituição Federal e na Constituição Estadual.

Art. 12 – Será criada, dentro de noventa dias da promulgação da Constituição, Comissão de Estudos Territoriais, com dez membros indicados pelo Congresso Nacional e cinco pelo Poder Executivo, com a finalidade de apresentar estudos sobre o território nacional e anteprojetos relativos a novas unidades territoriais, notadamente na Amazônia Legal e em áreas pendentes de solução.

§ 1º No prazo de um ano, a Comissão submeterá ao Congresso Nacional os resultados de seus estudos para, nos termos da Constituição, serem apreciados nos doze meses subseqüentes, extinguindo-se logo após.

§ 2º Os Estados e os Municípios deverão, no prazo de três anos, a contar da promulgação da Constituição, promover, mediante acordo ou arbitramento, a demarcação de suas linhas divisórias atualmente litigiosas, podendo para isso fazer alterações e compensações de área que atendam aos acidentes naturais, critérios históricos, conveniências administrativas e comodidade das populações limítrofes.

§ 3º Havendo solicitação dos Estados e Municípios interessados, a União poderá encarregar-se dos trabalhos demarcatórios.

§ 4º Se, decorrido o prazo de três anos, a contar da promulgação da Constituição, os trabalhos demarcatórios não tiverem sido concluídos, caberá à União determinar os limites das áreas litigiosas.

§ 5º Ficam reconhecidos e homologados os atuais limites do Estado do Acre com os Estados do Amazonas e de Rondônia, conforme levantamentos cartográficos e geodésicos realizados pela Comissão Tripartite integrada por representantes dos Estados e dos serviços técnico-especializados do Instituto Brasileiro de Geografia e Estatística.

Art. 13 – É criado o Estado do Tocantins, pelo desmembramento da área descrita neste artigo, dando-se sua instalação no quadragésimo sexto dia após a eleição prevista no § 3º, mas não antes de 1º de janeiro de 1989.

§ 1º O Estado do Tocantins integra a Região Norte e limita-se com o Estado de Goiás pelas divisas norte dos Municípios de São Miguel do Araguaia, Porangatu, Formoso, Minaçu, Cavalcante, Monte Alegre de Goiás e Campos Belos, conservando a leste, norte e oeste as divisas atuais de Goiás com os Estados da Bahia, Piauí, Maranhão, Pará e Mato Grosso.

§ 2º O Poder Executivo designará uma das cidades do Estado para sua capital provisória até a aprovação da sede definitiva do governo pela Assembléia Constituinte.

§ 3º O Governador, o Vice-Governador, os Senadores, os Deputados Federais e os Deputados Estaduais serão eleitos, em um único turno, até setenta e cinco dias após a promulgação da Constituição, mas não antes de 15 de novembro de 1988, a critério do Tribunal Superior Eleitoral, obedecidas, entre outras, as seguintes normas:

I – o prazo de filiação partidária dos candidatos será encerrado setenta e cinco dias antes da data das eleições;

II – as datas das convenções regionais partidárias destinadas a deliberar sobre coligações e escolha de candidatos, de apresentação de requerimento de registro dos candidatos escolhidos e dos demais procedimentos legais serão fixadas, em calendário especial, pela Justiça Eleitoral;

III – são inelegíveis os ocupantes de cargos estaduais ou municipais que não se tenham deles afastado, e caráter definitivo, setenta e cinco dias antes da data das eleições previstas neste parágrafo;

IV – ficam mantidos os atuais diretórios regionais dos partidos políticos do Estado de Goiás, cabendo às comissões executivas nacionais designar comissões provisórias no Estado do Tocantins, nos termos e para os fins previstos na lei.

§ 4º Os mandatos do Governador, do Vice-Governador, dos Deputados Federais e Estaduais eleitos na forma do parágrafo anterior extinguir-se-ão concomitantemente aos das demais unidades da Federação; o mandato do Senador eleito menos votado extinguir-se-á nessa mesma oportunidade, e os dos outros dois, juntamente com os dos Senadores eleitos em 1986 nos demais Estados.

§ 5º A Assembléia Estadual Constituinte será instalada no quadragésimo sexto dia da eleição de seus integrantes, mas não antes de 1º de janeiro de 1989, sob a presidência do Presidente do Tribunal Regional Eleitoral do Estado de Goiás, e dará posse, na mesma data, ao Governador e ao Vice-Governador eleitos.

§ 6º Aplicam-se à criação e instalação do Estado do Tocantins, no que couber, as normas legais disciplinadoras da divisão do Estado de Mato Grosso, observado o disposto no art. 234 da Constituição.

§ 7º Fica o Estado de Goiás liberado dos débitos e encargos decorrentes de empreendimentos no território do novo Estado, e autorizada a União, a seu critério, a assumir os referidos débitos.

Art. 14 – Os Territórios Federais de Roraima e do Amapá são transformados em Estados Federados, mantidos seus atuais limites geográficos.

§ 1º A instalação dos Estados dar-se-á com a posse dos Governadores eleitos em 1990.

§ 2º Aplicam-se à transformação e instalação dos Estados de Roraima e Amapá as normas e os critérios seguidos na criação do Estado de Rondônia, respeitado o disposto na Constituição e neste Ato.

§ 3º O Presidente da República, até quarenta e cinco dias após a promulgação da Constituição, encaminhará à apreciação do Senado Federal os nomes dos governadores dos Estados de Roraima e do Amapá que exercerão o Poder Executivo até a instalação dos novos Estados com a posse dos governadores eleitos.

§ 4º Enquanto não concretizada a transformação em Estados, nos termos deste artigo, os Territórios Federais de Roraima e do Amapá serão beneficiados pela transferência de recursos prevista nos arts. 159, I, a , da Constituição, e 34, § 2º, II, deste Ato.

Art. 15 – Fica **extinto o Território Federal de Fernando de Noronha,** sendo sua área reincorporada ao Estado de Pernambuco.

1. Na Constituição de 1967 o Brasil contava com um território: Fernando de Noronha. Hoje, não há mais territórios no país.

Art. 16 – Até que se efetive o disposto no art. 32, § 2º, da Constituição, caberá ao Presidente da República, com a aprovação do Senado Federal, indicar o Governador e o Vice-Governador do Distrito Federal.

§ 1º A competência da Câmara Legislativa do Distrito Federal, até que se instale, será exercida pelo Senado Federal.

§ 2º A fiscalização contábil, financeira, orçamentária, operacional e patrimonial do Distrito Federal, enquanto não for instalada a Câmara Legislativa, será exercida pelo Senado Federal, mediante controle externo, com o auxílio do Tribunal de Contas do Distrito Federal, observado o disposto no art. 72 da Constituição.

§ 3º Incluem-se entre os bens do Distrito Federal aqueles que lhe vierem a ser atribuídos pela União na forma da lei.

Art. 17 – Os vencimentos, a remuneração, as vantagens e os adicionais, bem como os proventos de aposentadoria que estejam sendo percebidos em desacordo com a Constituição **serão imediatamente reduzidos aos limites dela decorrentes, não se admitindo, neste caso, invocação de direito adquirido ou percepção de excesso a qualquer título.**

§ 1º É assegurado o exercício cumulativo de dois cargos ou empregos privativos de médico que estejam sendo exercidos por médico militar na administração pública direta ou indireta.

§ 2º É assegurado o exercício cumulativo de dois cargos ou empregos privativos de profissionais de saúde que estejam sendo exercidos na administração pública direta ou indireta.

1. A **inexistência de direito adquirido do servidor público à regime jurídico** já foi alvo de discussão do STF (Ver art. 39, CF; dica 2)

Art. 18 - Ficam extintos os efeitos jurídicos de qualquer ato legislativo ou administrativo, lavrado a partir da instalação da Assembléia Nacional Constituinte, que tenha por objeto a concessão de estabilidade a servidor admitido sem concurso público, da administração direta ou indireta, inclusive das fundações instituídas e mantidas pelo Poder Público.

Art. 19 - Os servidores públicos civis da União, dos Estados, do Distrito Federal e dos Municípios, da administração direta, autárquica e das fundações públicas, em exercício na data da promulgação da Constituição, há pelo menos cinco anos continuados, e que não tenham sido admitidos na forma regulada no art. 37 da Constituição, são considerados estáveis no serviço público.

§ 1º O tempo de serviço dos servidores referidos neste artigo será contado como título quando se submeterem a concurso para fins de efetivação, na forma da lei.

§ 2º O disposto neste artigo não se aplica aos ocupantes de cargos, funções e empregos de confiança ou em comissão, nem aos que a lei declare de livre exoneração, cujo tempo de serviço não será computado para os fins do caput deste artigo, exceto se se tratar de servidor.

§ 3º O disposto neste artigo não se aplica aos professores de nível superior, nos termos da lei.

Art. 20 - Dentro de cento e oitenta dias, proceder-se-á à revisão dos direitos dos servidores públicos inativos e pensionistas e à atualização dos proventos e pensões a eles devidos, a fim de ajustá-los ao disposto na Constituição.

Art. 21 - Os juízes togados de investidura limitada no tempo, admitidos mediante concurso público de provas e títulos e que estejam em exercício na data da promulgação da Constituição, adquirem estabilidade, observado o estágio probatório, e passam a compor quadro em extinção, mantidas as competências, prerrogativas e restrições da legislação a que se achavam submetidos, salvo as inerentes à transitoriedade da investidura.

Parágrafo único. A aposentadoria dos juízes de que trata este artigo regular-se-á pelas normas fixadas para os demais juízes estaduais.

Art. 22 - É assegurado aos defensores públicos investidos na função até a data de instalação da Assembléia Nacional Constituinte o direito de opção pela carreira, com a observância das garantias e vedações previstas no art. 134, parágrafo único, da Constituição.

Art. 23 - Até que se edite a regulamentação do art. 21, XVI, da Constituição, os atuais ocupantes do cargo de censor federal continuarão exercendo funções com este compatíveis, no Departamento de Polícia Federal, observadas as disposições constitucionais.

Parágrafo único. A lei referida disporá sobre o aproveitamento dos censores federais, nos termos deste artigo.

Art. 24 – A União, os Estados, o Distrito Federal e os Municípios editarão leis que estabeleçam critérios para a compatibilização de seus quadros de pessoal ao disposto no art. 39 da Constituição e à reforma administrativa dela decorrente, no prazo de dezoito meses, contados da sua promulgação.

Art. 25 – Ficam revogados, a partir de cento e oitenta dias da promulgação da Constituição, sujeito este prazo a prorrogação por lei, todos os dispositivos legais que atribuam ou deleguem a órgão do Poder Executivo competência assinalada pela Constituição ao Congresso Nacional, especialmente no que tange a:

I – ação normativa;

II – alocação ou transferência de recursos de qualquer espécie.

§ 1º Os decretos-leis em tramitação no Congresso Nacional e por este não apreciados até a promulgação da Constituição terão seus efeitos regulados da seguinte forma:

I – se editados até 2 de setembro de 1988, serão apreciados pelo Congresso Nacional no prazo de até cento e oitenta dias a contar da promulgação da Constituição, não computado o recesso parlamentar;

II – decorrido o prazo definido no inciso anterior, e não havendo apreciação, os decretos-leis ali mencionados serão considerados rejeitados;

III – nas hipóteses definidas nos incisos I e II, terão plena validade os atos praticados na vigência dos respectivos decretos-leis, podendo o Congresso Nacional, se necessário, legislar sobre os efeitos deles remanescentes.

§ 2º Os decretos-leis editados entre 3 de setembro de 1988 e a promulgação da Constituição serão convertidos, nesta data, em medidas provisórias, aplicando-se-lhes as regras estabelecidas no art. 62, parágrafo único.

Art. 26 – No prazo de um ano a contar da promulgação da Constituição, o Congresso Nacional promoverá, através de Comissão mista, exame analítico e pericial dos atos e fatos geradores do endividamento externo brasileiro.

§ 1º A Comissão terá a força legal de Comissão parlamentar de inquérito para os fins de requisição e convocação, e atuará com o auxílio do Tribunal de Contas da União.

§ 2º Apurada irregularidade, o Congresso Nacional proporá ao Poder Executivo a declaração de nulidade do ato e encaminhará o processo ao Ministério Público Federal, que formalizará, no prazo de sessenta dias, a ação cabível.

Art. 27 – O Superior Tribunal de Justiça será instalado sob a presidência do Supremo Tribunal Federal.

§ 1º Até que se instale o Superior Tribunal de Justiça, o Supremo Tribunal Federal exercerá as atribuições e competências definidas na ordem constitucional precedente.

§ 2º A composição inicial do Superior Tribunal de Justiça far-se-á:

I – pelo aproveitamento dos Ministros do Tribunal Federal de Recursos;

II – pela nomeação dos Ministros que sejam necessários para completar o número estabelecido na Constituição.

§ 3º Para os efeitos do disposto na Constituição, os atuais Ministros do Tribunal Federal de Recursos serão considerados pertencentes à classe de que provieram, quando de sua nomeação.

§ 4º Instalado o Tribunal, os Ministros aposentados do Tribunal Federal de Recursos tornar-se-ão, automaticamente, Ministros aposentados do Superior Tribunal de Justiça.

§ 5º Os Ministros a que se refere o § 2º, II, serão indicados em lista tríplice pelo Tribunal Federal de Recursos, observado o disposto no art. 104, parágrafo único, da Constituição.

§ 6º Ficam criados cinco Tribunais Regionais Federais, a serem instalados no prazo de seis meses a contar da promulgação da Constituição, com a jurisdição e sede que lhes fixar o Tribunal Federal de Recursos, tendo em conta o número de processos e sua localização geográfica.

§ 7º Até que se instalem os Tribunais Regionais Federais, o Tribunal Federal de Recursos exercerá a competência a eles atribuída em todo o território nacional, cabendo-lhe promover sua instalação e indicar os candidatos a todos os cargos da composição inicial, mediante lista tríplice, podendo desta constar juízes federais de qualquer região, observado o disposto no § 9º.

§ 8º É vedado, a partir da promulgação da Constituição, o provimento de vagas de Ministros do Tribunal Federal de Recursos.

§ 9º Quando não houver juiz federal que conte o tempo mínimo previsto no art. 107, II, da Constituição, a promoção poderá contemplar juiz com menos de cinco anos no exercício do cargo.

§ 10. Compete à Justiça Federal julgar as ações nela propostas até a data da promulgação da Constituição, e aos Tribunais Regionais Federais, bem como ao Superior Tribunal de Justiça, julgar as ações rescisórias das decisões até então proferidas pela Justiça Federal, inclusive daquelas cuja matéria tenha passado à competência de outro ramo do Judiciário.

§ 11. São criados, ainda, os seguintes Tribunais Regionais Federais: o da 6ª Região, com sede em Curitiba, Estado do Paraná, e jurisdição nos Estados do Paraná, Santa Catarina e Mato Grosso do Sul; o da 7ª Região, com sede em Belo Horizonte, Estado de Minas Gerais, e jurisdição no Estado de Minas Gerais; o da 8ª Região, com sede em Salvador, Estado da Bahia, e jurisdição nos Estados da Bahia e Sergipe; e o da 9ª Região, com sede em Manaus, Estado do Amazonas, e jurisdição nos Estados do Amazonas, Acre, Rondônia e Roraima.

Art. 28 – Os juízes federais de que trata o art. 123, § 2º, da Constituição de 1967, com a redação dada pela Emenda Constitucional n.º 7, de 1977, ficam investidos na titularidade de varas na seção judiciária para a qual tenham sido nomeados ou designados; na inexistência de vagas, proceder-se-á ao desdobramento das varas existentes.

Parágrafo único. Para efeito de promoção por antiguidade, o tempo de serviço desses juízes será computado a partir do dia de sua posse.

Art. 29 – Enquanto não aprovadas as leis complementares relativas ao Ministério Público e à Advocacia-Geral da União, o Ministério Público Federal, a Procuradoria-Geral da Fazenda Nacional, as Consultorias Jurídicas dos Ministérios, as Procuradorias e Departamentos Jurídicos de autarquias federais com representação própria e os membros das Procuradorias das Universidades fundacionais públicas continuarão a exercer suas atividades na área das respectivas atribuições.

§ 1º O Presidente da República, no prazo de cento e vinte dias, encaminhará ao Congresso Nacional projeto de lei complementar dispondo sobre a organização e o funcionamento da Advocacia-Geral da União.

§ 2º Aos atuais Procuradores da República, nos termos da lei complementar, será facultada a opção, de forma irretratável, entre as carreiras do Ministério Público Federal e da Advocacia-Geral da União.

§ 3º Poderá optar pelo regime anterior, no que respeita às garantias e vantagens, o membro do Ministério Público admitido antes da promulgação da Constituição, observando-se, quanto às vedações, a situação jurídica na data desta.

§ 4º Os atuais integrantes do quadro suplementar dos Ministérios Públicos do Trabalho e Militar que tenham adquirido estabilidade nessas funções passam a integrar o quadro da respectiva carreira.

§ 5º Cabe à atual Procuradoria-Geral da Fazenda Nacional, diretamente ou por delegação, que pode ser ao Ministério Público Estadual, representar judicialmente a União nas causas de natureza fiscal, na área da respectiva competência, até a promulgação das leis complementares previstas neste artigo.

Art. 30 – A legislação que criar a justiça de paz manterá os atuais juízes de paz até a posse dos novos titulares, assegurando-lhes os direitos e atribuições conferidos a estes, e designará o dia para a eleição prevista no art. 98, II, da Constituição.

Art. 31 – Serão estatizadas as serventias do foro judicial, assim definidas em lei, respeitados os direitos dos atuais titulares.

Art. 32 – O disposto no art. 236 não se aplica aos serviços notariais e de registro que já tenham sido oficializados pelo Poder Público, respeitando-se o direito de seus servidores.

Art. 33 – Ressalvados os créditos de natureza alimentar, o valor dos precatórios judiciais pendentes de pagamento na data da promulgação da Constituição, incluído o remanescente de juros e correção monetária, poderá ser pago em moeda corrente, com atualização, em prestações anuais, iguais e sucessivas, no prazo máximo de oito anos, a partir de 1º de julho de 1989, por decisão editada pelo Poder Executivo até cento e oitenta dias da promulgação da Constituição.

Parágrafo único. Poderão as entidades devedoras, para o cumprimento do disposto neste artigo, emitir, em cada ano, no exato montante do dispêndio, títulos de dívida pública não computáveis para efeito do limite global de endividamento.

Art. 34 – O sistema tributário nacional entrará em vigor a partir do primeiro dia do quinto mês seguinte ao da promulgação da Constituição, mantido, até então, o da Constituição de 1967, com a redação dada pela Emenda n.º 1, de 1969, e pelas posteriores.

§ 1º Entrarão em vigor com a promulgação da Constituição os arts. 148, 149, 150, 154, I, 156, III, e 159, I, c , revogadas as disposições em contrário da Constituição de 1967 e das Emendas que a modificaram, especialmente de seu art. 25, III.

§ 2º O Fundo de Participação dos Estados e do Distrito Federal e o Fundo de Participação dos Municípios obedecerão às seguintes determinações:

I – a partir da promulgação da Constituição, os percentuais serão, respectivamente, de dezoito por cento e de vinte por cento, calculados sobre o produto da arrecadação dos impostos referidos no art. 153, III e IV, mantidos os atuais critérios de rateio até a entrada em vigor da lei complementar a que se refere o art. 161, II;

II – o percentual relativo ao Fundo de Participação dos Estados e do Distrito Federal será acrescido de um ponto percentual no exercício financeiro de 1989 e, a partir de 1990, inclusive, à razão de meio ponto por exercício, até 1992, inclusive, atingindo em 1993 o percentual estabelecido no art. 159, I, a ;

III – o percentual relativo ao Fundo de Participação dos Municípios, a partir de 1989, inclusive, será elevado à razão de meio ponto percentual por exercício financeiro, até atingir o estabelecido no art. 159, I, b .

§ 3º Promulgada a Constituição, a União, os Estados, o Distrito Federal e os Municípios poderão editar as leis necessárias à aplicação do sistema tributário nacional nela previsto.

§ 4º As leis editadas nos termos do parágrafo anterior produzirão efeitos a partir da entrada em vigor do sistema tributário nacional previsto na Constituição.

§ 5º Vigente o novo sistema tributário nacional, fica assegurada a aplicação da legislação anterior, no que não seja incompatível com ele e com a legislação referida nos §§ 3º e 4º.

§ 6º Até 31 de dezembro de 1989, o disposto no art. 150, III, *b* , não se aplica aos impostos de que tratam os arts. 155, I, *a* e *b* , e 156, II e III, que podem ser cobrados trinta dias após a publicação da lei que os tenha instituído ou aumentado.

§ 7º Até que sejam fixadas em lei complementar, as alíquotas máximas do imposto municipal sobre vendas a varejo de combustíveis líquidos e gasosos não excederão a três por cento.

§ 8º Se, no prazo de sessenta dias contados da promulgação da Constituição, não for editada a lei complementar necessária à instituição do imposto de que trata o art. 155, I, b , os Estados e o Distrito Federal, mediante convênio celebrado nos termos da Lei Complementar n.º 24, de 7 de janeiro de 1975, fixarão normas para regular provisoriamente a matéria.

§ 9º Até que lei complementar disponha sobre a matéria, as empresas distribuidoras de energia elétrica, na condição de contribuintes ou de substitutos tributários, serão as responsáveis, por ocasião da saída do produto de seus estabelecimentos, ainda que destinado a outra unidade da Federação, pelo pagamento do imposto sobre operações relativas à circulação de mercadorias incidente sobre energia elétrica, desde a produção ou importação até a última operação, calculado o imposto sobre o preço então praticado na operação final e assegurado seu recolhimento ao Estado ou ao Distrito Federal, conforme o local onde deva ocorrer essa operação.

§ 10. Enquanto não entrar em vigor a lei prevista no art. 159, I, c , cuja promulgação se fará até 31 de dezembro de 1989, é assegurada a aplicação dos recursos previstos naquele dispositivo da seguinte maneira:

I - seis décimos por cento na Região Norte, através do Banco da Amazônia S.A.;

II - um inteiro e oito décimos por cento na Região Nordeste, através do Banco do Nordeste do Brasil S.A.;

III - seis décimos por cento na Região Centro-Oeste, através do Banco do Brasil S.A.

§ 11. Fica criado, nos termos da lei, o Banco de Desenvolvimento do Centro-Oeste, para dar cumprimento, na referida região, ao que determinam os arts. 159, I, c , e 192, § 2º, da Constituição.

§ 12. A urgência prevista no art. 148, II, não prejudica a cobrança do empréstimo compulsório instituído, em benefício das Centrais Elétricas Brasileiras S.A. (Eletrobrás), pela Lei n.º 4.156, de 28 de novembro de 1962, com as alterações posteriores.

1. Aplicação e concurso público:

- ***Defensor Público – FCC – 2012 – DPE-SP***

  A Constituição Federal de 1988, fruto do exercício do Poder Constituinte Originário, inaugurou nova ordem jurídico-constitucional. Sobre o relacionamento da Constituição Federal de 1988 com as ordens jurídicas pretéritas (constitucionais e infraconstitucionais) é correto afirmar:

  Gabarito: Por força de norma expressa do Ato das Disposições Constitucionais Transitórias da Constituição Federal de 1988, houve manutenção da aplicação de determinados dispositivos da Constituição de 1967 (com as alterações da Emenda no 1 de 1969).

Art. 35 - O disposto no art. 165, § 7º, será cumprido de forma progressiva, no prazo de até dez anos, distribuindo-se os recursos entre as regiões macroeconômicas em razão proporcional à população, a partir da situação verificada no biênio 1986-87.

§ 1º Para aplicação dos critérios de que trata este artigo, excluem-se das despesas totais as relativas:

I - aos projetos considerados prioritários no plano plurianual;

II - à segurança e defesa nacional;

III - à manutenção dos órgãos federais no Distrito Federal;

IV - ao Congresso Nacional, ao Tribunal de Contas da União e ao Poder Judiciário;

V - ao serviço da dívida da administração direta e indireta da União, inclusive fundações instituídas e mantidas pelo Poder Público federal.

§ 2º Até a entrada em vigor da lei complementar a que se refere o art. 165, § 9º, I e II, serão obedecidas as seguintes normas:

I - o projeto do plano plurianual, para vigência até o final do primeiro exercício financeiro do mandato presidencial subseqüente, será encaminhado até quatro meses antes do encerramento do primeiro exercício financeiro e devolvido para sanção até o encerramento da sessão legislativa;

II - o projeto de lei de diretrizes orçamentárias será encaminhado até oito meses e meio antes do encerramento do exercício financeiro e devolvido para sanção até o encerramento do primeiro período da sessão legislativa;

III - o projeto de lei orçamentária da União será encaminhado até quatro meses antes do encerramento do exercício financeiro e devolvido para sanção até o encerramento da sessão legislativa.

Art. 36 - Os fundos existentes na data da promulgação da Constituição, excetuados os resultantes de isenções fiscais que passem a integrar patrimônio privado e os que interessem à defesa nacional, extinguir-se-ão se não forem ratificados pelo Congresso Nacional no prazo de dois anos.

Art. 37 - A adaptação ao que estabelece o art. 167, III, deverá processar-se no prazo de cinco anos, reduzindo-se o excesso à base de, pelo menos, um quinto por ano.

Art. 38 - Até a promulgação da lei complementar referida no art. 169, a União, os Estados, o Distrito Federal e os Municípios não poderão despender com pessoal mais do que sessenta e cinco por cento do valor das respectivas receitas correntes.

Parágrafo único. A União, os Estados, o Distrito Federal e os Municípios, quando a respectiva despesa de pessoal exceder o limite previsto neste artigo, deverão retornar àquele limite, reduzindo o percentual excedente à razão de um quinto por ano.

Art. 39 - Para efeito do cumprimento das disposições constitucionais que impliquem variações de despesas e receitas da União, após a promulgação da Constituição, o Poder Executivo deverá elaborar e o Poder Legislativo apreciar projeto de revisão da lei orçamentária referente ao exercício financeiro de 1989.

Parágrafo único. O Congresso Nacional deverá votar no prazo de doze meses a lei complementar prevista no art. 161, II.

Art. 40 - É mantida a **Zona Franca de Manaus,** com suas características **de área livre de comércio,** de exportação e importação, e de incentivos fiscais, pelo prazo de vinte e cinco anos, a partir da promulgação da Constituição.

Parágrafo único. Somente por lei federal podem ser modificados os critérios que disciplinaram ou venham a disciplinar a aprovação dos projetos na Zona Franca de Manaus.

Art. 41 - Os Poderes Executivos da União, dos Estados, do Distrito Federal e dos Municípios reavaliarão todos os incentivos fiscais de natureza setorial ora em vigor, propondo aos Poderes Legislativos respectivos as medidas cabíveis.

§ 1º Considerar-se-ão revogados após dois anos, a partir da data da promulgação da Constituição, os incentivos que não forem confirmados por lei.

§ 2º A revogação não prejudicará os direitos que já tiverem sido adquiridos, àquela data, em relação a incentivos concedidos sob condição e com prazo certo.

§ 3º Os incentivos concedidos por convênio entre Estados, celebrados nos termos do art. 23, § 6º, da Constituição de 1967, com a redação da Emenda n.º 1, de 17 de outubro de 1969, também deverão ser reavaliados e reconfirmados nos prazos deste artigo.

Art. 42 – Durante 40 (quarenta) anos, a União aplicará dos recursos destinados à irrigação:

I – 20% (vinte por cento) na Região Centro-Oeste;

II – 50% (cinquenta por cento) na Região Nordeste, preferencialmente no Semiárido.

Parágrafo único. Dos percentuais previstos nos incisos I e II do *caput*, no mínimo 50% (cinquenta por cento) serão destinados a projetos de irrigação que beneficiem agricultores familiares que atendam aos requisitos previstos em legislação específica.

1. Aplicação em concurso público:

- ***Promotor de Justiça Substituto – FAPEC – 2015 – MPE-MS***

  Por ordem constitucional, a União Federal deverá destinar à Região Centro-Oeste percentuais mínimos dos recursos destinados à irrigação. É correto afirmar que:

  A) A União aplicará por 40 (quarenta) anos os recursos, sendo o mínimo de 20% (vinte por cento) na Região Centro-Oeste.

  B) A União aplicará por 25 (vinte e cinco) anos os recursos, sendo o mínimo de 20% (vinte por cento) na Região Centro-Oeste.

  C) A União aplicará por 25 (vinte e cinco) anos os recursos, sendo o mínimo de 50% (cinquenta por cento) na Região Centro-Oeste.

  D) A União aplicará por 30 (trinta) anos os recursos, sendo o mínimo de 50% (cinquenta por cento) na Região Centro-Oeste.

  E) A União aplicará por 40 (quarenta) anos os recursos, sendo o mínimo de 50% (cinquenta por cento) na Região Centro-Oeste.

  Gabarito: Alternativa A

Art. 43 – Na data da promulgação da lei que disciplinar a pesquisa e a lavra de recursos e jazidas minerais, ou no prazo de um ano, a contar da promulgação da Constituição, tornar-se-ão sem efeito as autorizações, concessões e demais títulos atributivos de direitos minerários, caso os trabalhos de pesquisa ou de lavra não hajam sido comprovadamente iniciados nos prazos legais ou estejam inativos.

Art. 44 – As atuais empresas brasileiras titulares de autorização de pesquisa, concessão de lavra de recursos minerais e de aproveitamento dos potenciais de energia hidráulica em vigor terão quatro anos, a partir da promulgação da Constituição, para cumprir os requisitos do art. 176, § 1º.

§ 1º Ressalvadas as disposições de interesse nacional previstas no texto constitucional, as empresas brasileiras ficarão dispensadas do cumprimento do disposto no art. 176, § 1º, desde que, no prazo de até quatro anos da data da promulgação da Constituição, tenham o produto de sua lavra e beneficiamento destinado a industrialização no território nacional, em seus próprios estabelecimentos ou em empresa industrial controladora ou controlada.

§ 2º Ficarão também dispensadas do cumprimento do disposto no art. 176, § 1º, as empresas brasileiras titulares de concessão de energia hidráulica para uso em seu processo de industrialização.

§ 3º As empresas brasileiras referidas no § 1º somente poderão ter autorizações de pesquisa e concessões de lavra ou potenciais de energia hidráulica, desde que a energia e o produto da lavra sejam utilizados nos respectivos processos industriais.

Art. 45 – Ficam excluídas do monopólio estabelecido pelo art. 177, II, da Constituição as refinarias em funcionamento no País amparadas pelo art. 43 e nas condições do art. 45 da Lei n.º 2.004, de 3 de outubro de 1953.

Parágrafo único. Ficam ressalvados da vedação do art. 177, § 1º, os contratos de risco feitos com a Petróleo Brasileiro S.A. (Petrobrás), para pesquisa de petróleo, que estejam em vigor na data da promulgação da Constituição.

Art. 46 – São sujeitos à correção monetária desde o vencimento, até seu efetivo pagamento, sem interrupção ou suspensão, os créditos junto a entidades submetidas aos regimes de intervenção ou liquidação extrajudicial, mesmo quando esses regimes sejam convertidos em falência.

Parágrafo único. O disposto neste artigo aplica-se também:

I – às operações realizadas posteriormente à decretação dos regimes referidos no caput deste artigo;

II – às operações de empréstimo, financiamento, refinanciamento, assistência financeira de liquidez, cessão ou sub-rogação de créditos ou cédulas hipotecárias, efetivação de garantia de depósitos do público ou de compra de obrigações passivas, inclusive as realizadas com recursos de fundos que tenham essas destinações;

III – aos créditos anteriores à promulgação da Constituição;

IV – aos créditos das entidades da administração pública anteriores à promulgação da Constituição, não liquidados até 1º de janeiro de 1988.

Art. 47 – Na liquidação dos débitos, inclusive suas renegociações e composições posteriores, ainda que ajuizados, decorrentes de quaisquer empréstimos concedidos por bancos e por instituições financeiras, não existirá correção monetária desde que o empréstimo tenha sido concedido:

I – aos micro e pequenos empresários ou seus estabelecimentos no período de 28 de fevereiro de 1986 a 28 de fevereiro de 1987;

II – aos mini, pequenos e médios produtores rurais no período de 28 de fevereiro de 1986 a 31 de dezembro de 1987, desde que relativos a crédito rural.

§ 1º Consideram-se, para efeito deste artigo, microempresas as pessoas jurídicas e as firmas individuais com receitas anuais de até dez mil Obrigações do Tesouro Nacional, e pequenas empresas as pessoas jurídicas e as firmas individuais com receita anual de até vinte e cinco mil Obrigações do Tesouro Nacional.

§ 2º A classificação de mini, pequeno e médio produtor rural será feita obedecendo-se às normas de crédito rural vigentes à época do contrato.

§ 3º A isenção da correção monetária a que se refere este artigo só será concedida nos seguintes casos:

I – se a liquidação do débito inicial, acrescido de juros legais e taxas judiciais, vier a ser efetivada no prazo de noventa dias, a contar da data da promulgação da Constituição;

II – se a aplicação dos recursos não contrariar a finalidade do financiamento, cabendo o ônus da prova à instituição credora;

III – se não for demonstrado pela instituição credora que o mutuário dispõe de meios para o pagamento de seu débito, excluído desta demonstração seu estabelecimento, a casa de moradia e os instrumentos de trabalho e produção;

IV – se o financiamento inicial não ultrapassar o limite de cinco mil obrigações do Tesouro Nacional;

V – se o beneficiário não for proprietário de mais de cinco módulos rurais.

§ 4º Os benefícios de que trata este artigo não se estendem aos débitos já quitados e aos devedores que sejam constituintes.

§ 5º No caso de operações com prazos de vencimento posteriores à data-limite de liquidação da dívida, havendo interesse do mutuário, os bancos e as instituições financeiras promoverão, por instrumento próprio, alteração nas condições contratuais originais de forma a ajustá-las ao presente benefício.

§ 6º A concessão do presente benefício por bancos comerciais privados em nenhuma hipótese acarretará ônus para o Poder Público, ainda que através de refinanciamento e repasse de recursos pelo banco central.

§ 7º No caso de repasse a agentes financeiros oficiais ou cooperativas de crédito, o ônus recairá sobre a fonte de recursos originária.

Art. 48 – O Congresso Nacional, dentro de cento e vinte dias da promulgação da Constituição, elaborará **código de defesa do consumidor.**

1. Trata-se de norma de eficácia exaurida, uma vez que o código foi elaborado e promulgado. O Código de Defesa do Consumidor é regido pela **Lei nº 8.078/1990.**

Art. 49 – A lei disporá sobre o instituto da enfiteuse em imóveis urbanos, sendo facultada aos foreiros, no caso de sua extinção, a remição dos aforamentos mediante aquisição do domínio direto, na conformidade do que dispuserem os respectivos contratos.

§ 1º Quando não existir cláusula contratual, serão adotados os critérios e bases hoje vigentes na legislação especial dos imóveis da União.

§ 2º Os direitos dos atuais ocupantes inscritos ficam assegurados pela aplicação de outra modalidade de contrato.

§ 3º A enfiteuse continuará sendo aplicada aos terrenos de marinha e seus acrescidos, situados na faixa de segurança, a partir da orla marítima.

§ 4º Remido o foro, o antigo titular do domínio direto deverá, no prazo de noventa dias, sob pena de responsabilidade, confiar à guarda do registro de imóveis competente toda a documentação a ele relativa.

Art. 50 - Lei agrícola a ser promulgada no prazo de um ano disporá, nos termos da Constituição, sobre os objetivos e instrumentos de política agrícola, prioridades, planejamento de safras, comercialização, abastecimento interno, mercado externo e instituição de crédito fundiário.

Art. 51 - Serão revistos pelo Congresso Nacional, através de Comissão mista, nos três anos a contar da data da promulgação da Constituição, todas as doações, vendas e concessões de terras públicas com área superior a três mil hectares, realizadas no período de 1º de janeiro de 1962 a 31 de dezembro de 1987.

§ 1º No tocante às vendas, a revisão será feito com base exclusivamente no critério de legalidade da operação.

§ 2º No caso de concessões e doações, a revisão obedecerá aos critérios de legalidade e de conveniência do interesse público.

§ 3º Nas hipóteses previstas nos parágrafos anteriores, comprovada a ilegalidade, ou havendo interesse público, as terras reverterão ao patrimônio da União, dos Estados, do Distrito Federal ou dos Municípios.

Art. 52 - Até que sejam fixadas as condições do art. 192, são vedados:

I - a instalação, no País, de novas agências de instituições financeiras domiciliadas no exterior;

II - o aumento do percentual de participação, no capital de instituições financeiras com sede no País, de pessoas físicas ou jurídicas residentes ou domiciliadas no exterior.

Parágrafo único. A vedação a que se refere este artigo não se aplica às autorizações resultantes de acordos internacionais, de reciprocidade, ou de interesse do Governo brasileiro.

Art. 53 - Ao ex-combatente que tenha efetivamente participado de operações bélicas durante a Segunda Guerra Mundial, nos termos da Lei n.º 5.315, de 12 de setembro de 1967, serão assegurados os seguintes direitos:

I - aproveitamento no serviço público, sem a exigência de concurso, com estabilidade;

II - pensão especial correspondente à deixada por segundo-tenente das Forças Armadas, que poderá ser requerida a qualquer tempo, sendo inacumulável com quaisquer rendimentos recebidos dos cofres públicos, exceto os benefícios previdenciários, ressalvado o direito de opção;

III – em caso de morte, pensão à viúva ou companheira ou dependente, de forma proporcional, de valor igual à do inciso anterior;

IV – assistência médica, hospitalar e educacional gratuita, extensiva aos dependentes;

V – aposentadoria com proventos integrais aos vinte e cinco anos de serviço efetivo, em qualquer regime jurídico;

VI – prioridade na aquisição da casa própria, para os que não a possuam ou para suas viúvas ou companheiras.

Parágrafo único. A concessão da pensão especial do inciso II substitui, para todos os efeitos legais, qualquer outra pensão já concedida ao ex-combatente.

Art. 54 – Os seringueiros recrutados nos termos do Decreto-Lei n.º 5.813, de 14 de setembro de 1943, e amparados pelo Decreto-Lei n.º 9.882, de 16 de setembro de 1946, receberão, quando carentes, pensão mensal vitalícia no valor de dois salários mínimos.

§ 1º O benefício é estendido aos seringueiros que, atendendo a apelo do Governo brasileiro, contribuíram para o esforço de guerra, trabalhando na produção de borracha, na Região Amazônica, durante a Segunda Guerra Mundial.

§ 2º Os benefícios estabelecidos neste artigo são transferíveis aos dependentes reconhecidamente carentes.

§ 3º A concessão do benefício far-se-á conforme lei a ser proposta pelo Poder Executivo dentro de cento e cinqüenta dias da promulgação da Constituição.

Art. 54-A – Os seringueiros de que trata o art. 54 deste Ato das Disposições Constitucionais Transitórias receberão indenização, em parcela única, no valor de R$ 25.000,00 (vinte e cinco mil reais).

Art. 55 – Até que seja aprovada a lei de diretrizes orçamentárias, trinta por cento, no mínimo, do orçamento da seguridade social, excluído o seguro-desemprego, serão destinados ao setor de saúde.

Art. 56 – Até que a lei disponha sobre o art. 195, I, a arrecadação decorrente de, no mínimo, cinco dos seis décimos percentuais correspondentes à alíquota da contribuição de que trata o Decreto-Lei n.º 1.940, de 25 de maio de 1982, alterada pelo Decreto-Lei n.º 2.049, de 1º de agosto de 1983, pelo Decreto n.º 91.236, de 8 de maio de 1985, e pela Lei n.º 7.611, de 8 de julho de 1987, passa a integrar a receita da seguridade social, ressalvados, exclusivamente no exercício de 1988, os compromissos assumidos com programas e projetos em andamento.

Art. 57 – Os débitos dos Estados e dos Municípios relativos às contribuições previdenciárias até 30 de junho de 1988 serão liquidados, com correção monetária, em cento e vinte parcelas mensais, dispensados os juros e multas sobre eles incidentes, desde que os devedores requeiram o parcelamento e iniciem seu pagamento no prazo de cento e oitenta dias a contar da promulgação da Constituição.

§ 1º O montante a ser pago em cada um dos dois primeiros anos não será inferior a cinco por cento do total do débito consolidado e atualizado, sendo o restante dividido em parcelas mensais de igual valor.

§ 2º A liquidação poderá incluir pagamentos na forma de cessão de bens e prestação de serviços, nos termos da Lei n.º 7.578, de 23 de dezembro de 1986.

§ 3º Em garantia do cumprimento do parcelamento, os Estados e os Municípios consignarão, anualmente, nos respectivos orçamentos as dotações necessárias ao pagamento de seus débitos.

§ 4º Descumprida qualquer das condições estabelecidas para concessão do parcelamento, o débito será considerado vencido em sua totalidade, sobre ele incidindo juros de mora; nesta hipótese, parcela dos recursos correspondentes aos fundos de participação, destinada aos Estados e Municípios devedores, será bloqueada e repassada à previdência social para pagamento de seus débitos.

Art. 58 – Os benefícios de prestação continuada, mantidos pela previdência social na data da promulgação da Constituição, terão seus valores revistos, a fim de que seja restabelecido o poder aquisitivo, expresso em número de salários mínimos, que tinham na data de sua concessão, obedecendo-se a esse critério de atualização até a implantação do plano de custeio e benefícios referidos no artigo seguinte.

Parágrafo único. As prestações mensais dos benefícios atualizadas de acordo com este artigo serão devidas e pagas a partir do sétimo mês a contar da promulgação da Constituição.

Art. 59 – Os projetos de lei relativos à organização da seguridade social e aos planos de custeio e de benefício serão apresentados no prazo máximo de seis meses da promulgação da Constituição ao Congresso Nacional, que terá seis meses para apreciá-los.

Parágrafo único. Aprovados pelo Congresso Nacional, os planos serão implantados progressivamente nos dezoito meses seguintes.

Art. 60 – Até o 14º (décimo quarto) ano a partir da promulgação desta Emenda Constitucional, os Estados, o Distrito Federal e os Municípios destinarão parte dos recursos a que se refere o caput do art. 212 da Constituição Federal à manutenção e desenvolvimento da educação básica e à remuneração condigna dos trabalhadores da educação, respeitadas as seguintes disposições:

I – a distribuição dos recursos e de responsabilidades entre o Distrito Federal, os Estados e seus Municípios é assegurada mediante a criação, no âmbito de cada Estado e do Distrito Federal, de um Fundo de Manutenção e Desenvolvimento da Educação Básica e de Valorização dos Profissionais da Educação – FUNDEB, de natureza contábil;

II – os Fundos referidos no inciso I do *caput* deste artigo serão constituídos por 20% (vinte por cento) dos recursos a que se referem os incisos I, II e III do art. 155; o inciso II do *caput* do art. 157; os incisos II, III e IV do *caput* do art. 158; e as alíneas a e b do inciso I e o inciso II do *caput* do art. 159, todos da Constituição Federal, e distribuídos entre cada Estado e seus Municípios, proporcionalmente ao número de alunos das diversas etapas e modalidades da educação básica presencial, matriculados nas respectivas redes, nos respectivos âmbitos de atuação prioritária estabelecidos nos §§ 2º e 3º do art. 211 da Constituição Federal;

III – observadas as garantias estabelecidas nos incisos I, II, III e IV do *caput* do art. 208 da Constituição Federal e as metas de universalização da educação básica estabelecidas no Plano Nacional de Educação, a lei disporá sobre:

a) a organização dos Fundos, a distribuição proporcional de seus recursos, as diferenças e as ponderações quanto ao valor anual por aluno entre etapas e modalidades da educação básica e tipos de estabelecimento de ensino;

b) a forma de cálculo do valor anual mínimo por aluno;

c) os percentuais máximos de apropriação dos recursos dos Fundos pelas diversas etapas e modalidades da educação básica, observados os arts. 208 e 214 da Constituição Federal, bem como as metas do Plano Nacional de Educação;

d) a fiscalização e o controle dos Fundos;

e) prazo para fixar, em lei específica, piso salarial profissional nacional para os profissionais do magistério público da educação básica;

IV – os recursos recebidos à conta dos Fundos instituídos nos termos do inciso I do caput deste artigo serão aplicados pelos Estados e Municípios exclusivamente nos respectivos âmbitos de atuação prioritária, conforme estabelecido nos §§ 2º e 3º do art. 211 da Constituição Federal;

V – a União complementará os recursos dos Fundos a que se refere o inciso II do caput deste artigo sempre que, no Distrito Federal e em cada Estado, o valor por aluno não alcançar o mínimo definido nacionalmente, fixado em observância ao disposto no inciso VII do caput deste artigo, vedada a utilização dos recursos a que se refere o § 5º do art. 212 da Constituição Federal;

VI – até 10% (dez por cento) da complementação da União prevista no inciso V do caput deste artigo poderá ser distribuída para os Fundos por meio de programas direcionados para a melhoria da qualidade da educação, na forma da lei a que se refere o inciso III do caput deste artigo;

VII – a complementação da União de que trata o inciso V do caput deste artigo será de, no mínimo:

a) R$ 2.000.000.000,00 (dois bilhões de reais), no primeiro ano de vigência dos Fundos;

b) R$ 3.000.000.000,00 (três bilhões de reais), no segundo ano de vigência dos Fundos;

c) R$ 4.500.000.000,00 (quatro bilhões e quinhentos milhões de reais), no terceiro ano de vigência dos Fundos;

d) 10% (dez por cento) do total dos recursos a que se refere o inciso II do caput deste artigo, a partir do quarto ano de vigência dos Fundos;

VIII – a vinculação de recursos à manutenção e desenvolvimento do ensino estabelecida no art. 212 da Constituição Federal suportará, no máximo, 30% (trinta por cento) da complementação da União, considerando-se para os fins deste inciso os valores previstos no inciso VII do *caput* deste artigo;

IX – os valores a que se referem as alíneas a, b, e c do inciso VII do *caput* deste artigo serão atualizados, anualmente, a partir da promulgação desta Emenda Constitucional, de forma a preservar, em caráter permanente, o valor real da complementação da União;

X - aplica-se à complementação da União o disposto no art. 160 da Constituição Federal;

XI - o não-cumprimento do disposto nos incisos V e VII do caput deste artigo importará crime de responsabilidade da autoridade competente;

XII - proporção não inferior a 60% (sessenta por cento) de cada Fundo referido no inciso I do *caput* deste artigo será destinada ao pagamento dos profissionais do magistério da educação básica em efetivo exercício.

§ 1º A União, os Estados, o Distrito Federal e os Municípios deverão assegurar, no financiamento da educação básica, a melhoria da qualidade de ensino, de forma a garantir padrão mínimo definido nacionalmente.

§ 2º O valor por aluno do ensino fundamental, no Fundo de cada Estado e do Distrito Federal, não poderá ser inferior ao praticado no âmbito do Fundo de Manutenção e Desenvolvimento do Ensino Fundamental e de Valorização do Magistério - FUNDEF, no ano anterior à vigência desta Emenda Constitucional.

§ 3º O valor anual mínimo por aluno do ensino fundamental, no âmbito do Fundo de Manutenção e Desenvolvimento da Educação Básica e de Valorização dos Profissionais da Educação - FUNDEB, não poderá ser inferior ao valor mínimo fixado nacionalmente no ano anterior ao da vigência desta Emenda Constitucional.

§ 4º Para efeito de distribuição de recursos dos Fundos a que se refere o inciso I do caput deste artigo, levar-se-á em conta a totalidade das matrículas no ensino fundamental e considerar-se-á para a educação infantil, para o ensino médio e para a educação de jovens e adultos 1/3 (um terço) das matrículas no primeiro ano, 2/3 (dois terços) no segundo ano e sua totalidade a partir do terceiro ano.

§ 5º A porcentagem dos recursos de constituição dos Fundos, conforme o inciso II do caput deste artigo, será alcançada gradativamente nos primeiros 3 (três) anos de vigência dos Fundos, da seguinte forma:

I - no caso dos impostos e transferências constantes do inciso II do caput do art. 155; do inciso IV do caput do art. 158; e das alíneas a e b do inciso I e do inciso II do caput do art. 159 da Constituição Federal:

a) 16,66% (dezesseis inteiros e sessenta e seis centésimos por cento), no primeiro ano;

b) 18,33% (dezoito inteiros e trinta e três centésimos por cento), no segundo ano;

c) 20% (vinte por cento), a partir do terceiro ano;

II - no caso dos impostos e transferências constantes dos incisos I e III do caput do art. 155; do inciso II do caput do art. 157; e dos incisos II e III do caput do art. 158 da Constituição Federal:

a) 6,66% (seis inteiros e sessenta e seis centésimos por cento), no primeiro ano;

b) 13,33% (treze inteiros e trinta e três centésimos por cento), no segundo ano;

c) 20% (vinte por cento), a partir do terceiro ano.

Art. 61 – As entidades educacionais a que se refere o art. 213, bem como as fundações de ensino e pesquisa cuja criação tenha sido autorizada por lei, que preencham os requisitos dos incisos I e II do referido artigo e que, nos últimos três anos, tenham recebido recursos públicos, poderão continuar a recebê-los, salvo disposição legal em contrário.

Art. 62 – A lei criará o Serviço Nacional de Aprendizagem Rural (SENAR) nos moldes da legislação relativa ao Serviço Nacional de Aprendizagem Industrial (SENAI) e ao Serviço Nacional de Aprendizagem do Comércio (SENAC), sem prejuízo das atribuições dos órgãos públicos que atuam na área.

Art. 63 – É criada uma Comissão composta de nove membros, sendo três do Poder Legislativo, três do Poder Judiciário e três do Poder Executivo, para promover as comemorações do centenário da proclamação da República e da promulgação da primeira Constituição republicana do País, podendo, a seu critério, desdobrar-se em tantas subcomissões quantas forem necessárias.

Parágrafo único. No desenvolvimento de suas atribuições, a Comissão promoverá estudos, debates e avaliações sobre a evolução política, social, econômica e cultural do País, podendo articular-se com os governos estaduais e municipais e com instituições públicas e privadas que desejem participar dos eventos.

Art. 64 – A Imprensa Nacional e demais gráficas da União, dos Estados, do Distrito Federal e dos Municípios, da administração direta ou indireta, inclusive fundações instituídas e mantidas pelo Poder Público, promoverão edição popular do texto integral da Constituição, que será posta à disposição das escolas e dos cartórios, dos sindicatos, dos quartéis, das igrejas e de outras instituições representativas da comunidade, gratuitamente, de modo que cada cidadão brasileiro possa receber do Estado um exemplar da Constituição do Brasil.

Art. 65 – O Poder Legislativo regulamentará, no prazo de doze meses, o art. 220, § 4º.

Art. 66 – São mantidas as concessões de serviços públicos de telecomunicações atualmente em vigor, nos termos da lei.

Art. 67 – **A União concluirá a demarcação das terras indígenas no prazo de cinco anos** a partir da promulgação da Constituição.

1. **Após os 5 anos, os indígenas não vão perder essas terras caso a União não tenha as demarcado.** O STF entende que esse prazo não é decadencial, mas apenas programático.

► **Entendimento jurisprudencial:**

Esta Corte possui entendimento no sentido de que o marco temporal previsto no art. 67 do **ADCT não é decadencial, mas que se trata de um prazo programático para conclusão de demarcações de terras indígenas** dentro de um período razoável. Precedentes. [...] (RMS 26212, Relator(a): Min. RICARDO LEWANDOWSKI, Primeira Turma, julgado em 03/05/2011, DJe-094 DIVULG 18-05-2011 PUBLIC 19-05-2011 EMENT VOL-02525-02 PP-00290)

Aplicação em concurso público:

- ***Procurador do Estado – UEPA – 2015 – PGE-PA***

  A respeito de demarcação de terras indígenas, julgue as afirmativas abaixo.

  II. O STF entende que o marco temporal previsto no art. 67 do ADCT, ao estabelecer o prazo de cinco anos para demarcação das terras indígenas, é decadencial, por se tratar de um prazo programático para conclusão de demarcações de terras indígenas dentro de um período razoável.

  Gabarito: Alternativa errada

Art. 68 – Aos remanescentes das comunidades dos quilombos que estejam ocupando suas terras é reconhecida a propriedade definitiva, devendo o Estado emitir-lhes os títulos respectivos.

Art. 69 – Será permitido aos Estados manter consultorias jurídicas separadas de suas Procuradorias-Gerais ou Advocacias-Gerais, desde que, na data da promulgação da Constituição, tenham órgãos distintos para as respectivas funções.

Art. 70 – Fica mantida a atual competência dos tribunais estaduais até que a mesma seja definida na Constituição do Estado, nos termos do art. 125, § 1º, da Constituição.

Art. 71 – É instituído, nos exercícios financeiros de 1994 e 1995, bem assim nos períodos de 01/01/1996 a 30/06/97 e 01/07/97 a 31/12/1999, o Fundo Social de Emergência, com o objetivo de saneamento financeiro da Fazenda Pública Federal e de estabilização econômica, cujos recursos serão aplicados prioritariamente no custeio das ações dos sistemas de saúde e educação, incluindo a complementação de recursos de que trata o § 3º do art. 60 do Ato das Disposições Constitucionais Transitórias, benefícios previdenciários e auxílios assistenciais de prestação continuada, inclusive liquidação de passivo previdenciário, e despesas orçamentárias associadas a programas de relevante interesse econômico e social.

§ 1º Ao Fundo criado por este artigo não se aplica o disposto na parte final do inciso II do § 9º do art. 165 da Constituição.

§ 2º O Fundo criado por este artigo passa a ser denominado Fundo de Estabilização Fiscal a partir do início do exercício financeiro de 1996.

§ 3º O Poder Executivo publicará demonstrativo da execução orçamentária, de periodicidade bimestral, no qual se discriminarão as fontes e usos do Fundo criado por este artigo.

Art. 72 – Integram o Fundo Social de Emergência:

I – o produto da arrecadação do imposto sobre renda e proventos de qualquer natureza incidente na fonte sobre pagamentos efetuados, a qualquer título pela União, inclusive suas autarquias e fundações;

II – a parcela do produto da arrecadação do imposto sobre renda e proventos de qualquer natureza e do imposto sobre operações de crédito, câmbio e seguro, ou relativas a títulos e valores mobiliários, decorrente das alterações produzidas pela Lei nº 8.894, de 21 de junho de 1994, e pelas Leis nºs 8.849 e 8.848, ambas de 28 de janeiro de 1994, e modificações posteriores;

III – a parcela do produto da arrecadação resultante da elevação da alíquota da contribuição social sobre o lucro dos contribuintes a que se refere o § 1º do Art. 22 da Lei nº 8.212, de 24 de julho de 1991, a qual, nos exercícios financeiros de 1994 e 1995, bem assim no período de 1º de janeiro de 1996 a 30 de junho de 1997, passa a ser de trinta por cento, sujeita a alteração por lei ordinária, mantidas as demais normas da Lei nº 7.689, de 15 de dezembro de 1988;

IV – vinte por cento do produto da arrecadação de todos os impostos e contribuições da União, já instituídos ou a serem criados, excetuado o previsto nos incisos I, II e III, observado o disposto nos §§ 3º e 4º;

V – a parcela do produto da arrecadação da contribuição de que trata a Lei Complementar nº 7, de 7 de setembro de 1970, devida pelas pessoas jurídicas a que se refere o inciso III deste artigo, a qual será calculada, nos exercícios financeiros de 1994 a 1995, bem assim nos períodos de 1ºde janeiro de 1996 a 30 de junho de 1997 e de 1º de julho de 1997 a 31 de dezembro de 1999, mediante a aplicação da alíquota de setenta e cinco centésimos por cento, sujeita a alteração por lei ordinária posterior, sobre a receita bruta operacional, como definida na legislação do imposto sobre renda e proventos de qualquer natureza.

VI – outras receitas previstas em lei específica.

§ 1º As alíquotas e a base de cálculo previstas nos incisos III e V aplicar-se-ão a partir do primeiro dia do mês seguinte aos noventa dias posteriores à promulgação desta emenda.

§ 2º As parcelas de que tratam os incisos I, II, III e V serão previamente deduzidas da base de cálculo de qualquer vinculação ou participação constitucional ou legal, não se lhes aplicando o disposto nos artigos, 159, 212 e 239 da Constituição.

§ 3º A parcela de que trata o inciso IV será previamente deduzida da base de cálculo das vinculações ou participações constitucionais previstas nos artigos 153, § 5º, 157, II, 212 e 239 da Constituição.

§ 4º O disposto no parágrafo anterior não se aplica aos recursos previstos nos Artigos 158, II e 159 da Constituição.

§ 5º A parcela dos recursos provenientes do imposto sobre renda e proventos de qualquer natureza, destinada ao Fundo Social de Emergência, nos termos do inciso II deste artigo, não poderá exceder a cinco inteiros e seis décimos por cento do total do produto da sua arrecadação.

Art. 73 – Na regulação do Fundo Social de emergência não poderá ser utilizado instrumento previsto o inciso V do Art. 59 da Constituição.

Art. 74 – A União poderá instituir contribuição provisória sobre movimentação ou transmissão de valores e de créditos e direitos de natureza financeira.

§ 1º A alíquota da contribuição de que trata este artigo não excederá a vinte e cinco centésimos por cento, facultado ao Poder Executivo reduzi-la ou restabelecê-la, total ou parcialmente, nas condições e limites fixados em lei.

§ 2º A contribuição de que trata este artigo não se aplica o disposto nos arts. 153, § 5º, e 154, I, da Constituição.

§ 3º O produto da arrecadação da contribuição de que trata este artigo será destinado integralmente ao Fundo Nacional de Saúde, para financiamento das ações e serviços de saúde.

§ 4º A contribuição de que trata este artigo terá sua exigibilidade subordinada ao disposto no art. 195, § 6º, da Constituição, e não poderá ser cobrada por prazo superior a dois anos.

Art. 75 – É prorrogada, por trinta e seis meses, a cobrança da contribuição provisória sobre movimentação ou transmissão de valores e de créditos e direitos de natureza financeira de que trata o art. 74, instituída pela Lei nº 9.311, de 24 de outubro de 1996, modificada pela Lei nº 9.539, de 12 de dezembro de 1997, cuja vigência é também prorrogada por idêntico prazo.

§ 1º Observado o disposto no § 6º do art. 195 da Constituição Federal, a alíquota da contribuição será de trinta e oito centésimos por cento, nos primeiros doze meses, e de trinta centésimos, nos meses subseqüentes, facultado ao Poder Executivo reduzi-la total ou parcialmente, nos limites aqui definidos.

§ 2º O resultado do aumento da arrecadação, decorrente da alteração da alíquota, nos exercícios financeiros de 1999, 2000 e 2001, será destinado ao custeio da previdência social.

§ 3º É a União autorizada a emitir títulos da dívida pública interna, cujos recursos serão destinados ao custeio da saúde e da previdência social, em montante equivalente ao produto da arrecadação da contribuição, prevista e não realizada em 1999.

Art. 76 – São desvinculados de órgão, fundo ou despesa, até 31 de dezembro de 2023, 30% (trinta por cento) da arrecadação da União relativa às contribuições sociais, sem prejuízo do pagamento das despesas do Regime Geral da Previdência Social, às contribuições de intervenção no domínio econômico e às taxas, já instituídas ou que vierem a ser criadas até a referida data.

§ 2° Excetua-se da desvinculação de que trata o caput a arrecadação da contribuição social do salário-educação a que se refere o § 5º do art. 212 da Constituição Federal.

Art. 76-A – São desvinculados de órgão, fundo ou despesa, até 31 de dezembro de 2023, 30% (trinta por cento) das receitas dos Estados e do Distrito Federal relativas a impostos, taxas e multas, já instituídos ou que vierem a ser criados até a referida data, seus adicionais e respectivos acréscimos legais, e outras receitas correntes.

Parágrafo único. Excetuam-se da desvinculação de que trata o caput:

I – recursos destinados ao financiamento das ações e serviços públicos de saúde e à manutenção e desenvolvimento do ensino de que tratam, respectivamente, os incisos II e III do § 2º do art. 198 e o art. 212 da Constituição Federal;

II – receitas que pertencem aos Municípios decorrentes de transferências previstas na Constituição Federal;

III – receitas de contribuições previdenciárias e de assistência à saúde dos servidores;

IV – demais transferências obrigatórias e voluntárias entre entes da Federação com destinação especificada em lei;

V – fundos instituídos pelo Poder Judiciário, pelos Tribunais de Contas, pelo Ministério Público, pelas Defensorias Públicas e pelas Procuradorias-Gerais dos Estados e do Distrito Federal.

Art. 76-B – São desvinculados de órgão, fundo ou despesa, até 31 de dezembro de 2023, 30% (trinta por cento) das receitas dos Municípios relativas a impostos, taxas e multas, já instituídos ou que vierem a ser criados até a referida data, seus adicionais e respectivos acréscimos legais, e outras receitas correntes.

Parágrafo único. Excetuam-se da desvinculação de que trata o caput:

I – recursos destinados ao financiamento das ações e serviços públicos de saúde e à manutenção e desenvolvimento do ensino de que tratam, respectivamente, os incisos II e III do § 2º do art. 198 e o art. 212 da Constituição Federal;

II – receitas de contribuições previdenciárias e de assistência à saúde dos servidores;

III – transferências obrigatórias e voluntárias entre entes da Federação com destinação especificada em lei;

IV – fundos instituídos pelo Tribunal de Contas do Município.

1. O artigo 76 foi acrescido pela Emenda Constitucional nº 93/2016, e começou a produzir efeitos partir de 1/1/2016.

Art. 77 – **Até o exercício financeiro de 2004, os** recursos mínimos aplicados nas ações e serviços públicos de saúde serão equivalentes:

I – no caso da União:

a) no ano 2000, o montante empenhado em ações e serviços públicos de saúde no exercício financeiro de 1999 acrescido de, no mínimo, cinco por cento;

b) do ano 2001 ao ano 2004, o valor apurado no ano anterior, corrigido pela variação nominal do Produto Interno Bruto – PIB;

II – no caso dos Estados e do Distrito Federal, doze por cento do produto da arrecadação dos impostos a que se refere o art. 155 e dos recursos de que tratam os arts. 157 e 159, inciso I, alínea *a*, e inciso II, deduzidas as parcelas que forem transferidas aos respectivos Municípios; e

III – no caso dos Municípios e do Distrito Federal, quinze por cento do produto da arrecadação dos impostos a que se refere o art. 156 e dos recursos de que tratam os arts. 158 e 159, inciso I, alínea *b* e § 3º.

§ 1º Os Estados, o Distrito Federal e os Municípios que apliquem percentuais inferiores aos fixados nos incisos II e III deverão elevá-los gradualmente, até o exercício financeiro de 2004, reduzida a diferença à razão de, pelo menos, um quinto por ano, sendo que, a partir de 2000, a aplicação será de pelo menos sete por cento.

§ 2º Dos recursos da União apurados nos termos deste artigo, quinze por cento, no mínimo, serão aplicados nos Municípios, segundo o critério populacional, em ações e serviços básicos de saúde, na forma da lei.

§ 3º Os recursos dos Estados, do Distrito Federal e dos Municípios destinados às ações e serviços públicos de saúde e os transferidos pela União para a mesma finalidade serão aplicados por meio de Fundo de Saúde que será acompanhado e fiscalizado por Conselho de Saúde, sem prejuízo do disposto no art. 74 da Constituição Federal.

§ 4º Na ausência da lei complementar a que se refere o art. 198, § 3º, a partir do exercício financeiro de 2005, aplicar-se-á à União, aos Estados, ao Distrito Federal e aos Municípios o disposto neste artigo.

Art. 78 – Ressalvados os créditos definidos em lei como de pequeno valor, os de natureza alimentícia, os de que trata o art. 33 deste Ato das Disposições Constitucionais Transitórias e suas complementações e os que já tiverem os seus respectivos recursos liberados ou depositados em juízo, os precatórios pendentes na data de promulgação desta Emenda e os que decorram de ações iniciais ajuizadas até 31 de dezembro de 1999 serão liquidados pelo seu valor real, em moeda corrente, acrescido de juros legais, em prestações anuais, iguais e sucessivas, no prazo máximo de dez anos, permitida a cessão dos créditos.

§ 1º É permitida a decomposição de parcelas, a critério do credor.

§ 2º As prestações anuais a que se refere o caput deste artigo terão, se não liquidadas até o final do exercício a que se referem, poder liberatório do pagamento de tributos da entidade devedora.

§ 3º O prazo referido no *caput* deste artigo fica reduzido para dois anos, nos casos de precatórios judiciais originários de desapropriação de imóvel residencial do credor, desde que comprovadamente único à época da imissão na posse.

§ 4º O Presidente do Tribunal competente deverá, vencido o prazo ou em caso de omissão no orçamento, ou preterição ao direito de precedência, a requerimento do credor, requisitar ou determinar o seqüestro de recursos financeiros da entidade executada, suficientes à satisfação da prestação.

Art. 79 – É instituído, para vigorar até o ano de 2010, no âmbito do Poder Executivo Federal, o Fundo de Combate a Erradicação da Pobreza, a ser regulado por lei complementar com o objetivo de viabilizar a todos os brasileiros acesso a níveis dignos de subsistência, cujos recursos serão aplicados em ações suplementares de nutrição, habitação, educação, saúde, reforço de renda familiar e outros programas de relevante interesse social voltados para melhoria da qualidade de vida.

Parágrafo único. O Fundo previsto neste artigo terá Conselho Consultivo e de Acompanhamento que conte com a participação de representantes da sociedade civil, nos termos da lei.

Art. 80 – Compõem o Fundo de Combate e Erradicação da Pobreza:

I – a parcela do produto da arrecadação correspondente a um adicional de oito centésimos por cento, aplicável de 18 de junho de 2000 a 17 de junho de 2002, na alíquota da contribuição social de que trata o art. 75 do Ato das Disposições Constitucionais Transitórias;

II – a parcela do produto da arrecadação correspondente a um adicional de cinco pontos percentuais na alíquota do Imposto sobre Produtos Industrializados – IPI, ou do imposto que vier a substituí-lo, incidente sobre produtos supérfluos e aplicável até a extinção do Fundo;

III – o produto da arrecadação do imposto de que trata o art. 153, inciso VII, da Constituição;

IV – dotações orçamentárias;

V – doações, de qualquer natureza, de pessoas físicas ou jurídicas do País ou do exterior;

VI – outras receitas, a serem definidas na regulamentação do referido Fundo.

§ 1º Aos recursos integrantes do Fundo de que trata este artigo não se aplica o disposto nos arts. 159 e 167, inciso IV, da Constituição, assim como qualquer desvinculação de recursos orçamentários.

§ 2º A arrecadação decorrente do disposto no inciso I deste artigo, no período compreendido entre 18 de junho de 2000 e o início da vigência da lei complementar a que se refere a art. 79, será integralmente repassada ao Fundo, preservado o seu valor real, em títulos públicos federais, progressivamente resgatáveis após 18 de junho de 2002, na forma da lei.

Art. 81 – É instituído Fundo constituído pelos recursos recebidos pela União em decorrência da desestatização de sociedades de economia mista ou empresas públicas por ela controladas, direta ou indiretamente, quando a operação envolver a alienação do respectivo controle acionário a pessoa ou entidade não integrante da Administração Pública, ou de participação societária remanescente após a alienação, cujos rendimentos, gerados a partir de 18 de junho de 2002, reverterão ao Fundo de Combate e Erradicação de Pobreza.

§ 1º Caso o montante anual previsto nos rendimentos transferidos ao Fundo de Combate e Erradicação da Pobreza, na forma deste artigo, não alcance o valor de quatro bilhões de reais. far-se-á complementação na forma do art. 80, inciso IV, do Ato das disposições Constitucionais Transitórias.

§ 2º Sem prejuízo do disposto no § 1º, o Poder Executivo poderá destinar ao Fundo a que se refere este artigo outras receitas decorrentes da alienação de bens da União.

§ 3º A constituição do Fundo a que se refere o *caput*, a transferência de recursos ao Fundo de Combate e Erradicação da Pobreza e as demais disposições referentes ao § 1º deste artigo serão disciplinadas em lei, não se aplicando o disposto no art. 165, § 9º, inciso II, da Constituição.

Art. 82 – Os Estados, o Distrito Federal e os Municípios devem instituir Fundos de Combate á Pobreza, com os recursos de que trata este artigo e outros que vierem a destinar, devendo os referidos Fundos ser geridos por entidades que contem com a participação da sociedade civil.

§ 1º Para o financiamento dos Fundos Estaduais e Distrital, poderá ser criado adicional de até dois pontos percentuais na alíquota do Imposto sobre Circulação de Mercadorias e Serviços - ICMS, sobre os produtos e serviços supérfluos e nas condições definidas na lei complementar de que trata o art. 155, § 2º, XII, da Constituição, não se aplicando, sobre este percentual, o disposto no art. 158, IV, da Constituição.

§ 2º Para o financiamento dos Fundos Municipais, poderá ser criado adicional de até meio ponto percentual na alíquota do Imposto sobre serviços ou do imposto que vier a substituí-lo, sobre serviços supérfluos.

Art. 83 - Lei federal definirá os produtos e serviços supérfluos a que se referem os arts. 80, II, e 82, § 2º.

Art. 84 - A contribuição provisória sobre movimentação ou transmissão de valores e de créditos e direitos de natureza financeira, prevista nos arts. 74, 75 e 80, I, deste Ato das Disposições Constitucionais Transitórias, será cobrada até 31 de dezembro de 2004.

§ 1º Fica prorrogada, até a data referida no caput deste artigo, a vigência da Lei nº 9.311, de 24 de outubro de 1996, e suas alterações.

§ 2º Do produto da arrecadação da contribuição social de que trata este artigo será destinada a parcela correspondente à alíquota de:

I - vinte centésimos por cento ao Fundo Nacional de Saúde, para financiamento das ações e serviços de saúde;

II - dez centésimos por cento ao custeio da previdência social;

III - oito centésimos por cento ao Fundo de Combate e Erradicação da Pobreza, de que tratam os arts. 80 e 81 deste Ato das Disposições Constitucionais Transitórias.

§ 3º A alíquota da contribuição de que trata este artigo será de:

I - trinta e oito centésimos por cento, nos exercícios financeiros de 2002 e 2003;

Art. 85 - A contribuição a que se refere o art. 84 deste Ato das Disposições Constitucionais Transitórias não incidirá, a partir do trigésimo dia da data de publicação desta Emenda Constitucional, nos lançamentos:

I - em contas correntes de depósito especialmente abertas e exclusivamente utilizadas para operações de:

a) câmaras e prestadoras de serviços de compensação e de liquidação de que trata o parágrafo único do art. 2º da Lei nº 10.214, de 27 de março de 2001;

b) companhias securitizadoras de que trata a Lei nº 9.514, de 20 de novembro de 1997;

c) sociedades anônimas que tenham por objeto exclusivo a aquisição de créditos oriundos de operações praticadas no mercado financeiro;

II - em contas correntes de depósito, relativos a:

a) operações de compra e venda de ações, realizadas em recintos ou sistemas de negociação de bolsas de valores e no mercado de balcão organizado;

b) contratos referenciados em ações ou índices de ações, em suas diversas modalidades, negociados em bolsas de valores, de mercadorias e de futuros;

III – em contas de investidores estrangeiros, relativos a entradas no País e a remessas para o exterior de recursos financeiros empregados, exclusivamente, em operações e contratos referidos no inciso II deste artigo.

§ 1º O Poder Executivo disciplinará o disposto neste artigo no prazo de trinta dias da data de publicação desta Emenda Constitucional.

§ 2º O disposto no inciso I deste artigo aplica-se somente às operações relacionadas em ato do Poder Executivo, dentre aquelas que constituam o objeto social das referidas entidades.

§ 3º O disposto no inciso II deste artigo aplica-se somente a operações e contratos efetuados por intermédio de instituições financeiras, sociedades corretoras de títulos e valores mobiliários, sociedades distribuidoras de títulos e valores mobiliários e sociedades corretoras de mercadorias.

Art. 86 – Serão pagos conforme disposto no art. 100 da Constituição Federal, não se lhes aplicando a regra de parcelamento estabelecida no caput do art. 78 deste Ato das Disposições Constitucionais Transitórias, os débitos da Fazenda Federal, Estadual, Distrital ou Municipal oriundos de sentenças transitadas em julgado, que preencham, cumulativamente, as seguintes condições:

I – ter sido objeto de emissão de precatórios judiciários;

II – ter sido definidos como de pequeno valor pela lei de que trata o § 3º do art. 100 da Constituição Federal ou pelo art. 87 deste Ato das Disposições Constitucionais Transitórias;

III – estar, total ou parcialmente, pendentes de pagamento na data da publicação desta Emenda Constitucional.

§ 1º Os débitos a que se refere o caput deste artigo, ou os respectivos saldos, serão pagos na ordem cronológica de apresentação dos respectivos precatórios, com precedência sobre os de maior valor.

§ 2º Os débitos a que se refere o *caput* deste artigo, se ainda não tiverem sido objeto de pagamento parcial, nos termos do art. 78 deste Ato das Disposições Constitucionais Transitórias, poderão ser pagos em duas parcelas anuais, se assim dispuser a lei.

§ 3º Observada a ordem cronológica de sua apresentação, os débitos de natureza alimentícia previstos neste artigo terão precedência para pagamento sobre todos os demais.

Art. 87 – Para efeito do que dispõem o § 3º do art. 100 da Constituição Federal e o art. 78 deste Ato das Disposições Constitucionais Transitórias serão considerados de pequeno valor, até que se dê a publicação oficial das respectivas leis definidoras pelos entes da Federação, observado o disposto no § 4º do art. 100 da Constituição Federal, os débitos ou obrigações consignados em precatório judiciário, que tenham valor igual ou inferior a:

I – quarenta salários-mínimos, perante a Fazenda dos Estados e do Distrito Federal;

II - trinta salários-mínimos, perante a Fazenda dos Municípios.

Parágrafo único. Se o valor da execução ultrapassar o estabelecido neste artigo, o pagamento far-se-á, sempre, por meio de precatório, sendo facultada à parte exeqüente a renúncia ao crédito do valor excedente, para que possa optar pelo pagamento do saldo sem o precatório, da forma prevista no § 3º do art. 100.

1. O valor para expedição de RPV (requisição de pequeno valor) é definido por lei de cada ente federativo. A ADCT trouxe a regra obedecida pelos entes até que cada um promulgue suas leis. Sendo assim, os valores definidos pela ADCT foram:

- **Até 40 salários-mínimos para os Estados e DF;**
- **Até 30 salários-mínimos para os Municípios.**

Aplicação em concurso público:

- ***Assistente Econômico Financeiro – IBAM – 2015 – Prefeitura de Santo André – SP***

Caso o Município não tenha fixado por lei valor de referência para pagamentos de obrigações de pequeno valor que devam fazer em virtude de sentença judicial transitada em julgado, é correto afirmar que se aplica o valor:

Gabarito: equivalente a 30 (trinta) salários mínimos.

Art. 88 - Enquanto lei complementar não disciplinar o disposto nos incisos I e III do § 3º do art. 156 da Constituição Federal, o imposto a que se refere o inciso III do *caput* do mesmo artigo:

I - terá alíquota mínima de dois por cento, exceto para os serviços a que se referem os itens 32, 33 e 34 da Lista de Serviços anexa ao Decreto-Lei nº 406, de 31 de dezembro de 1968;

II - não será objeto de concessão de isenções, incentivos e benefícios fiscais, que resulte, direta ou indiretamente, na redução da alíquota mínima estabelecida no inciso I.

Art. 89 - Os integrantes da carreira policial militar e os servidores municipais do ex-Território Federal de Rondônia que, comprovadamente, se encontravam no exercício regular de suas funções prestando serviço àquele ex-Território na data em que foi transformado em Estado, bem como os servidores e os policiais militares alcançados pelo disposto no art. 36 da Lei Complementar nº 41, de 22 de dezembro de 1981, e aqueles admitidos regularmente nos quadros do Estado de Rondônia até a data de posse do primeiro Governador eleito, em 15 de março de 1987, constituirão, mediante opção, quadro em extinção da administração federal, assegurados os direitos e as vantagens a eles inerentes, vedado o pagamento, a qualquer título, de diferenças remuneratórias.

§ 1º Os membros da Polícia Militar continuarão prestando serviços ao Estado de Rondônia, na condição de cedidos, submetidos às corporações da Polícia Militar, observadas as atribuições de função compatíveis com o grau hierárquico.

§ 2º Os servidores a que se refere o *caput* continuarão prestando serviços ao Estado de Rondônia na condição de cedidos, até seu aproveitamento em órgão ou entidade da administração federal direta, autárquica ou fundacional.

1. O art. 89, ADCT, trouxe sua nova redação com a Emenda Constitucional nº 60/2009 e **não possui efeitos retroativos.**

Art. 90 – O prazo previsto no *caput* do art. 84 deste Ato das Disposições Constitucionais Transitórias fica prorrogado até 31 de dezembro de 2007.

§ 1º Fica prorrogada, até a data referida no *caput* deste artigo, a vigência da Lei nº 9.311, de 24 de outubro de 1996, e suas alterações.

§ 2º Até a data referida no *caput* deste artigo, a alíquota da contribuição de que trata o art. 84 deste Ato das Disposições Constitucionais Transitórias será de trinta e oito centésimos por cento.

Art. 91 – A União entregará aos Estados e ao Distrito Federal o montante definido em lei complementar, de acordo com critérios, prazos e condições nela determinados, podendo considerar as exportações para o exterior de produtos primários e semi-elaborados, a relação entre as exportações e as importações, os créditos decorrentes de aquisições destinadas ao ativo permanente e a efetiva manutenção e aproveitamento do crédito do imposto a que se refere o art. 155, § 2º, X, *a*.

§ 1º Do montante de recursos que cabe a cada Estado, setenta e cinco por cento pertencem ao próprio Estado, e vinte e cinco por cento, aos seus Municípios, distribuídos segundo os critérios a que se refere o art. 158, parágrafo único, da Constituição.

§ 2º A entrega de recursos prevista neste artigo perdurará, conforme definido em lei complementar, até que o imposto a que se refere o art. 155, II, tenha o produto de sua arrecadação destinado predominantemente, em proporção não inferior a oitenta por cento, ao Estado onde ocorrer o consumo das mercadorias, bens ou serviços.

§ 3º Enquanto não for editada a lei complementar de que trata o *caput*, em substituição ao sistema de entrega de recursos nele previsto, permanecerá vigente o sistema de entrega de recursos previsto no art. 31 e Anexo da Lei Complementar nº 87, de 13 de setembro de 1996, com a redação dada pela Lei Complementar nº 115, de 26 de dezembro de 2002.

§ 4º Os Estados e o Distrito Federal deverão apresentar à União, nos termos das instruções baixadas pelo Ministério da Fazenda, as informações relativas ao imposto de que trata o art. 155, II, declaradas pelos contribuintes que realizarem operações ou prestações com destino ao exterior.

Art. 92 – São acrescidos dez anos ao prazo fixado no art. 40 deste Ato das Disposições Constitucionais Transitórias.

Art. 92-A – São acrescidos 50 (cinquenta) anos ao prazo fixado pelo art. 92 deste Ato das Disposições Constitucionais Transitórias.

Art. 93 – A vigência do disposto no art. 159, III, e § 4º, iniciará somente após a edição da lei de que trata o referido inciso III.

Art. 94 – Os regimes especiais de tributação para microempresas e empresas de pequeno porte próprios da União, dos Estados, do Distrito Federal e dos Municípios cessarão a partir da entrada em vigor do regime previsto no art. 146, III, d, da Constituição.

Art. 95 - Os nascidos no estrangeiro entre 7 de junho de 1994 e a data da promulgação desta Emenda Constitucional, filhos de pai brasileiro ou mãe brasileira, poderão ser registrados em repartição diplomática ou consular brasileira competente ou em ofício de registro, se vierem a residir na República Federativa do Brasil.

Art. 96 - Ficam **convalidados os atos de criação, fusão, incorporação e desmembramento de Municípios,** cuja lei tenha sido publicada até 31 de dezembro de **2006**, atendidos os requisitos estabelecidos na legislação do respectivo Estado à época de sua criação.

1. O art. 96, ADCT regula a regra do art. 18, § 4º, CF, referente aos requisitos para **criação de um novo município.**

Aplicação em concurso público:

- ***Juiz de Direito Substituto – FAURGS – 2016 – TJ-RS***

  Tendo em vista o Ato das Disposições Constitucionais Transitórias, considere as seguintes afirmações.

  I – O artigo 96 convalidou os atos de criação, fusão, incorporação e desmembramento de Municípios, cuja lei tenha sido publicada até 31 de dezembro de 2006, atendidos os requisitos estabelecidos na legislação do respectivo Estado à época de sua criação.

  Alternativa correta.

Art. 97 - Até que seja editada a lei complementar de que trata o § 15 do art. 100 da Constituição Federal, os Estados, o Distrito Federal e os Municípios que, na data de publicação desta Emenda Constitucional, estejam em mora na quitação de precatórios vencidos, relativos às suas administrações direta e indireta, inclusive os emitidos durante o período de vigência do regime especial instituído por este artigo, farão esses pagamentos de acordo com as normas a seguir estabelecidas, sendo inaplicável o disposto no art. 100 desta Constituição Federal, exceto em seus §§ 2º, 3º, 9º, 10, 11, 12, 13 e 14, e sem prejuízo dos acordos de juízos conciliatórios já formalizados na data de promulgação desta Emenda Constitucional.

§ 1º Os Estados, o Distrito Federal e os Municípios sujeitos ao regime especial de que trata este artigo optarão, por meio de ato do Poder Executivo:

I - pelo depósito em conta especial do valor referido pelo § 2º deste artigo; ou

II - pela adoção do regime especial pelo prazo de até 15 (quinze) anos, caso em que o percentual a ser depositado na conta especial a que se refere o § 2º deste artigo corresponderá, anualmente, ao saldo total dos precatórios devidos, acrescido do índice oficial de remuneração básica da caderneta de poupança e de juros simples no mesmo percentual de juros incidentes sobre a caderneta de poupança para fins de compensação da mora, excluída a incidência de juros compensatórios, diminuído das amortizações e dividido pelo número de anos restantes no regime especial de pagamento.

§ 2º Para saldar os precatórios, vencidos e a vencer, pelo regime especial, os Estados, o Distrito Federal e os Municípios devedores depositarão mensalmente, em conta especial criada para tal fim, 1/12 (um doze avos) do valor calculado percentualmente sobre as respectivas receitas correntes líquidas, apuradas no segundo mês anterior ao mês de pagamento, sendo que esse percentual, calculado no momento de opção pelo regime e mantido fixo até o final do prazo a que se refere o § 14 deste artigo, será:

I – para os Estados e para o Distrito Federal:

a) de, no mínimo, 1,5% (um inteiro e cinco décimos por cento), para os Estados das regiões Norte, Nordeste e Centro-Oeste, além do Distrito Federal, ou cujo estoque de precatórios pendentes das suas administrações direta e indireta corresponder a até 35% (trinta e cinco por cento) do total da receita corrente líquida;

b) de, no mínimo, 2% (dois por cento), para os Estados das regiões Sul e Sudeste, cujo estoque de precatórios pendentes das suas administrações direta e indireta corresponder a mais de 35% (trinta e cinco por cento) da receita corrente líquida;

II – para Municípios:

a) de, no mínimo, 1% (um por cento), para Municípios das regiões Norte, Nordeste e Centro-Oeste, ou cujo estoque de precatórios pendentes das suas administrações direta e indireta corresponder a até 35% (trinta e cinco por cento) da receita corrente líquida;

b) de, no mínimo, 1,5% (um inteiro e cinco décimos por cento), para Municípios das regiões Sul e Sudeste, cujo estoque de precatórios pendentes das suas administrações direta e indireta corresponder a mais de 35 % (trinta e cinco por cento) da receita corrente líquida.

§ 3º Entende-se como receita corrente líquida, para os fins de que trata este artigo, o somatório das receitas tributárias, patrimoniais, industriais, agropecuárias, de contribuições e de serviços, transferências correntes e outras receitas correntes, incluindo as oriundas do § 1º do art. 20 da Constituição Federal, verificado no período compreendido pelo mês de referência e os 11 (onze) meses anteriores, excluídas as duplicidades, e deduzidas:

I – nos Estados, as parcelas entregues aos Municípios por determinação constitucional;

II – nos Estados, no Distrito Federal e nos Municípios, a contribuição dos servidores para custeio do seu sistema de previdência e assistência social e as receitas provenientes da compensação financeira referida no § 9º do art. 201 da Constituição Federal.

§ 4º As contas especiais de que tratam os §§ 1º e 2º serão administradas pelo Tribunal de Justiça local, para pagamento de precatórios expedidos pelos tribunais.

§ 5º Os recursos depositados nas contas especiais de que tratam os §§ 1º e 2º deste artigo não poderão retornar para Estados, Distrito Federal e Municípios devedores.

§ 6º Pelo menos 50% (cinquenta por cento) dos recursos de que tratam os §§ 1º e 2º deste artigo serão utilizados para pagamento de precatórios em ordem cronológica de apresentação, respeitadas as preferências definidas no § 1º, para os requisitórios do mesmo ano e no § 2º do art. 100, para requisitórios de todos os anos.

§ 7º Nos casos em que não se possa estabelecer a precedência cronológica entre 2 (dois) precatórios, pagar-se-á primeiramente o precatório de menor valor.

§ 8º A aplicação dos recursos restantes dependerá de opção a ser exercida por Estados, Distrito Federal e Municípios devedores, por ato do Poder Executivo, obedecendo à seguinte forma, que poderá ser aplicada isoladamente ou simultaneamente:

I – destinados ao pagamento dos precatórios por meio do leilão;

II – destinados a pagamento a vista de precatórios não quitados na forma do § 6º e do inciso I, em ordem única e crescente de valor por precatório;

III – destinados a pagamento por acordo direto com os credores, na forma estabelecida por lei própria da entidade devedora, que poderá prever criação e forma de funcionamento de câmara de conciliação.

§ 9º Os leilões de que trata o inciso I do § 8º deste artigo:

I – serão realizados por meio de sistema eletrônico administrado por entidade autorizada pela Comissão de Valores Mobiliários ou pelo Banco Central do Brasil;

II – admitirão a habilitação de precatórios, ou parcela de cada precatório indicada pelo seu detentor, em relação aos quais não esteja pendente, no âmbito do Poder Judiciário, recurso ou impugnação de qualquer natureza, permitida por iniciativa do Poder Executivo a compensação com débitos líquidos e certos, inscritos ou não em dívida ativa e constituídos contra devedor originário pela Fazenda Pública devedora até a data da expedição do precatório, ressalvados aqueles cuja exigibilidade esteja suspensa nos termos da legislação, ou que já tenham sido objeto de abatimento nos termos do § 9º do art. 100 da Constituição Federal;

III – ocorrerão por meio de oferta pública a todos os credores habilitados pelo respectivo ente federativo devedor;

IV – considerarão automaticamente habilitado o credor que satisfaça o que consta no inciso II;

V – serão realizados tantas vezes quanto necessário em função do valor disponível;

VI – a competição por parcela do valor total ocorrerá a critério do credor, com deságio sobre o valor desta;

VII – ocorrerão na modalidade deságio, associado ao maior volume ofertado cumulado ou não com o maior percentual de deságio, pelo maior percentual de deságio, podendo ser fixado valor máximo por credor, ou por outro critério a ser definido em edital;

VIII – o mecanismo de formação de preço constará nos editais publicados para cada leilão;

IX – a quitação parcial dos precatórios será homologada pelo respectivo Tribunal que o expediu.

§ 10. No caso de não liberação tempestiva dos recursos de que tratam o inciso II do § 1º e os §§ 2º e 6º deste artigo:

I – haverá o sequestro de quantia nas contas de Estados, Distrito Federal e Municípios devedores, por ordem do Presidente do Tribunal referido no § 4º, até o limite do valor não liberado;

II – constituir-se-á, alternativamente, por ordem do Presidente do Tribunal requerido, em favor dos credores de precatórios, contra Estados, Distrito Federal e Municípios devedores, direito líquido e certo, autoaplicável e independentemente de regulamentação, à compensação automática com débitos líquidos lançados por esta contra aqueles, e, havendo saldo em favor do credor, o valor terá automaticamente poder liberatório do pagamento de tributos de Estados, Distrito Federal e Municípios devedores, até onde se compensarem;

III – o chefe do Poder Executivo responderá na forma da legislação de responsabilidade fiscal e de improbidade administrativa;

IV – enquanto perdurar a omissão, a entidade devedora:

a) não poderá contrair empréstimo externo ou interno;

b) ficará impedida de receber transferências voluntárias;

V – a União reterá os repasses relativos ao Fundo de Participação dos Estados e do Distrito Federal e ao Fundo de Participação dos Municípios, e os depositará nas contas especiais referidas no § 1º, devendo sua utilização obedecer ao que prescreve o § 5º, ambos deste artigo.

§ 11. No caso de precatórios relativos a diversos credores, em litisconsórcio, admite-se o desmembramento do valor, realizado pelo Tribunal de origem do precatório, por credor, e, por este, a habilitação do valor total a que tem direito, não se aplicando, neste caso, a regra do § 3º do art. 100 da Constituição Federal.

§ 12. Se a lei a que se refere o § 4º do art. 100 não estiver publicada em até 180 (cento e oitenta) dias, contados da data de publicação desta Emenda Constitucional, será considerado, para os fins referidos, em relação a Estados, Distrito Federal e Municípios devedores, omissos na regulamentação, o valor de:

I – 40 (quarenta) salários mínimos para Estados e para o Distrito Federal;

II – 30 (trinta) salários mínimos para Municípios.

§ 13. Enquanto Estados, Distrito Federal e Municípios devedores estiverem realizando pagamentos de precatórios pelo regime especial, não poderão sofrer sequestro de valores, exceto no caso de não liberação tempestiva dos recursos de que tratam o inciso II do § 1º e o § 2º deste artigo.

§ 14. O regime especial de pagamento de precatório previsto no inciso I do § 1º vigorará enquanto o valor dos precatórios devidos for superior ao valor dos recursos vinculados, nos termos do § 2º, ambos deste artigo, ou pelo prazo fixo de até 15 (quinze) anos, no caso da opção prevista no inciso II do § 1º.

§ 15. Os precatórios parcelados na forma do art. 33 ou do art. 78 deste Ato das Disposições Constitucionais Transitórias e ainda pendentes de pagamento ingressarão no regime especial com o valor atualizado das parcelas não pagas relativas a cada precatório, bem como o saldo dos acordos judiciais e extrajudiciais.

§ 16. A partir da promulgação desta Emenda Constitucional, a atualização de valores de requisitórios, até o efetivo pagamento, independentemente de sua natureza, será feita pelo índice oficial de remuneração básica da caderneta de poupança, e, para fins de compensação da mora, incidirão juros simples no mesmo percentual de juros incidentes sobre a caderneta de poupança, ficando excluída a incidência de juros compensatórios.

§ 17. O valor que exceder o limite previsto no § 2º do art. 100 da Constituição Federal será pago, durante a vigência do regime especial, na forma prevista nos §§ 6º e 7º ou nos incisos I, II e III do § 8º deste artigo, devendo os valores despendidos para o atendimento do disposto no § 2º do art. 100 da Constituição Federal serem computados para efeito do § 6º deste artigo.

§ 18. Durante a vigência do regime especial a que se refere este artigo, gozarão também da preferência a que se refere o § 6º os titulares originais de precatórios que tenham completado 60 (sessenta) anos de idade até a data da promulgação desta Emenda Constitucional.

Art. 98 - O número de defensores públicos na unidade jurisdicional será proporcional à efetiva demanda pelo serviço da Defensoria Pública e à respectiva população.

§ 1º No prazo de 8 (oito) anos, a União, os Estados e o Distrito Federal deverão contar com defensores públicos em todas as unidades jurisdicionais, observado o disposto no caput deste artigo.

§ 2º Durante o decurso do prazo previsto no § 1º deste artigo, a lotação dos defensores públicos ocorrerá, prioritariamente, atendendo as regiões com maiores índices de exclusão social e adensamento populacional.

Art. 99 - Para efeito do disposto no inciso VII do § 2º do art. 155, no caso de operações e prestações que destinem bens e serviços a consumidor final não contribuinte localizado em outro Estado, o imposto correspondente à diferença entre a alíquota interna e a interestadual será partilhado entre os Estados de origem e de destino, na seguinte proporção:

I - para o ano de 2015: 20% (vinte por cento) para o Estado de destino e 80% (oitenta por cento) para o Estado de origem;

II - para o ano de 2016: 40% (quarenta por cento) para o Estado de destino e 60% (sessenta por cento) para o Estado de origem;

III - para o ano de 2017: 60% (sessenta por cento) para o Estado de destino e 40% (quarenta por cento) para o Estado de origem;

IV - para o ano de 2018: 80% (oitenta por cento) para o Estado de destino e 20% (vinte por cento) para o Estado de origem;

V - a partir do ano de 2019: 100% (cem por cento) para o Estado de destino.

Art. 100 - Até que entre em vigor a lei complementar de que trata o inciso II do § 1º do art. 40 da Constituição Federal, os Ministros do Supremo Tribunal Federal, dos Tribunais Superiores e do Tribunal de Contas da União aposentar-se-ão, compulsoriamente, aos 75 (setenta e cinco) anos de idade, nas condições do art. 52 da Constituição Federal.

Art. 101 - Os Estados, o Distrito Federal e os Municípios que, em 25 de março de 2015, estiverem em mora com o pagamento de seus precatórios quitarão até 31 de dezembro de 2020 seus débitos vencidos e os que vencerão dentro desse período, depositando, mensalmente, em conta especial do Tribunal de Justiça local, sob única e exclusiva administração desse, 1/12 (um doze avos) do valor calculado percentualmente sobre as respectivas receitas correntes líquidas, apuradas no segundo mês anterior ao mês de pagamento, em percentual suficiente para a quitação de seus débitos e, ainda que variável, nunca inferior, em cada exercício, à média do comprometimento percentual da receita corrente líquida no período de 2012 a 2014, em conformidade com plano de pagamento a ser anualmente apresentado ao Tribunal de Justiça local.

§ 1º Entende-se como receita corrente líquida, para os fins de que trata este artigo, o somatório das receitas tributárias, patrimoniais, industriais, agropecuárias, de contribuições e de serviços, de transferências correntes e outras receitas correntes, incluindo as oriundas do § 1º do art. 20 da Constituição Federal, verificado no período compreendido pelo segundo mês imediatamente anterior ao de referência e os 11 (onze) meses precedentes, excluídas as duplicidades, e deduzidas:

I – nos Estados, as parcelas entregues aos Municípios por determinação constitucional;

II – nos Estados, no Distrito Federal e nos Municípios, a contribuição dos servidores para custeio de seu sistema de previdência e assistência social e as receitas provenientes da compensação financeira referida no § 9º do art. 201 da Constituição Federal.

§ 2º O débito de precatórios poderá ser pago mediante a utilização de recursos orçamentários próprios e dos seguintes instrumentos:

I – até 75% (setenta e cinco por cento) do montante dos depósitos judiciais e dos depósitos administrativos em dinheiro referentes a processos judiciais ou administrativos, tributários ou não tributários, nos quais o Estado, o Distrito Federal ou os Municípios, ou suas autarquias, fundações e empresas estatais dependentes, sejam parte;

II – até 20% (vinte por cento) dos demais depósitos judiciais da localidade, sob jurisdição do respectivo Tribunal de Justiça, excetuados os destinados à quitação de créditos de natureza alimentícia, mediante instituição de fundo garantidor composto pela parcela restante dos depósitos judiciais, destinando-se:

a) no caso do Distrito Federal, 100% (cem por cento) desses recursos ao próprio Distrito Federal;

b) no caso dos Estados, 50% (cinquenta por cento) desses recursos ao próprio Estado e 50% (cinquenta por cento) a seus Municípios;

III – contratação de empréstimo, excetuado dos limites de endividamento de que tratam os incisos VI e VII do art. 52 da Constituição Federal e de quaisquer outros limites de endividamento previstos, não se aplicando a esse empréstimo a vedação de vinculação de receita prevista no inciso IV do art. 167 da Constituição Federal.

Art. 102 – Enquanto viger o regime especial previsto nesta Emenda Constitucional, pelo menos 50% (cinquenta por cento) dos recursos que, nos termos do art. 101 deste Ato das Disposições Constitucionais Transitórias, forem destinados ao pagamento dos precatórios em mora serão utilizados no pagamento segundo a ordem cronológica de apresentação, respeitadas as preferências dos créditos alimentares, e, nessas, as relativas à idade, ao estado de saúde e à deficiência, nos termos do § 2º do art. 100 da Constituição Federal, sobre todos os demais créditos de todos os anos.

Parágrafo único. A aplicação dos recursos remanescentes, por opção a ser exercida por Estados, Distrito Federal e Municípios, por ato do respectivo Poder Executivo, observada a ordem de preferência dos credores, poderá ser destinada ao pagamento mediante acordos diretos, perante Juízos Auxiliares de Conciliação de Precatórios, com redução máxima de 40% (quarenta por cento) do valor do crédito atualizado, desde que em relação ao crédito não penda recurso ou defesa judicial e que sejam observados os requisitos definidos na regulamentação editada pelo ente federado.

Art. 103 – Enquanto os Estados, o Distrito Federal e os Municípios estiverem efetuando o pagamento da parcela mensal devida como previsto no caput do art. 101 deste Ato das Disposições Constitucionais Transitórias, nem eles, nem as respectivas autarquias, fundações e empresas estatais dependentes poderão sofrer sequestro de valores, exceto no caso de não liberação tempestiva dos recursos.

Art. 104 – Se os recursos referidos no art. 101 deste Ato das Disposições Constitucionais Transitórias para o pagamento de precatórios não forem tempestivamente liberados, no todo ou em parte:

I – o Presidente do Tribunal de Justiça local determinará o sequestro, até o limite do valor não liberado, das contas do ente federado inadimplente;

II – o chefe do Poder Executivo do ente federado inadimplente responderá, na forma da legislação de responsabilidade fiscal e de improbidade administrativa;

III – a União reterá os recursos referentes aos repasses ao Fundo de Participação dos Estados e do Distrito Federal e ao Fundo de Participação dos Municípios e os depositará na conta especial referida no art. 101 deste Ato das Disposições Constitucionais Transitórias, para utilização como nele previsto;

IV – os Estados reterão os repasses previstos no parágrafo único do art. 158 da Constituição Federal e os depositarão na conta especial referida no art. 101 deste Ato das Disposições Constitucionais Transitórias, para utilização como nele previsto.

Parágrafo único. Enquanto perdurar a omissão, o ente federado não poderá contrair empréstimo externo ou interno, exceto para os fins previstos no § 2º do art. 101 deste Ato das Disposições Constitucionais Transitórias, e ficará impedido de receber transferências voluntárias.

Art. 105 – Enquanto viger o regime de pagamento de precatórios previsto no art. 101 deste Ato das Disposições Constitucionais Transitórias, é facultada aos credores de precatórios, próprios ou de terceiros, a compensação com débitos de natureza tributária ou de outra natureza que até 25 de março de 2015 tenham sido inscritos na dívida ativa dos Estados, do Distrito Federal ou dos Municípios, observados os requisitos definidos em lei própria do ente federado.

Parágrafo único. Não se aplica às compensações referidas no *caput* deste artigo qualquer tipo de vinculação, como as transferências a outros entes e as destinadas à educação, à saúde e a outras finalidades.

Art. 106 – Fica instituído o Novo Regime Fiscal no âmbito dos Orçamentos Fiscal e da Seguridade Social da União, que vigorará por vinte exercícios financeiros, nos termos dos arts. 107 a 114 deste Ato das Disposições Constitucionais Transitórias.

Art. 107 – Ficam estabelecidos, para cada exercício, limites individualizados para as despesas primárias:

I – do Poder Executivo;

II – do Supremo Tribunal Federal, do Superior Tribunal de Justiça, do Conselho Nacional de Justiça, da Justiça do Trabalho, da Justiça Federal, da Justiça Militar da União, da Justiça Eleitoral e da Justiça do Distrito Federal e Territórios, no âmbito do Poder Judiciário;

III – do Senado Federal, da Câmara dos Deputados e do Tribunal de Contas da União, no âmbito do Poder Legislativo;

IV – do Ministério Público da União e do Conselho Nacional do Ministério Público; e

V – da Defensoria Pública da União

§ 1º Cada um dos limites a que se refere o caput deste artigo equivalerá:

I – para o exercício de 2017, à despesa primária paga no exercício de 2016, incluídos os restos a pagar pagos e demais operações que afetam o resultado primário, corrigida em 7,2% (sete inteiros e dois décimos por cento); e

II – para os exercícios posteriores, ao valor do limite referente ao exercício imediatamente anterior, corrigido pela variação do Índice Nacional de Preços ao Consumidor Amplo – IPCA, publicado pelo Instituto Brasileiro de Geografia e Estatística, ou de outro índice que vier a substituí-lo, para o período de doze meses encerrado em junho do exercício anterior a que se refere a lei orçamentária.

§ 2º Os limites estabelecidos na forma do inciso IV do caput do art. 51, do inciso XIII do caput do art. 52, do § 1º do art. 99, do § 3º do art. 127 e do § 3º do art. 134 da Constituição Federal não poderão ser superiores aos estabelecidos nos termos deste artigo.

§ 3º A mensagem que encaminhar o projeto de lei orçamentária demonstrará os valores máximos de programação compatíveis com os limites individualizados calculados na forma do § 1º deste artigo, observados os §§ 7º a 9º deste artigo.

§ 4º As despesas primárias autorizadas na lei orçamentária anual sujeitas aos limites de que trata este artigo não poderão exceder os valores máximos demonstrados nos termos do § 3º deste artigo.

§ 5º É vedada a abertura de crédito suplementar ou especial que amplie o montante total autorizado de despesa primária sujeita aos limites de que trata este artigo.

§ 6º Não se incluem na base de cálculo e nos limites estabelecidos neste artigo:

I – transferências constitucionais estabelecidas no § 1º do art. 20, no inciso III do parágrafo único do art. 146, no § 5º do art. 153, no art. 157, nos incisos I e II do art. 158, no art. 159 e no § 6º do art. 212, as despesas referentes ao inciso XIV do *caput* do art. 21, todos da Constituição Federal, e as complementações de que tratam os incisos V e VII do *caput* do art. 60, deste Ato das Disposições Constitucionais Transitórias;

II – créditos extraordinários a que se refere o § 3º do art. 167 da Constituição Federal;

III – despesas não recorrentes da Justiça Eleitoral com a realização de eleições; e

IV – despesas com aumento de capital de empresas estatais não dependentes.

§ 7º Nos três primeiros exercícios financeiros da vigência do Novo Regime Fiscal, o Poder Executivo poderá compensar com redução equivalente na sua despesa primária, consoante os valores estabelecidos no projeto de lei orçamentária encaminhado pelo Poder Executivo no respectivo exercício, o excesso de despesas primárias em relação aos limites de que tratam os incisos II a V do *caput* deste artigo.

§ 8º A compensação de que trata o § 7º deste artigo não excederá a 0,25% (vinte e cinco centésimos por cento) do limite do Poder Executivo.

§ 9º Respeitado o somatório em cada um dos incisos de II a IV do caput deste artigo, a lei de diretrizes orçamentárias poderá dispor sobre a compensação entre os limites individualizados dos órgãos elencados em cada inciso.

§ 10. Para fins de verificação do cumprimento dos limites de que trata este artigo, serão consideradas as despesas primárias pagas, incluídos os restos a pagar pagos e demais operações que afetam o resultado primário no exercício.

§ 11. O pagamento de restos a pagar inscritos até 31 de dezembro de 2015 poderá ser excluído da verificação do cumprimento dos limites de que trata este artigo, até o excesso de resultado primário dos Orçamentos Fiscal e da Seguridade Social do exercício em relação à meta fixada na lei de diretrizes orçamentárias.

Art. 108 – O Presidente da República poderá propor, a partir do décimo exercício da vigência do Novo Regime Fiscal, projeto de lei complementar para alteração do método de correção dos limites a que se refere o inciso II do § 1º do art. 107 deste Ato das Disposições Constitucionais Transitórias.

Parágrafo único. Será admitida apenas uma alteração do método de correção dos limites por mandato presidencial.

Art. 109 – No caso de descumprimento de limite individualizado, aplicam-se, até o final do exercício de retorno das despesas aos respectivos limites, ao Poder Executivo ou a órgão elencado nos incisos II a V do caput do art. 107 deste Ato das Disposições Constitucionais Transitórias que o descumpriu, sem prejuízo de outras medidas, as seguintes vedações:

I – concessão, a qualquer título, de vantagem, aumento, reajuste ou adequação de remuneração de membros de Poder ou de órgão, de servidores e empregados públicos e militares, exceto dos derivados de sentença judicial transitada em julgado ou de determinação legal decorrente de atos anteriores à entrada em vigor desta Emenda Constitucional;

II – criação de cargo, emprego ou função que implique aumento de despesa;

III – alteração de estrutura de carreira que implique aumento de despesa;

IV – admissão ou contratação de pessoal, a qualquer título, ressalvadas as reposições de cargos de chefia e de direção que não acarretem aumento de despesa e aquelas decorrentes de vacâncias de cargos efetivos ou vitalícios;

V – realização de concurso público, exceto para as reposições de vacâncias previstas no inciso IV;

VI – criação ou majoração de auxílios, vantagens, bônus, abonos, verbas de representação ou benefícios de qualquer natureza em favor de membros de Poder, do Ministério Público ou da Defensoria Pública e de servidores e empregados públicos e militares;

VII – criação de despesa obrigatória; e

VIII – adoção de medida que implique reajuste de despesa obrigatória acima da variação da inflação, observada a preservação do poder aquisitivo referida no inciso IV do *caput* do art. 7º da Constituição Federal.

§ 1º As vedações previstas nos incisos I, III e VI do caput, quando descumprido qualquer dos limites individualizados dos órgãos elencados nos incisos II, III e IV do caput do art. 107 deste Ato das Disposições Constitucionais Transitórias, aplicam-se ao conjunto dos órgãos referidos em cada inciso.

§ 2º Adicionalmente ao disposto no caput, no caso de descumprimento do limite de que trata o inciso I do caput do art. 107 deste Ato das Disposições Constitucionais Transitórias, ficam vedadas:

I – a criação ou expansão de programas e linhas de financiamento, bem como a remissão, renegociação ou refinanciamento de dívidas que impliquem ampliação das despesas com subsídios e subvenções; e

II – a concessão ou a ampliação de incentivo ou benefício de natureza tributária.

§ 3º No caso de descumprimento de qualquer dos limites individualizados de que trata o caput do art. 107 deste Ato das Disposições Constitucionais Transitórias, fica vedada a concessão da revisão geral prevista no inciso X do caput do art. 37 da Constituição Federal.

§ 4º As vedações previstas neste artigo aplicam-se também a proposições legislativas.

Art. 110 – Na vigência do Novo Regime Fiscal, as aplicações mínimas em ações e serviços públicos de saúde e em manutenção e desenvolvimento do ensino equivalerão:

I – no exercício de 2017, às aplicações mínimas calculadas nos termos do inciso I do § 2º do art. 198 e do caput do art. 212, da Constituição Federal; e

II – nos exercícios posteriores, aos valores calculados para as aplicações mínimas do exercício imediatamente anterior, corrigidos na forma estabelecida pelo inciso II do § 1º do art. 107 deste Ato das Disposições Constitucionais Transitórias.

Art. 111 – A partir do exercício financeiro de 2018, até o último exercício de vigência do Novo Regime Fiscal, a aprovação e a execução previstas nos §§ 9º e 11 do art. 166 da Constituição Federal corresponderão ao montante de execução obrigatória para o exercício de 2017, corrigido na forma estabelecida pelo inciso II do § 1º do art. 107 deste Ato das Disposições Constitucionais Transitórias.

Art. 112 – As disposições introduzidas pelo Novo Regime Fiscal:

I – não constituirão obrigação de pagamento futuro pela União ou direitos de outrem sobre o erário; e

II – não revogam, dispensam ou suspendem o cumprimento de dispositivos constitucionais e legais que disponham sobre metas fiscais ou limites máximos de despesas.

Art. 113 – A proposição legislativa que crie ou altere despesa obrigatória ou renúncia de receita deverá ser acompanhada da estimativa do seu impacto orçamentário e financeiro.

Art. 114 – A tramitação de proposição elencada no *caput* do art. 59 da Constituição Federal, ressalvada a referida no seu inciso V, quando acarretar aumento de despesa ou renúncia de receita, será suspensa por até vinte dias, a requerimento de um quinto dos membros da Casa, nos termos regimentais, para análise de sua compatibilidade com o Novo Regime Fiscal.

ANOTAÇÕES

ANOTAÇÕES

ANOTAÇÕES

ANOTAÇÕES

ANOTAÇÕES

ANOTAÇÕES

EDITORA
JusPODIVM
www.editorajuspodivm.com.br

Pré-impressão, impressão e acabamento
GRÁFICA
SANTUÁRIO

grafica@editorasantuario.com.br
www.graficasantuario.com.br
Aparecida-SP